Die Rechtsstellung
des leiblichen Vaters
bei der Adoption seines
nichtehelichen Kindes

Europäische Hochschulschriften

European University Studies

Publications Universitaires Européennes

Reihe II Rechtswissenschaft

Series II Law

Série II Droit

Band/Volume **5428**

Vera Meyer

Die Rechtsstellung des leiblichen Vaters bei der Adoption seines nichtehelichen Kindes

PL ACADEMIC RESEARCH

Bibliografische Information der Deutschen Nationalbibliothek
Die Deutsche Nationalbibliothek verzeichnet diese Publikation in der Deutschen Nationalbibliografie; detaillierte bibliografische Daten sind im Internet über http://dnb.d-nb.de abrufbar.

Zugl.: Göttingen, Univ., Diss., 2012

D 7
ISSN 0531-7312
ISBN 978-3-631-62561-3

PL Academic Research ist ein Imprint der Peter Lang GmbH

www.peterlang.de

Vorwort

Die vorliegende Arbeit befasst sich mit der Rechtsstellung des Vaters bei der Adoption seines nichtehelichen Kindes durch Dritte. Sie wurde von der Georg-August-Universität Göttingen im Sommersemester 2012 als Dissertation angenommen.

Rechtsprechung und Literatur sind bis August 2012 berücksichtigt. Insbesondere ist der Gesetzesentwurf zur Reform der elterlichen Sorge einbezogen, der am 4. Juli 2012 vom Kabinett beschlossen wurde.

Mein besonderer Dank gilt Frau Prof. Dr. Eva Schumann für ihre wissenschaftlichen Anregungen, fachlichen Ratschläge bei der Ausarbeitung des Manuskripts und die wohlwollende Förderung dieser Arbeit.

Inhaltsverzeichnis

Vorwort 5

Literaturverzeichnis 13

Einleitung 55
I. Der Fall Görgülü 55
II. Methoden und Ziele dieser Arbeit 67
1. Die soziale Situation nichtehelicher Kinder und ihrer Väter 68
2. Die soziale Situation nichtehelicher Kinder und ihrer Väter in den 1960er und 1970er Jahren 70
3. Soziale Entwicklung seit den 1970er Jahren bis heute 72
4. Die heutige Situation nichtehelicher Kinder 77
a) Nichteheliche Kinder aus vollständigen Familien 81
b) Nichteheliche Kinder aus „Trennungsfamilien“ 82
c) Schlussfolgerungen für das einfache Recht 87
5. Das kindliche Bindungsverhalten 88
6. Die Rolle des Vaters innerhalb der Familiengemeinschaft 91
7. Die Situation der am Adoptionsdreieck beteiligten Personen 96
III. Der Aufbau dieser Arbeit 102

1. Kapitel. Die Rechtsentwicklung im Adoptionsrecht seit Einführung des BGB 107
I. Das Nichtehelichengesetz von 1969 109
II. Die Vorab-Novelle von 1973 112
III. Das Adoptionsgesetz von 1976 115
1. Volladoption 116
2. Die elterliche Einwilligung in die Adoption 118
IV. Das Kindschaftsrechtsreformgesetz von 1997 121
V. Stellungnahme 126

2. Kapitel. Völkerrechtliche Vorgaben 131
I. Die Bedeutung völkerrechtlicher Übereinkommen für das innerstaatliche Recht 131

II. Die einzelnen völkerrechtlichen Übereinkommen 135
1. Konvention zum Schutze der Menschenrechte und Grundfreiheiten (EMRK) 135
a) Der Anspruch auf Achtung des Familienlebens nach Art. 8 I EMRK 135
aa) Der Fall Marckx gegen Belgien 136
bb) Der Fall Keegan gegen Irland 137
cc) Der Fall Görgülü gegen Deutschland 140
dd) Der Fall Zaunegger gegen Deutschland 141
ee) Der Fall Anayo gegen Deutschland 142
ff) Der Fall Schneider gegen Deutschland 143
gg) Die Fälle Gaskin, Odièvre und Jäggi – Recht des Kindes auf Kenntnis der eigenen Abstammung? 144
hh) Folgerungen für das deutsche Adoptionsrecht 146
b) Das Diskriminierungsverbot nach Art. 14 EMRK 151
c) Das Recht auf ein faires Verfahren nach Art. 6 I EMRK 153
aa) Grundsatz des fairen Verfahrens 153
bb) Das Gebot der angemessenen Verfahrensdauer 155
2. Kinderrechtskonvention der Vereinten Nationen 157
a) Die einzelnen Garantien 158
b) Das Recht auf Kenntnis der eigenen Abstammung nach Art. 7 KRK 158
c) Die Nichtdiskriminierungsklausel des Art. 2 KRK 160
d) Folgerungen für das innerstaatliche Recht 162
3. Weitere Abkommen 164
a) Internationaler Pakt über bürgerliche und politische Rechte (IPbpR) 164
b) UN-Nichtdiskriminierungsvereinbarung 165
c) Haager Übereinkommen über den Schutz von Kindern und die Zusammenarbeit auf dem Gebiet der internationalen Adoption ... 166
d) Europäisches Übereinkommen über die Adoption von Kindern (revidiert) 168

3. Kapitel. Verfassungsrechtliche Vorgaben 171
I. Art. 6 GG 171
1. Der Schutz der Familie nach Art. 6 I GG 172
a) Die Bedeutung des Art. 6 I GG 172
b) Der Familienbegriff des Art. 6 I GG 174
c) Der Schutz des Vaters und seines nichtehelichen Kindes nach Art. 6 I GG 175

aa) Der Schutz der Gemeinschaft von Vater, Mutter und Kind ... 176
bb) Der Schutz der Gemeinschaft von Vater und Kind 177
cc) Stellungnahme zum Schutz des Vaters und seines nichtehelichen Kindes nach Art. 6 I GG 180
2. Das Elternrecht nach Art. 6 II 1 GG 182
a) Das Elternrecht des nicht mit der Kindesmutter verheirateten Vaters 183
aa) Differenzierung zwischen Vätern ehelicher und nichtehelicher Kinder 183
bb) Differenzierung zwischen sorgeberechtigten und nicht sorgeberechtigten Vätern 184
cc) Differenzierungen zwischen Müttern und Vätern nichtehelicher Kinder 187
b) Der Beginn der Elternstellung nach Art. 6 II 1 GG – Elternrecht des Vaterschaftsprätendenten? 190
3. Vorgaben für das Adoptionsrecht aus Art. 6 I und Art. 6 II GG 192
4. Das Verbot der Trennung der Kinder von der Familie nach Art. 6 III GG 195
5. Das Gleichstellungsgebot des Art. 6 V GG 197
II. Art. 3 GG 199
III. Das Recht auf Kenntnis der eigenen genetischen Abstammung – Anspruch eines Kindes gegen seine Mutter auf Benennung des leiblichen Vaters? 201
1. Das Recht des Kindes auf Kenntnis seiner eigenen Abstammung 202
2. Die Herleitung des Rechts auf Kenntnis der eigenen Abstammung .. 207
3. Der Anspruch des Kindes gegen seine Mutter auf Benennung seines leiblichen Vaters nach der Rechtsprechung des BVerfG 210
a) Der Beschluss des BVerfG vom 18.1.1988 210
b) Der Beschluss des BVerfG vom 6.5.1997 212
c) Folgerungen für das einfache Recht 213

4. Kapitel. Die Rechtsstellung des Vaters bei der Adoption seines nichtehelichen Kindes nach den Vorschriften des BGB 215
I. Die erforderlichen Einwilligungen in die Kindesannahme 215
1. Der Kreis der Einwilligungsberechtigten 215
2. Das Einwilligungsrecht der leiblichen Eltern 218
a) Einwilligungsrecht der Mutter 218
b) Einwilligungsrecht des Vaters 219
aa) Der mit der Mutter verheiratete Vater 219
bb) Der nicht mit der Mutter verheiratete Vater 220

c) Stellungnahme ... 221
3. Das Einwilligungsrecht des Vaterschaftsprätendenten ... 224
a) Die vorläufige Vaterschaftsvermutung nach § 1747 I 2 BGB ... 224
b) Geltung des Amtsermittlungsgrundsatzes? ... 225
c) Glaubhaftmachung der Vaterschaft? ... 227
d) Erhebung einer Vaterschaftsfeststellungsklage? ... 230
e) Ausschluss des § 1747 I 2 BGB bei feststehender Vaterschaft eines anderen Mannes ... 235
f) Die Folgen fehlender Glaubhaftmachung ... 239
g) Stellungnahme ... 242
II. Die Sonderregelungen des § 1747 III BGB ... 247
1. Die pränatale Einwilligung gem. § 1747 III Nr. 1 BGB ... 247
a) Erklärungsversuche ... 248
b) Kritik der Literatur ... 249
c) Eigene Bewertung ... 249
aa) Die neue Rechtsprechung des EGMR und des BVerfG zur elterlichen Sorge ... 250
bb) Lösungsvorschläge zur Neuregelung der elterlichen Sorge ... 251
cc) Gesetzesentwurf der Bundesregierung zur Neuregelung der elterlichen Sorge ... 251
dd) Widerspruch zum Völker- und Verfassungsrecht ... 253
2. Die Sperrwirkung eines Sorgerechtsantrages des Vaters gem. § 1747 III Nr. 2 BGB ... 256
a) Entstehung und Bedeutung der Vorschrift ... 256
b) Kritik der Literatur ... 258
c) Stellungnahme ... 259
aa) § 1672 I BGB in der bisherigen Fassung ... 259
bb) Bisherige Adoptionspraxis ... 260
cc) Beschluss des BVerfG vom 26.9.2007 ... 261
dd) Bewertung unter völker- und verfassungsrechtlichen Aspekten ... 262
3. Verzicht auf Antragstellung zur Übertragung der elterlichen Sorge gem. § 1747 III Nr. 3 BGB ... 263
a) Regelungszweck ... 264
b) Öffentliche Beurkundung ... 264
c) Die Rechtsfolgen des Verzichts ... 265
d) Kritik und verfassungsrechtliche Bedenken ... 266
e) Stellungnahme ... 267
f) Fazit ... 270
III. Die erleichterte Einwilligungsersetzung gem. § 1748 IV BGB ... 271

1. Begründungsversuche ... 273
2. Kritik der Literatur ... 274
a) Differenzierung zwischen Vätern ehelicher und Vätern nichtehelicher Kinder ... 274
b) Differenzierung innerhalb der Gruppe nichtehelicher Väter ... 275
c) Differenzierung zwischen Müttern und Vätern nichtehelicher Kinder ... 276
3. Verfassungsrechtliche Bedenken ... 278
4. Verfassungskonforme Auslegung ... 280
5. Meinungsstand in der Rechtsprechung ... 281
6. Stellungnahme ... 285
a) Vereinbarkeit des § 1748 IV BGB mit dem Völker- und Verfassungsrecht ... 285
b) Auseinandersetzung mit der Lösung über eine verfassungskonforme Auslegung ... 290
c) Eigener Lösungsvorschlag ... 291
7. Die Ersetzung der Einwilligung des Vaterschaftsprätendenten nach § 1748 IV BGB ... 294
8. Ergebnis ... 298

5. Kapitel. Der unbekannte Vater im Adoptionsverfahren ... 299
I. Entbehrlichkeit der Einwilligung nach § 1747 IV BGB ... 299
1. Bedeutung der Vorschrift ... 299
2. Abgrenzung zu § 1748 BGB ... 300
3. Die Tatbestandsalternativen des § 1747 IV BGB ... 300
4. Anwendbarkeit des § 1747 IV BGB in den Fällen des unbekannten Vaters? ... 302
II. Der Anspruch des nichtehelichen Kindes gegen seine Mutter auf Benennung seines leiblichen Vaters ... 304
1. Motivlage ... 304
a) Motive des Kindes zur Abstammungsaufklärung ... 305
b) Motive der Mutter ... 306
aa) Rechtsprechung ... 306
bb) Einteilung der Motive ... 308
cc) Aktualität ... 311
2. Interessenabwägung ... 312
a) Kindesinteressen ... 313
b) Interessen der Mutter ... 315
c) Interessenabwägung ... 316
3. Stellungnahme ... 319

4. Mögliche Anspruchsgrundlagen 325
III. Die Rechtsstellung des unbekannten Vaters im Adoptionsverfahren 328
1. Literatur 328
2. Rechtsprechung 330
3. Stellungnahme 334

Schlussbetrachtung 341

Literaturverzeichnis

Adam, Sabine, Grundrechtliche Probleme der Fortpflanzungsmedizin – ein Beitrag zur Diskussion eines Embryonenschutzgesetzes, Jur. Diss., Kostanz 1989

Ahnert, Lieselotte, Bindung und Bonding: Konzepte früher Bindungsentwicklung, in: Frühe Bindung, herausgegeben von Lieselotte Ahnert, München 2004, S. 63–81

Alternativkommentar zum Bürgerlichen Gesetzbuch, Gesamtherausgeber Rudolf Wassermann, Neuwied, 1987, zitiert als: AK-BGB/[*Bearbeiter*]

Alternativkommentar zum Grundgesetz für die Bundesrepublik Deutschland, herausgegeben von Erhard Denninger, Wolfgang Hoffmann-Riem, Hans-Peter Schneider, Ekkehard Stein, 3. Auflage, Neuwied 2001–2002, zitiert als: AK-GG/[*Bearbeiter*]

Arbeitsgemeinschaft für Jugendpflege und Jugendfürsorge, Adoptionsrecht – Thesen für eine Reform, in: ZBlJugR 1970, S. 203–205

Arbeitsgruppe „Adoptionsrecht" des Kommissariats der deutschen Bischöfe, Vorgeburtliche Einwilligung in die Adoption, in: FamRZ 1972, S. 356–358

Arntzen, Friedrich, Elterliche Sorge und persönlicher Umgang mit Kindern, München 1980

Bach, Rolf P., „Vatertag" beim Bundesverfassungsgericht, in: ZfJ 1995, S. 471–474

Bach, Rolf P., Die Praxis der Adoptionsvermittlung, in: FPR 2001, S. 318–321

Badenberg, Felor, Das Recht des Kindes auf Kenntnis der eigenen Abstammung unter Berücksichtigung der Problematik der anonymen Geburt, Frankfurt am Main 2006, zugl. Jur. Diss., Köln 2005

Baer, Ingrid, Verabschiedung des UN-Übereinkommens über die Rechte des Kindes im November 1989 in New York, in: FuR 1990, S. 192–199

Baer, Ingrid, Übereinkommen der Vereinten Nationen über die Rechte des Kindes, in: NJW 1993, S. 2209–2211

Baer, Ingrid, Der Entwurf eines Gesetzes zur Reform des Kindschaftsrechts im Lichte der Entwicklung in anderen europäischen Ländern und in den internationalen Konventionen, in: DAVorm 1996, Sp. 855–866

Baer, Ingrid, Stellungnahme zum Referentenentwurf zur Reform des Kindschaftsrechts (KindRG) vom Juli 1995, in: ZfJ 1996, S. 123–126

Baer, Ingrid/**Gross**, Helga, Adoption und Adoptionsvermittlung, Frankfurt am Main, 1976

Bäumel, Dieter/**Bienwald**, Werner/**Häußermann**, Röse, Familienrechtsreformkommentar, FamRefK, Bielefeld 1998, zitiert als: FamRefK/[*Bearbeiter*]

Balloff, Rainer, Lebensgemeinschaften nicht verheirateter Eltern mit Kindern – Bestandsaufnahme, Perspektiven und Grenzen aus juristischer und psychologischer Sicht, in: ZfJ 1991, S. 189–201

Balloff, Rainer, Die Bedeutung des Vaters für die Entwicklung des Kindes, in: FPR 2005, S. 210–213

Balz, Manfred, Heterologe künstliche Samenübertragung beim Menschen: rechtliche und politische Überlegungen zu einem Vorhaben des Europarats, Tübingen 1980

Bamberger, Heinz Georg/**Roth**, Herbert, Kommentar zum Bürgerlichen Gesetzbuch, 3. Auflage, München 2012, zitiert als: Bamberger/Roth/[*Bearbeiter*]

Bartels, Torsten, Die vollständigen und unvollständigen Familien im Kindschaftsrecht, Frankfurt am Main 1986, zugl. Jur. Diss., Hamburg 1986

Barth, Klaus, Vaterschaftsfeststellung bei gleichzeitiger Adoptionsvermittlung?, in: ZfJ 1984, S. 68–71

Baumann, Jürgen, Strafbarkeit von In-vitro-Fertilisation und Embryonentransfer?, in: Hans-Ludwig Günther, Rolf Keller, Fortpflanzungsmedizin und Humangenetik – Strafrechtliche Schranken?, 2. Auflage, Tübingen 1991, S. 177–191

Baumbach, Adolf/**Lauterbach**, Wolfgang/**Albers**, Jan/**Hartmann**, Peter, Zivilprozessordnung, 70. Auflage, München 2012

Bausch, Helmut, Der Begriff des „Abkömmlings“ in Gesetz und rechtsgeschäftlicher Praxis, in: FamRZ 1980, S. 413–418

Bayer, Ralf-Peter, Abkehr vom Nichtehelichenrecht und Vorschläge zu einer Neuorientierung, Jur. Diss., Göttingen 1992

Bayerisches Landesjugendamt, Aufklärung des Kindes über seine Adoption – wann und wie?, in: PFAD 3/2009, S. 74–76

Becker, Walter, Zur Rechtsstellung der unehelichen Mutter, in: RdJ 1960, S. 1–5

Becker, Walter, Reform des Unehelichenrechts unter Berücksichtigung des „anonymen Vaters“ (I), in: RdJ 1964, S. 51–57

Becker, Walter, Reform des Unehelichenrechts unter Berücksichtigung des „anonymen Vaters“ (II), in: RdJ 1964, S. 72–74

Becker, Walter, Ethische und rechtliche Probleme um das Retorten-Kind, in: ZBlJugR 1979, S. 238–244

Beitzke, Günther, Zur Neuregelung der Zuständigkeit in Adoptionssachen, in: FamRZ 1976, S. 507–510

Belchaus, Günther, Neuregelung des Rechts der elterlichen Sorge, in: ZBlJugR 1979, S. 325–338

Benda, Ernst, Humangenetik und Recht – eine Zwischenbilanz, in: NJW 1985, S. 1730–1734

Benda, Ernst, Verkehrtes zum Verkehrsrechts, in: EuGRZ 2002, S. 1–3

Benda, Ernst, Die „anonyme Geburt“, in: JZ 2003, S. 533–540

Benda, Ernst, Die Bindungswirkung von Entscheidungen des Europäischen Gerichtshofs für Menschenrechte, in: AnwBl 2005, S. 602–608

Berens, Petra, Der Grundrechtsschutz der Familie unter besonderer Berücksichtigung der kinderreichen Familie, Jur. Diss., Köln 2004

Bergmann, Jan, Das Bundesverfassungsgericht in Europa, in: EuGRZ 2004, S. 620–627

Bernat, Erwin, Statusrechtliche Probleme im Gefolge medizinisch assistierter Zeugung, in: MedR 1986, S. 245–253

Bernhardt, Rudolf, Thoughts on the interpretation of human-right treaties, in: Protecting Human Rights: The European Dimension, Festschrift für Gérard J. Wiarda, Köln 1988, S. 65–71

Bethke, Ralph, Das Übereinkommen der Vereinten Nationen über die Rechte des Kindes und seine Umsetzung in der Bundesrepublik Deutschland, München 1996

BGB-RGRK: Das Bürgerliche Gesetzbuch mit besonderer Berücksichtigung der Rechtsprechung des Reichsgerichts und des Bundesgerichtshofes, Kommentar, herausgegeben von Mitgliedern des Bundesgerichtshofes, 12. Auflage, Berlin, 1974–2000, zitiert als: BGB-RGRK/[*Bearbeiter*]

Bilsdorfer, Peter, Rechtliche Probleme der In-vitro-Fertilisation und des Embryo-Transfers, in: MDR 1984, S. 803–806

Binder, Ulrike Elisabeth, Die Auswirkungen der Europäischen Menschenrechtskonvention und des UN-Übereinkommens über die Rechte des Kindes vom 20. November 1989 auf Rechtsfragen im Bereich der medizinisch assistierten Fortpflanzung, Frankfurt am Main 1998, zugl. Jur. Diss., Freiburg (Breisgau) 1997

Binschus, Wolfgang, Schwerpunkte des neuen Adoptionsrechts, in: ZfF 1976, S. 193–201

Binschus, Wolfgang, Zur Durchführung des Adoptionsverfahrens nach den neuen Bestimmungen, in: ZfF 1977, S. 224–227

Binschus, Wolfgang, Adoption: zu ihren Voraussetzungen und Rechtswirkungen, in: ZfF 2005, S. 257–261

Binschus, Wolfgang, Zum Bundeselterngeld- und Elternzeitgesetz, in: ZfF 2006, S. 257–261

Bischof, Hans Helmut, Das neue Adoptionsgesetz ab 1.1.1977, in: JürBüro 1976, S. 1570–1603

Blech, Eva-Marie, Die Rechte des nichtehelichen Vaters im deutschen Kindschaftsrecht, Jur. Diss., Bonn 1993

Bleckmann, Albert, Die Völkerrechtsfreundlichkeit der deutschen Rechtsordnung, in: DÖV 1979, S. 309–318

Bleckmann, Albert, Verfassungsrang der Europäische Menschenrechtskonvention?, in: EuGRZ 1994, S. 149–155

Bleckmann, Albert, Die Völkerrechtsfreundlichkeit der deutschen Rechtsordnung, in: DÖV 1996, S. 137–145

Blei, Hermann, Der Strafrechtsschutz von Familienordnung und Familienpflichten, in: FamRZ 1961, S. 137–147

Blume, Jürgen, Das Haager Adoptionsabkommen: Auswirkungen auf das deutsche internationale Recht, Jur. Diss. München, 1970

Böhm, Reglindis, Gedanken zu einer Neuregelung des Kindschaftsrechts, in: ZRP 1992, S. 334–337

Boehmer, Gustav, Verhandlungen des vierundvierzigsten Deutschen Juristentages in Hannover 1962, Band I (Gutachten), 1. Teil, Heft A, Tübingen 1962

Boehmer, Gustav, Das Problem der Brautkinder im deutschen und schweizerischen Recht, in: NJW 1963, S. 1945–1953

Börgers, Michael, Die Europäische Menschenrechtskonvention als Rechtsquelle des deutschen Familienrechts, in: FuR 1990, S. 141–145

Das Bonner Grundgesetz, Kommentar, herausgegeben von Christian Starck, 4. Auflage, München 2000, zitiert als: BK-GG/[*Bearbeiter*]

Born, Winfried, Kommentierte Rechtssprechung, in: FPR 2008, S. 61–62

Bosch, Friedrich Wilhelm, Probleme einer Reform des Unehelichenrechts, in: FamRZ 1961, S. 457–463

Bosch, Friedrich Wilhelm, Verhandlungen des vierundvierzigsten Deutschen Juristentages in Hannover 1962, Band I (Gutachten), 1. Teil, Heft B, Tübingen 1962

Bosch, Friedrich Wilhelm, Die geplante Neuordnung der Rechtsstellung des unehelichen Kindes, in: FamRZ 1963, S. 398–403

Bosch, Friedrich Wilhelm, Reform des Unehelichenrechts? Ja – aber wie?, in: FamRZ 1968, S. 621–631

Bosch, Friedrich Wilhelm, Einführung in das neue „Nichtehelichenrecht“, in: FamRZ 1969, S. 505–512

Bosch, Friedrich Wilhelm, Neues deutsches Familienrecht 1976/1977, in: FamRZ 1976, S. 401–409

Bosch, Friedrich Wilhelm, Rückblick und Ausblick oder: De legibus ad familiam pertinentibus – reformatis et reformandis? (Familienrechtsreform in Vergangenheit, Gegenwart und Zukunft), in: FamRZ 1980, S. 739–752
Bosch, Friedrich Wilhelm, Zu Peter Finger, Die Beendigung der Amtspflegschaft des Jugendamtes nach § 1707 BGB, in: FamRZ 1983, S. 433–434
Bosch, Friedrich Wilhelm, Entwicklungen und Probleme des Adoptionsrechts in der Bundesrepublik Deutschland, in: FamRZ 1984, S. 829–842
Bott, Regula, Jugendämter und die Suche von und nach Adoptierten, in: ZfJ 1995, S. 412–414
Bowlby, John, Bindung, 3. Auflage, Frankfurt am Main 1984
Brandt, Wilfried, Zur Kriminalität der Unehelichen, in: RdJ 1963, S. 42–45
Breithaupt, Marianne, Die Alleinsorge der Mutter nach § 1626a II BGB und das Kindeswohl, in: FPR 2004, S. 488–491
Breitkopf, Ursula, Die Stellung des mit der Mutter nicht verheirateten Vaters bei Adoption des Kindes, Frankfurt am Main 1991, zugl. Jur. Diss., Regensburg 1991
Bretherton, Inge, Die Geschichte der Bindungstheorie, in: Gottfried Spangler, Peter Zimmermann, Die Bindungstheorie, 4. Auflage, Stuttgart 2002, S. 27–49
Breuer, Marten, Zur Anordnung konkreter Abhilfemaßnahmen durch den EGMR, in: EuGRZ 2004, S. 257–263
Breuer, Marten, Karlsruhe und die Gretchenfrage: Wie hast du's mit Straßburg?, in: NVwZ 2005, S. 412–414
Brinckmann, Hans, Der Zeitpunkt der Aktualisierung von Art. 6 Abs. V GG, in: FamRZ 1970, S. 70–73
Brisch, Karl-Heinz, Bindungsstörungen, ihre Folgen und die Möglichkeiten der Therapie, in: Karl Gebauer, Gerald Hüther, Kinder brauchen Wurzeln, 2. Auflage, Düsseldorf 2002, S. 64–78
Brötel, Achim, Die gesetzliche Amtspflegschaft für nichteheliche Kinder im Kontext einer europäischen Grundrechtsentwicklung, in: FamRZ 1991, S. 775–780
Brötel, Achim, Der Anspruch auf Achtung des Familienlebens, Baden-Baden 1991, zugl. Jur. Diss., Heidelberg 1990/1991
Brötel, Achim, Europäische Impulse für das deutsche Nichtehelichenrecht, in: ZfJ 1992, S. 241–250
Brötel, Achim, Die grundrechtliche Stellung des Vaters bei der Adoption seines nichtehelichen Kindes durch Dritte, in: FamRZ 1995, S. 72–79
Brötel, Achim, Die Defizite im deutschen Kindschaftsrecht, gemessen an der Europäischen Menschenrechtskonvention (EMRK), in: Peter Koeppel, Kindschaftsrecht und Völkerrecht, Neuwied 1996, S. 49–70

Brötel, Achim, Der Rechtsanspruch des Kindes auf seine Eltern, Teil 1, in: DAVorm 1996, Sp. 745–766
Brötel, Achim, Der Rechtsanspruch des Kindes auf seine Eltern, Teil 2, in: DAVorm 1996, Sp. 843–854
Brötel, Achim, Kinderrechte – Staatenpflichten: Überlegungen zum Verhältnis von Völkerrecht und innerstaatlichem Recht in der aktuellen Reformdiskussion, in: DAVorm 1997, Sp. 537–550
Brückner, Christoph, Die Überprüfung von Sorgerechtsentziehungen durch den Europäischen Gerichtshof für Menschenrechte, in: FuR 2002, S. 385–392
Brückner, Christoph, Väterrechte vor dem Europäischen Gerichtshof für Menschenrechte, in: FPR 2005, S. 200–204
Brüggemann, Dieter, Intimsphäre und außereheliche Elternschaft, Jur. Diss., Bonn 1964
Brüggemann, Dieter, Zweifelsfragen des neuen Adoptionsverfahrensrechts aus der Sicht des Jugendamtes, in: ZBlJugR 1977, S. 199–208
Brühl, G., Verfassungswidrige Unterhaltsbeteiligung volljähriger Kinder?, in: FamRZ 1982, S. 985–987
Bruns, Rudolf, Abstammungsfeststellungsklage, in: ZZP 64. Band, Heft 2/1950-51
Büttner, Helmut, Der biologische (genetische) Vater und seine Rechte, in: Perspektiven des Familienrechts, Festschrift für Dieter Schwab zum 70. Geburtstag, herausgegeben von Sibylle Hofer, Diethelm Klippel, Ute Walter, Bielefeld 2005, S. 735–745
Buhr, Martina, Anmerkung zum Beschluss des BVerfG vom 7.3.1995 – 1 BvR 790/91 u.a., in: FamRZ 1995, S. 1268–1270
Bullinger, Hermann, Wenn Männer Väter werden, Reinbek bei Hamburg 1992
Buschle, Dirk, Ein neues „Solange“? – Die Rechtsprechung aus Karlsruhe und Straßburg im Konflikt, in: VBlBW 2005, S. 293–297
Busse, Bartold, Das Recht des Kindes auf Kenntnis seiner Abstammung bei heterologer künstlicher Befruchtung, Jur. Diss., Münster 1988

von Campenhausen, Axel, Verfassungsgarantie und sozialer Wandel – Das Beispiel von Ehe und Familie, in: Veröffentlichungen der Vereinigung der Deutschen Staatrechtslehrer, Heft 45, S. 7–54, zitiert als: von Campenhausen, VVDStRL 45 (1986)
Coester, Michael, Sorgerechtsentscheidung und Grundgesetz, in: NJW 1981, S. 961–962
Coester, Michael, Reform des Kindschaftsrechts, in: JZ 1992, S. 809–816
Coester, Michael, 15 Jahre Beistand und Rücksicht im deutschen Kindschaftsrecht, in: Familie und Recht: Festgabe der Rechtswissenschaftlichen Fakultät

der Universität Freiburg für Bernhard Schnyder zum 65. Geburtstag, herausgegeben von Peter Gauch, Jörg Schmid, Paul-Henri Steinauer, Pierre Tercier, Franz Werro, Freiburg, Schweiz, 1995, S. 101–120

Coester, Michael, Elternrecht des nichtehelichen Vaters und Adoption, in: FamRZ 1995, S. 1245–1251

Coester, Michael, Die Reform des Kindschaftsrechts – ein privatrechtlicher Überblick, in: RdJB 1996, S. 430–441

Coester, Michael, Neues Kindschaftsrecht in Deutschland, in: DEuFamR 1999, S. 3–15

Coester, Michael, Anmerkung zum Beschluss des BVerfG vom 23.4.2004 – 1 BvR 1248/99, in: FamRZ 2004, S. 87–88

Coester, Michael, Nichteheliche Elternschaft und Sorgerecht, in: FamRZ 2007, S. 1137–1145

Coester, Michael, Sorgerechtliche Impulse aus Straßburg, in: NJW 2010, S. 482–485

Coester-Waltjen, Dagmar, Die künstliche Befruchtung beim Menschen – Zulässigkeit und zivilrechtliche Folgen, Verhandlungen des sechsundfünfzigsten Deutschen Juristentages, Berlin 1986, Band I (Gutachten), Teil B, 2. Teilgutachten, Zivilrechtliche Probleme

Coester-Waltjen, Dagmar, Zum Recht des Kindes auf Kenntnis der eigenen Abstammung, in: Jura 1989, S. 520–523

Cremer, Hans-Joachim, Zur Bindungswirkung von EGMR-Urteilen, in: EuGRZ 2004, S. 683–699

Czerner, Helmuth, Kritische Anmerkungen zum Adoptionsvermittlungsgesetz und Adoptionsgesetz, in: DAVorm 1977, Sp. 115–122

Dammasch, Frank/**Metzger**, Hans-Geert, Einleitung, in: Die Bedeutung des Vaters, herausgegeben von Frank Dammasch, Hans-Geert Metzger, Frankfurt am Main 2006, S. 7–17

Darnstädt, Thomas/**Hipp**, Dietmar/**Verbeet**, Markus, „Das tut mir weh“, Spiegel-Gespräch mit Luzius Wildhaber, in: Der Spiegel vom 15.11.2004

Degenhart, Christoph, Das allgemeine Persönlichkeitsrecht, Art. 2 I i.V. mit Art. 1 I GG, in: JuS 1992, S. 361–368

Deichfuß, Hermann, Recht des Kindes auf Kenntnis seiner blutmäßigen (genetischen) Abstammung?, in: NJW 1988, S. 113–117

Dethloff, Nina, Reform des Kindschaftsrechts, in: NJW 1992, S. 2200–2208

Deutsch, Erwin/**Spickhoff**, Andreas, Medizinrecht, 6. Auflage, Berlin 2008

Deutscher Familiengerichtstag e.V., Stellungnahme zu dem Entwurf eines Gesetzes zur Reform des Kindschaftsrechts (Kindschaftsrechtsreformgesetz – KindRG), in: FamRZ 1997, S. 337–343

Dickmeis, F., Anmerkung zum Beschluss des AG Kamen vom 13.11.1979 – 5 VIII G 838, in: DAVorm 1980, Sp. 48–49
Dickmeis, Franz, Kinder im Recht – Kindschaftsrecht und Völkerrecht im europäischen Kontext, in: DAVorm 1997, Sp. 153–159
Diederichsen, Uwe, Die Neuregelung des Rechts der elterlichen Sorge, in: NJW 1980, S. 1–11
Diederichsen, Uwe, Die Reform des Kindschafts- und Beistandsrecht, in: NJW 1998, S. 1977–1991
Diering, Frank, Straßburger Urteile nicht bindend, in: Die Welt vom 20.10.2004
Diering, Frank, Verfassungsgerichtspräsident mahnt Straßburger Richter, in: Die Welt vom 21.1.2006
Dietlein, Johannes, Der Schutz nichtehelicher Lebensgemeinschaften in den Verfassungen und Verfassungsentwürfen der neuen Länder, in: DtZ 1993, S. 136–141
Dietsch, Konstanze, Müssen Adoptiveltern die besseren Eltern sein?, in: Sozialmagazin 2000, Heft 7–8, S. 60–62
Di Fabio, Udo, Der Schutz von Ehe und Familie: Verfassungsentscheidung für die vitale Gesellschaft, in: NJW 2003, S. 993–998
DIV-Gutachten vom 11.5.1998, in: ZfJ 1998, S. 335–336
DIV-Gutachten vom 29.5.1998, in: ZfJ 1998, S. 333–334
Dodegge, Georg, Das formelle und materielle deutsche Adoptionsrecht, in: FPR 2001, S. 321–327
Dölle, Hans, Die Gleichberechtigung von Mann und Frau im Familienrecht, in: JZ 1953, S. 353–362
Dörr, Dieter, Anmerkung zum Urteil des EGMR vom 26.5.1994, Keegan/Irland – 16/1993/411/490, in: JuS 1996, S. 257–258
Dörr, Oliver, Rechtsprechungskonkurrenz zwischen nationalen und europäischen Verfassungsgerichten, in: DVBl. 2006, S. 1088–1099
Donhauser, Thomas, Das Recht des Kindes auf Kenntnis der genetischen Abstammung, Jur. Diss., Regensburg 1996
Dorsch, Gabriele, Die Konvention der Vereinten Nationen über die Rechte des Kindes, Berlin 1994, zugl. Jur. Diss., München 1992
Dreier, Horst, Grundgesetz Kommentar, 2. Auflage, Tübingen 2004, zitiert als: Dreier/[*Bearbeiter*], GG
Dunz, Walter, Zur Reform des Unehelichenrechts, in: NJW 1962, S. 1472–1480
Duss-von Werdt, Josef, Überlegungen zur gemeinsamen Typologie von Ehe, Scheidung und Elternschaft, in: ZfJ 1984, S. 17–22

Eberbach, Wolfram H., Rechtliche Probleme der „Leihmutterschaft“, in: MedR 1986, S. 253–259

Ebert, Kurt, Die Defizite im deutschen Kindschaftsrecht, gemessen an der UN-Kinderrechtskonvention, in: Peter Koeppel, Kindschaftsrecht und Völkerrecht, Neuwied 1996, S. 103–117

Ebert, Kurt, Zur Konfiguration (Konfrontation?) von innerstaatlichem Recht und Völkerrecht in der aktuellen deutschen Familienrechtslage, in: FamRZ 1994, S. 273–281

Ebert, Eugen/**von Schneider**, Heinrich, Bürgerliches Gesetzbuch, herausgegeben von Otto Fischer und Wilhelm von Henle, München 1906

Echterhölter, Rudolf, Die Europäische Menschenrechtskonvention im Rahmen der verfassungsmäßigen Ordnung, in: JZ 1955, S. 689–693

Eckertz-Höfer, Marion, Frauen kommen... Art. 3 Abs. 2 GG in Verbindung mit dem Sozialstaatsgebot, in: Ein Richter, ein Bürger, ein Christ, Festschrift für Helmut Simon, herausgegeben von Willy Brandt, Helmut Gollwitzer, Johann Friederich Henschel, Baden-Baden 1987

Edenfeld, Stefan, Das neue Abstammungsrecht der Bundesrepublik Deutschland im nationalen und internationalen Vergleich, in: FuR 1996, S. 190–196

Eidenmüller, Horst, Der Auskunftsanspruch des Kindes gegen seine Mutter auf Benennung des leiblichen Vaters, in: JuS 1998, S. 789–795

Ell, Ernst, Wie ist das mit der „Hauptbezugsperson"?, in: ZBlJugR 1982, S. 76–82

Ell, Ernst, Benachteiligungen nichtehelicher Kinder, in: ZfJ 1985, S. 97–100

Ell, Ernst, Wieder zu den Eltern?, Weinheim 1990

van Els, Hans, § 1618a BGB – eine zeitgemäße Ausformulierung des Fünften Gebots, in: DAVorm 1991, Sp. 123–134

Emmerling, Dieter, Ehescheidungen 2005, in: Statistisches Bundesamt, Wirtschaft und Statistik 2007, S. 159–168

Enders, Christoph, Das Recht auf Kenntnis der eigenen Abstammung, in: NJW 1989, S. 881–884

Enders, Wolfgang, Stiefkindadoption, in: FPR 2004, S. 60–64

Engler, Helmut, Die Vorschläge zur Änderung des Adoptionsrechts im Referentenentwurf des Unehelichengesetzes, in: FamRZ 1966, S. 551–559

Engler, Helmut, Zum Erfordernis der elterlichen Einwilligung in die Adoption, in: FamRZ 1969, S. 63–72

Engler, Helmut, Nichtehelichengesetz und Adoptionsrecht, in: FamRZ 1970, S. 113–122

Engler, Helmut, Auf dem Weg zu einem neuen Adoptionsrecht, Bielefeld 1972

Engler, Helmut, Der Entwurf eines Gesetzes über die Annahme als Kind, in: FamRZ 1975, S. 125–138

Engler, Helmut, Zur Adoption eines nichtehelichen Kindes durch seine Mutter, in: FamRZ 1975, S. 325–326

Engler, Helmut, Vaterlos durch Adoption? in: FamRZ 1976, S. 17
Engler, Helmut, Das neue Adoptionsrecht, in: FamRZ 1976, S. 584–594
Erman, Bürgerliches Gesetzbuch, Handkommentar herausgegeben von Harm Peter Westermann, 13. Auflage, Köln 2011, zitiert als: Erman/[*Bearbeiter*]
Ernst, Rüdiger, Die Vater-Kind-Zuordnung aufgrund der Ehe der Mutter, Jur. Diss., Freiburg (Breisgau) 1993
Esser, Robert, Die Umsetzung der Urteile des Europäischen Gerichtshofs für Menschenrechte im nationalen Recht – ein Beispiel für die Dissonanz völkerrechtlicher Verpflichtungen und verfassungsrechtlicher Vorgaben, in: StV 2005, S. 348–355
Evangelische Akademikerschaft in Deutschland/Katholischer Akademikerverband, Neuordnung des Adoptionsrechts, in: FamRZ 1974, S. 170–172
Evers, Hans-Ulrich, Schutz des „Privatlebens" durch Art. 8 MRK und durch das Grundrecht auf Datenschutz, in: Auf dem Weg zur Menschenwürde und Gerechtigkeit, Festschrift für Hans R. Klecatsky, Wien 1980, S. 177–203

Fahrenhorst, Irene, Familienrecht und Europäische Menschenrechtskonvention, Paderborn 1994
Fahrenhorst, Irene, Die Rechtsstellung des Vaters bei der Inkognito-Adoption seines nichtehelichen Kindes, in: FuR 1995, S. 107–144
Familienrechtskommission der Evangelischen Kirche in Deutschland, Stellungnahme zur Reform des Unehelichenrechts, in: JZ 1966, S. 735–736
Fendrich, Sandra, Adoptionen in Deutschland, in: ZfJ 2005, S. 283–289
Finger, Peter, Die Beendigung der Amtspflegschaft des Jugendamtes nach § 1707 BGB, in: FamRZ 1983, S. 429–433
Finger, Peter, Nichteheliche Väter und ihre Kinder – materiell-rechtliche Situation, Teil 1, in: ZfJ 1987, S. 317–325
Finger, Peter, Nichteheliche Väter und ihre Kinder – materiell-rechtliche Situation, Teil 2 und Schluss, in: ZfJ 1987, S. 448–453
Finger, Peter, Belehrung und Beratung durch das Jugendamt nach §§ 1748 Abs. 2 BGB, 51a JWG, in: DAVorm 1990, Sp. 393–402
Finger, Peter, Die Ersetzung der Einwilligung eines Elternteils in die Annahme als Kind nach § 1748 BGB, in: FuR 1990, S. 183–191
Finger, Peter, Das Übereinkommen über die Rechte des Kindes (UN-Kinderrechtskonvention) und sein Einfluss auf das deutsche Kindschafts- und Familienrecht, in: JR 1992, S. 177–182
Finger, Peter, §§ 1626a ff., 1672 BGB – verfassungswidrig?, in: FamRZ 2000, S. 1204–1207
Finger, Peter, Die elterliche Sorge des nichtehelichen Vaters – verfassungswidrige Reform?, in: ZfJ 2000, S. 183–188

Finger, Peter, Anmerkung zum Beschluss des BGH vom 23.3.2005 – XII ZB 10/03, in: BGH Report 2005, S. 976–977
Finger, Peter, Nichtehelicher Vater und Annahme des/seines Kindes, in: JR 2005, S. 138–142
Fischer, Thomas, Strafgesetzbuch, 55. Auflage, München 2008
Fleisch, Hans, Die verfassungsrechtliche Stellung des leiblichen Vaters, Baden-Baden 1987, zugl. Jur. Diss., Göttingen 1987
Foth, Heinrich, Kindschaftsrecht: kommentiert für die soziale Praxis, Frankfurt am Main 1986
Frank, Rainer, Die wissentlich falsche Vaterschaftsanerkennung aus zivil- und strafrechtlicher Sicht, in: ZBlJugR 1972, S. 260–271
Frank, Rainer, Recht auf Kenntnis der genetischen Abstammung, in: FamRZ 1988, S. 113–120
Frank, Rainer, Die zwangsweise körperliche Untersuchung zur Feststellung der Abstammung, in: FamRZ 1995, S. 975–981
Frank, Rainer, Die Neuregelung des Adoptionsrechts, in: FamRZ 1998, S. 393–399
Frank, Rainer, Die Neuregelung des Adoptionsrechts, in: Dieter Schwab, Das neue Familienrecht, Bielefeld 1998, S. 273–290, zitiert als: Schwab/*Frank*, Das neue Familienrecht
Frank, Rainer, Das Recht auf Kenntnis der Abstammung in Deutschland und Frankreich, in: Festschrift für Peter Schlechtriem zum 70. Geburtstag, herausgegeben von Ingeborg Schwenzer, Günter Hager, Tübingen 2003, S. 37–52
Frank, Rainer, Brauchen wir Adoptionen?, in: FamRZ 2007, S. 1693–1699
Frank, Rainer/**Helms**, Tobias, Der Anspruch des nichtehelichen Kindes gegen seine Mutter auf Nennung des leiblichen Vaters, in: FamRZ 1997, S. 1258–1263
Frank, Rainer/**Wassermann**, Peter, Anmerkung zum Beschluss des BVerfG vom 14.4.1988 – 1 BvR 544/86, in: FamRZ 1988, S. 1248–1251
Fremmer-Bombik, Elisabeth, Innere Arbeitsmodelle von Bindung, in: Gottfried Spangler, Peter Zimmermann, Die Bindungstheorie, 4. Auflage, Stuttgart 2002, S. 109–119
Frenz, Walter, Die Unterhaltsgarantie aus Art. 6 GG nach der Sorgerechtsentscheidung des BVerfG vom 7.5.1991, in: NJW 1992, S. 1597–1602
Friauf, Karl Heinrich, Verfassungsgarantie und sozialer Wandel – das Beispiel von Ehe und Familie, in: NJW 1986, S. 2596–2602
Friauf, Karl Heinrich/**Höfling**, Wolfram, Berliner Kommentar zum Grundgesetz, Stand 24. Lieferung 08/2008, zitiert als: Friauf/Höfling/[*Bearbeiter*], GG
Fritz, Bernd, Vater ohne Sohn, in: Frankfurter Allgemeine Zeitung vom 15.4.2005

Fröhlich, Sven F., Der Fall Görgüly – eine neverending story, in: FF 2007, S. 134–135

Frowein, Jochen Abr., Die Europäische Menschenrechtskonvention in der neueren Praxis der Europäischen Kommission und des Europäischen Gerichtshofs für Menschenrechte, in: EuGRZ 1980, S. 231–237

Frowein, Jochen Abr., Der Europäische Menschenrechtsschutz als Beginn einer europäischen Verfassungsrechtsprechung, in: JuS 1986, S. 845–851

Frowein, Jochen Abr., Übernationale Menschenrechtsgewährleistungen und nationale Staatsgewalt, in: Josef Isensee, Paul Kirchhoff, Handbuch des Staatsrechts, Heidelberg 1992, Band VII, § 180

Frowein, Jochen Abr., Das Bundesverfassungsgericht und die Europäische Menschenrechtskonvention, in: Festschrift für Wolfgang Zeidler herausgegeben von Walter Fürst, Roman Herzog, Dieter C. Umbach, Berlin 1987, S. 1763–1774

Frowein, Jochen Abr., The Binding Force of ECHR Judgements and its Limits, in: Human Rights, Democracy and the Rule of Law, Festschrift für Luzius Wildhaber, herausgegeben von Stephan Breitenmoser, Bernhard Ehrenzeller, Zürich 2007, S. 261–269

Frowein, Jochen Abr./**Peukert**, Wolfgang, Europäische Menschenrechtskonvention, Kommentar, 2. Auflage, Kehl 1996

Fthenakis, Wassilios E., Kindeswohl – gesetzlicher Anspruch und Wirklichkeit, in: Fünfter Deutscher Familiengerichtstag vom 12. bis 15. Oktober 1983 in Brühl, Brühler Schriften zum Familienrecht, Bielefeld 1984, S. 33–66

Fthenakis, Wassilios E., Väter, Band 1: Zur Psychologie der Vater-Kind-Beziehung, München 1985

Fthenakis, Wassilios E., Väter, Band 2: Zur Vater-Kind-Beziehung in verschiedenen Familienstrukturen, München 1985

Fthenakis, Wassilios E., Zum Stellenwert der Bindungen des Kindes als sorgerechtsrelevantes Kriterium, in: FamRZ 1985, S. 662–672

Fthenakis, Wassilios E./**Niesel**, Renate/**Kunze**, Hans-Rainer, Ehescheidung, München 1982

Funk, Winfried, Trennung der Kinder von der Familie, in: FamRZ 1969, S. 69–72

Gaul, Hans Friedhelm, Die Neuregelung des Abstammungsrechts durch das Kindschaftsrechtsreformgesetz, in: FamRZ 1997, S. 1441–1466

Gaul, Hans Friedhelm, Ausgewählte Probleme des materiellen Rechts und des Verfahrensrechts im neuen Abstammungsrecht, in: FamRZ 2000, S. 1461–1476

Geiger, Willi, Die Bewertung der Familie in der gesellschaftlichen Wirklichkeit und in der Verfassung, in: FamRZ 1973, S. 225–229

Geimer, Reinhold, Anmerkung zum Beschluss des OLG Naumburg vom 24.7.2003 – 10 Wx 9/02, in: FamRZ 2004, S. 812–813

Gernhuber, Joachim, Kindeswohl und Elternwille, in: FamRZ 1973, S. 229–244

Gernhuber, Joachim, „Eltern und Kinder sind einander Beistand und Rücksicht schuldig", in: Festschrift für Wolfram Müller-Freienfels, herausgegeben von Albrecht Dieckmann, Baden-Baden 1986, S. 159–191

Gernhuber, Joachim/**Coester-Waltjen**, Dagmar, Familienrecht, 6. Auflage, München 2010

Gerstein, Hartmut, Verwirklichung von Kinderrechten nach der UN-Kinderrechtekonvention, in: ZfJ 1995, S. 527–531

Giesen, Dieter, Zur Strafwürdigkeit der Delikte gegen Familie und Sittlichkeit, in: FamRZ 1965, S. 248–256

Giesen, Dieter, Heterologe Insemination – Ein neues legislatorisches Problem?, in: FamRZ 1981, S. 413–418

Giesen, Dieter, Ehe und Familie in der Ordnung des Grundgesetzes, in: JZ 1982, S. 817–829

Giesen, Dieter, Probleme künstlicher Befruchtungsmethoden beim Menschen, in: JZ 1985, S. 652–661

Giesen, Dieter, Genetische Abstammung und Recht, in: JZ 1989, S. 364–377

Glander, Annelies, Adoption, Frankfurt am Main 1998

Glauben, Paul J., Der Europäische Gerichtshof für Menschenrechte, in: DRiZ 2004, S. 129–131

Göppinger, Horst, Betrachtung zum Referentenentwurf eines Unehelichengesetzes, in: FamRZ 1966, S. 418–425

Göppinger, Horst, Elterliche Gewalt über nichteheliche Kinder, in: FamRZ 1970, S. 57–69

Goldstein, Joseph/**Freud**, Anna/**Solnit**, Albert J., Jenseits des Kindeswohls, Frankfurt am Main 1991

Gottwald, Peter, Recht auf Kenntnis der biologischen Abstammung?, in: Beiträge zum Schutz der Persönlichkeit und ihrer schöpferischen Leistung, Festschrift für Heinrich Hubmann zum 70. Geburtstag, herausgegeben von Hans Forkel, Alfons Kraft, Frankfurt am Main, 1985, S. 111–125

Grabenwarter, Christoph, Europäisches und nationales Verfassungsrecht, in: VVDStRL 60 (2000), S. 290–349

Grabenwarter, Christoph, Europäische Menschenrechtskonvention, 5. Auflage, München 2012

Grasnick, Maria, Die elterliche Gewalt des Vaters eines unehelichen Kindes, in: NJW 1966, S. 1196–1199

Grasnick, Maria, Erläuterungen zu den Vorschlägen des Katholischen Arbeitskreises für die Reform des Unehelichenrechts, FamRZ 1967, S. 6–10

Greßmann, Michael, Neues Kindschaftsrecht, Bielefeld 1998

Grob, Jürgen, Die elterliche Einwilligung in die Adoption, Jur. Diss., Stuttgart 1984

Grossmann, Klaus E., Psychoanalytische Aspekte der Bindungstheorie, in: Lieselotte Ahnert, Frühe Bindung, München 2004, S. 21–41

Grossmann, Karin/**Grossmann**, Klaus E., Bindungen – das Gefüge psychischer Sicherheit, 2. Auflage, Stuttgart 2005

Grossmann, Klaus E./**Grossmann**, Karin, Bindung und menschliche Entwicklung, Stuttgart 2003

Grote, Rainer/**Marauhn**, Thilo, EMRK/GG, Konkordanzkommentar, Tübingen 2006, zitiert als: Grote/Marauhn/[*Bearbeiter*], EGMR/GG

Groth, Sepp, Kinder ohne Familie, Das Schicksal des unehelichen Kindes in unserer Gesellschaft, München 1961

Grün, Klaus-Jürgen, Zum Gesetzesentwurf gegen missbräuchliche Vaterschaftsanerkennungen, Teil 1, in: FuR 2006, S. 497–501

Grün, Klaus-Jürgen, Zum Gesetzesentwurf gegen missbräuchliche Vaterschaftsanerkennungen, Teil 2, in: FuR 2007, S. 12–18

Grupp, Klaus/**Stelkens**, Ulrich, Zur Berücksichtigung der Gewährleistungen der Europäischen Menschenrechtskonvention bei der Auslegung des deutschen Rechts, in: DVBl. 2005, S. 133–143

Grziwotz, Herbert, Nichteheliche Lebensgemeinschaft, 4. Auflage, München 2006

Guggumos, M., Die Abstammungsklage des unehelichen Kindes, in: NJW 1947/1948, S. 59–60

Gusy, Christoph, Der Grundrechtsschutz von Ehe und Familie, in: JA 1986, S. 183–189

Häbel, Ines, Adoption – eine neue Lebensperspektive für das Kind?, Marburg 2005

Häberle, Peter, Verfassungsschutz der Familie – Familienpolitik im Verfassungsstaat, Heidelberg 1984

Häde, Ulrich/**Jachmann**, Monika, Anmerkung zum Beschluss des AG Kamen vom 13.4.1995 – 10 X K 2087, in: FamRZ 1996, S. 633

Hager, Johannes, in: Perspektiven des Familienrechts, Festschrift für Dieter Schwab zum 70. Geburtstag, herausgegeben von Sibylle Hofer, Diethelm Klippel, Ute Walter, Bielefeld 2005, S. 773–781

Hahne, Meo-Micaela, Überlegungen zur Verbesserung der Rechtsstellung des nichtehelichen Kindes, in: FamRZ 1990, S. 928–931

Hahnzog, Klaus, Inhaber des Elternrechts aus Art. 6 II GG, in: FamRZ 1971, S. 334–341

Handkommentar Bürgerliches Gesetzbuch, Reiner Schulze, Heinrich Dörner, 7. Auflage, Baden-Baden 2012, zitiert als: Hk/[*Bearbeiter*]

Hansmann, Klaus, Der Elternbegriff des Art. 6 Abs. 2 des Grundgesetzes, in: FamRZ 1962, S. 452–455

Hartwig, Matthias, Much Ado About Human Rights: The Federal Constitutional Court Confronts the European Court of Human Rights, in: GLJ 2005, S. 869–894

Hassenstein, Bernhard, Der Wert der Kenntnis der eigenen genetischen Abstammung, in: FamRZ 1988, S. 120–123

Heberle, Britta, Die frühe Vater-Kind-Beziehung, in: Die Bedeutung des Vaters, herausgegeben von Frank Dammasch, Hans-Geert Metzger, Frankfurt am Main 2006, S. 20–41

Heckötter, Ulrike, Die Bedeutung der Europäischen Menschenrechtskonvention und der Rechtsprechung des EGMR für die deutschen Gerichte, Köln 2007, zugl. Jur. Diss., Münster 2007

Hedemann, J. W., Die Nichtehelichen, in: FamRZ 1955, S. 226–231

Hegnauer, Cyril, Künstliche Fortpflanzung und persönliche Freiheit, in: ZBl. 1991, S. 341–346

Heilmann, Stefan, Die „Anfechtung" einer Einwilligung vor Erlass des Adoptionsdekrets (Teil 1), in: DAVorm 1997, Sp. 588–592

Heilmann, Stefan, Die Dauer kindschaftsrechtlicher Verfahren, in: ZfJ 1998, S. 317–324

Heinrich, Dieter, Änderungen der internationalprivatrechtlichen Vorschriften im Regierungsentwurf zur Reform des Kindschaftsrechts, in: StAZ 1996, S. 353–359

Helms, Tobias, Reform des deutschen Abstammungsrechts, in: FuR 1996, S. 178–189

Helms, Tobias, Das Einwilligungsrecht des Vaterschaftsprätendenten bei der Adoption eines nichtehelichen Kindes, in: JAmt 2001, S. 57–63

Henrich, Dieter, Wertentscheidungen im Wertewandel: Betrachtung zu Art. 6 Abs. 1 GG, in: Wege und Verfahren des Verfassungslebens, Festschrift für Peter Lerche zum 65. Geburtstag, München 1993, S. 239–250

Henrich, Dieter, Anmerkung zum Urteil des BVerfG vom 29.1.2003 – 1 BvL 20/99 und 1 BvR 933/01, in: FamRZ 2003, S. 359

Henrich, Dieter, Anmerkung zum Urteil des EGMR vom 3.12.2009 – Beschwerde-Nr. 22028/04 (Zaunegger/Deutschland), in: FamRZ 2010, S. 107–108

Hepting, Reinhard, „Babyklappe“ und „anonyme Geburt“, in: FamRZ 2001, S. 1573–1585

Herdegen, Matthias, Die Aufnahme besonderer Rechte des Kindes in die Verfassung, in: FamRZ 1993, S. 374–384

Herzog, Jürgen, Die heterologe Insemination aus verfassungsrechtlicher Sicht, Jur. Diss., Würzburg 1971

Heyde, Wolfgang, Verfassungsrechtliche Aspekte der nichtehelichen Lebensgemeinschaft, in: Familie ohne Ehe, herausgegeben von Jutta Limbach und Ingeborg Schwenzer, Frankfurt am Main 1988, S. 19–30

Heyers, Johannes, Zivilrechtliche Institutionalisierung anonymer Geburten, in: JR 2003, S. 45–51

Hilf, Meinhard, Der Rang der Europäischen Menschenrechtskonvention im deutschen Recht, in: Ernst G. Mahrenholz, Meinhard Hilf, Eckart Klein, Entwicklung der Menschenrechte innerhalb der Staaten des Europarates, Heidelberg 1987, S. 19–41

Hilger, Norbert, Anmerkung zum Urteil des AG Passau vom 15.7.1987 – 11 C 724/87, in: FamRZ 1988, S. 764–765

Hirsch, G., Die künstliche Befruchtung – vom rechtsfreien Raum über das Standesrecht zum Gesetz, in: Ärztliches Handeln – Verrechtlichung eines Berufsstandes, Festschrift für Walther Weißauer, Berlin 1986, S. 63–70

Hötzel, Wolfgang, Die nichteheliche Lebensgemeinschaft aus der Sicht des Kindes, in: Die nichteheliche Lebensgemeinschaft, herausgegeben von der Arbeitsgemeinschaft für Jugendhilfe, Freiburg/Breisgau, 1983, S. 139–152

Hoffmann, Rainer, Minderheitenschutz in Europa, Berlin 1995

Hoffmann, Peter, Kann, darf oder muss man die Entscheidungen des Europäischen Gerichtshofs für Menschenrechte (EuGHMR) zu Pflegekindern ignorieren?, in: ZfJ 2005, S. 44–55

Hoffmann-Remy, Ulrich, Die Möglichkeiten der Grundrechtseinschränkungen nach den Art. 8–11 II der Europäischen Menschenrechtskonvention, Berlin 1976

Hoffmann-Riem, Christa, Das adoptierte Kind, 2. Auflage München 1985

Hoffmann-Riem, Wolfgang, Kontrolldichte und Kontrollfolgen beim nationalen und europäischen Schutz von Freiheitsrechten in mehrpoligen Rechtsverhältnissen, in: EuGRZ 2006, S. 492–499

Hofmann, Jochen, Das Gleichberechtigungsgebot des Art. 3 II GG, in: JuS 1988, S. 249–258

Hofmann, Rainer, The German Federal Constitutional Court and Public International Law: New Decisions, New Approaches?, in: GYIL 47 (2004), S. 9–38

Hohmann-Dennhardt, Christine, Familienrechtliche Antworten auf veränderte Familienwelten, in: FF 2007, S. 174–185

Hohnerlein, Eva-Maria, Internationale Adoption und Kindeswohl, Baden-Baden 1991, zugl. Jur. Diss., Saarbrücken 1989
Holmes, Jeremy, John Bowlby und die Bindungstheorie, München 2002
Holtgrave, Walter, Das neue Recht der elterlichen Sorge, in: JZ 1979, S. 665–670
Holzhauer, Heinz, Verwandtschaftliche Elternstellung, verfassungsmäßiges Elternrecht und elterliche Sorge, in: FamRZ 1982, S. 109–118
Hopf, Christel, Frühe Bindungen und Sozialisation, Weinheim 2005
Horstmann, Martin, Zum Problem der personenrechtlichen Beziehungen im außerehelichen Eltern-Kind-Verhältnis, Bielefeld 1967
Huber, Christian, Anmerkung zum Beschluss des BVerfG vom 9.4.2003 – 1 BvR 1493/96 und 1742/01, in: FamRZ 2003, S. 825–826
Hubmann, Heinrich, Das Persönlichkeitsrecht, 2. Auflage, Köln 1967
Hufen, Friedhelm, Anmerkung zum Beschluss des BVerfG vom 7.3.1995 – 1 BvR 790/91 u.a., in: 1996, S. 164–166
Hummel, Lars, Anmerkung zum Beschluss des BVerfG vom 14.10.2004 – 2 BvR 1481/04, in: IStR 2005, S. 35–36
Humphrey, Michael, Das Sorgerecht des nichtehelichen Vaters aus rechtsvergleichender Sicht, in: FPR 2003, S. 578–585
Huth, Wolfgang, Adoption und Familiendynamik, Frankfurt am Main 1983
Huvalé, Victor, Wünschenswerte Korrekturen im Nichtehelichenrecht, in: ZBlJugR 1980, S. 560–566

Ipsen, Jörn, Staatsrecht II, 10. Auflage, Köln 2007

Jans, Karl-Wilhelm/**Happe**, Günter, Gesetz zur Neuregelung der elterlichen Sorge, Köln 1980
Jansen, Ludwig/**Knöpfel**, Gottfried, Das neue Unehelichengesetz, Frankfurt am Main, 1967
Jarass, Hans D., Das allgemeine Persönlichkeitsrecht im Grundgesetz, in: NJW 1989, S. 857–862
Jayme, Erik, Die erbrechtlichen Wirkungen der Adoption, in: ZRP 1972, S. 1–5
Jayme, Erik, Auf dem Weg zu einem neuen Adoptionsrecht, in: FamRZ 1973, S. 14–18
Jayme, Erik, Zum Referentenentwurf eines Gesetzes zur Neuordnung des Adoptionsrechts, in: FamRZ 1974, S. 115–118
Jayme, Erik, Europäische Menschenrechtskonvention und deutsches Nichtehelichenrecht, in: NJW 1979, S. 2425–2429
Jayme, Erik, Die Entwicklung des europäischen Familienrechts, in: FamRZ 1981, S. 221–226

Jestaedt, Matthias, Ein Grundrecht auf Kinderbetreuung?, in: ZfJ 2000, S. 281–290

Jopt, Uwe, Anmerkung zum Referentenentwurf zur Reform des Kindschaftsrechts aus psychologischer Sicht, in: ZfJ 1996, S. 203–211

Kadelbach, Stefan, Der Status der Europäischen Menschenrechtskonvention im deutschen Recht, in: Jura 2005, S. 480–486

Kaltenborn, Karl-Franz, Die personalen Beziehungen des Scheidungskindes und ihre Dynamik in der Phase der Familienauflösung und Sorgerechtsregelung, in: ZfJ 1988, S. 64–78

Karl, Wolfram, Internationaler Kommentar zur Europäischen Menschenrechtskonvention, Köln 1994, zitiert als: Karl/[*Bearbeiter*], Internationaler Kommentar zur Europäischen Menschenrechtskonvention

Kaufmann, Arthur, Humangenetik und Fortpflanzungstechnologien aus rechtlicher, insbesondere strafrechtlicher Sicht, in: Festschrift für Dietrich Oehler zum 70. Geburtstag, herausgegeben von Rolf Dietrich Herzberg, Köln 1985, S. 649–669

Kaufmann, Franz-Xaver, Zukunft der Familie im vereinten Deutschland, München 1995

Kemm, Siegmar, Anmerkung zur Entscheidung des BVerfG vom 7.3.1995 – 1 BvR 790/91 u.a., in: JZ 1995, S. 1112–1114

Kentgens, Martin, Der Auskunftsanspruch im Familienrecht, Bochum 1992, zugl. Jur. Diss., Bochum 1992

von Keyserlingk, Linde, Stief und halb und adoptiv, Düsseldorf 1994

Kiehl, Walter H./**Salgo**, Ludwig, Zum Bericht der Bundesrepublik Deutschland vom August 1994 an die Vereinten Nationen gemäß Artikel 44 des Übereinkommens über die Rechte des Kindes, in: RdJB 1995, S. 196–203

Kilian, Dieter, Die Bindungswirkung der Entscheidungen des Europäischen Gerichtshofs für Menschenrechte, Frankfurt am Main 1994, zugl. Jur. Diss., Mannheim 1993

Kindler, Heinz/**Grossmann**, Karin, Vater-Kind-Bindung und die Rollen von Vätern in den ersten Lebensjahren ihrer Kinder, in: Frühe Bindung, herausgegeben von Lieselotte Ahnert, München 2004, S. 240–277

Kingreen, Thorsten, Die verfassungsrechtliche Stellung der nichtehelichen Lebensgemeinschaft im Spannungsfeld zwischen Freiheits- und Gleichheitsrechten, Berlin 1995, zugl. Jur. Diss., Münster 1994/1995

Kingreen, Thorsten, Das Grundrecht von Ehe und Familie (Art. 6 I GG), in: Jura 1997, S. 401–408

Kirchhoff, Paul, Verfassungsrechtlicher Schutz und internationaler Schutz der Menschenrechte: Konkurrenz oder Ergänzung?, in: EuGRZ 1994, S. 17–36

Klein, Eckart, Die völkerrechtlichen Verpflichtungen Deutschlands und ihre Bedeutung für die drei Staatsgewalten, in: Peter Koeppel, Kindschaftsrecht und Völkerrecht, Neuwied 1996, S. 31–48

Klein, Eckart, Anmerkung zum Beschluss des BVerfG vom 14.10.2004 – 2 BvR 1481/04, in: JZ 2004, S. 1176–1178

Klein, Eckart, Menschenrechte im Spiegel der Globalisierung, in: MRM 2005, S. 125–135

Klein, Karen, Der Fall Görgülü, St. Ingbert 2010, zugl. Jur. Diss., Mannheim 2009

Klein-Allermann, Elke, Adoptierte Kinder und ihre Eltern: Familien eigener Art, in: Manfred Hofer, Elke Klein-Allermann, Peter Noack, Familienbeziehungen, Göttingen 1992, S. 250–265

Kleineke, Wilhelm, Das Recht auf Kenntnis der eigenen Abstammung, Jur. Diss., Göttingen 1976

Klunzinger, Eugen, Anmerkung zum Beschluss des LG Mannheim, vom 25.9.1969 – 4 b T 25/69, in: NJW 1970, S. 712–713

Klußmann, Rudolf W., Das Kind im Rechtsstreit der Erwachsenen, München 1981

Knobbe, Wieland, Psychologische Aspekte der Adoption, in: FPR 2001, S. 309–318

Knöpfel, Gottfried, Faktische Elternschaft, Bedeutung und Grenzen, in: FamRZ 1983, S. 317–331

Knöpfel, Gottfried, Beistand und Rücksicht zwischen Eltern und Kindern (§ 1618a BGB), in: FamRZ 1985, S. 554–565

Knöpfel, Gottfried, Erforderliche Änderungen im Nichtehelichenrecht, in: ZRP 1990, S. 234–239

Knur, Alexander, Zur Reform des Unehelichenrechts, in: FamRZ 1967, S. 245–258

Knur, Alexander, Dekretverfahren als Mittel zur Reform des Adoptionsrechts, in: Beiträge zum Zivil- und Wirtschaftsrecht, Festschrift für Kurt Ballerstedt, herausgegeben von Werner Flume, Peter Raisch, Ernst Steindorff, Berlin 1975, S. 384–395

Koch, Elisabeth, Der Anspruch des Deszendenten auf Klärung der genetischen Abstammung – ein Paradigmenwechsel im Abstammungsrecht, in: FamRZ 1990, S. 569–574

Koechel, Roland, Die Bindungen des Kindes – doch ein sorgerechtsrelevantes Kriterium, in: FamRZ 1986, S. 637–641

Koeppel, Peter, Völkerrechtliche Vorgaben für das deutsche Familienrecht, in: NJ 1990, 524–526

Koeppel, Peter, Rezensionen, in: FuR 1993, S. 63–64

Koeppel, Peter, Die gemeinsame elterliche Sorge bei Scheidung im Lichte der EMRK und des UN-Zivilpaktes, in: DAVorm 1993, Sp. 601–610

Koeppel, Peter/**Reeken**, Michael, Die für das deutsche Familienrecht bedeutsamen „General Comments“ des Menschenrechtsausschusses der Vereinten Nationen, in: ZfJ 1992, S. 250–257

Köster, Thomas, Sorgerecht und Kindeswohl, Jur. Diss., Marburg 1996

Kollhosser, Helmut, Rechtsprobleme bei medizinischen Zeugungshilfen, in: JA 1985, S. 553–562

Kommission Kindschaftsrecht des Deutschen Juristinnenbundes, Stellungnahme zum Entwurf des KindRG und zum Entwurf des Beistandschaftsgesetzes, FPR Service 04 1997, S.VIII–XII

Kopper-Reifenberg, Cornelia, Kindschaftsrechtsreform und Schutz des Familienlebens nach Art. 8 EMRK: zur Vereinbarkeit der deutschen Reform des Kindschaftsrechts mit der Europäischen Menschenrechtskonvention, Baden-Baden 2001, zugl. Jur. Diss., Saarbrücken 2000–2001

Krings, Günther, Die „eingetragene Lebenspartnerschaft“ für gleichgeschlechtliche Paare, in: ZRP 2000, S. 409–415

Krolzik, Volker, Familie im gesellschaftlichen Wandel – Kinder brauchen verlässliche Beziehungen, in: Volker Krolzik, Pflegekinder und Adoptivkinder im Focus, 2. Auflage, Idstein 2000, S. 113–122

Kropholler, Jan, Kritische Bestandsaufnahme im Nichtehelichenrecht, in: AcP 185 (1985), S. 244–307

Krüger, Hildegard, Anmerkung zu BGH vom 20.10.1958 – III ZR 121/57, in: DÖV 1959, S. 948–949

Krüger, Hildegard, Die Rechtsstellung des unehelichen Kindes nach dem Grundgesetz, Berlin 1960

Krüger, Hildegard, Uneheliche Kinder, in: Karl August Bettermann, Hans Carl Nipperdey, Ulrich Scheuner, Die Grundrechte, 4. Band, 1. Halbband, 2. Auflage, Berlin 1972, S. 325–367

Kühne, Hans-Heiner, Europäische Methodenvielfalt und nationale Umsetzung von Entscheidungen Europäischer Gerichte, in: GA 152 (2005), S. 195–214

Kumme, Werner, Die rechtliche Bedeutung der Weigerung der Mutter, den Vater ihres nichtehelichen Kindes zu nennen, in: ZBlJugR 1973, S. 140–144

Kuntze, Joachim, Noch einmal: Die grundrechtliche Stellung des Vaters bei der Adoption seines nichtehelichen Kindes durch Dritte, in: FamRZ 1995, S. 655

Kutscha, Martin, Grundrechtsschutz im Dreieck Karlsruhe – Straßburg – Luxemburg, in: Recht und Politik 2005, S. 175–180

Lakies, Thomas, Mehr Rechte für ledige Väter – Betrachtungen zu Kinderleben und Vaterrechten anlässlich eines Gesetzesentwurfes, in: ZfJ 1989, S. 162–169

Lamprecht, Rolf, Wenn der Rechtsstaat seine Unschuld verliert, in: NJW 2007, S. 2744–2746

Lamprecht, Rolf, Querulanten in Richterrobe, in: Berliner Zeitung vom 31.3.2007

Lange, Hermann, Ein Reformvorschlag zum Unehelichenrecht, in: JZ 1966, S. 727–735

Lange, Hermann, Das neue Nichtehelichenrecht, in: NJW 1970, S. 297–306

Lange, Ulrich, Das Elternrecht und das Wohl des fremdversorgten Kindes, in: RdJ 1971, S. 267–276

Langenfeld, Christine, Die Stellung der EMRK im Verfassungsrecht der Bundesrepublik Deutschland, in: Jürgen Böhmer, Der Grundrechtsschutz in Europa, Baden-Baden 2002, S. 95–108

Lauff, Werner/**Arnold**, Matthias, Der Gesetzgeber und das „Retortenbaby", in: ZRP 1984, S. 279–283

Laufs, Adolf, Die künstliche Befruchtung beim Menschen – Zulässigkeit und zivilrechtliche Folgen, in: JZ 1986, S. 769–777

Laufs, Adolf, Arztrecht, 5. Auflage, München 1993

Le Camus, Väter, Weinheim 2001

Lecheler, Helmut, Der Schutz der Familie, in: FamRZ 1979, S. 1–8

Lecheler, Helmut, Schutz von Ehe und Familie, in: Josef Isensee, Paul Kirchhoff, Handbuch des Staatsrechts, Heidelberg 1989, Band VI, § 133

Lege, Joachim, Die allgemeine Handlungsfreiheit gem. Art. 2 I GG, in: Jura 2002, S. 753–761

Lehmann-Jessen, Elsbeth, Nochmals: Die Adoption des nichtehelichen Kindes durch die Mutter, in: FamRZ 1976, S. 14–17

Leibholz, Gerhard/**von Mangoldt**, Hermann, Jahrbuch des öffentlichen Rechts, Neue Folge/Band 1, Tübingen 1951, zitiert als: Jahrbuch des öffentlichen Rechts, Neue Folge/Band 1

Leipold, Dieter, Erbrechtliche Aspekte der künstlichen Befruchtung und der künstlichen Verlängerung des Lebens, in: Festschrift für Winfried Kralik zum 65. Geburtstag, Wien 1986, S. 467–483

Lempp, Reinhart, Das gemeinsame Sorgerecht aus kinderpsychiatrischer Sicht, in: ZfJ 1984, S. 305–309

Lempp, Reinhart, Die Bindungen des Kindes und ihre Bedeutung für das Wohl des Kindes gemäß § 1671 BGB, in: FamRZ 1984, S. 741–745

Lempp, Reinhart/**Wagner**, Eva-Maria, Untersuchungen über den weiteren Verlauf von Sorgerechts- und Verkehrsregelungsverfahren nach der Begutachtung, in: FamRZ 1975, S. 70–72

Lenz, Carl Otto, „An die Gewährleistungen der Konvention gebunden", in: Europa und seine Verfassung, Festschrift für Manfred Zuleeg zum 70. Geburtstag, herausgegeben von Charlotte Gaitanides, Stefan Kadelbach, Gil Carlos Rodriguez Iglesias, Baden-Banden 2005, S. 234–239

Lenze, Anne, Kriterien für eine Rechtsgüterabwägung zwischen dem Recht des Kindes auf Kenntnis der eigenen Abstammung und dem Schutz der Intimsphäre der Mutter, in: ZfJ 1998, S. 101–108

Liermann, Stephan, Anmerkung zum Urteil des OLG Hamm vom 30.9.1994 – 29 UG 132/93, in: FamRZ 1995, S. 506–507

Liermann, Stephan, Auswirkungen der Reform des Kindschaftsrechts auf das Recht der Adoption, Teil 1, in: FuR 1997, S. 217–222

Liermann, Stephan, Auswirkungen der Reform des Kindschaftsrechts auf das Recht der Adoption, Teil 2, in: FuR 1997, S. 266–269

Liermann, Stephan, Die Auswirkungen der Rechtsprechung des BVerfG zu § 1626a BGB und § 1748 IV BGB im Adoptionsrecht, in: FamRZ 2003, S. 1523–1525

Limbach, Jutta, Kinder in nichtehelichen Lebensgemeinschaften, in: RdJB 1988, S. 170–177

Limbach, Jutta, Die Stellung des Kindes in rechtssoziologischer Perspektive, in: Das nichteheliche Kind und seine Eltern – rechtliche und sozialwissenschaftliche Aspekte, herausgegeben von Michael Coester und Friedhelm Zubke, Neuwied 1991, S. 31–42

Limbach, Jutta, Familienrecht und sozialer Wandel, in: FuR 1995, S. 200–204

Lipp, Martin, Das elterliche Sorgerecht für das nichteheliche Kind nach dem Kindschaftsrechtsreformgesetz (KindRG), in: FamRZ 1998, S. 65–76

Lipp, Martin, Anmerkung zum Beschluss des BGH vom 23.3.2005 – XII ZB 10/03, in: JZ 2006, S. 96–98

Lipp, Martin/**Wagenitz**, Thomas, Das neue Kindschaftsrecht, Kommentar, Stuttgart 1999

Löhnig, Martin, Konsequenzen aus der Entscheidung des Europäischen Gerichtshofs für Menschenrechte zum Sorgerecht des nicht mit der Kindesmutter verheirateten Vaters, in: FamRZ 2010, S. 338–341

Longino, Marcus, Die Pflegekinderadoption, Berlin 1998, zugl. Jur. Diss., Frankfurt/Oder, 1997

Lorenz, Stephan, Auskunftsansprüche im Bürgerlichen Recht, in: JuS 1995, S. 569–575

Lübbe-Wolff, Gertrude, ECHR and national jurisdiction – The Görgülü Case, in: HFR 2006, Beitrag 12, S. 1–9

Lüderitz, Alexander, Adoption: Vorschläge zur Auslegung und Änderung des Rechts der Annahme an Kindes Statt, Karlsruhe 1972

Lüderitz, Alexander, Das neue Adoptionsrecht, in: NJW 1976, S. 1865–1871

Lüderitz, Alexander, §§ 1611, 1618a BGB: Plädoyer für eine Kooperation zwischen Eltern und Kindern, in: Festschrift für Hans Friedhelm Gaul, herausgegeben von Eberhard Schilken, Ekkehard Becker-Eberhard, Walter Gerhardt, Bielefeld 1997, S. 411–423

Luthin, Horst, Zur Neuregelung des elterlichen Sorgerechts, in: FamRZ 1979, S. 986–989

Lutter, Marcus, Das Erbrecht des nichtehelichen Kindes, in: FamRZ 1967, S. 65–78

von Luxburg, Harro, Das neue Kindschaftsrecht, München 1998

Machleid, W., Nochmals: Zur Reform des Adoptionsrechts, in: FamRZ 1957, S. 81–82

Maier, Bernhard, Macht sich die Mutter eines nichtehelichen Kindes durch bloßes Verschweigen des Erzeugers nach § 169 StGB strafbar?, in: MDR 1971, S. 883–885

Maier, Hedwig, Die personenrechtliche Stellung des unehelichen Kindes nach dem Referentenentwurf zum Unehelichengesetz, in: FamRZ 1966, S. 425–431

von Mangoldt, Hermann, Grundrechte und Grundfragen des Bonner Grundgesetzes, in: AöR 75 (1949), S. 273–290

von Mangoldt, Hermann/**Klein**, Friedrich/**Starck**, Christian, Grundgesetz, Kommentar, 6. Auflage, München 2010, zitiert als: von Mangoldt/Klein/Starck/[*Bearbeiter*], GG

Mann, Roger, Auswirkungen der Caroline-Entscheidung des EGMR auf die forensische Praxis, in: NJW 2004, S. 3220–3222

Mansees, Norbert, Jeder Mensch hat ein Recht auf Kenntnis seiner genetischen Herkunft, in: NJW 1988, S. 2984–2987

Mansees, Norbert, Die Gentechnologie auf dem Prüfstand der Rechtsphilosophie – Können Ethik, Anthropologie und Naturrecht etwas zur rechtlichen Beurteilung der Möglichkeiten der Gentechnologie beitragen?, in: Rudolf Mellinghoff, Hans-Heinrich Trute, Die Leistungsfähigkeit des Rechts, Heidelberg 1988, S. 129–156, zitiert als: Mellinghoff/Trute/*Mansees*, Die Leistungsfähigkeit des Rechts

Marchewka, Wolfgang, Vom abgelehnten Asylanten zum bemitleideten Medienstar, in: Wochenspiegel vom 2.2.2005

Matscher, Franz, Betrachtungen über das Diskriminierungsverbot (Art. 14 MRK) nach der neuen Praxis der Straßburger Instanzen, in: Auf dem Weg zur Menschenwürde und Gerechtigkeit, Festschrift für Hans R. Klecatsky, Wien 1980, S. 627–639

Matscher, Franz, Vertragsauslegung durch Vertragsrechtsvergleichung in der Judikatur internationaler Gerichte, vornehmlich vor den Organen der EMRK, in: Völkerrecht als Rechtsordnung, Internationale Gerichtsbarkeit, Menschenrechte, Festschrift für Hermann Mosler, Berlin 1983, S. 545–566

Matzner, Michael, Vaterschaft heute, Frankfurt am Main 1998

Maunz, Theodor/**Dürig**, Günther, Grundgesetzkommentar, 1. Auflage, 50. Ergänzungslieferung 2007, zitiert als: Maunz/Dürig/[*Bearbeiter*], GG

Maurer, Hans-Ulrich, Gestärkte Rechte des Vaters bei der Adoption, in: FPR 2005, S. 196–199

Maurer, Hans-Ulrich, Anmerkung zum Beschluss des BVerfG vom 29.11.2005 – 1 BvR 1444/01, in: FamRZ 2006, S. 96–98

Meixner, Frank, Gemeinsames Sorgerecht der Eltern für ein nichteheliches Kind?, in: FuR 1996, S. 14–21

Mende, Ursula, Neuregelungen des Adoptionsrechts, ZBlJugR 1970, S. 189–196

Meng, Werner, Anwendung völkerrechtlicher Konventionen über Kinderrechte im Deutschen Recht, in: Peter Koeppel, Kindschaftsrecht und Völkerrecht, Neuwied 1996, S. 5–30

Menne, Nikola, Die Rechtsbeziehung zwischen Vater und Kind, Jur. Diss., Bonn 1995

Menzel, Eberhard, Die Einwirkung der Europäischen Menschenrechtskonvention auf das deutsche Recht, in: DÖV 1970, S. 509–517

Metzger, Hans-Geert, Zwischen Dyade und Triade, in: Die Bedeutung des Vaters in der frühen Kindheit, herausgegeben von Kornelia Steinhardt, Wilfried Datler, Johannes Gstach, Gießen 2002, S. 29–42

Metzger, Wolfgang, Gedanken zum Adoptionsrecht, in: ZBlJugR 1972, S. 37–49

Meyer, Petra, Das Recht auf Kenntnis der eigenen Abstammung als Element der Persönlichkeitsentwicklung, Baden-Baden 2005, zugl. Jur. Diss., Bremen 2002

Meyer, Sibylle/**Schulze**, Eva, Nichteheliche Lebensgemeinschaften, in: KZfSS (Kölner Zeitschrift für Soziologie und Sozialpsychologie) 1983, S. 735–754

Meyer-Ladewig, Jens, Europäische Menschenrechtskonvention, Nomos Handkommentar, 3. Auflage, Baden-Baden 2011

Meyer-Ladewig, Jens/**Petzold**, Herbert, Die Bindung deutscher Gerichte an Urteile des EGMR, in: NJW 2005, S. 15–20

Meyer-Stolte, Klaus, Neuordnung des Adoptionsrechts, in: Rpfleger, 1975, S. 204–213
Michl, Manfred, Die personalen Rechtbeziehungen im nichtehelichen Vater-Kind-Verhältnis, Jur. Diss., Regensburg 1992
Mittenzwei, Ingo, Das Modellprojekt „Moses", Rechtsfragen der anonymen Abgabe neugeborener Kinder, in: Status familiae, Festschrift für Andreas Wacke zum 65. Geburtstag am 28. April 2001, herausgegeben von Hans-Georg Knothe und Jürgen Kohler, S. 327–344
Moderegger, Martin, Der verfassungsrechtliche Familienschutz und das System des Einkommenssteuerrechts, Baden-Baden 1991
Moritz, Heinz Peter, Die (zivil-)rechtliche Stellung der Minderjährigen und Heranwachsenden innerhalb und außerhalb der Familie, Berlin 1989
Moritz, Heinz Peter, Auskunftsanspruch des nichtehelichen Kindes gegen seine Mutter auf Nennung des Namens seines leiblichen Vaters, in: Jura 1990, S. 134–140
Moritz, Heinz Peter, Die wichtigsten Neuregelungen im Kindschaftsrecht, in: JA 1998, S. 704–712
Motive zu dem Entwurfe eines Bürgerlichen Gesetzbuches für das Deutsche Reich, Band IV FamR, 2. Auflage, Berlin 1888–1896
Motzer, Stefan, Gesetzgebung und Rechtsprechung zur elterlichen Sorge und zum Umgangsrecht seit dem Jahr 2001, in: FamRZ 2003, S. 793–803
Motzer, Stefan, Die Rechtsprechung zur elterlichen Sorge und zum Umgangsrecht seit 2004, in: FamRZ 2006, S. 73–82
Mühlens, Elisabeth/**Kirchmeier**, Karl-Heinz/**Greßmann**, Michael/**Knittel**, Bernhard, Kindschaftsrecht, 2. Auflage, Köln 1999
Müller, Christian, Die verfassungsrechtliche Problematik des Vorranges der Mutter eines nichtehelichen Kindes gegenüber dem Kindesvater im Recht der Adoption, in: DAVorm 1983, Sp. 889–894
Müller, Josef, Zur Umgestaltung des Adoptionsrechts, in: ZBlJugR 1970, S. 277–283
Müller, Kurt, Zeugnispflicht bei heterologer Fertilisation, in: FamRZ 1986, S. 635–641
Müller, Petra, Das neue Adoptionsrecht, in: DAVorm 1976, Sp. 441–460
Müller, R., Das letzte Wort, in: Frankfurter Allgemeine Zeitung vom 23.10.2004
Müller-Freienfels, Wolfram, Das Recht des nichtehelichen Kindes in der Bundesrepublik Deutschland, in: Deutsche zivil- und kollisionsrechtliche Beiträge zum IX. Internationalen Kongress für Rechtsvergleichung in Teheran 1974, S. 85–118
Müller-Magdeburg, Thomas, Recht auf Leben – Die anonyme Geburt, in: FPR 2003, S. 109–112

von Münch, Eva Marie, Zusammenleben ohne Trauschein, 7. Auflage, München 2001

von Münch, Ingo, Verfassungsrecht und nichteheliche Lebensgemeinschaft, in: Die nichteheliche Lebensgemeinschaft, herausgegeben von Götz Landwehr, Göttingen 1978, S. 137–151, zitiert als: Landweher/[*Bearbeiter*], Die nichteheliche Lebensgemeinschaft

von Münch, Ingo/**Kunig**, Philip, Grundgesetz-Kommentar, Band 1 Präambel, Art. 1–19, 6. Auflage, München 2012, zitiert als: von Münch/Kunig/[*Bearbeiter*], GG

Münchener Kommentar zum Bürgerlichen Gesetzbuch, herausgegeben von Franz Jürgen Säcker, Roland Rixecker, 6. Auflage, München 2012, zitiert als: MünchKommBGB/[*Bearbeiter*]

Münchener Kommentar zur Zivilprozessordnung, herausgegeben von Thomas Rauscher, Peter Wax, Joachim Wenzel, 3. Auflage, München 2010, zitiert als: MünchKommZPO/[*Bearbeiter*]

Münder, Johannes, Soziale Elternschaft – Erziehung außerhalb der leiblichen Ursprungsfamilie, in: ZBlJugR 1981, S. 231–241

Münder, Johannes, Anmerkung zum Urteil des BVerfG vom 31.1.1989 – 1 BvL 17/87, in: RdJB 1989, S. 459–463

Münder, Johannes, Frankfurter Kommentar zum SGB VIII: Kinder- und Jugendhilfe, 5. Auflage, Weinheim 2006

Münning, Matthias, Das Gesetz zu dem UN-Übereinkommen über die Rechte des Kindes, in: ZfJ 1992, S. 553–557

Muscheler, Karlheinz/**Beisenherz**, Thorn, Das neue Abstammungsrecht – Teil 1, in: JR 1999, S. 356–361

Muscheler, Karlheinz/**Bloch**, Anke, Das Recht auf Kenntnis der genetischen Abstammung und der Anspruch des Kindes gegen die Mutter auf Nennung des leiblichen Vaters, in: FPR 2002, S. 339–352

Napp-Peters, Anneke, Adoption – Das alleinstehende Kind und seine Familien, Neuwied 1978

Nave-Herz, Rosemarie, Die Pluralität von Familienformen: Ideologie und Realität, in: FuR 1992, S. 186–191

Nave-Herz, Rosemarie, Familie heute, 2. Auflage, Darmstadt 2002

Gräfin Nesselrode, Friederike, Das Spannungsverhältnis zwischen Ehe und Familie in Artikel 6 des Grundgesetzes, Berlin 2007, zugl. Jur. Diss., München 2006

Neuhaus, Paul Heinrich, Drei Thesen zur Reform des Unehelichenrechts, in: FamRZ 1963, S. 326–328

Neuhaus, Paul Heinrich, Das Ende des deutschen Unehelichenrechts, in: FamRZ 1966, S. 528–530
Neuhaus, Paul Heinrich, Kindeswohl oder Elternrecht, in: FamRZ 1972, S. 279–280
Neuhaus, Paul Heinrich, Ehe und Kindschaft in rechtsvergleichender Sicht, Tübingen 1979
Neuhaus, Paul Heinrich, Die Kinder der neuen „Familien", in: ZBlJugR 1981, S. 37–43
Neuhaus, Paul Heinrich, Finis familiae?, in: FamRZ 1982, S. 1–6
Neumann-Duesberg, Horst, Die Abstammungs-Feststellungsklage, in: NJW 1950, S. 14–17
Neumann-Duesberg, Horst, Das Rechtsverhältnis bei der Abstammungsfeststellungsklage, in: NJW 1955, S. 578
Neumann-Duesberg, Horst, Abgrenzbarkeit des allgemeinen Persönlichkeitsrechts, in: NJW 1957, S. 1341–1344
Niemeyer, Gisela, Anmerkung zum Beschluss des BVerfG vom 7.3.1995 – 1 BvR 790/91 u.a., in: FuR 1995, S. 144–145
Niemeyer, Gisela, Anspruch des nichtehelichen Kindes gegen seine Mutter auf Auskunft über seinen Vater, in: FuR 1998, S. 41–42
Niepmann, Birgit, Die Reform des Kindschaftsrechts, in: MDR 1998, S. 565–570

Oberloskamp, Helga, Annahme als Kind und Adoptionsvermittlung seit dem 1.1.1977, in: DAVorm 1977, Sp. 89–108
Oberloskamp, Helga, Die Ersetzung der Einwilligung der leiblichen Eltern in die Fremdadoption ihres Kindes (§ 1748 BGB), in: ZBlJugR 1980, S. 581–598
Oberloskamp, Helga, Europäisches Übereinkommen über die Adoption von Kindern vom 24.4.1967 (EurAdoptAbk), in: ZBlJugR 1982, S. 121–125
Oberloskamp, Helga, Recht auf Kenntnis der eigenen Abstammung, in: FuR 1991, S. 263–269
Oberloskamp, Helga, Die Ersetzung der Einwilligung der leiblichen Eltern in die Fremdadoption ihres Kindes (§ 1748 BGB), in: Perspektiven des Familienrechts, Festschrift für Dieter Schwab zum 70. Geburtstag, herausgegeben von Sibylle Hofer, Diethelm Klippel, Ute Walter, Bielefeld 2005, S. 869–885
Oberloskamp, Klaus, Die Adoption als Dauerrechtsverhältnis im internationalen Privatrecht: zur Anerkennung amerikanischer Zweitadoptionen, Jur. Diss., Bonn 1971
Oberloskamp, Klaus, Zur Ersetzbarkeit der elterlichen Adoptionseinwilligung: (Vorab-)Reform des § 1747 Abs. III BGB?, in: FamRZ 1973, S. 286–294

Oberloskamp, Helga/**Hoffmann**, Birgit, Wir werden Adoptiv- oder Pflegeeltern, 5. Auflage, München 2006

Odersky, Felix, Nichtehelichen-Gesetz: Gesetz über die rechtliche Stellung der nichtehelichen Kinder, Kommentar, 4. Auflage, Bielefeld 1978

Oeter, Stefan, Rechtsprechungskonkurrenz zwischen nationalen Verfassungsgerichten, Europäischem Gerichtshof und Europäischem Gerichtshof für Menschenrechte, in: VVDStRL 66 (2006), S. 361–388

Orel, Sonja, Heimliche Vaterschaftstest, Jur. Diss., München 2007

Orgis, Christiane, Neue Richtlinien für die Erstattung von Abstammungsgutachten und die Konsequenzen für den Kindschaftsprozess, in: FamRZ 2002, S. 1157–1158

Ostendorf, Heribert, Juristische Aspekte der extrakorporalen Befruchtung und des Embryonentransfers beim Menschen, in: Ulrich Jüdes, In-vitro-Fertilisation und Embryotransfer (Retortenbaby), S. 177–198

Ott, Sieghart, Die Begriffe „Ehe und Familie“ in Art. 6 I GG, in: NJW 1998, S. 117–119

Otto, Günter, Das neue Abstammungsrecht seit dem 1. Juli 1998, in: Rpfleger 1999, S. 309–310

von Overbeck, Alfred E., Der Schutz der unehelichen Mutter bei der Adoption des Kindes, in: ZfRV 9 (1968), S. 1–12

Pahl, Stephan, Die zivilrechtliche Haftung des Arztes bei Retortenzeugung und Embryotransfer, in: ZfJ 1986, S. 5–9

Palandt, Otto, Bürgerliches Gesetzbuch, 70. Auflage, München 2012, zitiert als: Palandt/[*Bearbeiter*]

Palm-Risse, Martina, Der völkerrechtliche Schutz von Ehe und Familie, Berlin 1990, zugl. Jur. Diss., Bonn 1989/1990

Papier, Hans-Jürgen, Ehe und Familie in der neueren Rechtsprechung des BVerfG, in: NJW 2002, S. 2129–2133

Papier, Hans-Jürgen, Umsetzung und Wirkung der Entscheidungen des Europäischen Gerichtshofes für Menschenrechte aus der Perspektive der nationalen deutschen Gerichte, in: EuGRZ 2006, S. 1–3

Parke, Ross D., Erziehung durch den Vater, Stuttgart 1982

Partsch, Karl Josef, Die Rechte und Freiheiten der europäischen Menschenrechtskonvention, in: Karl August Bettermann, Franz-L. Neumann, Hans Carl Nipperdey, Die Grundrechte, Band 1, 1. Halbband, S. 235–492

Pasquay, Jürgen, Die künstliche Insemination, Jur. Diss., Freiburg 1968

Paulitz, Harald, Adoption – Reizwort oder Zauberformel?, in: ZfJ 1997, S. 126–132

Paulitz, Adoption, München 2000, zitiert als: Paulitz/[*Bearbeiter*]

Paulitz, Harald, „Adoptionsvermittlung älterer und behinderter Kinder“, in: ZfJ 2005, S. 55–59

Paulus, Digesten, 2. Buch, Vierter Teil, Corpus iuris civilis, herausgegeben von Okko Behrends, Heidelberg 1995

Pechstein, Matthias, Familiengerechtigkeit als Gestaltungsgebot für die staatliche Ordnung: Zur Abgrenzung von Eingriff und Leistung bei Maßnahmen des sog. Familienlastenausgleichs, Baden-Baden 1994

Pelle, Leo, Zur Reform der Adoption und des Pflegekinderschutzes, in: ZBJugR 1971, S. 19–20

Pernice, Ingolf, BVerfG, EGMR und die Rechtsgemeinschaft, in: EuZW 2004, S. 705

Pernthaler, Peter/**Kathrein**, Irmgard, Der grundrechtliche Schutz von Ehe und Familie in Österreich, in: EuGRZ 1983, S. 505–515

Peschel-Gutzeit, Lore Maria, Die geschichtliche Entwicklung der Vaterstellung im deutschen Recht seit 1900, in: FPR 2005, S. 167–172

Peschel-Gutzeit, Lore Maria, Welcher Nachteil ist bei der Stiefkindadoption unverhältnismäßig?, in: NJW 2005, S. 3324–3328

Peschel-Gutzeit, Lore Maria, Die Sorgerechtsstellung des nicht mit der Mutter des Kindes verheirateten Vaters, NJW 2010, S. 2990–2992

Peters, Hans, Elternrecht, Erziehung, Bildung und Schule, in: Karl August Bettermann, Hans Carl Nipperdey, Ulrich Scheuner, Die Grundrechte, 4. Band, 1. Halbband, 2. Auflage, Berlin 1972, S. 369–445

Pfister, Wolfgang, Soziologische und Psychologische Aspekte der Lebenssituation von Kindern in nichtehelichen Lebensgemeinschaften, in: Die nichteheliche Lebensgemeinschaft, herausgegeben von der Arbeitsgemeinschaft für Jugendhilfe, Freiburg/Breisgau 1983, S. 177–185

Pieroth, Bodo/**Schlink**, Bernhard, Grundrechte Staatsrecht II, 24. Auflage, Heidelberg 2008

Pintens, Walter, Die Feststellung der mütterlichen und väterlichen Abstammung im neuen belgischen Abstammungsrecht, in: ZfRV 29 (1988), S. 259–271

Polakiewicz, Jörg, Die Verpflichtungen der Staaten aus den Urteilen des Europäischen Gerichtshofs für Menschenrechte, Heidelberg 1993, zugl. Jur. Diss., Heidelberg 1992

Polakiewicz, Jörg, Die innerstaatliche Umsetzung der Urteile des Europäischen Gerichtshofs für Menschenrechte im Bereich des Kindschaftsrechts, in: Peter Koeppel, Kindschaftsrecht und Völkerrecht, Neuwied 1996, S. 71–90

Prantl, Heribert, Juristisches Röhren, in: Sueddeutsche Zeitung vom 20.10.2004

Prantl, Heribert, Irrweg Rechtsweg, in: Sueddeutsche Zeitung vom 16.12.2004

Prütting, Hanns/**Wegen**, Gerhard/**Weinreich**, Gerd, BGB Kommentar, 7. Auflage, Neuwied 2012, zitiert als: Prütting/Wegen/Weinreich/[*Bearbeiter*]

Pütter, Albrecht, Adoption in den USA: Voraussetzungen, Verfahren und Wirkungen, München 1972, zugl. Jur. Diss. Kiel, 1972

Rakete-Dombek, Ingeborg, Anmerkung zum Beschluss des BVerfG vom 29.1.2003 – 1 BvR 1493/96, in: FPR 2003, S. 478–479

Ramm, Thilo, Ehelichkeitsanfechtung und Bundesverfassungsgericht, in: NJW 1989, S. 1595–1597

Ramm, Thilo, Kindschaftsrechtsreform?, in: JZ 1996, S. 987–995

Rath, Christian, Karlsruhe hilft Vater, in: Die Tageszeitung vom 30.12.2004

Rath, Christian, Vater darf Kind doch noch sehen, in: Kölner Stadt-Anzeiger vom 30.12.2004

Reeken, Michael, Die Reform des Familienrechts – ein Vergleich zwischen Frankreich und Deutschland, in: ZfJ 1993, S. 425–429

Reeken, Michael, Eine Bemerkung zum Fall Keegan gegen Irland und seine Auswirkungen auf das BGB, in: ZfJ 1996, S. 10–11

Rehberg, Jürgen, Kindeswohl und Kindschaftsrechtsreformgesetz, in: FuR 1998, S. 65–69

Reinhart, Gert, Fortentwicklung des Ehe- und Familienrechts durch das Grundgesetz und die Rechtsvergleichung, in: Rechtsentwicklung unter dem Bonner Grundgesetz, herausgegeben von Reinhard Mußgnug, Heidelberg 1990, S. 165–186

Reinke, Birgit, Das Recht des Kindes auf Kenntnis seiner genetischen Herkunft, Jur. Diss., Bayreuth 1991

von Renesse, Margot, Die Kindschaftsrechtsreform – Neue Erkenntnisse, neues Recht, in: FPR 1998, S. 59–62

Ress, Georg, Die Europäische Menschenrechtskonvention und die Vertragsstaaten, in: Irene Maier, Europäischer Grundrechtsschutz, Heidelberg 1982, S. 227–287

Richter, Thomas, Die Alleinsorge der Mutter nach § 1626a II BGB und das Kindeswohl, in: FPR 2004, S. 484–487

Rixe, Georg, Anmerkung zum Urteil des EGMR vom 11.10.2002 – Beschwerde-Nr. 31871/96 (Sommerfeld/Deutschland), in: FamRZ 2002, S. 386

Rixe, Georg, Anmerkung zum Urteil des EGMR vom 26.2.2004 – Beschwerde-Nr. 74969/01 (Görgülü/Deutschland), in: FamRZ 2004, S. 1460–1464

Rixe, Georg, Anmerkung zum Beschluss des BVerfG vom 14.10.2004 – 2 BvR 1481/04, in: FamRZ 2004, S. 1863–1865

Rixe, Georg, Zur Rechtsprechung des EuGHMR in Kindschaftssachen, in: Sechzehnter Deutscher Familiengerichtstag, Brühler Schriften zum Familienrecht, S. 57–99

Rixe, Georg, Anmerkung zum Beschluss des BVerfG vom 28.12.2004 – 1 BvR 2790/04, in: FamRZ 2005, S. 176–177

Rixe, Georg, Anmerkung zum Beschluss des BVerfG vom 1.2.2005 – 1 BvR 2790/04, in: FamRZ 2005, S. 430

Rixe, Georg, Anmerkung zum Beschluss des BVerfG vom 5.4.2005 – 1 BvR 1664/04, in: FamRZ 2005, S. 785–786

Rixe, Georg, Anmerkung zum Beschluss des AG Wittenberg vom 11.2.2008 – 4 F 621/07 SO, in: FF 2008, S. 168

Rixe, Georg, Anmerkung zum Urteil des EGMR vom 4.12.2008, Beschwerde-Nr. 44036/02, (Adam/Deutschland), in: FamRZ 2009, S. 1037–1039

Rixe, Georg, Anmerkung zum Urteil des EGMR vom 21.12.2010, Beschwerde-Nr. 20578/10, (Anayo/Deutschland), in: FamRZ 2011, S. 1363–1367

Röchling, Walter, Verurteilt die Eingriffsschwelle des § 1748 BGB viele Kinder zu dauerhafter Elternlosigkeit?, in: ZfJ 2000, S. 214–217

Rösler, Hannes/**Reimann**, Barbara, Anmerkung zum Beschluss des BVerfG vom 27.4.2006 – 1 BvR 2866/04, in: FamRZ 2006, S. 1356–1357

Roller, Steffen, Die menschenrechtskonventionsgemäße Auslegung, in: DRiZ 2004, S. 337

Rost, Harald/**Schneider**, Norbert F., Differentielle Elternschaft – Auswirkungen der ersten Geburt auf Männer und Frauen, in: Familie im Brennpunkt von Wissenschaft und Forschung, herausgegeben von Bernhard Nauck und Corinna Onnen-Isemann, Neuwied 1995, S. 177–194

Roth, Andreas, Die aktuelle Bedeutung des Art. 6 V GG für das Recht des nichtehelichen Kindes, in: FamRZ 1991, S. 139–147

Roth, Wolfgang, Vaterschaftsanfechtung durch den biologischen Vater, in: NJW 2003, S. 3153–3160

Rudolf, Beate, Zur Rechtsstellung des Vaters eines nichtehelichen Kindes nach der EMRK, in: EuGRZ 1995, S. 110–113

Rüfner, Wolfgang, Zum Elternbegriff des Grundgesetzes, in: FamRZ 1963, S. 153–157

Ruffert, Matthias, Die Europäische Menschenrechtskonvention und innerstaatliches Recht, in: EuGRZ 2007, S. 245–255

Rummel, Carsten, Familienbericht der Bundesregierung, in: FuR 1995, S. 204–207

Rupp-von Brünneck, Wiltraut, Zur Einführung in das neue Recht der nichtehelichen Kinder, in: StAZ 1970, S. 226–235

Rupp-von Brünneck, Wiltraut, Darf das BVerfG an den Gesetzgeber appellieren?, in: Festschrift für Gebhard Müller zum 70. Geburtstag, herausgegeben von Theo Ritterspach und Willi Geiger, Tübingen 1970, S. 255–378

Sachs, Michael, Grundgesetz Kommentar, 6. Auflage, München 2011, zitiert als: Sachs/[*Bearbeiter*], GG
Salgo, Ludwig, Zur Stellung des Vaters bei der Adoption seines nichtehelichen Kindes durch die Mutter und deren Ehemann, in: NJW 1995, S. 2129–2134
Salgo, Ludwig, Ein Zwischenruf zum Regierungsentwurf eines Gesetzes zur Reform der elterlichen Sorge nicht miteinander verheirateter Eltern, in: FPR 2012, S. 409–411
Sauer, Heiko, Die neue Schlagkraft der gemeineuropäischen Grundrechtsjudikatur, in: ZaöRV 65 (2005), S. 35–67
Schadendorf, Barbara, Uneheliche Kinder, München 1964
Schaffarzik, Bert, Europäische Menschenrechte unter der Ägide des Bundesverfassungsgerichts, in: DÖV 2005, S. 860–868
Scheffler, Erna, Ehe und Familie, in: Karl August Bettermann, Hans Carl Nipperdey, Ulrich Scheuner, Die Grundrechte, 4. Band, 1. Halbband, Berlin 1972, S. 245–323
Scheiwe, Kirsten, Babyklappe und anonyme Geburt – wohin mit Mütterrechten, Väterrechten, Kinderrechten?, in: ZPR 2001, S. 368–374
Scherpe, Jens M., Nichteheliche Kinder, elterliche Sorge und die Europäische Menschenrechtskonvention, in: RabelsZ Bd. 73 (2009), S. 935–961
Scherpe, Jens M., Anmerkung zum Urteil des EGMR vom 3.12.2009 – Beschwerde-Nr. 22028/04 (Zaunegger/Deutschland), in: FamRZ 2010, S. 108
Schilken, Eberhard, Zivilprozessrecht, 5. Auflage, Köln 2006
Schimpf, Christian, Zur Aufhebung der Amtspflegschaft gemäß § 1707 BGB, in: StAZ 1983, S. 192–199
Schleiffer, Roland, Dissozialität bei Adoptivkindern – Folge sozialer Elternschaft?, in: Volker Krolzik, Pflegekinder und Adoptivkinder im Focus, 2. Auflage, Idstein 2000, S. 161–181
Schlosser, Peter, Der Einfluss des Grundgesetzes auf die privatrechtliche Stellung des unehelichen Kindes, in: FamRZ 1963, S. 601–630
Schmid, Viola, Die Familie in Artikel 6 des Grundgesetzes, Berlin 1989, zugl. Jur. Diss., Erlangen, Nürnberg 1988
Schmidt-Bleibtreu, Bruno, Kommentar zum Grundgesetz, 10. Auflage, Neuwied 2004, zitiert als: Schmidt-Bleibtreu/[*Bearbeiter*]
Schmidt-Didczuhn, Andrea, (Verfassungs-)Recht auf Kenntnis der eigenen Abstammung?, in: JR 1989, S. 228–232
Schnitzler, Klaus, Anmerkung zum Beschluss des BVerfG vom 29.11.2005 – 1 BvR 1444/01, in: FF 2006, S. 44
Scholz, Rainer, Die nichteheliche Lebensgemeinschaft – ein Problem für den Gesetzgeber?, in: ZRP 1981, S. 225–230

Scholz, Rupert, Verfassungsfragen zur Fortpflanzungsmedizin und Gentechnologie, in: Festschrift für Rudolf Lukes zum 65. Geburtstag, herausgegeben von Herbert Leßmann, Bernhard Großfeld, Lothar Vollmar, Köln 1989, S. 203–235

Scholz, Rupert, Kindschaftsrechtsreform und Grundgesetz, in: FPR 1998, S. 62–74

Scholz, Rupert/**Uhle**, Arnd, „Eingetragene Lebenspartnerschaft" und Grundgesetz, in: NJW 2001, S. 393–400

Schon, Lothar, Sehnsucht nach dem Vater..., in: Die Bedeutung des Vaters in der frühen Kindheit, herausgegeben von Kornelia Steinhardt, Wilfried Datler, Johannes Gstach, Gießen 2002, S. 15–28

Schreiber, Christiane, Die nichteheliche Lebensgemeinschaft, München 1995

Schrödter, Wolfgang, Elternschaft im gesellschaftlichen Wandel – Kinder wollen keine perfekten – sondern sichere Eltern, in: Volker Krolzik, Pflegekinder und Adoptivkinder im Focus, 2. Auflage, Idstein 2000, S. 97–112

Schülein, Johann August, Die Geburt der Eltern, Opladen 1990

Schulz, Burkhard, Adoption und Adoptionsvermittlung, in: ZRP 1976, S. 146–147

Schumacher, Klaus, Fortpflanzungsmedizin und Zivilrecht, in: FamRZ 1987, S. 313–324

Schumann, Eva, Die nichteheliche Familie: Reformvorschläge für das Familienrecht mit einer Darstellung der geschichtlichen Entwicklung und unter Berücksichtigung des Völker- und Verfassungsrechts, München 1998, zugl. Jur. Diss., Leipzig 1997

Schumann, Eva, Erfüllt das neue Kindschaftsrecht die verfassungsrechtlichen Anforderungen an die Ausgestaltung des nichtehelichen Vater-Kind-Verhältnisses?, in: FamRZ 2000, S. 389–396

Schumann, Eva, Sorgerecht nicht miteinander verheirateter Eltern, in: FuR 2002, S. 59–67

Schumann, Eva, Biologisches Band oder soziale Bindung? – Vorgaben der EMRK und des deutschen Rechts bei Pflegekindverhältnissen, in: RdJB 2006, S. 165–180

Schumann, Eva, Zur Gleichbehandlung ehelicher und nichtehelicher Eltern-Kind-Verhältnisse, in: FF 2007, S. 227–234

Schumann, Eva, Kindeswohl zwischen elterlicher und staatlicher Verantwortung, in: Gesetzgebung, Menschenbild und Sozialmodell im Familien- und Sozialrecht, herausgegeben von Okko Behrends und Eva Schumann, Berlin 2008

Schumann, Eva, Elterliche Sorge nicht miteinander verheirateter Eltern auf dem Prüfstand, in: FF 2010, S. 222–231

Schwab, Dieter, in: Geschichtliche Grundbegriffe, Band 2, herausgegeben von Otto Brunner, Werner Conze, Reinhart Koselleck, Stuttgart 1979, S. 253–301

Schwab, Dieter, Entwicklungen und Perspektiven des Familienrechts, in: 40 Jahre Familienpolitik in der Bundesrepublik Deutschland, Festschrift herausgegeben vom Bundesministerium für Familie und Senioren, Bonn 1993, S. 63–89

Schwab, Dieter, Familienrecht, 15. Auflage, München 2007

Schwab, Karl Heinz, Das rechtliche Interesse bei Erhebung der Abstammungsklage im Statusprozess, in: FamRZ 1954, S. 166–169

Schwab, Dieter/**Wagenitz**, Thomas, Einführung in das neue Kindschaftsrecht, in: FamRZ 1997, S. 1377–1383

Schwaiger, Henning, Zum Elternpflichtrecht des nichtehelichen Vaters in der Bundesrepublik Deutschland, in: EuGRZ 1982, S. 1–10

Schwalm, Georg, Juristische Bemerkungen zur humanen artifiziellen Insemination in der Bundesrepublik Deutschland, in: Ernst T. Rippmann, Die ehefremde künstliche Befruchtung der Frau, Bern 1974, S. 65–76

Schwalm, Georg, Strafrechtliche Probleme der künstlichen Samenübertragung beim Menschen, in: GA 106 (1959), S. 1–16

Schwarz, Kyrill-Alexander, Rechtliche Aspekte von „Babyklappe“ und „anonymer Geburt“, in: StAZ 2003, S. 33–39

Schweitzer, Michael, Staatsrecht III, 9. Auflage, Heidelberg 2008

Schwenzer, Ingeborg, Personenrechtliche Beziehungen zwischen Vater und Kind in und nach Auflösung einer Familie ohne Ehe, in: Familie ohne Ehe, herausgegeben von Jutta Limbach und Ingeborg Schwenzer, Frankfurt am Main 1988, S. 19–30

Schwenzer, Ingeborg, „..Vater sein dagegen sehr!“ – Kritische Anmerkungen zur elterlichen Sorge für nichteheliche Kinder, in: FamRZ 1985, S. 1202–1211

Schwenzer, Ingeborg, Vom Status zur Realbeziehung, Baden-Baden 1987

Schwenzer, Ingeborg, Empfiehlt es sich, das Kindschaftsrecht neu zu regeln?, Verhandlungen des neunundfünfzigsten Deutschen Juristentages, Hannover 1992, Band I (Gutachten), Teil A

Schweppe, Katja, Das Haager Übereinkommen über die zivilrechtlichen Aspekte internationaler Kindesentführungen und die Interessen der betroffenen Kinder, in: ZfJ 2001, S. 169–176

Seibert, Helga, Europäische Menschenrechtskonvention und das Bundesverfassungsgericht, in: Die Freiheit des Anderen, Festschrift für Martin Hirsch, herausgegeben von Hans Jochen Vogel, Helmut Simon, Adalbert Podlech, Baden-Baden 1981, S. 519–527

Seibert, Helga, Verfassung und Kindschaftsrecht – Neue Entwicklungen und offene Fragen, in: FamRZ 1995, S. 1457–1463

von Sethe, Hennig, Die Durchsetzbarkeit des Rechts auf Kenntnis der eigenen Abstammung aus der Sicht des Kindes, Berlin 1995, zugl. Jur. Diss, Münster 1994

Simitis, Spiros, Zur „Aktualisierung" des Art. 6 Abs. 5 GG, in: JZ 1969, S. 277–283

Simitis, Spiros, Personen- und personenstandsrechtliche Grundfragen des neuen Nichtehelichenrechts, in: StAZ 1970, S. 255–264

Simon, Dietrich V., Das neue elterliche Sorgerecht, in: JuS 1979, S. 752–754

Simon, Dietrich V., Forum: Rechtsprobleme der nichtehelichen Lebensgemeinschaft, in: JuS 1980, S. 252–255

Smid, Stefan, Recht auf Kenntnis der eigenen blutsmäßigen Abstammung?, in: JR 1990, S. 221–226

Soergel, Hs. Th., Bürgerliches Gesetzbuch Kommentar, 13. Auflage, Stuttgart 2003, teils Neubearbeitung, zitiert als: Soergel/[*Bearbeiter*]

Soergel, Hs. Th./**Siebert**, W., Bürgerliches Gesetzbuch Kommentar, 10. Auflage, Stuttgart 1975, zitiert als: Soergel/Siebert/[*Bearbeiter*], 10. Auflage

Sommermann, Karl-Peter, Völkerrechtlich garantierte Menschenrechte als Maßstab der Verfassungskonkretisierung, in: AöR 114 (1989), S. 391–422

Spangenberg, Brigitte/**Spangenberg**, Ernst, Den nichtehelichen Müttern das letzte Wort? – Anmerkung zum Urteil des BVerfG vom 29.1.2003 – 1 BvL 20/9, 1 BvR 933/01, in: ZfJ 2003, S. 332–333

Stackmann, Nikolaus, Richterliche Selbstkontrolle und Verfahrenswirklichkeit im Zivilprozess, in: JuS 2005, S. 495–497

Staebe, Erik, Die Europäische Menschenrechtskonvention und ihre Bedeutung für die Rechtsordnung der Bundesrepublik Deutschland, in: JA 1996, S. 75–81

Stalinski, Dirk, Spurensuche, in: FamRZ 2005, S. 856–861

Starck, Christian, Die künstliche Befruchtung beim Menschen – Zulässigkeit und zivilrechtliche Folgen, Verhandlungen des sechsundfünfzigsten Deutschen Juristentages, Berlin 1986, Band I (Gutachten), Teil A, 1. Teilgutachten, Verfassungsrechtliche Probleme

Starck, Christian, Anmerkung zum Urteil des BVerfG vom 31.1.1989 – 1 BvL 17/87, in: JZ 1989, S. 338–339

Statistisches Bundesamt Deutschland, Statistisches Jahrbuch für die Bundesrepublik Deutschland 2011, Wiesbaden 2011

Staudinger, Julius von Staudingers Kommentar zum Bürgerlichen Gesetzbuch, 13. Auflage, Berlin 2001, teils Neubearbeitung, zitiert als: Staudinger/[*Bearbeiter*]

Steiger, Heinhard, Verfassungsgarantie und sozialer Wandel – Das Beispiel von Ehe und Familie, in: Veröffentlichungen der Vereinigung der Deutschen Staatrechtslehrer, Heft 45, S. 55–88, zitiert als: Steiger, VVDStRL 45 (1986)

Steinberger, Helmut, Entwicklungslinien in der Rechtsprechung des Bundesverfassungsgerichts zu völkerrechtlichen Fragen, in: ZaöRV 1988, S. 1–16

Steindorff, Caroline, Recht und Rechte der Minderjährigen, in: FuR 1990, S. 98–100

Steindorff, Caroline, Die UN-Kinderrechtskonvention als Legitimationsgrundlage für Elternrechte?, in: FuR 1991, S. 214–216

Steinert, Karl-Friedrich, Vermögensrechtliche Fragen während des Zusammenlebens und nach Trennung Nichtverheirateter, in: NJW 1986, S. 683–689

Steinhardt, Kornelia/**Datler**, Wilfried/**Gstach**, Johannes, Der lange Weg des Vaters in die Kleinkindforschung, in: Die Bedeutung des Vaters in der frühen Kindheit, herausgegeben von Kornelia Steinhardt, Wilfried Datler, Johannes Gstach, Gießen 2002, S. 7–14

Steinhausen, Hans-Christoph, Psychische Störungen bei Kindern und Jugendlichen, 6. Auflage, München 2006

Stich, Jutta, „Spätere Heirat nicht ausgeschlossen…“, in: Wie geht's der Familie?, München 1988, S. 154–162

Stöcker, Hans A., Bemerkungen zu drei Streitpunkten der Reform des Adoptionsrechts, in: FamRZ 1974, S. 568–571

Stöcker, Hans A., Abschaffung der Nichtehelichkeit – notwendige Revision einer Reform, in: ZRP 1975, S. 32–38

Stöcker, Hans A., Über die Anwendung der Menschenrechte auf „Nichteheliche“, in: DAVorm 1978, Sp. 481–508

Stöcker, Hans A., Der Europäische Gerichtshof für Menschenrechte zur Diskriminierung „nichtehelicher“ Kinder, in: DAVorm 1980, Sp. 249–255

Stöcker, Hans A., Internationaler ordre public zum Schutz der Menschenrechte, in: StAZ 1981, S. 16–22

Stöcker, Hans A., Wirkungen der Urteile des Europäischen Gerichtshofs für Menschenrechte in der Bundesrepublik, in: NJW 1982, S. 1905–1909

Stöcker, Hans A., Die UNO-Kinderrechtskonvention und das deutsche Familienrecht, in: FamRZ 1992, S. 245–252

Strätz, Hans-Wolfgang, Rechtsfragen des Konkubinats im Überblick, in: FamRZ 1980, S. 301–308

Strempel, Rüdiger, Fünf Jahre Geltung der Konvention über die Rechte des Kindes, in: ZRP 1996, S. 81–84

Sturm, Fritz, Das Straßburger Marckx-Urteil zum Recht des nichtehelichen Kindes und seine Folgen, in: FamRZ 1982, S. 1150–1159

Swientek, Christine, Wer sagt mir, wessen Kind ich bin?, Freiburg 1993

Swientek, Christine, Was Adoptivkinder wissen sollten und wie man es ihnen sagen kann, Freiburg im Breisgau 1998
Swientek, Christine, Adoptierte auf der Suche..., Freiburg im Breisgau 2001

Tack, Eduard, Die Neuordnung des Adoptionsvermittlungsrechts durch das Adoptionsvermittlungsgesetz vom 2. Juli 1976, ZBlJugR 1977, S. 1–18
Textor, Martin R., Die unbekannten Eltern, in: ZfJ 1990, S. 10–14
Textor, Martin R., Inlandsadoptionen: Herkunft, Familienverhältnisse und Entwicklung der Adoptivkinder, in: René A. C. Hoksbergen, Martin R. Textor, Adoption, Freiburg im Breisgau, 1993, S. 41–62
Thomas, Heinz/**Putzo**, Hans, Zivilprozessordnung, Kommentar, 33. Auflage, München 2012, zitiert als: Thomas/Putzo/[*Bearbeiter*], ZPO
Tomuschat, Christian, Die staatsrechtliche Entscheidung für die innerstaatliche Offenheit, in: Josef Isensee, Paul Kirchhoff, Handbuch des Staatsrechts, Heidelberg 1992, Band VII, § 173
Tomuschat, Christian, Individueller Rechtsschutz: das Herzstück des „ordre public européen" nach der Europäischen Menschenrechtskonvention, in: EuGRZ 2003, S. 95–100

Uerpmann, Robert, Die Europäische Menschenrechtskonvention und die deutsche Rechtsprechung, Berlin 1993, zugl. Jur. Diss., Berlin 1991
Ullmann, Christian, Verfassungs- und völkerrechtliche Widersprüche bei der Ratifikation der UNO-Kinderrechtskonvention, in: FamRZ 1991, S. 898–902
Ullmann, Christian, Die UN-Kinderrechtskonvention und das innerstaatliche Recht, in: FamRZ 1992, S. 892–894
Ullrich, Wolfgang, Beiträge zur Kriminalität der Unehelichen, in: RdJ 1960, S. 5–6
Unzner, Lothar, Die psychologischen Auswirkungen bei Fremdplatzierung des Kindes in Pflegefamilie oder Kinderheim, in: FPR 2003, S. 321–325
Urbach, Peter, Die außereheliche Mutter und die Unterhaltsverpflichtung des Kindesvaters, in: ZBlJugR 1959, S. 74–76

Vaskovics, L.A./**Rost**, H./**Rupp**, M., Lebenslage nichtehelicher Kinder – Rechtstatsächliche Untersuchung zu Lebenslagen und Entwicklungsverläufen nichtehelicher Kinder, Köln 1997
Vedder, Christoph, Integrierter Grundrechtsschutz in Europa, in: Wirtschaft im offenen Verfassungsstaat, Festschrift für Reiner Schmidt, herausgegeben von Hartmut Bauer, Detlef Czybulka, Wolfgang Kahl, Andreas Vosskuhle, München 2006, S. 179–203
Verbeet, Markus, Kind im Kreidekreis, in: Der Spiegel vom 23.11.2005

Verbeet, Markus, „Freibrief für Rechtsbeugung“, in: DRiZ 2007, S. 343
Villiger, Mark E., Handbuch der Europäischen Menschenrechtskonvention (EMRK) unter besonderer Berücksichtigung der schweizerischen Rechtslage, 2. Auflage, Zürich 1999
Graf Vitzthum, Wolfgang, Gentechnologie und Menschenwürde, in: MedR 1985, S. 249–257
Graf Vitzthum, Wolfgang, Gentechnologie und Menschenwürdeargument, in: ZRP 1987, S. 33–37
Völker, Mallory, Zum guten Umgang, in: Kind-Prax 2004, S. 215–217
Völker, Mallory, Zum Umgang der Familienrichter miteinander, in: FF 2005, S. 165
Vogel, Klaus, Völkerrechtliche Verträge und innerstaatliche Gesetzgebung, in: IStR 2005, S. 29–30
Vogelsang, Klaus, Verfassungsrecht, in: Das Recht der nichtehelichen Lebensgemeinschaft, herausgegeben von Rainer Hausmann und Gerhard Hohloch, Berlin 1999, S. 49–73

Wagner, Beatrice, Ehegattenbesteuerung – Auslegungsfragen zu Artikel 13 des Beschlusses über die direkte Bundessteuer („BdBSt“) im Lichte der Bundesverfassung und der Europäischen Menschenrechtskonvention, in: EuGRZ 1986, S. 417–424
Walker, Wolf-Dietrich, Anmerkung zum Beschluss des HansOLG Bremen vom 21.07.1999 – 6 W 21/98, in: JZ 2000, S. 314–317
Walter, Christian, Die Europäische Menschenrechtskonvention als Konstitutionalisierungsprozess, in: ZaöRV 59 (1999), S. 961–983
Walter, Ute, Nichtehelicher Vater und Adoption, in: FamRZ 1992, S. 1025–1026
Wawrzyniak, Wolfgang, Gedanken zur Aufhebung der Amtspflegschaft, wenn die Mutter den Namen des Vaters nicht nennen oder festgestellt wissen will, in: ZBlJugR 1978, S. 269–271
Weber, Albrecht, Die Entwicklung des Familienrechts seit Mitte 2004, in: NJW 2005, S. 3043–3050
Weber, Albrecht, Grundrechtsschutz in Europa – Kooperation oder Kooperationsverweigerung, in: Staat und Recht in europäischer Perspektive, Festschrift für Heinz Schäffer, herausgegeben von Metin Akyürek, Gerhard Baumgartner, Dietmar Jahnel, Georg Lienbacher, Harald Stolzlechner, Wien 2006, S. 911–922
Weber, Ralph, Der Auskunftsanspruch des Kindes und/oder des Scheinvaters auf namentliche Benennung des leiblichen Vaters gegen die Kindesmutter, in: FamRZ 1996, S. 1254–1262

von Weber, Helmuth, Die Durchsetzung der Grundrechte der europäischen Menschenrechtskonvention in der innerdeutschen Strafrechtspflege, in: MDR 1955, S. 386–389
von Weber, Ute, Das Jugendamt als Detektiv, in: ZBlJugR 1973, S. 346–347
Webler, Heinrich, Zur personalen Rolle des Vaters im Leben des unehelichen Kindes, in: ZBlJugR, S. 1961, S. 195–202
Weidermann, Ortfrid, Soziale Wirkkraft des Nichtehelichenrechts, in: ZBlJugR 1972, S. 361–375
Weiss, Bettina, Wie viel Geschichte ist für mein Kind nötig, PFAD 1/2007, S. 12–13
Wichmann, Klaus, Die Reform des Kindschaftsrechts in der Diskussion, in: FuR 1996, S. 161–171
Wiemann, Irmela, Ratgeber Adoptivkinder, 5. Auflage, Reinbek bei Hamburg 2004
Wiesner, Reinhard, SGB VIII: Kinder- und Jugendhilfe, 4. Auflage, München 2011, zitiert als: Wiesner/[*Bearbeiter*], SGB VIII
Will, Annegret, Macht und Gleichheit, Frankfurt am Main 1997, zugl. Jur. Diss., Konstanz 1997
Will, Annegret, Die Abschaffung der Amtspflegschaft – Emanzipation der nichtehelichen Mutter?, in: ZfJ 1998, S. 401–408
Willutzki, Siegfried, Die Novellierung des deutschen Kindschaftsrechts, in: Rpfleger 1997, S. 336–340
Willutzki, Siegfried, Kindschaftsrechtsreform – Versuch einer wertenden Betrachtung, in: KindPrax 1998, S. 103–104
Willutzki, Siegfried, Editorial, in: Kind-Prax 2005, S. 41
Willutzki, Siegfried, Die Ersetzung der elterlichen Einwilligung in die Adoption, in: ZKJ 2007, S. 18–28
Wingen, Max, Der soziologische Tatbestand der nichtehelichen Lebensgemeinschaften, in: FamRZ 1981, S. 331–337
Wingen, Max, Nichteheliche Lebensgemeinschaften aus sozialwissenschaftlicher Sicht, in: Die nichteheliche Lebensgemeinschaft, herausgegeben von der Arbeitsgemeinschaft für Jugendhilfe, Freiburg/Breisgau 1983, S. 10–25
de Witt, Siegfried/**Huffmann**, Johann-Friedrich, Nichteheliche Lebensgemeinschaft, 2. Auflage, München 1986
Wöller, Eva, Zweimal nicht gefragt – das doppelte Trauma Adoptierter, in: Volker Krolzik, Pflegekinder und Adoptivkinder im Focus, 2. Auflage, Idstein 2000, S. 141–159
Wolf, Alfred, Babyklappe und anonyme Geburt – Fragen zu einer neuen Entwicklung, in: FPR 2001, S. 345–353

Wolf, Andrea, Die Abstammung von durch medizinische Fortpflanzung gezeugten Kindern nach dem Kindschaftsrechtsreformgesetz (KindRG), in: FuR 1998, S. 392–397

Wolf, Joachim, Ratifizierung unter Vorbehalten: Einstieg oder Ausstieg der Bundesrepublik Deutschland aus der UN-Konvention über die Rechte des Kindes?, in: ZPR 1991, S. 374–378

Wolf, Marc, Die Verfassungsmäßigkeit von § 1626a BGB, in: FPR 2002, S. 173–176

Würfflein, Maximilian, Nichteignung der Mutter zur Vormundschaftsführung bei Verschweigen des unehelichen Vaters, in: ZBlJugR 1959, S. 76–77

Zawar, Rolf, Teilreform des Adoptionsrechts, in: JuS 1973, S. 654–655

Zawar, Rolf, Gesamtreform des Adoptions- und Adoptionsvermittlungsrechts, in: JuS 1977, S. 58–61

de Zayas, Alfred M., Das deutsche Kindschaftsrecht und der UN-Zivilpakt (IPBPR) von 1966, in: Peter Koeppel, Kindschaftsrecht und Völkerrecht, Neuwied 1996, S. 91–101

Zeidler, Wolfgang, Ehe und Familie, in: Handbuch des Verfassungsrechts der Bundesrepublik Deutschland, herausgegeben von Ernst Benda, Werner Maihofer, Hans-Jochen Vogel, Berlin 1983, S. 555–607

Zeller, Hans, Das Recht des nichtehelichen Kindes, Stuttgart 1976

Zenz, Gisela, Volle elterliche Gewalt für die Mutter, die den Vater ihres Kindes nicht nennen oder feststellen lassen will?, Teil I, in: StAZ 1974, S. 281–291

Zenz, Gisela, Volle elterliche Gewalt für die Mutter, die den Vater ihres Kindes nicht nennen oder feststellen lassen will?, Teil II, in: StAZ 1974, S. 314–322

Zenz, Gisela, Soll die Rechtsstellung der Pflegekinder unter besonderer Berücksichtigung des Familien-, Sozial- und Jugendrechts neu geregelt werden?: Verhandlungen des vierundfünfzigsten Deutschen Juristentages in Nürnberg 1982, Band I (Gutachten), Teil A

Zenz, Gisela, Anmerkung zum Beschluss des BGH vom 26.9.2007 - XII ZB 229/06, in: FamRZ 2007, S. 2060–2063

Zenz, Gisela/**Salgo**, Ludwig, Zur Diskriminierung der Frau im Recht der Eltern-Kind-Beziehung, Schriftenreihe des Bundesministers für Jugend, Familie und Gesundheit, Stuttgart 1983

Zettel, Günther B., Ein Jahr Neuregelung des Rechts der elterlichen Sorge – Fragen bei der Anwendung des neuen Rechts, in: DRiZ 1981, S. 211–218

Zeycan, Azime, Der Fall Görgülü / BRD im Lichte der Menschenrechtskonvention, in: FuR 2004, S. 443–445

Zimmermann, Andreas, Neuere Entwicklungen zum Verhältnis zwischen dem UN-Abkommen über die Rechte des Kindes und nationalem Familienrecht, in: IPRax 1996, S. 167–174

Zimmermann, Jan, Geschichte der Klage auf Feststellung der Abstammung, Jur. Diss., Kiel/Bremen 1990

Zimmermann, Reinhard, Die heterologe künstliche Insemination und das geltende Zivilrecht, in: FamRZ 1981, S. 929–935

Zippelius, Reinhold, Verfassungsgarantie und sozialer Wandel – Das Beispiel von Ehe und Familie, in: DÖV 1986, S. 805–810

Zöller, Richard, Zivilprozessordnung, 29. Auflage, Köln 2012, zitiert als: Zöller/ [*Bearbeiter*]

Zuleeg, Manfred, Familienpolitik und Verfassungsrecht, in: FamRZ 1980, S. 210–215

Zuleeg, Verfassungsgarantie und sozialer Wandel – das Beispiel von Ehe und Familie, in: NVwZ 1986, S. 800–807

Zweigert, Konrad, Zur Reform des Unehelichenrechts, in: JuS 1967, S. 241–248

Ohne Angabe, Gerichtshof stärkt Rechte von Vätern – Fall Görgülü: Anwältin fordert Konsequenzen, in: Der Tagesspiegel vom 26.10.2007

Ohne Angabe, Letzte Instanz gegen Deutschland, in: Der Tagesspiegel vom 30.6.2008

Ohne Angabe, Türkischer Vater erneut im Recht, in: Die Tageszeitung vom 21.4.2005

Ohne Angabe, Rechtsbeugung: Richter angeklagt, in: Die Tageszeitung vom 24.11.2006

Ohne Angabe, Erfolg für „schnörkellosen“ Vater, in: Die Tageszeitung vom 24.2.2007

Ohne Angabe, Fall Görgülü: Kind soll nun doch beim Vater leben, in: Die Welt vom 23.8.2007

Ohne Angabe, Straßburg ist kein oberstes Rechtsmittelgericht, Interview mit Hans-Jürgen Papier, in: Frankfurter Allgemeine Zeitung vom 9.12.2004

Ohne Angabe, Karlsruhe rügt Oberlandesgericht, in: Frankfurter Allgemeine Zeitung vom 21.4.2005

Ohne Angabe, Vater im Streit über Umgangsrecht erfolgreich, in: Frankfurter Allgemeine Zeitung vom 24.6.2005

Ohne Angabe, Kein großer Konflikt mit Karlsruhe, in: Frankfurter Allgemeine Zeitung vom 27.10.2005

Ohne Angabe, Ermittlungen gegen Naumburger Richter, in: Frankfurter Allgemeine Zeitung vom 28.11.2005

Ohne Angabe, In den Fängen der Amtsgewalt, in: Frankfurter Allgemeine Zeitung vom 14.1.2006
Ohne Angabe, BGH stärkt Recht des Vaters im Fall Görgülü, in: Frankfurter Allgemeine Zeitung vom 25.10.2007
Ohne Angabe, Wird endlich alles gut?, in: Frankfurter Allgemeine Zeitung vom 8.5.2008
Ohne Angabe, Fall Görgülü – Junge soll nun doch beim Vater leben, in: Spiegel Online vom 22.8.2007

Hinweis:

Bezüglich der in der Arbeit verwendeten Abkürzungen wird verwiesen auf:

Kirchner, Hildebert/Butz, Cornelie
Abkürzungsverzeichnis der Rechtssprache
6. Auflage, Berlin 2008

Einleitung

I. Der Fall Görgülü

Der Fall Görgülü hat nicht nur in der juristischen Literatur vielfach Beachtung gefunden[1], sondern auch außerhalb der Fachpresse in den letzten Jahren großes mediales Aufsehen erregt.[2] Im Mittelpunkt des Geschehens stehen dabei Kazim

1 Dazu Benda, AnwBl 2005, S. 602 ff.; Bergmann, EuGRZ 2004, S. 620 ff.; Born, FPR 2008, S. 61 f.; Breuer, NVwZ 2005, S. 412 ff.; Brückner, FPR 2005, S. 200 ff.; Buschle, VBlBW 2005, S. 293 ff.; Dörr, DVBl. 2006, S. 1091 f.; Esser, StV 2005, S. 348 ff.; Frank, FamRZ 2007, S. 1698; Fröhlich, FF 2007, S. 134 f.; Frowein, Wildhaber-FS, S. 263; Geimer, FamRZ 2004, S. 812 f.; Grabenwarter, Europäische Menschenrechtskonvention, § 16, Rn. 9; Grote/Marauhn/*Cremer*, EMRK/GG, Kap. 32, Rn. 77 ff.; Grupp/Stelkens, DVBl. 2005, S. 133 ff.; Hartwig, GLJ 2005, S. 869 ff.; Heckötter, Die Bedeutung der Europäischen Menschenrechtskonvention und die Rechtsprechung des EGMR für die deutschen Gerichte, S. 1 ff., 19 ff. 199 ff.; Hoffmann, ZfJ 2005, S. 44 ff.; Hoffmann-Riem, EuGRZ 2006, S. 492 ff.; Hofmann, GYIL 47 (2004), S. 9 ff.; Hummel, IStR 2005, S. 35 f.; Kadelbach, Jura 2005, S. 480 ff.; Klein, JZ 2004, S. 1176 ff.; ders., MRM 2005, S. 127; Klein, Der Fall Görgülü; Kühne, GA 152 (2005), S. 207 ff.; Kutscha, Recht und Politik 2005, S. 175 ff.; Lamprecht, NJW 2007, S. 2744 ff.; Lenz, Zuleeg-FS, S. 234 ff.; Lübbe-Wolff, HFR 2006, Beitrag 12, S. 1 ff.; Mann, NJW 2004, S. 3220 ff.; Meyer-Ladewig/Petzold, NJW 2005, S. 15 ff.; Motzer, FamRZ 2006, S. 77, 80; Oeter, VVDStRL 66 (2006), S. 361 ff.; Papier, EuGRZ 2006, S. 1 ff.; Pernice, EuZW 2004, S. 705; Rixe, FamRZ 2004, S. 1460 ff.; ders., FamRZ 2004, S. 1863 ff.; ders., FamRZ 2005, S. 176 f.; ders., in: Sechzehnter Deutscher Familiengerichtstag, Brühler Schriften zum Familienrecht, S. 57 ff., Roller, DRiZ 2004, S. 337; Ruffert, EuGRZ 2007, S. 245 ff.; Sauer, ZaöRV 65 (2005), S. 36 ff.; Schaffarzik, DÖV 2005, S. 860 ff.; Schumann, RdJB 2006, S. 176 ff.; dies., in: Gesetzgebung, Menschenbild und Sozialmodell im Familien- und Sozialrecht, S. 206 ff.; Stackmann, JuS 2005, S. 495 ff.; Vedder, Schmidt-FS, S. 179 ff.; Verbeet, DRiZ 2007, S. 343; Völker, FF 2005, S. 165; Vogel, IStR 2005, S. 29 f.; Weber, NJW 2005, S. 3043 ff.; ders., Schäffer-FS, S. 911 ff.; Willutzki, Kind-Prax 2005, S. 41; Zenz, FamRZ 2007, S. 2060 ff.; Zeycan, FuR 2004, S. 443 ff.

2 S. dazu etwa Berliner Zeitung vom 31.3.2007; Der Spiegel vom 15.11.2004; Der Spiegel vom 23.12.2005; Der Tagesspiegel vom 26.10.2007; Der Tagesspiegel vom 30.6.2008; Die Tageszeitung vom 30.12.2004, Die Tageszeitung vom 21.4.2005; Die Tageszeitung vom 24.11.2006; Die Tageszeitung vom 24.2.2007; Die Welt vom 20.10.2004; Die Welt vom 21.1.2006; Die Welt vom 23.8.2007; Frankfurter Allgemeine Zeitung vom 23.10.2004; Frankfurter Allgemeine Zeitung vom 9.12.2004; Frankfurter Allgemeine Zeitung vom 15.4.2005; Frankfurter Allgemeine Zeitung vom 21.4.2005; Frankfurter Allgemeine Zeitung vom 24.6.2005; Frankfurter Allgemeine Zeitung vom 27.10.2005; Frankfurter Allgemeine Zeitung vom 28.11.2005; Frankfurter Allgemeine Zeitung vom 14.1.2006; Frankfurter Allgemeine

Görgülü, ein seit 1994 in Deutschland lebender türkischer Staatsangehöriger zazaischer Abstammung, und sein 1999 in Leipzig geborener Sohn Christofer. Der fast neunjährige Kampf des Vaters, seinen Sohn aus der Obhut der adoptionsbereiten Pflegeeltern heraus zu sich zu nehmen und in seine Familie zu integrieren, hat durch den Beschluss des AG Wittenberg vom 28.8.2008 ein Ende gefunden.[3]

Begonnen hatte die Odyssee durch die Instanzen, in denen die Gerichte mit Fragen zu Vaterschaftsfeststellungs-, Sorgerechts-, Umgangs- und Adoptionsverfahren befasst waren, bereits kurz nach der Geburt Christofers.[4] Kazim Görgülu hatte seit 1997 in nichtehelicher Lebensgemeinschaft mit der Mutter des Jungen gelebt. Ihre Beziehung dauerte bis Anfang 1999 an. Im Mai 1999 erfuhr Kazim Görgülü von der Schwangerschaft seiner früheren Lebensgefährtin. Ab Juli 1999 lehnte diese dann jeden weiteren Kontakt zu Görgülü ab. Nachdem Christofer am 25.8.1999 zur Welt gekommen war, erklärte seine Mutter am Folgetag gegenüber der Adoptionsvermittlungsstelle des Jugendamtes die Freigabe des Kindes. Ohne die Personalien des Vaters anzugeben, beauftragte sie die Behörde, das Kind bei Adoptionsbewerbern in Pflege zu geben. Daraufhin wurde das Kind Ende August 1999 zu Pflegeeltern in Adoptionspflege gegeben, in deren Familie ein weiterer, damals dreijähriger Pflegesohn lebte. Ende 1999 erklärte die Mutter ihre Einwilligung in die Adoption durch die Pflegeeltern. Diese Erklärung wiederholte sie später in den notariellen Urkunden aus dem Jahr 2002 bzw. 2005.[5] Mit ihrer Einwilligung in die Kindesannahme ruhte die elterliche Sorge der Mutter gem. § 1751 I 1, 1. HS BGB, und das Jugendamt wurde zum Amtsvormund für das Kind bestellt, § 1751 I 2, 1. HS BGB.

Im Oktober 1999 gelang es Kazim Görgülü, wieder Kontakt zu der Mutter seines Kindes herzustellen. Dabei erfuhr er von der Entbindung und ihrer Einwilligung in die Adoption. Er erkannte daraufhin vor dem Jugendamt Leipzig die Vaterschaft für Christopher an. Die Wirksamkeit der Anerkennung scheiterte aber daran, dass das Jugendamt als Vormund die nach § 1595 II i.V.m. §§ 1596 II, 1793 I 1 BGB erforderliche Zustimmung zur Vaterschaftsanerkennung ver-

---

Zeitung vom 25.10.2007; Frankfurter Allgemeine Zeitung vom 8.5.2008; Kölner Stadt-Anzeiger vom 30.12.2004; Spiegel Online vom 22.8.2007; Sueddeutsche Zeitung vom 20.10.2004; Sueddeutsche Zeitung vom 16.12.2004; Wochenspiegel vom 2.2.2005. Vgl. für weitere Nachweise Klein, Der Fall Görgülü, S. 523 ff.

3 AG Wittenberg vom 28.8.2008 – 4 F 621/07 SO. Vgl. zu allen im Fall Görgülü ergangenen Entscheidungen Klein, Der Fall Görgülü, S. 55 ff.

4 Ausführlich zur Vorgeschichte Klein, Der Fall Görgülü, S. 43 ff.

5 Diese Wiederholung der Einwilligungserklärung in die Kindesannahme war erforderlich, weil die Einwilligung nach § 1750 IV 2 BGB ihre Kraft verliert, wenn das Kind nicht innerhalb von drei Jahren seit dem Wirksamwerden der Einwilligung angenommen wird.

weigerte. Auf Antrag Görgülüs wurde die Vaterschaft sodann durch Urteil des Amtsgerichts Wittenberg vom 20.6.2000 rechtskräftig festgestellt.[6]

Im Januar 2001 beantragten die Pflegeeltern die Adoption Christofers. Nachdem der Amtsvormund der Adoption zugestimmt hatte, ersetzte das AG Wittenberg als Vormundschaftsgericht mit Beschluss vom 28.12.2001 die Einwilligung des Vaters in die Kindesannahme gem. § 1748 IV BGB. Den nach dieser Vorschrift erforderlichen unverhältnismäßigen Nachteil für das Kind bei Unterbleiben der Annahme sah das Gericht darin, dass das Kind zu den Adoptionspflegeeltern während der zweieinhalb Jahre, die es ununterbrochen bei ihnen verbracht hatte, eine tiefe emotionale Bindung entwickelt habe, deren rechtliche Absicherung entfiele, wenn eine Adoption nicht erfolgte. Abgesehen von wenigen Kontakten sei der leibliche Vater für das Kind dagegen eine völlig fremde Person. Den Bemühungen seinerseits, Kontakt zu seinem Kind herzustellen, komme bei der Interessenabwägung im Rahmen des § 1748 IV BGB keine entscheidende Bedeutung zu.[7] Das auf die Beschwerde des Vaters hin zuständige LG Dessau lehnte mit Beschluss vom 30.10.2002 ab, das Verfahren auf Ersetzung der Einwilligung in die Kindesannahme bis zur Entscheidung über den Sorgerechtsantrag des Vaters auszusetzen, den dieser gleichzeitig mit dem Antrag auf Feststellung der Vaterschaft bereits im Januar 2000 gestellt hatte.[8] Mit Beschluss vom 24.7.2003 setzte auf Beschwerde Görgülüs das OLG Naumburg dieses Verfahren aus.[9] Erst eine Woche später teilte die inzwischen zuständige Amtspflegerin mit, dass der Antrag des Kindes auf Ersetzung der Einwilligung des Vaters in die Adoption zurückgenommen worden sei und eine Adoption durch die Pflegeeltern deshalb nicht mehr in Betracht komme.

Im Zeitraum zwischen dem Adoptionsantrag der Pflegeeltern im Januar 2001 und der Einwilligungsersetzung durch das AG Wittenberg im Dezember desselben Jahres räumte das AG Wittenberg mit Beschluss vom 8.2.2001 Kazim Görgülü im Wege der einstweiligen Anordnung unter Hinweis auf sein Recht aus Art. 6 II 1 GG ein wöchentliches Umgangsrecht mit seinem Sohn ein.[10] Der XIV. Zivilsenat des OLG Naumburg setzte mit Beschluss vom 26.2.2001 die Vollziehung dieser einstweiligen Anordnung aus[11] und hob durch weiteren Beschluss vom 10.4.2001 mit der Begründung der prozessualen Überholung die einstweilige Anordnung des Amtsgerichts auf.[12] Denn zuvor hatte das AG Wit-

6 AG Wittenberg vom 20.6.2000 – 5 F 21/2000.

7 AG Wittenberg vom 28.12.2001 – 14 XVI 16/99.

8 LG Dessau vom 30.10.2002 – 8 (9) T 42/02.

9 OLG Naumburg FamRZ 2004, S. 810 ff. mit Anmerkung Geimer, S. 812 f.

10 AG Wittenberg vom 8.2.2001 – 5 F 31/01.

11 OLG Naumburg vom 26.2.2001 – 14 WF 30/01.

12 OLG Naumburg vom 10.4.2001 – 14 WF 30/01.

tenberg mit Beschluss vom 9.3.2001 Görgülü die elterliche Sorge für Christofer übertragen.[13] Da das Umgangsrecht – so das OLG Naumburg – als Teil des Personensorgerechts der elterlichen Sorge unterfalle, stehe dem leiblichen Vater nunmehr aufgrund der Personensorge kraft Gesetzes das Recht zu, den uneingeschränkten Umgang mit seinem Kind zu pflegen. Somit sei die vom AG Wittenberg getroffene vorläufige Umgangsregelung gegenstandslos geworden.[14]

Bis zum März 2001 war es zu insgesamt vier Umgangskontakten zwischen Vater und Sohn gekommen. Auf die Beschwerden der Pflegeeltern und des Amtsvormundes setzte der XIV. Zivilsenat des OLG Naumburg mit Beschluss vom 27.4.2001 jedoch auch die Vollziehung der amtsgerichtlichen Sorgerechtsentscheidung aus.[15] Nachdem das AG Wittenberg dem Vater am 19.6.2001 erneut mit vorläufiger Anordnung ein Umgangsrecht im Umfang von acht Stunden an jedem Samstag eingeräumt hatte[16], erging am darauf folgenden Tag wiederum ein Beschluss des XIV. Zivilsenats des OLG Naumburg, in dem der Sorgerechtsantrag Görgülüs abgewiesen und ein Umgangsrecht mit seinem Kind ausgeschlossen wurde. Zur Begründung führte das OLG aus, dass Kazim Görgülü zwar die objektiven Voraussetzungen für die Erziehung seines Sohnes anbieten könne, die Trennung von den Pflegeeltern aber zu einem schweren irreversiblen Schaden für den Jungen führen würde.[17] Die gegen den Beschluss gerichtete Verfassungsbeschwerde des Vaters nahm das BVerfG mit Beschluss vom 31.7.2001 einstimmig nicht zur Entscheidung an.[18] Darüber hinaus wurde eine Gegenvorstellung Görgülüs, mit der er sich ebenfalls gegen den oberlandesgerichtlichen Beschluss vom 20.6.2001 wandte, vom XIV. Zivilsenat des OLG Naumburg am 10.8.2001 als unstatthaft und damit unzulässig verworfen.[19]

In der Zwischenzeit hatte Kazim Görgülü beim Amtsgericht Wittenberg ein neues Verfahren auf Übertragung des Sorge- und Umgangsrechts anhängig gemacht. Er versuchte an sieben verschiedenen Terminen, Kontakt zu seinem Kind herzustellen. Diese Versuche blieben erfolglos, weil die Pflegeeltern nicht zur Zusammenarbeit bereit oder abwesend waren. Zwei für Februar und Juli 2003 anberaumte Anhörungstermine vor dem Amtsgericht wurden aufgehoben. Mit Beschluss vom 30. September 2003 lehnte das OLG Naumburg den Antrag des Vaters auf Erlass einer einstweiligen Anordnung zur Regelung des Umgangs

---

13 AG Wittenberg vom 9.3.2001 – 5 F 21/00.
14 OLG Naumburg vom 10.4.2001 – 14 WF 30/01.
15 OLG Naumburg vom 27.4.2001 – 14 UF 52/01.
16 AG Wittenberg vom 19.6.2001 – 5 F 31/01.
17 OLG Naumburg vom 20.6.2001 – 14 UF 52/01.
18 BVerfG vom 31.7.2001 – 1 BvR 1174/01.
19 OLG Naumburg vom 20.6.2001 – 14 UF 52/01.

wegen der nach Auffassung des Gerichts fortbestehenden Spannungen zwischen den Beteiligten und der unklaren Rechtslage ab.[20]

Der Europäische Gerichtshof für Menschenrechte (EGMR) stellte auf die bereits im September 2001 eingelegte Individualbeschwerde Görgülüs mit Urteil vom 26. Februar 2004 fest, dass die Entscheidung des OLG Naumburg vom 20. Juni 2001 gegen Art. 8 der Europäischen Menschenrechtskonvention (EMRK) verstößt.[21]

Nach Abschluss des Verfahrens vor dem EGMR übertrug das AG Wittenberg Kazim Görgülü im März 2004 erneut die elterliche Sorge für seinen Sohn[22] und räumte ihm parallel dazu im Wege der einstweiligen Anordnung ein wöchentliches zweistündiges Umgangsrecht ein.[23] Gegen beide Entscheidungen richteten sich die sofortigen Beschwerden, die sowohl vom Amtsvormund als auch von der Verfahrenspflegerin erhoben wurden. Mit einstweiliger Anordnung vom 30.3.2004 setzte der XIV. Zivilsenat des OLG Naumburg daraufhin den Vollzug der vom AG Wittenberg getroffenen Umgangsentscheidung aus.[24] Ebenso erfolgte die Aussetzung des Vollzugs der amtsgerichtlichen Sorgerechtsentscheidung durch den Senat mit weiterem Beschluss vom 30.3.2004.[25]

Am 30.6.2004 hob der XIV. Zivilsenat des OLG Naumburg das durch das AG Wittenberg im März desselben Jahres eingeräumte Umgangsrecht auf und lehnte außerdem den Antrag des Vaters auf Erlass einer einstweiligen Umgangsregelung zu seinen Gunsten ab.[26] Der Senat begründete diese Entscheidung zum einen damit, dass die Gewährung des Umgangsrechts nicht im Sinne des Kindeswohls angeordnet worden sei, sondern allein dem Interesse des Kindesvaters entsprochen habe. Dieser habe sich ab Mitte 2003 ohne Rücksicht auf den Verfahrensablauf und die Proteste des Amtsvormundes über die ihm obliegende Pflicht hinweggesetzt, alles zu unterlassen, was das Verhältnis des Kindes zu den Pflegeeltern beeinträchtigen könne. Zum anderen sah sich der Senat nicht an die in dieser Sache ergangene Entscheidung des EGMR gebunden. Ein Urteilsspruch des EGMR binde unmittelbar nur die Bundesrepublik als Völkerrechtssubjekt, nicht aber deren Organe oder Behörden und namentlich nicht die Gerichte als nach Art. 97 GG unabhängige Organe der Rechtsprechung. Der EGMR könne

20 Zitiert nach EGMR EuGRZ 2004, S. 700 (701 f.) = FamRZ 2004, S. 1456 (1457) = NJW 2004, S. 3397 (3397).

21 EGMR EuGRZ 2004, S. 700 ff. = FamRZ 2004, S. 1456 ff. mit Anmerkung Rixe, S. 1460 ff. = NJW 2004, S. 3397 ff. Zu diesem Urteil im Einzelnen 2. Kapitel II. 1. a) cc).

22 AG Wittenberg vom 19.3.2004 – 5 F 741/02 SO.

23 AG Wittenberg vom 19.3.2004 – 5 F 463/02 UG.

24 OLG Naumburg vom 30.3.2004 – 14 WF 64/06.

25 OLG Naumburg vom 30.3.2004 – 14 UF 60/04.

26 OLG Naumburg EuGRZ 2004, S. 749 ff. = FamRZ 2004, S. 1510 ff.

Hoheitsakte der Vertragsstaaten nicht aufheben, da seine Urteile nur feststellende, nicht aber kassatorische Wirkung hätten.[27] Auf die Rechtskraft der beanstandeten Entscheidung hätten die Urteile damit keinen Einfluss.[28]

Am 9.7.2004 lehnte der XIV. Zivilsenat des Oberlandesgerichts Naumburg den Antrag des Vaters auf Übertragung der elterlichen Sorge unter Abänderung der Entscheidung des Amtsgerichts Wittenberg vom März 2004 ab. Zur Begründung wies er auf eine hochgradige Gefährdung – wenn nicht sogar Beeinträchtigung – des bislang unversehrten Kindeswohls hin. Diese ergebe sich daraus, dass eine Trennung von den Pflegeeltern und ein Wechsel Christofers in den Familienverbund seines leiblichen Vaters, zu dem er bisher keine Beziehung habe entwickeln können, eine psychische Belastung darstelle. Es täten sich berechtigte Zweifel auf, ob der Kindesvater mit seinen bedenklichen Aktionen im Verlauf der diversen Verfahren primär an dem Wohl des Kindes oder nur an der Durchsetzung seines mit Nachdruck reklamierten Rechts, auch unter fragwürdiger Inanspruchnahme der Medien in einem nicht öffentlichen Verfahren, interessiert sei. Auch hier vertrat der XIV. Senat die Ansicht, dass er einer Bindung an die Rechtsprechung des EGMR nicht unterstehe.[29]

Gegen die sein Umgangsrecht betreffende Entscheidung des OLG Naumburg vom 30.6.2004 wandte sich Görgülü mit einer Verfassungsbeschwerde an das BVerfG. Dieses bejahte im Beschluss vom 14.10.2004 einen Verstoß gegen Art. 6 GG i.V.m. dem Rechtsstaatsprinzip und hob die angegriffene oberlandesgerichtliche Entscheidung auf.[30] Das OLG Naumburg habe – so die Begründung des BVerfG – bei seiner Entscheidungsfindung das Urteil des EGMR nicht hinreichend berücksichtigt, obwohl es dazu verpflichtet gewesen sei. Mit Art. 1 II GG weise das Grundgesetz dem Kernbestand an internationalen Menschenrechten einen besonderen Schutz zu. Dieser Schutz sei in Verbindung mit Art. 59 II GG die Grundlage für die verfassungsrechtliche Pflicht, auch bei der Anwendung der deutschen Grundrechte die EMRK in ihrer konkreten Ausgestaltung als Auslegungshilfe heranzuziehen. Die über das Zustimmungsgesetz ausgelöste Pflicht zur Berücksichtigung der Gewährleistungen der EMRK und der Ent-

---

27 Vgl. Beschluss des OLG Naumburg vom 24.7.2003, FamRZ 2004, S. 810 ff. Dort verneinte das OLG bereits im Vorfeld eines rechtskräftigen Urteils des EGMR, an eine Entscheidung des EGMR zukünftig gebunden zu sein, und sah sich aufgrund der fehlenden Bindungswirkung auch nicht verpflichtet, die Entscheidung des EGMR abzuwarten. Kritisch dazu die Anmerkung Geimers, FamRZ 2004, S. 812 f.

28 Ausführlich zur Argumentation des OLG Naumburg im Beschluss vom 30.6.2004 Klein, Der Fall Görgülü, S. 363 ff.

29 OLG Naumburg FamRZ 2004, S. 1507 ff.

30 BVerfGE 111, 307 ff. = IStR 2005, S. 31 ff. mit Anmerkung Hummel, S. 35 f. = JZ 2004, S. 1171 ff. mit Anmerkung Klein, S. 1176 ff. = NJW 2004, S. 3407 ff.

scheidungen des Gerichtshofs erfordere zumindest, dass die entsprechenden Texte und Judikate zur Kenntnis genommen und in den Willensbildungsprozess des zu einer Entscheidung berufenen Gerichts, der zuständigen Behörde oder des Gesetzgebers einbezogen würden. Aufgrund der Verpflichtung aus Art. 46 EMRK müssten die Vertragsparteien in allen Rechtssachen, in denen sie Partei seien, die endgültigen Urteile des Gerichtshofes befolgen. Dadurch komme den Urteilen des EGMR materielle Rechtskraft zu, die die beteiligten Vertragsparteien in Bezug auf einen bestimmten personell, sachlich und zeitlich begrenzten Streitgegenstand binde. Diese Bindungswirkung erstrecke sich auf alle staatlichen Organe. Nur so könne eine wirksame Anwendung aller Bestimmungen der Konvention im innerstaatlichen Recht gewährleistet werden.

Im Folgenden wurde die Sache zur erneuten Entscheidung an einen anderen Zivilsenat des OLG Naumburg zurückverwiesen. Nachdem der für diese Sache sodann zuständige VIII. Zivilsenat des OLG auf die Unanfechtbarkeit einer einstweiligen Anordnung zum Umgangsrecht gem. § 621g ZPO a.F. i.V.m. § 620c S. 2 ZPO a.F. hingewiesen hatte, nahmen der Amtsvormund und die Verfahrenspflegerin ihre sofortigen Beschwerden gegen die amtsgerichtliche Umgangsentscheidung vom März 2004 zurück.

Mit einstweiliger Anordnung vom 2.12.2004 räumte das AG Wittenberg Kazim Görgülü erneut ein wöchentliches Umgangsrecht mit seinem Sohn ein.[31] Auf die dagegen gerichtete sofortige Beschwerde der Pflegeeltern vom 8.12.2004 hin setzte der XIV. Zivilsenat des OLG Naumburg, dessen Zuständigkeit nunmehr wieder bestand, weil das vorhergehende Beschwerdeverfahren abgeschlossen war, noch am selben Tag den Vollzug der einstweiligen Anordnung in Ermangelung eines Anordnungsgrundes aus. Wiederum verneinte das OLG Naumburg eine Bindung an das Urteil des EGMR mit der Begründung, dass die Auffassung des Gerichtshofes, bedingt durch die Eindimensionalität des Verfahrens, auf der einseitigen Anhörung und alleinigen Berücksichtigung der Belange des Kindesvaters beruhe.[32] Nachdem Görgülü erfolgreich Verfassungsbeschwerde eingelegt hatte, hob der XIV. Zivilsenat des Oberlandesgerichts Naumburg seine Entscheidung mit Beschluss vom 20.12.2004 wegen der zwischenzeitlich gegebenen Entscheidungsreife wieder auf.[33] Mit weiterem Beschlusses vom 20.12.2004 wies er das AG Wittenberg aufgrund der Untätigkeitsbeschwerde des Amtsvormunds unter Erteilung konkreter Weisungen zum weiteren Verfahrensablauf an, das Hauptsacheverfahren zum Umgangsrecht mit äußerster Beschleunigung weiterzuführen und zum Abschluss zu bringen, und änderte gleichzeitig die

31 AG Wittenberg vom 2.12.2004 – 5 F 463/02 UG.

32 OLG Naumburg vom 8.12.2004 – 14 WF 236/04.

33 OLG Naumburg vom 20.12.2004 – 14 WF 236/04.

einstweilige Anordnung des AG Wittenberg vom 2.12.2004, indem er ein Umgangsrecht des leiblichen Vaters bis zur abschließenden Entscheidung in der Hauptsache ausschloss.[34] Auf die gegen letzteren oberlandesgerichtlichen Beschluss von Görgülü erhobene Verfassungsbeschwerde entschied das BVerfG am 28.12.2004, die Wirksamkeit des angegriffenen Beschlusses des OLG auszusetzen und die Umgangsregelung des AG Wittenberg vom 2.12.2004 wieder herzustellen. Vieles spreche dafür, so das BVerfG, dass das OLG gegen Art. 101 I 2 GG i.V.m. Art. 3 I GG verstoßen habe, indem es die Regelung des § 621g ZPO a.F. i.V.m. § 620c S. 2 ZPO a.F. umgangen habe, wonach eine Beschwerde gegen einstweilige Umgangsregelungen unzulässig sei. Außerdem habe das OLG die Vorgaben des EGMR abermals nicht hinreichend beachtet und damit den Beschwerdeführer in seinem Recht aus Art. 6 II GG i.V.m. Art. 20 III GG verletzt.[35] Mit Beschluss vom 1.2.2005 verwarf das BVerfG die Widersprüche als unzulässig, die der Amtsvormund, die Pflegeeltern sowie die Verfahrenspflegerin des Kindes gegen die vom BVerfG zum Umgangsrecht des Kindesvaters erlassene einstweilige Anordnung eingelegt hatten.[36]

Auch gegen den Beschluss des OLG Naumburg vom 9.7.2004, in dem Kazim Görgülü die Übertragung der elterlichen Sorge versagt worden war, erhob dieser Verfassungsbeschwerde zum BVerfG. Das BVerfG bejahte eine Verletzung der Grundrechte aus Art. 6 II 1 GG i.V.m. Art. 20 III GG durch nicht hinreichende Beachtung des Urteils des EGMR und hob deshalb am 5.4.2005 den Beschluss des OLG unter Zurückverweisung der Sache an einen anderen Senat des Beschwerdegerichts auf.[37] Ebenso gab das BVerfG mit Beschluss vom 10.6.2005 der gegen die Entscheidung des OLG Naumburg vom 20.12.2004 gerichteten Verfassungsbeschwerde Görgülüs statt und hob diese auf, soweit sie in Abänderung der einstweiligen Anordnung des AG Wittenberg vom 2.12.2004 den Umgang zwischen Vater und Sohn bis zur abschließenden Entscheidung in der Hauptsache ausgeschlossen hatte. Nach Ansicht des BVerfG war der oberlandesgerichtliche Beschluss aufzuheben, weil das OLG die Umgangsregelung des AG zum Nachteil des beschwerdeführenden Vaters abgeändert hatte, ohne nachvollziehbar zu begründen, warum es dazu im Verfahren der Untätigkeitsbeschwerde befugt sei. Demzufolge sei der Beschwerdeführer in seinen Grundrechten aus Art. 101 I 2 i.V.m. Art. 3 I GG verletzt worden. Eine darüber hinaus erfolgte Verletzung des Art. 6 II 1 i.V.m. Art. 20 III GG liege in der nicht hinreichenden Beachtung des Urteils des EGMR, wonach dem Beschwerdeführer

34 OLG Naumburg vom 20.12.2004 – 14 WF 234/04.

35 BVerfG FamRZ 2005, S. 173 ff. mit Anmerkung Rixe, S. 176 f. = NJW 2005, S. 1105 ff.

36 BVerfG FamRZ 2005, S. 429 f. mit Anmerkung Rixe, S. 430.

37 BVerfG FamRZ 2005, S. 783 ff. mit Anmerkung Rixe, S. 785 f.

Umgang mit seinem Kind einzuräumen sei. Anstatt auf die Anordnung und Realisierung eines Umgangsrechts hinzuwirken, habe das Oberlandesgericht außerhalb seiner Zuständigkeit unter Verstoß gegen die Bindung an Gesetz und Recht ein bereits vom Amtsgericht angeordnetes Umgangsrecht unterbunden und damit, ohne zur Entscheidung berufen zu sein, einen konventionsgemäßen Zustand aufgehoben.[38]

Nachdem das OLG Naumburg noch im Jahr 2004 Ablehnungsgesuchen Görgülüs gegen namentlich benannte Richter des XIV. Zivilsenats nicht gefolgt war, gab es am 14.3.2005 seinem weiteren Ablehnungsgesuch mit der Begründung statt, das Misstrauen in die Unparteilichkeit eines Richters sei gerechtfertigt, wenn die Fehlerhaftigkeit der Entscheidung auf Willkür beruhe. Das sei hier ausweislich der Entscheidung des BVerfG vom 28.12.2004 der Fall.[39]

Am 15.8.2005 entband das Jugendamt die bislang mit der Wahrnehmung der Aufgaben des Amtsvormunds beauftragten Personen von ihrer Funktion. Auf Weisung der Aufsichtsbehörde wurde die Funktion einer eigens dafür vom Landesverwaltungsamt abgeordneten Bediensteten übertragen.[40]

Mit Beschluss vom 14.9.2005 räumte das AG Wittenberg Kazim Görgülü unter Hinweis auf die Verwirklichung seines Elternrechts einerseits und die ungestörte und umfassende Entwicklung Christofers andererseits das Recht ein, im Zwei-Wochen-Rhythmus Umgang mit seinem Sohn auszuüben.[41] Gegen diese Entscheidung legten Görgülü, der Amtsvormund sowie die Verfahrenspflegerin Beschwerde ein.

Der VIII. Zivilsenat des OLG Naumburg verband im November 2005 das Beschwerdeverfahren in der Umgangsrechtssache mit dem Beschwerdeverfahren in der Sorgerechtssache.[42] Mit Beschluss vom 28.2.2006 ordnete derselbe Senat das Ruhen des Umgangsrechts bis zum 31. März 2006 an. Die Unterbrechung der Umgangskontakte erfolgte auf Anraten einer vom OLG beauftragten Gutachterin[43], um dem Kindesvater und dem Pflegevater die Gelegenheit zu geben, in einem von der Gutachterin moderierten Gespräch einen Konsens bezüglich des Umgangs zu erarbeiten. Da in der Folgezeit nach Mitteilung der Gutachterin der Gesprächsversuch erfolglos blieb, hob das OLG das Ruhen des Umgangsrechts mit Beschluss vom 9.3.2006 wieder auf.[44]

---

38 BVerfG FamRZ 2005, S. 1233 ff.

39 OLG Naumburg vom 14.3.2005 – 14 WF 9/05.

40 Zitat nach BGH FamRZ 2007, S. 1969 ff. = FF 2007, S. 313 ff.

41 AG Wittenberg vom 14.9.2005 – 5 F 463/02 UG.

42 OLG Naumburg vom 9.11.2005 – 8 UF 84/05.

43 Gutachtenauftrag durch Beschluss des OLG Naumburg vom 13.12.2005 – 8 UF 84/05.

44 OLG Naumburg vom 9.3.2006 – 8 UF 84/05.

Tatsächlich kamen im weiteren Verlauf des Jahres 2006 die Umgangskontakte zwischen Kazim Görgülü und Christofer – wie schon in den vergangenen Jahren – nicht in dem gerichtlich gewährten Umfang zustande. Erst ab Mitte August 2006 konnten wieder Umgangskontakte mit dem leiblichen Vater stattfinden.[45]

Nachdem im August 2006 weitere Ablehnungsgesuche Görgülüs gegen Richter des VIII. Zivilsenats des OLG Naumburg abgelehnt worden waren[46], erging am 15.12.2006 die Beschwerdeentscheidung des VIII. Zivilsenats des OLG Naumburg, durch die Görgülü ein Umgangsrecht zugesprochen wurde, das sich 14-tägig auf sieben Stunden und auf die erste Hälfte von mindestens zwei Wochen andauernden Ferien erstreckte. Laut der Begründung des Senats war eine umgangsbedingte gravierende Kindeswohlgefährdung, die einen Umgangsausschluss rechtfertige, nicht ersichtlich. Zudem könne die Qualität der mittlerweile entstandenen Beziehung zwischen dem leiblichen Vater und seinem Kind nicht als unerheblich bezeichnet werden. Eine Ausweitung der Umgangstermine über den genannten Umfang hinaus komme allerdings noch nicht in Betracht, da der Loyalitätskonflikt, in dem Christofer stecke, in der Spannungs- und Konfliktsituation wegen des weder kind- noch konfliktgerechten Verhaltens der Familie seines leiblichen Vaters und der Pflegeeltern verstärkt werde und dies eine erhebliche Steigerung von Gefahren für seine weitere seelische Entwicklung zur Folge habe. Im Übrigen wurde der erneute Antrag Görgülüs auf Übertragung der elterlichen Sorge als zurzeit unbegründet abgewiesen. Denn einer solchen Maßnahme widerspreche der Umstand, dass Christopher psychosozial und familiär in seiner Pflegefamilie verortet sei.[47]

Gegen diese umgangs- und sorgerechtliche Entscheidung des OLG erhob Görgülü Verfassungsbeschwerde zum BVerfG. Mit Beschluss vom 9.2.2007 wies das BVerfG, soweit sich der Beschwerdeführer gegen die Ablehnung seines Antrags auf Übertragung der elterlichen Sorge wandte, die Beschwerde mangels Rechtswegerschöpfung als unzulässig ab. Im Hinblick auf die angegriffene Umgangsregelung sah das BVerfG die Beschwerde als unbegründet an, da eine Grundrechtsverletzung nicht ersichtlich sei.[48] Ebenso wurde unter Hinweis auf einen nicht ersichtlichen Verfassungsverstoß die Verfassungsbeschwerde, die die Verfahrenspflegerin in Vertretung für Christofer gegen die Entscheidung des OLG Naumburg vom 15.12.2006 gleichzeitig mit einem Antrag auf Erlass einer einstweiligen Anordnung erhoben hatte, die dem Kindesvater alle 14 Tage ein

---

45 Zitat nach BGH FamRZ 2007, S. 1969 ff. = FF 2007, S. 313 ff.

46 OLG Naumburg vom 17.8.2006 – 8 UF 84/05.

47 OLG Naumburg FamRZ 2007, S. 665 ff.

48 BVerfG FamRZ 2007, S. 531 ff. = FF 2007, S. 106 f.; vgl. die Anmerkung Fröhlichs, FF 2007, S. 134 f.

vierstündiges Umgangsrecht einräumte, mit Beschluss des BVerfG vom 9.2.2007 nicht zur Entscheidung angenommen.[49]

Mit einer Rechtsbeschwerde gegen die Abweisung seines Antrags auf Übertragung der elterlichen Sorge durch den Beschluss des OLG Naumburg vom 15.12.2006 wandte sich Kazim Görgülü schließlich an den BGH. Dieser entschied am 26.9.2007, dass die angefochtene Entscheidung des OLG, soweit sie den Antrag des Vaters auf Übertragung der elterlichen Sorge als zurzeit unbegründet abgewiesen hatte, den Angriffen der Rechtsbeschwerde im Ergebnis standhalte. Zwar entspreche – so der BGH in den Gründen – der Maßstab für die Übertragung des Sorgerechts auf den Vater in Fällen, in denen eine Mutter, der die elterliche Sorge allein zugestanden habe, ihre Zustimmung zur Adoption des Kindes erklärt habe, entgegen der Rechtsauffassung des OLG nicht demjenigen der Rückübertragung eines zuvor nach § 1666 BGB entzogenen Sorgerechts. Das Fehlen der elterlichen Sorge sei in diesen Fällen auf die gesetzliche Regelung in § 1626a BGB[50] zurückzuführen und nicht etwa darauf, dass die elterliche Sorge dem Vater wegen missbräuchlicher Ausübung, Vernachlässigung des Kindes oder durch unverschuldetes Erziehungsversagen habe entzogen werden müssen. Negative Erkenntnisse über die Erziehungseignung lägen in diesen Fällen nicht vor. Über den Antrag des Vaters auf Übertragung der elterlichen Sorge sei deswegen nach der gebotenen weiten Auslegung des § 1672 I BGB[51] unter Berücksichtigung des Kindeswohls und der dafür relevanten individuellen Umstände des Einzelfalles zu befinden.

Dass eine Übertragung des Sorgerechts auf den Vater im Zeitpunkt der oberlandesgerichtlichen Entscheidung noch nicht in Betracht gekommen sei, könne aber im Ergebnis nicht beanstandet werden. Die stets mit einer Trennung von der Pflegefamilie verbundene Belastungssituation dürfe allein nicht dazu führen, die Übertragung des Sorgerechts auf den Vater mit dem Ziel eines Wechsels des Aufenthalts abzulehnen. Sonst sei eine Rückführung stets ausgeschlossen, wenn sich eine tragfähige Bindung an die Pflegeeltern eingestellt habe. Trotz der aus dem Elternrecht des Art. 6 II GG gebotenen Annäherung mit dem Ziel einer Zuführung in den Haushalt des Vaters sei aber stets zu beachten, dass eine Bin-

49 BVerfG FF 2007, S. 103 ff.; S. dazu Fröhlich, FF 2007, S. 134 f.

50 Bei Nennung des § 1626a BGB ist in der gesamten Arbeit die bisherige Fassung dieser Norm gemeint. Das BVerfG hat mit Beschluss vom 21.7.2010 § 1626a I Nr. 1 BGB für verfassungswidrig erklärt (BVerfG NJW 2010, S. 3008 (3009); ausführlich zu dieser Entscheidung 3. Kapitel I. 2. a) bb)).

51 Bei Nennung des § 1672 BGB ist in der gesamten Arbeit die bisherige Fassung dieser Norm gemeint. Das BVerfG hat mit Beschluss vom 21.7.2010 § 1672 I BGB für verfassungswidrig erklärt (BVerfG NJW 2010, S. 3008 (3009); ausführlich zu dieser Entscheidung 3. Kapitel I. 2. a) bb)).

dungslosigkeit des Kindes im Interesse des Kindeswohls vermieden werden müsse. Gleichwohl habe die noch nicht hinreichend gefestigte Bindung des Kindes zu seinem Vater im Zeitpunkt der Beschwerdeentscheidung im Dezember 2006 einen endgültigen Wechsel des ständigen Aufenthalts in die väterliche Familie noch nicht zugelassen.[52]

Nach diesem Beschluss des BGH räumte das AG Wittenberg im November 2007 Kazim Görgülü für den Zeitraum von November 2007 bis Februar 2008 im Wege der einstweiligen Anordnung mehrere Umgangstermine mit seinem Sohn ein.[53]

Schließlich übertrug das AG Wittenberg mit Beschluss vom 11.2.2008 Kazim Görgülü einstweilen die alleinige elterliche Sorge für seinen Sohn Christofer.[54] Zur Begründung führte das AG aus, es gebe keine Anhaltspunkte mehr dafür, dass die Verantwortungsübernahme durch den Kindesvater zu früh erfolge. Christofer habe nun bereits wiederholt auch zusammenhängend mehrere Tage im familiären Umfeld seines Vaters verbracht. Er kenne inzwischen die Familie Görgülü und ihren Lebensalltag und fühle sich dort wohl. Insgesamt könne damit das Gericht die Prognose anstellen, dass Christofer in der Familie seines leiblichen Vaters aufgenommen und bei Problemen aufgefangen werde.

Mit Beschluss vom 10.4.2008 lehnte das AG Wittenberg den zu diesem Zeitpunkt rund sieben Jahre anhängigen Antrag der Pflegeeltern auf Adoption Christofers ab.[55] Zur Begründung führte das AG Wittenberg aus, es fehle an der erforderlichen Einwilligung des Kindesvaters nach § 1747 I 1 BGB, deren Ersetzung auch nicht mehr begehrt werde. Die notwendigen Voraussetzungen für die Adoption Christofers durch die Pflegeeltern lägen damit nicht vor. Zwar sei zwischen Christofer und den Pflegeeltern ein Eltern-Kind-Verhältnis entstanden. Aber auch zwischen Christofer und Kazim Görgülü bestehe ein solches Verhältnis. Dieses Eltern-Kind-Verhältnis stehe aufgrund seiner natürlichen Bindung unter einem größeren Schutz als die Eltern-Kind-Beziehung, die zwischen Christofer und seinen Pflegeeltern entstanden sei.

Mit Beschluss vom 28.8.2008 bestätigte das AG Wittenberg die Entscheidung vom Februar desselben Jahres und übertrug Kazim Görgülü nach § 1678 II i.V.m. § 1751 I BGB die alleinige elterliche Sorge.[56] In den jahrelangen Ge-

52 BGH FamRZ 2007, S. 1969 ff. mit kritischer Anmerkung Zenz, FamRZ 2007, S. 2060 ff.= FF 2007, S. 313 ff.

53 AG Wittenberg vom 13.11.2007 – 4 F 731/07 UG. S. außerdem den Beschluss des AG Wittenberg vom 30.11.2007 – 4 F 731/07 UG, in dem Görgülü ersatzweise Umgang für den Ausfall einiger der im Beschluss vom 13.11.2007 festgesetzten Umgangstage eingeräumt wurde.

54 AG Wittenberg FF 2008, S. 167 f. mit Anmerkung Rixe, S. 168.

55 AG Wittenberg vom 10.4.2004 – 14 XVI 16/99.

56 AG Wittenberg vom 28.8.2008 – 4 F 621/07 SO.

richtsverfahren, so die Begründung, habe Kazim Görgülü durch sein Verhalten unter Beweis gestellt, dass er zur vollen Übernahme der Elternverantwortung in der Lage sei. Kindeswohlgesichtspunkte ständen dem Sorgerecht Kazim Görgülüs nicht entgegen. Es entspreche vielmehr dem Wohl Christofers, sich seiner Identität uneingeschränkt bewusst werden und diese sowie die Beziehung zum Vater offen leben zu können. Beachtenswert seien die über mehr als acht Jahre gewachsenen Bindungen im Familienverband der Pflegefamilie gewesen. Die Pflegeeltern hätten in dieser Zeit Christofer verantwortungs- und liebevoll erzogen. Allerdings hätten sie mit der Herkunft Christofers nicht kindeswohlgemäß umgehen können. So hätten sie allein durch ihr Verhalten den Eindruck vermittelt, dass die Existenz und das Bekanntsein des Kindesvaters ebenso wie dessen stetiger Wunsch nach Teilhabe an bzw. Übernahme der Elternverantwortung eine permanente Belastung – ja gar Bedrohung – des Lebens ihrer Kleinfamilie darstelle.

Im Zuge dieser letzten Entscheidung des Amtsgerichts Wittenberg ist in dem jahrelangen Streit um Christofer nun endlich Ruhe eingekehrt.

II. Methoden und Ziele dieser Arbeit

Der Fall Görgülü gibt Anlass, sich mit der Rechtsstellung eines leiblichen Vaters bei der Adoption seines nichtehelichen Kindes zu beschäftigen. Die in der Sache Görgülü ergangenen Entscheidungen zeigen, dass bei einer Adoption, die nicht dem Willen des leiblichen Vaters entspricht, sowohl spezifische familienrechtliche Probleme als auch bedeutende völker- und verfassungsrechtliche Fragen berührt werden.

Um die adoptionsrechtliche Stellung des leiblichen Vaters nach der geltenden Rechtslage umfassend würdigen zu können, darf nicht unberücksichtigt bleiben, dass das Recht in Abhängigkeit mit der sozialen Wirklichkeit steht. Die Rechtsordnung muss auf gesellschaftliche Entwicklungen reagieren und sich den geänderten Verhältnissen anpassen. Für das Adoptionsrecht gilt dies in besonderem Maße, da es einen Bereich enger menschlicher Beziehungen betrifft. Das Adoptionsrecht regelt einerseits die rechtliche Auflösung eines genetisch bestehenden Verwandtschaftsverhältnisses und ermöglicht andererseits die Herstellung eines rechtlichen Verwandtschaftsverhältnisses, das nicht auf einer biologischen Grundlage beruht. Bereits an dieser Stelle sollen deshalb einige grundsätzliche Überlegungen erfolgen, die bei der Untersuchung der Rechtsstellung des Vaters im Falle einer Adoption seines nichtehelichen Kindes Berücksichtigung finden müssen. Diese Überlegungen sind nicht auf Inhalte rein juristischer Natur beschränkt, sondern beziehen auch soziologische und pädagogische Aspekte ein.

Zunächst sollen gesellschaftliche Entwicklungen aufgezeigt werden, die Väter und ihre nichtehelichen Kinder betreffen. Denn diese Entwicklungen sind für die Untersuchung der Rechtsstellung des Vaters bei der Adoption seines nichtehelichen Kindes insgesamt von Bedeutung. Sie berühren nicht nur speziell die adoptionsrechtlichen Bestimmungen, sondern wirken sich auch auf die Auslegung der Garantien des Völker- und Verfassungsrechts aus, die die Maßstäbe für das einfache Recht bilden.

Ferner darf nicht außer Acht gelassen werden, dass das Familienrecht sowohl auf gesellschaftliche Veränderungen als auch auf die Entwicklung einzelner zwischenmenschlicher Beziehungen reagieren muss. Dabei kommt dem Faktor Zeit gravierende Bedeutung zu. Bindungen verschiedener Personen zueinander sind dynamisch. Sie können im Laufe der Zeit erheblichen Schwankungen unterworfen sein. Unter Einbeziehung sozialwissenschaftlicher Erkenntnisse, insbesondere der Bindungsforschung, soll ermittelt werden, wie schnell ein neugeborenes Kind zu seinen Bezugspersonen Bindungen aufbaut und welche Folgen sich für ein Kind aus dem Abbruch dieser Bindungen ergeben. Das Adoptionsrecht muss bestehende Bindungen eines Kindes in besonderem Maße berücksichtigen. Denn eine Adoption bewirkt eine dauerhafte Auflösung einer verwandtschaftlichen Beziehung. Diese Auflösung muss nach § 1741 I 1 BGB im Einklang mit dem Kindeswohl stehen. Es wäre aber mit dem Kindeswohl nicht zu vereinbaren, wenn Bindungen des Kindes zu dessen Nachteil zerstört würden.

In engem Zusammenhang mit den Überlegungen zu den Veränderungen der sozialen Situation nichtehelicher Kinder und ihrer Väter steht die Frage, wie sich die Rolle des Vaters innerhalb der Familiengemeinschaft gewandelt hat. Dies soll unter Heranziehung der Erkenntnisse der sogenannten Väterforschung[57] ermittelt werden. Dabei ist die Vaterrolle nicht isoliert, sondern in Verbindung mit der Rolle der Mutter innerhalb der Familie zu betrachten. Auf dieser Grundlage soll festgestellt werden, ob es im Hinblick auf ihre Rolle innerhalb der Familiengemeinschaft grundsätzliche Unterschiede zwischen Müttern und Vätern gibt, die Differenzierungen auf rechtlicher Ebene erlauben.

1. Die soziale Situation nichtehelicher Kinder und ihrer Väter

Zunächst stellt sich die Frage, welche sozialen Wandlungen im Hinblick auf das Verhältnis zwischen einem Vater und seinem nichtehelichen Kind in den ver-

57 Zum Begriff Matzner, Vaterschaft heute, S. 17.

gangenen Jahrzehnten stattgefunden haben. Zu klären ist insbesondere, ob sich die Situation der Väter und ihrer nichtehelichen Kinder gravierend verändert hat. Sollten solche bedeutsamen Veränderungen festgestellt werden, muss überprüft werden, ob das geltende Recht von gesellschaftlichen Voraussetzungen ausgeht, die in der Lebenswirklichkeit nicht mehr vorhanden sind. Um eventuelle gesellschaftliche Wandlungen zu erfassen, sollen Statistiken zu den Zahlen nichtehelicher Geburten und nichtehelicher Lebensgemeinschaften herangezogen werden. Diese Statistiken können Aufschluss darüber geben, wie stark die Gruppe der nichtehelichen Kinder und der nicht mit der Kindesmutter verheirateten Väter in der gesellschaftlichen Wirklichkeit damals und heute vertreten war bzw. ist. Dabei soll ein Zeitraum von etwa 40 Jahren anhand der Zahlen aus den 1960er und 1980er Jahren und von heute betrachtet werden, um mit Hilfe der jeweiligen Daten generelle Aussagen über bestimmte soziale Entwicklungen zu treffen. Dieser Zeitraum bietet sich insofern an, als erst mit dem Gesetz über die rechtliche Stellung der nichtehelichen Kinder vom 19. August 1969, kurz Nichtehelichengesetz[58], die biologische Verbindung zwischen einem Vater und seinem nichtehelichen Kind rechtlich anerkannt wurde. Zuvor galten ein Kind, das außerhalb einer Ehe geboren wurde, und sein Vater kraft der Fiktion des § 1589 II BGB a.F. nicht als verwandt.[59] Die Beziehung eines nichtehelichen Kindes zu seinem Vater fand somit im Zuge des Nichtehelichengesetzes erstmalig Berücksichtigung in der Rechtsordnung.

In der vorliegenden Arbeit soll untersucht werden, wie sich die Rechtsposition des Vaters eines nichtehelichen Kindes speziell im Adoptionsrecht seitdem entwickelt hat. Auf der Grundlage der festgestellten sozialen Veränderungen soll ermittelt werden, ob das geltende Adoptionsrecht sich etwa an einer überholten Vorstellung von der Situation nichtehelicher Kinder orientiert oder von einem Vaterbild geprägt ist, das in der sozialen Realität nicht mehr so häufig existiert, dass es im Gesetz nicht als Regelfall unterstellt werden dürfte. Ziel ist schließlich, eine Regelung zu entwickeln, die der gesellschaftlichen Wirklichkeit gerecht wird.

---

58 BGBl. 1969, Teil I, S. 1243. Das Nichtehelichengesetz trat am 1. Juli 1970 in Kraft.

59 S. BT-Drucks. V/2370, S. 24; dazu Jansen/Knöpfel, Das neue Unehelichengesetz, S. 97 f. Für eine Abschaffung des § 1589 BGB a.F. Lange, JZ 1966, S. 729; Rupp-von Brünneck, StAZ 1970, S. 229; Neuhaus, FamRZ 1966, S. 529; anders Dunz, NJW 1962, S. 1474. S. zur Abschaffung des § 1589 II BGB a.F. ferner Gaul, FamRZ 1997, S. 1442; Göppinger, FamRZ 1966, S. 429; Helms, JAmt 2001, S. 57; Holzhauer, FamRZ 1982, S. 111; Limbach, RdJB 1988, S. 171; Müller-Freienfels, Deutsche zivil- und kollisionsrechtliche Beiträge zum IX. Internationalen Kongress für Rechtsvergleichung in Teheran 1974, S. 86 f.; Otto, Rpfleger 1999, S. 309; Peschel-Gutzeit, FPR 2005, S. 170; Schumann, Die nichteheliche Familie, S. 130; Wichmann, FuR 1996, S. 166; Willutzki, ZKJ 2007, S. 25.

2. Die soziale Situation nichtehelicher Kinder und ihrer Väter in den 1960er und 1970er Jahren

Wie die soziale Situation nichtehelicher Kinder und ihrer Väter in den 1960er und 1970er Jahren eingeschätzt wurde, lässt sich dem Referentenentwurf zum Nichtehelichengesetz entnehmen, der im Mai 1966 fertig gestellt und Anfang Juni 1966 veröffentlicht wurde.[60] Der Referentenentwurf ging davon aus, dass uneheliche Kinder nicht in einen vollständigen Familienverband hineingeboren würden und demzufolge die Geborgenheit, die eheliche Kinder erführen, entbehren müssten. Väter nichtehelicher Kinder lebten entweder gar nicht oder nur vorübergehend mit der Kindesmutter zusammen.[61] Da außereheliche Partnerschaften jederzeit aufgelöst werden könnten, seien sie trennungsanfälliger als Ehen.[62] Ein dauerndes Verhältnis zwischen Mann und Frau lasse sich allein durch die Vermittlung der Institution Ehe festhalten.[63]

Die Einstellung der Kindesmutter sei meist von Verzweiflung, Enttäuschung und Hass gegen den Vater geprägt, so dass zwischen den Eltern ein gespanntes Verhältnis bestehe.[64] Oft seien die Eltern auch durch anderweitige eheliche Bindung voneinander getrennt.[65] Hinzu komme, dass sich die Mutter häufig in einer

60 Jansen/Knöpfel, Das neue Unehelichengesetz, S. 79. Die Beurteilung des Referentenentwurfs über die soziale Situation bei nichtehelicher Vaterschaft stieß in der Literatur der 1960er und 1970er Jahre auf wenige kritische Stimmen. Unter ihnen ist Zweigert, JuS 1967, S. 241 ff., besonders zu erwähnen, weil er die für die damalige Zeit progressive Auffassung vertrat, dass auch nichteheliche Kinder in harmonischen eheähnlichen Gemeinschaften aufwachsen könnten. Den Verfassern des Referentenentwurfes warf er vor, ein zu einfaches und oberflächliches Bild von der typischen tatsächlichen Lage der unehelichen Kinder vor Augen zu haben. Der Entwurf verbaue mit seinen undifferenzierten Ausführungen, die im Ganzen einer wenig ersprießlichen Milieuschilderung Zillescher Prägung gleichkämen, den Weg zu einer Lösung, die den verschiedenen Lebenssituationen nichtehelicher Kinder gerecht werde.

61 Jansen/Knöpfel, Das neue Unehelichengesetz, S. 75; S. auch Soergel/Siebert/*Lade*, 10. Auflage, § 1705, Rn. 5.

62 Bosch, Verhandlungen des vierundvierzigsten Deutschen Juristentages in Hannover 1962, Band I (Gutachten), 1. Teil, Heft B, S. 90; vgl. außerdem Botschaft des Bundesrates an die Bundesversammlung über die Änderung des Schweizerischen Zivilgesetzbuches (Kindesverhältnis) vom 5. Juni 1974, BBl. 126 (1974 II), S. 7, Fn. 15; vgl. ferner Bruns, ZZP 64. Band, Heft 2/1950-51, S. 121; Lutter, FamRZ 1967, S. 67; Neuhaus, FamRZ 1963, S. 326, Schadendorf, Uneheliche Kinder, S. 119 ff.

63 Bosch, Verhandlungen des vierundvierzigsten Deutschen Juristentages in Hannover 1962, Band I (Gutachten), 1. Teil, Heft B, S. 90; Horstmann, Zum Problem der personenrechtlichen Beziehungen im außerehelichen Eltern-Kind-Verhältnis, S. 89.

64 Jansen/Knöpfel, Das neue Unehelichengesetz, S. 75; so auch die Botschaft des Bundesrates an die Bundesversammlung über die Änderung des Schweizerischen Zivilgesetzbuches (Kindesverhältnis) vom 5. Juni 1974, BBl. 126 (1974 II), S. 7; kritisch dazu Simitis, JZ 1969, S. 279.

65 Vgl. Rüfner, FamRZ 1963, S. 156.

schwierigen wirtschaftlichen Situation befinde.[66] Der leibliche Kindesvater zahle dem Kind den Unterhalt sehr oft nur zögernd und unwillig und versuche, sich der Unterhaltspflicht nach Möglichkeit zu entziehen.[67] Die schwierige finanzielle und emotionale Situation von Mutter und Kind werde besonders offenbar in dem hohen Anteil der unehelich Geborenen unter den Straffälligen.[68]

Nur eine kleine Minderheit der Väter sei geneigt, sich um ihr nichteheliches Kind zu kümmern.[69] Mit Rücksicht auf ihre Familie seien die Väter dazu auch oft nicht in der Lage.[70] Besonders wenn sie das Kind vor ihrer Familie verheimlichen wollten, führten die damit verbundenen Unaufrichtigkeiten zu erheblichen Konflikten, die sich für die Familie nachteilig auswirkten und deshalb vermieden werden sollten.[71] Aber auch im Interesse der Entwicklung des bei der Mutter lebenden nichtehelichen Kindes müsse dafür Sorge getragen werden, dass die Mutter ihre Erziehungsaufgabe frei von störenden Einflussmöglichkeiten des Vaters und ohne unnötige Kontroversen erfüllen könne.[72] Selbst wenn die Väter zu Versuchen bereit seien, ihr nichteheliches Kind in ihre Familie zu integrieren, ergebe sich für alle Beteiligten eine schwierige Situation.[73] Denn – so bemerkten die Autoren unter Berufung auf psychologische Untersuchungen – durch die Aufnahme seines unehelichen Kindes in seine Familie werde die Stellung eines Familienvaters geschwächt. Darüber hinaus entstehe auch kein unbelastetes Verhältnis zwischen einem Vater und seinem unehelichem Kind, da die Einstellung des Vaters zu seinem Kind von dem Umstand geprägt sei, dass ihm dieses Kind als „greifbarer“ Beweis seiner Jugenddummheit oder im Fall des Ehebruchs gar seiner ehelichen Untreue erscheine[74] und er es deshalb im Regelfall als ein lästiges Malheur empfinde.[75]

Ein Kontakt zwischen Vater und Kind werde in vielen Fällen von der Mutter nicht gewünscht und entspreche in der Regel auch nicht dem Wohle des Kindes. Schließlich übernehme, wenn die Mutter einen anderen Mann als den Vater des Kindes heirate, der Ehemann tatsächlich die Stellung des Vaters. Auch seitens

---

66 Jansen/Knöpfel, Das neue Unehelichengesetz, S. 75; vgl. Ullrich, RdJ 1960, S. 5 sowie Wawrzyniak, ZBlJugR 1978, S. 271.

67 Jansen/Knöpfel, Das neue Unehelichengesetz, S. 75, vgl. dazu auch Webler, ZBlJugR 1961, S. 200 sowie BVerfG NJW 1969, S. 1339 (1342).

68 Jansen/Knöpfel, Das neue Unehelichengesetz, S. 76; so auch Brandt, RdJ 1963, S. 42.

69 Vgl. Maier, FamRZ 1966, S. 431.

70 Grasnick, NJW 1966, S. 1199.

71 Dunz, NJW 1962, S. 1476.

72 So die Stellungnahme der Familienrechtskommission der Evangelischen Kirche in Deutschland zur Reform des Unehelichenrechts, JZ 1966, S. 736.

73 Maier, FamRZ 1966, S. 431.

74 Grasnick, NJW 1966, S. 1197; vgl. dazu auch Knur, FamRZ 1967, S. 254.

75 Dunz, NJW 1962, S. 1475.

der Väter bestehe regelmäßig nicht der Wunsch nach Kontakten mit ihrem nichtehelichen Kind.[76] Die wenigen Väter, die den Kontakt suchten, seien zum überwiegenden Teil charakterlich minderwertig. Man finde unter ihnen wiederholt Sträflinge, Trinker, Arbeitsscheue und Haltlose.[77] Zudem verberge sich hinter der Kontaktaufnahme zum Kind häufig ein noch währendes Interesse an der Kindesmutter.[78]

Zusammenfassend lässt sich diesen Ausführungen die standardisierte Vorstellung entnehmen, dass im Fall einer außerehelichen Geburt der Vater anderweitig in einer – jedenfalls nach außen hin – intakten bürgerlichen Familie lebe.[79] Eine nichteheliche Lebensgemeinschaft als dauerhafte Form des Zusammenlebens war in den 1960er und 1970er Jahren indessen undenkbar. Die Institution Ehe wurde als notwendiger Bestandteil für eine gewollte Schwangerschaft erachtet. Eine nichteheliche Geburt hingegen war Ausdruck eines Fehltritts und wurde als moralisch äußerst verwerflich angesehen.[80]

3. Soziale Entwicklung seit den 1970er Jahren bis heute

Zu verzeichnen ist, dass die Zahl nichtehelicher Lebensgemeinschaften insgesamt, also Partnerschaften ohne Kinder und solcher Lebensgemeinschaften, in denen minderjährige Kinder leben, seit den 1970er Jahren deutlich zugenommen hat. Nach Schätzungen des Statistischen Bundesamtes bestanden 1972 im frühe-

---

76 Vgl. Groth, Kinder ohne Familie, S. 163.

77 Grasnick, Erläuterungen zu den Vorschlägen des Katholischen Arbeitskreises für die Reform des Unehelichenrechts, FamRZ 1967, S. 7; ebenso Groth, Kinder ohne Familie, S. 164 f.

78 Groth, Kinder ohne Familie, S. 165.

79 S. dazu Schwenzer, FamRZ 1985, S. 1203.

80 Vgl. dazu Jopt, ZfJ 1996, S. 206; Lakies, ZfJ 1989, S. 165. Dies zeigen neben der Beschreibung der Väter nichtehelicher Kinder aus dieser Zeit auch die damaligen Vorstellungen über Mütter nichtehelicher Kinder. Für den Leser im 21. Jahrhundert nur schwer nachvollziehbar, bemerkte Rüfner, FamRZ 1963, S. 155, die uneheliche Mutter müsse ihre Mutterschaft in aller Regel auf ein sittlich zu missbilligendes Verhalten zurückführen, das charakterliche Mängel indiziere. Diese Fehler seien zwar sicherlich nicht in jedem Einzelfall vorhanden – unter den Müttern nichtehelicher Kinder gebe es verschiedene Typen von der Dirne bis zur verlassenen Braut. Sie seien aber so häufig, dass der Gesetzgeber für eine generelle Regelung, ohne gegen den Gleichheitssatz oder das Elternrecht zu verstoßen, auf sie Rücksicht nehmen dürfe. Etwas anderes gelte allein, wenn die Mutter vergewaltigt worden sei und sie – entgegen dem Ruf nach so genannter ethischer Indikation – ihr außerhalb der Ehe gezeugtes Kind zur Welt bringe. Dagegen Becker, RdJ 1964, S. 74; auch Dunz, NJW 1962, S. 1475, sprach im Zusammenhang mit nichtehelicher Mutterschaft von einem außersittlichen Ursprung; Knur, FamRZ 1967, S. 245, bezeichnete das Unehelichenrecht als einen Bereich, der durch menschliches Versagen entstanden sei, und die nichtehelichen Kinder als Opfer dieses Versagens.

ren Bundesgebiet 137.000 nichteheliche Lebensgemeinschaften.[81] Im Jahre 2010 wurden im früheren Bundesgebiet 1.786.000 Verbindungen nicht miteinander verheirateter Paare registriert.[82] Erwähnenswert ist bei dieser Entwicklung insbesondere, dass der Anteil nichtehelicher Lebensgemeinschaften, in denen ledige Kinder leben, von ca. 14,5% im Jahr 1978[83] bis 2010 auf etwa 44,7% gestiegen ist.[84]

Ebenso wie die Anzahl außerehelicher Partnerschaften hat die Prozentzahl nichtehelicher Geburten seit 1966 deutlich zugenommen, nachdem sie von Anfang bis Mitte der 1960er Jahre zunächst leicht gesunken war.[85] Während der Anteil derjenigen lebend geborenen Kinder, deren Eltern bei der Geburt nicht miteinander verheiratet waren, 1966 in Deutschland bei etwa 5,7% lag, kamen im Jahr 1986 136.332 Kinder außerhalb einer Ehe zur Welt, das waren ca. 16,1% aller Lebendgeborenen. Bei insgesamt sinkender Geburtenzahl betrug im Jahr 2009 die Anzahl der geborenen Kinder von nicht miteinander verheirateten Eltern 217.758 von insgesamt 665.126 lebend geborenen Kindern. Damit machten sie rund 33% aus.[86]

Auffallend sind neben diesen aussagekräftigen Zahlen vor allem zwei Entwicklungen: Zum einen ist trotz Einführung der Pille 1961 und der Liberalisierung des Abbruchrechts Mitte der 1970er Jahre mit der Möglichkeit einer gesetzlich anerkannten Schwangerschaftsunterbrechung der Prozentsatz nichtehelicher Geburten weiterhin gestiegen.[87] Die zur Zeit des Inkrafttretens des Nichtehelichengesetzes vereinzelt geäußerte Vermutung, das „Problem" der Nichtehelichen sei bald mangels Masse gelöst, hat sich demnach als falsch herausgestellt.[88] Zum anderen ist bemerkenswert, dass der Prozentsatz der nichtehelichen Geburten zwischen 1995 und 1999 zugenommen hat. Der Anteil der Neugeborenen, deren Eltern nicht miteinander verheiratet waren, lag 1995 bei 16,1%. Nach der um Angleichung der Rechtsstellung nichtehelicher Kinder bemühten Reform des Kindschaftsrechts stieg der Anteil 1999 auf 22,1%. Diese Zahlen können als

---

81 Statistisches Bundesamt, Bevölkerung und Erwerbstätigkeit, Fachserie 1, Reihe 3, 3. Teil: Familien, Nichteheliche Lebensgemeinschaften, ledige Kinder (Schätzungen aus Ergebnissen des Mikrozensus).

82 Statistisches Jahrbuch 2011, S. 47.

83 Statistisches Bundesamt, Bevölkerung und Erwerbstätigkeit, Fachserie 1, Reihe 3, 3. Teil: Familien, Nichteheliche Lebensgemeinschaften, ledige Kinder (Schätzungen aus Ergebnissen des Mikrozensus).

84 Statistisches Jahrbuch 2011, S. 47.

85 S. dazu Simitis, StAZ 1970, S. 255 sowie die Zahlen für die Bundesrepublik Deutschland und Hamburg bei Huvalé, ZBlJugR 1980, S. 563.

86 Statistisches Jahrbuch 2011, S. 55.

87 Vgl. dazu Fthenakis, Väter, Band 2, S. 16.

88 Huvalé, ZBlJugR 1980, S. 563.

Beleg dafür gewertet werden, dass Gesetze nicht nur Rechtsverhältnisse schaffen und verändern, sondern auch die öffentliche Mentalität beeinflussen.

Mit dem quantitativen Anstieg der nichtehelichen Lebensgemeinschaften und des Prozentsatzes neugeborener Kinder, deren Eltern nicht miteinander verheiratet sind, steht in Zusammenhang, dass die Toleranz gegenüber Familiengemeinschaften, die nicht auf einer Ehe der Eltern beruhen, in den vergangenen vier Jahrzehnten deutlich zugenommen hat und weiterhin zunimmt.[89] Die außereheliche Geburt wird von der Gesellschaft nicht mehr als Makel empfunden.[90] Soziale Benachteiligungen nichtehelicher Kinder sind größtenteils abgebaut.[91] Die Ursache für die wachsende Akzeptanz der außerehelichen Partnerschaften und damit auch der nichtehelichen Geburten liegt in der Tatsache, dass – wie die genannten Zahlen belegen – Familiengemeinschaften ohne formale Ehe nicht nur in Akademikerkreisen, sondern in breiten Schichten der Bevölkerung Einzug gefunden haben.[92] Der rapide Anstieg der Zahl nichtehelicher Lebensgemeinschaften und nichtehelicher Kinder ist wiederum dadurch motiviert, dass der Entschluss, miteinander zu leben, ohne verheiratet zu sein, heute auf weitaus größere Toleranz trifft als noch vor vierzig Jahren. Die starke Zunahme außerehelicher Partnerschaften einerseits und die entsprechende soziale Aufwertung andererseits sind deshalb von Wechselseitigkeit geprägte Prozesse. Folge dieser beiden korrelativen Vorgänge ist, dass ein unverheiratetes dauerhaftes Zusammenleben heute bei den unter Dreißigjährigen häufig als eine Art Probe-Ehe[93] oder Durchgangsstadium[94] angesehen wird, bei den über Dreißigjährigen sogar

89 Von Campenhausen, VVDStRL, 45 (1985), S. 10; Hohmann-Dennhardt, FF 2007, S. 174 ff.; Meyer/Schulze, KZfSS 1983, S. 748; Nave-Herz, FuR 1992, S. 188; Schwenzer, Vom Status zur Realbeziehung, S. 162; Vogelsang, in: Das Recht der nichtehelichen Lebensgemeinschaft, S. 53; Dietlein, DtZ 1993, S. 136, spricht sogar von einer schwindenden gesellschaftlichen Akzeptanz von Ehe und Familie als verbindlichem Ordnungsrahmen für die Lebensgemeinschaft von Mann und Frau, aber auch für die Gemeinschaft von Eltern und Kind.

90 Fendrich, ZfJ 2005, S. 283; anders noch Meier, FamRZ 1966, S. 425; abweichend aber Hedemann, FamRZ 1955, S. 229.

91 Balloff, ZfJ 1991, S. 191; Schwaiger, EuGRZ 1982, S. 1; Vaskovics/Rost/Rupp, Lebenslage nichtehelicher Kinder, S. 34.

92 Balloff, ZfJ 1991, S. 191; Börgers, FuR 1990, S. 144; Huvalé, ZBlJugR 1980, S. 562; Limbach, RdJB 1988, S. 170; Münder, RdJB 1989, S. 461; Neuhaus, FamRZ 1982, S. 3; Strätz, FamRZ 1980, S. 302; Stich, in: Wie geht's der Familie?, S. 158; Wingen, FamRZ 1981, S. 332.

93 Fthenakis, Väter, Band 2, S. 15; Grziwotz, Nichteheliche Lebensgemeinschaft, § 2, Rn. 21; Steinert, NJW 1986, S. 684; Strätz, FamRZ 1980, S. 302; von Münch, Zusammenleben ohne Trauschein, S. 6.

94 Pechstein, Familiengerechtigkeit, S. 109.

regelmäßig einen legitimen Alternativentwurf zur ehelichen Gemeinschaft mit ähnlichem Wertekonzept darstellt.[95]

Trotz ihrer weitgehenden funktionalen Äquivalenz[96] zur Ehe unterscheiden sich Verbindungen „ohne Trauschein" von ehelichen Gemeinschaften durch ihre Vielgestaltigkeit.[97] Während es sich bei der Ehe um ein fest institutionalisiertes Gegenseitigkeitsverhältnis mit klar definierten Pflichten handelt[98], sind die Erscheinungsformen nichtehelicher Beziehungen vielfältiger. In der gelebten Wirklichkeit gibt es eheähnliche, auf Dauer angelegte nichteheliche Lebensgemeinschaften mit wirtschaftlicher Abhängigkeit eines Partners und geplantem Kinderwunsch sowie nichteheliche Lebensgemeinschaften mit wirtschaftlicher Unabhängigkeit beider Partner.[99] Ebenso können nichteheliche Verbindungen mit oder ohne Zusammenleben, bei denen ein Partner oder sogar beide Partner anderweitig verheiratet sind, auf Dauer angelegt sein und in ihrer Funktion einer Ehe entsprechen. Auch innerhalb einer solchen Beziehung können die beiden Partner einen gemeinsamen Kinderwunsch hegen und verwirklichen. Diese verschiedenen Variationen der wirtschaftlichen Abhängigkeit oder Unabhängigkeit der Partner sowie der Kinderlosigkeit oder des Bestehens und Umsetzens eines Kinderwunsches sind zwar auch innerhalb ehelicher Gemeinschaften anzutreffen. Jedoch entfällt bei ehelichen Gemeinschaften anders als bei nichtehelichen Beziehungen die Abgrenzung zu flüchtigen Verhältnissen. Diese Verhältnisse können, selbst wenn aus ihnen ein Kind hervorgegangen ist, nicht mehr als eheähnlich bezeichnet werden. Es fehlt an einer sozialen Bindung und der Bereitschaft der Partner, gegenseitige Pflichten füreinander zu übernehmen. Die im Rahmen nichtehelicher Beziehungen erforderliche Abgrenzung zwischen eheähnlichen und solchen Verbindungen, die keine funktionale Äquivalenz zur Ehe aufweisen, ist tatsächlich und rechtlich schwierig; zumal sich verbindliche Aussagen über die Motive, warum sich die Partner einer nichtehelichen Lebensgemeinschaft nicht dafür entscheiden, ihre Verbindung durch eine Ehe zu bekräfti-

---

95 Balloff, ZfJ 1991, S. 191; Börgers, FuR 1990, S. 144; Kingreen, Jura 1997, S. 407; vgl. dazu de Witt/Huffmann, Nichteheliche Lebensgemeinschaft, S. 6.

96 Di Fabio, NJW 2003, S. 998.

97 Neuhaus, ZBlJugR 1981, S. 39; vgl. BVerfG FamRZ 2007, S. 965 (970) sowie Vogelsang, in: Das Recht der nichtehelichen Lebensgemeinschaft, S. 54.

98 Hahne, FamRZ 1990, S. 929.

99 Hahne, FamRZ 1990, S. 929; auch Boehmer, NJW 1963, S. 1945, ders., Verhandlungen des vierundvierzigsten Deutschen Juristentages in Hannover 1962, Band I (Gutachten), 1. Teil, Heft A, 97 ff., differenzierte zwischen Kindern einer Dirne, Braut-, Zufalls- und Gelegenheitskindern sowie Kindern aus einer dauernden eheähnlichen Lebensgemeinschaft, wie einer Putativehe, einem Konkubinat oder einer so genannten Onkelehe und kritisierte deren unterschiedslose Behandlung durch das BGB, vgl. dazu auch Pechstein, Familiengerechtigkeit, S. 109.

gen, nicht eindeutig feststellen lassen.[100] Dabei handelt es sich auch nicht nur um ein einziges Motiv, sondern meistens um ein ganzes Bündel von überwiegend nicht-wirtschaftlichen Beweggründen.[101] Eine Protesthaltung gegen die Ehe spielt wohl in den meisten Fällen keine Rolle.[102] Eher wird die Eheschließung als überflüssige Formalität angesehen. Denkbar ist auch, dass unverheiratete Partner die leichtere Lösbarkeit ihrer Partnerschaft nicht als Stress empfinden, sondern darin einen Antrieb sehen, dem Alltagstrott und der Gleichgültigkeit in ihrer Beziehung entgegenzuwirken.[103] Sie versprechen sich davon außerdem mehr Möglichkeiten zur Selbstentfaltung, Eigenständigkeit und Partnerschaftlichkeit als in einer traditionellen Ehe.[104]

Unabhängig von der Motivation für eine nichteheliche Lebensgemeinschaft ist festzuhalten, dass diese Form des Zusammenlebens von Mann und Frau sich in der sozialen Wirklichkeit insoweit durchgesetzt hat, als sie gesellschaftlichen Sanktionen nicht mehr ausgesetzt ist. Auch die Gründung einer Familie basierend auf einer nichtehelichen Lebensgemeinschaft ist ebenso anerkannt wie die auf einer Ehe beruhende Familienplanung. Durch die heute gegebene Möglichkeit, eine Schwangerschaft zu planen[105], handelt es sich bei nichtehelichen Geburten in der Regel nicht um Folgen ehelicher Untreue. Vielmehr steht dahinter oftmals die bewusst getroffene, freie Entscheidung eines in eheähnlicher Gemeinschaft zusammenlebenden Paares, ein Kind zu bekommen. Dieses Kind wird dann genauso verantwortungsbewusst von Mutter und Vater umsorgt wie das Kind verheirateter Eltern. Angesichts der aufgezeigten Pluralität der Formen familiären Zusammenlebens ist eine pauschale Abqualifizierung der Väter nichtehelicher Kinder wirklichkeitsfremd und somit nicht tragbar. Eine auf schematischer Gleichmacherei soziologisch verschiedener Lebenserscheinungen beruhende grundsätzliche Annahme, Väter empfänden ihr nichteheliches Kind stets als ungewollte Belastung, wird den tatsächlichen Verhältnissen nicht gerecht.[106]

Zwar gibt es wie damals auch heute noch Väter nichtehelicher Kinder, die sich den mit einer Vaterschaft verbundenen emotionalen und finanziellen Verpflichtungen entziehen wollen. Der Anteil derjenigen, die sich um eine persön-

---

100 Finger, ZfJ 1987, S. 320; Simon, JuS 1980, S. 252; Wingen, in: Die nichteheliche Lebensgemeinschaft, S. 15 ff.; de Witt/Huffmann, Nichteheliche Lebensgemeinschaft, S. 7.

101 Strätz, FamRZ 1980, S. 302; vgl. dazu Scholz, ZRP 1981, S. 227; de Witt/Huffmann, Nichteheliche Lebensgemeinschaft, S. 5 f.

102 Limbach, RdJB 1988, S. 173.

103 Stich, in: Wie geht's der Familie?, S. 159.

104 Fthenakis, Väter, Band 2, S. 44.

105 Duss-von Werdt, ZfJ 1984, S. 17.

106 So auch Finger, ZfJ 1987, S. 318; Kemm, JZ 1995, S. 1114 sowie Kropholler, AcP 185 (1985), S. 246.

liche Bindung zu ihrem Kind bemühen und bereit sind, väterliche Verantwortung zu tragen ist, hat aber in den letzten 20 Jahren deutlich zugenommen.[107] Diese positive Entwicklung ist nicht auf die Gruppe solcher Väter beschränkt, die mit ihrem nichtehelichen Kind und der Kindesmutter zusammenleben. Selbst nach Auflösung der nichtehelichen Lebensgemeinschaft, die möglicherweise schon vor der Geburt des Kindes stattgefunden hat, hegen viele Väter den Wunsch, den Kontakt zu ihrem Kind aufzubauen oder zu erhalten.[108] Dies kann zum einen daraus geschlossen werden, dass immer mehr Väter in gerichtlichen Verfahren um die Durchsetzung ihrer Rechte kämpfen. Zum anderen belegt die gestiegene Anzahl von Vaterschaftsanerkenntnissen ein wachsendes Interesse der Väter an ihrem nichtehelichen Kind.[109]

Damit ist festzuhalten, dass dem in den 1960er und 1970er Jahren gezeichneten negativen Durchschnittsbild des desinteressierten leiblichen Vaters als Orientierungsmuster für die gesetzliche Regelung die Grundlage entzogen ist. Heute ist ein gegenüber früher erhöhtes Interesse der Väter an einem Kontakt mit ihrem nichtehelichen Kind zu verzeichnen. Diese Entwicklung ist sowohl im Verfassungsrecht als auch bei den einfachgesetzlichen Vorschriften zu berücksichtigen.[110] Es sind Regelungen erforderlich, die frei von Vorurteilen gegenüber Vätern nichtehelicher Kinder dem breiten Spektrum der Lebenswirklichkeit Rechnung tragen. Insbesondere darf die Wohnsituation nicht entscheidend sein, da verlässliche Aussagen über die Innigkeit der Vater-Kind-Beziehung nicht daraus abzuleiten sind, ob ein Vater mit seinem nichtehelichen Kind in häuslicher Gemeinschaft lebt.

4. Die heutige Situation nichtehelicher Kinder

Der nicht miteinander verheirateten Eltern häufig gemachte Vorwurf, sie lebten öfter getrennt als solche Eltern, die sich für eine Ehe entschieden haben, ist aus verschiedenen Gründen unberechtigt.

---

107 Vgl. hierzu Kropholler, AcP 185 (1985), S. 247; Gräfin Nesselrode, Das Spannungsverhältnis zwischen Ehe und Familie in Artikel 6 des Grundgesetzes, S. 52; Seibert, FamRZ 1995, S. 1460.

108 Ebenso nach der Scheidung, S. Duss-von Werdt, ZfJ 1984, S. 21.

109 Balloff, ZfJ 1991, S. 193; Köster, Sorgerecht und Kindeswohl, S. 81; Salgo, NJW 1995, S. 2132; Vaskovics/Rost/Rupp, Lebenslage nichtehelicher Kinder, S. 182; vgl. auch AG Kamen FamRZ 1995, S. 1077 (1078). Das Statistische Bundesamt erfasst Zahlen zu Vaterschaftsanerkennungen mittlerweile nicht mehr. Auch das Deutsche Jugendinstitut verfügt diesbezüglich nicht über aktuelle Zahlen. Die meisten Jugendämter stellen ihre Zahlen nicht zur Verfügung.

110 Anders Pechstein, Familiengerechtigkeit, S. 109.

Zum einen existiert kein statistischer Nachweis für eine im Vergleich zur Ehe erhöhte Trennungsanfälligkeit nichtehelicher Verbindungen.[111] Zwar wurden in der älteren Literatur Zahlen angeführt, die belegen sollten, dass Gemeinschaften nicht miteinander verheirateter Partner eine größere Instabilität aufweisen.[112] Diese Angaben sind jedoch für die heutige Zeit nicht repräsentativ[113], weil sich die nichteheliche Lebensgemeinschaft mittlerweile besonders bei den über Dreißigjährigen als Alternative zur Ehe etabliert hat und sich demzufolge im Hinblick auf Dauer und Grad der gegenseitigen Bindung subjektiv nicht von der „legalisierten" Form der Beziehung unterscheidet.[114] Zum anderen darf bei einem Vergleich der Dauerhaftigkeit von Ehe und eheähnlicher Gemeinschaft nicht vergessen werden, dass die Zahl der jährlichen Scheidung seit 1960 bei gleichzeitig viel weniger geschlossenen Ehen drastisch angestiegen ist.[115] Während laut der Angaben des Statistischen Bundesamtes im Jahr 1960 in Deutschland 73.418 Ehen geschieden wurden, registrierte die amtliche Statistik für 1980 bereits 141.016 Scheidungen.[116] Die Zahl der geschiedenen Ehen betrug in Deutschland im Jahr 2002 204.214 und überschritt damit erstmalig die Schwelle von 200.000 jährlichen Ehelösungen durch gerichtliche Scheidung. In den nachfolgenden Jahren pendelte sich die Zahl bei Werten um 200.000 ein.[117] 2009 wurden in Deutschland etwa 185.817 Ehen geschieden.[118] Damit lässt sich festhalten, dass die Häufigkeit der Ehescheidungen bei tendenziell sinkender Anzahl der Eheschließungen[119] seit 1960 in Deutschland erheblich zugenommen hat.[120] Diese durch wachsende gesellschaftliche Akzeptanz von Ehescheidungen bedingte Entwicklung[121] hat eine Veränderung der allgemeinen Einstellung zur Institution Ehe und ehelichen Kindschaft zur Folge.[122] Eine bis zum Lebensende währenden Verbundenheit der Ehepartner, die den gemeinsamen Kindern stets einen festen Familienverband gewährleistet, wird nicht mehr ausnahmslos unterstellt. Nach allgemeiner Erkenntnis garantiert die kirchliche und rechtliche Weihe heute nicht die Dauerhaftigkeit einer Beziehung.

---

111 Balloff, ZfJ 1991, S. 198; Finger, ZfJ 1987, S. 321; Schwenzer, FamRZ 1985, S. 1208.

112 Groth, Kinder ohne Familie, S. 38.

113 Schwaiger, EuGRZ 1982, S. 9.

114 Schwenzer, FamRZ 1985, S. 1208.

115 Vgl. hierzu Ell, ZfJ 1985, S. 98; Finger, ZfJ 1987, S. 321; Schwenzer, FamRZ 1985, S. 1208.

116 Emmerling, in: Statistisches Bundesamt, Wirtschaft und Statistik 2007, S. 161.

117 Emmerling, in: Statistisches Bundesamt, Wirtschaft und Statistik 2007, S. 161.

118 Statistisches Jahrbuch 2011, S. 61.

119 Statistisches Jahrbuch 2011, S. 55.

120 S. dazu Koechel, FamRZ 1986, S. 639.

121 Emmerling, in: Statistisches Bundesamt, Wirtschaft und Statistik 2007, S. 160.

122 Lempp, ZfJ 1984, S. 305; Schwenzer, Verhandlungen des neunundfünfzigsten Deutschen Juristentages, Hannover 1992, Band I (Gutachten), Teil A, S. 13.

Aus den genannten Gründen wird heute eine besondere Trennungsanfälligkeit nichtehelicher Partnerschaften nicht mehr unterstellt.[123] Dadurch, dass bei der Gemeinschaft nicht verheirateter Partner grundsätzlich keine gegenüber der Ehe erhöhte Instabilität angenommen werden kann, lässt sich für die Situation nichtehelicher Kinder Folgendes festhalten: Tatsächlich besteht genau wie bei ehelichen Kindern die Möglichkeit einer harmonischen, vollständigen Familiengemeinschaft. Die Mutmaßung, Eltern nichtehelicher Kinder lebten zumeist getrennt, trifft in dieser Allgemeinheit nicht zu.[124] Gleichzeitig ist nicht zu leugnen, dass es auch nichteheliche Kinder aus zerbrochenen Lebensgemeinschaften gibt. Ebenso variiert allerdings die Lage ehelicher Kinder. Auf der einen Seite wachsen viele eheliche Kinder in einer intakten Ehe auf. Auf der anderen Seite steht eine nicht geringe Anzahl ehelicher Kinder, deren Eltern getrennt leben oder geschieden sind oder bei denen ein Elternteil verstorben ist.[125] Das Kontrastbild vom immer in einer vollständigen Familiengemeinschaft lebenden ehelichen Kind zum familienlosen nichtehelichen Kind ohne dauerhafte Bleibe, das schon hinsichtlich der damaligen Verhältnisse zu wenig Raum für tatsächliche Unterschiede bot, vereinfacht die gegenwärtigen sozialen Verhältnisse zu stark. Zu Recht wird diese schematische Betrachtungsweise heute nicht mehr vertreten. Alle aus ihr gezogenen Folgerungen sind nicht mehr zeitgemäß.[126]

Angesichts der eheähnlichen gegenseitigen Verantwortlichkeit und des damit verbundenen wachsenden familiären Selbstverständnisses unverheirateter Partner kann in der heutigen Zeit nicht davon ausgegangen werden, dass das Verhältnis der Eltern nichtehelicher Kinder grundsätzlich von Spannungen oder sogar Hass

---

123 Balloff, ZfJ 1991, S. 198; Ell, ZfJ 1985, S. 98; Finger, ZfJ 1987, S. 452; Krolzik, in: Pflegekinder und Adoptivkinder im Focus, 113 f.; Roth, FamRZ 1991, S. 142; Schrödter, in: Pflegekinder und Adoptivkinder im Focus, S. 103; Schwenzer, in: Familie ohne Ehe, S. 56; dies., FamRZ 1985, S. 1208; S. dazu auch Fthenakis, Väter, Band 2, S. 36.

124 Huvalé, ZBlfJugR 1980, S. 562; Neuhaus, FamRZ 1966, S. 528; Zweigert, JuS 1967, S. 244.

125 So schon Huvalé, ZBlfJugR 1980, S. 562; Kropholler, AcP 185 (1985), S. 257; Neuhaus, FamRZ 1966, S. 528; Zweigert, JuS 1967, S. 244.

126 Vielmehr treffen die Ausführungen zu, die Müller-Freienfels, Deutsche zivil- und kollisionsrechtliche Beiträge zum IX. Internationalen Kongress für Rechtsvergleichung in Teheran 1974, S. 88 f., schon im Jahr 1974 anstellte. Er räumte ein, die Abhängigkeit der rechtlichen Behandlung der Kinder von der Eheschließung der Eltern biete, ungeachtet der darin liegenden Höherbewertung des einzigartigen, persönlichen Entscheidungsaktes der Eheschließung mit seinen moralischen Qualitäten, gegenüber allen sonstigen Verknüpfungen zwar den Vorteil, dass sie auf einen fest fixierten, in aller Regel leicht und sicher feststellbaren „amtlichen" Vorgang abhebe. Es erscheine aber wegen der Verschiedenartigkeit der tatsächlichen sozialen Situation der Kinder geradezu als ein Anachronismus, dass die Erfüllung rechtlicher Voraussetzungen durch die Eltern in Gestalt der Eheschließung über die Lage der Kinder generell entscheiden solle.

geprägt ist.[127] Ebenso wenig selbstverständlich ist die Annahme, dass der Vater sich nicht zu seinem unehelichen Kind bekennen will und deshalb erst gerichtlich festgestellt werden muss. Eine verantwortungsvolle Elternschaft kann auch außerhalb einer ehelichen Familie stattfinden.[128] Dafür spricht die gestiegene Anzahl von Vaterschaftsanerkenntnissen.

Schließlich kann der Einwand der erhöhten Kriminalität unter nichtehelichen Jugendlichen nicht überzeugen. Dass die kolportierte Behauptung, Kinder nicht miteinander verheirateter Eltern seien stärker geneigt, Straftaten zu begehen, der aktuellen Realität nicht entspricht, bedarf keiner größeren Diskussion. Schon in den 1960er Jahren wurde von den Vertretern der These der erhöhten Kriminalitätsanfälligkeit nichtehelich Geborener eingeräumt, dass nicht die uneheliche Geburt selbst der gesteigerten Anfälligkeit zugrunde liege, sondern die ungünstigeren Umweltverhältnisse[129], namentlich die familiäre Unvollständigkeit.[130] Da aufgrund der wachsenden Popularität der außerehelichen Lebensgemeinschaft als Alternativ-Ehe mit Nichtehelichkeit heute nicht zwangsläufig die Vakanz einer Elternposition und dadurch eine inkomplette Familie verbunden sein müssen, kann kein direkter Zusammenhang zwischen nichtehelicher Geburt und gesteigerter Tendenz zur Straffälligkeit bestehen. Selbst wenn ein Kind nur von einem Elternteil aufgezogen wird, lässt sich auch allein daraus keine stärkere Neigung zur Delinquenz ableiten.

Im Ergebnis ist nach alledem festzuhalten, dass das Band der Ehe nicht mehr als sichere Gewähr für die Stabilität einer Beziehung angesehen werden kann. Ebenso wenig trifft das Klischee des nichtehelichen Kindes mit desorganisierter Familie, das gegenüber dem ehelichen Kind unter emotional und finanziell stark belastenden Verhältnissen aufwächst, heutzutage generell noch zu.[131] Vielmehr sind die Lebensbedingungen nichtehelicher Kinder ebenso mannigfaltig wie die ehelicher Kinder. Eine strenge Kategorisierung, die als einziges ausschlaggeben-

---

127 Anders Müller-Freienfels, Deutsche zivil- und kollisionsrechtliche Beiträge zum IX. Internationalen Kongress für Rechtsvergleichung in Teheran 1974, S. 110, im Jahr 1974 in Bezug auf die soziale Lage nichtehelicher Kinder zu dieser Zeit.

128 Vgl. Blech, Die Rechte des nichtehelichen Vaters im deutschen Kindschaftsrecht, S. 95 ff.; Schumann, FF 2007, S. 231.

129 Brandt, RdJ 1963, S. 43; S. dazu auch Limbach, in: Das nichteheliche Kind und seine Eltern, S. 36; Ullrich, RdJ 1960, S. 5 sowie Weidermann, ZBlJugR 1972, S. 362.

130 Groth, Kinder ohne Familie, S. 202 ff.; vgl. außerdem Krüger, Die Rechtsstellung des unehelichen Kindes nach dem Grundgesetz, S. 33 ff.

131 Schon die Verfasser des Referentenentwurfs zum Nichtehelichengesetz erkannten, dass es Ausnahmen von dem von ihnen gezeichneten Bild nichtehelicher Kinder gab, sie hielten jedoch trotzdem an ihren generalisierenden Einschätzungen fest, S. Jansen/Knöpfel, Das neue Unehelichengesetz, S. 76.

des Differenzierungskriterium an eine Ehe der Eltern anknüpft, wird damit der Vielfalt der sozialen Realität nicht gerecht.

a) Nichteheliche Kinder aus vollständigen Familien

Wie oben schon dargelegt, unterscheiden sich zusammenlebende, nicht verheiratete Eltern weder in den Erwartungen an die Dauerhaftigkeit ihrer Partnerschaft noch in der Bereitschaft, sich gegenseitig zu unterstützen und füreinander einzustehen von verheirateten Eltern. Auch das Verantwortungsgefühl unverheirateter Eltern für ihre Kinder ist grundsätzlich nicht weniger stark ausgeprägt als bei Eltern, die ihre Partnerschaft rechtlich bestätigt haben.[132] Die Gemeinschaft ihrer Eltern schafft für die nichtehelichen Kinder eine Basis, stabile emotionale Beziehungen zu beiden Eltern entwickeln zu können.[133] Das Schicksal entbehrungsreicher Familienlosigkeit wird solchen nichtehelichen Kindern, die in der bestehenden eheähnlichen Beziehung ihrer Eltern aufwachsen, nicht zuteil.[134] Insbesondere besteht bei ihnen kein tatsächliches Vaterdefizit.[135] In Anbetracht der Liberalisierung traditioneller Moralvorstellungen und des Abbaus der gesellschaftlichen Diskriminierung gegenüber nichtehelichen Kindern liegt der einzige Unterschied zu ehelichen Kindern darin, dass die Eltern nichtehelicher Kinder den Willen zu einem auf Dauer angelegten Zusammenleben als Familienverbindung nur sich selbst gegenüber bekundet, eine standesamtliche Ehe aber nicht geschlossen haben.[136] Aus der Sicht der Kinder ist die „Legalität“ der Beziehung ihrer Eltern unerheblich; für ihre psychosoziale Entwicklung kommt es allein und ausschließlich auf die hinreichende Kontinuität einer Lebensgemeinschaft mit jedem ihrer beiden Elternteile an.[137]

---

132 Von Renesse, FPR 1998, S. 61.

133 Kingreen, Die verfassungsrechtliche Stellung der nichtehelichen Lebensgemeinschaft im Spannungsfeld zwischen Freiheits- und Gleichheitsrechten, S. 224; Schwenzer, FamRZ 1985, S. 1208.

134 Huvalé, ZBlfJR 1980, S. 564.

135 BVerfGE 56, S. 363 (385) = FamRZ 1981, S. 429 (434) = NJW 1981, S. 1201 (1202).

136 Ell, ZfJ 1985, S. 100; Huvalé, ZBlJugR 1980, S. 564; kritisch Kropholler, AcP 185 (1985), S. 257 f., der das Kriterium des Zusammenlebens für nicht aussagekräftig genug hält und deshalb feinere Differenzierungen in den verschiedenen kindschaftsrechtlichen Bereichen vorschlägt.

137 Fthenakis, Väter, Band 2, S. 46; Henrich, FamRZ 2010, S. 107; Kingreen, Die verfassungsrechtliche Stellung der nichtehelichen Lebensgemeinschaft im Spannungsfeld zwischen Freiheits- und Gleichheitsrechten, S. 224; Lempp, ZfJ 1984, S. 309; Will, Macht und Gleichheit, S. 84; zweifelnd Neuhaus, ZBlJugR 1981, S. 40, der vermutet, die Sozialisation eines Kindes

b) Nichteheliche Kinder aus „Trennungsfamilien“

Die angestellten Überlegungen zur sozialen Entwicklung in den vergangenen Jahrzehnten führen zu der Frage, ob nichteheliche Kinder, deren Eltern getrennt leben, gegenüber ehelichen Kindern, deren Eltern nicht oder nicht mehr zusammenleben, grundsätzlich faktisch benachteiligt sind.

Vereinzelt wird auf die Ähnlichkeit der sozialen und seelischen Lage von Kindern geschiedener Eltern und nicht verheirateter Eltern hingewiesen.[138] Die Übereinstimmung liege darin, dass diese Kinder – ebenso wie Kinder, bei denen ein Elternteil verstorben ist – nicht in der gemeinsamen Obhut beider Eltern heranwüchsen, sondern nur bei einem Elternteil oder aber bei Dritten.[139]

Richtig ist zwar, dass Eltern nichtehelicher Kinder ihren Entschluss zur Lebensgemeinschaft nie in einer bestimmten, vom Gesetz vorgeschriebenen Form kundgetan und geschiedene Eltern das Band ihrer Ehe aufgelöst haben, so dass in beiden Fällen keine Ehe zwischen den Eltern besteht. Jedoch gibt es – wie schon oben dargestellt – nichteheliche Kinder, deren Eltern eheähnlich zusammenleben. Eine Gleichstellung von Scheidungskindern mit der gesamten Gruppe der nichtehelichen Kinder kommt somit nicht in Betracht. Allerdings könnte die Situation von Scheidungskindern mit der Lage solcher nichtehelicher Kinder vergleichbar sein, deren Eltern getrennt leben.

Dagegen wurde noch bis Mitte der achtziger Jahre eingewandt, Kinder geschiedener Eltern lebten vor der Trennung in der Regel wenigstens für einige Zeit im Familienverband mit beiden Elternteilen.[140] Deshalb bestehe ihrerseits zumeist sowohl zur Mutter als auch zum Vater ein engeres persönliches Verhältnis, welches Scheidung oder faktische Trennung meist überdauere[141], da lediglich das Band der Ehegatten untereinander aufgelöst werde, die natürliche Bindung

---

gelinge weniger gut, wenn die Eltern selbst eine rechtliche Einordnung ihrer Gemeinschaft in die Gesellschaft scheuten.

138 Vgl. dazu die Botschaft des Bundesrates an die Bundesversammlung über die Änderung des Schweizerischen Zivilgesetzbuches (Kindesverhältnis) vom 5. Juni 1974, BBl. 126 (1974 II), S. 7. Darin werden beide Gruppen unter dem Begriff „Sozialwaisen“ zusammengefasst.

139 Botschaft des Bundesrates an die Bundesversammlung über die Änderung des Schweizerischen Zivilgesetzbuches (Kindesverhältnis) vom 5. Juni 1974, BBl. 126 (1974 II), S. 7.

140 Botschaft des Bundesrates an die Bundesversammlung über die Änderung des Schweizerischen Zivilgesetzbuches (Kindesverhältnis) vom 5. Juni 1974, BBl. 126 (1974 II), S. 7; Müller-Freienfels, Deutsche zivil- und kollisionsrechtliche Beiträge zum IX. Internationalen Kongress für Rechtsvergleichung in Teheran 1974, S. 110, der allerdings auch darauf hinwies, dass dies im Einzelfall nicht zwingend so sein müsse.

141 Botschaft des Bundesrates an die Bundesversammlung über die Änderung des Schweizerischen Zivilgesetzbuches (Kindesverhältnis) vom 5. Juni 1974, BBl. 126 (1974 II), S. 7.

zu den Kindern aber unberührt bleibe.[142] Selbst wenn die elterliche Ehe später geschieden werde, wirke noch nach, dass die Eltern früher einmal in Verantwortlichkeit eine legitime Verbindung begründet hätten.[143] Dagegen existiere bei nicht verheirateten Eltern nicht einmal im Zeitpunkt des Zusammenlebens ein rechtlich verbindliches Pflichtverhältnis gegenüber dem Partner.[144] Außerdem hätten nichteheliche Kinder eine häusliche Gemeinschaft mit beiden Elternteilen regelmäßig nicht kennen gelernt[145] und somit auch eine weniger innige Bindung zum Vater.[146] Die fehlende personale Verantwortung der Eltern füreinander sowie die weniger intensive gefühlsmäßige Verbundenheit mit dem Vater führten zu dem Schluss, dass die seelische und soziale Lage solcher nichtehelicher Kinder, deren Eltern ihre Partnerschaft beendet hätten, nicht der von Scheidungskindern entspreche.[147]

Dieser Argumentation ist allerdings entgegenzuhalten, dass sie auf Spekulationen beruht und demzufolge die heutige Komplexität der Lebenswirklichkeit nicht zu würdigen vermag. Indem einerseits nichtehelichen Kindern generell unterstellt wird, sie hätten durch fehlendes Erleben eines vollständigen Familienverbandes keine Beziehung zum Vater entwickeln können, bleiben diejenigen von ihnen unberücksichtigt, deren Eltern sich erst geraume Zeit, vielleicht einige Jahre nach der Geburt der Kinder getrennt haben. Andererseits werden solche ehelichen Kinder übersehen, deren Eltern die häusliche Gemeinschaft bereits vor der Geburt der Kinder aufgelöst haben, so dass ein Zusammenleben mit dem Vater nicht stattgefunden hat.[148] Außerdem ist vorstellbar, dass eheliche Kinder, die vor der Scheidung für einen längeren Zeitraum mit beiden Elternteilen aufgewachsen sind, Spannungen zwischen Mutter und Vater unmittelbar und intensiver wahrgenommen haben als nichteheliche Kinder, die durch eine frühzeitige Auflösung der elterlichen Partnerschaft vielleicht nie an derartigen Auseinandersetzungen teilgenommen haben.[149] Das direkte Miterleben der zwischen den Eltern bestehenden Konflikten wirkt sich möglicherweise negativ auf die Einstel-

142 Hansmann, FamRZ 1962, S. 455.

143 Bosch, Verhandlungen des vierundvierzigsten Deutschen Juristentages in Hannover 1962, Band I (Gutachten), 1. Teil, Heft B, S. 55.

144 BVerfGE 56, S. 363 (386) = FamRZ 1981, S. 429 (434) = NJW 1981, S. 1201 (1202).

145 Müller-Freienfels, Deutsche zivil- und kollisionsrechtliche Beiträge zum IX. Internationalen Kongress für Rechtsvergleichung in Teheran 1974, S. 110.

146 Botschaft des Bundesrates an die Bundesversammlung über die Änderung des Schweizerischen Zivilgesetzbuches (Kindesverhältnis) vom 5. Juni 1974, BBl. 126 (1974 II), S. 7.

147 Botschaft des Bundesrates an die Bundesversammlung über die Änderung des Schweizerischen Zivilgesetzbuches (Kindesverhältnis) vom 5. Juni 1974, BBl. 126 (1974 II), S. 7.

148 Kropholler, AcP 185 (1985), S. 259, 284, Fn. 185.

149 So Müller-Freienfels, Deutsche zivil- und kollisionsrechtliche Beiträge zum IX. Internationalen Kongress für Rechtsvergleichung in Teheran 1974, S. 110.

lung zu einem Elternteil – eventuell sogar zu beiden – aus und steht einem unbelasteten Verhältnis nach Trennung oder Scheidung im Wege.[150]

Ferner darf nicht vergessen werden, dass menschliche Beziehungen im Laufe der Zeit Änderungen unterworfen sind.[151] So können geschiedene Väter, die während der Ehe eine starke Beziehung zum Kind hatten, diese nach der Scheidung verlieren, etwa weil es ihnen in der neuen Besuchssituation nicht gelingt, an das frühere gemeinsame Familienleben anzuknüpfen. Natürlich ist auch hier die umgekehrte Entwicklung denkbar, dass der vor Zerbrechen der Ehe lose Kontakt zwischen Vater und Kind sich später positiv entwickelt.[152] Ebenso verhält es sich mit den Beziehungen zwischen nichtehelichen Kindern und ihren Vätern; auch sie weisen eine Dynamik auf, die mit der Zeit mögliche Veränderungen bewirkt. Demzufolge ist festzuhalten, dass ohne feinere Differenzierungen getroffene Aussagen über die Länge des Zusammenlebens und die damit verbundene Innigkeit der Beziehung zum Vater weder bei ehelichen noch bei nichtehelichen Kindern getroffen werden können. Sicher ist allein, dass die Dauer des Zusammenlebens von Vater und Kind nicht ohne Weiteres eine Bindung schafft. Entscheidend ist vielmehr die Qualität der Beziehung.[153]

Darüber hinaus spricht für eine Parallelität der Lage von Scheidungskindern und „Trennungskindern“, also solcher nichtehelicher Kinder, deren Eltern ihre außereheliche Partnerschaft beendet haben, das sie verbindende Element des Trennungserlebnisses. Kinder aus nichtehelichen Lebensgemeinschaften machen beim Zerbrechen der Beziehung der Eltern die gleichen traumatischen Erfahrungen wie eheliche Kinder bei der Scheidung. Da in beiden Fällen die Situation ähnlich schmerzhaft durchlebt wird und kindliche Belange stark betroffen sind, haben Scheidungs- und „Trennungskinder“ die gleichen Schutzbedürfnisse.[154] Für die psychische Situation im Trennungserleben der Kinder macht es keinen Unterschied, ob die Eltern verheiratet waren oder nicht.[155] Wenn ein Elternteil die häusliche Gemeinschaft verlässt, ist diese Situation für nichteheliche Kinder

---

150 Goldstein/Freud/Solnit, Jenseits des Kindeswohls, S. 38.

151 S. dazu den Beschluss des BVerfG BVerfGE 92, S. 158 (178) = DAVorm 1995, Sp. 627 (637) = FamRZ 1995, S. 789 (792) = JZ 1995, S. 1109 (1109) = NJW 1995, S. 2155 (2156), in dem das BVerfG bei der Einbeziehung der Väter nichtehelicher Kinder in den Schutzbereich des Art. 6 II 1 GG eine Differenzierung nach der Enge des Vater-Kind-Verhältnisses mit dem Argument ablehnte, die Beziehungen zwischen den Beteiligten könnten sich im Laufe der Zeit – eventuell auch mehrfach – ändern. Vgl. dazu außerdem Lempp, ZfJ 1984, S. 306.

152 Kropholler, AcP 185 (1985), S. 259, 285 f.

153 Ell, Wieder zu den Eltern?, S. 22.

154 Ell, ZfJ 1985, S. 100; Roth, FamRZ 1991, S. 142; bestätigend Balloff, ZfJ 1991, S. 194 und Limbach, in: Das nichteheliche Kind und seine Eltern, S. 39.

155 Limbach, RdJB 1988, S. 174; Roth, FamRZ 1991, S. 142; zustimmend Balloff, ZfJ 1991, S. 194.

genauso schwer zu verkraften wie für eheliche.[156] Auch im Fall des Auseinanderbrechens einer außerehelichen Partnerschaft dürfte die bei Scheidungskindern gemachte Erfahrung zutreffen, dass die Kinder den Kontakt zu demjenigen Elternteil, von dem sie räumlich getrennt sind, nicht verlieren möchten. Sie werden ebenfalls darunter leiden, wenn die Besuche, die Kontaktversuche und Aufmerksamkeiten dieses Elternteils aus irgendeinem Grunde immer seltener werden und allmählich ausbleiben.[157] Da es für die Situation der Kinder bei der Trennung der Eltern nicht darauf ankommt, ob sich diese für eine rechtsverbindliche Ausgestaltung ihrer Beziehung entschieden haben, sondern allein die tatsächliche Aufhebung der Familiengemeinschaft eine Rolle spielt[158], ist nicht zu leugnen, dass die Ausgangslage bei Auflösung einer nichtehelichen Familie sich nicht von der beim Zerbrechen einer ehelichen Familie unterscheidet.[159]

Dennoch gab es seitens des BVerfG dem Beschluss vom 24.3.1981 zufolge Zweifel an der Vergleichbarkeit der sozialen und seelischen Lage solcher nichtehelicher Kinder, deren Eltern getrennt leben, mit der Situation von Scheidungskindern. Als Begründung wurde angeführt, nicht miteinander verheiratete Eltern hätten dadurch, dass sie es ablehnten, ihren Entschluss zur Lebensgemeinschaft in einer bestimmten, vom Gesetz vorgeschriebenen Form kundzutun, gleichzeitig erreichen wollen, sich auch ohne Mitwirkung des Staates von ihrer Gemeinschaft lossagen zu können. In diese rechtliche Folgenlosigkeit bei Aufhebung der Verbindung seien die nichtehelichen Kinder einbezogen. Sie müssten mit der Belastung der jederzeit form- und folgenlos möglichen einseitigen Beendigung der Beziehung ihrer Eltern leben. Daraus folge eine besondere Schutzbedürftigkeit der nichtehelichen Kinder, die sogar schon bestehe, während ihre Eltern noch in harmonischer Gemeinschaft zusammenlebten.[160]

An der Argumentation des BVerfG fällt zunächst auf, dass nach Ansicht des Gerichts wegen der Folgenlosigkeit bei Auflösung der elterlichen Beziehung nichteheliche Kinder schon und auch dann gefährdet seien, wenn sie in der vollständigen Familiengemeinschaft mit Mutter und Vater lebten. Damit stellte das BVerfG auf eine potentielle Belastung nichtehelicher Kinder ab, die durch die fehlende rechtliche Bestätigung der Lebensgemeinschaft verursacht werde. Zugleich übersah es, dass angesichts der steigenden Anzahl geschiedener Ehen

---

156 S. dazu Zenz/Salgo, Zur Diskriminierung der Frau im Recht der Eltern-Kind-Beziehung, S. 66; vgl. außerdem Koechel, FamRZ 1986, S. 640.

157 Limbach, RdJB 1988, S. 174.

158 So auch Finger, ZfJ 1987, S. 321; Schwenzer, FamRZ 1985, S. 1209.

159 Ähnlich Jayme, NJW 1979, S. 2428.

160 BVerfGE 56, S. 363 (386 f.) = FamRZ 1981, S. 429 (434) = NJW 1981, S. 1201 (1202), S. zur unterschiedlichen Lage ehelicher und nichtehelicher Kinder ferner das Urteil des BVerfG vom 29.1.2003 BVerfGE 107, S. 150 ff. = FamRZ 2003, S. 285 ff.

auch für eheliche Kinder während der Ehe eine statistisch nicht von der Hand zu weisende Möglichkeit der Trennung und letztendlich der Scheidung der Eltern besteht. Indem das BVerfG von einer ständigen Bedrohung nichtehelicher Kinder durch die Trennung ihrer Eltern ausging, die Folgen einer möglichen Scheidung der Eltern für eheliche Kinder dagegen nicht in Betracht zog, vermag es nicht zu überzeugen.[161]

Weiterhin unterstellte das Gericht den Partnern einer nichtehelichen Lebensgemeinschaft, mit dem Verzicht auf das Ordnungselement der Eheschließung wollten sie sich eine jederzeit durchführbare formlose Beendigung ihrer Verbindung vorbehalten. Darüber, welche Anhaltspunkte dem BVerfG für die generelle Annahme einer solchen Motivation nichtehelicher Lebensgefährten vorlagen, geben die Ausführungen des Gerichts keinen Aufschluss.[162] Ebenso bleibt unklar, warum das Gericht davon ausging, das Zerbrechen einer Familie, die nicht auf einer Ehe beruht, ziehe stets keine rechtlichen Folgen nach sich.[163]

Außerdem darf nicht vergessen werden, dass auch nichteheliche Partner sich ein Auseinandergehen nicht leicht machen, insbesondere wenn sie ebenso wie Ehegatten den Wunsch nach einer dauerhaften personalen Verbindung hatten.[164] Das Vorhandensein von Kindern bildet bei nichtehelichen Paaren regelmäßig eine ähnliche Trennungsschwelle wie die Ehe.[165] Auch nicht miteinander verheirateten Eltern ist durchaus bewusst, welche Verantwortung sie gegenüber ihren Kindern tragen.

Mit Beschluss vom 21.7.2010 entschied das BVerfG, das Elternrecht des Vaters eines nichtehelichen Kindes aus Art. 6 II GG werde dadurch verletzt, dass er ohne Zustimmung der Mutter nicht gerichtlich überprüfen lassen könne, ob es aus Gründen des Kindeswohls angezeigt sei, ihm zusammen mit der Mutter die Sorge für sein Kind einzuräumen oder ihm an Stelle der Mutter die Alleinsorge für das Kind zu übertragen.[166] Welche Folgen sich aus dieser Entscheidung für das einfache Recht ergeben, wird noch zu untersuchen sein.

---

161 Ebenso Schwenzer, FamRZ 1985, S. 1208.

162 Finger, ZfJ 1987, S. 321.

163 S. dazu BGH NJW 1986, S. 374 (374). Der BGH nahm hier die Geltung einer rechtsgeschäftlichen Vereinbarung über den Unterhalt der nichtehelichen Lebensgefährten und ihrer Kinder auch für die Zeit nach Bestehen der Gemeinschaft an.

164 Vgl. dazu die Hinweise auf die psychotherapeutische Praxis bei Schwenzer, FamRZ 1985, S. 1208.

165 Roth, FamRZ 1991, S. 142.

166 BVerfG NJW 2010, S. 3008 (3009); vgl. dazu MünchKommBGB/*Huber*, § 1626a, Rn. 3e ff.; Peschel-Gutzeit, NJW 2010, S. 2990 ff. Ausführlich zu dieser Entscheidung 2. Kapitel I. 2. a) bb).

c) Schlussfolgerungen für das einfache Recht

Bereits an dieser Stelle sollen einige Schlussfolgerungen festgehalten werden, die für das einfache Recht von Bedeutung sind. Zu beachten ist, dass sowohl bei ehelichen als auch bei nichtehelichen Kindern die Lebensumstände erheblich variieren. So gibt es unter den Vätern ehelicher Kinder diejenigen, die sich während der Ehe um ihr Kind kümmern und auch im Falle einer Scheidung engen Kontakt zu ihrem Kind pflegen. Desgleichen gibt es Väter, die keine Bindung zu ihrem Kind aufgebaut haben – unabhängig davon, ob die Ehe noch besteht oder nicht.[167] Genauso mannigfaltig sind die Beziehungen zwischen Vätern und ihren nichtehelichen Kindern. Wie in der Ehe kann den Kindern in der Partnerschaft ein starkes Vatererlebnis vermittelt werden. Selbst wenn die nicht verheirateten Eltern getrennt leben, ist es möglich, dass der Vater seine elterliche Verantwortung tatsächlich lebt.[168] Gleichermaßen gibt es Väter, die sich nach der Trennung nicht mehr um ihre nichtehelichen Kinder kümmern. Somit ist für die Vater-Kind-Beziehung während des Bestehens oder nach Auflösung der Lebensgemeinschaft unerheblich, ob Vater und Mutter verheiratet waren oder nicht.[169]

Aus alledem folgt, dass die Situation nichtehelicher Kinder, die in einer intakten Familiengemeinschaft aufwachsen, nicht erheblich von der Situation ehelicher Kinder abweicht, sofern auch diese mit Vater und Mutter in einem harmonischen Familienverband leben. Ferner ist die Lage nichtehelicher Kinder aus Trennungsfamilien mit den Lebensumständen ehelicher Kinder nach einer Scheidung vergleichbar.

Aus der Vergleichbarkeit der psycho-sozialen Gegebenheiten der genannten Gruppen soll jedoch nicht der Schluss gezogen werden, dass gesetzliche Regelungen, die bezwecken, eine mögliche Schlechterstellungen nichtehelicher Kinder zu kompensieren, abgeschafft werden sollen. Vielmehr ergibt sich daraus, dass eine gesetzliche Unterscheidung nur nach dem Kriterium der Ehelichkeit nicht sinnvoll ist und unterbleiben muss, damit durch rechtliche Gleichstellung der tatsächlichen Parallelität Rechnung getragen wird. In der Literatur wurde bereits mehrfach vorgeschlagen, die Trennungslinie zwischen Kindern aus vollständigen und solchen aus unvollständigen Familien verlaufen zu lassen.[170] Dieser Idee ist zwar unter dem Aspekt zuzustimmen, dass der Begriff des ehelichen Kindes insofern keine Aussagekraft hat, als er auch noch bei geschiedener Ehe

---

167 Ell, ZfJ 1985, S. 99.

168 BVerfGE 56, S. 363 (385) = FamRZ 1981, S. 429 (434) = NJW 1981, S. 1201 (1202).

169 Von Renesse, FPR 1998, S. 60; S. dazu auch Brötel, DAVorm 1996, Sp. 762.

170 Huvalé, ZBJugR 1980, S. 562; Neuhaus, FamRZ 1972, S. 279; Simitis, JZ 1969, S. 279; ders., StAZ 1970, S. 256.

der Eltern einschlägig ist.[171] Es bedürfte aber auch hier angesichts der oben aufgezeigten Vielgestaltigkeit der Lebensbedingungen feinerer Differenzierungen.[172] Schwierigkeiten bereitet ferner der Umstand, dass es dem Gesetzgeber an einem rechtlichen Anknüpfungspunkt für das Kriterium der intakten Familie fehlt, insbesondere weil die familiären Beziehungen im Laufe der Zeit möglicherweise Änderungen unterworfen sind. Deshalb soll hier eine Lösung bevorzugt werden, die auf jegliche gesetzliche Unterscheidung sowohl nach dem Status als auch anhand der Vollständigkeit der Familie verzichtet.

Im Adoptionsrecht ist dabei speziell zu beachten, dass eine Weggabe des Kindes erfolgen soll. Daher kann nicht regelmäßig von dem Bestehen einer intakten Partnerschaft, in die das Kind hineingeboren wird, ausgegangen werden. Aber auch hier darf letztendlich keine generalisierende Aussage getroffen werden.

5. Das kindliche Bindungsverhalten

Der herausragende Einfluss des Faktors Zeit im Bereich kindschaftsrechtlicher Angelegenheiten wird vor allem bei der Betrachtung des frühkindlichen Bindungsverhaltens deutlich. Die wissenschaftlichen Erkenntnisse, die heute zum Aufbau sicherer Beziehungen im frühen Kindesalter vorliegen, gehen maßgeblich auf die von dem britischen Kinderarzt und Psychoanalytiker John Bowlby entwickelte Bindungstheorie zurück. Danach entstehen bei Kindern auf der Basis sozialer Interaktion durch Aktivierung eines spezifischen Bindungsverhaltens Präferenzen für bestimmte Personen gegenüber anderen.[173] Bereits in den ersten Lebensmonaten bildet sich das menschliche Bindungssystem aus, wobei ein Säugling schon zum Zeitpunkt der Geburt mit einer Reihe grundlegender Eigen-

171 Lakies, ZfJ 1989, S. 164; Neuhaus, FamRZ 1966, S. 528.

172 So zutreffend Kropholler, AcP 185 (1985), S. 257.

173 Bowlby, Bindung, S. 171 ff. Näheres zur Bindungstheorie bei Ahnert, in: Frühe Bindung, S. 67; Bretherton, in: Die Bindungstheorie, S. 27 ff.; Brisch, in: Kinder brauchen Wurzeln, S. 64; Grossmann, in: Frühe Bindung, S. 28 ff.; Grossmann/Grossmann, Bindung und menschliche Entwicklung, S. 29 ff.; dies., Bindungen – das Gefüge der psychischen Sicherheit, S. 29 ff., 65 ff.; Hopf, Frühe Bindungen und Sozialisation, S. 29; Lempp, FamRZ 1984, S. 741 ff.; Staudinger/*Frank*, Vorb. zu §§ 1741 ff., Rn. 44; Unzner, FPR 2003, S. 321; Zenz, Verhandlungen des vierundfünfzigsten Deutschen Juristentages in Nürnberg 1982, Band I (Gutachten), Teil A, S. 30 ff. Kritisch zur Aussagekraft von Bindungen als Kriterium für das Kindeswohl im gerichtlichen Verfahren Fthenakis, in: Fünfter Deutscher Familiengerichtstag, Brühler Schriften zum Familienrecht, S. 39.

heiten und Fähigkeiten der sozialen Interaktion sowie den Anlagen für die später erfolgende Bindungsentwicklung ausgestattet ist.[174]

Beginnend mit der Geburt durchläuft das frühkindliche Bindungsverhalten verschiedene Phasen. Bis zum sechsten Lebensmonat findet die Etappe der Orientierung und Mustererkennung statt. Obwohl bei einem Baby die Fähigkeit, Personen voneinander zu unterscheiden, bis zur zwölften Lebenswoche fehlt, ist es schon höchst empfänglich für menschlichen Kontakt. Von zentraler Bedeutung ist in dieser Phase der Anblick des menschlichen Gesichts, der ein ausgeprägtes Interesse weckt. Das erste Lächeln mit etwa vier Wochen kennzeichnet den Anfang der positiven Interaktionszyklen, die für die Beziehung zwischen einem Baby und seinen Fürsorgern charakteristisch sind. Anfänge einer Bindungsbeziehung zeigen sich dann in der zweiten Hälfte der ersten sechs Monate in Form von differenzierteren Reaktionen des Kindes auf die betreuende Person.[175] Ab dem sechsten Lebensmonat tritt die Phase der aktiven und initiierten zielgerichteten Bindung ein. Das Verhalten des Kindes richtet sich nun ausgeprägter auf die Betreuerfiguren als auf andere Personen.[176] Gegen ein Weggehen protestiert das Kind regelmäßig.[177] Mit Vollendung des dritten Lebensjahres geht das Kind zielkorrigierte Partnerschaften ein, indem es beginnt, mit wachsendem Verständnis wahrzunehmen, welche Ziele und Pläne die Betreuerfiguren haben und worin mögliche Interessenkonflikte zwischen diesen Absichten und den eigenen Wünschen bestehen können. Das Kind gewinnt mehr und mehr Einblick in die Gefühle und Motive der betreuenden Person. Von diesem Zeitpunkt an sind die Grundlagen dafür gelegt, dass beide eine viel komplexere Beziehung, eine Partnerschaft, zueinander entwickeln.[178]

Anfänglich ging Bowlby noch davon aus, dass ein Kind nur zu einem einzigen Elternteil eine Bindung eingehen könne. Später korrigierte er diesen Stand-

---

174 Bowlby, Bindung, S. 247, 250 ff.; Fremmer-Bombik, in: Die Bindungstheorie, S. 109; Hopf, Frühe Bindungen und Sozialisation, S. 28; vgl. aber Holmes, John Bowlby und die Bindungstheorie, S. 94.

175 Bowlby, Bindung, S. 247 f., 255 ff.; Fthenakis, in: Fünfter Deutscher Familiengerichtstag, Brühler Schriften zum Familienrecht, S. 44; Holmes, John Bowlby und die Bindungstheorie, S. 94, 96.

176 Bowlby, Bindung, S. 248 f.; Brötel, FamRZ 1995, S. 77; Grossmann/Grossmann, Bindung und menschliche Entwicklung, S. 107, dies., Bindungen – das Gefüge psychischer Sicherheit, S. 73 f.; Münder, ZBlJugR 1981, S. 236; Zenz, Verhandlungen des vierundfünfzigsten Deutschen Juristentages in Nürnberg 1982, Band I (Gutachten), Teil A, S. 36; s. außerdem Dickmeis, DAVorm 1980, Sp. 49.

177 Bowlby, Bindung, S. 248; Grossmann/Grossmann, Bindung und menschliche Entwicklung, S. 107 f.; Metzger, ZBlJugR 1972, S. 40.

178 Bowlby, Bindung, S. 248 f.; Grossmann/Grossmann, Bindungen – das Gefüge psychischer Sicherheit, S. 75 f.; Staudinger/*Frank*, Vorb. §§ 1741 ff., Rn. 44.

punkt zugunsten der Auffassung, dass ein Kind zu verschiedenen Bezugspersonen eine enge Bindungsbeziehung einzugehen in der Lage ist, die es allerdings nicht gleichbehandelt.[179] Bowlby unterscheidet zwischen der Hauptbindungsfigur, zu der das Kind die engste Bindung gebildet hat, und den Nebenfiguren.[180] Die Wahl der Hauptbindungsfigur und die Zahl der anderen Figuren ist zum großen Teil davon abhängig, wer für das Kind sorgt und wie der Haushalt, in dem es aufwächst, zusammengesetzt ist. Bei der Hauptbindungsfigur muss es sich nicht zwangsläufig um die Mutter des Kindes handeln. Diese Rolle kann auch von einer anderen Person, etwa dem Vater, älteren Geschwistern oder den Großeltern übernommen werden, sofern diese sich an Pflege und Versorgung aktiv beteiligen.[181] Jedenfalls hängt die Ausprägung einer Bindung von der Qualität des Umgangs von den Bindungspersonen mit den Bindungsbedürfnissen des Kindes ab. Maßgeblich ist dabei die Sensibilität der Betreuer gegenüber den kindlichen Signalen.[182]

Stabile menschliche Bindungen vermitteln nicht nur in der Kindheit, sondern auch im späteren Erwachsenenalter Schutz und Vertrauen. Sie sind zugleich Quelle der Geborgenheit, Sicherheit und Freude.[183] Dementsprechend löst die Nichtexistenz oder der Verlust solcher enger Bindungen als Deprivationserscheinungen bezeichnete Hemmungen einer altersgerechten Entwicklung des Kindes aus.[184] Zwar besteht die Chance, dass sich diese frühkindlichen Schädigungen wieder zurückbilden. Doch können Trennungen von Bindungspersonen auch irreparable, langfristige Folgen haben.[185] Deshalb muss bei jeder familien-

179 Bowlby, Bindung, S. 279 ff.; S. dazu Schleiffer, in: Pflegekinder und Adoptivkinder im Focus, S. 163.

180 Bowlby, Bindung, S. 279; Grossmann/Grossmann, Bindung und menschliche Entwicklung, S. 24.

181 Bowlby, Bindung, S. 280; vgl. ferner Ell, ZBlJugR 1982, S. 76 ff.; Hassenstein, FamRZ 1988, S. 121; Hopf, Frühe Bindungen und Sozialisation, S. 29.

182 Vgl. Grossmann, in: Frühe Bindung, S. 30; Fremmer-Bombik, in: Die Bindungstheorie, S. 109; Fthenakis, FamRZ 1985, S. 666, weist auf Veränderungen der Bindungsqualität bei instabilen Pflegebedingungen hin.

183 Grossmann/Grossmann, Bindung und menschliche Entwicklung, S. 22, 33; Metzger, ZBlJugR 1972, S. 40 f.

184 Heilmann, ZfJ 1998, S. 319; Klußmann, Das Kind im Rechtsstreit der Erwachsenen, S. 30; Einzelheiten zu Deprivationsstörungen bei Steinhausen, Psychische Störungen bei Kindern und Jugendlichen, S. 315 ff.; Zenz, Verhandlungen des vierundfünfzigsten Deutschen Juristentages in Nürnberg 1982, Band I (Gutachten), Teil A, S. 35.

185 Hassenstein, FamRZ 1988, S. 121 f.; Krolzik, in: Pflegekinder und Adoptivkinder im Focus, S. 120; Lange, RdJ 1971, S. 269; Lempp, FamRZ 1984, S. 742; Longino, Die Pflegekinderadoption, S. 16 ff.; Metzger, ZBlJugR 1972, S. 41; Münder, ZBlJugR 1981, S. 236; Rudolf, EuGRZ 1995, S. 112. Zur Frage, in welchem Alter ein Kind besonders trennungsempfindlich ist Knöpfel, FamRZ 1983, S. 319.

rechtlichen Entscheidung behördlicher oder gerichtlicher Natur die Kontinuität emotionaler Beziehungen gewahrt werden.[186] Dies gilt allerdings sowohl im Hinblick auf eine bestehende Bindung an die Pflegeeltern als auch im Verhältnis zwischen einem leiblichen Elternteil und seinem Kind.[187] Aufgrund dieser zweifachen, gleichzeitig aber in verschiedene Richtungen gehenden Verpflichtung, Dauerzustände für das Kind zu schaffen, sind Kollisionen zwischen einer wünschenswerten raschen Unterbringung bei Pflegeeltern einerseits und der frühzeitigen Ermöglichung einer Vater-Kind-Bindung andererseits denkbar.

Aus der dargelegten Relevanz der ersten Lebensmonate für die Entwicklung tragender Bindungen und dem Kontinuitätsbedürfnis eines Kindes soll im Hinblick auf die nachfolgende Untersuchung der Rechtsstellung des Vaters bei der Adoption seines nichtehelichen Kindes durch Dritte bereits an dieser Stelle festgehalten werden, dass das Kind nicht übereilt zu Pflegeeltern gegeben werden darf. Ein Vater, der willens und in der Lage ist, die Verantwortung für sein nichteheliches Kind zu übernehmen, darf somit nicht durch Verfahrensverzögerung und das daraus resultierende Fortschreiten der Bindungsentwicklung des Kindes an die Pflegeeltern übergangen werden. Ferner muss, wenn sich ein Kind bereits in Adoptionspflege befindet, der leibliche Vater aber nicht mit einer Kindesannahme einverstanden ist, eine schnelle und endgültige Lösung herbeigeführt werden. Damit soll vermieden werden, dass es im Laufe der Zeit aufgrund des frühkindlichen Bindungsverhaltens zu einer de facto Entscheidung zugunsten der Pflegeeltern kommt, die im Interesse des Kindes nicht mehr rückgängig gemacht werden kann.[188]

6. Die Rolle des Vaters innerhalb der Familiengemeinschaft

In der zweiten Hälfte des 20. Jahrhunderts wurde die Rolle des Vaters innerhalb der Familie von der Väterforschung[189] in verstärktem Maße gewürdigt. Während

186 Ebenso Fahrenhorst, FuR 1995, S. 111. Zur Bedeutung der Kontinuität menschlicher Beziehungen Goldstein/Freud/Solnit, Jenseits des Kindeswohls, S. 16, 23, 39 ff.; Meyer, Das Recht auf Kenntnis der eigenen Abstammung als Element der Persönlichkeitsentwicklung, S. 186; Motzer, FamRZ 2003, S. 794; Wöller, in: Pflegekinder und Adoptivkinder im Focus, S. 150; vgl. zum Kontinuitätsgrundsatz den Beschluss des OLG Schleswig FamRZ 1993, S. 832 (834).

187 Longino, Die Pflegekinderadoption, S. 51.

188 Vgl. die Rechtsprechung des EGMR im Fall Keegan, EuGRZ 1995, S. 113 (120) = FamRZ 1995, S. 110 (111) = NJW 1995, S. 2153 (2154), und im Fall Görgülü, FamRZ 2004, S. 1456 (1459) = EuGRZ 2004, S. 700 (704) = NJW 2004, S. 3397 (3399).

189 Zum Begriff Matzner, Vaterschaft heute, S. 17.

bis in die 1960er Jahre hinein das Verhältnis zwischen Vater und Kind kaum Beachtung fand[190], entfernte man sich in den letzten Jahrzehnten zunehmend vom bis dahin weitgehend unangefochtenen Exklusivitätspostulat der Mutter-Kind-Beziehung.[191] Die frühere Vernachlässigung der Vaterposition ist nunmehr der Erkenntnis gewichen, dass sich die Bindungen zwischen einem Kind und seinem Vater ebenso früh und gleichermaßen intensiv entwickeln können wie zwischen einem Kind und seiner Mutter.[192] Außer Frage steht heute dementsprechend auch, dass die Beziehung zum Vater für ein Kind einen genauso hohen Stellenwert haben kann wie zur Mutter.[193] Ausschlaggebend ist nicht das Geschlecht des Elternteils, sondern wie intensiv und feinfühlig ein Vater oder eine Mutter mit dem Kind interagiert.[194]

Ein nicht zu leugnender biologischer Unterschied zwischen Mann und Frau liegt allerdings darin, dass die Frau das Kind empfängt, austrägt und zur Welt bringt. Auch hat sie allein die Fähigkeit, das Kind zu stillen. Diese Tatsachen verleiten einige Autoren zu der Annahme, das natürliche Band von Mutter und Kind sei regelmäßig deutlich enger als das von Vater und Kind.[195] Aufgrund der

---

190 Fthenakis/Niesel/Kunze, Ehescheidung, S. 5 ff.; Le Camus, Väter, S. 19; Lempp, FamRZ 1984, S. 743; Parke, Erziehung durch den Vater, S. 12; ausführlich zu den Gründen Matzner, Vaterschaft heute, S. 12 f.

191 Steinhardt/Datler/Gstach, in: Die Bedeutung des Vaters in der frühen Kindheit, S. 7; vgl. auch Fthenakis, in: Fünfter Deutscher Familiengerichtstag, Brühler Schriften zum Familienrecht, S. 45, nach dessen Einschätzung die Postulierung einer solchen Exklusivität der Mutter-Kind-Beziehung sowohl in der Forschung als auch im gesellschaftlichen Leben wie eine „self-fulfilling-prophecy", indem sie die Väter von ihren kleinen Kindern fernhielt, die Mütter dagegen auf die Kinder fixierte.

192 Balloff, FPR 2005, S. 211; Kindler/Grossmann, in: Frühe Bindung, S. 245 ff.; Lempp, FamRZ 1984, S. 743; Matzner, Vaterschaft heute, S. 19 ff.; Meyer, Das Recht auf Kenntnis der eigenen Abstammung als Element der Persönlichkeitsentwicklung, S. 106; vgl. außerdem Fthenakis, FamRZ 1985, S. 668 sowie Schwenzer, FamRZ 1985, S. 1209.

193 Fthenakis, in: Fünfter Deutscher Familiengerichtstag, Brühler Schriften zum Familienrecht, S. 50; Lempp, FamRZ 1984, S. 743, nach dessen Ansicht zu keiner Zeit umstritten war, dass die Bindung des Kindes zum Vater genauso intensiv sein kann wie zur Mutter.

194 Balloff, FPR 2005, S. 212; Brötel, Der Anspruch auf Achtung des Familienlebens, S. 268; Bullinger, Wenn Männer Väter werden, S. 233; Ell, ZBlJugR 1982, S. 78 f.; Fthenakis, in: Fünfter Deutscher Familiengerichtstag, Brühler Schriften zum Familienrecht, S. 50; Hopf, Frühe Bindungen und Sozialisation, S. 85; Klußmann, Das Kind im Rechtsstreit der Erwachsenen, S. 29; OLG Celle FamRZ 1984, S. 1035 (1036).

195 Vgl. Bosch, Verhandlungen des vierundvierzigsten Deutschen Juristentages in Hannover 1962, Band I (Gutachten), 1. Teil, Heft B, S. 89; Di Fabio, NJW 2003, S. 996; Dölle, JZ 1953, S. 362; Horstmann, Zum Problem der personenrechtlichen Beziehungen im außerehelichen Eltern-Kind-Verhältnis, S. 75 f., 80 f., 83; Schumann, FamRZ 2000, S. 393; dies., FuR 2002, S. 62; Sturm, FamRZ 1982, S. 1157; s. ferner die Stellungnahme des Deutschen Instituts für Vormundschaftswesen zu den dem Beschluss des BVerfG vom 7.3.1995 zugrunde liegenden

körperlichen Verbundenheit, insbesondere der Möglichkeit einer Schwangeren, ihr Kind leibhaftig zu spüren, seien Mutter und Kind auch seelisch einander zugeordnet.[196] Denn während der Schwangerschaft vollziehe sich zwischen der werdenden Mutter und ihrem Embryo ein psycho-physischer Prozess, der sich bis über die Geburt hinaus auf die emotionale Entwicklung des Kindes auswirke.[197] Die Erlebnisse mit dem noch ungeborenen Kind während der Schwangerschaft führten bei der Mutter zur Bildung von intrapsychischen Repräsentanzen, von Bildern des Kindes, die im Normalfall die einzigartige „motherhood constellation" begründeten.[198]

Im Gegensatz dazu stehe die Vaterschaft nicht unter hormonellen Einflüssen.[199] Der zukünftige Vater verhalte sich eher distanziert und indifferent zum Geschehen, er sei lediglich passive Randfigur.[200] Die Verbindung des Vaters zu seinem Kind im Bauch der Mutter werde hauptsächlich durch die Mutter vermittelt.[201] Sie beruhe zudem auf einer viel schmaleren biologischen Basis als die der Mutter.[202] Somit habe die Mutter schon bei der Geburt des Kindes einen entscheidenden Vorsprung gegenüber dem Vater.[203] Ferner sei das Gestilltwerden an der Mutterbrust für das kindliche Erleben ein besonders bedeutsames Geschehen, weil dabei nicht nur der existenzbedrohende Hunger befriedigt und das angeborene Saugbedürfnis abgestillt werde, sondern durch den Hautkontakt auch

---

Verfassungsbeschwerden BVerfGE 92, S. 158 (171 f.) = DAVorm 1995, Sp. 627 (634) = FamRZ 1995, S. 789 (791). Di Fabio, NJW 2003, S. 996, Fn. 26, warnt davor, die Annahme des engeren natürlichen Bandes zwischen Mutter und Kind als überholten „Biologismus" zu denunzieren.

196 Vgl. Arntzen, Elterliche Sorge und persönlicher Umgang mit Kindern, S. 10; Bullinger, Wenn Männer Väter werden, S. 67; Duss-von Werdt, ZfJ 1984, S. 21; Ell, ZBlJugR 1982, S. 77; Knöpfel, ZRP 1990, S. 236; ähnlich auch die Bundesregierung in ihrem Entwurf zum Nichtehelichengesetz bezüglich der alleinigen elterlichen Sorge der Mutter, BT-Drucks. V/2370, S. 63.

197 S. dazu Eberbach, MedR 1986, S. 254.

198 Schleiffer, in: Pflegekinder und Adoptivkinder im Focus, S. 162; vgl. ferner Giesen, JZ 1985, S. 659.

199 Pfister, in: Die nichteheliche Lebensgemeinschaft, S. 180.

200 Vgl. Bullinger, Wenn Männer Väter werden, S. 54, 67; Schülein, Die Geburt der Eltern, S. 101.

201 Bullinger, Wenn Männer Väter werden, S. 63.

202 Horstmann, Zum Problem der personenrechtlichen Beziehungen im außerehelichen Eltern-Kind-Verhältnis, S. 76.

203 Coester, JZ 1992, S. 813; Ell, ZBlJugR 1982, S. 77; Humphrey, FPR 2003, S. 581; Knöpfel, ZRP 1990, S. 236; Will, Macht und Gleichheit, S. 51.

die personale Zuwendung des Kindes zur Mutter und der Mutter zum Kind stattfinde.[204]

Die Ansicht, bedingt durch die Schwangerschaft habe eine Mutter einen Vorsprung in der Bindung an das Kind, ist angesichts gegenwärtigen Kenntnisstandes der Väterforschung nicht unumstritten.[205] Nach heute weitverbreiteter Auffassung beginnt die Elternschaft des Vaters bereits dann, wenn ein Paar beschlossen hat, ein Kind zu bekommen.[206] Schon während der Schwangerschaft nimmt der werdende Vater einen nicht unerheblichen Part ein. Viele Männer beteiligen sich aktiv an den Geburtsvorbereitungen wie auch der Geburt selbst.[207] Die positiven Wirkungen des väterlichen Engagements unterliegen dabei keinem Zweifel.[208] Schwangerschaft und Geburt werden für die Väter zu einer bewusst erlebten Erfahrung. Ihre Rolle beschränkt sich nicht mehr nur auf den Beobachter von Veränderungen. Sie sind vielmehr in den Veränderungsprozess direkt eingebunden.[209] Außerdem haben Untersuchungen gezeigt, dass auch Väter während der Schwangerschaft der Mutter Hormonschübe durchmachen, die ziemlich genau dem Muster der Schwangeren folgen.[210] Der Vorgang des Vaterwerdens setzt sich also über die Schwangerschaft, die Geburt und das Stillen der Mutter fort.[211]

Unabhängig davon, dass mit der Entwicklung der Väterforschung eine Abkehr vom tradierten Vaterbild einherging, nach dem Väter keine vorgeburtliche Bedeutung hatten und weder an der Geburt noch an der Erziehung ihrer Kinder beteiligt waren, fehlte es zu jeder Zeit an einem sicheren Nachweis für die sich angeblich als logische Folge aus der Schwangerschaft entwickelnde engere Bin-

---

204 Bullinger, Wenn Männer Väter werden, S. 88, 173, 182 ff.; Ell, ZBlJugR 1982, S. 77; vgl. dazu außerdem Coester, JZ 1992, S. 813, Fn. 63; Schumann, Die nichteheliche Familie, S. 228, Fn. 104, dies., FuR 2002, S. 62.

205 So schon Finger im Jahr 1987 in ZfJ 1987, S. 323 und Bullinger, Wenn Männer Väter werden, S. 14 im Jahr 1992.

206 Balloff, FPR 2005, S. 213; Parke, Erziehung durch den Vater, S. 21.

207 Fthenakis, Väter, Band 1, S. 134 f.; Kaufmann, Zukunft der Familie im vereinten Deutschland, S. 129; Parke, Erziehung durch den Vater, S. 10; Schon, in: Die Bedeutung des Vaters in der frühen Kindheit, S. 22.

208 Fthenakis, in: Fünfter Deutscher Familiengerichtstag, Brühler Schriften zum Familienrecht, S. 50; Parke, Erziehung durch den Vater, S. 30 ff.

209 Nave-Herz, Familie heute, S. 58.

210 Bullinger, Wenn Männer Väter werden, S. 65, der diese Symptome zu Unrecht als Gebärneid und Rivalität zur Frau interpretiert. Sie sollten stattdessen als Ausdruck einer Identifikation mit der Rolle des zukünftigen Vaters angesehen werden. Zum Ganzen Le Camus, Väter, S. 112 f.; Meyer, Das Recht auf Kenntnis der eigenen Abstammung als Element der Persönlichkeitsentwicklung, S. 108; Parke, Erziehung durch den Vater, S. 23.

211 Balloff, FPR 2005, S. 213.

dung zwischen Mutter und Kind.[212] Die mangelnde wissenschaftliche Grundlage der behaupteten Mutterpräferenz – deshalb teilweise auch als „Mutter-Mythos" bezeichnet[213] – räumte auch das BVerfG im Urteil vom 24.3.1981 ein.[214] Darum löst es Verwunderung aus, dass das Gericht in seinem Urteil vom 29.1.2003 zur Sorgerechtsregelung nichtehelicher Eltern ausführte, zwischen Mutter und Kind entwickle sich schon während der Schwangerschaft neben der biologischen Verbundenheit eine Beziehung, die sich nach der Geburt fortsetze. Auch wenn dem Vater für die Entwicklung des Kindes eine erhebliche Bedeutung zukomme, müsse er doch nach der Geburt des Kindes – sofern er dies wolle – eine Beziehung zum Kind erst aufbauen, die zwischen Mutter und Kind von vornherein schon bestehe. Während diese sich bereits im Verlaufe der Schwangerschaft damit auseinandersetzen müsse, dass sie demnächst für das geborene Kind Verantwortung trage, und regelmäßig ihre Bereitschaft dazu durch die Schwangerschaft zum Ausdruck gebracht habe, stehe die Entscheidung des Vaters, wie er sich zu seinem Kind verhalten wolle, in vielen Fällen bei dessen Geburt noch nicht fest. Die Mutter sei die einzige sichere Bezugsperson, die das Kind bei seiner Geburt vorfinde.[215]

Der Gedanke einer durch die Schwangerschaft vermittelten regelmäßig engeren seelischen Bindung von Mutter und Kind ist nach dem aktuellen Stand der Forschung somit nicht mehr unumstritten. Dennoch griff das BVerfG ihn im Urteil vom 29.1.2003 wieder auf, so dass er augenscheinlich nicht obsolet ist. Es bedarf daher immer noch einer rechtlichen Auseinandersetzung mit der Frage, ob aufgrund der Schwangerschaft eine spezielle emotionale Verbundenheit zwischen Mutter und Kind besteht, von der der Vater ausgeschlossen ist.

Anerkannt ist heute ferner, dass Väter grundsätzlich in gleichem Maße über die Kompetenz für den direkten Umgang mit Säuglingen und Kleinkindern verfügen wie Mütter. Zwar haben sie dabei ihren eigenen Interaktionsstil[216], können

212 Vgl. Blech, Die Rechte des nichtehelichen Vaters im Kindschaftsrecht, S. 118; Coester, JZ 1992, S. 813; Fthenakis, FamRZ 1985, S. 662.

213 Vgl. Bullinger, Wenn Männer Väter werden, S. 233; Coester, NJW 1981, S. 962; Kingreen, Die verfassungsrechtliche Stellung der nichtehelichen Lebensgemeinschaft im Spannungsfeld zwischen Freiheits- und Gleichheitsrechten, S. 223; Matzner, Vaterschaft heute, S. 16.

214 BVerfGE 56, S. 363 (388) = FamRZ 1981, S. 429 (434) = NJW 1981, S. 1201 (1203). Vgl. dazu außerdem BVerfGE 39, S. 1 (42) = NJW 1975, S. 573 (575): „Unzweifelhaft begründet die natürliche Verbindung ungeborenen Lebens mit dem der Mutter eine besonders geartete Beziehung, für die es in anderen Lebenssachverhalten keine Parallele gibt."

215 BVerfGE 107, S. 150 (170 f.) = FamRZ 2003, S. 285 (288); vgl. die ähnlichen Ausführungen des BVerfG im Beschluss vom 7.5.1991 BVerfGE 84, S. 168 (181) = FamRZ 1991, S. 913 (915) = FuR 1991, S. 221 (223) =NJW 1991, S. 1944 (1944).

216 Heberle, in: Die Bedeutung des Vaters, S. 29; Kindler/Grossmann, in: Frühe Bindung, S. 247; Schon, in: Die Bedeutung des Vaters in der frühen Kindheit, S. 23.

aber abgesehen von der Stillzeit Kinderpflege und -erziehung genauso gut leisten.[217] Eigenschaften, die der Umgang mit Säuglingen und Kleinkindern erfordert, wie etwa die Fähigkeit zur Empathie, der körperliche Ausdruck von Zärtlichkeit oder das Akzeptieren von Schwäche[218], werden nach dem modernen Männlichkeitsbild Vätern nicht mehr pauschal abgesprochen. Damit ist bereits an dieser Stelle festzuhalten, dass weder biologische noch funktionale Unterschiede ersichtlich sind, die eine Ungleichbehandlung des Vaters in den Regelungen der Kindesannahme rechtfertigen könnten.

7. Die Situation der am Adoptionsdreieck beteiligten Personen

Eine Adoption ist ein sozialer und juristischer Prozess, der für alle am Adoptionsdreieck beteiligten Personen, also das zu adoptierende Kind, dessen leibliche Eltern sowie die Adoptiveltern, einen gravierenden Einschnitt in ihren Lebensweg bedeutet. Deshalb müssen bei der Ausgestaltung der adoptionsrechtlichen Stellung des leiblichen Vaters sowohl sozialpädagogische Erkenntnisse als auch rechtliche Erwägungen berücksichtigt werden. Mit Hilfe des Zusammenwirkens der verschiedenen Disziplinen sollen die Interessen der am Adoptionsdreieck Beteiligten im Recht der Kindesannahme bestmöglich in Einklang gebracht werden. Dabei steht das Wohl des Kindes als schwächstes Glied des Adoptionsdreiecks im Mittelpunkt.[219]

Viele Kinder, die zur Adoption freigegeben werden, haben schon negative Erfahrungen gemacht, bevor sie bei den Adoptiveltern ankommen. Durch die einer

---

217 Breitkopf, Die Stellung des mit der Mutter nicht verheirateten Vaters bei Adoption des Kindes, S. 50; Bullinger, Wenn Männer Väter werden, S. 14; Fthenakis/Niesel/Kunze, Ehescheidung, S. 27; Matzner, Vaterschaft heute, S. 14, 23; Meyer, Das Recht auf Kenntnis der eigenen Abstammung als Element der Persönlichkeitsentwicklung, S. 108; Schülein, Die Geburt der Eltern, S. 83 f.; OLG Celle FamRZ 1984, S. 1035 (1036). S. dazu auch Ell, ZBlJugR 1982, S. 77: „Heute (1982!) stillen die meisten Mütter ihre Kinder – im Vergleich zu früher oder zu den Naturvölkern – nur kurze Zeit. Damit geht den Müttern ihr Hauptvorsprung gegenüber allen anderen Personen, die als Hauptbezugsperson in Frage kommen, verloren; denn alle anderen Funktionen können alle anderen Personen genauso gut und vielleicht sogar noch besser erfüllen. Die Flasche z.B. kann ein Vater genauso herzlich und auch mit Hautkontakt geben; das Elternsuchverhalten des Säuglings durch Anklammern und Lächeln kann jede andere Person auch erwidern; das Bedürfnis des Kindes als „passiver Tragling“ kann jede andere Person befriedigen. Beim Selbstständigwerden durch Erkunden, Wissbegier, Spielen, Nachahmen kann jede andere Person genauso oder im Einzelfall noch besser geeigneter Partner sein.“

218 Vgl. Schülein, Die Geburt der Eltern, S. 96.

219 Vgl. Knobbe, FPR 2001, S. 309 ff.

Adoption regelmäßig vorangehende Trennung von der leiblichen Mutter erleiden Kinder häufig einen Verlust an Aufmerksamkeit, Liebe und Schutz. Sie müssen auf Stimulierungen verzichten, die sie zunächst empfangen haben[220], und erleben ihren ersten vehementen Trennungsschmerz, den sie nur durch intensive Trauerarbeit überwinden können. Es bleibt die Kränkung der Kinder, dass ihre leiblichen Eltern sich dagegen entschieden haben, sie selbst aufzuziehen. Die Kinder fühlen sich dadurch ungewünscht und ungeliebt.[221] Folge der Trennungserfahrung und der Diskontinuität in der Betreuung ist häufig, dass die Kinder Schwierigkeiten haben, Gefühlsbindungen zu unbekannten Erwachsenen zu entwickeln. Diese Bindungsstörungen führen zwar nicht zwangsläufig zu Verhaltensauffälligkeiten, stellen aber erhebliche Risikofaktoren dar.[222] So zeigen Adoptivkinder im Vergleich zu Kindern, die bei ihren leiblichen Eltern aufwachsen, vermehrt Ängste, Schlafstörungen, Anklammern oder Wutanfälle. Maßgeblich dafür, ob solche Verhaltensauffälligkeiten auftreten, ist vor allem das Alter des Kindes bei der Trennung von seiner Ursprungsfamilie. Sofern ein Kind jünger als sechs Monate ist, hat es gute Chancen, sichere Bindungen zu den Mitgliedern seiner neuen Familie entwickeln zu können.[223]

Auch nach Abschluss eines Adoptionsverfahrens haben Adoptivkinder viele Probleme zu bewältigen. Sie leben in einem Identitätskonflikt, der die Entwicklung einer stabilen Persönlichkeit erheblich erschwert.[224] Einerseits sind sie mit ihrer genetischen Herkunft in ihrer leiblichen Familie verortet, über die sie in der Regel nur wenig Informationen haben. Andererseits spielt sich ihr tägliches Leben in der Adoptivfamilie ab. Oft beschäftigen sich adoptierte Kinder in ihrer Vorstellung intensiv mit ihrer Herkunft.[225] Sie halten die Bindung zu ihren leiblichen Eltern auf der Phantasieebene aufrecht.[226] Durch die Diskrepanz zwischen Phantasie und Realität entsteht ein emotionales Spannungsfeld zwischen Herkunfts- und Adoptivfamilie.[227] Wenn die Kinder in ihrer Phantasie die leiblichen Eltern idealisieren, können sich daraus zusätzlich Konflikte mit den Adoptiveltern ergeben.[228] Auf die Herausforderung, zwischen Ursprungs- und Adoptiv-

---

220 Paulitz/*Hoksbergen*, Adoption, S. 265.

221 Knobbe, FPR 2001, S. 322; Swientek, Adoptierte auf der Suche..., S. 22.

222 Unzner, FPR 2003, S. 323; vgl. auch Hoffmann-Riem, Das adoptierte Kind, S. 210 f.

223 Paulitz/*Hoksbergen*, Adoption, S. 268; vgl. von Keyserlingk, Stief und halb und adoptiv, S. 122.

224 Frank, FamRZ 2007, S. 1693; Häbel, Adoption, S. 124; Swientek, Adoptierte auf der Suche..., S. 17; Textor, ZfJ 1990, S. 12; Unzner, FPR 2003, S. 324; Wiemann, Ratgeber Adoptivkinder, S. 160.

225 Textor, ZfJ 1990, S. 11.

226 Paulitz/*Hoksbergen*, Adoption, S. 266.

227 Textor, in: Adoption, S. 49 f.; Knobbe, FPR 2001, S. 311.

228 Knobbe, FPR 2001, S. 317.

familie eine stabile Identität zu entwickeln, reagieren adoptierte Kinder ganz unterschiedlich. Meistens haben sie großes Interesse an Informationen über ihre leiblichen Eltern oder an einem persönlichen Kennenlernen. Teilweise versuchen sie aber auch, ihren besonderen Status zu verdrängen. Wenn sich die Kinder entschließen, Nachforschungen über ihre Ursprungsfamilie anzustellen, befürchten sie häufig, ihre Adoptiveltern zu enttäuschen oder sogar zu verlieren. Nur wenige Adoptiveltern unterstützen aktiv die Nachforschungen ihrer jugendlichen oder erwachsenen Kinder. Die meisten reagieren auf das Interesse der Kinder an der eigenen genetischen Herkunft mit Angst, Wut, Ablehnung und Kritik.[229] Es entsteht ein Loyalitätskonflikt, der dazu führen kann, dass sich das Verhältnis zwischen den Kindern und ihren Adoptiveltern verschlechtert.[230]

Mit dem Entschluss, ihr Kind zur Adoption freizugeben, treffen die leiblichen Eltern eine Entscheidung, die sich auf ihren weiteren Lebensweg gravierend auswirkt. Sie müssen sich dauerhaft mit dem Vorwurf auseinandersetzen, dass sie die Elternaufgabe nicht wahrnehmen konnten. Auch nach Freigabe eines Kindes suchen sie häufig die Hilfe der Adoptionsvermittler auf, um die Schuldgefühle und den Schmerz nach dem traumatischen Verlust ihres Kindes verarbeiten zu können.[231] Regelmäßig gibt es für Eltern nicht nur einen bestimmten Grund, ihr Kind wegzugeben. Vielmehr liegt der Entscheidung ein Bündel verschiedener Motive zugrunde. Größtenteils treffen persönliche und wirtschaftliche Gründe zusammen.[232] Die Lebensumstände erlauben den Eltern nicht, ihr Kind selbst aufzuziehen. Die Schwangerschaft kommt zu einem falschen Zeitpunkt. Mit der Übernahme von Elternverantwortung für einen langen Zeitraum fühlen sich die Eltern überfordert. Dabei sind ganz unterschiedliche Situationen vorstellbar. Vielleicht wird der Wechsel von der Paarbeziehung zur Familiensituation als nicht zu bewältigende Aufgabe empfunden.[233] Weiterhin ist denkbar, dass sich die leiblichen Eltern wegen einer physischen oder psychischen Krankheit an der Wahrnehmung der Elternverantwortung gehindert sehen. Möglich ist auch, dass die abgebenden Mütter gar nicht in einer festen Partnerschaft leben oder ihre Partnerschaft noch während der Schwangerschaft zerbrochen ist. Diese Mütter fühlen sich der Herausforderung, ohne Unterstützung eines Partners die

229 Textor, ZfJ 1990, S. 12.

230 Paulitz/*Hoksbergen*, Adoption, S. 271.

231 Häbel, Adoption, S. 39; vgl. ferner Paulitz, ZfJ 1997, S. 131.

232 Paulitz/*Hoksbergen*, Adoption, S. 256 f; vgl. Bayerisches Landesjugendamt, PFAD 3/2009, S. 75.

233 Knobbe, FPR 2001, S. 312.

Erziehungsaufgabe zu erfüllen, emotional und finanziell nicht gewachsen.[234] Schon während der Schwangerschaft zeigt sich bei Frauen, die ihr Kind abgeben wollen, eine emotionale Ambivalenz in Bezug auf das Kind. So berichtet Knobbe aus der Adoptionspraxis, dass mit dem Kind der Wunsch verknüpft sei, durch die Elternschaft soziale Anerkennung, Freude, Glück, Lebenserfüllung und eine nicht auflösbare Beziehung zu bekommen. Diese innere Realität stehe bei den abgebenden Eltern einer äußeren Realität gegenüber, die sowohl auf emotionaler Ebene und der Beziehungsebene als auch auf der materiellen Ebene keinen Platz für ein dauerhaftes Zusammenleben mit einem Kind und die Übernahme der Elternfunktion biete.[235]

Soweit die leibliche Mutter bereits vor der Geburt des Kindes die Adoptionsentscheidung trifft, ist in der Regel schon die Schwangerschaft sowohl für die Mutter als auch das Kind von psychischem oder physischem Stress geprägt. So besteht die Möglichkeit, dass die Mutter ihr Kind von Anfang an ablehnt und ihren Lebensrhythmus nicht auf die Schwangerschaft einstellt.[236] In diesen Fällen müssen selbst die Verfechter der Theorie, nach der aus der biologischen Verbundenheit des ungeborenen Lebens mit der Mutter automatisch ein enges seelisches Beziehungsgeflecht folgt[237], zugestehen, dass sich keine kommunikative Beziehung zwischen Mutter und Kind während der Schwangerschaft entwickeln kann.[238] Der von ihnen angenommene Primat des Kindes in der Bindung an die Mutter und der sich daraus ergebende Vorsprung der Mutter gegenüber dem Vater zum Zeitpunkt, in dem das Kind auf die Welt kommt, sind damit bei einer vorgeburtlichen Adoptionsentscheidung nicht gegeben. Es ist zudem unwahrscheinlich, dass sich innerhalb der vom Gesetz vorgeschriebenen Überlegungszeit eine Beziehung zwischen Mutter und Kind einstellt. Gem. § 1747 II 1 BGB kann die Mutter ihre Einwilligung erst erteilen, wenn das Kind acht Wochen alt ist. Eine Mutter, die sich bereits in der Schwangerschaft zur Abgabe entschlossen hat und an dieser Absicht bis zum Ablauf der Überlegungsfrist festhält, wird in den acht Wochen nach der Geburt des Kindes wohl keinen Kontakt zu ihrem Kind suchen.

Im Hinblick auf den leiblichen Kindesvater muss differenziert werden. Sofern er die Entscheidung der Mutter für eine Adoption des Kindes mitträgt und eben-

---

234 Glander, Adoption, S. 136; Paulitz, ZfJ 1997, S. 128, 131; Swientek, Was Adoptivkinder wissen sollten und wie man es ihnen sagen kann, S. 70; Wiemann, Ratgeber Adoptivkinder, S. 38.

235 Knobbe, FPR 2001, S. 312.

236 Vgl. Knobbe, FPR 2001, S. 310; Krolzik, in: Pflegekinder und Adoptivkinder im Focus, S. 84.

237 S. Einleitung II. 6.

238 S. dazu Schleiffer, in: Pflegekinder und Adoptivkinder im Focus, S. 162; vgl. außerdem Zenz/Salgo, Zur Diskriminierung der Frau im Recht der Eltern-Kind-Beziehung, S. 67 f.

falls seine Einwilligung erteilen will, wird er während der Schwangerschaft kein Verhältnis zu seinem Kind aufgebaut haben und auch nach der Geburt nicht versuchen, eine Beziehung herzustellen. Dies gilt unabhängig davon, ob er mit der Mutter verheiratet ist oder nicht, ob er mit ihr zusammen lebt oder von ihr getrennt ist. Anders stellt sich die Situation dar, wenn der Vater im Fall des Getrenntlebens von der Mutter sein Kind bei sich großziehen will und dementsprechend nicht in eine Annahme durch Dritte einwilligt. Dann wird ihm an einer Bindung zu seinem Kind gelegen sein, und es ist nicht auszuschließen, dass er schon während der Schwangerschaft, soweit dies möglich ist, versucht, den Kontakt zur Mutter zu halten, um zu seinem Kind möglichst früh nach der Geburt eine Beziehung aufzubauen.

Im Ergebnis zeigt sich also, dass Eltern, die sich für eine frühe Adoption ihres Kindes entscheiden, regelmäßig weder während der Schwangerschaft noch in den ersten Lebensmonaten des Kindes, eine Bindung zu ihrem Kind entwickeln. Dies gilt unabhängig vom Geschlecht des Elternteils. Sofern aber allein die Mutter in eine Kindesannahme einwilligt, der Vater dagegen nicht, wird er an einem möglichst frühen Kontakt zu seinem Kind interessiert sein. Somit liegen auch im Kontext der Adoption keine geschlechtsspezifischen Unterschiede vor, die eine Ungleichbehandlung von Mutter und Vater rechtfertigen können. Der Aspekt einer besonders engen seelischen Verbundenheit von Mutter und Kind aufgrund der Schwangerschaft kommt, wie dargelegt, nicht in Betracht, wenn sich die Mutter für eine frühzeitige Abgabe ihres Kindes entscheidet.

Schließlich ist eine Adoption auch für Adoptiveltern in mehrfacher Hinsicht eine Herausforderung. Schon vor der tatsächlichen Annahme als Bewerber im Adoptionsverfahren befinden sie sich in einer schwierigen Situation. Die Wartezeit auf ein Kind ist oft sehr lang. Sie beträgt in der Regel mehrere Jahre. Wenn dann ein bestimmtes Kind vermittelt werden kann, müssen sich die Adoptionsbewerber recht kurzfristig entscheiden, ob sie das Kind annehmen.[239] Unabhängig von den Belastungen durch das Adoptionsverfahren leiden Adoptionsbewerber größtenteils unter ungewollter Kinderlosigkeit.[240] Viele haben schon die Möglichkeiten der modernen Reproduktionsmedizin in Anspruch genommen. Für sie ist eine Adoption als alternative Form der Familiengründung nur zweite Wahl.[241] Allerdings ist ungewollte Kinderlosigkeit nicht der einzige Beweggrund

239 Knobbe, FPR 2001, S. 314.

240 Fendrich, ZfJ 2005, S, 285; Klein-Allermann, in: Familienbeziehungen, S. 250 f.; Textor, in: Adoption, S. 43 f.; Knobbe, FPR 2001, S. 311, 313; Paulitz, ZfJ 2005, S. 55.

241 Häbel, Adoption, S. 43; Paulitz/*Hoksbergen*, Adoption, S. 278. Vgl. zur Motivlage der Adoptiveltern Dietsch, in: Sozialmagazin 2000, Heft 7–8, S. 60.

für die Entscheidung, ein Kind anzunehmen. Altruistische Motive können ebenso eine Rolle spielen.[242]

Auch noch nach Abschluss des Adoptionsverfahrens haben die Adoptiveltern verschiedene Probleme zu bewältigen. Sie müssen Verständnis für die Vorgeschichte ihres angenommenen Kindes aufbringen. Das Kind darf nicht mit dem Schmerz der Trennung von seinen leiblichen Eltern alleingelassen werden. Wichtig ist insbesondere, dass die Adoptiveltern die Entscheidung der leiblichen Eltern akzeptieren, das Kind wegzugeben. Falls dies den Eltern nicht gelingt, besteht die Gefahr, dass sich das Kind indirekt abgelehnt fühlt.[243] Auch bei der Aufklärung des Kindes über seinen besonderen Status ist das Einfühlungsvermögen der Adoptiveltern gefordert.[244] Der Erfolg einer Adoption hängt maßgeblich davon ab, ob die Adoptiveltern ihre besondere Familienkonstellation akzeptieren.[245] Wenn sie nicht verarbeitet haben, dass für sie eine Familiengründung allein im Wege einer Adoption verwirklicht werden konnte, ist das Familienklima in der Regel deutlich weniger von offener Kommunikation, Vertrauen und engen Beziehungen geprägt.[246] Sofern allein altruistische Motive für die Entscheidung, ein Kind anzunehmen, ausschlaggebend waren, fällt es den Adoptiveltern oft weniger schwer als im Falle ungewollter Kinderlosigkeit, mit dem Adoptivstatus offen umzugehen. Hier trägt zum Gelingen einer Adoption bei, wenn die Adoptiveltern keine Dankbarkeit von ihrem angenommenen Kind erwarten.[247]

Hinzu kommt, dass sich die Adoptiveltern durch die hohen Erwartungen an eine gedeihliche Entwicklung des Kindes bei ihnen selbst stark unter Druck setzen, zumal sie der Kontrolle durch die staatlichen Stellen unterliegen. Dadurch sind sie oft unsicher in ihrem Erziehungsstil. Jegliche Schwierigkeiten im Umgang mit dem Kind können auf die besondere Familiensituation zurückgeführt werden. Dies vermindert wiederum die Bereitschaft der Adoptiveltern, ihren Status als Adoptivfamilie zu akzeptieren, und erschwert die Entwicklung einer engen Bindung der Adoptiveltern zu dem angenommenen Kind.[248]

---

242 Paulitz/*Hoksbergen*, Adoption, S. 279.

243 Häbel, Adoption, S. 114; Knobbe, FPR 2001, S. 316; vgl. von Keyserlingk, Stief und halb und adoptiv, S. 132.

244 Klein-Allermann, in: Familienbeziehungen, S. 256 f.; zur Frage, in welchem Alter ein angenommenes Kind am besten über die Adoption aufgeklärt werden soll, s. Knobbe, FPR 2001, S. 317; vgl. außerdem Bayerisches Landesjugendamt, PFAD 3/2009, S. 74 ff.

245 Vgl. Weiss, PFAD 1/2007, S. 12 f.

246 Knobbe, FPR 2001, S. 315.

247 Vgl. Paulitz/*Hoksbergen*, Adoption, S. 274; 279.

248 Knobbe, FPR 2001, S. 317.

Bei der Ausgestaltung der Rechtsposition der Väter nichtehelicher Kinder nach dem Adoptionsrecht ist zu beachten, dass diese Väter über Art. 6 II 1 GG voll geschützt sind.[249] Daraus folgt, dass eine Adoption eines nichtehelichen Kindes erst in Betracht zu ziehen ist, wenn sein Vater die Elternfunktion nicht wahrnimmt, weil er nicht bereit und in der Lage ist, sein Kind selbst großzuziehen. Damit kommen die Schwierigkeiten, mit denen die am Adoptionsdreieck beteiligten Personen konfrontiert werden, überhaupt nur bei Ausfall der leiblichen Eltern als Erziehungsträger zur Entfaltung. Sie sollen dennoch hier aufgezeigt werden, um zu verdeutlichen, welche gravierenden Folgen sich für ein Kind und seine leiblichen Eltern ergeben, wenn die Adoptionsbehörden versuchen, den leiblichen Vater aus dem Adoptionsverfahren zu verdrängen.

III. Der Aufbau dieser Arbeit

Die vorliegende Arbeit bemüht sich darum, auf der Grundlage der dargelegten gesellschaftlichen Veränderungen des nichtehelichen Vater-Kind-Verhältnisses und der Rolle des Vaters innerhalb der Familiengemeinschaft festzustellen, ob das geltende Adoptionsrecht der heutigen sozialen Realität entspricht. Insbesondere soll ermittelt werden, ob das Recht mit der Geschwindigkeit der Entwicklungen in der Lebenswirklichkeit Schritt gehalten hat oder noch Ansätze eines überholten Bildes nichtehelicher Vaterschaft erkennbar sind. Sofern das geltende Recht noch von Vorstellungen geprägt ist, die nicht mehr zeitgemäß sind, bedarf es einer Anpassung an die gegenwärtige soziale Realität. Um eine Kongruenz zwischen Lebenswirklichkeit und Rechtsordnung herzustellen, soll zunächst die Frage beantwortet werden, wie sich die Rechtsstellung des Vaters eines nichtehelichen Kindes im Adoptionsrecht seit Einführung des BGB entwickelt hat. Denn aus dieser Rechtsentwicklung ergibt sich, auf welche Motive die heutigen Regelungen zurückgehen und aus welchen Gründen Änderungen der maßgeblichen Vorschriften vorgenommen wurden. Ferner wird deutlich, inwieweit die Vaterposition bereits gestärkt wurde und in welcher Hinsicht noch Defizite zu verzeichnen sind, die es abzuschaffen gilt.

Im Rahmen der Untersuchung der Rechtsstellung eines leiblichen Vaters bei der Adoption seines nichtehelichen Kindes geht es weiterhin darum, die derzeitigen einfachgesetzlichen Vorschriften auf ihre Konformität mit den Vorgaben des Völker- und Verfassungsrechts zu überprüfen. Besonderes Augenmerk soll auf die Regelungen der §§ 1747 I, III, 1748 IV BGB gerichtet werden, die nur für nicht mit der Kindesmutter verheiratete Väter gelten, die nicht Inhaber der elter-

249 Dazu 3. Kapitel I. 2. a).

lichen Sorge sind. Es muss geklärt werden, ob die spezielle rechtliche Behandlung dieser Väter den Maßstäben des Völker- und Verfassungsrechts standhält.

Um die einfachgesetzlichen Vorschriften an den völker- und verfassungsrechtlichen Vorgaben messen zu können, ist zunächst zu untersuchen, inwieweit Väter nichtehelicher Kinder durch die Garantien völkerrechtlicher Konventionen und des Grundgesetzes geschützt werden. Aufgrund derjenigen völkerrechtlichen Übereinkommen, die Garantien zugunsten von Vätern und ihren nichtehelichen Kindern im Allgemeinen, aber auch speziell im Hinblick auf Adoptionen enthalten, soll ermittelt werden, welche Rechte zugunsten eines Vaters und seines nichtehelichen Kindes bestehen, wenn eine Adoption des Kindes durch Dritte nicht dem Willen des Vaters entspricht. Zu diesen Übereinkommen zählen die EMRK, die UN-Kinderrechtskonvention, die Nichtdiskriminierungsvereinbarung der Vereinten Nationen, der IPbpR sowie das Haager Adoptionsübereinkommen von 1993. Bei der Beschäftigung mit den genannten Konventionen sind nicht nur Garantien, die das materielle Adoptionsrecht betreffen, sondern auch Verfahrensrechte in Betracht zu ziehen. Denn aus verfahrensrechtlichen Gewährleistungen könnte für das innerstaatliche Recht die Maßgabe folgen, dass die Beteiligung des Vaters am Adoptionsverfahren sichergestellt werden muss. Unter Zugrundelegung der auf völkerrechtlicher Ebene getroffenen Wertentscheidungen ist festzustellen, ob die adoptionsrechtliche Position des nicht mit der Kindesmutter verheirateten Vaters hinreichend stark ausgestaltet ist.

Bei der Untersuchung der Grundlagen, die das Verfassungsrecht für die einfachgesetzliche Rechtsstellung des Vaters bei einer Adoption seines nichtehelichen Kindes vorgibt, stellen sich folgende Fragen, auf die eine Antwort gefunden werden muss:

Unter welchen Voraussetzungen genießt die Gemeinschaft eines Vaters und seines nichtehelichen Kindes den Schutz als Familie i.S.d. Art. 6 I GG? Erfordert der verfassungsrechtliche Familienschutz die Existenz einer sozialen Beziehung zwischen einem Vater und seinem nichtehelichen Kind und – wenn ja – welche Anforderung bestehen an die Qualität dieser Beziehung?

Wann beginnt die Elternstellung nach Art. 6 II GG? Wird auch dem Vaterschaftsprätendenten i.S.d. §§ 1747 I 2 BGB der verfassungsrechtliche Schutz zuteil?

Welche Folgerungen ergeben sich aus der Garantie des natürlichen Elternrechts? Darf in den einfachgesetzlichen Regelungen zwischen Vätern ehelicher und Vätern nichtehelicher Kinder differenziert werden? Darf es im Adoptionsrecht Unterschiede zwischen Vätern geben, die die elterliche Sorge innehaben, und solchen, denen die elterliche Sorge nicht zusteht? Ist eine differenzierende rechtliche Behandlung von Vätern und Müttern nichtehelicher Kinder gerechtfertigt?

Welche Folgerungen ergeben sich aus dem Schutz des Art. 6 V GG für das Adoptionsrecht?

Die Wertentscheidungen, die sich der Verfassung zu den gestellten Fragen entnehmen lassen, bilden den Maßstab für die einfachgesetzliche Ausgestaltung der Rechtsstellung des leiblichen Vaters bei der Adoption seines nichtehelichen Kindes.

Anschließend sollen die aus den einschlägigen völkerrechtlichen Konventionen und dem Grundgesetz gezogenen Schlussfolgerungen auf die geltenden adoptionsrechtlichen Regelungen übertragen werden. Es ist zu klären, ob die geltenden adoptionsrechtlichen Regelungen mit den auf der Ebene des Völker- und Verfassungsrechts getroffenen Wertentscheidungen in Einklang stehen. Dieser Frage soll insbesondere durch einen Vergleich mit den Rechten, die den leiblichen Vätern ehelicher Kinder bei einer Adoption zukommen, nachgegangen werden. Ebenso soll die Rechtsstellung des Vaters der rechtlichen Position einer leiblichen Mutter bei der Adoption ihres nichtehelichen Kindes gegenübergestellt werden. Ansinnen dieser Arbeit ist es zu ermitteln, ob rechtliche Differenzierungen zwischen Vätern ehelicher und nichtehelicher Kinder sowie zwischen Vätern und Müttern nichtehelicher Kinder mit den völker- und verfassungsrechtlichen Garantien zu vereinbaren sind. Sofern keine Konformität besteht, bemüht sich die vorliegende Arbeit darum, Vorschläge zu entwickeln, die mit den übergeordneten Normen in Einklang stehen. Auch hierbei muss jegliche Stigmatisierung nichtehelicher Kinder und ihrer Väter unterbleiben.

An gegebener Stelle wird auf die Besonderheiten von Stiefkindadoptionen einzugehen sein. Anders als Fremdadoptionen, die einem Kind, das die Fürsorge durch seine leiblichen Eltern entbehren muss, ein Aufwachsen in einer vollständigen Familie zu ermöglichen, dienen Stiefkindadoptionen grundsätzlich dazu, die rechtliche Stellung eines Kindes in der Familie, in der es ohnehin schon lebt, durch die Annahme des Ehepartners seines leiblichen Elternteils, in der Regel des Ehemannes der Mutter, abzusichern.

Darüber hinaus widmet sich die vorliegende Arbeit dem immer noch nicht gelösten Problem, wie zu verfahren ist, wenn eine Mutter, die ihr Kind zur Adoption freigeben möchte, sich weigert, den Namen des Erzeugers zu nennen. Ziel soll hier sein, eine Regelung zu entwickeln, die den verfassungs- und völkerrechtlichen Vorgaben entspricht und dabei vor allem auch dem Recht des Kindes auf Kenntnis seiner eigenen Abstammung Rechnung trägt. Dabei stellt sich vor allem die Frage, ob ein nichteheliches Kind von seiner Mutter, die den Namen des Kindesvaters verschweigt, Auskunft über die Identität seines Vaters verlangen kann. Unter Berücksichtigung der Rolle des Jugendamtes bei der Kindesannahme bedarf es einer Lösung, die durch Einbeziehung der dargelegten sozialwissenschaftlichen Erkenntnisse nicht außer Acht lässt, dass bei familienrechtlichen Entscheidungen dem Faktor Zeit mit seinem Einfluss auf die Entwicklung menschlicher Beziehungen eine besonders gravierende Bedeutung zukommt.

Die Besonderheiten solcher Adoptionen, bei denen Kinder aus anderen Staaten von einer deutschen Familie angenommen werden, sollen hier außer Betracht bleiben. Ansinnen dieser Arbeit ist die Rechtsstellung des leiblichen Vaters bei der Annahme seines nichtehelichen Kindes nach dem deutschen Adoptionsrecht zu untersuchen. Deshalb sollen die sozialen Verhältnisse von nichtehelichen Kindern und ihren Vätern in Deutschland zugrunde gelegt werden.

1. Kapitel. Die Rechtsentwicklung im Adoptionsrecht seit Einführung des BGB

Bei Einführung des BGB ließ der Gesetzgeber die Väter nichtehelicher Kinder vollkommen außer Betracht. So wurden auch im Adoptionsrecht keine Regelungen zugunsten der nicht mit der Kindesmutter verheirateten Väter geschaffen.[250] Dagegen gewährte § 1747 BGB schon in seiner ursprünglichen Fassung den Müttern nichtehelicher Kinder ein Einwilligungsrecht in die Adoption. Im Falle der Annahme eines ehelichen Kindes setzte die Vorschrift seit jeher die Einwilligung beider Eltern voraus. Für eine Beteiligung des nicht mit der Mutter verheirateten Vaters sah man indes keinen Anlass, da in der Rechtsordnung ein Äquivalent zur tatsächlich bestehenden biologischen Verwandtschaft zwischen Vater und nichtehelichem Kind fehlte. Die Fiktion des § 1589 II BGB in der Fassung von 1900 sah vor, dass ein uneheliches Kind und sein Vater nicht als verwandt im Rechtssinne galten.[251]

Während ihrer Existenz wurde die Fiktion nach § 1589 II BGB a.F. im Hinblick auf ihre Vereinbarkeit mit der Verfassung nicht beanstandet. Sie entsprach dem damaligen Meinungsstand. Bis in die 1970er Jahre hinein wurde eine Erstreckung des Elternrechts nach Art. 6 II 1 GG auf Väter nichtehelicher Kinder in der Literatur weitgehend abgelehnt.[252] Die Autoren orientierten sich an dem Bild des Vaters, der an einem Kontakt zu seinem nichtehelichen Kind kein Interesse

250 Vgl. Ebert/von Schneider, BGB, S. 951 f.

251 BT-Drucks. V/2370, S. 24; Jansen/Knöpfel, Das neue Unehelichengesetz, S. 97 f. Für eine Abschaffung der Fiktion des § 1589 II BGB a.F. plädierten damals Lange, JZ 1966, S. 729; Rupp-von Brünneck, StAZ 1970, S. 229; Neuhaus, FamRZ 1966, S. 529; anders Dunz, NJW 1962, S. 1474. S. zur Abschaffung des § 1589 II BGB a.F. ferner Gaul, FamRZ 1997, S. 1442; Göppinger, FamRZ 1966, S. 429; Helms, JAmt 2001, S. 57; Holzhauer, FamRZ 1982, S. 111; Limbach, RdJB 1988, S. 171; Müller-Freienfels, Deutsche zivil- und kollisionsrechtliche Beiträge zum IX. Internationalen Kongress für Rechtsvergleichung in Teheran 1974, S. 86 f.; Otto, Rpfleger 1999, S. 309; Peschel-Gutzeit, FPR 2005, S. 170; Schumann, Die nichteheliche Familie, S. 130; Wichmann, FuR 1996, S. 166; Willutzki, ZKJ 2007, S. 25.

252 BK-GG/*Wernicke*, 3. Auflage, Art. 6 Anm. II 2 c; Bosch, FamRZ 1968, S. 625; Dunz, NJW 1962, S. 1474.; Odersky, Kommentar zum NichtehelG 1978, § 1705 BGB, Anm. III (S. 325 f.); Peters, in: Bettermann/Nipperdey/Scheuner, Die Grundrechte, 4. Band, 1. Halbband, S. 375; Scheffler, in: Die Grundrechte, 4. Band, 1. Halbband, S. 252; ähnlich von Campenhausen, VVDStRL 45 (1985), S. 23; vgl. ferner Grob, Die elterliche Einwilligung in die Adoption, S. 40.

hat und für einen solchen Kontakt charakterlich auch nicht geeignet ist.[253] Dabei differenzierten sie nicht zwischen Vätern, die innerhalb einer nichtehelichen Lebensgemeinschaft mit der Kindesmutter und dem gemeinsamen Kind leben, und solchen, die keinen oder nur sporadischen Kontakt zu ihrem nichtehelichen Kind pflegen.[254] Zur Begründung für den generellen Ausschluss der Väter nichtehelicher Kinder aus dem Schutzbereich des verfassungsrechtlichen Elternrechts zogen die Autoren den aus der Entstehungsgeschichte des Grundgesetzes hervorgehenden Willen des Verfassungsgebers heran. Da die Verleihung des Elternrechts an die Väter nichtehelicher Kinder im Parlamentarischen Rat völlig außer Diskussion gestanden habe und nicht einmal von den radikalsten Reformsprechern verlangt worden sei, dürfe den Vätern nichtehelicher Kinder das Elternrecht nicht zukommen.[255] Außerdem sei allgemein anerkannt, dass der Eheschutz aus Art. 6 I GG eine völlige Gleichstellung eheähnlicher Gemeinschaften mit der Institution Ehe als einzige legitime Lebensgemeinschaft von Mann und Frau[256] verbiete.[257] Deshalb dürften nichtehelichen Eltern auch nicht die gleichen Rechte zugebilligt werden wie Eheleuten, insbesondere müsse zur Bewahrung des soziales Ansehens der Ehe und legitimen Familie zwischen im Konkubinat[258]

---

253 S. dazu Einleitung II. 2.

254 Allerdings gab es auch damals schon einige wenige Stimmen, die einem generellen Ausschluss der Väter nichtehelicher Kinder vom grundrechtlichen Schutz kritisch gegenüberstanden, s. Hahnzog, FamRZ 1971, S. 337 ff. sowie Krüger, Die Rechtsstellung des unehelichen Kindes nach dem Grundgesetz, S. 30 f.; dies., in: Bettermann/Nipperdey/Scheuner, Die Grundrechte, 4. Band, 1. Halbband, S. 341. So bemerkte Hahnzog, FamRZ 1971, S. 337 ff., dass es bei der Zuerkennung einer durch Art. 6 II 1 GG geschützten Rechtsposition nicht auf den Grad der bestehenden und möglichen persönlichen Beziehungen zwischen nichtehelichen Kindern und ihren Vätern ankommen dürfe. Maßgebend solle vielmehr sein, dass diejenigen, die einem Kind das Leben gäben, von Natur aus bereit und berufen seien, die Verantwortung für seine Pflege und Erziehung zu übernehmen. Hierbei dürfe nicht entscheidend sein, ob die Mehrheit der Väter nichtehelicher Kinder keine Verantwortung übernehmen könne oder wolle. Eine solche Betrachtungsweise verbiete das Wertesystem des Grundgesetzes, das die innerhalb der sozialen Gemeinschaft sich frei entfaltende menschliche Persönlichkeit in den Mittelpunkt stelle. Grundrechtsschutz sei deshalb stets auch Minderheitenschutz. Vgl. dazu Simitis, StAZ 1970, S. 263 f., der dazu aufforderte, sich nicht an der Majorität der Desinteressierten zu orientieren, sondern an der Minorität der Kontaktbereiten; kritisch außerdem Zenz/Salgo, Zur Diskriminierung der Frau im Recht der Eltern-Kind-Beziehung, S. 62.

255 Jahrbuch des öffentlichen Rechts, Neue Folge/Band 1, S. 99 ff.; Rüfner, FamRZ 1963, S. 156; s. dazu auch Bosch, Verhandlungen des vierundvierzigsten Deutschen Juristentages in Hannover 1962, Band I (Gutachten), 1. Teil, Heft B, S. 56. Zur Entstehungsgeschichte ausführlich Fleisch, Die verfassungsrechtliche Stellung des leiblichen Vaters, S. 18 f.

256 So Hansmann, FamRZ 1962, S. 454.

257 Rüfner, FamRZ 1963, S. 154.

258 Zum Begriff s. Bartels, Die vollständigen und unvollständigen Familien im Kindschaftsrecht, S. 124.

zusammenlebenden Personen und zusammenlebenden Ehepartnern eine deutliche Unterscheidung bestehen.[259]

I. Das Nichtehelichengesetz von 1969

Eine der wohl bedeutsamsten Veränderungen für das deutsche Familienrecht bewirkte das Gesetz über die rechtliche Stellung der nichtehelichen Kinder vom 19. August 1969, kurz Nichtehelichengesetz, das am 1. Juli 1970 in Kraft trat.[260] Erstmals in der Geschichte des BGB wurde das biologische Band zwischen einem Vater und seinem nichtehelichen Kind durch Abschaffung der Fiktion des § 1589 II BGB in der Fassung von 1900 rechtlich anerkannt.[261]

Die Verabschiedung des Nichtehelichengesetzes erfolgte, nachdem das BVerfG im Beschluss vom 29.1.1969[262] dem Gesetzgeber zur Erfüllung des ihm in Art. 6 V GG erteilten Auftrags, für nichteheliche Kinder gleiche Lebensbedingungen wie für eheliche zu schaffen, ein Ultimatum bis zum Ende der fünften Legislaturperiode gesetzt hatte. Es bedurfte dieses Zwanges, obwohl ein Tätigwerden des Gesetzgebers zur Verwirklichung des Verfassungspostulats schon Mitte der sechziger Jahre in der Literatur mehrfach gefordert worden war[263] und auch das BVerfG selbst bereits betont hatte[264], der Gesetzgeber verletze die Ver-

---

259 Rüfner, FamRZ 1963, S. 154. Als weiteres Argument gegen die Einbeziehung der Väter nichtehelicher Kinder in den Schutzbereich des Art. 6 II 1 GG wurde die Systematik des Grundgesetzes angeführt. Da Art. 6 II 1 GG unmittelbar auf die die Ehe und Familie schützende Vorschrift des Art. 6 I GG folge, so die Argumentation, gehörten beide Vorschriften sachlich zusammen und seien auch im Parlamentarischen Rat immer als eine Einheit gesehen worden, s. dazu Hansmann, FamRZ 1962, S. 454; kritisch Rüfner, FamRZ 1963, S. 154; vgl. außerdem Bosch, Verhandlungen des vierundvierzigsten Deutschen Juristentages in Hannover 1962, Band I (Gutachten), 1. Teil, Heft B, S. 55.

260 BGBl. 1969, Teil I, S. 1243.

261 BT-Drucks. V/2370, S. 24; Jansen/Knöpfel, Das neue Unehelichengesetz, S. 97 f. Für eine Abschaffung Lange, JZ 1966, S. 729; Rupp-von Brünneck, StAZ 1970, S. 229; Neuhaus, FamRZ 1966, S. 529; anders Dunz, NJW 1962, S. 1474. S. zur Abschaffung des § 1589 II BGB a.F. ferner Gaul, FamRZ 1997, S. 1442; Göppinger, FamRZ 1966, S. 429; Helms, JAmt 2001, S. 57; Holzhauer, FamRZ 1982, S. 111; Limbach, RdJB 1988, S. 171; Müller-Freienfels, Deutsche zivil- und kollisionsrechtliche Beiträge zum IX. Internationalen Kongress für Rechtsvergleichung in Teheran 1974, S. 86 f.; Otto, Rpfleger 1999, S. 309; Peschel-Gutzeit, FPR 2005, S. 170; Schumann, Die nichteheliche Familie, S. 130; Wichmann, FuR 1996, S. 166; Willutzki, ZKJ 2007, S. 25.

262 BVerfGE 25, S. 167 ff.; dazu Brinckmann, FamRZ 1970, S. 70 ff.; Rupp-von Brünneck, Müller-FS, S. 359 f.; Schwab, in: 40 Jahre Familienpolitik, S. 77.

263 Neuhaus, FamRZ 1966, S. 528 ff.; Zweigert, JuS 1967, S. 241 ff.

264 BVerfGE 8, S. 210 (216).

fassung, wenn er es unterlasse, die Vorgaben des Art. 6 V GG in angemessener Frist auszuführen.[265]

Die nunmehr bestehende rechtliche Verwandtschaft zwischen einem Vater und seinem nichtehelichen Kind war Auslöser dafür, dass in den verschiedenen Bereichen des Familienrechts Änderungen vorgenommen werden mussten.[266] Dagegen blieb es in Bezug auf die elterliche Sorge bei einer offensichtlichen Benachteiligung außerhalb einer Ehe geborener Kinder. Ein gemeinsames Sorgerecht nicht miteinander verheirateter Eltern war nicht vorgesehen. Die elterliche Sorge für ein nichteheliches Kind hatte in der Regel ausschließlich die Mutter, begrenzt durch die Amtspflegschaft im Bereich der Vaterschaftsfeststellung, der Geltendmachung des Kindesunterhalts sowie der Regelungen von Erbschaftsangelegenheiten.[267]

Ein Umgangsrecht des Vaters mit seinem nichtehelichen Kind setzte die Zustimmung des Sorgerechtinhabers, also regelmäßig der Mutter, voraus. Gegen den Willen der Mutter konnte der Vater ein Umgangsrecht nur durchsetzen, wenn der Nachweis gelang, dass der Umgang dem Wohl des Kindes diene.[268] Zur Begründung dieser Einschränkungen wurde vielfach darauf verwiesen, dass der Vater eines nichtehelichen Kindes ohnehin nicht an einem Kontakt interessiert sei.[269] Sowohl der Mutter als auch dem Vater wurde in § 1742a BGB a.F. die Möglichkeit eingeräumt, das eigene uneheliche Kind zu legitimieren oder zu adoptieren.[270] Damit wurde die vorausgehende Praxis bestätigt.[271] Für den nicht

265 Dazu Schumann, Die nichteheliche Familie, S. 129 f.

266 Im Erbrecht erfolgte keine völlige Gleichstellung von ehelichen und nichtehelichen Kindern. Zwar wurde ein Erbersatzanspruch als finanzieller Ausgleich eingeführt. An der Erbengemeinschaft nach dem Tod des Vaters war ein nichteheliches Kind aber nicht beteiligt. Dafür erhielt es die Möglichkeit des vorzeitigen Erbausgleichs. Im Unterhaltsrecht wurden die Regelungen für nichteheliche Kinder denen für eheliche Kinder weitgehend angenähert, indem ein nichteheliches Kind nunmehr den Mindestunterhalt in Form des Regelunterhalts und zudem in einem erleichterten Verfahren durchsetzen konnte, vgl. dazu Bayer, Abkehr vom Nichtehelichenrecht, S. 151; Bosch, FamRZ 1969, S. 510 f.; Dethloff, FamRZ 1992, S. 2205; Kropholler, AcP 185 (1985), S. 296 ff.; Lange, NJW 1970, S. 300 ff.; Rupp-von Brünneck, StAZ 1970, S. 230 f.; Schumann, Die nichteheliche Familie, S. 130 f.

267 Lipp, FamRZ 1998, S. 66; Schumann, Die nichteheliche Familie, S. 130; S. zu den Änderungen der Amtsvormundschaft durch das Nichtehelichengesetz Jansen/Knöpfel, Das neue Unehelichengesetz, S. 271 ff.; Rupp-von Brünneck, StAZ 1970, S. 233 f. Ausführlich zur Amtspflegschaft Bayer, Abkehr vom Nichtehelichenrecht, S. 113 ff.

268 Vgl. Lipp, FamRZ 1998, S. 66; Lange, JZ 1966, S. 732; Zenz/Salgo, Zur Diskriminierung der Frau im Recht der Eltern-Kind-Beziehung, S. 59.

269 So BT-Drucks. V/2370, S. 68; Maier, FamRZ 1966, S. 430. S. dazu Einleitung II. 2.

270 Vgl. Breitkopf, Die Stellung des mit der Mutter nicht verheirateten Vaters bei Adoption des Kindes, S. 1; Peschel-Gutzeit, FPR 2005, S. 170.

271 Lüderitz, NJW 1976, S. 1865.

mit der Kindesmutter verheirateten Vater stellte die Ehelicherklärung oder Adoption den einzigen Weg dar, das Sorgerecht zu erwerben.[272]

Auch im Adoptionsrecht machte die mit dem Nichtehelichengesetz erfolgte rechtliche Anerkennung der Blutsbande eine Einbeziehung des nicht mit der Kindesmutter verheirateten Vaters notwendig.[273] Umgesetzt wurde dieses Erfordernis dergestalt, dass das Vormundschaftsgericht vor der Annahme an Kindes statt[274] den Vater nach dem neu eingefügten § 1747a I 1 BGB in der Fassung von 1970 nun generell anhören sollte.[275] § 1747a II BGB in der Fassung von 1970 ordnete an, dass diese Anhörung bereits stattfinden sollte, bevor das Kind dem Annehmenden in Pflege gegeben wurde. In § 1747a III 1 BGB von 1970 war normiert, dass von einer Anhörung abgesehen werden konnte, wenn sie nicht möglich war oder wenn durch die Anhörung eine Adoption erheblich verzögert und dadurch das Wohl des Kindes beeinträchtigt würde. Ferner war nach § 1747a III 2 BGB von 1970 eine Anhörung entbehrlich, wenn das Jugendamt den Vater persönlich gehört und darüber eine Niederschrift aufgenommen hatte.[276]

Mit der Begründung, Adoptionen unehelicher Kinder nicht erschweren zu wollen, wurde davon abgesehen, das Erfordernis einer väterlichen Einwilligung in das BGB einzuführen. Adoptionen sicherten – so der Entwurf der Bundesregierung zum Nichtehelichengesetz – in einer großen Zahl von Fällen unehelichen Kindern die besten Lebensbedingungen. Aus Rücksicht auf das Kindeswohl müssten die Interessen der Väter zurücktreten, die ohnehin zu den Kindern in der Regel eine ziemlich lockere Beziehung hätten.[277] Begründet wurde die Entbehrlichkeit der Einbeziehung des nicht mit der Kindesmutter verheirateten Vaters in das Adoptionsverfahren mit der familiären Situation, in die ein nichteheliches Kind der damals vorherrschenden Anschauung zufolge hineingeboren wurde. Danach war der Vater ohnehin anderweitig gebunden, sein nichteheliches Kind lebte allein mit der Kindesmutter in zumeist schwierigen finanziellen Verhältnis-

272 Kropholler, AcP 185 (1985), S. 289; Lipp, FamRZ 1998, S. 66.

273 Willutzki, ZKJ 2007, S. 25 f.

274 So der damalige terminus technicus, der durch das Adoptionsgesetz in „Annahme als Kind" geändert wurde. An der Formulierung „an Kindes statt" wurde kritisiert, dass sie sehr stark das Künstliche des Vorgangs der Annahme andeute. Durch Änderung der Gesetzesformulierung sollte klargestellt werden, dass das Kind nicht ersatzweise an die Stelle eines leiblichen Kindes tritt; vgl. BT-Drucks. VII/3061, S. 27 sowie Baer/Gross, Adoption und Adoptionsvermittlung, S. 19; Meyer-Stolte, Rpfleger 1975, S. 204.

275 S. Engler, FamRZ 1966, S. 555; Lange, JZ 1966, S. 733.

276 Ausführlich Engler, FamRZ 1970, S. 116 f.

277 BT-Drucks. V/2370, S. 80.

sen.[278] Durch eine Adoption seines nichtehelichen Kindes, so wurde seinerzeit argumentiert, werde ein Vater tatsächlich gar nicht betroffen.

Die Regelungen im Recht der Kindesannahme sowie die Vorschriften des Sorge- und Umgangsrechts, die durch das Nichtehelichengesetz in das BGB eingeführt wurden, lassen deutlich erkennen, dass der Gesetzgeber dem Verfassungsauftrag aus Art. 6 V GG mit der Verabschiedung dieses Gesetzes nur marginal Folge leistete. Von einer Gleichstellung nichtehelicher und ehelicher Kinder konnte auch nach Inkrafttreten des Nichtehelichengesetzes am 1. Juli 1970 nicht die Rede sein.[279] Trotz der Streichung des § 1589 II BGB in der Fassung von 1900 war die Position des Vaters gegenüber seinem nichtehelichen Kind – wie gezeigt – äußerst unzureichend ausgestaltet. Ebenso wie in den anderen familienrechtlichen Bereichen wurde im Adoptionsrecht einer Beseitigung der Diskriminierung des nichtehelichen Vater-Kind-Verhältnisses durch die Änderungen des Nichtehelichengesetzes keinesfalls ausreichend Rechnung getragen.[280] Dies verdeutlicht zum einen die Versagung eines Einwilligungsrechts des Vaters als zwingende Wirksamkeitsvoraussetzung für eine Adoption. Das Anhörungsrecht, für das sich der Gesetzgeber entschied, war lediglich verfahrensrechtlicher Natur. Weder vermittelte es dem Vater die Stellung eines Verfahrensbeteiligten, noch konnte er zulässige Anträge zum Verfahren stellen oder Rechtsmittel einlegen.[281] Zum anderen belegen die großzügigen Ausnahmetatbestände im Rahmen des § 1747a III BGB von 1970 selbst bei restriktiver Auslegung[282] die rudimentäre Ausgestaltung der Rechtsposition des nicht mit der Kindesmutter verheirateten Vaters.

II. Die Vorab-Novelle von 1973

Anfang der siebziger Jahre des 20. Jahrhunderts entwickelte sich eine intensive Tendenz, das Adoptionsrecht durch verschiedene Neuerungen vollkommen umzugestalten.[283] Der Rechtsausschuss des Bundestages erklärte eine Reform des Adoptionsrechts für dringend erforderlich.[284] Es gab außerdem diverse Reform-

278 S. Einleitung II. 2.

279 Ebenso von Renesse, FPR 1998, S. 59; Schumann, Die nichteheliche Familie, S. 130.

280 Kritisch auch Maier, FamRZ 1966, S, 431; Stöcker, ZRP 1975, S. 32 ff.

281 Maurer, FPR 2005, S. 197.

282 So Odersky, Kommentar zum NichtehelG 1978, § 1747, Anm. I (S. 440).

283 Vgl. Engler, Auf dem Weg zu einem neuen Adoptionsrecht, S. 28 ff.; Jayme, FamRZ 1973, S. 14; Lüderitz, NJW 1976, S. 1865.

284 BT-Drucks. VI/3067. Zu den vorausgegangenen parlamentarischen Aktivitäten S. Staudinger/*Frank*, Vorbem zu §§ 1741 ff., Rn. 5.

vorschläge aus der Praxis, vor allem von sozialen Institutionen und Verbänden.[285] Darüber hinaus wurden zahlreiche wissenschaftliche Arbeiten veröffentlicht, die Reformbestrebungen im Recht der Kindesannahme erkennen ließen.[286]

Einfluss auf die Entwicklung des deutschen Adoptionsrechts hatte schließlich auch das Europäische Übereinkommen über die Adoption von Kindern[287], das am 24.4.1967 vom Ministerkomitee zur Unterzeichnung durch die Mitgliedsstaaten ausgelegt wurde. Die Unterzeichnung durch die Bundesrepublik Deutschland erfolgte noch am selben Tag.[288] Ratifiziert wurde das Übereinkommen jedoch erst 1980.[289] Obwohl es für die Mitgliedsstaaten kein unmittelbar geltendes Recht enthält, setzte das Übereinkommen für die nachfolgenden Umgestaltungen des deutschen Adoptionsrechts mit seiner Intention, das Wohl der angenommenen Kinder zu fördern, deutliche Impulse.[290]

Die Neuordnung des Adoptivrechts – darüber herrschte Einigkeit – sollte in erster Linie die Lage hilfsbedürftiger Minderjähriger verbessern, die ohne Adoption in Heimen aufwachsen müssten.[291] Ausgangspunkt dafür war, dass die Kindesannahme seit der Entstehung des BGB einen grundlegenden Funktionswandel erfahren hatte. Während in den ersten Jahrzehnten des 20. Jahrhunderts die Adoption primär dazu diente, den Fortbestand des Namens und Vermögens des Annehmenden zu sichern[292], hatte sich die soziale Bedeutung dieses Rechtsinstituts insofern geändert, als nicht mehr die Motive des Annehmenden im Vorder-

---

285 Thesen der Arbeitsgemeinschaft für Jugendpflege und Jugendfürsorge, ZBlJugR 1970, S. 203 ff.; dazu Mende, ZBlJugR 1970, S. 189 ff.; Müller, ZBlJugR 1970, S. 277 ff.; Pelle, ZBlJugR 1971, S. 19 f.; Diskussionsvorschlag einzelner Mitglieder der Arbeitsgruppe „Adoptionsrecht" des Kommissariats der deutschen Bischöfe, FamRZ 1972, S. 356 ff.; Beschlüsse der Evangelischen Akademikerschaft in Deutschland und des katholischen Akademikerverbandes, FamRZ 1974, S. 170 ff.

286 Blume, Das Haager Adoptionsabkommen; Engler, Auf dem Weg zu einem neuen Adoptionsrecht; Jayme, ZRP 1972, S. 1 ff.; Lüderitz, Adoption; Oberloskamp, Die Adoption als Dauerrechtsverhältnis im internationalen Privatrecht; Pütter, Adoption in den USA.

287 Vgl. Napp-Peters, Adoption, S. 41; ausführlich dazu Oberloskamp, ZBlJugR 1982, S. 121 ff.

288 Baer/Gross, Adoption und Adoptionsvermittlung, S. 15; Mende, ZBlJugR 1970, S. 189; Staudinger/*Frank*, Vorbem zu §§ 1741 ff., Rn. 2.

289 BGBl. 1980, Teil II, S. 1093 ff.

290 Vgl. den Gesetzesentwurf der Bundesregierung zum Europäischen Adoptionsübereinkommen von 1967, BT-Drucks. VIII/3529, S. 1, 14.

291 BT-Drucks. VII/421, S. 5; Engler, Auf dem Weg zu einem neuen Adoptionsrecht, S. 28; Jayme, FamRZ 1973, S. 14.

292 Motive des BGB, Band IV FamR, S. 952; Binschus, ZfF 1976, S. 193; Bischof, JurBüro 1976, S. 1570; Jayme, ZRP 1972, S. 1; Knobbe, FPR 2001, S. 310; Knur, FamRZ 1967, S. 254; Müller, DAVorm 1976, Sp. 441; MünchKommBGB/*Maurer*, Vor § 1741, Rn. 2; Paulitz, ZfJ 1997, S. 128.

grund standen.[293] Vielmehr lag der Schwerpunkt nunmehr auf den Interessen des Kindes, das ein gesundes Zuhause entbehren muss. Ihm sollte durch die Annahme das Aufwachsen in einer intakten und harmonischen Familie ermöglicht werden.[294] Um dem veränderten Charakter der Adoption hinreichend Rechnung zu tragen, forderten die in der Politik und dem juristischen Schrifttum erhobenen Stimmen eine Änderung des Adoptivrechts, die bewirkte, dass die Eingliederung des angenommenen Kindes in die Adoptivfamilie sowohl in emotionaler als auch in rechtlicher Hinsicht abgesichert war.[295]

Zur Vorbereitung der großen Adoptionsreform erging zunächst unter dem 14.8.1973 das Adoptionsrechtsänderungsgesetz, die so genannte Vorab-Novelle.[296] Neben der weiteren Herabsetzung des Mindestalters des Annehmenden von 35 auf 25 Jahre[297] wurde durch die Vorab-Novelle insbesondere die Ersetzbarkeit der elterlichen Einwilligung in die Adoption neu geregelt.[298] Die Idee der Einwilligungsersetzung hatte erstmals durch das Familienrechtsänderungsgesetz von 1961[299] Einzug in das BGB erhalten, um das Zustandekommen einer Adoption in Fällen zu ermöglichen, in denen die Verweigerung der elterlichen Einwilligung einen Rechtsmissbrauch darstellte.[300] Normiert war die Einwilligungsersetzung zunächst in § 1747 III BGB in der Fassung von 1962, der besagte, dass das Vormundschaftsgericht auf Antrag des Kindes die Einwilligung eines Elternteils ersetzen konnte, wenn dieser seine Pflichten gegenüber dem Kind anhaltend gröblich verletzt oder die elterliche Gewalt verwirkt hatte und die Einwilligung böswillig verweigert wurde und das Unterbleiben der Annahme dem Kind zum Nachteil gereicht hätte.[301] Das BVerfG bestätigte in seinem Beschluss vom 29. Juli 1968 die Verfassungskonformität dieser Vorschrift.[302] Im Wege der Vorab-Novelle wurde die Möglichkeit der Einwilligungsersetzung in dem geänder-

---

293 BVerfGE 80, S. 81 (82); S. ferner Huth, Adoption und Familiendynamik, S. 21 f.

294 BT-Drucks. VII/3061, S. 15, 17; vgl. Brötel, FamRZ 1995, S. 78; Engler, FamRZ 1970, S. 121; Fendrich, ZfJ 2005, S. 283; Knobbe, FPR 2001, S. 310; MünchKommBGB/*Maurer*, Vor § 1741, Rn. 3 ff.; von Overbeck, ZfRV 9 (1968), S. 1; Paulitz, ZfJ 1997, S. 128; Paulitz/*Oberloskamp*, Adoption, S. 15. S. dazu auch BVerfGE 24, S. 119 (123) = FamRZ 1968, S. 579 (585).

295 BT-Drucks. VII/3061, S. 15; Frank, ZBlJugR 1972, S. 269; Jayme, FamRZ 1973, S. 15.

296 BGBl. 1973, Teil I, S. 1013 f.

297 Das Mindestalter des Annehmenden war bereits durch das Familienrechtsänderungsgesetz vom 11.8.1961 von 50 auf 35 Jahre reduziert worden.

298 Knur, Ballerstedt-FS, S. 384; Willutzki, ZKJ 2007, S. 19.

299 BGBl. 1961, Teil I, S. 1221 ff.

300 BT-Drucks. III/530, S. 21.

301 Dazu Staudinger/*Frank*, § 1748, Rn. 3.

302 BVerfGE 24, S. 119 ff. = FamRZ 1968, S. 578 ff. = NJW 1968, S. 2233 ff.; zustimmend Engler, FamRZ 1969, S. 63.

ten § 1747a BGB a.F. erweitert, da sich die bisherige Regelung in der Praxis als zu eng erwiesen hatte. Der Nachweis einer gröblichen und zudem dauernden Pflichtverletzung sowie des subjektiven Merkmals der Böswilligkeit bei Verweigerung der Einwilligung war nur schwer zu führen.[303] Infolgedessen wurde die schon normierte Variante der Verletzung elterlicher Pflichten dahingehend modifiziert, dass eine gröbliche Pflichtverletzung in der Vergangenheit zur Ersetzung der Einwilligung nunmehr ausreichte. Nicht mehr erforderlich war im Gegensatz zur vorherigen Rechtslage eine auch für die Zukunft zu erwartende Pflichtverletzung.[304] Ferner wurde das Merkmal der Böswilligkeit der Verweigerung gestrichen. Neben den Ersetzungsgrund der Pflichtverletzung traten die ergänzend eingebrachten Tatbestände der elterlichen Gleichgültigkeit sowie der Erziehungsunfähigkeit wegen besonders schwerer geistiger Gebrechen.

Die Anhörung des nicht mit der Mutter verheirateten Vaters durch das Vormundschaftsgericht blieb erhalten. Sie rückte lediglich in den neu eingefügten § 1747b BGB in der Fassung von 1973.

III. Das Adoptionsgesetz von 1976

Verwirklicht wurde die Neuordnung des deutschen Adoptionsrechts schließlich durch das Inkrafttreten des Gesetzes über die Annahme als Kind und zur Änderung anderer Vorschriften vom 2.7.1976 mit Wirkung vom 1.1.1977, kurz AdoptG.[305] Das AdoptG brachte eine Reihe gravierender Veränderungen mit sich.[306]

---

303 Oberloskamp, FamRZ 1973, S. 287; Staudinger/*Frank*, § 1748, Rn. 4; Zawar, JuS 1973, S. 654.

304 Staudinger/*Frank*, § 1747, Rn. 4.

305 BGBl. 1976 Teil I, S. 1749 ff..

306 Übersicht bei Oberloskamp, DAVorm 1977, Sp. 89 ff. Zu den grundlegenden Veränderungen, die das AdoptG brachte, gehörte die Einführung des Dekretsystems, das an die Stelle des vorherigen Vertragsprinzips trat. S. zum Ganzen Baer/Gross, Adoption und Adoptionsvermittlung, S. 17, 50; Beitzke, FamRZ 1976, S. 507; Engler, Auf dem Weg zu einem neuen Adoptionsrecht, S. 31; Gernhuber/Coester-Waltjen, FamR, § 68, Rn. 11; Heilmann, DAVorm 1997, Sp. 583; Meyer-Stolte, Rpfleger 1975, S. 208 ff.; kritisch gegenüber dem Dekretsystem Bosch, FamRZ 1984, S. 837 f.; Knur, Ballerstedt-FS, S. 393. Zu den Vorteilen des Dekretsystems S. Jayme, FamRZ 1973, S. 15 f.; ders., FamRZ 1974, S. 115; Machleid, FamRZ 1957, S. 81; Soergel/Siebert/*Lade*, 10. Auflage, § 1755, Rn. 8. Neben den dargestellten materiellen Neuerungen brachte die große Adoptionsnovelle von 1976 auch grundsätzliche Änderungen bei der Adoptionsvermittlung, S. BGBl. 1976, Teil I, S. 1762 ff. Dazu ausführlich Baer/Gross, Adoption und Adoptionsvermittlung, S. 130 ff.; Bach, FPR 2001, S. 319; Czerner, DAVorm

1. Volladoption

Besonders bedeutsam für den Charakter des Rechtsinstituts war die Neugestaltung der Wirkungen einer Adoption.[307] Im bis zum 31.12.1976 geltenden Recht bestimmte § 1763 BGB a.F., dass sich die Wirkungen der Annahme an Kindes statt nicht auf die Verwandten des Annehmenden erstreckten. § 1764 BGB a.F. regelte, dass die Rechte und Pflichten, die sich aus dem Verwandtschaftsverhältnis zwischen dem Kind und seinen leiblichen Verwandten ergaben, durch die Annahme nicht berührt wurden, soweit nicht das Gesetz etwas anderes vorschrieb. Folglich blieb ein Unterhaltsanspruch der leiblichen Eltern gegen ihr Kind sowie ihr gesetzliches Erbrecht bestehen. Auch die Unterhaltspflicht der leiblichen Eltern endete durch eine Adoption nicht, sie trat lediglich im Rang zurück. Nur namensrechtlich und im Hinblick auf die Ausübung der elterlichen Sorge war nach der damaligen Fassung des BGB ein Adoptivkind einem leiblichen Kind gleichgestellt. Durch eine solche Adoption mit schwachen Rechtswirkungen war das angenommene Kind weiterhin Mitglied der Ursprungsfamilie. Seine familienrechtliche Stellung entsprach nicht der eines eigenen Kindes.

Orientiert an Art. 10 des Europäischen Adoptionsübereinkommens vom 24. April 1967[308] wurde durch Einführung der Volladoption der Forderung nach

---

1977, Sp. 115 ff.; Oberloskamp, DAVorm 1977, Sp. 101 ff.; Paulitz/*Baer*, Adoption, S. 21; Schulz, ZRP 1976, S. 146 f.; Tack, ZBlJugR 1977, S. 2 ff.; Zawar, JuS 1977, S. 60.

307 Vgl. Bosch, FamRZ 1976, S. 401; Engler, FamRZ 1976, S. 584.

308 Art. 10 des Europäischen Adoptionsübereinkommens vom 24. April 1967 lautet:

1. Die Adoption verleiht dem Annehmenden gegenüber dem Kind alle Rechte und Pflichten, die ein Vater oder eine Mutter einem ehelichen Kind gegenüber hat.
   Die Adoption verleiht dem Kind gegenüber dem Annehmenden alle Rechte und Pflichten, die ein eheliches Kind seinem Vater oder seiner Mutter gegenüber hat.
2. Mit der Entstehung der im Absatz 1 bezeichneten Rechte und Pflichten erlöschen die entsprechenden Rechte und Pflichten zwischen dem Kind und seinem Vater oder seiner Mutter oder einer anderen Person oder Stelle. Die Rechtsordnung kann jedoch vorsehen, dass der Ehegatte des Annehmenden seine Rechte und Pflichten gegenüber dem Kind behält, wenn dieses sein eheliches, nichteheliches oder Adoptivkind ist. Die Rechtsordnung kann außerdem die Pflicht der Eltern, dem Kind Unterhalt zu gewähren, ihm eine Lebensgrundlage zu verschaffen und ihm eine Ausstattung oder ein Heiratsgut zu geben, für den Fall aufrechterhalten, dass der Annehmende eine dieser Pflichten nicht erfüllt.
3. In der Regel ist dem Kind zu ermöglichen, den Familiennamen des Annehmenden zu erwerben oder seinem eigenen Familiennamen hinzuzufügen.
4. Hat ein ehelicher Elternteil das Nutznießungsrecht am Vermögen seines Kindes, so kann das Nutznießungsrecht des Annehmenden am Vermögen des Kindes, abweichend vom Absatz 1, durch die Rechtsordnung beschränkt werden.
5. Soweit die Rechtsordnung dem ehelichen Kind ein Erbrecht am Nachlass seines Vaters oder seiner Mutter zuerkennt, steht das Adoptivkind einem ehelichen Kind des Annehmenden gleich.

einer Anpassung der gesetzlichen Bestimmungen an die Bedeutung der Adoption als Mittel der Fürsorge nachgekommen. Damit folgte die Bundesrepublik Deutschland vielen europäischen Staaten, die in ihre Rechtsordnungen bereits den Gedanken aufgenommen hatten, dass das Institut der Kindesannahme primär dazu dienen soll, einem gefährdeten Kind zu einem Aufwachsen innerhalb eines stabilen Familienverbandes zu verhelfen.[309] Von der Einführung der Volladoption versprach man sich, dem adoptierten Kind die Geborgenheit und rechtliche Sicherheit in der neuen Familie zu gewährleisten, die ihm bei einer Adoption mit schwachen Rechtswirkungen durch das Fortbestehen der Verbindung zur leiblichen Familie versagt wäre.[310] Die volle rechtliche Integration des Kindes in eine erziehungsfähige Familie und seine Gleichstellung mit Abkömmlingen des Annehmenden sollten ein harmonisches, von eventuellen schädlichen Einflüssen der leiblichen Eltern ungestörtes Aufwachsen ermöglichen.[311] Die Form der Volladoption wurde durch das AdoptG erstmalig in das BGB eingebracht. Bis heute sieht das Gesetz bei der Annahme Minderjähriger grundsätzlich vor, dass ein Adoptivkind vollständig in seine neue Familie integriert wird.[312] Wie sich aus § 1755 I 1 BGB ergibt, werden die verwandtschaftlichen Beziehungen des Kindes zu seinen leiblichen Eltern und Verwandten mit all ihren Folgewirkungen – etwa elterliche Sorge, Umgangsrecht, Namensrecht, Unterhaltsrecht und Erbrecht – beendet.[313] Zugleich wird das angenommene Kind wie ein leibliches ohne Einschränkung in die Familie des Annehmenden eingegliedert.[314] Die Volladoption bewirkt nicht nur eine Umgestaltung der familienrechtlichen Beziehungen des Kindes und der Adoptiveltern. Vielmehr sind in gleich schwerwiegender Weise auch die leiblichen Eltern betroffen, die ihr Kind rechtlich vollständig verlieren, so dass ihnen nach derzeitiger Gesetzeslage keinerlei Rechte in Bezug

309 So änderten Belgien im Jahr 1969, Dänemark 1972, Frankreich 1969, Großbritannien 1969, Italien 1967, die Niederlande 1962, Österreich 1960 und die Schweiz 1972 ihr Adoptionsrecht, um der Fürsorgefunktion der Adoption Rechnung zu tragen; S. BT-Drucks. VII/3061, S. 3061; vgl. ferner Bosch, FamRZ 1984, S. 838; Mende, ZBlJugR 1970, S. 189 f.; zur Reform in der Schweiz Jayme, FamRZ 1973, S. 18. In Frankreich entschied man sich für ein Nebeneinander von Volladoption und „schwacher" Adoption. In den Niederlanden und der Schweiz wurde für die Annahme Minderjähriger allein die Möglichkeit einer Volladoption eingeführt. Zur Rechtsentwicklung in Italien Bosch, FamRZ 1984, S. 838.

310 BT-Drucks. VII/3061, S. 1; Frank, ZBlJugR 1972, S. 269.

311 Baer/Gross, Adoption und Adoptionsvermittlung, S. 19; Staudinger/*Frank*, § 1748, Rn. 11.

312 Gem. § 1770 BGB bleiben bei der Annahme Volljähriger, die bis 1961 gesetzliche Regeladoption war, die Wirkungen der Adoption grundsätzlich auf das Verhältnis zwischen Annehmenden und Angenommenen beschränkt. Dies entspricht der vor 1977 geltenden Rechtslage. S. zum Ganzen Bausch, FamRZ 1980, S. 414; Paulitz, ZfJ 2005, S. 55.

313 Vgl. Paulitz/*Hoksbergen*, Adoption, S. 251 und Maurer, FPR 2005, S. 196.

314 Engler, FamRZ 1976, S. 584.

auf das Kind mehr zustehen, sie allerdings auch jeglicher Verpflichtungen für das Kind enthoben werden.[315] Eine Besonderheit gilt, wenn ein Ehegatte das nichteheliche Kind seines Ehegatten annimmt. Gem. § 1755 II BGB erlischt in den Fällen der Stiefkindadoption nur das Verwandtschaftsverhältnis zum anderen Elternteil.[316]

Ebenfalls am Funktionswandel der Adoption vom Sicherungsmittel für den Vermögensfortbestand des Annehmenden zur Schutzmaßnahme im Interesse hilfebedürftiger Kinder ausgerichtet, war die Abschaffung der Voraussetzung der Kinderlosigkeit beim Annehmenden. Nach der bis zum 31.12.1976 geltenden Rechtslage durfte grundsätzlich nur derjenige ein Kind annehmen, der selbst keine Abkömmlinge hatte, § 1741 BGB a.F. Möglich war lediglich gem. § 1745a BGB a.F. eine Befreiung von diesem Erfordernis. Mit dem Inkrafttreten des AdoptG verschwand das Kriterium der Kinderlosigkeit in Einklang mit Art. 12 des Europäischen Adoptionsübereinkommens von 1967 aus dem BGB.[317]

Ferner wurde die Intention des Gesetzgebers, die Lage solcher Kinder zu verbessern, die ohne Adoption eine intakte Familie entbehren müssen, durch Nennung des Kindeswohls in § 1741 I BGB a.F. als materiell-rechtliche Voraussetzung für die Begründung eines Annahmeverhältnisses zum Ausdruck gebracht und somit Art. 8 I des Europäischen Adoptionsübereinkommens entsprochen. Zuvor war der Grundsatz allerdings schon ungeschriebenes Recht.[318]

2. Die elterliche Einwilligung in die Adoption

Schon vor Inkrafttreten des AdoptG war die Einwilligung des Kindes in die Adoption erforderlich. Daran änderte sich nach reformierter Rechtslage nichts. Hinsichtlich des Einwilligungsrechts der Eltern differenzierte das Gesetz ebenso wie vor der Novellierung auch nach dem 1.1.1977 zwischen ehelichen und nichtehelichen Kindern. Bei einem ehelichen Kind mussten weiterhin beide Elternteile ihre Einwilligung erteilen.[319] Sollte hingegen ein nichteheliches Kind adoptiert werden, bedurfte es auch nach der durch das AdoptG veränderten Rechtslage nur der Einwilligung der Mutter. Unerheblich war dabei, ob den Einwilligungsberechtigten die elterliche Sorge über das Kind zustand.[320] Zur Normierung eines

315 Maurer, FPR 2005, S. 196.

316 Vgl. als weitere Sondervorschrift § 1756 BGB.

317 BT-Drucks. VII/3061, S. 33.

318 BT-Drucks. VII/3061, S. 23; dazu Bischof, JurBüro 1976, S. 1572 f.

319 Vgl. dazu § 1747 I 1, 1. HS BGB in der Fassung von 1976 und § 1747 I 1 BGB in der heutigen Fassung.

320 Helms, JAmt 2001, S. 57.

Einwilligungsrechts des nicht mit der Mutter verheirateten Vaters konnte sich der Gesetzgeber wiederum nicht entschließen.[321] Mit der Versagung des Einwilligungsrechts wollte der Gesetzgeber sicherstellen, dass sich der Vater eines nichtehelichen Kindes einer Adoption durch die Kindesmutter nicht mit einem Vetorecht in den Weg stellte. Die stärkere Stellung der Mutter entsprach nach Auffassung des Gesetzgebers den tatsächlichen Verhältnissen. Zudem sollte vermieden werden, dass der Vater im Adoptionsverfahren mitwirken und dadurch eine unerwünschte Annahme durch Dritte abwenden konnte, ohne die rechtliche Lage seines nichtehelichen Kindes zu verbessern. Damit das Kind eine rechtlich gesicherte Position erhielt, entschied man sich dafür, dass der Vater eine Drittadoption nur zu sperren vermochte, wenn er selbst bereit war, dem Kind die Stellung eines ehelichen Kindes zu geben. Sofern der leibliche Vater willens und in der Lage war, die Voraussetzungen für ein Aufwachsen seines Kindes bei sich zu schaffen und die Position des Kindes rechtlich abzusichern, sollte das Kind von ihm und nicht von einer anderen Familie aufgenommen werden. Nicht ausreichend war dagegen, dass der Vater das Kind selbst aufziehen wollte, ohne es zu legitimieren oder zu adoptieren. Denn – so die Begründung des Gesetzesentwurfs der Bundesregierung – der Vater könne ein Pflegeverhältnis jederzeit wieder auflösen, wenn er eine unerwünschte Annahme durch Dritte verhindert habe.[322] Deshalb wurde in § 1747 II 2, 1. HS BGB von 1977 für den Vater eines nichtehelichen Kindes die Möglichkeit eingeführt, durch Beantragung der Ehelicherklärung oder der Annahme seines eigenen Kindes den Ausspruch einer Adoption durch Dritte zu verhindern. Allerdings musste die Kindesmutter sowohl nach § 1726 I BGB a.F. in die Ehelicherklärung als auch gem. § 1747 II 1 BGB a.F. in die Adoption durch den Vater einwilligen.[323] Die Sperrwirkung des § 1747 II 2, 1. HS BGB von 1977 sicherte dem Vater einen Vorrang vor anderen Adoptionsbewerbern.[324] Sie entfaltete sich jedoch nur, solange über den Antrag des Vaters noch nicht entschieden worden war; mit negativer Erledigung des Antrags trat die volle Adoptionsfreiheit ein.[325] Ferner sollte sie laut § 1747 II 2, 2. HS BGB von 1977 nicht greifen, wenn die Mutter ihr

321 BT-Drucks. VII/3061, S. 37; S. dazu Maurer, FPR 2005, S. 197.

322 BT-Drucks. VII/3061, S. 37.

323 Vgl. Helms, JAmt 2001, S. 57. Zu diesen Dritten gehörte auch der Ehemann der Mutter, S. LG Berlin FamRZ 1978, S. 148 (149) sowie Schreiber, Die nichteheliche Lebensgemeinschaft, Rn. 617. Allerdings konnte der Ehemann der Mutter gem. § 1742 BGB nach der Adoption durch die Mutter (§ 1741 III 2 BGB a.F.) als deren Ehemann das Kind mit der Wirkung des § 1754 I BGB annehmen.

324 Hufen, JuS 1996, S. 164; Staudinger/*Frank*, § 1747, Rn. 2.

325 Grob, Die elterliche Einwilligung in die Adoption, S. 40.

eigenes nichteheliches Kind annehmen wollte. Die Annahme durch die Mutter konnte der Vater also nie verhindern.

Zur Beschleunigung des Adoptionsverfahrens sah der durch das AdoptG geänderte § 1747 II BGB a.F. in den Sätzen 3 bis 5 vor, dass der nicht mit der Kindesmutter verheiratete Vater in öffentlicher Urkunde auf sein Antragsrecht hinsichtlich der Annahme unwiderruflich verzichten konnte. Bezüglich seines Antragsrechts war der Vater gem. § 51 III SGB VIII a.F. durch das Jugendamt zu beraten.[326] Die nach bisherigem Recht erforderliche Anhörung des mit der Kindesmutter nicht verheirateten Vaters vor dem Vormundschaftsgericht wurde durch das AdoptG abgeschafft.[327] Der Gesetzgeber begründete diese Entscheidung damit, dass es nicht erforderlich sei, dem Vormundschaftsgericht über die allgemeinen Verfahrensregeln hinaus Pflichten aufzuerlegen, weil eine Belehrung des Vaters über seine Rechte schon durch das Jugendamt zu erfolgen habe. Zum Verfahren bei der Annahme durch die Mutter wurde angemerkt, das Gericht müsse prüfen, ob es dem Wohl des Kindes diene, den Vater anzuhören, obwohl diesem nach § 1747 II 2, 2. HS BGB a.F. keine Rechte zuständen, die die Annahme verhindern könnten.[328]

Nach der bis zum 31.12.1976 geltenden Gesetzeslage durfte die elterliche Einwilligung in eine Adoption erst erteilt werden, wenn das Kind drei Monate alt war.[329] Diese Überlegungsphase bezweckte insbesondere den Schutz solcher Mütter, die mit dem Kindesvater nicht verheiratet waren. Die Mütter sollten davor bewahrt werden, sich aus einer kurz nach der Geburt häufig bestehenden seelischen Notlage heraus zur Abgabe ihres Kindes zu entschließen und diese Entscheidung später zu bereuen.[330] Die Überlegungsfrist wurde durch das AdoptG verkürzt, um dem Interesse des Kindes an einer möglichst frühzeitigen Aufnahme in die neue Familie gerecht zu werden.[331] Bis heute sieht das reformierte Adoptionsrecht gem. § 1747 II 1 BGB zwingend vor, dass die elterliche Einwilligung erst erteilt werden kann, wenn das Kind acht Wochen alt ist. Allein der nicht mit der Mutter verheiratete Vater, der die elterliche Sorge nicht innehat, kann nach § 1747 III Nr. 1 BGB seine Einwilligung bereits vor der Geburt des Kindes erklären.[332]

---

326 Staudinger/*Frank*, § 1747, Rn. 2.

327 Lüderitz, NJW 1976, S. 1868.

328 BT-Drucks. VII/3061, S. 58; BT-Drucks. VII/5087, S. 11.

329 Diese Regelung wurde durch das Familienrechtsänderungsgesetz vom 11.8.1961 eingeführt.

330 Schriftlicher Bericht des Rechtsausschusses des Bundestages zu BT-Drucks. III/2812, S. 7; Engler, FamRZ 1975, S. 131.

331 BT-Drucks. VII/3061, S. 37.

332 Dazu ausführlich 4. Kapitel II. 1.

Nicht entsprochen wurde dem Entwurf der Bundesregierung, die Überlegungsfrist auf sechs Wochen zu reduzieren.[333] Obwohl der Entwurf mit dem Vorschlag des Europäischen Adoptionsübereinkommens von 1967 nach einer sechswöchigen Frist übereinstimmte[334], wurde der Lösung des Rechtsausschusses des Bundestages gefolgt.[335] Der Grund für diese Entscheidung lag darin, dass die Dauer der Überlegungsfrist verschiedene Interessen berührte, nämlich auf der einen Seite die Möglichkeit der Eltern zur reiflichen Überlegung und Stabilisierung ihrer Verhältnisse[336], auf der anderen Seite die im Sinne des Kindeswohls wünschenswerte frühzeitige Bindung an eine bestimmte Bezugsperson.[337] Mit der Entscheidung für eine achtwöchige Überlegungsfrist wählte man einen Mittelweg, der dieses Spannungsverhältnis ausgleichen sollte.

Die Regelungen zur Ersetzung der elterlichen Einwilligung in die Kindesannahme, die bereits durch die Vorab-Novelle Änderungen erfahren hatte, wurden unter wesentlicher Beibehaltung des Wortlauts in § 1748 BGB a.F. aufgenommen.[338]

IV. Das Kindschaftsrechtsreformgesetz von 1997

Durch das Kindschaftsrechtsreformgesetz (KindRG) vom 6.12.1997[339] wagte der Gesetzgeber einen weiteren Anlauf, die rechtliche Ausgestaltung des nichtehelichen Vater-Kind-Verhältnisses zu verbessern. Anlass für die Reformbereitschaft gab das im Jahr 1994 im Fall Keegan gegen Irland ergangene Urteil des Europäischen Gerichtshofs für Menschenrechte (EGMR).[340] Darin stellte der Gerichtshof fest, dass die Freigabe eines nichtehelichen Kindes zur Adoption durch Dritte ohne vorherige Anhörung und Zustimmung des leiblichen Vaters, der am Adoptionsverfahren überhaupt nicht beteiligt wird, gegen die EMRK verstößt.[341]

---

333 BT-Drucks. VII/3061, S. 4.

334 Vgl. Art. 5 Nr. 4 des Europäischen Adoptionsübereinkommens von 1967: Die Zustimmung der Mutter darf nur entgegengenommen werden, wenn sie nach der Geburt, und zwar nach Ablauf einer in der Rechtsordnung vorgeschriebenen Frist von mindestens sechs Wochen erteilt worden ist; ist keine Frist bestimmt, so darf die Zustimmung nur entgegengenommen werden, wenn sie in einem Zeitpunkt erteilt worden ist, in dem sich die Mutter nach Ansicht der zuständigen Behörde von den Folgen der Niederkunft hinreichend erholt hat.

335 BT-Drucks. VII/5087, S. 12.

336 MünchKommBGB/*Maurer*, § 1747, Rn. 10.

337 Lipp/Wagenitz, § 1747, Rn. 16.

338 BT-Drucks. VII/3061, S. 20, 38, S. außerdem BT-Drucks. VII/421, S. 5 ff.

339 BGBl. 1997, Teil I, S. 2942 ff.

340 Vgl. BT-Drucks. XIII/4899, S. 112. Vgl. zu diesem Urteil 2. Kapitel II. 1. a) bb).

341 EGMR EuGRZ 1995, S. 113 ff. = FamRZ 1995, S. 110 ff. = NJW 1995, S. 2153 ff.

Weitere Impulse gab außerdem das Übereinkommen über die Rechte des Kindes[342], so genannte UN-Kinderrechtskonvention (KRK), das in der Bundesrepublik Deutschland am 5.4.1992 in Kraft trat.[343] Das Übereinkommen bezweckte zwar direkt eine Verbesserung der Lebensbedingungen der Kinder in aller Welt. Speziell mit seiner Nichtdiskriminierungsklausel in Art. 2 KRK, die den Vertragsstaaten jede Diskriminierung eines Kindes aufgrund seiner Geburt oder seines Status oder des Status seiner Eltern verbietet, bewirkte es letztendlich aber auch eine Besserstellung der leiblichen Väter nichtehelicher Kinder.

Auslöser für die Verabschiedung des KindRG war neben weiteren Beanstandungen der gesetzlichen Lage in verschiedenen Entscheidungen des BVerfG[344] der Beschluss vom 7.3.1995.[345] Dem Beschluss lagen die Verfassungsbeschwerden dreier Väter zugrunde, die sich dagegen wehrten, dass nach § 1747 II BGB in der Fassung von 1977 eine Adoption ihrer minderjährigen nichtehelichen Kinder durch die Mutter allein oder durch die Mutter und ihren Ehemann ohne ihre Einwilligung möglich war. In den Gründen erklärte das BVerfG, dass Väter nichtehelicher Kinder unabhängig davon, ob sie mit der Mutter des Kindes zusammenlebten oder mit dieser gemeinsam die Erziehungsaufgaben wahrnähmen, Träger des Elternrechts aus Art. 6 II 1 GG seien.[346] Allerdings setze die gemeinsame Ausübung des Rechts auf Pflege und Erziehung des Kindes ein Mindestmaß an Übereinstimmung zwischen den Eltern und eine soziale Beziehung jedes Elternteils zu dem Kind voraus. Fehle es hieran, könnten die einzelnen elterlichen Befugnisse weitgehend einem Elternteil allein zugewiesen werden. Nicht gerechtfertigt sei aber, schon das Elternrecht selbst bei nichtehelichen Kindern von vornherein nur einem Elternteil unter völligem Ausschluss des anderen zu-

---

342 BGBl. 1992, Teil II, S. 990 ff.

343 Vgl. BT-Drucks. XII/4024, S. 2; BT-Drucks. XIII/1752, S. 2; BT-Drucks. XIII/4899, S. 29.

344 Dazu zählen etwa die Entscheidungen des BVerfG vom 31.1.1989, BVerfGE 79, S. 256 ff. = NJW 1989, S. 891 ff., und 26.4.1994, BVerfGE 90, S. 263 ff. = FamRZ 1994, S. 881 ff. = FuR 1994, S. 230 f. In diesen Entscheidungen ging es um die Möglichkeit des Kindes, seine Ehelichkeit anzufechten, vgl. dazu 3. Kapitel III. 1. Außerdem ist die Entscheidung vom 7.5.1991, NJW 1991, S. 1944 ff., zu nennen, in der das BVerfG klarstellte, dass der Gesetzgeber dafür Sorge zu tragen hat, auch den nichtehelichen Eltern eine Möglichkeit zu geben, ein gemeinsames Sorgerecht für ihr gemeinsames Kind zu erlangen. Weiterführend dazu Lipp, FamRZ 1998, S. 68; Scholz, FPR 1998, S. 66 ff. sowie Soergel/*Liermann*, § 1747, Rn. 3.

345 BVerfGE 92, S. 158 ff. = DAVorm 1995, Sp. 627 ff. = FamRZ 1995, S. 789 ff. = JZ 1995, S. 1109 ff. mit Anmerkung Kemm, S. 1112 = NJW 1995, S. 2155 ff.; Dokumentation Walter, FamRZ 1992, S. 1025 f; weiterführend dazu Meixner, FuR 1996, S. 18.

346 In den Beschlüssen vom 24.3.1981, BVerfGE 56, S. 363 ff. = FamRZ 1981, S. 429 ff. = NJW 1981, S. 1201 ff., und vom 7.5.1991 1991, BVerfGE 84, S. 168 ff. =FamRZ 1991, S. 913 ff. = FuR 1991, S. 221 ff. =NJW 1991, S. 1944 ff., hatte das BVerfG den Schutz des Art. 6 II 1 GG noch auf Väter beschränkt, die mit ihrem nichtehelichen Kind und der Kindesmutter zusammenleben. Vgl. zur Entwicklung der Rechtsprechung Seibert, FamRZ 1995, S. 1459.

zuordnen. Auch nicht sachgerecht sei ein Vorgehen, das bei der Einbeziehung in den Schutzbereich des Elternrechts nach der Enge der Beziehung des Vaters zum Kind oder zu der Mutter differenziere. Zum einen würde eine völlige Ausgrenzung bestimmter Gruppen von Vätern nichtehelicher Kinder aus dem Schutzbereich des Art. 6 II 1 GG den häufig gleitenden Übergängen zwischen den unterschiedlichen Fällen nicht gerecht. Zum anderen würde auch dem Umstand nicht hinreichend Rechnung getragen, dass die Beziehungen zwischen den Beteiligten sich im Laufe der Zeit – eventuell auch mehrfach – ändern könnten.

Weiterhin kam das BVerfG zu dem Ergebnis, dass § 1747 II 1 und 2 BGB a.F. im geprüften Umfang, d.h. bei Stiefkindadoptionen, nicht mit Art. 6 II 1 GG vereinbar sei. Zur Begründung führte das BVerfG aus, dass die Adoption des nichtehelichen Kindes durch die Mutter oder deren Ehemann zum völligen Verlust der Vaterstellung mit allen Rechten und Pflichten führe. Insbesondere verliere der leibliche Vater auch die rechtliche Möglichkeit, eine persönliche Beziehung zu seinem Kind aufrechtzuerhalten oder wieder zu beleben. Dieser Verlust werde weder von seiner Einwilligung abhängig gemacht noch von einer Prüfung, ob der Adoption Belange des Vaters entgegenständen, insbesondere, ob sie eine bestehende Vater-Kind-Beziehung zerstöre. Bei einer Annahme des Kindes durch den Ehemann der Mutter finde § 1747 II 2, 1. HS BGB a.F. zwar Anwendung. Die darin vorgesehene Möglichkeit, die beantragte Adoption des Kindes durch einen eigenen Antrag auf Ehelicherklärung oder Adoption zu verhindern, sei aber bei einer Adoption des Kindes durch den Stiefvater nicht geeignet, das Elternrecht des Vaters zu wahren. Denn in solchen Fällen werde der Antrag auf Ehelicherklärung oder Adoption in aller Regel keine Aussicht auf Erfolg haben. Mit einer Einwilligung der Mutter sei nicht zu rechnen, da sie das Kind gemeinsam mit ihrem Ehemann erziehen wolle und dessen Antrag befürworte. Eine Ersetzung ihrer Einwilligung sei nur auf Antrag des Kindes möglich, könne vom Vater also nicht herbeigeführt werden. Zudem werde eine Adoption durch ihn in diesen Fällen nicht dem Kindeswohl dienen, weil das Kind dadurch aus seiner gewohnten Umgebung herausgerissen und von seiner Mutter getrennt werde, die es vorher betreut und erzogen habe.

Weiterhin werde dem Anspruch auf rechtliches Gehör nach Art. 103 I GG durch die Verpflichtung des Jugendamtes nach § 51 III SGB VIII a.F., den Vater über seine Rechte aus § 1747 II BGB a.F. zu belehren, nicht ausreichend Rechnung getragen. Die Belehrung des Vaters durch das Jugendamt nach § 51 III SGB VIII a.F. könne eine Anhörung durch das Gericht nicht ersetzen. Abgesehen davon, dass das Jugendamt nur zu einer Beratung des Vaters bei der Wahrnehmung seiner Rechte nach § 1747 II 2 und 3 BGB a.F. verpflichtet sei, nicht aber zu seiner umfassenden Anhörung, sei nicht gewährleistet, dass die Äußerung des Vaters dem Gericht vollständig und frei von Wertungen übermittelt werde. Darüber hinaus sei zu berücksichtigen, dass das Jugendamt in aller Regel am Adoptionsverfahren – wie auch in den Ausgangsverfahren – in mehreren Funktionen beteiligt sei und deshalb die Anhörung durch ein neutrales Gericht nicht ersetzen könne.

Um den Forderungen des BVerfG Folge zu leisten, verabschiedete der Gesetzgeber ein umfangsreiches Reformpaket. Es enthielt außer dem KindRG mit Wirkung vom 1.7.1998 das am selben Tag in Kraft getretene Gesetz zur Abschaffung der Amtspflegschaft und zur Neuordnung der Beistandschaft[347], das Erbrechtsgleichstellungsgesetz mit Wirkung vom 1.4.1998[348] sowie das Kindesunterhaltsgesetz vom 6.4.1998.[349] Mit der Reform des Kindschaftsrechts verfolgte der Gesetzgeber das Ziel, die Rechte von Kindern zu verbessern und das Kindeswohl auf bestmögliche Art und Weise zu fördern. Auch die Rechtspositionen der Eltern sollten, sofern mit dem Kindeswohl vereinbar, gestärkt und vor unnötigen Eingriffen geschützt werden. Ferner beabsichtigte der Gesetzgeber, in Teilbereichen noch bestehende rechtliche Unterschiede zwischen ehelichen und nichtehelichen Kindern so weit wie möglich abzubauen.[350]

Viele Bereiche des Familienrechts erfuhren durch das KindRG erhebliche Änderungen. Neben einer Neuordnung des Abstammungs-[351] und Namensrechts[352] wurde für nicht miteinander verheiratete Eltern in § 1626a I BGB die Möglichkeit eines gemeinsamen Sorgerechts eingeführt, das sie durch Abgabe so genannter Sorgeerklärungen erhalten können.[353] Zudem brachte die Reform des

347 BGBl. 1997, Teil I, S. 2846 ff.; Erläuterungen bei Diederichsen, NJW 1998, S. 1978, 1987 ff.; Scholz, FPR 1998, S. 65; Schwab/Wagenitz, FamRZ 1997, S. 1380 f.

348 BGBl. 1997, Teil I, S. 2968 f. Weiterführend Peschel-Gutzeit, FPR 2005, S. 170; Scholz, FPR 1998, S. 65; Wichmann, FuR 1996, S. 170. f.

349 BGBl. 1998, Teil I, S. 666 ff.; dazu Peschel-Gutzeit, FPR 2005, S. 170.

350 BT-Drucks. XIII/4899, S. 1; vgl. Edenfeld, FuR 1996, S. 190; Liermann, FuR 1997, S. 217; Moritz, JA 1998, S. 705; Rehberg, FuR 1998, S. 65; Scholz, FPR 1998, S. 63; Willutzki, ZKJ 2007, S. 25; kritisch zur Umsetzung Schumann, FF 2007, S. 227.

351 BT-Drucks. XIII/4899, S. 51 ff. Ausführlich dazu Edenfeld, FuR 1996, S. 190 ff.; Gaul, FamRZ 1997, S. 1441 ff.; Helms, FuR 1996, S. 178 ff.; Moritz, JA 1998, S. 706 f.; Otto, Rpfleger 1999, S. 309 f.; Scholz, FPR 1998, S. 63; Schwab/Wagenitz, FamRZ 1997, S. 1377 ff.; Wichmann, FuR 1996, S. 165

352 BT-Drucks. XIII/4899, S. 70; S. ferner Moritz, JA 1998, S. 706; Scholz, FPR 1998, S. 64 f.; Schwab/Wagenitz, FamRZ 1997, S. 1382.

353 BT-Drucks. XIII/4899, S. 58 ff.; vgl. Diederichsen, NJW 1998, S. 1983; Lipp, FamRZ 1998, S. 65 ff.; Moritz, JA 1998, S. 707 ff.; Niepmann, MDR 1998, S. 565 f.; Peschel-Gutzeit, FPR 2005, S. 170; Rehberg, FuR 1998, S. 68; Scholz, FPR 1998, S. 63 f.; Schwab/Wagenitz, FamRZ 1997, S. 1379; Wichmann, FuR 1996, S. 161 ff.

Kindschaftsrechts jedem Elternteil unabhängig von der Inhaberschaft der elterlichen Sorge das Recht, mit seinem Kind Umgang zu haben, § 1684 I BGB.[354]

Auch im Recht der Kindesannahme bewirkte das KindRG grundlegende Umgestaltungen.[355] Abgeschafft wurden die Legitimation[356] sowie die Adoption des eigenen nichtehelichen Kindes.[357] Beide Rechtsinstitute bezweckten, den Status der Ehelichkeit herzustellen. Im Zuge der intendierten Gleichsetzung ehelicher und nichtehelicher Kinder erfolgte eine ersatzlose Streichung. Nunmehr konnte sich der Gesetzgeber mit der klarstellenden Formulierung in § 1747 I 1 BGB, nach dem für die Annahme eines Kindes die Einwilligung der Eltern erforderlich ist, dazu entschließen, auch Vätern nichtehelicher Kinder ein Einwilligungsrecht einzuräumen. Allerdings sieht § 1747 III BGB Sondervorschriften für den Vater vor, wenn die Eltern des zu adoptierenden Kindes nicht miteinander verheiratet sind und keine Sorgeerklärungen abgegeben haben.[358] Völlig neu ist die Einbeziehung des so genannten Vaterschaftsprätendenten in die gesetzliche Regelung. So muss nach der durch das KindRG geänderten Rechtslage gem. § 1747 I 2 BGB derjenigen der Adoption zustimmen, der die Vaterschaft glaubhaft macht, sofern diese noch nicht festgestellt, eine Adoption aber bereits beabsichtigt ist.[359] Die Ausweitung der Einwilligungsberechtigten auf den nicht mit der Kindesmutter verheirateten festgestellten Vater sowie den Vaterschaftsprätendenten erforderte, die Ersetzungstatbestände um einen zusätzlichen Absatz zu ergänzen. § 1748 IV BGB ordnet in seiner heutigen Fassung daher an, dass das Familiengericht[360] in den Fällen des Vaterschaftsprätendenten und des Vaters, der weder mit der Kindesmutter verheiratet ist noch die elterliche Sorge trägt, die Einwilligung in die Kindesannahme bereits dann zu ersetzen hat, wenn das Unterbleiben der Annahme dem Kind zu unverhältnismäßigem Nachteil gereichen würde.[361]

---

354 BT-Drucks. XIII/4899, S. 68 f.; Diederichsen, NJW 1998, S. 1986; Niepmann, MDR 1998, S. 567; Scholz, FPR 1998, S. 64; Schwab/Wagenitz, FamRZ 1997, S. 1381 f.; Wichmann, FuR 1996, S. 165.

355 Dazu auch Liermann, FuR 1997, S. 217 ff.; Moritz, JA 1998, S. 711 f.; Schwab/Wagenitz, FamRZ 1997, S. 1382; Wichmann, FuR 1996, S. 167 ff.

356 BT-Drucks. XIII/4899, S. 69 f.; Heinrich, StAZ 1996, S. 357; Maurer, FPR 2005, S. 197; Peschel-Gutzeit, FPR 2005, S. 170.

357 BT-Drucks. XIII/4899, S. 70; Dodegge, FPR 2001, S. 321; Frank, FamRZ 1998, S. 393; Greßmann, Neues Kindschaftsrecht, Rn. 391; Kopper-Reifenberg, Kindschaftsrechtsreform und Schutz des Familienlebens nach Art. 8 EMRK, S. 336 f.; von Luxburg, Das neue Kindschaftsrecht, S. 88; Maurer, FPR 2005, S. 197; Scholz, FPR 1998, S. 65; vgl. dazu auch die Reformvorschläge Schumanns, Die nichteheliche Familie, S. 341 ff.

358 Dazu 4. Kapitel II.

359 Dazu 4. Kapitel I. 3.

360 Seit dem 1.9.2009 ist das Familiengericht für Adoptionssachen zuständig, vgl. §§ 111 Nr. 4, 186 ff. FamFG.

361 Dazu 4. Kapitel III.

Mit den dargestellten Änderungen ging der Gesetzgeber weiter, als es ihm das BVerfG im Beschluss vom 7.3.1995 aufgegeben hatte. Obwohl sich das BVerfG in seinem Beschluss ausdrücklich auf Stiefkindadoptionen bezogen hatte, entschloss sich der Reformgesetzgeber dazu, das Recht der Kindesannahme umfassend, also auch hinsichtlich der Adoptionen durch Dritte, neu zu regeln.

Die Gewährung eines Einwilligungsrechts bedeutet für die Rechtsstellung des Vaters bei der Adoption seines nichtehelichen Kindes gegenüber der vorherigen Gesetzeslage eine evidente Verbesserung – soviel kann an dieser Stelle schon festgehalten werden. Denn dadurch, dass die Einwilligung des nicht mit der Kindesmutter verheirateten Vaters nunmehr materiell-rechtliche Voraussetzung für den Ausspruch der Annahme durch das Familiengericht ist, muss dieses vor seinem Spruch die Person des Vaters, seine fortbestehende Existenz, seine Einwilligung in die Adoption in notariell beurkundeter Form nach § 1750 I BGB und gegebenenfalls – wenn die Einwilligung nicht vorliegt – ihre Ersetzung nach § 1748 BGB prüfen. Damit kann der Vater nach heutiger Rechtslage aktiv über das Schicksal seines nichtehelichen Kindes mitbestimmen, ohne selbst die elterliche Verantwortung übernehmen zu müssen.[362]

Inwieweit sich die in §§ 1747 III, 1748 IV BGB normierten Sondervorschriften im verfassungskonformen Bereich bewegen und in Einklang mit einschlägigen völkerrechtlichen Übereinkommen stehen, wird noch zu zeigen sein.

V. Stellungnahme

Die Veränderungen, die das AdoptG brachte, sind in vielerlei Hinsicht zu begrüßen. So ist die Entscheidung des Gesetzgebers für die Einführung der Volladoption angesichts des Fürsorgezwecks, den das Rechtsinstitut der Kindesannahme verfolgt, zu befürworten. Zwar unterliegt diese Adoptionsform wegen ihres unbedingten Charakters berechtigten Zweifeln, die sich vor allem auf das Recht des Kindes auf Kenntnis seiner genetischen Herkunft beziehen.[363] Ebenso sind die gravierenden Folgen einer Volladoption für das Vater-Kind-Verhältnis zu bedenken. Der leibliche Vater verliert die rechtliche Möglichkeit, eine Umgangsregelung zu beantragen und eine persönliche Beziehung zu seinem Kind aufrechtzuerhalten oder wieder zu beleben. Eine Volladoption schafft endgültige Zustände. Im Gegensatz zu der noch bis Ende 1976 in der Rechtsordnung vorgesehenen Adoption mit schwachen Rechtswirkungen wird das rechtliche Band zwischen einem Kind und seinen leiblichen Eltern bei der Volladoption nicht

362 Maurer, FamRZ 2006, S. 96.

363 MünchKommBGB/*Maurer*, Vor § 1741, Rn. 19.

erhalten. Es tritt ein irreversibler Abbruch der rechtlichen Verbindung zu den biologischen Verwandten ein. Auf ein solches unwiederbringliches Zerschneiden der rechtlichen Beziehungen verzichtet eine Adoption mit schwachen Rechtswirkungen. Dieser Adoptionstyp respektiert die natürlichen Gegebenheiten.

Nach dem heutigen Forschungsstand fordert das Kindeswohl nicht zwingend die Zuordnung an eine bestimmte Person. Vielmehr werden möglichst intensive Beziehungen zu mehreren Bezugspersonen befürwortet, auch wenn die Anzahl der Personen, zu denen ein Kind Bindungen aufbauen kann, auf wenige begrenzt ist.[364] Dennoch ist die Volladoption der gegenüber der Adoption mit schwachen Rechtswirkungen vorzugswürdige Adoptionstypus. Sie gewährleistet eine vollständige Integrierung in die Adoptivfamilie, die für eine positive Entwicklung des Kindes und damit schließlich für den Erfolg einer Kindesannahme unerlässlich ist.[365] Nur durch eine ausschließliche Eingliederung in die Adoptivfamilie ist das angenommene Kind den leiblichen Kindern seiner Adoptiveltern gleichgestellt. Ferner ist mit der Volladoption ein nicht zu unterschätzender Symbolakt verbunden[366], der sich auf die mentale Entwicklung des Kindes positiv auswirkt. Durch die Stellung als vollwertiges Mitglied der Adoptivfamilie wird die Identifizierung des Kindes mit seinem neuen Umfeld gefördert. Auch gegenüber Verwandten und Bekannten, vor denen sich Adoptiveltern für ihre besondere Familienkonstellation oft rechtfertigen müssen[367], wird deutlich, dass das Kind fest in der Familie verortet ist.

Festzuhalten ist somit, dass im sensiblen Bereich des Adoptionsrechts rechtliche Halbherzigkeiten nicht toleriert werden dürfen. Ein Zwischenstatus, der das Kind sowohl in die leibliche Familie als auch in die Adoptivfamilie eingliedert, kann dem Kind nicht zugemutet werden. Allein im Bereich der Stiefkindadoption ist eine Aufrechterhaltung der rechtlichen Beziehung zwischen Kind und leiblichem Vater gerechtfertigt, da hier die Möglichkeit besteht, dass die Ehe der Mutter mit dem das Kind annehmenden Ehegatten scheitert. Angesichts der heutigen Scheidungszahlen[368] muss die gesetzliche Regelung diesen Fall berücksichtigen. Gerade weil der Typus der Volladoption die gravierende Folge vorsieht, dass das Verwandtschaftsverhältnis des Kindes zu seinen bisherigen Verwandten erlischt, muss die Mitwirkung der leiblichen Eltern am Adoptionsverfahren gewährleistet sein. Insbesondere darf das Jugendamt die leiblichen

364 Unzner, FPR 2003, S. 322; vgl. Einleitung II. 5.

365 So auch Baumann, in: Fortpflanzungsmedizin und Humangenetik, S. 182 f.; vgl. Paulitz, ZfJ 1997, S. 130.

366 So zutreffend Frank, FamRZ 2007, S. 1697.

367 Paulitz/*Hoksbergen*, Adoption, S. 282.

368 S. dazu Einleitung II. 4.

Eltern nicht aus dem Adoptionsverfahren verdrängen, um einen komplikationsfreien Ablauf des Verfahrens zu sichern.

Im Gegensatz zu der begrüßenswerten Entscheidung des Gesetzgebers zur Volladoption sind hinsichtlich der Rechtsstellung des nicht mit der Kindesmutter verheirateten Vaters nach der durch das AdoptG geänderten Rechtslage noch starke Defizite erkennbar. Zwar wurde im Entwurf der Bundesregierung zum AdoptG betont, dass es oftmals dem Wohl eines Kindes entspreche, wenn es in der Familie eines leiblichen Elternteils aufwachse.[369] Dennoch vermochte sich der Gesetzgeber 1976 wiederum nicht zu einem Einwilligungsrecht des nicht mit der Mutter verheirateten Vaters durchzuringen, mit dem dieser eine Adoption durch Dritte jedenfalls hätte verhindern können. Die im Wege des AdoptG geschaffenen Eingriffsmöglichkeiten gaben dem Vater indessen keine ausreichenden Mittel an die Hand, um sein nichteheliches Kind zu sich zu nehmen. Die Option, das eigene Kind zu legitimieren oder zu adoptieren, wurde nicht nur als unnatürlich empfunden[370], da ein schon bestehendes natürliches Verwandtschaftsverhältnis zusätzlich rechtlich konstruiert werden musste. Ihr fehlte zudem in der Praxis die nötige Effektivität. Denn aus Gründen des Kindeswohls und wegen des Einwilligungsrechts der Mutter hatten die Anträge auf Legitimation oder Adoption in den wenigsten Fällen Erfolg.[371] Eine Ersetzung der Einwilligung der Mutter gem. §§ 1727 BGB a.F., 1748 BGB a.F. kam nur infrage, wenn die Verweigerung ihrer Einwilligung deutlich dem Wohl des Kindes zuwiderlief. Diese Voraussetzung wurde selten erfüllt.[372]

Problematisch war weiterhin, dass der Gesetzgeber mit dem AdoptG die Pflicht abschaffte, den nicht mit der Kindesmutter verheirateten Vater vor dem – damals noch – Vormundschaftsgericht anzuhören. Daraus wurde nämlich teilweise sogar geschlossen, dass dem Vater im Adoptionsverfahren kein Anhö-

---

369 BT-Drucks. VII/3061, S. 37.

370 Böhm, ZRP 1992, S. 337; Coester, RdJB 1996, S. 439; Dethloff, FamRZ 1992, S. 2207; Kropholler, AcP 185 (1985), S. 293; Michl, Die personalen Rechtsbeziehungen im nichtehelichen Vater-Kind-Verhältnis, S. 153 ff.; Schumann, Die nichteheliche Familie, S. 340, 342 f., die außerdem auf den Widerspruch der Konstruktion zu § 1741 I BGB, nach dem eine Adoption dem Wohl des Kindes dienen muss, hinweist. Engler, FamRZ 1975, S. 326, hält die Konstruktion für überflüssig. A.A. Lehmann-Jessen, FamRZ 1976, S. 14 ff.; dagegen wiederum Engler, FamRZ 1976, S. 17.

371 Blech, Die Rechte des nichtehelichen Vaters im deutschen Kindschaftsrecht, S. 82; Buhr, FamRZ 1995, S. 1269; Coester, FamRZ 1995, S. 1249; Maurer, FPR 2005, S. 197; Müller, DAVorm 1983, Sp. 891; Schumann, Die nichteheliche Familie, S. 222.

372 Vgl. Brötel, ZfJ 1992, S. 250; Fahrenhorst, FuR 1995, S. 111.

rungsrecht zustehe.[373] Eine Stärkung der Rechtsstellung der Väter nichtehelicher Kinder bewirkten die Änderungen des AdoptG somit nicht.

Das negative Bild von nichtehelicher Vaterschaft hat im deutschen Familienrecht eine lange Tradition. Seine teilweise immer noch währende Präsenz belegen sogar die Materialen zum KindRG selbst, dessen Ansinnen es doch war, die Rechtsstellung nichtehelicher Kinder und ihrer Väter zu stärken. Der Bundesrat wehrte sich bei den Vorarbeiten zum KindRG gegen die zunächst in § 1747 I 3 BGB-E verortete Fiktion einer mit der Einwilligungserklärung der Mutter in die Kindesannahme automatisch erfolgten Zustimmung zur Sorgerechtsübertragung auf den Vater. Es seien Konstellationen denkbar, so der Bundesrat, in denen die Mutter über Informationen verfüge, die eine Annahme oder Übernahme der Sorge durch den Vater bedenklich erscheinen ließen.[374] In dieselbe Richtung ging der Vorschlag der Kommission Kindschaftsrecht des Deutschen Juristinnenbundes. Danach sollte die Regelung des § 1747 I 3 BGB-E ersatzlos gestrichen werden. Zwar erleichtere die fingierte Zustimmung der Mutter zur Sorgerechtsübertragung das Verfahren nach § 1672 I BGB, sie entspreche aber häufig gerade nicht dem Willen der Mutter. Wenn diese ihre Einwilligung in die Adoption durch Dritte erkläre, so wolle sie diese Adoption und nicht die Übertragung der Sorge auf den Vater. In diesem Fall habe der Gesetzgeber nicht das Recht, den Willen der Mutter nicht ernst zu nehmen und in sein Gegenteil zu verkehren. Es müssten daher ganz normale Verfahren nach § 1672 I BGB und gem. § 1752 BGB durchgeführt werden, wobei die Reihenfolge der Entscheidung von § 1747 III Nr. 2 BGB vorgegeben sei.[375]

Die stigmatisierende und pauschalierende Betrachtung nichtehelicher Vaterschaft wird der sozialen Realität heute nicht mehr gerecht.[376] Eine generelle Ab-

---

373 OLG Hamm FamRZ 1994, S. 1198 (1199); Blech, Die Rechte des nichtehelichen Vaters im deutschen Kindschaftsrecht, S. 85; Brötel, FamRZ 1995, S. 78; a.A. Breitkopf, Die Stellung des mit der Mutter nicht verheirateten Vaters bei Adoption des Kindes, S. 29; Frank/Wassermann, FamRZ 1988, S. 1249; Kuntze, FamRZ 1995, S. 655; Liermann, FamRZ 1995, S. 507; MünchKommBGB/*Lüderitz*, § 1747, Rn. 26. Vgl. zum Ganzen Fahrenhorst, FuR 1995, S. 109.

374 BT-Drucks. XIII/4899, S. 157.

375 Stellungnahme der Kommission Kindschaftsrecht des Deutschen Juristinnenbundes zum Entwurf des KindRG und zum Entwurf des Beistandschaftsgesetzes, FPR Service 04 1997, S. XI.

376 Zweifelhaft ist, ob die bis in die 1970er Jahren vorherrschende Einschätzung, nichteheliche Kinder seien mit vaterlosen Kindern gleichzusetzen, der damaligen sozialen Realität entsprach, s. dazu Kemm, JZ 1995, S. 1114; Schwenzer, FamRZ 1985, S. 1203; dies., Verhandlungen des neunundfünfzigsten Deutschen Juristentages, Hannover 1992, Band I (Gutachten), Teil A, S. 12; Zenz/Salgo, Zur Diskriminierung der Frau im Recht der Eltern-Kind-Beziehung, S. 60.

qualifizierung der Beziehung zwischen Vätern und ihren nichtehelichen Kindern übersieht den Variantenreichtum gelebter Vater-Kind-Verhältnisse. Dass Väter an einem Kontakt zu ihren nichtehelichen Kindern kein Interesse haben, kann nicht mehr als Regelfall unterstellt werden und deshalb auch nicht als Orientierung für die Rechtsordnung dienen. Insbesondere dürfen Vätern nichtehelicher Kinder nicht bestimmte Rechte im Hinblick auf ihr Kind mit der Begründung verweigert werden, sie seien ohnehin nicht willens und in der Lage, der mit diesen Rechten verbundenen Verantwortung nachzukommen. Denn wie kann sich ein Vater verantwortlich zeigen, wenn ihm die Fähigkeit, Verantwortung zu tragen, von vornherein rechtlich aberkannt wird?

Auch im Adoptionsrecht verbietet es sich, Vätern nichtehelicher Kinder aufgrund der Prämisse eines regelmäßig fehlenden oder gestörten Vater-Kind-Verhältnisses eine gegenüber Vätern ehelicher Kinder geminderte Rechtsposition einzuräumen. Angesichts des zahlenmäßigen Anstiegs außerehelich geborener Kinder und der modernen Sicht von familiärer Verantwortlichkeit Unverheirateter ist ein Generalverdacht gegenüber Vätern nichtehelicher Kinder obsolet.[377] Sofern die geltenden adoptionsrechtlichen Regelungen solche Stigmatisierungen enthalten, sind diese abzubauen, um ein Auseinanderfallen zwischen gelebter Realität und gesetzlicher Regelung zu vermeiden. Das Gebot, Vätern nichtehelicher Kinder nicht grundsätzlich das Vertrauen zu versagen, gilt sowohl für die Rechtssetzung als auch für die Rechtsanwendung. So muss gewährleistet sein, dass die altbekannte Tendenz des Jugendamtes, den Vater eines nichtehelichen Kindes als Störenfried im Adoptionsverfahren anzusehen und ihn im Interesse eines „reibungslosen“ Verfahrensablaufs weitgehend aus dem Verfahren zu verdrängen, in der heutigen Adoptionspraxis nicht mehr auftritt.

377 Vgl. hierzu von Renesse, FPR 1998, S. 61.

2. Kapitel. Völkerrechtliche Vorgaben

Um die Rechtsstellung des Vaters bei der Adoption seines nichtehelichen Kindes zu beurteilen, sind nicht allein die Maßgaben des Grundgesetzes von Interesse. Vielmehr muss der Blick zunächst auf völkerrechtliche Übereinkommen gerichtet werden, die die Gestaltung dieser Rechtsstellung betreffen. Völkerrechtliche Übereinkommen spielen wegen der zunehmenden Entwicklung supranationaler Rechtsverflechtung eine immer stärkere Rolle in den nationalen Rechtsbeziehungen.[378] Nicht selten sind sie auch der Motor für Reformen des innerstaatlichen Rechts.

I. Die Bedeutung völkerrechtlicher Übereinkommen für das innerstaatliche Recht

Bevor im Einzelnen auf die verschiedenen völkerrechtlichen Übereinkommen eingegangen wird, die für die adoptionsrechtliche Stellung des Vaters eine Rolle spielen, bedarf es der Klärung der Frage, inwieweit die darin enthaltenen Aussagen für das innerstaatliche Recht bindend sind. Die Auswirkungen der völkerrechtlichen Übereinkommen sind sowohl im Hinblick auf die nationale Rechtssetzung und -anwendung als auch bezüglich der nationalen Rechtsprechungspraxis zu untersuchen.

Zum Verständnis des Verhältnisses zwischen völkerrechtlichen Verträgen und der innerstaatlichen Rechtsordnung hilft zunächst die Lektüre des Art. 59 II 1 GG weiter. Darin heißt es, dass Verträge, welche die politischen Beziehungen des Bundes regeln oder sich auf die Gegenstände der Bundesgesetzgebung beziehen, der Zustimmung oder Mitwirkung der jeweils für die Bundesgesetzgebung zuständigen Körperschaft in der Form eines Bundesgesetzes bedürfen. Das nach Art. 59 II 1 GG erforderliche Zustimmungsgesetz zu einem völkerrechtlichen Vertrag hat nicht nur die Funktion, den Bundespräsidenten zum Abschluss des betreffenden Vertrages zu ermächtigen, sondern enthält auch den innerstaat-

378 Vgl. Sauer, ZaöRV 65 (2005), S. 36.

lichen Rechtsanwendungsbefehl.[379] Mittels des jeweiligen Zustimmungsgesetzes werden die völkerrechtlichen Verträge in nationales Recht umgewandelt. Durch die Transformierung sind sie Bestandteil der deutschen Rechtsordnung und vor deutschen Gerichten und Verwaltungsbehörden als unmittelbar geltendes Recht anzuwenden, soweit es sich um „self-executing" Normen handelt.[380] Sollte dies nicht der Fall sein, ist der Gesetzgeber verpflichtet, ihnen durch innerstaatliche Umsetzung effektive Geltung zu verschaffen.[381] Die in nationales Recht transformierten völkerrechtlichen Bestimmungen teilen den Rang des Zustimmungsgesetzes, so dass ihnen innerhalb der innerstaatlichen Normenhierarchie der Status eines einfachen Bundesgesetzes zuzumessen ist.[382] Etwas anderes gilt allerdings bei internationalen Menschenrechtsgarantien, die die Qualität von allgemeinen Regeln des Völkerrechts erreichen. Gem. Art. 25 GG sind diese Regeln unabhängig von einem gesonderten Zustimmungsgesetz Bestandteil des Bundesrechts und gehen den Gesetzen vor. Folglich sind sie – so die herrschende

379 Brötel, DAVorm 1997, Sp. 539; Hummel, IStR 2005, S. 35; Klein, in: Kindschaftsrecht und Völkerrecht, S. 33; Koeppel, NJ 1990, S. 525; Meng, in: Kindschaftsrecht und Völkerrecht, S. 12, Sauer, ZaöRV 65 (2005), S. 38; Schweitzer, Staatsrecht III, Rn. 445; Tomuschat, in: HdbStR VII, § 173, Rn. 21.

380 So geschehen im Beschluss des AG Kamen vom 13.4.1995, DAVorm 1995, Sp. 752 ff. = FamRZ 1995, S. 1077 ff. Vgl. dazu die Anmerkung Meixners, FuR 1996, S. 15 ff.

381 Brötel, DAVorm 1996, Sp. 851; Dickmeis, DAVorm 1997, Sp. 153; Kirchhof, EuGRZ 1994, S. 27; Klein, in: Kindschaftsrecht und Völkerrecht, S. 39 ff.; Meng, in: Kindschaftsrecht und Völkerrecht, S. 13; Reeken, ZfJ 1993, S. 426; Schumann, Die nichteheliche Familie, S. 140; bzgl. EMRK Börgers, FuR 1990, S. 141; Frowein, JuS 1986, S. 847; Häde/Jachmann, FamRZ 1996, S. 633; Grupp/Stelkens, DVBl. 2005, S. 134; Menzel, DÖV 1970, S. 509.

382 Brötel, DAVorm 1996, Sp. 751; Dickmeis, DAVorm 1996, Sp. 153; Kirchhof, EuGRZ 1994, S. 18, 25; Schumann, Die nichteheliche Familie, S. 139 f.; Sommermann, AöR 114 (1989), S. 407. Speziell zur EMRK Benda, AnwBl 2005, S. 602; Börgers, FuR 1990, S. 141; Cremer, EuGRZ 2004, S. 686; Frowein, JuS 1986, S. 847; Glauben, DRiZ 2004, S. 131; Grabenwarter, VVDStRL 60 (2000), S. 305; Häde/Jachmann, FamRZ 1996, S. 633; Heckötter, Die Bedeutung der Europäischen Menschenrechtskonvention und die Rechtsprechung des EGMR für die deutschen Gerichte, S. 92 ff.; Herdegen, FamRZ 1993, S. 378; Hilf, in: Entwicklung der Menschenrechte innerhalb der Staaten Europas, S. 41; Kadelbach, Jura 2005, S. 480; Steinberger, ZaöRV 1988, S. 6; Völker, Kind-Prax 2004, S. 216; von Weber, MDR 1955, S. 388; kritisch Bleckmann, EuGRZ 1994, S. 150, ders., DÖV 1996, S. 138, ebenso Ress, in: Europäischer Menschenrechtsschutz, S. 273 f. Echterhölter, JZ 1955, S. 691 f., will der EMRK über Art. 1 II GG materiellen Verfassungsrang zukommen lassen. Vgl. zur Anwendung des Art. 24 GG auf die EMRK Langenfeld, in: Grundrechtsschutz in Europa, S. 98 ff. sowie Walter, ZaöRV 59 (1999), S. 973 ff.

Ansicht – über den einfachen Bundesgesetzen, jedoch unterhalb des Grundgesetzes anzusiedeln.[383]

Dadurch, dass die in den Übereinkommen verbürgten Garantien regelmäßig auf der Ebene des einfachen Bundesrechts eingestuft werden, kommen die Grundsätze „lex posterior derogat legi priori" und „lex specialis derogat legi generali" zur Anwendung. Die supranationalen Normen gehen im Fall einer Kollision des Inhalts der völkerrechtlichen Verträge mit innerstaatlichem Recht früheren bzw. allgemeineren Bundesgesetzen vor. Späteren bzw. spezielleren Bundesgesetzen müssen sie dagegen weichen.[384] Probleme ergeben sich dabei vor allem durch die strikte Anwendung der lex-posterior-Regel, die dem innerstaatlichen Gesetzgeber die Möglichkeit eröffnet, durch Erlass nachfolgender Gesetze ein früheres Übereinkommen auszuhebeln.[385] Ein solches Vorgehen verbietet jedoch das Verfassungsgebot der Völkerrechtsfreundlichkeit[386], das sich aus der Präambel und Art. 1 II, Art. 9 II und Art. 24 bis Art. 26 GG ergibt.[387] Im Wege der völkerrechtsfreundlichen Auslegung wird eine widerlegbare Vermutung dafür aufgestellt, dass sich der Gesetzgeber durch den Erlass des auszulegenden Gesetzes nicht in Widerspruch zu seinen völkerrechtlichen Verpflichtungen hat setzen wollen.[388] In der Konsequenz werden spätere Bundesgesetze so interpretiert, dass sie dem früheren völkerrechtlichen Vertrag nicht entgegenstehen.[389] Der Rechtsprechung des BVerfG zufolge ist die völkerrechtsfreundliche

383 Häde/Jachmann, FamRZ 1996, S. 633; Herdegen, FamRZ 1993, S. 378; Kirchhof, EuGRZ 1994, S. 26; Klein, in: Kindschaftsrecht und Völkerrecht, S. 42; Lenz, Zuleeg-FS, S. 238; Ruffert, EuGRZ 2007, S. 246; Schumann, Die nichteheliche Familie, S. 139.

384 Kirchhoff, EuGRZ 1994, S. 25; Meng, in: Kindschaftsrecht und Völkerrecht, S. 13; Reeken, ZfJ 1993, S. 426; Schumann, Die nichteheliche Familie, S. 140; Sommermann, AöR 114 (1989), S. 409; bzgl. EMRK Cremer, EuGRZ 2004, S. 686; Häde/Jachmann, FamRZ 1996, S. 633; Hilf, in: Entwicklung der Menschenrechte innerhalb der Staaten Europas, S. 40; Langenfeld, in: Grundrechtsschutz in Europa, S. 95; kritisch Staebe, JA 1996, S. 79.

385 Kadelbach, Jura 2005, S. 480; Schaffarzik, DÖV 2005, S. 861; Börgers, FuR 1990, S. 141 spricht davon, dass die Konventionsrechte zur Disposition des einfachen Gesetzgebers gestellt werden; zur EMRK als lex prior S. Uerpmann, Die Europäische Menschenrechtskonvention und die deutsche Rechtsprechung, S. 75 ff.

386 BVerfGE 74, S. 358 (370);vgl. Grupp/Stelkens, DVBl. 2005, S. 134; Häde/Jachmann, FamRZ 1996, S. 633. Ausführlich zum Grundsatz der Völkerrechtsfreundlichkeit Bleckmann, DÖV 1979, S. 309 ff.; ders., DÖV 1996, S. 137 ff.

387 Benda, AnwBl 2005, S. 602; Hummel, IStR 2005, S. 35; Kadelbach, Jura 2005, S. 481; Schaffarzik, DÖV 2005, S. 861; Seibert, Hirsch-FS, S. 526. S. dazu außerdem Tomuschat, in: HdbStR VII, § 173, Rn. 2 ff.

388 BVerfGE 74, S. 358 (370). S. dazu ferner Hilf, in: Entwicklung der Menschenrechte innerhalb der Staaten Europas, S. 40; Stöcker, NJW 1982, S. 1907.

389 Bleckmann, EuGRZ 1994, S. 152; Börgers, FuR 1990, S. 142; Kirchhoff, EuGRZ 1994, S. 26; Koeppel, DAVorm 1993, Sp. 601 f.; Langenfeld, in: Grundrechtsschutz in Europa, S. 95; Schaffarzik, DÖV 2005, S. 861; Uerpmann, Die Europäische Menschenrechtskonvention und

Auslegung nicht nur auf Interpretation einfachgesetzlicher Vorschriften bezogen, sondern auch auf das Grundgesetz auszuweiten.[390]

Sofern eine innerstaatliche Bestimmung keiner Auslegung zugänglich ist, aber gegen supranationales Recht verstößt, ist nur dann der Gang zum BVerfG eröffnet, wenn gleichzeitig ein Verfassungsverstoß gegeben sein könnte. Ansonsten bleibt die Möglichkeit einer Verfassungsbeschwerde wegen des in der Regel einfachgesetzlichen Ranges des umgesetzten Völkerrechts verschlossen.[391] Ob darüber hinaus eine Verletzung der in völkerrechtlichen Verträgen verbürgten Garantien auch auf internationaler Ebene geltend gemacht werden kann, hängt davon ab, ob ein solches Verfahren bei einer entsprechenden Kontrollinstanz überhaupt vorgesehen ist.[392] Im Falle einer behaupteten Verletzung der EMRK etwa kann sich nach Erschöpfung aller innerstaatlichen Rechtsbehelfe jede natürliche Person im Wege der Individualbeschwerde gem. Art. 34 EMRK an den EGMR wenden. Andere völkerrechtliche Grundrechtskataloge verfügen dagegen nicht über ein eigenes Rechtsschutzsystem, so dass sich die Möglichkeit einer Individualbeschwerde nicht bietet.[393]

Übertragen auf die im Rahmen der Untersuchung der adoptionsrechtlichen Position des Vaters eines nichtehelichen Kindes herangezogenen Übereinkommen lassen sich aus den obigen Ausführungen folgende Schlüsse ziehen: Als völkerrechtliche Verträge gehören die EMRK, die UN-Kinderrechtskonvention, die Nichtdiskriminierungsvereinbarung der Vereinten Nationen, der IPbpR sowie das Haager Adoptionsübereinkommen von 1993 über das nach Art. 59 II 1 GG erforderliche Transformationsgesetz zur deutschen Rechtsordnung. Sie sind demzufolge auch Rechtsquellen des deutschen Adoptionsrechts. Obwohl die Übereinkommen in der innerstaatlichen Normenhierarchie den Rang eines einfachen Bundesgesetzes einnehmen, dienen sie als Auslegungsmaßstab für das Grundgesetz.

---

die deutsche Rechtsprechung, S. 90; Schumann, Die nichteheliche Familie, S. 141; Sommermann, AöR 114 (1989), S. 416.

390 BVerfGE 74, S. 358 (370); dazu Schumann, Die nichteheliche Familie, S. 138; Seibert, FamRZ 1995, S. 1458.

391 Benda, EuGRZ 2002, S. 1; vgl. bzgl. EMRK Grote/Marauhn/*Giegerich*, EMRK/GG, Kap. 2, Rn. 44; Roller, DRiZ 2004, S. 337; Sauer, ZaöRV 65 (2005), S. 46; Sommermann, AöR 114 (1989), S. 410.

392 Schumann, Die nichteheliche Familie, S. 142.

393 Brötel, DAVorm 1996, Sp. 845; de Zayas, in: Kindschaftsrecht und Völkerrecht, S. 93.

II. Die einzelnen völkerrechtlichen Übereinkommen

Maßgeblich dafür, inwieweit ein Vater bei der Adoption seines nichtehelichen Kindes auf völkerrechtlicher Ebene geschützt ist, sind die Garantien der EMRK, der UN-Kinderrechtskonvention, der Nichtdiskriminierungsvereinbarung der Vereinten Nationen, des IPbpR, das Haager Adoptionsübereinkommen von 1993 sowie das Europäische Übereinkommen über die Adoption von Kindern (revidiert) aus dem Jahr 2008. Die genannten Übereinkommen gewähren Vätern und ihren nichtehelichen Kindern bestimmte Rechte, die von den Vertragsstaaten nach den darlegten Grundsätzen beachtet werden müssen.

1. Konvention zum Schutze der Menschenrechte und Grundfreiheiten (EMRK)

Die Konvention zum Schutze der Menschenrechte und Grundfreiheiten wurde am 4.11.1950 in Rom unterzeichnet und trat für die Bundesrepublik Deutschland am 3.9.1953 in Kraft, nachdem sie ein Jahr zuvor durch die Bundesrepublik Deutschland ratifiziert worden war.[394] Sie enthält in verschiedenen Artikeln Aussagen, die für die Rechtsstellung des Vaters bei der Adoption seines nichtehelichen Kindes durch Dritte von zentraler Bedeutung sind.

a) Der Anspruch auf Achtung des Familienlebens nach Art. 8 I EMRK

Art. 8 I EMRK gewährleistet jeder Person unter anderem das Recht auf Achtung ihres Familienlebens. Für die Bestimmung der Tragweite dieser Gewährleistung sind die Urteile des Europäischen Gerichtshofes für Menschenrechte maßgeblich, in denen über eine mögliche Verletzung des in Art. 8 I EMRK garantierten Rechts auf Achtung des Familienlebens zu befinden war. Erst die Judikatur des EGMR als Organ zur Überwachung der Einhaltung der Konvention durch die Vertragsstaaten erfüllt den Text der Konventionsgarantien mit Leben, so dass sich aus der Zusammenschau der EMRK und der dazu ergangenen Rechtsprechung der konkrete Inhalt des konventionsrechtlichen Menschenrechtsschutzes ergibt. Völkerrechtlich und damit auch innerstaatlich gilt die EMRK wegen des

394 BGBl. 1952, Teil II, S. 686; BGBl. 1954, Teil II, S. 14. Näheres zur Entstehung bei Brötel, in: Kindschaftsrecht und Völkerrecht, S. 49; Frowein, Zeidler-FS, S. 1763 ff.; ders., in: HdbStR VII, § 180, Rn. 1 ff.; Staebe, JA 1996, S. 75; Stöcker, DAVorm 1980, Sp. 249 f.; Tomuschat, EuGRZ 2003, S. 95 ff.

Rechtsprechungsauftrags in Art. 32 EMRK in der Gestalt, die sie durch die Auslegung und Anwendung durch den EGMR erfahren hat.[395]

Unter dem Aspekt des Schutzbereiches stellt sich bei Art. 8 I EMRK als primär abwehrrechtlich fungierender Garantie die Frage, wie der Begriff des Familienlebens als Schutzgut des Art. 8 I EMRK zu verstehen ist. Dabei handelt es sich um einen autonomen Begriff, d.h. die Auslegung erfolgt unabhängig von dem Begriffsverständnis der Mitgliedstaaten.[396] Ansonsten könnte die Konvention ihrem Ziel, die Grundrechtsstandards in Europa anzugleichen, nicht gerecht werden.[397] Deshalb darf bei der Interpretation des Familienlebens i.S.d Art. 8 I EMRK weder Art. 6 I GG herangezogen werden, noch hilft ein Rückgriff auf Art. 6 II 1 GG weiter, dessen Schutzgut ohnehin nicht das Familienleben, sondern das natürliche Recht der Eltern ist.[398] Vielmehr sind – entsprechend den oben dargestellten Grundsätzen – die innerstaatlichen Verfassungsgarantien im Lichte der EMRK auszulegen.[399]

aa) Der Fall Marckx gegen Belgien

Äußerst bedeutsam für die Reichweite des Familienbegriffs in der EMRK ist das im Jahr 1979 ergangene Urteil des Gerichtshofes im Fall Marckx gegen Belgien.[400] Dieser Fall betraf die Individualbeschwerde einer unverheirateten Mutter,

---

395 Sauer, ZaöRV 65 (2005), S. 41.

396 Brötel, Der Anspruch auf Achtung des Familienlebens, S. 65; ders., in: Kindschaftsrecht und Völkerrecht, S. 51; Grote/Marauhn/*Meljnik*, EMRK/GG, Kap. 16, Rn. 40; Matscher, Mosler-FS, S. 550 f.; Palm-Risse, Der völkerrechtliche Schutz von Ehe und Familie, S. 195.

397 Bernhardt, Wiarda-FS, S. 67; Brötel, DAVorm 1996, Sp. 752; Fahrenhorst, Familienrecht und Europäische Menschenrechtskonvention, S. 96; Rixe, in: Sechzehnter Deutscher Familiengerichtstag, Brühler Schriften zum Familienrecht, S. 59.

398 S. dazu Coester, FamRZ 1995, S. 1251.

399 Meyer-Ladewig, Nomos Kommentar EMRK, Art. 1, Rn. 4.

400 EGMR DAVorm 1980, Sp. 265 ff. = EuGRZ 1979, S. 454 ff. = FamRZ 1979, S. 903 f. (Leitsätze) = NJW 1979, S. 2449 ff.; vgl. ergänzend Bayer, Abkehr vom Nichtehelichenrecht, S. 48 f.; Bernhardt, Wiarda-FS, S. 69; Breuer, EuGRZ 2004, S. 257 f., 263; Brötel, Der Anspruch auf Achtung des Familienlebens, S. 41, 47 ff., 59; ders., FamRZ 1991, S. 778; ders., ZfJ 1992, S. 243; ders., DAVorm 1996, Sp. 753; ders., in: Kindschaftsrecht und Völkerrecht, S. 51; Ebert, FamRZ 1994, S. 277; Frowein, EuGRZ 1980, S. 235; ders., in: HdbStR VII, § 180, Rn. 15; Hepting, FamRZ 2001, S. 1577; Hötzel, in: Die nichteheliche Lebensgemeinschaft, S. 143; Huvalé, ZBlJugR 1980, S. 562; Jayme, NJW 1979, S. 2425 ff.; ders., FamRZ 1981, S. 222 f.; Kilian, Die Bindungswirkung der Entscheidungen des Europäischen Gerichtshofs für Menschenrechte, S. 200 f.; Koeppel, NJ 1990, S. 525; Kopper-Reifenberg, Kindschaftsrechtsreform und Schutz des Familienlebens nach Art. 8 EMRK, S. 77; Kropholler, AcP 185 (1985), S. 249; Meixner, FuR 1996, S. 15; Palm-Risse, Der völkerrechtliche Schutz von Ehe und Familie, S. 233; Pernthaler/Kathrein, EuGRZ 1983, S. 510; Pintens, ZfRV 29 (1988), S. 259 ff.; Polakiewicz, Die Verpflichtungen der Staaten aus den Urteilen des Europä-

die ihre Tochter adoptieren musste, um ihr gewisse Rechte zu sichern. Selbst nach einer Adoption war das Kind gegenüber väterlichen und mütterlichen Verwandten nicht erbberechtigt und auch von der verwandtschaftlichen Unterstützungspflicht ausgeschlossen.[401] In den Entscheidungsgründen führte der Gerichtshof zur Weite des Schutzbereichs des Art. 8 I EMRK aus, dass in voller Übereinstimmung mit der ständigen Spruchpraxis der Europäischen Kommission für Menschenrechte[402] bei Art. 8 I EMRK nicht zwischen ehelicher und nichtehelicher Familie unterschieden werden dürfe. Eine solche Unterscheidung widerspreche dem Wortlaut des Art. 8 I EMRK, nach dem jede Person das Recht auf Achtung ihres Familienlebens habe. Dies bestätige auch Art. 14 EMRK, indem er bei Genuss der in der Konvention festgelegten Rechte und Freiheiten Diskriminierungen verbiete, die auf der Geburt beruhten. Überdies sehe das Ministerkomitee des Europarats die allein stehende Mutter und ihr Kind als Familie an.[403]

bb) Der Fall Keegan gegen Irland

Wie schon in den Anmerkungen zum Marckx-Urteil vermutet worden war[404], bekräftigte der EGMR später, dass auch die Rechte des nicht mit der Kindesmutter verheirateten Vaters auf Achtung seines Familienlebens durch die Konvention garantiert werden.[405] So erklärte der Gerichtshof in seinem Urteil zum Fall Keegan gegen Irland vom 26.5.1994, dass die Mitglieder der nichtehelichen

---

ischen Gerichtshofs für Menschenrechte, S. 17, 21 f., 41 f., 67 f., 185 ff. 242 ff., 295, 311; ders., in: Kindschaftsrecht und Völkerrecht, S. 74, 85; Ress, in: Europäischer Menschenrechtsschutz, S. 238; Rixe, in: Sechzehnter Deutscher Familiengerichtstag, Brühler Schriften zum Familienrecht, S. 60; Schumann, Die nichteheliche Familie, S. 144 ff.; Schwaiger, EuGRZ 1982, S. 2 f.; Stöcker, DAVorm 1980, Sp. 249 ff.; ders., StAZ 1981, S. 16 ff.; Uerpmann, Die Europäische Menschenrechtskonvention und die deutsche Rechtsprechung, S. 189; Wagner, EuGRZ 1986, S. 422; kritisch Sturm, FamRZ 1982, S. 1153 ff.

401 So der zusammengefasste Sachverhalt bei Villiger, Handbuch der Europäischen Menschenrechtskonvention, Rn. 574.

402 S. den Bericht der Europäischen Kommission für Menschenrechte zum Fall Marckx/Belgien vom 10.12.1977, EuGRZ 1978, S. 234 ff.

403 EGMR DAVorm 1980, Sp. 265 (273 f.) = EuGRZ 1979, S. 454 (455) = NJW 1979, S. 2449 (2450).

404 Etwa bei Jayme, NJW 1979, S. 2428, der aus der Rechtsprechung des EGMR zum Marckx-Fall folgerte, dass die weite Interpretation der EMRK durch den Gerichtshof geeignet sei, auch die Rechte der Väter nichtehelicher Kinder auf Achtung ihres Familienlebens aufzunehmen.

405 Vgl. Karl/*Wildhaber*, Internationaler Kommentar zur Europäischen Menschenrechtskonvention, Art. 8, Rn. 366.

Familie dem Schutz des Art. 8 I EMRK unterstehen.[406] Da sich dieser Fall neben seiner Relevanz für den Gewährleistungsumfang des Art. 8 I EMRK in besonderem Maße auf die Rechtsstellung eines Vaters bei der Annahme seines nichtehelichen Kindes durch Dritte bezieht, kommt ihm für die im Rahmen dieser Arbeit aufgeworfenen adoptionsrechtlichen Fragen zentrale Bedeutung zu. Im Folgenden wird deshalb näher auf ihn einzugehen sein.

In dem besagten Fall ging es um Joseph Keegan, einen irischen Staatsangehörigen, der sich mit einer Individualbeschwerde insbesondere dagegen wandte, dass seine nichteheliche Tochter ohne sein Wissen oder seine Zustimmung zur Adoption freigegeben worden war. Keegan hatte seine spätere Verlobte im Mai 1986 kennen gelernt und mit ihr von Februar 1987 bis Februar 1988 zusammengelebt. Das Paar wünschte sich ein gemeinsames Kind. Im Februar 1988 wurde eine Schwangerschaft bestätigt. Kurz darauf zerbrach die Beziehung und Keegan und seine Lebensgefährtin trennten sich. Ende September 1988 kam die gemeinsame Tochter zur Welt. Keegan besuchte seine ehemalige Partnerin im Krankenhaus und sah hierbei auch sein Kind, das gerade einen Tag alt war. Danach wurde es ihm jedoch nicht mehr gestattet, sein Kind zu sehen. Bereits während der Schwangerschaft hatte die frühere Partnerin Keegans Vorkehrungen getroffen, um das gemeinsame Kind zur Adoption freizugeben. Im November 1988 brachte sie es dann auch bei den in Aussicht genommenen Adoptiveltern unter und informierte Keegan hierüber mit einem Brief. Joseph Keegan leitete daraufhin ein gerichtliches Verfahren mit dem Ziel ein, zum Vormund seiner Tochter ernannt zu werden. Zugleich beantragte er die Übertragung des Sorgerechts. Nach einem Zug durch die Instanzen wies der High Court am 9.2.1990 den Antrag auf Sorgerechtsübertragung zurück. Diese Entscheidung begründete das Gericht mit dem Hinweis, dass das Kind infolge des Adoptionsverfahrens nicht nur Mitglied einer von der Verfassung anerkannten Familie werde, sondern auch von der Gefahr seelischer Schäden befreit sei. Der Wunsch des Vaters, mit der Vormundschaft betraut zu werden und das Kind um sich zu haben, müsse demgegenüber zurücktreten. Kurze Zeit nach dieser Entscheidung des High Court wurde die Adoption der Tochter Keegans endgültig ausgesprochen. Dagegen erhob Joseph Keegan

406 EGMR EuGRZ 1995, S. 113 ff. = FamRZ 1995, S. 110 ff. = NJW 1995, S. 2153 ff.; S. dazu Bach, ZfJ 1995, S. 472; Brötel, FamRZ 1995, S. 76 ff.; ders., DAVorm 1996, Sp. 753, 758 f.; ders., in: Kindschaftsrecht und Völkerrecht, S. 52, 69; Brückner, FPR 2005, S. 203; Coester, FamRZ 1995, S. 1251; Fahrenhorst, Familienrecht und Europäische Menschenrechtskonvention, S. 426 ff.; dies., FuR 1995, S. 107 ff.; Helms, JAmt 2001, S. 57 f.; Kopper-Reifenberg, Kindschaftsrechtsreform und Schutz des Familienlebens nach Art. 8 EMRK, S. 78 f.; Polakiewicz, in: Kindschaftsrecht und Völkerrecht, S. 81 ff.; Reeken, ZfJ 1996, S. 10 f.; Rixe, in: Sechzehnter Deutscher Familiengerichtstag, Brühler Schriften zum Familienrecht, S. 60; Rudolf, EuGRZ 1995, S. 110; Schumann, Die nichteheliche Familie, S. 147.

am 1.5.1990 Beschwerde zur Europäischen Kommission für Menschenrechte und machte insbesondere eine Verletzung seines Anspruchs auf Achtung des Familienlebens aus Art. 8 I EMRK geltend, weil seine Tochter ohne sein Wissen und ohne seine Zustimmung zur Adoption freigegeben worden sei.

Im Hinblick auf den Schutzbereich des Art. 8 I EMRK erinnerte der Gerichtshof zunächst daran, dass der Begriff des Familienlebens in Art. 8 I EMRK nicht allein auf solche Beziehungen beschränkt sei, die auf einer Eheschließung beruhten, sondern auch andere faktische Familienbande umfassen könne, bei denen die Personen zusammenlebten, ohne verheiratet zu sein. Zwischen einem Kind und seinen Eltern bestehe selbst dann eine als Familienleben zu bezeichnende Beziehung, wenn die Eltern im Zeitpunkt der Geburt nicht mehr zusammenlebten oder ihre Beziehung bereits beendet hätten.[407]

Dementsprechend bejahte der EGMR im Fall Keegan ein Familienleben i.S.d. Art. 8 I EMRK. Zur Begründung führte er aus, dass das Verhältnis zwischen Joseph Keegan und seiner damaligen Lebensgefährtin zwei Jahre gedauert habe. Die beiden hätten in dieser Zeit auch ein Jahr lang zusammengelebt und geplant, einander zu heiraten. Auch sei die Schwangerschaft das Ergebnis einer freien Entscheidung gewesen. Zu jener Zeit sei die Verbindung zwischen Keegan und seiner früheren Partnerin als Familienleben i.S.d. Art. 8 I EMRK zu bezeichnen gewesen. Die Tatsache, dass die Beziehung anschließend zerbrochen sei, ändere hieran ebenso wenig etwas wie bei einem rechtmäßig verheirateten Paar in einer ähnlichen Situation. Daraus folge, dass zwischen dem Beschwerdeführer und seiner Tochter vom Augenblick der Geburt des Kindes an ein Familienleben bestanden habe.[408]

---

407 Diesen Standpunkt griff der EGMR in mehreren Urteilen aus den Jahren 2000 und 2001 wieder auf, die gegen Deutschland gerichtete Individualbeschwerden betrafen. In jedem dieser Verfahren ging es um dieselbe Konstellation: die Beschwerdeführer, alle Väter nichtehelicher Kinder, rügten, dass deutsche Gerichtsentscheidungen ihnen den Umgang mit ihrem nichtehelichen Kind verweigerten, EGMR (Große Kammer), Urteil vom 13.7.2000 FamRZ 2001, S. 341 ff. (Elsholz/Deutschland), dazu Kopper-Reifenberg, Kindschaftsrechtsreform und Schutz des Familienlebens nach Art. 8 EMRK, S. 79; EGMR, Urteil vom 11.10.2001 (Hoffmann/Deutschland), Beschwerde-Nr. 34045/96, dazu Rixe, FamRZ 2002, S. 386; EGMR, Urteil vom 11.10.2001 EuGRZ 2002, S. 25 ff. (Sahin/Deutschland), vgl. zum Fall Sahin/Deutschland auch das Urteil der Großen Kammer vom 8.7.2003, EuGRZ 2004, S. 707 ff. = FamRZ 2004, S. 337 ff., sowie Rixe, FamRZ 2002, S. 386; EGMR, Urteil vom 11.10.2001 EuGRZ 2002, S. 588 = FamRZ 2002, S. 381 ff. (Sommerfeld/Deutschland), vgl. zum Fall Sommerfeld/Deutschland auch das Urteil der Großen Kammer vom 8.7.2003, FamRZ 2004, S. 337, sowie Motzer, FamRZ 2003, S. 797. S. zu den EGMR-Urteilen Elsholz, Sahin und Sommerfeld gegen Deutschland die Anmerkungen Bendas, EuGRZ 2002, S. 1 ff. sowie zu allen Fällen Brückner, FPR 2005, S. 201 f. und Rixe, in: Sechzehnter Deutscher Familiengerichtstag, Brühler Schriften zum Familienrecht, S. 57, 64, 67 f.

408 S. dazu Coester, FamRZ 1995, S. 1251.

Weiterhin bejahte der EGMR einen Eingriff in das Recht des Beschwerdeführers auf Achtung seines Familienlebens. Dieser Eingriff sei darin begründet, dass das irische Recht erlaubt habe, das Kind kurz nach seiner Geburt ohne Wissen oder Zustimmung des Beschwerdeführers zur Adoption freizugeben.[409] Ein Kind begründe, wenn es in der Obhut Anderer untergebracht werde, im Laufe der Zeit zu diesen neue Beziehungen, die in seinem eigenen Interesse später nicht mehr gestört oder unterbrochen werden sollten, indem man die frühere Entscheidung über die Obhut revidiere. Eben dieser Umstand habe nicht nur die weitere Entwicklung der Beziehungen des Beschwerdeführers zu seinem Kind gefährdet, sondern auch einen Prozess in Gang gesetzt, der sich aller Voraussicht nach als irreversibel erweisen würde, wobei der Beschwerdeführer hinsichtlich der Vormundschaft gegenüber den in Aussicht genommenen Adoptiveltern deutlich ins Hintertreffen geraten sei.

cc) Der Fall Görgülü gegen Deutschland

Im Urteil vom 26.2.2004, das den schon einleitend erörterten Fall Görgülü betraf, betonte der EGMR, jeder Mitgliedstaat müsse, wenn nachweislich Familienbande zu einem Kind beständen, so handeln, dass diese Bande sich weiterentwickeln könnten.[410] Nach Art. 8 I der Konvention sei jeder Staat verpflichtet, auf die Zusammenführung eines leiblichen Elternteils mit seinem Kind hinzuwirken. Eine wirksame Achtung des Familienlebens setze voraus, dass zukünftige Beziehungen zwischen einem Elternteil und seinem Kind nicht vom bloßen Verstreichen der Zeit abhängen dürfen. Der EGMR räumte zwar ein, dass eine sofortige Trennung von Christofers Pflegefamilie negative Folgen für sein körperliches und seelisches Befinden hätte haben können. Der Gerichtshof bezweifelte je-

409 Abweichend das Urteil des EGMR vom 28.10.1998 im Fall Söderbäck/Schweden (113/1997/897/1109), in dem ein nichteheliches Kind – gleichfalls ohne Zustimmung seines leiblichen Vaters, des Beschwerdeführers – vom Ehemann der Mutter adoptiert wurde. Hier verneinte der Gerichtshof eine Verletzung des Art. 8 EMRK mit der Begründung, dass das Kind ebenso wie zu seiner Mutter zu deren Ehemann bereits seit dem achten Lebensmonat eine faktische familiäre Bindung habe. Zu dem leiblichen Vater sei es dagegen wegen dessen persönlicher Probleme nur begrenzt zu unregelmäßigen Kontakten gekommen. S. zu dieser Entscheidung Kopper-Reifenberg, Kindschaftsrechtsreform und Schutz des Familienlebens nach Art. 8 EMRK, S. 346 f., 355 ff.; Villiger, Handbuch der Europäischen Menschenrechtskonvention, Rn. 574. Vgl. außerdem das Urteil des EGMR vom 25.1.2007 im Fall Eski/Österreich, Beschwerde-Nr. 21949/03. Trotz dem einer Adoption des Kindes entgegenstehenden Willen des leiblichen Vaters wurde hier ebenso ein Verstoß gegen Art. 8 EMRK wegen des bereits bestehenden Bandes zwischen dem Kind und dem neuen Lebenspartner der Mutter, der das Kind adoptieren wollte, abgelehnt.

410 EGMR FamRZ 2004, S. 1456 ff. = EuGRZ 2004, S. 700 ff. = NJW 2004, S. 3397 ff.

doch, dass das OLG Naumburg alle möglichen Wege zur Zusammenführung des beschwerdeführenden Vaters und seines leiblichen Sohnes geprüft habe. Das Gericht habe sich nur mit den unmittelbaren Folgen befasst, die eine Trennung von seinen Pflegeeltern für das Kind haben würde, ohne jedoch die langfristigen Auswirkungen zu berücksichtigen, die eine dauerhafte Trennung von seinem leiblichen Vater für Christofer haben könne. Diesbezüglich wies der EGMR darauf hin, dass die Möglichkeiten einer Zusammenführung immer weiter abnehmen und schließlich zunichte gemacht würden, wenn der biologische Vater und das Kind überhaupt nicht oder nur so selten zusammenkommen dürften, dass die Entstehung einer natürlichen Bindung zwischen ihnen nicht zu erwarten sei. Es diene jedoch gerade dem Wohl des Kindes, seine Familienbande aufrechtzuerhalten. Solche Bande zu zerschneiden bedeute, ein Kind seiner Wurzeln zu berauben, und dies könne nur unter sehr außergewöhnlichen Umständen gerechtfertigt sein.

Im Übrigen wies der EGMR darauf hin, dass der mit den Eingriffsmaßnahmen verbundene Entscheidungsprozess, auch wenn Art. 8 I der Konvention keine ausdrücklichen Verfahrenserfordernisse vorsehe, fair und so gestaltet sein müsse, dass die gebührende Achtung der durch Art. 8 I EMRK geschützten Interessen sichergestellt sei. Der Beschwerdeführer müsse in den Entscheidungsprozess als Ganzes so weit eingebunden sein, dass der erforderliche Schutz seiner Interessen gewährleistet sei. Dies bejahte der EGMR in der Sache Görgülü.

dd) Der Fall Zaunegger gegen Deutschland

Eine weitere im Hinblick auf die adoptionsrechtliche Position des Vaters eines nichtehelichen Kindes bedeutsame Entscheidung des EGMR ist das Urteil in der Sache Zaunegger gegen Deutschland vom 3.12.2009.[411] Diesem Urteil lag die Beschwerde des Vaters einer nichtehelichen Tochter zugrunde, die längere Zeit gemeinsam mit dem Vater und der Kindesmutter und auch mehrere Jahre allein mit dem Vater gelebt hatte. Nachdem sich die Kindesmutter geweigert hatte, einer gemeinsamen Sorgeerklärung zuzustimmen, beantragte der Vater die gerichtliche Zuweisung des gemeinsamen Sorgerechts. Er wandte sich nach einem erfolglosen Zug durch die innerstaatlichen Instanzen bis hin zum BVerfG an den EGMR und rügte insbesondere, dass die deutsche Regelung unverheiratete Väter wegen ihres Geschlechts und im Verhältnis zu geschiedenen Vätern diskriminiere. Der EGMR erklärte, dass die geltende deutsche Regelung zum Sorgerecht

411 EGMR FamRZ 2010, S. 103 ff. mit zustimmenden Anmerkungen Henrich, S. 107 f. und Scherpe, S. 108; zustimmend auch Löhnig, FamRZ 2010, S. 338 ff. und Schumann, FF 2010, S. 222 ff.; vgl. außerdem Coester, NJW 2010, S. 482 ff.

nicht miteinander verheirateter Eltern gegen Art. 8 i.V.m. Art. 14 EMRK verstoße.[412]

Der Gerichtshof stellte hinsichtlich der rechtlichen Lage von Vätern ehelicher Kinder im Vergleich zu Vätern nichtehelicher Kinder fest, dass die geltenden Vorschriften unterschiedliche Regelungen enthielten und damit zu einer unterschiedlichen Behandlung der beiden Gruppen von Elternteilen führten. Der ersten Gruppe stehe die gemeinsame elterliche Sorge kraft Gesetzes von Geburt des Kindes an und auch noch nach der Scheidung zu, die nur durch das Familiengericht eingeschränkt oder für ruhend erklärt werden könne, wenn dies zum Wohl des Kindes erforderlich sei. Hingegen stehe der Mutter die elterliche Sorge für ein nichteheliches Kind zu, es sei denn, die beiden Elternteile einigten sich darauf, die gemeinsame elterliche Sorge zu beantragen. Die einschlägigen Bestimmungen schlössen zwar nicht kategorisch aus, dass der Vater künftig das gemeinsame Sorgerecht erlangen könne. Doch regelten §§ 1666, 1672 BGB, dass das Familiengericht das Sorgerecht nur dann auf den Vater übertragen könne, wenn das Wohl des Kindes durch Vernachlässigung seitens der Mutter gefährdet werde oder ein Elternteil mit Zustimmung des anderen Elternteils einen entsprechenden Antrag stelle.[413]

Im Übrigen sehe das deutsche Recht eine gerichtliche Überprüfung der Frage, ob die Zuweisung der gemeinsamen elterlichen Sorge an beide Elternteile dem Kindeswohl diene, nicht vor. Der generelle Ausschluss einer gerichtlichen Überprüfung stehe aber außer Verhältnis zum Kindeswohl. Für die Ungleichbehandlung derjenigen Väter, deren Vaterschaft anerkannt sei und die die Vaterrolle auch übernommen hätten, gegenüber solchen Vätern, die ursprünglich die elterliche Sorge inne gehabt und sich später von der Mutter getrennt hätten oder sich hätten scheiden lassen, und den daraus folgenden reduzierten Rechtsschutz jener Väter fehle eine Rechtfertigung.[414]

ee) Der Fall Anayo gegen Deutschland

Dem Urteil des EGMR in der Sache Anayo gegen Deutschland vom 21.12. 2010[415] lag zugrunde, dass der Beschwerdeführer sich gegen die Entscheidungen deutscher Gerichte wandte, durch die ihm der Umgang mit seinen leiblichen Kindern versagt worden war. In den Entscheidungsgründen führte der EGMR aus, dass der Beschwerdeführer zu keiner Zeit mit seinen Kindern oder ihrer

---

412 So schon die dem Urteil vorausgegangene Einschätzung Scherpes, RabelsZ 73 (2009), S. 954.

413 EGMR FamRZ 2010, S. 103 (104).

414 EGMR FamRZ 2010, S. 103 (106).

415 EGMR NJW 2011, S. 3565 ff.; S. zu dieser Entscheidung die Anmerkung Rixes in FamRZ 2011, S. 1363 ff.

Mutter zusammengelebt und seine Kinder auch noch nie getroffen habe. Deshalb sei ihre Beziehung nicht beständig genug, um als „Familienleben“ angesehen werden zu können. Ein beabsichtigtes Familienleben zwischen dem leiblichen Vater und seinen Kindern könne ausnahmsweise unter Art. 8 EMRK fallen, wenn der Umstand, dass es noch nicht hergestellt sei, dem Vater nicht zugerechnet werden könne. Das gelte insbesondere für die Beziehung zwischen einem außerhalb einer Ehe geborenen Kind und seinem leiblichen Vater, die durch ein natürliches Band unveränderbar miteinander verbunden seien, während ihre tatsächliche Verbindung aus praktischen oder rechtlichen Gründen von der Mutter des Kindes und ihrem Ehemann bestimmt werden könne, wenn die Mutter verheiratet sei. In solchen Fällen komme es vor allem auf das Interesse des leiblichen Vaters an den Kindern und sein Bekenntnis zu ihnen an. Allerdings könne die Frage, ob das „Familienleben“ i.S.d. Art. 8 I EMRK betroffen sei, vorliegend offen bleiben, weil zweifellos das Privatleben des Beschwerdeführers nach Art. 8 I EMRK betroffen sei, das wichtige Aspekte der Identität einer Person umfasse.[416]

Der Gerichtshof bejahte im Ergebnis eine Verletzung des Art. 8 I EMRK, weil die deutschen Gerichte keine Erwägungen darüber angestellt hätten, ob der Umgang des leiblichen Vaters mit seinen Kindern deren Wohl diene.

ff) Der Fall Schneider gegen Deutschland

Die Entscheidung im Fall Anayo gegen Deutschland wurde bestätigt durch das Urteil des EGMR im Fall Schneider gegen Deutschland vom 15.09.2011.[417] Der Beschwerdeführer begehrte Umgang mit einem Kind, bei dem unklar war, ob es sich um sein leibliches Kind handelte. Die Kindesmutter, die mit dem Beschwerdeführer eine etwa einjährige Beziehung geführt hatte, und ihr Ehemann hatten es im Interesse ihres Familienlebens vorgezogen, die Vaterschaft nicht überprüfen zu lassen. Der Beschwerdeführer wandte sich gegen die Entscheidungen deutscher Gerichte, durch die ihm der Umgang mit dem Kind versagt worden war.

Der EGMR legte dar, die biologische Verwandtschaft zwischen einem Elternteil und seinem Kind reiche allein nicht aus, um ein Familienleben i.S.d Art. 8 I EMRK zu begründen. Es müssten weitere rechtliche oder tatsächliche Umstände hinzukommen, aus denen sich eine enge persönliche Beziehung ergebe. In der Regel sei das Zusammenleben Voraussetzung für eine Beziehung, die einem Familienleben gleichkomme. Ausnahmsweise könnten auch andere Umstände

416 EGMR NJW 2011, S. 3565 (3566).
417 EGMR NJW 2012, S. 2781 ff.

zeigen, dass eine Beziehung beständig genug sei, um faktische „familiäre Bindungen“ zu schaffen.

Weiterhin bestätigte der EGMR, dass auch ein beabsichtigtes Familienleben ausnahmsweise unter Art. 8 I EMRK fallen könne. Sofern es die Umstände rechtfertigten, müsse sich das „Familienleben“ auch auf die potenzielle Beziehung erstrecken, die sich zwischen einem Kind nicht verheirateter Eltern und seinem leiblichen Vater entwickeln könne. Zu den maßgeblichen Kriterien für das tatsächliche und wirkliche Bestehen enger persönlicher Bindungen in diesen Fällen gehörten unter anderem die Art der Beziehung zwischen den leiblichen Eltern und das nachweisbare Interesse des Vaters an dem Kind sowie ein Bekenntnis zu ihm sowohl vor als auch nach der Geburt. Auch im vorliegenden Fall ließ der Gerichtshof offen, ob ein Familienleben i.S.d. Art. 8 I EMRK vorliege, und bejahte jedenfalls einen Eingriff in das „Privatleben“ des Beschwerdeführers nach Art. 8 I EMRK.[418]

Der EGMR sah Art. 8 I EMRK als verletzt an, weil die deutschen Gerichte dem Beschwerdeführer den Umgang versagt hätten, ohne zu prüfen, ob der Umgang dem Wohl des Kindes diene. Unerheblich sei dabei allerdings gewesen, dass es sich bei dem Beschwerdeführer nur um den vermuteten Vater gehandelt habe, denn die Gerichte hätten eine Vaterschaft des Beschwerdeführers unterstellt. Unter Berücksichtigung der tatsächlichen Gegebenheiten des Familienlebens im 21. Jahrhundert, lasse sich aber nicht sagen, dass das Wohl von Kindern, die mit ihrem rechtlichen Vater zusammenlebten, aber einen anderen leiblichen Vater hätten, wirklich anhand einer allgemeinen rechtlichen Vermutung bestimmt werden könne. Im Hinblick auf die große Vielfalt möglicher familiärer Konstellationen sei eine Prüfung der besonderen Umstände des Einzelfalls für eine faire Abwägung der Rechte aller Beteiligten erforderlich.[419]

gg) Die Fälle Gaskin, Odièvre und Jäggi – Recht des Kindes auf Kenntnis der eigenen Abstammung?

Im Rahmen der Frage nach einem Auskunftsanspruch eines nichtehelichen Kindes gegen seine Mutter, die sich weigert, die Identität des Kindesvaters preiszugeben, ist von Interesse, ob sich aus Art. 8 I EMRK ein Recht auf Kenntnis der eigenen Abstammung herleiten lässt. Sofern ein solches Recht nach der Konvention anerkannt ist, muss dies bei der Auslegung des Grundgesetzes sowie des innerstaatlichen einfachen Rechts berücksichtigt werden.

418 EGMR NJW 2012, S. 2781 (2784).
419 EGMR NJW 2012, S. 2781 (2786).

Der EGMR traf in mehreren Urteilen Aussagen, die für die konventionsrechtliche Bewertung des Rechts auf Kenntnis der eigenen Abstammung bedeutsam sind. In der Sache Gaskin gegen das Vereinigte Königreich ging es um einen Beschwerdeführer, der in verschiedenen Pflegefamilien aufgewachsen war und Zugang zu den Akten verlangte, die seine früheren Familienverhältnisse betrafen.[420] Der EGMR befand, dass Personen in der Situation des Beschwerdeführers ein lebenswichtiges Interesse daran hätten, die notwenigen Informationen zu erhalten, um über ihre eigene Kindheit und ihre frühkindliche Entwicklung Bescheid zu wissen. Dieses Interesse werde von der Konvention geschützt. Allerdings dürfe nicht vergessen werden, dass die Vertraulichkeit staatlicher Akten für die Objektivität und Verlässlichkeit der enthaltenen Informationen und zum Schutz Dritter wichtig sei. Grundsätzlich könne es deshalb mit Art. 8 I EMRK vereinbart werden, wenn der Zugang zu solchen Akten von der Zustimmung einer Drittperson, d.h. des Informanten, abhänge. Das Interesse eines Einzelnen, der Zugang zu Akten begehre, die sein Privat- und Familienleben beträfen, müsse aber in Fällen gesichert sein, in denen der Informant nicht erreichbar sei oder rechtsmissbräuchlich seine Zustimmung verweigere. Nur sofern eine unabhängige Instanz dann entscheiden könne, ob Zugang zu den Akten zu gewähren sei, werde dem Grundsatz der Verhältnismäßigkeit Rechnung getragen. Fehle ein solches Verfahren, werde gegen das Recht auf Achtung des Privat- und Familienlebens nach Art. 8 I EMRK verstoßen.

Dem Urteil der Großen Kammer vom 13.2.2003 lag eine gegen Frankreich gerichtete Beschwerde zugrunde, mit der sich die Beschwerdeführerin dagegen wehrte, dass ihr die Klärung ihrer eigenen genetischen Herkunft versagt war.[421] Die Mutter der Beschwerdeführerin hatte sie anonym zur Welt gebracht und eine Geheimhaltung ihrer Identität verlangt. Diese hatte ein Formular unterzeichnet, in dem sie auf alle Rechte an ihrem Kind verzichtete. Die Beschwerdeführerin war daraufhin in staatliche Obhut genommen und später von einem Ehepaar adoptiert worden. Im Jahr 1990 erhielt die Beschwerdeführerin von der Jugendwohlfahrtsbehörde allgemeine Auskünfte über ihre natürliche Familie, die aber

420 EGMR, Urteil vom 7.7.1989 (Gaskin/Vereinigtes Königreich), Beschwerde-Nr. 10454/83; dazu Badenberg, Das Recht des Kindes auf Kenntnis der eigenen Abstammung unter Berücksichtigung der Problematik der anonymen Geburt, S 41 f.; Frowein/Peukert, Europäische Menschenrechtskonvention, Art. 8, Rn. 11; Kopper-Reifenberg, Kindschaftsrechtsreform und Schutz des Familienlebens nach Art. 8 EMRK, S. 382; von Sethe, Die Durchsetzbarkeit des Rechts auf Kenntnis der eigenen Abstammung aus der Sicht des Kindes, S. 83; Stalinski, FamRZ 2005, S. 858; Villiger, Handbuch der Europäischen Menschenrechtskonvention, Rn. 569.

421 EGMR (Große Kammer) FamRZ 2003, S. 1367 ff. = NJW 2003, S. 2145 ff. (Odièvre/Frankreich); dazu Benda, JZ 2003, S. 533 ff.; Karl/*Schweizer*, Internationaler Kommentar zur Europäischen Menschenrechtskonvention, Art. 14, Rn. 103.

ihre Identität nicht preisgaben. Obwohl die Große Kammer des EGMR im konkreten Fall eine Verletzung der Art. 8, Art. 14 i.V.m. Art. 8 EMRK verneinte, stellte sie ausdrücklich klar, dass die Geburt, insbesondere die Umstände, unter denen ein Kind zur Welt komme, einen Teil des Privatlebens eines Kindes und später dann eines Erwachsenen ausmache, der von Art. 8 I EMRK geschützt werde.

Für das Recht auf Abstammungskenntnis ist außerdem das Urteil des EGMR im Fall Jäggi gegen die Schweiz vom 13.7.2006 von Bedeutung.[422] Der Antragsteller, geboren 1939, begehrte Klarheit darüber, wer sein Vater ist. Zur Durchführung einer DNA-Analyse forderte er die Exhumierung eines Mannes, der von seiner Mutter als Kindesvater bezeichnet worden war, die Vaterschaft aber bestritten und einen medizinischen Vaterschaftstest verweigert hatte. Der EGMR sah in der Verweigerung der schweizerischen Behörden, eine Exhumierung zur Vaterschaftsfeststellung vorzunehmen, eine Verletzung des Art. 8 I EMRK. In den Entscheidungsgründen wies der Gerichtshof erneut darauf hin, dass das Recht auf Identität, zu dem das Recht auf Kenntnis der eigenen Abstammung gehöre, einen integralen Bestandteil des Rechts auf Schutz des Privatlebens bilde. Das Interesse, das ein Einzelner an der Kenntnis seiner Abstammung habe, höre keineswegs mit zunehmendem Alter auf. Im Gegenteil habe der Antragsteller sein Interesse an der Feststellung der Identität unter Beweis gestellt, da er zeit seines Lebens immer wieder versucht habe, diesbezüglich Sicherheit zu bekommen.

hh) Folgerungen für das deutsche Adoptionsrecht

Für den Begriff des Familienlebens in Art. 8 I EMRK ergibt sich aus den genannten Entscheidungen, dass eine Formalisierung der Beziehung der Eltern nicht erforderlich ist. Auch Familien, die auf einer nichtehelichen Lebensgemeinschaft der Eltern beruhen, werden von Art. 8 I EMRK geschützt.[423] Dabei ist der Anwendungsbereich der Konventionsvorschrift auch dann eröffnet, wenn die Eltern bei der Geburt des Kindes ihre Beziehung bereits beendet haben. Es ge-

---

422 EGMR FamRZ 2006, S. 1354 f.

423 Vgl. Börgers, FuR 1990, S. 145; Brötel, DAVorm 1996, Sp. 753; ders., in: Kindschaftsrecht und Völkerrecht, S. 51; Brückner, FPR 2005, S. 200; Evers, Klecatsky-FS, S. 185; Fahrenhorst, Familienrecht und Europäische Menschenrechtskonvention, S. 101 f.; dies., FuR 1995, S. 107 f.; Grote/Marauhn/*Meljnik*, EMRK/GG, Kap. 16, Rn. 40; Meyer-Ladewig, Nomos Kommentar EMRK, Art. 8, Rn. 18; Gräfin Nesselrode, Das Spannungsverhältnis zwischen Ehe und Familie in Artikel 6 des Grundgesetzes, S. 217; Palm-Risse, Der völkerrechtliche Schutz von Ehe und Familie, S. 198 f., 202 f.; Villiger, Handbuch der Europäischen Menschenrechtskonvention, Rn. 572.

nügt, dass die Eltern zu irgendeinem Zeitpunkt eine gewisse Nähe zueinander verbunden hat.[424] Für die Feststellung, ob dieses Näheverhältnis im Einzelfall existiert hat, stellt der EGMR auf tatsächliche Anhaltspunkte ab[425], wie etwa im Fall Keegan das zeitweilige Zusammenleben sowie der gemeinsame Kinderwunsch.

Weiterhin lässt sich den dargestellten Urteilsgründen entnehmen, dass der EGMR der Bereitschaft eines Vaters, für sein nichteheliches Kind Verantwortung zu übernehmen, entscheidendes Gewicht beimisst. So bejahte der EGMR im Fall Keegan einen Verstoß gegen die staatliche Verpflichtung, familiäre Beziehungen zwischen Eltern und ihren Kindern zu schützen und zu fördern, den der Gerichtshof darin begründet sah, dass das irische Recht eine heimliche Adoption ohne das Wissen oder die Zustimmung des Beschwerdeführers erlaubte. Zu einem anderen Ergebnis wäre der EGMR sicher gelangt, wenn Joseph Keegan nicht seine Bereitschaft gezeigt hätte, die elterliche Verantwortung für seine Tochter zu übernehmen. Es wäre wohl gar nicht zu einem innerstaatlichen Zug durch die Instanzen und schließlich zu einer Anrufung des EGMR gekommen. Ein Vater, der an der Herstellung eines Kontaktes zu seinem Kind nicht interessiert ist, hätte sich nicht so vehement gegen eine Adoption seines Kindes ohne seine Zustimmung gewehrt. Grundvoraussetzung der im Fall Keegan ergangenen Entscheidung ist somit, dass der Vater bereit ist, sich selbst um sein Kind zu kümmern. Daraus lässt sich folgern, dass der EGMR neben dem Kriterium der Blutsverwandtschaft auch den Willen des Vaters berücksichtigt, für sein Kind die Verantwortung zu übernehmen.[426]

Einen tatsächlich bestehenden Kontakt zwischen einem Elternteil und seinem Kind erfordert die Garantie des Art. 8 I EMRK den Urteilen des EGMR zufolge indessen nicht. So bejahte der Gerichtshof ein Familienleben zwischen Keegan und seiner Tochter bereits im Augenblick der Geburt dieser. Außer Betracht blieb dagegen, dass Keegan seine Tochter lediglich ein einziges Mal gesehen hatte, als diese gerade einen Tag alt war. Damit ist nach der Rechtsprechung des EGMR jedenfalls nicht ausgeschlossen, dass allein die genetische Beziehung zwischen einem Vater und seinem Kind ohne gleichzeitiges Bestehen einer

---

424 S. dazu Brötel, ZfJ 1992, S. 242 f.; Hoffmann-Remy, Die Möglichkeiten der Grundrechtseinschränkungen nach den Art. 8–11 II der Europäischen Menschenrechtskonvention, S. 109; Meyer-Ladewig, Nomos Kommentar EMRK, Art. 8, Rn. 18a; Villiger, Handbuch der Europäischen Menschenrechtskonvention, Rn. 570.

425 Fahrenhorst, Familienrecht und Europäische Menschenrechtskonvention, S. 107; Grabenwarter, Europäische Menschenrechtskonvention, § 22, Rn. 16.

426 S. Brötel, Der Anspruch auf Achtung des Familienlebens, S. 51 f., 65, 425; ders., FamRZ 1995, S. 74; ders., DAVorm 1996, Sp. 753; Rudolf, EuGRZ 1995, S. 111; Schumann, RdJB 2006, S. 173 f.

irgendwie gearteten sozialen Bindung für die Eröffnung des Schutzbereiches des Art. 8 I EMRK genügt. Anerkannt ist allerdings, dass Art. 8 I EMRK zugunsten eines leiblichen Vaters wirkt, selbst wenn dieser nicht die Position des rechtlichen Vaters einnimmt.[427]

Nicht nur seitens des OLG Naumburg, das in seinem Beschluss vom 9.7.2004 die Rechtsprechung des EGMR als hochgradig ideologisch vorbesetzt bezeichnete[428], sondern auch in der Literatur wurde der Vorwurf erhoben, der Gerichtshof bewerte eine Zellvereinigung als rein biologischen Vorgang höher als den sozialen Vorgang der Integration von Kindern in eine Familie und damit in die Gesellschaft. Damit fördere der Gerichtshof eine bedenkliche Tendenz zur Umsetzung rein biologistisch orientierter Meinungen, die die Bedürfnisse der Kinder nach Sicherheit, Kontinuität und Beständigkeit, letztlich das Kindeswohl, ignorierten.[429] Weder habe die biologische Abstammung irgendetwas mit Familienleben oder familiärer Beziehung zu tun, noch könne die biologische Abstammung sich weiterentwickeln. Entweder sie existiere oder sie existiere nicht.[430] Diese Kritik verkennt jedoch, dass der EGMR nicht allein auf die biologische Abstammung abstellte, sondern zusätzlich die Bereitschaft des leiblichen Vaters würdigte, für sein Kind die elterliche Verantwortung zu übernehmen.[431]

Ferner ergibt sich aus den genannten Urteilen des EGMR, dass Art. 8 I EMRK einem Vater bei der Adoption seines nichtehelichen Kindes in verschiedener Hinsicht Schutz gewährt. Neben dem abwehrrechtlichen Charakter des Art. 8 I EMRK ergeben sich aus dieser Garantie positive Verpflichtungen für die Mitgliedstaaten.[432] Wichtig ist dabei im Rahmen des Art. 8 I EMRK vor allem, dass solche Bindungen, die nach der Rechtsauffassung des EMRK als Familienleben i.S. der Konvention zu deklarieren sind, bei einem innerstaatlichen Han-

---

427 S. dazu EGMR, Urteil vom 27.10.1994 (Kroon und andere/Niederlande), FamRZ 2003, S. 813 ff.

428 OLG Naumburg FamRZ 2004, S. 1507 ff.

429 Hoffmann, ZfJ 2005, S. 50 f.

430 Hoffmann, ZfJ 2005, S. 46.

431 Ähnlich Rixe, FamRZ 2004, S. 1463.

432 S. Brötel, Der Anspruch auf Achtung des Familienlebens, S. 69 ff.; ders., ZfJ 1992, S. 243; ders., DAVorm 1996, Sp. 755; Brückner, FuR 2002, S. 388; Dörr, JuS 1996, S. 257; Frowein/Peukert, Europäische Menschenrechtskonvention, Art. 8, Rn. 19 f.; Grabenwarter, Europäische Menschenrechtskonvention, § 22, Rn. 52; Meyer-Ladewig, Nomos Kommentar EMRK, Art. 8, Rn. 20; Palm-Risse, Der völkerrechtliche Schutz von Ehe und Familie, S. 247 ff.; Pernthaler/Kathrein, EuGRZ 1983, S. 510; Rixe, in: Sechzehnter Deutscher Familiengerichtstag, Brühler Schriften zum Familienrecht, S. 62; Rudolf, EuGRZ 1995, S. 111 f.; Schumann, Die nichteheliche Familie, S. 148; Villiger, Handbuch der Europäischen Menschenrechtskonvention, Rn. 571; Wagner, EuGRZ 1986, S. 423; abweichend wohl Partsch, in: Bettermann/Neumann/Nipperdey, Die Grundrechte, Band 1, 1. Halbband, S. 415.

deln geachtet und gefördert werden müssen und Maßnahmen zu ergreifen sind, die eine Zusammenführung von einem Elternteil und seinem Kind sowie ein Zusammenleben beider ermöglichen.[433] Der Staat muss also auch dem Vater eines nichtehelichen Kindes eine effektive Möglichkeit zum Aufbau einer Vater-Kind-Beziehung eröffnen.[434] Möglicher Adressat solcher Handlungspflichten sind alle drei Staatsgewalten, so dass auch bei Maßnahmen des Jugendamtes und des Familiengerichts die Förderung der Beziehung zwischen Vater und Kind geboten ist.[435]

Wie sich aus dem Urteil des EGMR im Fall Görgülü gegen Deutschland ergibt, stellt Art. 8 I EMRK außerdem in verfahrensrechtlicher Hinsicht bestimmte Anforderung auf. Obwohl Art. 8 EMRK expressiv verbis keine bestimmten prozessualen Vorgaben enthält, ist anerkannt, dass die Eltern in einen das Familienleben betreffenden Entscheidungsprozess hinreichend eingebunden werden müssen.[436]

Darüber hinaus lassen sich Art. 8 I EMRK bestimmte Wertentscheidungen entnehmen.[437] Der Rechtsprechung des EMRK zufolge erwächst aus dem Recht auf Achtung des Familienlebens die Forderung, bestehende und beabsichtigte familiäre Bindungen vor Eingriffen zu bewahren.[438] Aus dem Urteil des EGMR im Fall Görgülü gegen Deutschland geht ferner hervor, dass ein Kind vorrangig bei seinem leiblichen Elternteil aufwachsen soll. Der Gerichtshof erachtete die Beziehung zwischen Kazim Görgülu und seinem Sohn Christopher als schützenswert und förderungswürdig, ohne dabei die mittlerweile zwischen Christofer und seiner Pflegefamilie entstandene Bindung zu übersehen. Maßgeblich stellte der EGMR darauf ab, dass sich der Vater bereit und in der Lage zeigte, sein Kind zu betreuen. An diesen Wertentscheidungen müssen sich die innerstaatlichen Hoheitsakte orientieren.

Für die im Rahmen der vorliegenden Arbeit zu untersuchende Konstellation des unbekannten Vaters ist von entscheidender Bedeutung, dass gegebenenfalls

---

433 Vgl. Brückner, FuR 2002, S. 390; Dörr, JuS 1996, S. 257; Grote/Marauhn/*Meljnik*, EMRK/GG, Kap. 16, Rn. 42; Meyer-Ladewig, Nomos Kommentar EMRK, Art. 8, Rn. 19.

434 Rudolf, EuGRZ 1995, S. 111 f.

435 Brötel, DAVorm 1996, Sp. 755.

436 Ebenso EGMR FamRZ 2005, S. 585 (588) (Haase/Deutschland); S. diesbezüglich außerdem Fahrenhorst, Familienrecht und Europäische Menschenrechtskonvention, S. 437; Frowein/Peukert, Europäische Menschenrechtskonvention, Art. 8; Rn. 22; Geimer, FamRZ 2004, S. 812; Meyer-Ladewig, Nomos Kommentar EMRK, Art. 8, Rn. 29; Rixe, in: Sechzehnter Deutscher Familiengerichtstag, Brühler Schriften zum Familienrecht, S. 63 f.

437 Näheres dazu bei Palm-Risse, Der völkerrechtliche Schutz von Ehe und Familie, S. 245 ff.

438 Dies ergibt sich insbesondere aus dem Urteil zum Fall Keegan/Irland, EGMR EuGRZ 1995, S. 113 ff. = FamRZ 1995, S. 110 ff. = NJW 1995, S. 2153 ff.; vgl. ferner Fahrenhorst, Familienrecht und Europäische Menschenrechtskonvention, S. 436; Rudolf, EuGRZ 1995, S. 111.

auch ein beabsichtigtes Familienleben vom Gewährleistungsbereich des Art. 8 I EMRK erfasst wird.[439] Somit genießt auch ein Vater, der von der Kindesmutter im Adoptionsverfahren verschwiegen wird und mangels Kenntnis von der Existenz seines nichtehelichen Kindes noch keine Gelegenheit hatte, mit diesem eine Beziehung aufzubauen, den Schutz durch die Konvention, sofern er sich später um Kontakt zu seinem Kind bemüht. In Zusammenhang mit der Frage, inwieweit das Interesse eines Kindes an der Auskunft über die Identität seines leiblichen Vaters bei einer Weigerung der Mutter, den Namen zu nennen, geschützt ist, muss beachtet werden, dass nach der dargestellten Spruchpraxis des EGMR aus Art. 8 I EMRK ein Recht auf Abstammungskenntnis folgt.[440] Den Ausführungen des EGMR in der Sache Gaskin lässt sich entnehmen, dass die Möglichkeit, Akten einzusehen, die persönliche Informationen enthalten, Kindern als Ersatz dienen soll, wenn sie sich nicht direkt an ihre Eltern wenden und auf deren Erinnerungen zugreifen können. Demzufolge muss Kindern, die von ihren Eltern keine Auskünfte über ihre Abstammung erhalten können, Einblick in solche staatlichen Akten gewährt werden, aus denen sich Hinweise auf ihre genetische Herkunft sowie die Identität ihrer leiblichen Eltern ergeben. Im Einzelfall begründet das Recht auf Zugang zu in öffentliche Akten enthaltnen Informationen über die eigene Identität somit ein Recht auf Kenntnis der eigenen Abstammung.[441] Das Interesse einer Person an der Feststellung ihrer Abstammung kann sogar, wie der Fall Jäggi zeigt, zur Exhumierung des vermuteten Vaters führen, wenn der Betroffene sein Interesse an der Feststellung einer Vaterschaft nachhaltig unter Beweis gestellt hat. Das Argument, der Konventionsgeber habe vielleicht selbst nicht an die Möglichkeit gedacht[442], das Recht auf Abstammungskenntnis als von Art. 8 I EMRK erfasst anzusehen, spricht nicht dagegen, das Kenntnisrecht unter Art. 8 I EMRK zu subsumieren. Denn – ebenso wie nationales Recht auch – muss die Konvention offen sein für Entwicklungen und Rechtsfragen, die sich erst im Laufe der Zeit ergeben.

439 Brückner, FPR 2005, S. 204; Fahrenhorst, Familienrecht und Europäische Menschenrechtskonvention, S. 106, 431; dies., FuR 1995, S. 108; Schumann, Die nichteheliche Familie, S. 147.

440 So auch Badenberg, Das Recht des Kindes auf Kenntnis der eigenen Abstammung unter Berücksichtigung der Problematik der anonymen Geburt, S. 42; von Sethe, Die Durchsetzbarkeit des Rechts auf Kenntnis der eigenen Abstammung aus der Sicht des Kindes, S. 83 f.; vgl. ferner Wolf, FPR 2001, S. 346; a.A. ohne weitere Begründung Kopper-Reifenberg, Kindschaftsrechtsreform und Schutz des Familienlebens nach Art. 8 EMRK, S. 382.

441 So auch Badenberg, Das Recht des Kindes auf Kenntnis der eigenen Abstammung unter Berücksichtigung der Problematik der anonymen Geburt, S. 42; von Sethe, Die Durchsetzbarkeit des Rechts auf Kenntnis der eigenen Abstammung aus der Sicht des Kindes, S. 83.

442 Hepting, FamRZ 2001, S. 1577; Muscheler/Bloch, FPR 2002, S. 344.

Sowohl aus dem Recht auf Kenntnis der eigenen Abstammung als auch aus der staatlichen Pflicht zu aktivem Tätigwerden, um gegenwärtige oder zukünftige Bindungen zwischen Vätern und ihren nichtehelichen Kindern zu fördern, lässt sich in Bezug auf die Situation des Vaters, dessen Identität unbekannt ist, folgern, dass der schweigenden Kindesmutter nicht die Möglichkeit eingeräumt werden darf, ein Familienleben zwischen Vater und Kind zu verhindern. Hier bedarf es einer gesetzlichen Regelung, die gewährleistet, dass das Jugendamt den Vater ausfindig macht und von der geplanten Adoption in Kenntnis setzt, damit er die Chance hat, eine Beziehung zu seinem nichtehelichen Kind aufzubauen. Selbst wenn der Vater, nachdem er von der Existenz seines Kindes und dem Wunsch der Mutter, das Kind zur Adoption freizugeben, erfahren hat, an einem Kontakt zu seinem Kind nicht interessiert ist, muss er Gelegenheit haben, sein gesetzlich eingeräumtes Einwilligungsrecht in die Kindesannahme auszuüben.

b) Das Diskriminierungsverbot nach Art. 14 EMRK

Ergänzend zu den in der Konvention verbürgten Garantien bestimmt Art. 14 EMRK, dass der Genuss dieser Rechte und Freiheiten ohne Diskriminierung insbesondere wegen des Geschlechts, der Rasse, der Hautfarbe, der Sprache, der Religion, der politischen oder sonstigen Anschauung, der nationalen oder sozialen Herkunft, der Zugehörigkeit zu einer nationalen Minderheit, des Vermögens, der Geburt oder eines sonstigen Status zu gewährleisten ist. Diese Formulierung lässt erkennen, dass der einer möglichen Diskriminierung zugrunde liegende Sachverhalt in den Regelungsbereich einer oder mehrerer Vorschriften der Konvention oder der Zusatzprotokolle fallen muss, damit Art. 14 EMRK zum Tragen kommt. Eine selbstständige Bedeutung hat Art. 14 EMRK also nicht.[443] Diese so genannte Akzessorietät des Diskriminierungsverbots verlangt aber keineswegs, dass diejenige Konventionsvorschrift, die in Verbindung mit Art. 14 EMRK Anwendung findet, verletzt sein muss. Der erforderliche Bezug besteht auch, soweit eine innerstaatliche Maßnahme einen Eingriff in ein Recht der EMRK darstellt, der aber gerechtfertigt ist. Wegen der Abkoppelung des Diskriminie-

---

443 Frowein, EuGRZ 1980, S. 235; Grabenwarter, Europäische Menschenrechtskonvention, § 26, Rn. 2; Grote/Marauhn/*König/Peters*, EMRK/GG, Kap. 21, Rn. 28; Hoffmann-Remy, Die Möglichkeiten der Grundrechtseinschränkungen nach den Art. 8–11 II der Europäischen Menschenrechtskonvention, S. 41 f.; Meyer-Ladewig, Nomos Kommentar EMRK, Art. 14, Rn. 5; Villiger, Handbuch der Europäischen Menschenrechtskonvention, Rn. 658. Stöcker, DAVorm 1978, Sp. 493, erklärt die Entscheidung für ein solch beschränktes Diskriminierungsverbot mit der Begründung, dass ein allgemeines Diskriminierungsverbot das gesamte innerstaatliche Recht der Vertragsstaaten der internationalen Kontrolle eröffnet hätte.

rungsverbots von der Verletzung einer Konventionsgarantie kommt Art. 14 EMRK daher eine autonome Geltung zu.[444]

Anerkannt ist, dass eine unterschiedliche Behandlung von Personen in vergleichbarer Lage nur dann gegen das Diskriminierungsverbot verstößt, wenn ihr eine sachliche und vernünftige Rechtfertigung fehlt. Für eine solche Rechtfertigung muss ein berechtigtes Ziel verfolgt werden und ein angemessenes Verhältnis zwischen den angewandten Mitteln und dem verfolgten berechtigten Ziel bestehen.[445] Ebenso wie Art. 14 EMRK nicht gerechtfertigte Ungleichbehandlungen verbietet, gewährt er Schutz vor unterschiedslosen Gleichbehandlungen von Personen oder Sachverhalten, die nicht vergleichbar sind.[446] Dabei kommt dem Diskriminierungsverbot ein nur negatorischer Charakter zu. Positive Pflichten sind hieraus in der Regel nicht ableitbar.[447] Der in Art. 14 EMRK aufgeführte Katalog von Diskriminierungsgründen, an die durch staatliche Maßnahmen keine unterschiedlichen Rechtsfolgen geknüpft werden dürfen, ist entsprechend dem Wortlaut nicht abschließend. Es handelt sich vielmehr um eine beispielhafte Aufzählung.[448]

Für die innerhalb dieser Arbeit relevante Frage nach der Rechtsstellung des Vaters bei der Adoption seines nichtehelichen Kindes durch Dritte lässt sich aus Art. 14 EMRK die Maßgabe entnehmen, dass aufgrund des Merkmals der Geburt keine differenzierende Gewährung von Rechten erfolgen darf. Dabei erstreckt sich das Diskriminierungsverbot nicht nur auf ungerechtfertigte Ungleichbehandlungen von nichtehelichen und ehelichen Kindern, sondern verbietet auch Diskriminierungen von Vätern solcher Kinder, die aus einer nichtehelichen Lebensgemeinschaft hervorgegangen sind, gegenüber Vätern von Kindern aus einer ehelichen Gemeinschaft.

---

444 Brötel, ZfJ 1992, S. 245; Frowein/Peukert, Europäische Menschenrechtskonvention, Art. 14, Rn. 2; Grabenwarter, Europäische Menschenrechtskonvention, § 26, Rn. 3; Grote/Marauhn/*König/Peters*, EMRK/GG, Kap. 21, Rn. 30; Kopper-Reifenberg, Kindschaftsrechtsreform und Schutz des Familienlebens nach Art. 8 EMRK, S. 119; Matscher, Klecatsky-FS, S. 630; Meyer-Ladewig, Nomos Kommentar EMRK, Art. 14, Rn. 5 f.; Rixe, in: Sechzehnter Deutscher Familiengerichtstag, Brühler Schriften zum Familienrecht, S. 64.

445 Brötel, in: Kindschaftsrecht und Völkerrecht, S. 57; Fahrenhorst, Familienrecht und Europäische Menschenrechtskonvention, S. 436; Frowein/Peukert, Europäische Menschenrechtskonvention, Art. 22 f.; Grabenwarter, Europäische Menschenrechtskonvention, § 26, Rn. 9 ff.; Grote/Marauhn/*König/Peters*, EMRK/GG, Kap. 21, Rn. 171 ff.; Meyer-Ladewig, Nomos Kommentar EMRK, Art. 14, Rn. 8; Villiger, Handbuch der Europäischen Menschenrechtskonvention, Rn. 664.

446 Meyer-Ladewig, Nomos Kommentar EMRK, Art. 14, Rn. 10.

447 Villiger, Handbuch der Europäischen Menschenrechtskonvention, Rn. 658.

448 Frowein/Peukert, Europäische Menschenrechtskonvention, Art. 14, Rn. 25; Grabenwarter, Europäische Menschenrechtskonvention, § 26, Rn. 7. Näheres bei Brötel, Der Anspruch auf Achtung des Familienlebens, S. 112 ff.

Aus alledem ergibt sich für die innerstaatlichen Vorschriften, die auf den nicht mit der Mutter verheirateten Vater Anwendung finden, dass sie keine am Merkmal der Nichtehelichkeit anknüpfenden ungerechtfertigten Differenzierungen enthalten dürfen. Auch das Leitbild des desinteressierten Vaters, der es ablehnt, zu seinem nichtehelichen Kind Kontakt zu pflegen, scheidet damit als Orientierungsmuster für eine gesetzliche Regelung aus. Ob das derzeitige deutsche Adoptionsrecht diese Anforderungen erfüllt, wird noch zu klären sein.

c) Das Recht auf ein faires Verfahren nach Art. 6 I EMRK

Über die ungeschriebenen prozessualen Garantien des Art. 8 I EMRK hinaus gewähren die Vorgaben des Art. 6 I 1 EMRK speziellen verfahrensrechtlichen Schutz. Art. 6 I 1 EMRK räumt jeder Person das Recht ein, dass über Streitigkeiten in Bezug auf ihre zivilrechtlichen Ansprüche und Verpflichtungen von einem unabhängigen und unparteiischen, auf Gesetz beruhenden Gericht in einem fairen Verfahren, öffentlich und innerhalb angemessener Frist verhandelt wird. In welchem Verhältnis die Rechte aus Art. 6 I EMRK zu den Verfahrensgarantien des Art. 8 I EMRK stehen, lässt sich der Rechtsprechung des EGMR entnehmen. Danach kann die Unterschiedlichkeit der Zwecke, die mit dem nach Art. 6 I bzw. Art. 8 I EMRK gewährten Schutz verfolgt werden, eine Prüfung desselben Sachverhalts nach beiden Artikeln rechtfertigen.[449] Der Unterschied liegt darin, dass Art. 8 I EMRK dem weiter gefassten Schutz des Familienlebens dient, während Art. 6 EMRK prozessuale Gewährleistungen betrifft.[450]

aa) Grundsatz des fairen Verfahrens

Von den in Art. 6 I EMRK manifestierten Forderungen, die in ihrer Detailliertheit die deutschen Justizgrundrechte übertreffen[451], hat das Fairnessgebot für den Vater eines nichtehelichen Kindes im Adoptionsverfahren elementare Bedeu-

---

449 So der EGMR im Urteil zum Fall Görgülü FamRZ 2004, S. 1456 (1460) = EuGRZ 2004, S. 700 (705) = NJW 2004, S. 3397 (3400); vgl. ferner EGMR, Urteil vom 24.4.2003 (Sylvester/Österreich), Beschwerde-Nummern 36812/97 und 40104/98. Abweichend EGMR (Williams/Vereinigtes Königreich). Dort erörterte der Gerichtshof die Angemessenheit der Verfahrensdauer in Zusammenhang mit der dem Art. 8 EMRK immanenten Zeitkomponente. Kritisch zum Ganzen Brötel, Der Anspruch auf Achtung des Familienlebens, S. 170.

450 EGMR, Urteil vom 24.4.2003 (Sylvester/Österreich), Beschwerde-Nummern 36812/97 und 40104/98.

451 S. Frowein, JuS 1986, S. 848 f.; ferner Grabenwarter, VVDStRL 60 (2000), S. 312 f.; Hilf, in: Entwicklung der Menschenrechte innerhalb der Staaten Europas, S. 26 f.; dazu im Allgemeinen Sommermann, AöR 114 (1989), S. 394.

tung. Zum Grundsatz des fairen Verfahrens gehört als Teilgewährleistung der Anspruch auf rechtliches Gehör.

Darüber, welche Auswirkungen diese Garantie auf die Rechtsstellung des Vaters bei der Annahme seines nichtehelichen Kindes durch Dritte in prozessualer Hinsicht hat, gibt wiederum das Urteil des EGMR im Fall Keegan gegen Irland vom 26.5.1994 Aufschluss.[452] Neben einer Verletzung des Anspruchs auf Achtung des Familienlebens aus Art. 8 I EMRK rügte Joseph Keegan, dass er nach irischem Recht nicht auf die Freigabe seines Kindes zur Adoption hatte Einfluss nehmen können und an dem Adoptionsverfahren nicht beteiligt worden war. Insoweit berief er sich auf Art. 6 I 1 EMRK. Der Gerichtshof erklärte, dass durch die Adoptionsfreigabe ohne Wissen oder Zustimmung des Beschwerdeführers das Recht aus Art. 6 I EMRK verletzt sei. Der Beschwerdeführer habe nach irischem Recht diese Entscheidung nicht anfechten können, weder vor der Adoptionsbehörde noch vor den Gerichten, noch sei er irgendwie am Adoptionsverfahren beteiligt gewesen. Die einzige Zuflucht, um die Adoption seiner Tochter zu verhindern, sei die Einleitung des Vormundschafts- und Sorgerechtsverfahrens gewesen. Im Laufe der Zeit sei die Waagschale im Hinblick auf das Kindeswohl aber unweigerlich zugunsten der vorgesehenen Adoptiveltern umgekippt.

Aus dem Urteil im Fall Keegan gegen Irland folgt, dass der leibliche Vater am Verfahren zu beteiligen ist, wenn sein nichteheliches Kind von Dritten adoptiert werden soll. Die deutschen Regelungen zur Annahme als Kind müssen den vom EGMR aufgestellten Vorgaben im Hinblick auf die Rechtsstellung des Vaters eines nichtehelichen Kindes gerecht werden. Ob durch das Einwilligungsrecht des Vaters in die Kindesannahme die Einhaltung der Konvention in Bezug auf das Erfordernis der wirksamen Einbindung in das Verfahren sichergestellt ist und inwieweit die Sonderregelungen der §§ 1747 III, 1748 IV BGB einer effektiven Ausübung des Einwilligungsrechts eines nicht mit der Kindesmutter verheirateten Vaters im Wege stehen, wird noch zu untersuchen sein.

Festzuhalten ist allerdings bereits an dieser Stelle, dass nach der Rechtsprechung des EGMR der Vater nicht an einer Teilnahme am Adoptionsverfahren gehindert werden darf. Sofern sich eine Mutter weigert, den Erzeuger ihres Kindes zu benennen, besteht die Gefahr, dass sie dadurch eine Verfahrensbeteiligung des Vaters vereitelt. Aus der konventionsrechtlichen Verpflichtung, die Einbindung des Kindesvaters in das Adoptionsverfahren zu gewährleisten, ergibt sich, dass die Mitgliedstaaten dann Nachforschungen über die Identität des Vaters betreiben und ihn über das Verfahren informieren müssen. Denn der Grundsatz des fair trail verlangt neben einer effektiven Teilnahme im Verfahren als Vorstu-

452 EGMR EuGRZ 1995, S. 113 ff. = FamRZ 1995, S. 110 ff. = NJW 1995, S. 2153 ff.

fe auch, dass der Betroffene von einem ihn betreffenden Verfahren überhaupt Kenntnis erlangt.[453] Durch staatliche Nachforschungsmaßnahmen kann vermieden werden, dass eine Verfahrensbeteiligung des leiblichen Vaters allein von der Entscheidung der Mutter abhängt, ob sie die väterliche Identität offenbaren will.

bb) Das Gebot der angemessenen Verfahrensdauer

Bei dem in Art. 6 I EMRK enthaltenen Gebot der angemessenen Verfahrensdauer handelt es sich um eine weitere äußerst relevante Garantie, die im Adoptionsverfahren zugunsten von Vätern nichtehelicher Kinder Beachtung finden muss. Nicht nur speziell im Bereich des Rechts der Annahme als Kind, sondern allgemein in Zivilverfahren bei familienrechtlichen Angelegenheiten wird dem Gebot der angemessenen Verfahrensdauer eine besonders gravierende Bedeutung zugeschrieben.[454]

Welche Grundsätze der EGMR im Hinblick auf das Gebot der angemessenen Verfahrensdauer in familienrechtlichen Streitigkeiten vertritt, zeigt das Urteil im Fall Niederbörster gegen Deutschland.[455] Dem Fall lag eine Individualbeschwerde zugrunde, mit der der Beschwerdeführer geltend machte, die Länge des Verfahrens vor dem BVerfG habe die angemessene Dauer nach Art. 6 I EMRK überschritten. Der zum Zeitpunkt des Verfahrens vor dem BVerfG fast achtzigjährige Beschwerdeführer hatte um ein Umgangsrecht für seine Tochter gekämpft und sich nach einem erfolglosen Zug durch die Instanzen an das BVerfG gewandt. In seiner rechtlichen Würdigung führte der EGMR aus, dass die Angemessenheit der Dauer eines Verfahrens unter Berücksichtigung der in seiner Rechtsprechung verankerten Kriterien, insbesondere der Komplexität des Falles, des Verhaltens des Beschwerdeführers und des Verhaltens der zuständigen Behörden, zu beurteilen sei. Hinsichtlich dieses letzten Punktes seien die Auswirkungen des Rechtsstreits für den Betroffenen in Betracht zu ziehen. Es sei daher von grundlegender Bedeutung, Fälle, die das Sorgerecht für Kinder betreffen, zügig zu bearbeiten. Die Konvention sei in einer Art und Weise auszulegen und anzuwenden, dass die Rechte praktisch und wirksam umgesetzt würden und

453 Vgl. Klein, Der Fall Görgülü, S. 335 ff.; Meyer-Ladewig, Nomos Kommentar EMRK, Art. 6, Rn. 38.

454 Grabenwarter, Europäische Menschenrechtskonvention, § 24, Rn. 69; Lempp/Wagner, FamRZ 1975, S. 71; Meng, in: Kindschaftsrecht und Völkerrecht, S. 7; Villiger, Handbuch der Europäischen Menschenrechtskonvention, Rn. 460.

455 EGMR, Urteil vom 27.2.2003 (Niederbörster/Deutschland), Beschwerde-Nr. 39547/98; S. ausführlich zur Rechtsprechung des EGMR hinsichtlich der überlangen Verfahrensdauer Uerpmann, Die Europäische Menschenrechtskonvention und die deutsche Rechtsprechung, S. 160.

nicht theoretischer und illusorischer Natur blieben. Indem Art. 6 I EMRK verlange, dass über Streitigkeiten innerhalb angemessener Frist verhandelt werde, stelle die Konvention heraus, wie wichtig es sei, dass Recht nicht mit Verzögerungen gesprochen werde, die eine Gefährdung der Wirksamkeit und Glaubwürdigkeit der Entscheidungen bewirkten.

Aus der Entscheidung im Fall Niederbörster ergibt sich, dass der EGMR bei der Beurteilung der Angemessenheit der Verfahrensdauer auf verschiedene Kriterien, unter anderem auf die Bedeutung der Sache für den Beschwerdeführer, abstellt.[456] In Zusammenhang mit diesem Kriterium ist die schon erwähnte tiefgreifende Bedeutsamkeit des Gebots der angemessenen Dauer in familienrechtlichen Verfahren allgemein anerkannt.[457] Die besondere Bedeutung rührt vor allem daher, dass menschliche Bindungen nicht konstant bleiben, sondern mit der Zeit Entwicklungen unterworfen sind. Insbesondere die Beziehungen zwischen Eltern und kleinen Kindern bedürfen einer stetigen Förderung. Deshalb kann eine übermäßig lange Dauer des Verfahrens sich auf das Verhältnis zwischen einem Kind und seinem Vater insofern negativ auswirken, als sich das Kind im Laufe der Zeit zunehmend entfremdet, wenn keine regelmäßigen Kontakte erfolgen. Als Konsequenz des Entfremdungsprozesses wird bei einer Kollision der Interessen von leiblichem Elternteil und Pflegeeltern in Anbetracht des Kindeswohls zugunsten der Pflegeeltern entschieden. Brötel[458] und Fahrenhorst[459] sprechen diesbezüglich zutreffend von einer Verfestigung der faktischen Verhältnisse durch bloßen Zeitablauf, wenn sich die behördlich getroffenen Entscheidungen später am Maßstab des Kindeswohls als irreversibel erweisen.

---

456 Vgl. Brötel, Der Anspruch auf Achtung des Familienlebens, S. 134; Fahrenhorst, Familienrecht und Europäische Menschenrechtskonvention, S. 298, 441; Frowein/Peukert, Europäische Menschenrechtskonvention, Art. 6, Rn. 144 ff., Grabenwarter, Europäische Menschenrechtskonvention, § 22, Rn. 69; Grote/Marauhn/*Grabenwarter/Pabel*, EMRK/GG, Kap. 14, Rn. 103 ff.; Heilmann, ZfJ 1998, S. 319; Meyer-Ladewig, Nomos Kommentar EMRK, Art. 6, Rn. 77 ff.; Rixe, in: Sechzehnter Deutscher Familiengerichtstag, Brühler Schriften zum Familienrecht, S. 74; Villiger, Handbuch der Europäischen Menschenrechtskonvention, Rn. 459 ff. Vgl. auch das Urteil des EGMR zum Fall G./Deutschland vom 10.1.2008, Beschwerde-Nr. 25706/03.

457 EGMR, Urteil vom 4.12.2008 (Adam/Deutschland), Beschwerde-Nr. 44036/02, Nr. 61. Vgl. zu diesem Urteil die Anmerkung Rixes, FamRZ 2009, S. 1037 ff. und die weiteren Nachweise dort in Fn. 2 bis 6.

458 Brötel, Der Anspruch auf Achtung des Familienlebens, S. 169; ders., DAVorm 1996, Sp. 755; vgl. zum Werk Brötels, Der Anspruch auf Achtung des Familienlebens, Ebert, FamRZ 1994, S. 273 ff. und Koeppel, FuR 1993, S. 63 f.

459 Fahrenhorst, Familienrecht und Europäische Menschenrechtskonvention, S. 439; dies., FuR 1995, S. 113. Vor der Gefahr der Verfestigung einer konventionswidrigen Situation warnt auch Polakiewicz, in: Kindschaftsrecht und Völkerrecht, S. 89 f.

Die gedeihliche Entwicklung des Kindes fordert nämlich dann einen Verbleib bei den Pflegeeltern, weil diese für das Kind faktisch zu Eltern geworden sind.[460]

Das in Art. 6 I EMRK enthaltende Gebot der angemessenen Dauer gibt nach alledem für die deutschen Regelungen zur Annahme als Kind vor, dass im Adoptionsverfahren die kindliche Bindungsentwicklung, insbesondere das Bedürfnis nach Beständigkeit, Berücksichtigung finden müssen. Gleichermaßen ist – durch die prozessualen ebenso wie durch die materiellen Bestimmungen – zu verhindern, dass der Vater durch simples Verstreichen von Zeit zu einer für das Kind unbedeutenden Person wird und somit nicht nur tatsächlich die Chance auf eine Beziehung zu seinem Kind verliert, sondern auch eine völlige Entwertung seiner Rechtsposition eintritt. Denn im Familienrecht gilt noch mehr als in anderen Rechtsbereichen der Grundsatz „a right delayed is a right denied“.[461]

2. Kinderrechtskonvention der Vereinten Nationen

Ein weiterer völkerrechtlicher Vertrag, der die Rechtsstellung des Vaters bei der Adoption seines nichtehelichen Kindes berührt, ist das Übereinkommen über die Rechte des Kindes aus dem Jahre 1989.[462] Zwar liegt dem Übereinkommen, das am 5. April 1992 in der Bundesrepublik in Kraft trat, die Intention zugrunde, die Vertragsstaaten zu verpflichten, Kindern das Maß an Schutz und Fürsorge angedeihen zu lassen, das zu ihrem Wohlergehen erforderlich ist, und hierfür alle geeigneten Gesetzgebungs- und Verwaltungsmaßnahmen zu treffen.[463] Jedoch wirken sich einige Artikel der Konvention, die ihrem Wortlaut nach nur Kinder betreffen, reflexartig auch auf die Position der Väter aus. Zu diesen Vorschriften zählen insbesondere Art. 9, Art. 16, Art. 18 und Art. 21 KRK.

---

460 Fahrenhorst, FuR 1995, S. 113; S. dazu Meyer-Ladewig, Nomos Kommentar EMRK, Art. 6, Rn. 21.

461 So zutreffend Rudolf, EuGRZ 1995, S. 113.

462 BGBl. 1992, Teil II, S. 990 ff.; zur Entstehung Blech, Die Rechte des nichtehelichen Vaters im deutschen Kindschaftsrecht, S. 129 ff.; Brötel, DAVorm 1996, Sp. 843 ff.; Frowein, in: HdbStR VII, § 180, Rn. 33 ff.; Gerstein, ZfJ 1995, S. 527 f.; Koeppel, NJ 1990, S. 524; Steindorff, FuR 1990, S. 98 ff.; Stöcker, FamRZ 1992, S. 246 f.; Strempel, ZRP 1996, S. 82; Zimmermann, IPRax 1996, S. 167 f. Vgl. zum Gang der Beratungen Dorsch, Die Konvention der Vereinten Nationen über die Rechte des Kindes, S. 152.

463 S. Präambel sowie Art. 4 KRK; vgl. außerdem Bayer, Abkehr vom Nichtehelichenrecht, S. 47; Brötel, DAVorm 1997, Sp. 537; Ebert, in: Kindschaftsrecht und Völkerrecht, S. 105; Herdegen, FamRZ 1993, S. 378; Meng, in: Kindschaftsrecht und Völkerrecht, S. 23 ff. ; von Renesse, FPR 1998, S. 60; Scholz, FPR 1998, S. 68.

a) Die einzelnen Garantien

Art. 9 S. 1 KRK verpflichtet die Vertragsstaaten sicherzustellen, dass ein Kind nicht gegen den Willen seiner Eltern von diesen getrennt wird, es sei denn, dass die zuständigen Behörden in einer gerichtlich nachprüfbaren Entscheidung nach den anzuwendenden Rechtsvorschriften und Verfahren bestimmen, dass diese Trennung zum Wohl des Kindes notwendig ist. Außerdem ordnet Art. 9 II KRK an, dass in Verfahren nach Absatz 1 allen Beteiligten Gelegenheit zu geben ist, am Verfahren teilzunehmen und ihre Meinung zu äußern. Art. 16 KRK verbietet willkürliche oder rechtswidrige Eingriffe in die Familie eines Kindes und gewährt einen Anspruch auf rechtlichen Schutz gegen solche Eingriffe. Art. 18 I 2 KRK besagt, dass für die Erziehung und Entwicklung des Kindes in erster Linie die Eltern oder gegebenenfalls der Vormund verantwortlich sind. Ferner bestimmt Art. 18 II KRK, dass die Vertragsstaaten zur Gewährleistung und Förderung der in dem Übereinkommen festgelegten Rechte die Eltern und den Vormund in angemessener Weise bei der Erfüllung ihrer Aufgabe, das Kind zu erziehen, unterstützen und für den Ausbau von Institutionen, Einrichtungen und Diensten für die Betreuung von Kindern sorgen.

Spezielle adoptionsrechtliche Vorgaben sind Art. 21 KRK zu entnehmen. Art. 21 KRK schreibt den Vertragsstaaten vor sicherzustellen, dass die Adoption eines Kindes nur durch die zuständigen Behörden bewilligt wird. Diese entscheiden nach den anzuwendenden Rechtsvorschriften und Verfahren und auf der Grundlage aller verlässlichen einschlägigen Informationen, dass die Adoption angesichts des Status des Kindes in Bezug auf Eltern, Verwandte und einen Vormund zulässig ist und dass, soweit dies erforderlich ist, die betroffenen Personen in Kenntnis der Sachlage und auf der Grundlage einer gegebenenfalls erforderlichen Beratung der Adoption zugestimmt haben.

Diese Vorgaben müssen bei der Ausgestaltung der Rechtsstellung des Vaters bei der Adoption seines nichtehelichen Kindes nach deutschem Recht beachtet werden.

b) Das Recht auf Kenntnis der eigenen Abstammung nach Art. 7 KRK

Art. 7 I KRK gewährt einem Kind soweit möglich das Recht, seine Eltern zu kennen und von ihnen betreut zu werden. Sowohl nach der Rechtsprechung des EGMR[464] als auch in der Literatur[465] wird Art. 7 I KRK ein Recht auf Abstam-

464 EGMR EuGRZ 1995, S. 113 (119 f.) = FamRZ 1995, S. 110 (111) = NJW 1995, S. 2153 (2154).

mungskenntnis entnommen.[466] Im Schrifttum wird vereinzelt vertreten, Art. 7 I KRK gewähre ein Kenntnisrecht nur in Abhängigkeit vom elterlichen Betreuungsverhältnis.[467] Eine solch restriktive Auslegung lässt sich jedoch aus der bloßen Aneinanderreihung des Kenntnisrechts und des Betreuungsrechts in Art. 7 I KRK nicht folgern.[468] Hätte der Konventionsgeber eine Verknüpfung beider Rechte gewollt, müsste dies eindeutig aus dem Wortlaut der Konventionsgarantie hervorgehen.

Allerdings ist zu bedenken, dass die Vorschrift selbst das Kenntnisrecht unter den Vorbehalt des Möglichen stellt. Damit sind rechtliche sowie tatsächliche Hindernisse gemeint, die einem Kind den Weg zu Auskünften über seine genetische Herkunft versperren. Eine schlichte Weigerung der Mutter, Angaben über die Person des Kindesvaters zu machen, darf indessen nicht unter den Vorbehalt des Möglichen subsumiert werden und zu einem Ausschluss des Kenntnisrechts führen, sofern die Mutter zur Auskunftserteilung verpflichtet ist.[469] Bei der Weigerung der Mutter, die Person des leiblichen Vaters zu benennen, handelt es sich gerade nicht um ein tatsächliches Hindernis, sondern um ein willkürliches Verhalten. Dieses darf nicht zu einer Einschränkung der Rechte des Kindes führen. Ob eine Verpflichtung der Mutter zur Auskunftserteilung besteht, wird noch zu untersuchen sein.

In Art. 8 KRK heißt es, dass sich die Vertragsstaaten verpflichten, das Recht des Kindes zu achten, seine Identität, einschließlich seiner Staatsangehörigkeit, seines Namens und seiner gesetzlich anerkannten Familienbeziehungen, ohne rechtswidrige Eingriffe zu behalten. Werden einem Kind widerrechtlich einige oder alle Bestandteile seiner Identität genommen, so gewähren die Vertragsstaaten ihm angemessenen Beistand und Schutz mit dem Ziel, seine Identität so schnell wie möglich wiederherzustellen. Auch vom Schutz der Identität des Kindes nach Art. 8 KRK könnte ein Recht auf Abstammungskenntnis als Bestandteil

---

465 Badenberg, Das Recht des Kindes auf Kenntnis der eigenen Abstammung unter Berücksichtigung der Problematik der anonymen Geburt, S. 45; Baer, DAVorm 1996, Sp. 865; dies., ZfJ 1996, S. 125; Edenfeld, FuR 1996, S. 195; Hegnauer, ZBl. 1991, S. 345; Hepting, FamRZ 2001, S. 1576 f.; Müller-Magdeburg, FPR 2003, S. 111, Fn. 20; Muscheler/Bloch, FPR 2002, S. 344; Scheiwe, ZPR 2001, S. 372; Schwarz, StAZ 2003, S. 36; Wolf, FPR 2001, S. 346; zurückhaltend Gaul, FamRZ 1997, S. 1445; vgl. außerdem Frank, Schlechtriem-FS, S. 37 f.

466 Zur Vereinbarkeit des Art. 7 KRK mit deutschem Recht Baer, FuR 1990, S. 193 f.; Bethke, Das Übereinkommen der Vereinten Nationen über die Rechte des Kindes und seine Umsetzung in der Bundesrepublik Deutschland, S. 74.

467 Gaul, FamRZ 1997, S. 1445.

468 Ähnlich Binder, Die Auswirkungen der EMRK und der KRK auf Rechtsfragen im Bereich der medizinisch assistierten Fortpflanzung, S. 150.

469 Abweichend Binder, Die Auswirkungen der EMRK und der KRK auf Rechtsfragen im Bereich der medizinisch assistierten Fortpflanzung, S. 149.

der Identität umfasst sein. Da Art. 8 KRK jedoch nur die Wiederherstellung der vorhandenen Identität garantiert, nicht aber die Erweiterung der Identität auf bisher im Verborgenen liegende Bereiche, lässt sich unter Heranziehung dieser Norm keine neue Informationsquelle eröffnen. Der Schutz des Art. 8 KRK kann einem Kind also nicht zur Kenntnis der eigenen Abstammung verhelfen.[470]

c) Die Nichtdiskriminierungsklausel des Art. 2 KRK

Art. 2 I KRK schreibt vor, dass die Vertragsstaaten die im Übereinkommen über die Rechte des Kindes festgelegten Garantien achten und sie jedem ihrer Hoheitsgewalt unterstehenden Kind gewährleisten ohne jede Diskriminierung unabhängig von der Rasse, der Hautfarbe, dem Geschlecht, der Sprache, der Religion, der politischen oder sonstigen Anschauung, der nationalen, ethnischen oder sozialen Herkunft, des Vermögens, einer Behinderung, der Geburt oder des sonstigen Status des Kindes, seiner Eltern oder seines Vormunds. Ferner haben die Vertragsstaaten nach Art. 2 II KRK alle geeigneten Maßnahmen zu treffen, um sicherzustellen, dass das Kind vor allen Formen der Diskriminierung oder Bestrafung wegen des Status, der Tätigkeiten, der Meinungsäußerungen oder der Weltanschauung seiner Eltern, seines Vormunds oder seiner Familienangehörigen geschützt wird.

Eine solche Nichtdiskriminierungsklausel, wie sie in Art. 2 KRK enthalten ist, gehört zu den üblichen Bestandteilen internationaler Übereinkommen zum Schutz der Menschenrechte. Das Wegweisende an Art. 2 KRK besteht allerdings darin, dass hier das Diskriminierungsverbot ganz explizit auch auf ein Kind ausgedehnt wird, und zwar sowohl hinsichtlich der Möglichkeit, wegen seiner selbst diskriminiert zu werden, als auch bezüglich aller Formen der Diskriminierung, die das Kind wegen seiner Eltern, seiner Familie, seines Vormunds etc. zu erleiden vermag.[471] Allerdings versäumt Art. 2 KRK eine ausdrückliche rechtliche Klarstellung hinsichtlich der Ungleichbehandlung von ehelichen und nichtehelichen Kindern. Während der zehnjährigen Entstehung der Konvention war dieses Problem mehrfach diskutiert worden, ein entsprechender Zusatz sogar schon vorformuliert worden. Diese Vorschläge erwiesen sich jedoch als nicht konsensfähig. Verschiedene Delegationen erklärten sich gegen die vorgesehene Gleichstellung nichtehelicher Kinder, weil diese mit dem innerstaatlichen Erbrecht der von ihnen vertretenen Nationen nicht zu vereinbaren war. Dagegen

---

470 Ähnlich Gaul, FamRZ 1997, S. 1445.

471 BT-Drucks. XII/42, S. 34; vgl. ergänzend Bethke, Das Übereinkommen der Vereinten Nationen über die Rechte des Kindes und seine Umsetzung in der Bundesrepublik Deutschland, S. 57.

wurde Art. 2 I KRK teilweise auch so verstanden, dass die Formulierung „ohne jede Diskriminierung unabhängig von der Geburt oder des sonstigen Status des Kindes“ die Gleichstellung von ehelichen und unehelich geborenen Kindern bereits implizit enthalte.[472] Diese Ansicht trifft zu. Es ist nicht anzunehmen, dass das Übereinkommen rechtliche Benachteiligungen nichtehelicher Kinder toleriert. Ferner leuchtet nicht ein, welche Funktion dem Kriterium der Geburt überhaupt zukommen soll, wenn es nicht vor einer Differenzierung aufgrund von Nichtehelichkeit schützt.

In ihrem Entwurf für ein Gesetz zur UN-Kinderrechtskonvention vom 24.1.1991 erklärte die Bundesregierung, vor dem Hintergrund der Entstehungsgeschichte des Art. 2 KRK sei davon auszugehen, dass die von den Vertragsstaaten nach dem Übereinkommen zu ergreifenden Maßnahmen zwar grundsätzlich, insbesondere im Bereich des öffentlichen Rechts, keinen diskriminierenden Unterschied danach machen dürften, ob sie ehelich oder nichtehelich geborene Kinder beträfen. Indessen könne nicht angenommen werden, dass die Vertragsstaaten nach Art. 2 KRK verpflichtet seien, die familien- und erbrechtlichen Verhältnisse eines nichtehelichen Kindes so auszugestalten, dass sie denen eines ehelichen Kindes gleichkämen.[473] Diese Auslegung sei vor allem bei Art. 9 und Art. 18 KRK von Bedeutung.

Der Ansicht der Bundesregierung entsprechend erfolgte in Deutschland eine Ratifizierung der UN-Kinderrechtskonvention zunächst nur unter Vorbehalt.[474] Dessen Notwendigkeit wurde offiziell damit begründet, dass die Länder der Zeichnung des Übereinkommens wegen der teilweise weitreichenden Konsequenzen der Konventionsbestimmungen für die innerstaatliche Rechtsordnung ansonsten nicht zugestimmt hätten.[475] Der Vorbehalt wurde in der innerstaatlichen Literatur unterschiedlich, im Hinblick auf Art. 51 KRK jedoch meist kritisch beurteilt.[476] Er enthielt die Erklärung, dass die Vorschriften des innerstaat-

---

472 BT-Drucks. XII/42, S. 35; Bethke, Das Übereinkommen der Vereinten Nationen über die Rechte des Kindes und seine Umsetzung in der Bundesrepublik Deutschland, S. 59.

473 BT-Drucks. XII/42, S. 34; S. dazu Schumann, Die nichteheliche Familie, S. 160.

474 BT-Drucks. XII/1535, S. 4; vgl. Coester, DEuFamR 1999, S. 3; Scholz, FPR 1998, S. 68 f.

475 BT-Drucks. XII/42, S. 32; S. dazu Schumann, Die nichteheliche Familie, S. 161 f.

476 Vgl. Baer, NJW 1993, S. 2209 f.; Blech, Die Rechte des nichtehelichen Vaters im deutschen Kindschaftsrecht, S. 135 ff.; Brötel, DAVorm 1996, Sp. 852; ders., DAVorm 1997, Sp. 542; Finger, JR 1992, S. 178; Herdegen, FamRZ 1993, S. 378; Meng, in: Kindschaftsrecht und Völkerrecht, S. 26 f.; Münning, ZfJ 1992, S. 554 f.; Steindorff, FuR 1991, S. 215. S. ferner Kiehl/Salgo, RdJB 1995, S. 197 f. und von Sethe, Die Durchsetzbarkeit des Rechts auf Kenntnis der eigenen Abstammung aus der Sicht des Kindes, S. 85, der Bedenken gegen die Zulässigkeit des Vorbehalts äußert; kritisch außerdem Reeken, ZfJ 1996, S. 11 sowie Ullmann, FamRZ 1991, S. 898 ff.; ders., FamRZ 1992, S. 892 ff. in Erwiderung auf Stöcker, FamRZ 1992, S. 245 ff.; außerdem Wolf, ZPR 1991, S. 374 ff., der in diesem Zusammenhang von

lichen Rechts über die gesetzliche Vertretung Minderjähriger bei der Wahrnehmung ihrer Rechte, die familien- und erbrechtlichen Verhältnisse eines nichtehelichen Kindes sowie das Sorge- und Umgangsrecht in Bezug auf Kinder, deren Eltern bei fortbestehender Ehe dauernd getrennt lebten oder geschieden seien, durch das Übereinkommen ungeachtet der geplanten Neuordnung der elterlichen Sorge nicht berührt würden. Nach vorheriger Zustimmung des Bundesrates hat die Bundesregierung am 3. Mai 2010 beschlossen, die Vorbehaltserklärung zur Kinderrechtskonvention der Vereinten Nationen zurückzunehmen.

Schon vor Rücknahme des Ratifizierungsvorbehalts konnte der Konvention eine Bedeutung für das nationale Recht und die nationale Rechtspraxis nicht abgesprochen werden.[477] So wurde die UN-Kinderrechtskonvention in der Begründung zum KindRG, dessen erklärtes Ziel die Abschaffung von Statusunterschieden zwischen ehelichen und nichtehelichen Kindern ist, ausdrücklich als Anstoß für die Reform des deutschen Kindschaftsrechts genannt.[478] Trotz Vorbehalt waren die von Art. 2 KRK im Hinblick auf ein Diskriminierungsverbot zugunsten nichtehelicher Kinder gesetzten Standards für die innerstaatliche Rechtsordnung somit keineswegs belanglos.[479] Dass die KRK für das deutsche Recht beachtliche Maßstäbe vorgibt, gilt nach der nunmehr uneingeschränkten Anerkennung erst recht.

d) Folgerungen für das innerstaatliche Recht

Im Ergebnis lassen sich dem Übereinkommen über die Rechte des Kindes unter dem Aspekt der Rechtsstellung des Vaters bei der Annahme seines nichtehelichen Kindes folgende Vorgaben entnehmen, die für das deutsche Adoptionsrecht von Bedeutung sind:

Aus Art. 21 KRK geht eindeutig hervor, dass die von einer Adoption betroffenen Personen in Kenntnis der Sachlage der Adoption zustimmen müssen. Ein leiblicher Vater ist von einer Annahme seines Kindes durch Dritte unmittelbar betroffen. Denn die Adoption bewirkt, dass alle Rechte und Pflichten eines leiblichen Vaters gegenüber seinem Kind erlöschen. Somit darf er nicht einfach übergangen werden, indem man ihn gar nicht informiert. Selbst wenn der Vater über eine anstehende Adoption seines Kindes verständigt wird und durch Verweigerung seiner Einwilligung schließlich eine dem Kindeswohl entsprechende

---

einem völkerrechtlich unzulässigen Globalvorbehalt spricht; abweichend Meixner, FuR 1996, S. 16.

477 Vgl. Schumann, Die nichteheliche Familie, S. 165.

478 BT-Drucks. XIII/4899, S. 29.

479 S. dazu Finger, JR 1992, S. 179.

Adoption verhindert, ist dies keinesfalls ein Grund, ihn vom Adoptionsverfahren gänzlich auszuschließen. Ein reibungsloser Ablauf der Adoption darf nicht auf Kosten des leiblichen Vaters gehen. Stattdessen muss dem Vater jedenfalls die Möglichkeit eröffnet werden, sein Kind zu sich zu nehmen. Erst wenn er durch Erklärung seiner Einwilligung in die Adoption deutlich zum Ausdruck gebracht hat, dass er sein Kind nicht selbst aufziehen will, ist der Weg für eine Adoption frei.

Mit dem Verbot einer heimlichen Adoption unter Umgehung des leiblichen Vaters ist verbunden, dass der Vater uneingeschränkt an der Annahme seines Kindes beteiligt werden muss. Die in Art. 9 KRK enthaltene Kernaussage, dass ein Kind von seinen Eltern grundsätzlich nicht gegen deren Willen und ohne deren Beteiligung getrennt werden darf, bezieht sich nicht nur auf Maßnahmen, die den Erziehungsberechtigten das Kind zur Abwendung einer Gefährdung des Kindeswohls entziehen[480], sondern ist auch auf das Adoptionsrecht übertragbar. Auch bei Adoptionen gilt, dass Bande Blutsverwandter nicht vorschnell und ohne Beachtung der Rechte der Beteiligten zerschnitten werden dürfen. Für das Verfahren der Annahme als Kind lässt sich aus Art. 9 KRK somit die zwingende Notwendigkeit einer Beteiligung des Vaters herleiten. Die Beteiligung des Vaters darf nicht davon abhängig sein, ob er mit der Kindesmutter verheiratet ist oder nicht. Dies folgt aus Art. 2 KRK, der sich direkt gegen die Diskriminierung eines Kindes aufgrund von Nichtehelichkeit richtet. In der Konsequenz bewirkt die Vorschrift auch den Schutz der Väter nichtehelicher Kinder.

Bei der Interpretation des innerstaatlichen Rechts ist ferner zu berücksichtigen, dass die KRK für die biologischen Eltern keine Anforderungen aufstellt, um an dem Schutz der in der Konvention verbrieften Garantien teilzunehmen. Auch ein leiblicher Vater, der bisher noch keine Chance hatte, einen beständigen und intensiven Kontakt zu seinem Kind aufzubauen, genießt die Rechte der KRK. Daraus lässt sich ableiten, dass ein Kind, das in Adoptionspflege bei einer Pflegefamilie untergebracht ist, in der die Elternfunktion wahrgenommen wird, so schnell wie möglich seinem Vater überantwortet werden muss, wenn dieser zur Erziehung bereit und in der Lage ist. Diese Interpretation wird bekräftigt durch die Entscheidung des EGMR im Fall Keegan gegen Irland. Dort stützte der Gerichtshof seine Ansicht, dass die Verantwortung für die Erziehung eines Kindes

480 Nach deutschem Recht erfolgen solche Maßnahmen auf der Rechtsgrundlage der §§ 1666, 1666a BGB, die mit ihren gegenüber Art. 9 KRK engeren Voraussetzungen konventionskonform sind; S. dazu ausführlich bei Bethke, Das Übereinkommen der Vereinten Nationen über die Rechte des Kindes und seine Umsetzung in der Bundesrepublik Deutschland, S. 76 ff.

dem biologischen Elternteil übertragen werden soll, wenn dieser die Verantwortung übernehmen will, ausdrücklich auf die Vorschrift des Art. 7 KRK.[481]

Abschließend ist auf Art. 20 KRK hinzuweisen. Diese Vorschrift besagt, dass die Aufnahme in eine Pflegefamilie, die Kafala[482] nach islamischem Recht, die Adoption oder, falls erforderlich, die Unterbringung in einer geeigneten Kinderbetreuungseinrichtung als andere Form der Betreuung in Betracht kommen. Bei der Wahl zwischen diesen Lösungen müssen die erwünschte Kontinuität in der Erziehung des Kindes sowie die ethnische, religiöse, kulturelle und sprachliche Herkunft des Kindes gebührend berücksichtigt werden. Damit verfolgt Art. 20 KRK das Anliegen, die Kontinuität der kindlichen Erziehung zu sichern, deren gravierende Bedeutung für den Aufbau des Bindungssystems und damit letztendlich für das psychische Wohl des Kindes bereits dargelegt worden ist.[483] Diesem Anliegen sollte die deutsche adoptionsrechtliche Regelung dadurch nachkommen, dass im Verfahren der Annahme als Kind möglichst schnell eine endgültige Lösung für den Verbleib des Kindes gefunden wird, ohne dabei die Interessen einzelner Beteiligter zu vernachlässigen.

3. Weitere Abkommen

a) Internationaler Pakt über bürgerliche und politische Rechte (IPbpR)

Ähnliche Garantien wie die schon genannten völkerrechtlichen Übereinkommen enthält der Internationale Pakt über bürgerliche und politische Rechte vom 19. Dezember 1966, der in der Bundesrepublik Deutschland am 23.3.1976 in Kraft trat.[484] Mehrere dieser Garantien sind für den familierechtlichen Bereich maßgebend.

Art. 17 IPbpR verbietet willkürliche oder rechtswidrige Eingriffe unter anderem in die Familie und gewährt jedermann einen Anspruch auf rechtlichen

---

481 EGMR EuGRZ 1995, S. 113 (119 f.) = FamRZ 1995, S. 110 (111) = NJW 1995, S. 2153 (2154); ebenso Rudolf, EuGRZ 1995, S. 112.

482 Näheres dazu bei Frank, FamRZ 2007, S. 1696.

483 S. dazu Einleitung II. 5.

484 BGBl. 1973, Teil II, S. 1533 ff.; BGBl. 1976, Teil II, S. 1068. S. dazu Brötel, DAVorm 1997, Sp. 537; Hoffmann, Minderheitenschutz in Europa, S. 19 ff.; Klein, MRM 2005, S. 126; Koeppel/Reeken, ZfJ 1992, S. 250 ff.; Meng, in: Kindschaftsrecht und Völkerrecht, S. 22 f.; Palm-Risse, Der völkerrechtliche Schutz von Ehe und Familie, S. 54 ff.; Stöcker, DAVorm 1978, Sp. 486; ders., StAZ 1981, S. 16 ff.; de Zayas, in: Kindschaftsrecht und Völkerrecht, S. 91 f.

Schutz gegen solche Eingriffe oder Beeinträchtigungen.[485] Art. 23 I IPbpR definiert die Familie als die natürliche Kernzelle der Gesellschaft und spricht ihr Schutz durch Gesellschaft und Staat zu.[486] Ferner enthalten Art. 24 und Art. 26 IPbpR Diskriminierungsverbote. Beide Artikel nennen ausdrücklich die Geburt als unzulässiges Differenzierungskriterium. Im Unterschied zu Art. 26 IPbpR bezieht sich Art. 24 IPbpR allerdings speziell auf Kinder.

Zwar können die Artikel des IPbpR keine unmittelbare Anwendung finden, da sie nicht den Charakter einer „self-executing" Norm haben.[487] Von Interesse sind aber wegen der völkerrechtlichen Verbindlichkeit des Vertrages die in den Paktbestimmungen enthaltenen Wertungen.[488] Anerkannt ist zumindest für den europäischen Bereich, dass der Familienbegriff des IPbpR das nichteheliche Eltern-Kind-Verhältnis einbezieht.[489] Auch aus den genannten Paktvorschriften lässt sich demzufolge herleiten, dass dem Vater eines nichtehelichen Kindes ein statusunabhängiges Einwilligungsrecht zustehen und er über eine geplante Adoption seines Kindes informiert werden muss.

b) UN-Nichtdiskriminierungsvereinbarung

Im Zusammenhang mit der Rechtsstellung des Vaters bei der Drittadoption seines nichtehelichen Kindes ist weiterhin das Übereinkommen zur Beseitigung jeder Form von Diskriminierung der Frau vom 18. Dezember 1979 relevant. Dieses Übereinkommen trat in der Bundesrepublik Deutschland 1985 in Kraft.[490]

Art. 16 I des Übereinkommens verpflichtet die Vertragsstaaten, alle geeigneten Maßnahmen zur Beseitigung der Diskriminierung der Frau in Ehe- und Familienfragen zu treffen und auf der Grundlage der Gleichberechtigung von Mann und Frau gleiche Rechte als Eltern ungeachtet ihres Familienstandes in allen ihre Kinder betreffenden Fragen (lit. d) sowie gleiche Rechte und Pflichten in Fragen der Vormundschaft, Pflegschaft, Personen- und Vermögenssorge, Adoption von Kindern oder ähnlichen Rechtseinrichtungen (lit. f) zu gewährleisten.

Obwohl das Übereinkommen ausweislich seines Namens die Diskriminierung der Frau zu beseitigen bezweckt, fordert Art. 16 I auf der Grundlage der Gleich-

---

485 Vgl. dazu ausführlich Koeppel/Reeken, ZfJ 1992, S. 251 f.; Palm-Risse, Der völkerrechtliche Schutz von Ehe und Familie, S. 256 f., 313 ff.

486 Weiterführend dazu Palm-Risse, Der völkerrechtliche Schutz von Ehe und Familie, S. 257 f., 319 ff.

487 S. dazu im Einzelnen Palm-Risse, Der völkerrechtliche Schutz von Ehe und Familie, S. 58.

488 Schumann, Die nichteheliche Familie, S. 157 f.

489 Vgl. Palm-Risse, Der völkerrechtliche Schutz von Ehe und Familie, S. 221 f., Schumann, Die nichteheliche Familie, S. 155 ff.

490 BGBl. 1985, Teil II, S. 647 ff.

berechtigung von Mann und Frau explizit gleiche Rechte für Mann und Frau als Eltern sowie im Bereich der Adoption. Aus dieser Formulierung lässt sich im Hinblick auf die adoptionsrechtliche Stellung des nicht mit der Kindesmutter verheirateten Vaters schließen, dass nach der gesetzlichen Regelung weder eine Diskriminierung zu seinen Lasten noch eine Besserstellung der Frau erfolgen sollen. Im Ergebnis bewirkt das Übereinkommen zur Beseitigung der Diskriminierung der Frau daher nicht nur die rechtliche Gleichstellung der Frauen, sondern postuliert wegen der von diesem Übereinkommen vorausgesetzten Gleichberechtigung von Mann und Frau auch eine Vermeidung ungerechtfertigter Privilegierungen von Müttern gegenüber Vätern. Ob die Vorschriften des BGB diesen Vorgaben Rechnung tragen, wird noch zu untersuchen sein.

c) Haager Übereinkommen über den Schutz von Kindern und die Zusammenarbeit auf dem Gebiet der internationalen Adoption

Speziell im Hinblick auf Adoptionen ist schließlich auf das Haager Übereinkommen über den Schutz von Kindern und die Zusammenarbeit auf dem Gebiet der internationalen Adoption vom 29. Mai 1993 hinzuweisen.[491] Dieses Übereinkommen nimmt ausschließlich Bezug auf internationale Adoptionen. Bestimmungen für innerstaatliche Kindesannahmen enthält es dagegen nicht. Dennoch lassen sich dem Übereinkommen Wertungen entnehmen, die generell bei der Lösung von Problemen im adoptionsrechtlichen Bereich hilfreich sein können und damit auch für den innerstaatlichen Bereich Bedeutung haben.

Schon in der Präambel des Haager Adoptionsübereinkommens von 1993 heißt es, jeder der Unterzeichnerstaaten sollte vorrangig angemessene Maßnahmen treffen, um es einem Kind zu ermöglichen, in seiner Herkunftsfamilie zu bleiben. Diesem Auszug liegt eindeutig die Einschätzung zugrunde, dass ein Kind primär bei seinen leiblichen Eltern aufwachsen soll. Erst wenn die leiblichen Eltern bei der Wahrnehmung der Erziehungsaufgabe ausfallen, kommt eine Adoption in Betracht. Die nationalen Behörden müssen sich demnach zunächst bemühen, ein Aufwachsen des Kindes im Kreise seiner leiblichen Verwandten zu ermöglichen, bevor sie das Kind Dritten überlassen.

Art. 4 c Nr. 1 des Haager Adoptionsübereinkommens von 1993 ordnet an, dass eine Adoption nach dem Übereinkommen nur durchgeführt werden kann, wenn die zuständigen Behörden des Heimatstaates sich vergewissert haben, dass

491 Umgesetzt in Deutschland durch das Gesetz vom 23.10.2001 zum Haager Übereinkommen über den Schutz von Kindern und die Zusammenarbeit auf dem Gebiet der internationalen Adoption, BGBl. 2001, Teil II, S. 1034 ff. Vgl. zum Haager Übereinkommen Paulitz/*Hoksbergen/Paulitz*, Adoption, S. 285 f., 290 f.; Schweppe, ZfJ 2001, S. 169 ff.

die Personen, Institutionen und Behörden, deren Zustimmung zur Adoption notwendig ist, soweit erforderlich beraten und gebührend über die Wirkungen ihrer Zustimmung unterrichtet worden sind, insbesondere darüber, ob die Adoption dazu führen wird, dass das Rechtsverhältnis zwischen dem Kind und seiner Herkunftsfamilie erlischt. Dementsprechend nennt Art. 16 I c des Haager Adoptionsabkommens von 1993 als verfahrensrechtliche Voraussetzung internationaler Adoptionen, dass sich die Zentrale Behörde des Heimatstaates über das Vorliegen der Zustimmungen nach Art. 4 vergewissert.

Das Haager Adoptionsübereinkommen von 1993 lässt in den beiden wiedergegebenen Bestimmungen erkennen, dass das Vorliegen der Zustimmungen der dazu berechtigten Personen eine unüberwindbare Voraussetzung für das Zustandekommen einer Adoption darstellt. Dabei unterscheidet es weder nach dem Status der Eltern noch sieht es erleichterte Ersetzungsmöglichkeiten der Zustimmungen vor. In dieser Hinsicht steht es im Gegensatz zum Europäischen Übereinkommen über die Adoption von Kindern vom 24. April 1967.[492] Art. 5 Nr. 1 a dieses Übereinkommens verlangt für eine wirksame Adoption mindestens die Zustimmung der Mutter und beim ehelichen Kind die des Vaters.[493] Allerdings enthält das Adoptionsübereinkommen von 1967 seinem Wortlaut nach lediglich Mindeststandards, so dass auch daraus nicht die Schlussfolgerung gezogen werden kann, es bedürfe keines Einwilligungsrechts des Vaters eines nichtehelichen Kindes.[494] Jedenfalls ist im Bezug auf das Übereinkommen vom 1993 festzuhalten, dass es eine Differenzierung zwischen ehelichen und nichtehelichen Kindern bei der elterlichen Einwilligung in die Adoption nicht wieder aufgreift.

Als weitere Voraussetzung zur Durchführung einer internationalen Adoption nennt Art. 4 c Nr. 4 des Haager Adoptionsübereinkommens von 1993 die Verpflichtung der zuständigen Behörden des Heimatstaats, sich zu vergewissern, dass die Zustimmung der Mutter zur Adoption, sofern erforderlich, erst nach der Geburt des Kindes erteilt worden ist. Art. 5 Nr. 4 des Europäischen Übereinkommens über die Adoption von Kindern vom 24. April 1967 schreibt vor, dass die Zustimmung der Mutter nur entgegengenommen werden darf, wenn sie nach der Geburt, und zwar nach Ablauf einer in der Rechtsordnung vorgeschriebenen Frist von mindestens sechs Wochen erteilt worden ist; sofern die Rechtsordnung keine Frist vorsieht, darf die Zustimmung nur entgegengenommen werden, wenn sie in einem Zeitpunkt erteilt worden ist, in dem sich die Mutter nach Ansicht der zuständigen Behörde von den Folgen der Niederkunft hinreichend erholt hat.

492 Das Europäische Adoptionsabkommen trat für die Bundesrepublik Deutschland am 11.2.1981 in Kraft, vgl. BGBl. 1981, Teil II, S. 72.

493 Ergänzend dazu Hohnerlein, Internationale Adoption und Kindeswohl, S. 296 ff.; Mende, ZfJ 1970, S. 189, 192.

494 S. BT-Drucks. VIII/3529, S. 15.

Damit folgt aus beiden Übereinkommen das Verbot einer pränatalen Einwilligung der Kindesmutter. Ob dieses Verbot aus Gleichbehandlungsgesichtspunkten auch auf den leiblichen Vater auszudehnen ist, muss im Folgenden noch geklärt werden.

Nach Art. 30 I des Haager Adoptionsübereinkommens von 1993 sorgen die zuständigen Behörden eines Vertragsstaates dafür, dass die ihnen vorliegenden Angaben über die Herkunft des Kindes, insbesondere über die Identität seiner Eltern, sowie über die Krankheitsgeschichte des Kindes und seiner Familie aufbewahrt werden. Art. 30 II desselben Abkommens besagt, dass die Behörden eines Vertragsstaats gewährleisten, dass das Kind oder sein Vertreter unter angemessener Anleitung Zugang zu diesen Angaben hat, soweit das Recht des betreffenden Staates dies zulässt. Diesen Garantien lässt sich die Wertung entnehmen, dass das Recht auf Kenntnis der eigenen Abstammung nach dem Haager Adoptionsübereinkommen als schützenswert anzusehen ist. Ein konkreter Anspruch auf Zugang zu den für diese Kenntnis notwenigen Informationen wird aber ausdrücklich unter den Vorbehalt des innerstaatlichen Rechts gestellt, so dass Art. 30 des Adoptionsübereinkommens keinen Schutz gewährleistet, der über die im deutschen Recht verbrieften Garantien hinausgeht.[495]

d) Europäisches Übereinkommen über die Adoption von Kindern (revidiert)

Das Europäische Übereinkommen über die Adoption von Kindern (revidiert)[496] vom 7.5.2008 berücksichtigt die gesellschaftlichen und rechtlichen Entwicklungen der vergangenen Jahrzehnte. Im Mittelpunkt steht dabei das Wohl des Kindes. Das Übereinkommen ist von Deutschland bisher noch nicht unterzeichnet worden. Dennoch soll es in der vorliegenden Arbeit Beachtung finden, weil es einen wichtigen Schritt in der Entwicklung der Rechtsstellung des leiblichen Vaters bei der Adoption seines nichtehelichen Kindes darstellt.

In diesem Zusammenhang ist von besonderer Bedeutung, dass Art. 5 des Übereinkommens eine Einwilligung des leiblichen Vaters in die Kindesannahme unabhängig davon vorschreibt, ob das zu adoptierende Kind innerhalb oder außerhalb einer Ehe geboren wurde. Damit wird der Rechtsprechung des EGMR, nach der diskriminierende Unterscheidungen zwischen ehelichen und nichtehelichen Kindern untersagt sind, Genüge getan. Weiterhin ordnet das Überein-

---

495 S. Hepting, FamRZ 2001, S. 1576; Müller-Magdeburg, FPR 2003, S. 111, Fn. 20; Muscheler/Bloch, FPR 2002, S. 344; Schwarz, StAZ 2003, S. 36.

496 SEV-Nr.: 202, abrufbar unter: http://www.conventions.coe.int/Treaty/en/Treaties/Html/202.htm.

kommen an, dass diejenigen Personen, deren Einwilligung erforderlich ist, beraten und über die Folgen ihrer Einwilligung, insbesondere die Auflösung des leiblichen Verwandtschaftsverhältnisses, ordnungsgemäß informiert sein müssen. Die Einwilligung soll nur ausnahmsweise in gesetzlich bestimmten Fällen ersetzt werden dürfen. Allerdings kann – so sieht es das Übereinkommen vor – das innerstaatliche Recht zulassen, dass die Einwilligung eines Elternteils entbehrlich ist, wenn dieser nicht die elterliche Sorge innehat. Wie aus der Begründung des Übereinkommens[497] folgt, soll die Entbehrlichkeit der Einwilligung eines Elternteils nicht dazu führen, dass dieser Elternteil über das Adoptionsverfahren nicht informiert wird.

Für die Einwilligung der Mutter schreibt Art. 5 des Übereinkommens eine Überlegungsfrist von nicht weniger als sechs Wochen vor, damit sichergestellt ist, dass die Mutter ihre Einwilligung nicht aufgrund der nachwirkenden Belastung der Geburt abgibt.

Aus Art. 11 des Übereinkommens ergibt sich, dass Minderjährigenadoptionen grundsätzlich dem Prinzip der Volladoption folgen sollen. Ein Kind soll vollständig in die Adoptivfamilie integriert werden, und das Band zur Ursprungsfamilie soll durch die Adoption erlöschen. Den Staaten steht es aber frei, abweichende innerstaatliche Regelungen zu treffen.

Weiterhin besagt Art. 16 des Übereinkommens, dass das Adoptionsverfahren bis zur Feststellung der leiblichen Elternschaft ausgesetzt werden soll, sofern ein Mutterschafts- oder Vaterschaftsfeststellungsverfahren von einer vermuteten Mutter bzw. einem vermuteten Vater betrieben wird. Auf diese Weise wird sichergestellt, so heißt es in der Begründung des Übereinkommens[498], dass der leibliche Elternteil sein Einwilligungsrecht wahrnehmen kann.

Art. 22 des Übereinkommens lässt sich entnehmen, dass ein adoptiertes Kind Zugang zu Informationen haben soll, die hinsichtlich seiner Abstammung bei staatlichen Stellen vorhanden sind. Wie sich aus der Begründung des Übereinkommens[499] ergibt, soll dadurch das Recht des Kindes auf Kenntnis der eignen Abstammung bekräftigt werden. Sofern ein Recht der leiblichen Eltern besteht, Informationen zu verweigern, die ihre Identität offen legen, sollen die staatlichen Stellen im Einzelfall entscheiden, ob dieses Recht nicht besteht.

---

497 Die Begründung ist abrufbar unter: http://www.conventions.coe.int/Treaty/en/Treaties/Html/202.htm.

498 Die Begründung ist abrufbar unter: http://www.conventions.coe.int/Treaty/en/Treaties/Html/202.htm.

499 Die Begründung ist abrufbar unter: http://www.conventions.coe.int/Treaty/en/Treaties/Html/202.htm.

3. Kapitel. Verfassungsrechtliche Vorgaben

Die Rechte, die einem Vater bei der Adoption seines nichtehelichen Kindes zukommen, sind im Einzelnen den einfachgesetzlichen Regelungen des BGB zu entnehmen. Um beurteilen zu können, ob diese Regelungen den verfassungsrechtlichen Vorgaben genügen, muss zunächst beleuchtet werden, auf welche Grundrechte sich der mit der Mutter nicht verheiratete Vater berufen kann und wie weit der Schutz dieser Grundrechte inhaltlich reicht. Die gewonnenen Erkenntnisse sind für die familienrechtlichen Regelungen von entscheidender Bedeutung, weil die Verfassungsvorschriften als wertentscheidende Grundsatznormen die Maßstäbe für alle einfachgesetzlichen Bestimmungen vorgeben.[500] Dabei darf das Augenmerk nicht isoliert auf das nationale Verfassungsrecht gerichtet werden. Vielmehr ist unerlässlich, die einschlägigen völkerrechtlichen Übereinkommen in die Betrachtung einzubeziehen, weil sie nach den oben genannten Grundsätzen die Maßstäbe für eine menschenrechtskonforme Auslegung des Grundgesetzes vorgeben.[501]

I. Art. 6 GG

Art. 6 GG betrifft als grundlegende Verfassungsnorm die engsten persönlichen Lebensbereiche der Ehe und Familie. Innerhalb des Art. 6 GG ist die Lebensgemeinschaft zwischen Eltern und Kindern Gegenstand der Regelung in den Absätzen I, II und III sowie mittelbar in Absatz V, die in innerem Zusammenhang miteinander stehen, jedoch jeweils besondere Aspekte des einheitlichen Gegenstandes betreffen.[502]

---

500 Vgl. BVerfGE 7, S. 198 (205) (Lüth).

501 S. dazu 2. Kapitel I.

502 BVerfGE 24, S. 119 (135) = FamRZ 1968, S. 578 (582) = NJW 1968, S. 2233 (2233); S. dazu ferner Bartels, Die vollständigen und unvollständigen Familien im Kindschaftsrecht, S. 106; Di Fabio, NJW 2003, S. 993 f.

1. Der Schutz der Familie nach Art. 6 I GG

In Art. 6 I GG werden sowohl die Ehe als auch die Familie unter den besonderen Schutz der staatlichen Ordnung gestellt. Diese Gewährleistung ist hinsichtlich des Familienschutzes dahingehend zu verstehen, dass nicht das einzelne Familienmitglied in seiner Individualität, sondern die Beziehung zwischen einem Kind und seinem Elternteil geschützt wird.[503] Deshalb kann Art. 6 I GG dem Einzelnen nur ein Recht vermitteln, das mit dem Interesse des anderen, mit ihm verbundenen Familienmitglieds korrespondiert und dem Schutz der familiären Beziehung dient.[504]

a) Die Bedeutung des Art. 6 I GG

Art. 6 I GG hat nicht nur programmatischen Charakter[505], sondern enthält als mehrdimensionale Verfassungsnorm verschiedene subjektive und objektive Grundrechtsgewährleistungen, die für alle staatlichen Organe bindendes Verfassungsrecht darstellen.[506] Der subjektive Gewährleistungsgehalt liegt zunächst darin, dass Art. 6 I GG als klassisches Abwehrrecht im Außenverhältnis zum Staat solchen Maßnahmen entgegengehalten werden kann, die die Ehe oder Familie beeinträchtigen.[507] Damit wird zwar die Eigenständigkeit der Familie, ihre grundsätzliche Selbstverantwortlichkeit und Zusammengehörigkeit gegen schädigende und störende staatliche Eingriffe geschützt, im Innenverhältnis sind die Beteiligten aber an ihre familiäre Verantwortung und Rücksicht gebunden.[508] Darüber hinaus vermittelt Art. 6 I GG als soziales Grundrecht einen Anspruch des Einzelnen auf Schutz und Förderung für Ehe und Familie.[509]

---

503 Vgl. BVerfGE 78, S. 38 (49); Friauf/Höfling/*Burgi*, GG, Art. 6, Rn. 20.

504 BVerfGE 108, S. 82 (114) = FamRZ 2003, S. 816 (823) = FPR 2003, S. 471 (476).

505 Lecheler, in: HdbStR VI, § 133, Rn. 54.

506 Dreier/*Gröschner*, GG, Art. 6, Rn. 30; Giesen, JZ 1982, S. 818; Kingreen, Jura 1997, S. 401; Schmid, Die Familie in Artikel 6 des Grundgesetzes, S. 396 ff.

507 Bartels, Die vollständigen und unvollständigen Familien im Kindschaftsrecht, S. 107; von Campenhausen, VVDStRL 45 (1986), S. 27 f.; Di Fabio, NJW 2003, S. 994; Gusy, JA 1986, S. 186; Heyde, in: Familie ohne Ehe, S. 23; von Münch/Kunig/*Coester-Waltjen*, GG, Art. 6, Rn. 1; Kingreen, Jura 1997, S. 401; Sachs/*Schmitt-Kammler*, GG, Art. 6, Rn. 17, 20; Scholz/Uhle, NJW 2001, S. 396; Schumann, Die nichteheliche Familie, S. 197.

508 Vgl. BVerfGE 80, S. 81 (92).

509 Von Campenhausen, VVDStRL 45 (1986), S. 29; von Mangoldt/Klein/Starck/*Robbers*, GG, Art. 6, Rn. 10; Zuleeg, FamRZ 1980, S. 211; kritisch Gusy, JA 1986, S. 188.

Der objektive Gehalt des Art. 6 I GG gewährleistet, dass Ehe und Familie als Rechtsinstitute bestehen bleiben.[510] Die Institutsgarantie besagt zum einen, dass Ehe und Familie nicht abgeschafft oder wesentlich umgestaltet werden dürfen[511], zum anderen enthält sie einen Ausgestaltungsauftrag an den Gesetzgeber. Diesem obliegt es, die Rechtseinrichtungen Ehe und Familie in einer ihrer Natur und Funktion angemessenen Art und Weise zu regeln.[512] Außerdem statuiert Art. 6 I GG ein umfassendes, an die Adresse des Staates gerichtetes Schutzgebot.[513] In diesem Zusammenhang wird der Vorschrift auch ein besonderer Gleichheitssatz entnommen, der die Benachteiligung von Ehegatten gegenüber Ledigen, von Eltern gegenüber Kinderlosen, sowie von ehelichen gegenüber anderen Erziehungsgemeinschaften in sämtlichen Rechtsgebieten untersagt.[514] Ein Abstandsgebot, das eine Schlechterstellung anderer Lebensformen gegenüber der Ehe und Familie gebietet, enthält Art. 6 I GG hingegen nicht.[515] Aus der objektiven Wirkungsdimension folgt schließlich, dass Art. 6 I GG als wertentscheidende Grundsatznorm hinsichtlich des gesamten die Ehe und Familie betreffenden Rechts von Bedeutung ist.[516] Für die Legislative resultiert aus dieser Vorgabe die Verpflichtung, die der Verfassung innewohnende Wertentscheidung bei der Gesetzgebung als Leitlinie zu beachten[517]; Verwaltung und Rechtsprechung dient Art. 6 I GG als Auslegungsrichtlinie.[518]

---

510 Berens, Der Grundrechtsschutz der Familie, S. 70; Henrich, Lerche-FS, S. 239; Kindgreen, Jura 1997, S. 404; Lecheler, FamRZ 1979, S. 1 f.; Ott, NJW 1998, S. 117; Sachs/*Schmitt-Kammler*, GG, Art. 6, Rn. 27; Schmid, Die Familie in Artikel 6 des Grundgesetzes, S. 293 ff.; S. auch von Campenhausen, VVDStRL 45 (1986), S. 25 ff.

511 BVerfGE 80, S. 81 (92); Dreier/*Gröschner*, GG, Art. 6, Rn. 31; Schumann, Die nichteheliche Familie, S. 199.

512 Di Fabio, NJW 2003, S. 994; Lecheler, FamRZ 1979, S. 2; Papier, NJW 2002, S. 2129; Scholz/Uhle, NJW 2001, S. 396.

513 S. dazu Gusy, JA 1986, S. 188; Jestaedt, ZfJ 2000, S. 283; Maunz/Dürig/*Badura*, GG, Art. 6, Rn. 2.

514 BVerfG NJW 1999, S. 557 (558); Papier, NJW 2002, S. 2130.

515 Vgl. die Entscheidung des BVerfG zur Verfassungsmäßigkeit des Lebenspartnerschaftsgesetzes in NJW 2002, S. 2543 (2548) sowie Krings, ZRP 2000, S. 411; a.A. Scholz/Uhle, NJW 2001, S. 398; wohl auch Zuleeg, FamRZ 1980, S. 215.

516 BVerfGE 80, S. 81 (93); Bartels, Die vollständigen und unvollständigen Familien im Kindschaftsrecht, S. 107; Schumann, Die nichteheliche Familie, S. 198 f.

517 Maunz/Dürig/*Badura*, GG, Art. 6, Rn. 7; Scholz/Uhle, NJW 2001, S. 397.

518 BVerfGE 6, S. 55 (72) = FamRZ 1957, S. 82 (84); von Münch/Kunig/*Coester-Waltjen*, GG, Art. 6, Rn. 35; Sachs/*Schmitt-Kammler*, GG, Art. 6, Rn. 30.

b) Der Familienbegriff des Art. 6 I GG

Neben der Ehe wird in Art. 6 I GG als zweites Element die Familie unter den besonderen Schutz der staatlichen Ordnung gestellt. Hinsichtlich beider Schutzgüter besteht die Besonderheit, dass sie vom Recht als natürliche Lebenssachverhalte vorgefunden werden.[519] Ehe und Familie sind soziale Phänomene, die dem vorstaatlichen, privaten Bereich unterfallen. Ihre Strukturprinzipien ergeben sich aus der außerrechtlichen Lebensordnung.[520] Jedoch wird erst durch die Rechtsordnung eine genauere Bestimmung beider Begriffe erzeugt.[521] Eine Legaldefinition von Ehe oder Familie ist zwar weder im Grundgesetz noch im einfachen Recht zu finden. Dennoch enthält das BGB im ersten Abschnitt des vierten Buches präzise Regelungen über die Voraussetzungen und Wirkungen der Ehe. Für das Rechtsinstitut der Familie weist das Gesetz indessen keine vergleichbar scharfen Konturen auf.[522] Durch den Mangel eindeutiger normativer Vorgaben handelt es sich beim Familienbegriff um einen Begriff, der nicht statisch festgelegt, sondern für Entwicklungen offen ist. Er muss aus der sozialen Wirklichkeit hergeleitet werden. Änderungen der gesellschaftlichen Lebensverhältnisse erfordern somit stets eine neue Deutung des Rechtsbegriffs „Familie".

Dementsprechend hat sich das Verständnis des Familienbegriffs nach Art. 6 I GG in den vergangenen Dekaden stark gewandelt. Besonders in Bezug auf die Frage, ob der verfassungsrechtliche Familienschutz eine Eheschließung voraussetzt, wird heute weit überwiegend eine andere Auffassung vertreten als noch vor etwa zwanzig Jahren. Bis in die achtziger Jahre hinein sah man die Ehe überwiegend als konstitutives Element des Familienbegriffs nach Art. 6 I GG an.[523] Um das nötige Maß an Rechtsicherheit zu gewährleisten, so die Begründung, bestehe das Bedürfnis nach einem klar umrissenen Schutzbereich.[524] Außerdem entspre-

519 Gusy, JA 1986, S. 183, 185; Sachs/*Schmitt-Kammler*, GG, Art. 6, Rn. 2.

520 BVerfGE 10, S. 59 (66).

521 Kingreen, Jura 1997, S. 401, bezeichnet Ehe und Familie als Produkte der Rechtsordnung.

522 Köster, Sorgerecht und Kindeswohl, S. 64; Seibert, FamRZ 1995, S. 1458; Vogelsang, in: Das Recht der nichtehelichen Lebensgemeinschaft, S. 61.

523 Von Campenhausen, VVDStRL 45 (1986), S. 22; Hansmann, FamRZ 1962, S. 454; Lecheler, FamRZ 1979, S. 4; Schmid, Die Familie in Artikel 6 des Grundgesetzes, S. 241; vgl. dazu Di Fabio, NJW 2003, S. 998; Giesen, JZ 1982, S. 819; Moderegger, Der verfassungsrechtliche Familienschutz und das System des Einkommenssteuerrechts, S. 21; Pechstein, Familiengerechtigkeit, S. 98. Kritisch gegenüber einer Entkoppelung von Ehe und Familie Vogelsang, in: Das Recht der nichtehelichen Lebensgemeinschaft, S. 62.

524 Gusy, JA 1986, S. 185; Lecheler, in: HdbStR VI, § 133, Rn. 47.

che diese Interpretation dem Familienverständnis der Mütter und Väter der Verfassung.[525]

Nach heute herrschender Meinung lässt sich der Familienbegriff in Art. 6 I GG nicht auf die im Rahmen einer Ehe begründeten Lebensgemeinschaften reduzieren.[526] Dieser extensiven Auslegung kann uneingeschränkt zugestimmt werden. Die Berufung auf das Verständnis der Mütter und Väter des Grundgesetzes verkennt die Dynamik des Familienbegriffs und die Offenheit der Verfassung.[527] Der Parlamentarische Rat wollte nicht, dass die Interpretation einer Verfassungsnorm als für alle Zeit verbindlich erachtet wird.[528] Besonders im Bereich der Familie muss das Recht zeitnah und effektiv auf tatsächliche soziale Veränderung reagieren, um eine Divergenz von Rechtsordnung und gelebter Wirklichkeit zu verhindern. Zudem kann eine Kongruenz von Art. 6 I und Art. 6 V GG nur dadurch gewährleistet werden, dass der Schutzbereich des Art. 6 I GG auch bei Familien eröffnet ist, in denen die Eltern nicht miteinander verheiratet sind.[529] Allein diese Auffassung ist mit der Rechtsansicht des BVerfG zu vereinbaren, nach der zwischen beiden Verfassungsnormen keine Antinomie besteht.[530]

c) Der Schutz des Vaters und seines nichtehelichen Kindes nach Art. 6 I GG

Die Entkoppelung des verfassungsrechtlichen Familienbegriffs von der Voraussetzung einer Ehe ist für den Vater eines nichtehelichen Kindes im Rahmen zweier Konstellationen von Bedeutung, nämlich einerseits im Verbund mit seinem Kind und dessen Mutter, andererseits im Verhältnis zu seinem Kind unabhängig von der Kindesmutter.

---

525 S. Frenz, NJW 1992, S. 1599; Limbach, FuR 1995, S. 201; von Münch/Kunig/*Coester-Waltjen*, GG, Art. 6, Rn. 4. Ausführlich zur Entstehungsgeschichte des Art. 6 GG Schmid, Die Familie in Artikel 6 des Grundgesetzes, S. 264 ff. und Schumann, Die nichteheliche Familie, S. 176 ff.

526 Berens, Der Grundrechtsschutz der Familie, S. 42; Frenz, NJW 1992, S. 1599; Friauf, NJW 1986, S. 2598; Kingreen, Jura 1997, S. 402; Limbach, FuR 1995, S. 201 f.; Gräfin Nesselrode, Das Spannungsverhältnis zwischen Ehe und Familie in Artikel 6 des Grundgesetzes, S. 122 ff.; Pieroth/Schlink, Grundrechte Staatsrecht II, Rn. 642; Steiger, VVDStRL 45 (1986), S. 85.

527 Vgl. Friauf, NJW 1986, S. 2596.

528 Schumann, Die nichteheliche Familie, S. 175; S. auch Friauf, NJW 1986, S. 2596; Seibert, FamRZ 1995, S. 1459; Zuleeg, NVwZ 1986, S. 800 f.

529 Vgl. Fleisch, Die verfassungsrechtliche Stellung des leiblichen Vaters, S. 20 f.; Köster, Sorgerecht und Kindeswohl, S. 85; a.A. Hansmann, FamRZ 1962, S. 454; Knur, FamRZ 1967, S. 246.

530 BVerfGE 25, S. 167 (195 f.).

aa) Der Schutz der Gemeinschaft von Vater, Mutter und Kind

Innerhalb der nicht auf einer Ehe beruhenden Lebensgemeinschaft untersteht der Vater zusammen mit seinem Kind und der Kindesmutter dem Schutz des Art. 6 I GG.[531] In all seinen Dimensionen wirkt die Verfassungsnorm zugunsten dieser Gemeinschaft.[532] Die Ausweitung der verfassungsrechtlichen Gewährleistung auf die nichteheliche Familie ist dadurch gerechtfertigt, dass diese einer ehelichen Familie funktionell gleichkommt.[533] In beiden Lebensformen werden dieselben Aufgaben und Leistungen erbracht, nämlich Kindern Schutz und Fürsorge zu geben. Außerdem wird Kindern von klein auf die Bereitschaft vermittelt, sich in eine Gemeinschaft einzufügen, Rücksicht auf andere zu nehmen, anderen zu helfen und Verantwortung zu tragen.[534] Kinder lernen innerhalb einer nichtehe-

---

531 BVerfGE 106, S. 166 (176) = FPR 2003, S. 106 (107); BVerfGE 108, S. 82 (112) = FamRZ 2003, S. 816 (822) = FPR 2003, S. 471 (476); BVerfG NJW 2005, S. 1413 (1415); Bayer, Abkehr vom Nichtehelichenrecht, S. 54; Blech, Die Rechte des nichtehelichen Vaters im Kindschaftsrecht, S. 104; Berens, Der Grundrechtsschutz der Familie, S. 39; Frenz, NJW 1992, S. 1600; Friauf, NJW 1986, S. 2602; Heyde, in: Familie ohne Ehe, S. 25; Kropholler, AcP 185 (1985), S. 252; Limbach, RdJB 1988, S. 173; von Münch/Kunig/*Coester-Waltjen*, GG, Art. 6, Rn. 11; Schumann, Die nichteheliche Familie, S. 194; Schwenzer, FamRZ 1985, S. 1207.

532 Nicht durchsetzen konnte sich der Vorschlag von Maunz, in: Maunz/Dürig, GG, Art. 6, Rn. 16a (Lieferung 1–29), die mit ihrem nichtehelichen Kind zusammenlebenden Eltern als zwei getrennte Elternteil-Kind-Gemeinschaften zu schützen. S. zu den ablehnenden Reaktionen im Schrifttum Bartels, Die vollständigen und unvollständigen Familien im Kindschaftsrecht, S. 126 f.; Heyde, in: Familie ohne Ehe, S. 25 f.; Schumann, Die nichteheliche Familie, S. 172 f.; Vogelsang, in: Das Recht der nichtehelichen Lebensgemeinschaft, S. 62; zustimmend aber Schreiber, Die nichteheliche Lebensgemeinschaft, Rn. 151. Vgl. außerdem Frenz, NJW 1992, S. 1600.

533 Limbach, RdJB 1988, S. 173; dies., FuR 1995, S. 202; Schumann, Die nichteheliche Familie, S. 185; Zeidler, in: HdbVerfR (1983), S. 603; S. zu den Familienfunktionen Geiger, FamRZ 1973, S. 225; Neuhaus, FamRZ 1982, S. 2; ausführlich Kaufmann, Zukunft der Familie im vereinten Deutschland, S. 34 ff.; Gräfin Nesselrode, Das Spannungsverhältnis zwischen Ehe und Familie in Artikel 6 des Grundgesetzes, S. 104 ff.; Schmid, Die Familie in Artikel 6 des Grundgesetzes, S. 198 ff.

534 Früher hatte die Familie neben ihrer Bedeutung als Lebensgemeinschaft auch die Funktion einer Arbeits- und Versorgungseinheit. Diese wirtschaftliche Komponente hat sich in den vergangenen Jahrhunderten zurückentwickelt. Heute besteht die Tendenz, die Versorgung öffentlichen und privaten Trägern zu überlassen, vgl. dazu Schwab, in: Geschichtliche Grundbegriffe, Band 2, S. 254 ff. sowie Knobbe, FPR 2001, S. 310. Lecheler, in: HdbStR VI, § 133, Rn. 40 f.; Rummel, FuR 1995, S. 205. Richter, AK-GG, Art. 6, Rn. 11a, spricht in diesem Zusammenhang von einem Funktionsverlust. Die Familie habe ihre gesellschaftliche Funktion als Wirtschaftseinheit verloren und sei heute nur noch als Personaleinheit zu verstehen, die die Intimität persönlicher Beziehungen und die Erziehung der Kinder gewährleiste. Ähnlich Pfister, in: Die nichteheliche Lebensgemeinschaft, S. 178.

lichen Familie ebenso wie im Rahmen der ehelichen Gemeinschaft ihrer Eltern die Muttersprache sowie vielfältige andere Anfangsgründe der Kultur.[535] Sie erfahren es, Kompromisse einzugehen und einen Konsens zu bilden. Wegen dieser wesentlichen Erziehungs- und Sozialisationsfunktionen[536], die unabhängig von einer Eheschließung der Eltern erfüllt werden, erfasst der Schutz des Grundgesetzes auch die nichteheliche Familie.[537]

Dass die Gemeinschaft von Eltern und ihren nichtehelichen Kindern als Familie i.S.d. Art. 6 I GG anerkannt wird, entspricht dem völkerrechtlichen Verständnis des Familienbegriffs. Auch danach beschränkt sich der Familienbegriff nicht auf den Verbund miteinander verheirateter Eltern und ihre Kinder. Die in den oben dargestellten Konventionen verbürgten Rechte schützen eheliche und nichteheliche Kinder und ihre Eltern gleichermaßen.[538] Insoweit besteht eine Kongruenz der personellen Schutzbereiche der völker- und verfassungsrechtlichen Garantien.

bb) Der Schutz der Gemeinschaft von Vater und Kind

Auch der Beziehung zwischen einem Vater und seinem nichtehelichen Kind kommt der besondere Familienschutz des Art. 6 I GG zu.[539] Im Urteil vom 24.3.1981[540] sowie im Beschluss vom 30.11.1988[541] nahm das BVerfG jedenfalls bei Zusammenleben von Vater und nichtehelichem Kind eine von Art. 6 I GG erfasste Gemeinschaft an.[542]

Zum personellen Schutzbereich des Art. 6 I GG speziell im Hinblick auf einen leiblichen, aber nicht rechtlichen Vater bezog das BVerfG im Beschluss vom

535 BK-GG/*Pirson,* Art. 6 Abs. 1, Rn. 28; Zippelius, DÖV 1986, S. 807.

536 Vgl. Frenz, NJW 1992, S. 1600.

537 Zu den Ausnahmen Schumann, Die nichteheliche Familie, S. 194.

538 S. oben 2. Kapitel II.

539 So die herrschende Ansicht in der Literatur, S. Bartels, Die vollständigen und unvollständigen Familien im Kindschaftsrecht, S. 107, 127; Fleisch, Die verfassungsrechtliche Stellung des leiblichen Vaters, S. 20; Häberle, Verfassungsschutz der Familie, S. 26; Heyde, in: Familie ohne Ehe, S. 25; Köster, Sorgerecht und Kindeswohl, S. 65; von Mangoldt/Klein/Starck/*Robbers*, GG, Art. 6, Rn. 77; von Münch, in: Die nichteheliche Lebensgemeinschaft, S. 141; Gräfin Nesselrode, Das Spannungsverhältnis zwischen Ehe und Familie in Artikel 6 des Grundgesetzes, S. 124; Ott, NJW 1998, S. 118; Sachs/*Schmitt-Kammler*, GG, Art. 6, Rn. 16; Schwenzer, Vom Status zur Realbeziehung, S. 265; einschränkend dagegen Pechstein, Familiengerechtigkeit, S. 106 f.

540 BVerfGE 56, S. 363 (382) = FamRZ 1981, S. 429 (433) = NJW 1981, S. 1201 (1201).

541 BVerfGE 79, S. 203 (211).

542 Abweichend wohl die Auffassung des BVerfG im Beschluss vom 8.6.1977, BVerfGE 45, S. 104 (123), in dem das Gericht einem Beschwerdeführer, der nicht mit seinem außerehelichen Kind zusammenlebte, die Berufung auf Art. 6 I GG gestattete.

9.4.2003 Stellung.[543] Diesem lagen die Verfassungsbeschwerden zweier biologischer Väter zugrunde. In beiden Fällen nahm ein anderer Mann die rechtliche Vaterposition ein. Der eine Beschwerdeführer wandte sich gegen eine gerichtliche Entscheidung, durch die sein Antrag auf ein Umgangsrecht mit seinem leiblichen Kind mangels Rechtsverbindung zwischen leiblichem Vater und Kind abgelehnt worden war. Er rügte unter anderem einen Verstoß gegen Art. 6 I und II GG. Der andere Beschwerdeführer sah sich dadurch in seinem Grundrecht aus Art. 6 II 1 GG verletzt, dass er die Vaterschaft eines Scheinvaters nicht anfechten und seine eigene Vaterschaft nicht feststellen lassen konnte. Dem biologischen Vater eines Kindes müsse diese Möglichkeit grundsätzlich zustehen.

Das BVerfG bejahte die Begründetheit der beiden Verfassungsbeschwerden. Im Hinblick auf Art. 6 I GG führte das Gericht aus, auch der leibliche, aber nicht rechtliche Vater eines Kindes bilde mit diesem eine Familie, die ungeachtet des fehlenden Rechtsstatus als Vater oder anderer familiärer Bezüge des Kindes durch Art. 6 I GG geschützt werde, wenn zwischen ihm und dem Kind eine soziale Beziehung bestehe, die darauf beruhe, dass er zumindest eine Zeit lang tatsächlich Verantwortung für das Kind getragen habe.[544] Der Grundrechtsschutz umfasse auch das Interesse am Erhalt dieser sozial-familiären Beziehung. Art. 6 I GG schütze die Familie als Gemeinschaft von Eltern mit Kindern. Dabei sei nicht maßgeblich, ob die Kinder von den Eltern abstammten und ob sie ehelich oder nichtehelich geboren würden. Familie sei die tatsächliche Lebens- und Erziehungsgemeinschaft zwischen Kindern und Eltern, die für diese Verantwortung trügen. Lebe ein Kind mit beiden Eltern zusammen, bildeten sie gemeinsam eine Familie. Sei dies nicht der Fall, übernähmen aber beide Eltern tatsächlich Verantwortung für das Kind, habe dieses zwei Familien, die von Art. 6 I GG geschützt seien: die mit der Mutter und die mit dem Vater.

Allerdings könne der Familie, die ein leiblicher, aber nicht rechtlicher Vater mit seinem Kind bilde, wegen der fehlenden Rechtsbeziehung jederzeit die Basis entzogen werden. Während der rechtliche Vater, selbst wenn er mit dem Kind nicht (mehr) zusammenlebe und kein Sorgerecht habe, dennoch für das Kind rechtlich wie tatsächlich Verantwortung tragen könne, beruhe das familiäre Verhältnis zwischen dem leiblichen Vater und seinem Kind allein auf seiner Bereitschaft, Verantwortung für das Kind zu übernehmen, und der faktischen Mög-

543 BVerfGE 108, S. 82 ff. = FamRZ 2003, S. 816 ff. = FPR 2003, S. 471 ff. mit Anmerkung Rakete-Dombek, S. 478 f.; bestätigt durch BVerfG FamRZ 2004, S. 1705 f.; zustimmend Roth, NJW 2003, S. 3153 ff.; vgl. zum Ganzen Peschel-Gutzeit, FPR 2005, S. 172.

544 So auch die zu den Verfassungsbeschwerden eingereichten Stellungnahmen der Wissenschaftlichen Vereinigung für Familienrecht sowie des Deutschen Instituts für Jugendhilfe und Familienrecht; abweichend die Stellungnahme des Deutschen Juristinnenbundes, S. BVerfGE 108, S. 82 (94 ff.).

lichkeit, dies zu tun, die zum Wegfall komme, wenn die sorgeberechtigten Eltern dies nicht mehr zuließen. Mit der eintretenden Unmöglichkeit, weiterhin tatsächlich verantwortlich für das Kind zu handeln, entfalle für die zwischen dem biologischen Vater und seinem Kind entstandene Familie nicht der Schutz des Art. 6 I GG. Zwar vermittele weder Art. 6 II 1 GG noch Art. 6 I GG dem leiblichen, aber nicht rechtlichen Vater einen Anspruch auf Fortsetzung seines verantwortlichen Handelns gegenüber dem Kind. Auch bei Wegfall dieser Möglichkeit bleibe aber die zwischen dem biologischen Vater und seinem Kind entstandene personelle Verbundenheit bestehen, die zudem noch getragen werde durch die verwandtschaftliche Verbindung zwischen ihnen. Das Interesse des bisher familiär mit dem Kind verbundenen biologischen Vaters ebenso wie das Interesse seines Kindes am Erhalt dieser Beziehung zueinander werde in Nachwirkung des Schutzes, den zuvor deren familiäre Verantwortungsgemeinschaft erfahren habe, von Art. 6 I GG geschützt.

Rückschlüsse auf den Schutzumfang des Art. 6 I GG lassen sich ferner aus dem Beschluss des BVerfG vom 30.07.2003 ziehen.[545] Das BVerfG sah darin, dass die Gewährung von Witwenversorgung nach dem Opferentschädigungsgesetz nicht auf Fälle ausgedehnt wird, in denen einer der beiden Partner einer nichtehelichen Lebensgemeinschaft ohne Kinder Opfer einer Gewalttat geworden ist, keinen Verstoß gegen Art. 6 I, 3 I GG. Die Entscheidung betraf ein nicht verheiratetes Paar, das in einer gemeinsamen Wohnung lebte und beabsichtigte zu heiraten. In den Entscheidungsgründen führte das BVerfG aus, dass eine nichteheliche Lebensgemeinschaft keine Familie nach Art. 6 I GG sei, solange in ihr keine gemeinsamen Kinder lebten. Der Familienbegriff sei beschränkt auf die Gemeinschaft von Eltern und Kindern, allerdings ohne Rücksicht darauf, ob die Eltern miteinander verheiratet seien.

Das BVerfG kam in dem Beschluss vom 29.10.2002[546] zu dem Ergebnis, es sei mit dem Gleichbehandlungsgebot unvereinbar, dass nichteheliche Familien im Kindergeldbezug gegenüber ehelichen Familien benachteiligt waren, weil nichtehelichen Familien der Zählkindervorteil entging. Es gebe keine Anhaltspunkte dafür, dass die Situation, in der aus der Sicht des Gesetzgebers der Zählkindervorteil abzubauen sei, bei nicht verheirateten oder getrennt lebenden Eltern regelmäßiger eintrete als bei verheiratet zusammenlebenden Eltern.

Einen Verstoß gegen Art. 3 I GG i.V.m. Art. 6 I GG sah das BVerfG in dem Beschluss vom 9.11.2004[547] auch darin, dass das Opferentschädigungsgesetz keine Versorgungsleistung für den Partner einer nichtehelichen Lebensgemein-

545 BVerfG NJW 2003, S. 3691 (3691).

546 BVerfG FPR 2003, S. 106 (108).

547 BVerfG NJW 2005, S. 1413 (1416).

schaft vorsieht, der nach dem gewaltsamen Tod des anderen Lebenspartners unter Verzicht auf eine Erwerbstätigkeit die Betreuung der gemeinsamen Kinder übernimmt. Der vollständige Ausschluss des hinterbliebenen Elternteils eines nichtehelichen Kindes von jeglicher Hinterbliebenenversorgung nach dem Opferentschädigungsgesetz sei nicht gerechtfertigt. Zumindest wenn die Eltern vor dem Tode des einen Elternteils mit ihren Kindern in einer nichtehelichen Lebensgemeinschaft mit gemeinsamer Wohnung und Haushalt gelebt und nicht anders als Ehegatten aus einer gemeinsamen Kasse gewirtschaftet hätten, seien die immaterielle Belastung und der relative finanzielle Mehraufwand nach dem Tode des einen Elternteils für den überlebenden Elternteil und die gemeinsamen Kinder nicht geringer als in einer Ehe.

cc) Stellungnahme zum Schutz des Vaters und seines nichtehelichen Kindes nach Art. 6 I GG

Festzuhalten ist demnach, dass der Vater eines nichtehelichen Kindes sowohl innerhalb der Gemeinschaft mit seinem Kind und dessen Mutter als auch in Verbindung mit seinem nichtehelichen Kind unabhängig von der Kindesmutter den Schutz des Art. 6 I GG genießt. Von dem zunächst für die Anerkennung der Einheit von Vater und nichtehelichem Kind als Familie herangezogenen Kriterium des Zusammenlebens dürfte das BVerfG mittlerweile wohl endgültig abgerückt sein. Im Beschluss vom 9.4.2003 erwähnte das Gericht nämlich nicht, dass ein Zusammenleben von Vater und Kind für den besonderen verfassungsrechtlichen Schutz aus Art. 6 I GG erforderlich sei. Vielmehr stellte das BVerfG maßgeblich darauf ab, dass zwischen einem nichtehelichen Kind und seinem Vater eine soziale Beziehung bestehe, die darauf beruhe, dass dieser zumindest eine Zeit lang tatsächlich Verantwortung für sein Kind getragen habe.[548] Mit dieser Auffassung setzte sich das BVerfG nicht in Widerspruch zu den genannten vorherigen Entscheidungen, da dort jedenfalls bei einem Zusammenleben die Familieneigenschaft i.S.d. Art. 6 I GG bejaht und somit nicht ausgeschlossen wurde, dass, auch wenn diese Voraussetzung fehlt, der Schutzbereicht des Art. 6 I GG eröffnet sein kann.

Zunächst ist begrüßenswert, dass das BVerfG für den besonderen verfassungsrechtlichen Familienschutz ein Zusammenleben von Vater und Kind nicht mehr fordert. Dieses Kriterium ist ungeeignet, die Qualität einer Vater-Kind-Beziehung zu bewerten. Denn ob zwischen einem Vater und seinem nichtehelichen Kind eine häusliche Gemeinschaft besteht, hängt immer noch erheblich von der Entscheidung der Mutter ab. Ebenso können die tatsächlichen Gegebenheiten

548 BVerfGE 108, S. 82 (112) = FamRZ 2003, S. 816 (822) = FPR 2003, S. 471 (476).

einer häuslichen Gemeinschaft von Vater und nichtehelichem Kind im Wege stehen.

Auch bei der Möglichkeit des Vaters, für sein nichteheliches Kind tatsächlich Verantwortung zu übernehmen, nimmt die Kindesmutter eine zentrale Rolle ein. Ob sich die vom BVerfG betonte soziale Beziehung zwischen Vater und Kind entwickeln kann, hängt maßgeblich von ihrem Willen ab. Sofern das Kind sich nämlich in der Obhut der Mutter befindet, kann die Mutter durch Einflussnahme auf das Kind verhindern, dass bei diesem der Wunsch entsteht oder erhalten bleibt, mit seinem Vater Kontakt zu pflegen.[549] Damit steht es in ihrer Macht, die Entwicklung einer sozialen Vater-Kind-Beziehung zu boykottieren, selbst wenn der Vater bereit und in der Lage ist, die Verantwortung für sein Kind zu übernehmen. Dies gilt – wie der Fall Görgülü zeigt – auch für die Konstellation, dass die Mutter kein Interesse daran hat, ihr Kind bei sich aufzuziehen. Es liegt sogar in der Hand, ob ein Vater überhaupt von der Existenz seines Kindes erfährt. Durch Einwilligung in eine Adoption ohne Benennung des Kindesvaters kann die Mutter jeglichen Kontakt zwischen einem Vater und seinem Kind, auch nur ein einmaliges Treffen, ausschließen. Der verfassungsrechtliche Schutz der Gemeinschaft eines Vaters und seines nichtehelichen Kindes darf aber nicht zur Disposition der Kindesmutter stehen. Um eine Abhängigkeit von ihrer Kooperationsbereitschaft zu vermeiden, bieten sich weder das Bestehen einer sozialen Vater-Kind-Beziehung noch die Absicht des Vaters zur Verantwortungsübernahme als maßgebliche Kriterien für die Gewährung des grundrechtlichen Familienschutzes an. Dann stellt sich aber die Frage, wie der Schutzbereiches des Art. 6 I GG stattdessen zu definieren ist.

Nach den Vorgaben der völkerrechtlichen Konventionen dürfen keine allzu hohen Anforderungen an die Qualität einer Vater-Kind-Beziehung gestellt werden, damit diese als schutzwürdig angesehen werden kann. Der EGMR fordert für ein Familienleben i.S.d. Art. 8 I EMRK keine soziale Beziehung zwischen einem Elternteil und seinem Kind. Er bejahte im Fall Keegan gegen Irland ein Familienleben i.S.d. Art. 8 I EMRK zwischen dem Beschwerdeführer und seiner Tochter bereits im Augenblick ihrer Geburt, obwohl beide sich lediglich ein einziges Mal gesehen hatten.[550] Die Ausführungen des EGMR im Fall Keegan sollten jedoch nicht so verstanden werden, dass ein einmaliger Kontakt zwischen einem Vater und seinem nichtehelichen Kind zwingende Voraussetzung für einen Schutz der Gemeinschaft ist. Aus der Entscheidung geht nicht hervor, dass

549 S. dazu Arntzen, Elterliche Sorge und persönlicher Umgang mit Kindern, S. 10: „Die Beeinflussung gegen den anderen Elternteil wird häufiger von Müttern als von Vätern (ungefähr im Verhältnis zwei Drittel zu einem Drittel) vorgenommen."

550 EGMR EuGRZ 1995, S. 113 ff. = FamRZ 1995, S. 110 ff. = NJW 1995, S. 2153 ff. S. dazu 2. Kapitel II. 1. a) bb).

der EGMR einem einmaligen Treffen eine konstitutive Bedeutung beimessen wollte. Dementsprechend darf der grundrechtliche Schutz einer Vater-Kind-Beziehung nicht ausgeschlossen sein, wenn es noch gar nicht zu einem Kontakt zwischen Vater und Kind gekommen ist, zumal eben selbst ein einmaliges Treffen im Belieben der Mutter steht. Vielmehr muss jede Beziehung zwischen einem nichtehelichen Kind und seinem leiblichen Vater als Familie i.S.d. Art. 6 I GG geschützt werden. Durch eine extensive Handhabung des Schutzes wird vermieden, dass die grundrechtlichen Gewährleistungen dem Willen der Kindesmutter unterliegen. Die Ausführungen des BVerfG im Beschluss vom 9.4.2003[551] stehen dazu nicht im Widerspruch. Denn das BVerfG betonte, dass für die zwischen dem biologischen Vater und seinem Kind entstandene Familie nicht der Schutz des Art. 6 I GG entfalle, wenn dem Vater die Möglichkeit genommen werde, weiterhin tatsächlich Verantwortung für das Kind zu übernehmen, weil die sorgeberechtigten Eltern dies nicht mehr zuließen. Diese Ausführungen beziehen sich zwar direkt nur auf Väter, die in der Vergangenheit bereits Verantwortung getragen haben. Ein Umkehrschluss, dass eine Familie i.S.d. Art. 6 I GG generell nur dann vorliegt, wenn in der Vergangenheit eine faktische Verantwortungsübernahme stattgefunden hat, lässt sich ihnen aber nicht entnehmen.

2. Das Elternrecht nach Art. 6 II 1 GG

Ein Blick auf §§ 1747 III, 1748 IV BGB lässt sofort erkennen, dass für den Fall der Adoption eines Kindes, dessen Eltern nicht miteinander verheiratet sind und keine Sorgeerklärungen abgegeben haben, Sonderregelungen vorgesehen sind. Es stellt sich daher die Frage, inwieweit die Anknüpfung an das Kriterium des Status und der Sorgeberechtigung vor dem Hintergrund des elterlichen Erziehungsrechts nach Art. 6 II 1 GG, das den verfassungsrechtlichen Ausgangspunkt aller staatlichen Normierungen zum Kindschaftsrecht bildet[552], Bestand haben kann. Im Bereich des Adoptionsrechts ist Art. 6 II 1 GG von entscheidender Bedeutung, da er das Verhältnis zwischen Eltern und Kindern in der Familie betrifft und damit den in Art. 6 I GG enthaltenen allgemeinen Schutz der Familie als geschlossenen und eigenständigen Lebensbereich konkretisiert. Indem Art. 6 II 1 GG Pflege und Erziehung als natürliches Recht der Eltern bezeichnet, garantiert er diesen den Vorrang als Erziehungsträger. Darüber hinaus stellt die Ver-

551 BVerfGE 108, S. 82 ff. = FamRZ 2003, S. 816 ff. = FPR 2003, S. 471 ff. mit Anmerkung Rakete-Dombek, S. 478 f.; bestätigt durch BVerfG FamRZ 2004, S. 1705 f.

552 Scholz, FPR 1998, S. 69.

fassungsnorm die Aufgaben und Grenzen staatlicher Stellen bei der Kindererziehung klar.[553]

Zur Klärung der soeben aufgeworfenen Frage bedarf es allerdings zunächst einer Betrachtung der verfassungsrechtlichen Rechtsstellung des nicht mit der Kindesmutter verheirateten Vaters hinsichtlich Art. 6 II 1 GG. Nur wenn feststeht, inwieweit dem Vater eines nichtehelichen Kindes das verfassungsrechtliche Elternrecht zukommt, kann ermittelt werden, ob die Sonderbehandlung nach §§ 1747, 1748 BGB im Lichte des Art. 6 II 1 GG gerechtfertigt ist.

a) Das Elternrecht des nicht mit der Kindesmutter verheirateten Vaters

Seit dem Beschluss des BVerfG vom 7.3.1995[554] ist allgemein anerkannt, dass Väter ehelicher und nichtehelicher Kinder unabhängig davon, ob sie mit der Kindesmutter zusammenleben oder mit dieser gemeinsam die Erziehungsaufgaben wahrnehmen, Träger des Elternrechts aus Art. 6 II 1 GG sind. Der verfassungsrechtliche Schutz wird damit sowohl Vätern, denen die elterliche Sorge zusteht, als auch solchen, die nicht sorgeberechtigt sind, gewährt. Aus der generellen Einbeziehung aller Väter in den personellen Schutzbereich des Art. 6 II 1 GG lässt sich die Wertung entnehmen, dass im Hinblick auf das natürliche Elternrecht weder zwischen Vätern ehelicher und nichtehelicher Kinder noch zwischen sorgeberechtigten und nicht sorgeberechtigten Vätern unterschieden werden darf. Ebenso wenig dürfen Differenzierungen zwischen Müttern und Vätern erfolgen. Es stellt sich die Frage, wo diese Diskriminierungsverbote ihre Grenze finden. Ebenso wie innerhalb des allgemeinen und des besonderen Gleichheitssatzes nach Art. 3 I bzw. II GG sind rechtliche Differenzierungen möglich und notwendig, wenn sachliche Unterschiede bestehen, die eine Ungleichbehandlung gebieten.

aa) Differenzierung zwischen Vätern ehelicher und nichtehelicher Kinder

Wie bereits festgestellt, ist die tatsächliche Situation nichtehelicher Kinder, deren Eltern in einer auf Dauer angelegten Gemeinschaft leben, grundsätzlich mit der Situation ehelicher Kinder vergleichbar.[555] Entsprechend bestehen – aus der Perspektive der Kinder betrachtet – in der Regel auch keine Unterschiede zwischen denjenigen Vätern, die zusammen mit der Kindesmutter in einer intakten

553 Giesen, JZ 1982, S. 821.

554 BVerfGE 92, S. 158 ff. = DAVorm 1995, Sp. 627 ff. = FamRZ 1995, S. 789 ff. = JZ 1995, S. 1109 ff. mit Anmerkung Kemm, S. 1112 = NJW 1995, S. 2155 ff. S. dazu 1. Kapitel IV.

555 S. dazu Einleitung II. 1.

Partnerschaft leben, und verheirateten Vätern im Hinblick auf das reale Verhältnis zu ihrem Kind. Abweichend ist nur die rechtliche Beziehung des Vaters zur Mutter. Ebenso gibt es in der gelebten Wirklichkeit grundsätzlich keine Unterschiede zwischen geschiedenen Vätern und Vätern, die nicht oder nicht mehr in außerehelicher Gemeinschaft mit der Kindesmutter leben. Zwar hat bei geschiedenen Eltern das Band der Ehe einmal bestanden, bei Partnern einer außerehelichen Beziehung dagegen nicht. Aus dieser Divergenz auf der Partnerschaftsebene darf aber keine Divergenz auf der Elternebene hergeleitet werden.[556] Für das im Kontext einer Adoption allein relevante Verhältnis zwischen einem leiblichen Elternteil und seinem Kind ist unerheblich, ob die Eltern verheiratet sind oder waren. Deshalb sollte eine Ehe der Eltern auch nicht Anknüpfungspunkt für adoptionsrechtliche Regelungen sein.

bb) Differenzierung zwischen sorgeberechtigten und nicht sorgeberechtigten Vätern

Das Gesetz sieht nicht generell für Väter, die nicht mit der Kindesmutter verheiratet sind, eine Sonderbehandlung vor, sondern nur für solche, die keine Sorgeerklärung zusammen mit der Kindesmutter abgegeben haben. Die Anknüpfung an die fehlende Erklärung der Eltern, die Sorge gemeinsam übernehmen zu wollen, als Differenzierungskriterium im Regelungssystem zur Annahme als Kind ist nur gerechtfertigt, wenn sich diese Väter tatsächlich von denjenigen unterscheiden, die ihren Willen zur gemeinsamen Sorge mit der Kindesmutter durch Abgabe einer Sorgeerklärung kundgetan haben. Angesichts der bereits angesprochenen Vielfalt der Lebensverhältnisse ist es schwierig, über die Situation nicht sorgeberechtigter Väter sichere und allgemeingültige Aussagen zu treffen. Jedenfalls lässt sich die fehlende Sorgerechtsinhaberschaft nicht pauschal mit Desinteresse oder Verantwortungslosigkeit der Väter begründen.[557] Dass die adoptionsrechtlichen Vorschriften eine Sonderbehandlung der Väter nichtehelicher Kinder vom Kriterium der gemeinsamen Sorgeerklärungen abhängig machen, erscheint aber bedenklich, wenn man sich die bis vor kurzem geltende Rechtslage zur elterlichen Sorge vor Augen führt.

Sofern sich die Kindesmutter weigerte, eine übereinstimmende Erklärung mit dem Kindesvater abzugeben, hatte dieser keine Möglichkeit, mit ihr zusammen die Sorge zu tragen. Diese Rechtslage billigte das BVerfG in seinem Urteil vom

556 Vgl. Fthenakis, Väter, Band 2, S. 50.

557 S. dazu Matzner, Vaterschaft heute, S. 101 sowie Parke, Erziehung durch den Vater, S. 99 bezüglich der Beziehung zwischen nicht sorgeberechtigten Vätern und ihren Kindern nach einer Scheidung.

29.1.2003 unter Hinweis auf die zur Ausübung des Elternrechts im Interesse des Kindeswohls notwendige Kooperationsbereitschaft der Eltern.[558]

Mit Beschluss vom 21.7.2010 entschied das BVerfG, das Elternrecht des Vaters eines nichtehelichen Kindes aus Art. 6 II GG werde dadurch verletzt, dass er ohne Zustimmung der Mutter nicht gerichtlich überprüfen lassen könne, ob es aus Gründen des Kindeswohls angezeigt sei, ihm zusammen mit der Mutter die Sorge für sein Kind einzuräumen oder ihm an Stelle der Mutter die Alleinsorge für das Kind zu übertragen.[559]

Dem Beschluss lag die Beschwerde des Vaters eines 1998 nichtehelich geborenen Sohnes zugrunde. Die Eltern lebten lediglich einige Wochen zusammen. Noch während der Schwangerschaft trennten sie sich. Der gemeinsame Sohn lebte seit seiner Geburt im Haushalt der Mutter. Im Dezember 1998 erkannte der Beschwerdeführer die Vaterschaft vor dem Jugendamt an. Die Mutter stimmte dem Anerkenntnis zu, verweigerte in der Folgezeit aber die Zustimmung zur gemeinsamen elterlichen Sorge. Im November 2002 vereinbarten die Eltern vor dem Familiengericht ein Umgangsrecht des Beschwerdeführers mit seinem Sohn an jedem zweiten Wochenende. Das Verhältnis der Eltern war von Auseinandersetzungen und gegenseitigem Misstrauen geprägt. Nachdem der Beschwerdeführer Anfang 2008 erfahren hatte, dass die Mutter beabsichtigte, in den Sommerferien 2008 mit dem Kind innerhalb Deutschlands umzuziehen, beantragte er beim Familiengericht die teilweise Entziehung des Sorgerechts der Mutter und die Übertragung des Aufenthaltsbestimmungsrechts auf ihn selbst; darüber hinaus stellte er hilfsweise den Antrag, ihm das alleinige Sorgerecht für seinen Sohn zu übertragen oder zur Begründung einer gemeinsamen Sorge die Zustimmung der Mutter zu seiner Sorgeerklärung zu ersetzen. Die Anträge wurden vom Familiengericht zurückgewiesen. Auch die Beschwerde beim OLG blieb erfolglos.

Das BVerfG legte zunächst dar, dass die grundsätzliche Zuordnung der Alleinsorge für ein nichteheliches Kind zur Mutter nicht zu beanstanden sei. Dies begründete das Gericht mit der Vielzahl familiärer Konstellationen, aufgrund derer im Zeitpunkt der Geburt eines Kindes nicht generell davon ausgegangen werden könne, dass das Kind einen Vater habe, dem es rechtlich zugeordnet werden könne und der bereit sei, Verantwortung für das Kind zu tragen. Das Kindeswohl verlange jedoch, dass das Kind ab seiner Geburt eine Person habe, die rechtsverbindlich in dessen Interesse handeln könne. Die Mutter sei die ein-

558 BVerfGE 107, S. 150 (175 f.) = FamRZ 2003, S. 285 (289).

559 BVerfG NJW 2010, S. 3008 (3009); vgl. dazu MünchKommBGB/*Huber*, § 1626a, Rn. 3e ff.; Peschel-Gutzeit, NJW 2010, S. 2990 ff.

zige Bezugsperson, die das Kind bei seiner Geburt sicher vorfinde und die aufgrund von § 1591 BGB als Elternteil feststehe.[560]

Mit dem verfassungsrechtlichen Elternrecht des Vaters eines nichtehelichen Kindes sei jedoch unvereinbar, dass ihm der Zugang zur Sorgetragung für sein Kind bei Weigerung der Mutter, hierzu die Zustimmung zu erteilen, generell verwehrt werde. Ihm sei keine Möglichkeit eingeräumt, gegen den Willen der Mutter gerichtlich überprüfen zu lassen, ob es aus Gründen des Wohls seines Kindes angezeigt sei, ihm zusammen mit der Mutter die Sorge für sein Kind einzuräumen oder ihm an Stelle der Mutter die Alleinsorge für das Kind zu übertragen. Hierin liege eine Verletzung des Rechts des Vaters, weil die elterliche Sorge essenzieller Bestandteil des von Art. 6 II GG geschützten Elternrechts sei. Indem die Beteiligung des Vaters an der elterlichen Sorge vom Willen der Mutter abhängig gemacht werde, setze der Gesetzgeber das Elternrecht des Vaters in unverhältnismäßiger Weise generell hinter dem Elternrecht der Mutter zurück, ohne dass dies durch die Wahrung des Kindeswohls geboten sei. Außerdem lasse der Streit über das Sorgerecht nicht zwingend auf mangelnde Kooperationsbereitschaft der Eltern schließen. Auch die Annahme des Gesetzgebers, dass die Zustimmungsverweigerung der Mutter in aller Regel auf einem sich nachteilig auf das Kind auswirkenden elterlichen Konflikt basiere und von Gründen getragen werde, die nicht Eigeninteressen der Mutter folgten, habe sich nicht bestätigt. Im Ergebnis erklärte das BVerfG §§ 1626a I Nr. I und 1672 I BGB für mit Art. 6 II GG unvereinbar.[561]

Unabhängig davon, dass die Regelungen zur elterlichen Sorge bei nicht miteinander verheirateten Eltern nach der Entscheidung des EGMR vom 3.12.2009[562] und des BVerfG vom 21.7.2010[563] einer Überarbeitung durch den Gesetzgeber bedürfen[564], sind die Auswirkungen der mütterlichen Schlüsselposition im Kontext einer geplanten Weggabe des Kindes bedenklich. Auch nach der Entscheidung des BVerfG bleibt es dabei, dass die alleinige elterliche Sorge gem. § 1626a II BGB automatisch der Mutter zufällt, sofern durch die Eltern, die bei der Geburt ihres Kindes nicht miteinander verheiratet sind, keine Sorgeerklärun-

560 BVerfG NJW 2010, S. 3008 (3010).

561 BVerfG NJW 2010, S. 3008 (3011 f.).

562 EGMR FamRZ 2010, S. 103 ff. mit zustimmenden Anmerkungen Henrich, S. 107 f. und Scherpe, S. 108; zustimmend auch Löhnig, FamRZ 2010, S. 338 ff. und Schumann, FF 2010, S. 222 ff.; vgl. außerdem Coester, NJW 2010, S. 482 ff. Ausführlich zur Entscheidung oben 2. Kapitel II. 1. a) ee).

563 BVerfG NJW 2010, S. 3008 ff.; vgl. dazu MünchKommBGB/*Huber*, § 1626a, Rn. 3e ff.; Peschel-Gutzeit, NJW 2010, S. 2990 ff.

564 Zum Entwurf der Bunderegierung zur Reform der elterlichen Sorge S. unten 4. Kapitel II 1. c).

gen abgegeben werden. Dies hat zwar nicht zur Konsequenz, dass das Recht des Vaters entfällt, in die Kindesannahme einzuwilligen. Das Einwilligungsrecht nach § 1747 I 1 BGB steht ihm unabhängig von der Sorgerechtsinhaberschaft zu. Folge der fehlenden Sorgerechtsinhaberschaft ist aber das Eingreifen der Sonderregelungen des § 1747 III BGB, die mitunter eine Umgehung der Überlegungsfrist und die Möglichkeit vorsehen, auf einen Sorgerechtsantrag zu verzichten.[565] Darüber hinaus besteht die Gefahr, dass der Vater der erleichterten Einwilligungsersetzung durch das Familiengericht nach § 1748 IV BGB ausgesetzt ist.[566]

Fest steht damit, dass die im Recht der Annahme als Kind getroffene gesetzliche Typisierung anhand des Kriteriums der elterliche Sorge als sachlicher Grund für eine rechtliche Ungleichbehandlung von Vätern, denen die elterliche Sorge für ihre nichtehelichen Kinder zusteht und solchen Vätern, bei denen dies nicht der Fall ist, grundsätzlich nicht passt. Inwieweit allerdings bei den einzelnen Adoptionsvorschriften aufgrund ihrer Regelungsmaterie eine abweichende Wertung geboten ist, wird noch zu untersuchen sein.

cc) Differenzierungen zwischen Müttern und Vätern nichtehelicher Kinder

Als mögliche Anknüpfung für eine Ungleichbehandlung von Müttern und Vätern nichtehelicher Kinder kommen biologische und funktionale Unterschiede in Betracht. Unterstellt man, durch Austragen eines Kindes im Mutterleib und Stillen an der mütterlichen Brust werde eine unvergleichbare, besonders enge seelische Verbundenheit von Mutter und Kind geschaffen, so könnte darin ein solcher biologisch begründeter Unterschied liegen, der die differenzierende Behandlung leiblicher Mütter und Väter bei der Adoption ihres nichtehelichen Kindes zu rechtfertigen vermag. Darüber hinaus lässt sich aus der Prämisse des speziellen natürlichen Beziehungsgeflechts zwischen Mutter und Kind möglicherweise die Folgerung ziehen, dass der Vater zur Pflege und Erziehung eines Kleinkindes weniger gut geeignet ist als die Mutter. Sofern dieser Schluss zutrifft, existiert auch ein funktionaler Unterschied, der als Rechtfertigung für die Sonderregelungen für den leiblichen Vater im Recht der Annahme als Kind in Betracht kommt. Allerdings ist fraglich, warum auf dieser Grundlage dann nicht auch zwischen Müttern und Väter ehelicher Kinder unterschieden wird. Auch bei ehelichen Kindern müsste die besonders enge Verbundenheit von Mutter und Kind in den gesetzlichen Regelungen ihren Ausdruck finden. Nur so kann dem Grundsatz der Gleichbehandlung ehelicher und nichtehelicher Eltern-Kind-Beziehungen Rechnung getragen werden.

565 Ausführlich dazu 4. Kapitel II.

566 Zur Einwilligungsersetzung nach § 1748 IV BGB vgl. 4. Kapitel III.

Nach dem heutigen Stand der Forschung ist anerkannt, dass Väter in gleichem Maß wie Mütter die Kompetenz für den direkten Umgang mit Säuglingen und Kleinkindern haben. Auch der durch die Schwangerschaft vermittelte Vorsprung der Mutter in der Bindung an das Kind wird dem heute überwiegenden vertretenen modernen Vaterbild nicht gerecht.[567] Zwar ist zu konzedieren, dass das Grundgesetz selbst in Art. 6 IV GG die besondere Bedeutung der Mutterschaft betont. Art. 6 IV GG ist Ausdruck einer verfassungsrechtlichen Entscheidung zugunsten des Wertes der mütterlichen Leistung für die Allgemeinheit.[568] Daraus ergibt sich nicht nur die Hervorhebung der familialen Gemeinschaft von Mutter und Kind[569], sondern auch das Gebot zur Bevorzugung der Mutter.[570] Das Bevorzugungsgebot soll der speziellen Lebenssituation, in der sich die Frau als Mutter während und nach der Schwangerschaft und die sie in körperlicher, seelischer und wirtschaftlicher Hinsicht betrifft, nicht zuletzt wegen möglicher Risiken und Nachteile Rechnung zu tragen.[571] Es ist Ausnahme zum Verbot der geschlechtsspezifischen Differenzierung.[572]

Die Würdigung der besonderen Bedeutung von Schwangerschaft und Mutterschaft durch die Verfassung geht zwar aus Art. 6 IV GG eindeutig hervor. Daraus darf jedoch nicht gefolgert werden, dass die Rechtsordnung grundsätzlich eine primäre Zuordnung des Kindes zur Gebärenden unterstellt, die auf einem gegenüber dem Vater engeren Band des Kindes zur Mutter beruht. Art. 6 II 1 GG lässt erkennen, dass die Verfassung selbst nicht von einer besseren Eignung der Mutter zur Kinderpflege und -erziehung ausgeht. Denn in Art. 6 II 1 GG werden Pflege und Erziehung beiden Elternteilen gleichermaßen ohne geschlechtsspezifische Differenzierung zugeordnet. Eine Vorrangstellung der Mutter kann dem Grundgesetz also nicht entnommen werden.[573] Zudem belegen die Möglichkeiten, der Mutter die elterliche Sorge nach § 1666 BGB zu entziehen oder die Einwilligung der Mutter in die Kindesannahme unter den Voraussetzungen des § 1748 I bis III BGB zu ersetzen, dass auch das einfache Recht nicht von einem biologisch-automatischen Muttergefühl[574] ausgeht. Allein das Austragen und Gebären eines Kindes durch die Mutter darf demnach nicht als biologisch be-

567 S. dazu Einleitung II. 6.

568 Dreier/*Gröschner*, GG, Art. 6, Rn. 142.

569 Di Fabio, NJW 2003, S. 996.

570 Von Mangoldt/Klein/Starck/*Robbers*, GG, Art. 6, Rn. 287; von Münch/Kunig/*Coester-Waltjen*, GG, Art. 6, Rn. 105.

571 Vgl. Maunz/Dürig/*Badura*, GG, Art. 6, Rn. 148.

572 Breitkopf, Die Stellung des mit der Mutter nicht verheirateten Vaters bei Adoption des Kindes, S. 59; von Mangoldt/Klein/Starck/*Starck*, GG, Art. 3, Rn. 322.

573 So zutreffend Schumann, FuR 2002, S. 62.

574 Vgl. dazu Ell, ZfJ 1985, S. 98.

gründete Rechtfertigung für eine rechtliche Benachteiligung des Vaters herangezogen werden.

Ebenso verhält es sich mit dem funktionalen Unterscheidungskriterium der Eignung zur Kinderpflege und -erziehung. Davon abgesehen, dass nach gegenwärtigen wissenschaftlichen Erkenntnissen Vätern die Kompetenz zum Umgang mit Neugeborenen und Kleinkindern nicht abgesprochen werden kann, muss zwischen der Eignung und der tatsächlichen Übernahme differenziert werden. Viele Väter sind heute bereit, Verantwortung für ihr Kind zu übernehmen und beteiligen sich dementsprechend an der Pflege und Erziehung der Kinder.[575] Damit steht fest, dass eine Ungleichbehandlung von Müttern und Vätern nicht mehr mit der verschiedenen Rollenverteilung bei der Kinderpflege und -erziehung gerechtfertigt werden kann. Wer in diesem Bereich einen funktionalen Unterschied bejaht, der eine geschlechtsbezogene Differenzierung erlaubt, verkennt nicht nur den heutigen Forschungsstand, sondern orientiert sich auch an Rollenvorstellungen, die längst überholt sind. Wegen der Abhängigkeit von den gerade herrschenden gesellschaftlichen Vorstellungen stand das funktionale Kriterium als Ausnahme vom Differenzierungsverbot schon immer in der Kritik.[576] Eine unterschiedliche Behandlung, die an die Rollenverteilung zwischen Mann und Frau anknüpft, birgt die Gefahr, dass dadurch genau diese Unterschiede verfassungsrechtlich zementiert werden und die Gleichbehandlung der Geschlechter langfristig verhindert wird.[577] Diese Gefahr besteht auch bei der Berufung auf die typische Funktion der Mutter als Betreuerin des Kindes.

575 Bullinger, Wenn Männer Väter werden, S. 14; Dammasch/Metzger, in: Die Bedeutung des Vaters, S. 7; Duss-von Werdt, ZfJ 1984, S. 21; Fthenakis, in: Fünfter Deutscher Familiengerichtstag, Brühler Schriften zum Familienrecht, S. 50; Kaltenborn, ZfJ 1988, S. 64; Köster, Sorgerecht und Kindeswohl, S. 62 f.; Matzner, Vaterschaft heute, S. 57; Metzger, in: Die Bedeutung des Vaters in der frühen Kindheit, S. 40; Nave-Herz, Familie heute, S. 59; Parke, Erziehung durch den Vater, S. 10; vgl. aber die abweichende Einschätzung von Rost/Schneider, in: Familie im Brennpunkt von Wissenschaft und Forschung, S. 177.

576 Eckertz-Höfer, Simon-FS, S. 464 f.

577 Breitkopf, Die Stellung des mit der Mutter nicht verheirateten Vaters bei Adoption des Kindes, S. 59; Hofmann, JuS 1988, S. 253; von Mangoldt/Klein/Starck/*Starck*, GG, Art. 3, Rn. 327; Will, Macht und Gleichheit, S. 50; kritisch sogar das BVerfG selbst, vgl. BVerfGE 84, S. 9 (18). Deshalb sollen nach der Literatur funktionale Unterschiede allenfalls dann eine Differenzierung rechtfertigen, wenn sie ihrerseits auf biologischen Unterschieden beruhen, S. Dreier/*Heun*, GG, Art. 3, Rn. 111.

b) Der Beginn der Elternstellung nach Art. 6 II 1 GG – Elternrecht des Vaterschaftsprätendenten?

Nach der derzeitigen Rechtslage wird in § 1747 I 2 BGB für den Fall, dass kein anderer Mann als Vater feststeht, dem Vaterschaftsprätendenten, also demjenigen, der glaubhaft macht, der Mutter in der gesetzlichen Empfängniszeit beigewohnt zu haben, ein Einwilligungsrecht in die Kindesannahme gewährt. Diese Regelung gibt Anlass zur Überlegung, ob auch der Vaterschaftsprätendent Träger des verfassungsrechtlichen Elternrechts ist. Es stellt sich damit die Frage, von welchem Moment an der Schutz des Art. 6 II 1 GG wirkt.

Bei einem ehelichen Kind kann dies leicht beantwortet werden. Durch die Vaterschaftsvermutung des Ehemannes der Mutter gem. § 1592 Nr. 1 BGB ist dieser mit der Zeugung des Kindes Träger des besagten Grundrechts.[578] Beim nichtehelichen Kind sind dagegen unterschiedliche Sachverhalte denkbar. Hier besteht die Möglichkeit, durch Anerkennung nach § 1592 Nr. 2 BGB oder Vaterschaftsfeststellung gem. § 1592 Nr. 3 BGB die rechtliche Vaterschaft zu erlangen. Sofern eine gerichtliche Vaterschaftsfeststellung nach § 1600d BGB erfolgt ist oder ein Vaterschaftsanerkenntnis vorliegt, das laut § 1594 IV BGB schon vor der Geburt des Kindes abgegeben werden kann, steht ein bestimmter Mann als Vater im Rechtssinne fest, so dass dieser damit zweifellos dem personellen Schutzbereich des Elternrechts unterfällt.

Schwierig gestaltet sich die Situation indes, wenn weder ein Anerkenntnis noch eine Feststellung vorliegt, sondern ein Mann lediglich die Beiwohnung während der Empfängniszeit glaubhaft macht. Ist dieser potentielle Vater schon im Zeitpunkt der erfolgreichen Glaubhaftmachung Träger des Elternrechts? Nach den Vorschriften des Zivilrechts steht er ja gerade nicht als Vater fest.

Das BVerfG trat im Beschluss vom 7.3.1995 für eine Auslegung der verfassungsrechtlichen Gewährleistung nach Art. 6 II 1 GG ein, die alle Väter nichtehelicher Kinder in den Schutzbereich jedenfalls dann einbezieht, wenn sie nach den einschlägigen gesetzlichen Vorschriften als Väter feststehen, zugleich aber dem Gesetzgeber die Befugnis zuerkennt, bei der Ausgestaltung der konkreten Rechte und Pflichten beider Elternteile den unterschiedlichen tatsächlichen Verhältnissen Rechnung zu tragen.[579] Der Formulierung des BVerfG[580] zufolge ist

578 Von Mangoldt/Klein/Starck/*Robbers*, GG, Art. 6, Rn. 155; Schumann, Die nichteheliche Familie, S. 206.

579 BVerfGE 92, S. 158 (178) = DAVorm 1995, Sp. 627 (637) = FamRZ 1995, S. 789 (792) = JZ 1995, S. 1109 (1109) = NJW 1995, S. 2155 (2156).

580 Ähnlich die Formulierung Coesters, JZ 1992, S. 813: „Ist die Vaterschaft eines Mannes rechtlich festgestellt, so lässt sich nicht überzeugend begründen, warum ihm damit nicht auch das Elternrecht des Art. 6 II 1 GG zufallen sollte."

also für die Grundrechtsträgerschaft maßgeblich, dass der Vater eines nichtehelichen Kindes nach dem Zivilrecht als rechtlicher Vater feststeht. Da diese Voraussetzung beim Vaterschaftsprätendenten i.S.d. §§ 1747 I 2, 1748 IV BGB nicht erfüllt ist, wäre er demnach nicht vom personellen Schutzbereich des Elternrechts erfasst.

Gegen eine Abhängigkeit des grundrechtlichen Schutzes aus Art. 6 II 1 GG von den Abstammungsvorschriften des BGB spricht jedoch zunächst, dass der Wortlaut des Grundrechts eine feststehende rechtliche Vaterschaft nach diesen Regeln nicht fordert. Eine ausdrückliche Bezugnahme auf die §§ 1591 ff. BGB wäre auch insofern nicht sinnvoll, als zur Definition von Verfassungsrecht ein Rückgriff auf einfachgesetzliche Bestimmungen nicht in Betracht kommt. Vielmehr bilden umgekehrt die verfassungsrechtlich getroffenen Wertungen die Richtlinie für das einfache Recht.[581]

Ferner ist bei der Anknüpfung an die rechtliche Vaterschaft nach dem Zivilrecht bedenklich, dass sich Väter ehelicher Kinder bereits im Moment der Kindeszeugung auf Art. 6 II 1 GG berufen könnten, während Väter nichtehelicher Kinder bis zur Vaterschaftsfeststellung vom Grundrechtsschutz ausgenommen wären.[582] Diese unterschiedlichen Zeitpunkte für den Beginn der verfassungsrechtlichen Elternstellung sind vor dem Hintergrund des Art. 6 V GG nicht zu rechtfertigen. Denn in der Folge hätten nichteheliche Kinder bis zur Anerkennung oder gerichtlichen Feststellung der Vaterschaft nur einen grundrechtlich geschützten Elternteil, obwohl sie von beiden Eltern abstammen, und wären damit auch staatlichen Eingriffen auf ihre Erziehung stärker ausgesetzt als eheliche, bei denen beide Elternteile den Schutz des Art. 6 II 1 GG genießen. Aufgrund der Einschränkung des grundgesetzlich gewährleisteten Elternprimats existierte bei nichtehelichen Kindern nämlich keine innerfamiliäre Platzierungsalternative, wenn die Mutter als Erziehungsträger ausfiele.[583] Somit darf es nicht zum völligen Ausschluss der Grundrechtsträgerschaft führen, dass keine rechtliche Vaterschaft im Sinne des BGB besteht.

Zu diesem Ergebnis gelangte auch das BVerfG, wie aus dem Beschluss vom 9.4.2003 hervorgeht.[584] In den Gründen erörterte das Gericht ausführlich die Frage, ob ein leiblicher, aber nicht rechtlicher Vater vom Schutz des Art. 6 II 1 GG erfasst wird. Es führte dazu aus, dass der Schutz des Art. 6 II 1 GG die rechtliche Elternschaft nicht fordere. Der Mann, von dem ein Kind abstamme, sei

---

581 Holzhauer, FamRZ 1982, S. 111.

582 Schumann, Die nichteheliche Familie, S. 206.

583 Coester, FamRZ 1995, S. 1246; Fleisch, Die verfassungsrechtliche Stellung des leiblichen Vaters, S. 22.

584 BVerfGE 108, S. 82 ff. = FamRZ 2003, S. 816 ff. = FPR 2003, S. 471 ff. mit Anmerkung Rakete-Dombek, S. 478 f.

Vater des Kindes, auch wenn er von der Rechtsordnung nicht als solcher anerkannt sei. Mehr als diese auf Abstammung beruhende Elternschaft setze Art. 6 II 1 GG nicht voraus. Allerdings mache dies allein noch nicht den biologischen Vater neben dem rechtlichen Vater zum Träger des Elternrechts aus Art. 6 II 1 GG. Die Grundrechtsnorm schütze den leiblichen Vater aber in seinem Interesse, die Rechtsstellung als Vater des Kindes einzunehmen.[585]

Problematisch ist, dass einem Vaterschaftsprätendenten eine stärkere Rechtsposition zukommt als er tatsächlich verdient, sofern man ihn bereits bei einer erfolgreichen Glaubhaftmachung der Voraussetzungen des § 1600d II 1 BGB am Schutz des Art. 6 II 1 GG teilhaben lässt und sich im Nachhinein herausstellt, dass er gar nicht der Kindesvater ist. Um dieses Ergebnis zu vermeiden, sollte der Vaterschaftsprätendent nicht Träger des Elternrechts nach Art. 6 II 1 GG sein. Es ist aber gerechtfertigt, ihm in einfachgesetzlichen Vorschriften, wie etwa durch das Einwilligungsrecht in die Kindesannahme gem. § 1747 I 2 BGB, im Vorfeld gewisse Rechte einzuräumen, die gewährleisten, dass sich der Schutz des Art. 6 II 1 GG zugunsten des leiblichen Vaters effektiv entfalten kann. Der volle verfassungsrechtliche Schutz des Art. 6 II 1 GG wirkt nicht bereits zugunsten desjenigen, der glaubhaft macht, der Mutter während der Empfängniszeit beigewohnt zu haben, sondern nur für den tatsächlich festgestellten leiblichen Kindesvater. Die Grundrechtsträgerschaft beinhaltet einen Anspruch auf Zuweisung der verfassungsrechtlichen Elternposition, wenn die Vaterschaft festgestellt worden ist.[586] Damit die sich aus der Elternstellung ergebenden zivilrechtlichen Pflichten ausgelöst werden, muss die Vaterschaft allerdings rechtlich feststehen.[587]

3. Vorgaben für das Adoptionsrecht aus Art. 6 I und Art. 6 II GG

Entsprechend der grundrechtlichen Mehrdimensionalität wirken die verfassungsrechtlichen Gewährleistungen des Art. 6 I GG, die der Gemeinschaft eines Vaters und seines nichtehelichen Kindes zugutekommen, auf das Adoptionsrecht in verschiedene Richtungen. Aus der Schutzfunktion des Art. 6 I GG folgt, dass eine intakte Familie, in der die Eltern fähig und in der Lage sind, die Aufgabe der Kindererziehung pflichtgemäß wahrzunehmen, nicht gegen den Willen der

585 BVerfGE 108, S. 82 (99 ff.) = FamRZ 2003, S. 816 (818 ff.) = FPR 2003, S. 471 (472 f.); zustimmend Huber, FamRZ 2003, S. 825.

586 Schumann, FamRZ 2000, S. 391.

587 Dabei ist dann neben der Blutsverwandtschaft auch die soziale Komponente von Bedeutung, S. Salgo, NJW 1995, S. 2131.

Eltern durch eine Adoption aufgelöst werden darf. Der Gesetzgeber ist verpflichtet, die bestehenden Familienbeziehungen zu bewahren. Da durch eine Adoption die familiäre Zuordnung eines Kindes zu seinen Eltern beseitigt wird, muss er den leiblichen Eltern ein Einwilligungsrecht in die Adoption ihres Kindes gewähren.

Sofern ein staatlicher Eingriff die soziale Effektivität der familiären Beziehung zwischen einem Kind und seinen Eltern gegen deren Willen schwächt oder aufhebt, kommt die abwehrrechtliche Dimension des Art. 6 I GG zum Tragen. Unter Berufung auf den negativen Gehalt der Grundrechtsnorm können sich Eltern gegen eine solche Störung wehren.[588] Wegen der vorbehaltlosen Gewährleistung kann sich eine Rechtfertigung von Eingriffen in Art. 6 I GG nur aus kollidierendem Verfassungsrecht ergeben.

Mit der Ersetzung der elterlichen Einwilligung in die Kindesannahme gem. § 1748 BGB hat der Gesetzgeber eine Möglichkeit geschaffen, die familiäre Zugehörigkeit eines Kindes zu seinen Eltern zu beenden, ohne dass diese zustimmen. Da die Loslösung des Kindes aus seinem bisherigen Familienverband gegen den Willen der Eltern erfolgt, bildet Art. 6 I GG eine Schranke, die gewährleistet, dass nur unter strikter Beachtung der Verhältnismäßigkeit aus Kindeswohlgesichtspunkten ein Verbleib in der Ursprungsfamilie nicht hinnehmbar ist. Somit hat der Inhalt des Art. 6 I GG neben Art. 6 II GG bei der Frage der Einwilligungsersetzung eine eigenständige Relevanz.[589]

Darüber hinaus ist der besondere verfassungsrechtliche Schutz der Familie aus Art. 6 I GG im Rahmen der Sonderregelungen bedeutsam, die § 1747 III BGB für diejenigen Väter vorsieht, die weder mit der Kindesmutter verheiratet noch Inhaber der elterlichen Sorge sind. Speziell die pränatale Einwilligung in die Kindesannahme, die in § 1747 III Nr. 1 BGB normiert ist, sowie der in § 1747 III Nr. 3 BGB geregelte Verzicht des Vaters, die Übertragung der Sorge zu beantragen, müssen den Vorgaben des Art. 6 I GG gerecht werden. Zwar ergibt sich aus der Formulierung der Sonderbestimmungen in § 1747 III Nr. 1, 3 BGB als „Kann-Vorschriften", dass Väter zu den dort genannten Schritten nicht gezwungen sind, sondern diese ihnen lediglich neben dem Einwilligungsrecht als zusätzliche Möglichkeiten zur Seite stehen. Trotz ihres nicht verpflichteten Charakters

---

588 S. dazu BK-GG/*Pirson*, Art.6 Abs. 1, Rn. 148.

589 Ähnlich Longino, Die Pflegekinderadoption, S. 94; Staudinger/*Frank*, § 1748, Rn. 7, 12; S. zur Bedeutung des Art. 6 I GG für die Ersetzung der elterlichen Einwilligung in die Kindesannahme die Stellungnahme des damaligen Bundesjustizministers, die zu den dem Beschluss des BVerfG vom 29.7.1968 zugrunde liegenden Vorlagen erging, FamRZ 1968, S. 581 und dagegen die Ansicht des BVerfG, FamRZ 1968, S. 582. Vgl. außerdem Schumann, RdJB 2006, S. 168, die bei der Trennung von Eltern und Kind auf Art. 6 II GG als lex specialis abstellt.

sind die in § 1747 III Nr. 1, 3 BGB vorgesehenen Möglichkeiten am verfassungsrechtlichen Familienschutz nach Art. 6 I GG zu messen. Denn der staatliche Schutzauftrag, der aus den Grundrechten erwächst, gebietet es, dass der Vater davor bewahrt wird, die familiäre Bindung zu seinem Kind vorschnell aufzugeben. Demzufolge besteht bei Wahrnehmung der in § 1747 III Nr. 1, 3 BGB eingeräumten Rechte eine umfassende Beratungspflicht des Staates, wie sie in § 51 III SGB VIII einfachgesetzlich umgesetzt ist. Auch die in § 1748 BGB speziell für Väter nichtehelicher Kinder vorgesehenen Regelungen müssen sich an Art. 6 I GG messen lassen. § 1748 IV BGB eröffnet die Möglichkeit einer Adoption ohne Einwilligung des leiblichen, nicht sorgeberechtigten Vaters. Die Gemeinschaft eines Vaters und seines nichtehelichen Kindes untersteht dem Schutz des Art. 6 I GG, so dass eine Adoption ohne Einwilligung des Vaters nur ausnahmsweise in Betracht kommen darf, wenn sie zum Wohl des Kindes geboten ist. Diese Wertung ergibt sich aus Art. 6 II 2 GG.

Von besonderer Bedeutung ist daneben der Primat des Elternrechts, der sich aus Art. 6 II 1 GG ergibt und gewährleistet, dass die leiblichen Eltern vorrangig die Verantwortung für ihr Kind tragen. Eine Adoption ist der schwerste denkbare Eingriff in das Elternrecht, weil sie zum gänzlichen Verlust der Rechtsstellung führt. Damit geht sie weiter als Maßnahmen nach §§ 1666, 1666a BGB, die zwar ebenfalls in das Elternrecht eingreifen, aber in ihrer Wirkung lediglich den teilweisen oder völligen Entzug des Sorgerechts betreffen. Obwohl sich aus Art. 1 II GG der unveräußerliche Charakter der Grundrechte ergibt, ist die Möglichkeit anerkannt, alle elterlichen Rechte und Pflichten durch die Einwilligung in eine Kindesannahme preiszugeben.[590] Die Einwilligung beruht auf einem Entschluss des leiblichen Elternteils, der, wenn auch vielleicht wegen der Alternativlosigkeit durch bestimmte Lebensumstände nicht freiwillig, aber doch frei von staatlichem Zwang getroffen wird. Anders ist die Situation in den Fällen des § 1748 BGB. Bei Ersetzung der elterlichen Einwilligung durch das Familiengericht erfolgt der Eingriff in das Elternrecht gestützt auf das Wächteramt nach Art. 6 II 2 GG mittels staatlichen Zwanges. Allerdings darf der verfassungsrechtliche Schutz des Elternrechts auch nicht aus den Augen verloren werden, sofern die Einwilligung in die Kindesannahme nicht durch das Familiengericht ersetzt worden ist. Aufgrund der einschneidenden Konsequenzen, die mit der Einwilligung verbunden sind, entfalten hier die sich aus den Verfassungsnormen ergebenden staatlichen Schutzpflichten ihre Wirkung.

Damit lässt sich festhalten, dass das verfassungsrechtliche Elternrecht sowohl im Rahmen des § 1747 BGB als auch bei § 1748 BGB Beachtung finden muss. Es soll an dieser Stelle noch einmal betont werden, dass Väter nichtehelicher

590 Gernhuber/Coester-Waltjen, FamR, § 5, Rn. 46.

Kinder den Schutz des Art. 6 II 1 GG uneingeschränkt genießen. Erforderlich ist weder, dass sie nach den einfachgesetzlichen Vorschriften des BGB die elterliche Sorge innehaben, noch enthält die Verfassungsnorm eine soziale Komponente.[591] Das Elternrecht wirkt zugunsten jeder Vater-Kind-Beziehung. Trotz der Pflichtbindung in Art. 6 II 1 GG ist demzufolge auch bei solchen Vätern der personelle Schutzbereich des Elternrechts eröffnet, die keinen Kontakt zu ihrem Kind pflegen, sei es, dass sie diesen nicht wünschen, sei es, dass sie am Aufbau eines Kontaktes von der Kindesmutter gehindert werden. Dies muss ebenso wie die dargestellte Entwicklung der familiären Realität einschließlich des Vaterbildes, das die Heterogenität der Beziehungen zwischen Vater und nichtehelichem Kind berücksichtigt, bei der näheren Untersuchung der §§ 1747, 1748 BGB im Blickfeld behalten werden.

4. Das Verbot der Trennung der Kinder von der Familie nach Art. 6 III GG

Im Zusammenhang mit der Ersetzung der elterlichen Einwilligung in eine Kindesannahme darf Art. 6 III GG nicht unerwähnt bleiben. Diese Verfassungsnorm bestimmt, dass Kinder gegen den Willen der Erziehungsberechtigten nur aufgrund eines Gesetzes von der Familie getrennt werden dürfen, wenn die Erziehungsberechtigten versagen oder wenn die Kinder aus anderen Gründen zu verwahrlosen drohen.[592]

Auf den ersten Blick scheint Art. 6 III GG direkt auf die Einwilligungsersetzung bei Adoptionen anwendbar zu sein. Jedoch folgt aus der Entstehungsgeschichte der Vorschrift, dass der Verfassungsgeber eine Adoption gegen den Willen der Eltern nicht in Betracht zog.[593] Stattdessen sollte die Verfassungsnorm, motiviert durch die Erfahrungen aus der nationalsozialistischen Zeit, die Wegnahme der Kinder von ihren Eltern zum Zweck einer staatlichen Zwangserziehung verhindern.[594] Darüber hinaus stellte das BVerfG in der Entscheidung vom 29.7.1968 klar, dass unter „Trennung von der Familie“ nur die tatsächliche

591 Vgl. Blech, Die Rechte des nichtehelichen Vaters im deutschen Kindschaftsrecht, S. 109 ff.; Coester, FamRZ 1995, S. 1251; von Münch/Kunig/*Coester-Waltjen*, GG, Art. 6, Rn. 70.

592 Zum Geltungsbereich des Art. 6 III GG ausführlich Funk, FamRZ 1969, S. 69 ff.

593 Jahrbuch des öffentlichen Rechts, Neue Folge/Band 1, S. 99 ff.

594 BK-GG/*Jestaedt*, Art. 6 Abs. 2 und 3, Rn. 215; von Mangoldt, AöR 75 (1949), S. 284.

Trennung, und zwar die „Wegnahme" des Kindes von seinen Eltern zu verstehen sei.[595]

Auf eine Adoption ist Art. 6 III GG somit nicht direkt anwendbar. Denn bei Einleitung eines Adoptionsverfahrens hat die tatsächliche Trennung eines Kindes von seinen Eltern regelmäßig schon stattgefunden. Ferner wird bei einer Adoption die Erziehungstätigkeit der Eltern nicht zugunsten eines staatlichen Erziehungseinflusses zurückgedrängt. Vielmehr soll wegen des Versagens der leiblichen Eltern ein neues, funktionsfähiges Eltern-Kind-Verhältnis begründet werden.[596] Dennoch lässt sich Art. 6 III GG die grundsätzliche Wertung entnehmen, dass die Trennung einer Eltern-Kind-Gemeinschaft gegen den Willen der Erziehungsberechtigten nur aufgrund eines Gesetzes bei Versagen der Erziehungsberechtigten oder drohender Verwahrlosung des Kindes erfolgen darf. Diese Wertung muss erst recht bei der Auflösung eines Familienverbundes durch eine Adoption gelten, da über eine tatsächliche Trennung hinaus die rechtlichen Bande zwischen Eltern und Kind zerschnitten werden. Das Verwandtschaftsverhältnis eines Kindes zu seinen leiblichen Verwandten und alle sich daraus ergebenden Rechte und Pflichten erlöschen mit der Annahme. Eine Adoption schließt nicht nur die Erziehungstätigkeit der leiblichen Eltern völlig aus, sondern nimmt ihnen jegliche Rechte an ihrem Kind. Gegenüber den Maßnahmen, auf die Art. 6 III GG seinem Wortlaut und seiner Entstehungsgeschichte nach direkt anwendbar ist, stellt eine Adoption mit ihren umfassenden Folgewirkungen einen schweren Eingriff dar. Deshalb dürfen die Anforderungen bei einer Kindesannahme nicht geringer sein als bei einer Trennung i.S.d. Art. 6 III GG. Für das Adoptionsrecht gibt Art. 6 III GG somit vor, dass eine Kindesannahme gegen den Willen der leiblichen Eltern nur aufgrund eines Gesetzes und bei Ausfall der leiblichen Eltern als Erziehungsträger erfolgen darf.

---

595 BVerfGE 24, S. 119 (139) = FamRZ 1968, S. 578 (583) = NJW 1968, S. 2233 (2235); dazu Reinhart, in: Rechtsentwicklung unter dem Bonner Grundgesetz, S. 177 f.; zustimmend Dreier/*Gröschner*, GG, Art. 6, Rn. 124; von Mangoldt/Klein/Starck/*Robbers*, GG, Art. 6, Rn. 231, 269 ff.; einschränkend von Münch/Kunig/*Coester-Waltjen*, GG, Art. 6, Rn. 100. A.A. Pieroth/Schlink, Staatsrecht II, Rn. 661; abweichend ferner die Stellungnahme des nordrhein-westfälischen Ministerpräsidenten BVerfGE 92, S. 158 (171) = DAVorm 1995, Sp. 627 (633).

596 BVerfGE 24, S. 119 (140 ff.) = FamRZ 1968, S. 578 (583). Gegen eine Reduzierung des Schutzzwecks des Art. 6 III GG auf Eingriffe, die eine Trennung der Kinder von den Eltern zugunsten der Begründung eines illegitimen staatlichen Erziehungseinflusses zum Ziel haben, von Mangoldt/Klein/Starck/*Robbers*, GG, Art. 6, Rn. 259; Pieroth/Schlink, Staatsrecht II, Rn. 662; Sachs/*Schmitt-Kammler*, GG, Art. 6, Rn. 75.

5. Das Gleichstellungsgebot des Art. 6 V GG

Wie bereits aufgezeigt, enthalten §§ 1747 III Nr. 1 bis 3, 1748 IV BGB Sondervorschriften, welche bei der Annahme nichtehelicher Kinder für diejenigen Väter Anwendung finden, die nicht Träger der elterlichen Sorge sind. Indem die genannten Sonderregelungen daran anknüpfen, dass die leiblichen Eltern des zu adoptierenden Kindes nicht miteinander verheiratet sind und keine gemeinsame Sorgeerklärung abgegeben haben, betreffen sie nicht nur die Position der leiblichen Väter, sondern auch die Rechtstellung der nichtehelich geborenen Kinder. Denn eine Ungleichbehandlung ehelicher Väter und solcher Väter, die weder mit der Kindesmutter verheiratet noch Inhaber des Sorgerechts sind, bewirkt reflexartig eine entsprechende Differenzierung zwischen ehelichen und nichtehelichen Kindern. In diesem Zusammenhang ist Art. 6 V GG relevant, der für den gesamten Bereich des Rechts der nichtehelichen Kinder als Schutznorm fungiert.[597]

Art. 6 V GG verlangt, nichtehelichen Kindern durch die Gesetzgebung die gleichen Bedingungen für ihre leibliche und seelische Entwicklung und ihre Stellung in der Gesellschaft zu schaffen wie ehelichen Kindern. Ausgangspunkt dieser Forderung war die Prämisse des Verfassungsgebers, dass nichteheliche Kinder nach ihrer tatsächlichen und sozialen Situation[598], namentlich weil sie nicht in einer vollständigen Familiengemeinschaft aufwuchsen, insgesamt ungünstigere Lebensbedingungen vorfanden als eheliche Kinder.[599] Um die benachteiligte Lage nichtehelicher Kinder in der damaligen Zeit zu kompensieren, wurde mit dem Gleichstellungspostulat des Art. 6 V GG ein entsprechender Auftrag an den Gesetzgeber gerichtet.[600] Gleichzeitig fungiert Art. 6 V GG nicht nur als verfassungsrechtliche Wertentscheidung, die Gerichte und Verwaltung bei der Anwendung des geltenden Rechts bindet[601], sondern ist auch Konkretisierung des allgemeinen Gleichheitssatzes[602] sowie des Sozialstaatsprinzips nach Art. 20 I GG.[603] Nichtehelichkeit darf damit ebenso wenig wie die Merkmale des Art. 3 III

597 BVerfG NJW 1969, S. 1339 (1340).

598 BT-Drucks. V/2370, S. 62, 68.

599 BVerfG NJW 1969, S. 1339 (1341). Dazu ausführlich Einleitung II. 2.

600 Lutter, FamRZ 1967, S. 66; Schumann, FamRZ 2000, S. 392.

601 Rupp-von Brünneck, StAZ 1970, S. 234; von Münch/Kunig/*Coester-Waltjen*, GG, Art. 6, Rn. 113; BVerfG NJW 1958, S. 2059 (2060); BVerfG FamRZ 1969, S. 196 (202).

602 BVerfG FamRZ 1969, S. 196 (202); BVerfG FamRZ 1969, S. 465 (466); BVerfG FamRZ 1987, S. 346 (347); BVerfG NJW 1992, S. 1747 (1747); Horstmann, Zum Problem der personenrechtlichen Beziehungen im außerehelichen Eltern-Kind-Verhältnis, S. 15; Pieroth/Schlink, Grundrechte Staatsrecht II, Rn. 459; Roth, FamRZ 1991, S. 140.

603 BVerfG NJW 1969, S. 1339 (1340).

GG als rechtfertigender Grund für Ungleichbehandlungen herangezogen werden.[604] Zur Verwirklichung des Ziels, die Gesamtsituation nichtehelicher Kinder derjenigen ehelicher anzugleichen, ist dem Gesetzgeber ein gewisser Freiraum eingeräumt, so dass bei einer Differenzierung anhand des Kriteriums der Nichtehelichkeit nicht automatisch ein Verstoß gegen Art. 6 V vorliegt. Gleichwohl sind diesem gesetzgeberischen Gestaltungsfreiraum enge Grenzen gesetzt.[605] Dabei fordert der Verfassungsauftrag des Art. 6 V GG keine schematische Gleichstellung nichtehelicher Kinder. Vielmehr soll eine materielle Gleichwertigkeit erreicht werden.[606] Da die Ungleichheit ehelicher und nichtehelicher Kinder keinen natürlichen Kern hat, sondern aus den rechtlichen und sozialen Folgen von Ehe einerseits und Nichtehe andererseits resultiert, bleibt zumindest ein Teil der Unterschiede vorgegeben, solange die Ehe als Rechtsinstitut existiert.[607] Die Auslegung des Art. 6 V GG hat der Tatsache Rechnung zu tragen, dass sich die rechtlichen und sozialen Strukturen in diesem Bereich sehr unterschiedlich beeinflussen, so dass die Herstellung von gleichen gesellschaftlichen Bedingungen mitunter gerade eine differenzierende Regelung nahe legen oder umgekehrt die völlige Gleichstellung eine ungleiche soziale Situation nach sich ziehen kann.[608] Abweichungen gegenüber dem Recht der ehelichen Kinder sind demzufolge zulässig. Allerdings muss für die Ungleichbehandlung ein sachlicher Grund bestehen oder andernfalls in eine rechtlich gleichwertige oder höherrangige Rechtsposition Dritter eingegriffen werden.[609]

In Bezug auf die im Adoptionsrecht existierenden Sonderregelungen ist erforderlich, dass diese verfassungsrechtlichen Vorgaben eingehalten werden. Bei der Anknüpfung an das Kriterium der Ehelichkeit in §§ 1747 III Nr. 1 bis 3 und 1748 IV BGB ist fraglich, ob dem Verfassungsauftrag des Art. 6 V GG Genüge getan wird. Jedenfalls sind Bestimmungen, die sich allein am Status der Nichtehelichkeit eines Kindes orientieren und die emotionale Bindung eines Vaters zu seinem nichtehelichen Kind als gegenüber der Beziehung zwischen einem Kind und seinem ehelichen Elternteil minderwertig qualifizieren, mit dem Gebot des Art. 6 V GG nicht zu vereinbaren. Ziel muss sein, eine nach der aktuellen Geset-

---

604 Pieroth/Schlink, Grundrechte Staatsrecht II, Rn. 459; BVerfG NJW 1992, S. 1747 (1748).

605 Roth, FamRZ 1991, S. 140; BVerfG FamRZ 1987, S. 346 (347).

606 BVerfG FamRZ 1969, S. 196 (200), BVerfG NJW 1969, S. 1339 (1341); BVerfG NJW 1992, S. 1747 (1747); Horstmann, Zum Problem der personenrechtlichen Beziehungen im außerehelichen Eltern-Kind-Verhältnis, S. 17; Rupp-von Brünneck, StAZ 1970, S. 234.

607 Lutter, FamRZ 1967, S. 67; Roth FamRZ 1991, S. 140.

608 Bosch, FamRZ 1963, S. 400; Jansen/Knöpfel, Das neue Unehelichengesetz, S. 77; Roth, FamRZ 1991, S. 140; Rupp-von Brünneck, StAZ 1970, S. 234; Schlosser, FamRZ 1963, S. 603; Zweigert, JuS 1967, S. 242; BVerfG NJW 1992, S. 1747 (1747).

609 BVerfG FamRZ 1987, S. 346 (347); BVerfG NJW 1992, S. 1747 (1748).

zesfassung eventuell noch fortdauernde rechtliche Deklassierung der Beziehung zwischen einem Vater und seinem nichtehelichem Kind, die darin liegt, dass der Gesetzgeber – im Gegensatz zum ehelichen – beim nichtehelichen Kind eine Bindung zum Vater nicht als Regelfall unterstellt, zu beheben.

II. Art. 3 GG

Die in §§ 1747, 1748 BGB enthaltenen Regelungen müssen sich nicht nur an Art. 6 GG messen lassen, sondern sind auch auf ihre Konformität mit Art. 3 GG zu untersuchen. Die Notwendigkeit einer Überprüfung anhand des Art. 3 GG ergibt sich vor allem daraus, dass §§ 1747 III, 1748 IV BGB für solche Väter Sonderregelungen normieren, die weder mit der Kindesmutter verheiratet sind noch die elterliche Sorge für das Kind innehaben, in dessen Adoption eingewilligt werden soll. In der Anknüpfung an den Status sowie an die Sorgerechtsinhaberschaft könnte eine Differenzierung zulasten dieser Väter liegen, die gegen Art. 3 I GG verstößt.

Die Sonderregelungen nach §§ 1747 III, 1748 IV BGB richten sich nicht etwa in gleicher Weise an Mütter und Väter, sondern beziehen sich ausweislich des Gesetzeswortlauts allein auf Väter nichtehelicher Kinder, die keine gemeinsame Sorgeerklärung zusammen mit der Kindesmutter abgegeben haben. Dass der Gesetzgeber ausschließlich für die nicht sorgeberechtigten Väter spezielle Bestimmungen geschaffen, auf eine Sonderbehandlung von Müttern, denen die elterliche Sorge nicht zusteht, jedoch verzichtet hat, gibt Anlass zu einer Auseinandersetzung mit Art. 3 II 1 GG.[610] Art. 3 II 1 GG besagt, dass Männer und

610 Nicht ganz unproblematisch ist das Verhältnis zwischen Art. 3 II 1 GG und Art. 3 III 1 GG. Art. 3 II 1 GG gebietet die Gleichbehandlung von Mann und Frau, Art. 3 III 1 GG verbietet Benachteiligungen oder Bevorzugungen unter anderem wegen des Geschlechts. Diese Doppelung erklärt sich aus der Entstehungsgeschichte, vgl. von Mangoldt/Klein/Starck/*Starck*, GG, Art. 3, Rn. 305. Teilweise erachtet man Art. 3 II 1 GG als Sondervorschrift bezüglich geschlechtspezifischer Diskriminierungen. Teilweise wird Art. 3 III 1 GG als spezielles Diskriminierungsverbot und Art. 3 II 1 GG im Sinne eines objektiven Gleichbehandlungsgebots verstanden. In seiner neueren Rechtsprechung ordnete das BVerfG, BVerfGE 85, S. 191 (206 f.), das Verbot der geschlechtsbezogenen Differenzierung ausschließlich Art. 3 III GG zu und maß Art. 3 II GG insoweit einen darüber hinausgehenden Gehalt bei, als diese Verfassungsnorm ein Gleichberechtigungsgebot aufstelle, das sich auf die gesellschaftliche Wirklichkeit erstrecke. Dennoch sollte in Anbetracht des Art. 117 I GG, der nur Art. 3 II GG nennt, das Diskriminierungsverbot nicht in Art. 3 III 1 GG angesiedelt werden, sondern Art. 3 II GG als lex specialis bei geschlechtsspezifischen Differenzierungen Anwendung finden, so auch Ipsen, Staatsrecht II, Rn. 789; von Mangoldt/Klein/Starck/*Starck*, GG, Art. 3, Rn. 305. Außerdem ist die dem Art. 3 II GG in seiner ursprünglichen Fassung vom BVerfG zugesprochene Funktion

Frauen gleichberechtigt sind. Als Grundrechtsträger kommen dieser Formulierung zufolge Männer und Frauen gleichermaßen in Betracht, obwohl die Entstehungsgeschichte der ursprünglichen Fassung des Art. 3 II GG deutlich macht, dass die Norm vornehmlich auf den Schutz der diskriminierten Frau abzielte[611], und daher Abweichendes vermuten lässt.[612] Art. 3 II 1 GG enthält ein absolutes Differenzierungsverbot, so dass Ungleichbehandlungen grundsätzlich nicht mit dem Geschlecht begründet werden dürfen. Nach der ständigen Rechtsprechung des BVerfG sind geschlechtspezifische Differenzierungen ausnahmsweise zulässig, wenn im Hinblick auf die objektiven biologischen oder funktionalen (arbeitsteiligen) Unterschiede nach der Natur des jeweiligen Lebensverhältnisses eine besondere Regelung erlaubt oder sogar geboten ist.[613] Diese vom BVerfG anerkannte Ausnahme vom Verbot des Art. 3 II 1 GG wird in der Literatur dahingehend interpretiert, dass sie Privilegierungen der Mutter gegenüber dem Vater insoweit zulässt, als sie den Belastungen der Schwangerschaft, der Geburt und des Stillens Rechnung tragen.[614] Indem das BVerfG Differenzierungen aufgrund biologischer oder funktionaler Unterschiede als Ausnahmen gestattete, eröffnete es grundsätzlich den Weg für die Rechtfertigung einer gesetzlichen Ungleichbehandlung von Elternteilen.

Außer Frage steht, dass Art. 6 V GG die Gleichstellung nichtehelicher Kinder betreffend sowohl gegenüber Art. 3 III GG hinsichtlich des Kriteriums „Abstammung“ als auch gegenüber dem allgemeinen Gleichheitssatz aus Art. 3 I GG eine lex specialis bildet. Ebenso geht Art. 6 V GG dem Art. 3 I GG vor, wenn sich die Frage nach dem Schutz des Vaters eines nichtehelichen Kindes vor einer rechtlichen Schlechterstellung gegenüber dem Vater eines ehelichen Kindes stellt.[615] Dies leuchtet insofern ein, als es nicht darauf ankommt, ob die betreffende Rechtsbeziehung vom Kind oder vom Vater her betrachtet wird, weil sich eine Ungleichbehandlung von ehelichen und nichtehelichen Kindern zwangsläufig in einer entsprechenden Differenzierung zwischen den beiden Gruppen von Vätern widerspiegeln muss. Somit kann auf die bereits im Rahmen des Art. 6 V

---

als Gleichberechtigungsgebot für die gesellschaftliche Wirklichkeit nunmehr Gegenstand des 1994 hinzugefügten ausdrücklichen Auftrags in Art. 3 II 2 GG, vgl. Ipsen, Staatsrecht II, Rn. 792; von Mangoldt/Klein/Starck/*Starck*, GG, Art. 3, Rn. 306.

611 S. Dreier/*Heun*, GG, Art. 3, Rn. 106.

612 Vgl. von Münch/Kunig/*Gubelt*, GG, Art. 3. Rn. 83.

613 BVerfGE 5, S. 9 (12); BVerfGE 15, S. 337 (343); BVerfGE 21, S. 329 (343 f.); BVerfGE 31, S. 1 (4); BVerfGE 37, S. 217 (249); BVerfGE 43, S. 213 (225); BVerfGE 52, S. 369 (374); BVerfGE 57, S. 335 (342 f.); BVerfGE 74, S. 163 (179); BVerfGE 85, S. 191 (207).

614 Pieroth/Schlink, Grundrechte Staatsrecht II, Rn 455.

615 BVerfGE 26, S. 265 (272) = NJW 1969, S. 1617 (1617); Blech, Die Rechte des nichtehelichen Vaters im deutschen Kindschaftsrecht, S. 114; a.A. Breitkopf, Die Stellung des mit der Mutter nicht verheirateten Vaters bei Adoption des Kindes, S. 61.

GG gezogenen Schlussfolgerungen zurückgegriffen werden. Entsprechendes gilt für die Erkenntnisse, die im Hinblick auf eine gebotene Gleichbehandlung von Vätern ehelicher und nichtehelicher Kinder sowie von Vätern, denen die elterliche Sorge zusteht, und solchen, bei denen dies nicht der Fall ist, aus Art. 6 II 1 GG gewonnenen wurden. Bei der Gewährung des natürlichen Elternrechts wird nicht danach differenziert, ob die Eltern miteinander verheiratet sind oder einem Elternteil die elterliche Sorge zusteht. Damit enthält Art. 6 II 1 GG einen speziellen Gleichheitssatz, der Ungleichbehandlungen allein anhand der Kriterien des Status und des Sorgerechts verbietet. Das Adoptionsrecht muss sich an dieser verfassungsrechtlichen Vorgabe messen lassen.

Im Verhältnis von Müttern und Vätern gilt, dass die Spezialnorm des Art. 6 V GG eine Anwendung des Art. 3 II GG nicht ausschließt, weil es sich um die internen Rechtsbeziehungen zwischen den beiden Elternteilen handelt, die Art. 6 V GG nicht unmittelbar selbst ordnet.[616] Jedoch greift auch hier der spezielle Gleichheitssatz nach Art. 6 II 1 GG ein. Art. 6 II 1 GG garantiert den Eltern das natürliche Elternrecht. Wie bereits oben gezeigt, gibt es zwischen Mann und Frau keine Unterschiede biologischer oder funktionaler Art, die eine Differenzierung hinsichtlich ihrer verfassungsrechtlichen Elternstellung zu rechtfertigen vermögen. Entsprechend nimmt das Grundgesetz selbst keine Differenzierungen zwischen Müttern und Vätern vor. Im Hinblick auf die Rechte und Pflichten gegenüber ihrem Kind werden beide Elternteile ohne irgendwelche geschlechtsspezifischen Einschränkungen gleichbehandelt. Aus Art. 3 II 1 GG lassen sich keine davon abweichenden Schlüsse ziehen. Stattdessen führt auch das absolute Differenzierungsverbot des Art. 3 II 1 GG zu dem Ergebnis, dass Mütter und Väter in Bezug auf die Rechte gegenüber ihrem Kind gleichbehandelt werden müssen. Für die adoptionsrechtlichen Regelungen bleibt deshalb festzuhalten, dass Unterscheidung allein anhand des Geschlechts des leiblichen Elternteils mit dem Grundgesetz nicht in Einklang stehen.

III. Das Recht auf Kenntnis der eigenen genetischen Abstammung – Anspruch eines Kindes gegen seine Mutter auf Benennung des leiblichen Vaters?

In vielen Fällen wird eine Mutter bereit und in der Lage sein, zumindest einen Kreis von Männern zu benennen, die als Kindesvater in Betracht kommen. So-

616 BVerfGE 26, S. 265 (272) = NJW 1969, S. 1617 (1617); BVerfGE 56, S. 363 (388) = FamRZ 1981, S. 429 (434) = NJW 1981, S. 1201 (1203).

fern sie sich aber weigert, diese Namen preiszugeben, stellt sich die Frage, inwieweit eine Mutter gegenüber ihrem Kind verpflichtet ist, Angaben zur Person des leiblichen Vaters oder mehrerer potentieller Erzeuger zu machen. Maßgeblich dafür ist, ob das Kind ein Recht auf Kenntnis seiner natürlichen Abstammung hat.

1. Das Recht des Kindes auf Kenntnis seiner eigenen Abstammung

Besonders in der Literatur der 1980er und 1990er Jahre fehlt es nicht an Stimmen, die sich gegen die Anerkennung eines Rechts auf Kenntnis der eigenen biologischen Herkunft richten.[617] Bezweifelt wird, dass bei Kindern überhaupt der Wunsch bestehe, ihre genetische Herkunft in Erfahrung zu bringen, wenn sie sich in der Familie, in der sie aufgewachsen sind, geborgen fühlten.[618] Außerdem habe, so die Kritiker, das durch ein Recht auf Kenntnis der eigenen Abstammung gewonnene Wissen aufgrund der Komplexität des Vererbungsvorgangs nahezu keinen Aussagewert.[619] Abgesehen davon bestehe die Gefahr, dass die Aufklärung der eigenen genetischen Herkunft nicht nur positive Erkenntnisse zutage bringt. Das in Erfahrung gebrachte Wissen wirke sich für ein Kind dann eher belastend als bereichernd aus.[620] Wenn seine Vorfahren nicht identifikationswürdig seien, könne ein Kind an der festgestellten Blutsverwandtschaft sogar schwerwiegend leiden.[621] Außerdem verhindere das Offenbarungs- und Ausforschungsverbot gem. § 1758 BGB gerade die Feststellung der genetischen

617 Bruns, ZZP 64. Band, Heft 2/1950-51, S. 122; Deichfuß, NJW 1988, S. 113 ff., Frank, FamRZ 1988, S. 113 ff.; Gottwald, Hubmann-FS, S. 111 ff.; Koch, FamRZ 1990, S. 570; Smid, JR 1990, S. 221 ff.; Zimmermann, Geschichte der Klage auf Feststellung der Abstammung, S. 233 ff.

618 Frank, FamRZ 1988, S. 120; vgl. Wawrzyniak, ZBlJugR 1978, S. 271; Zenz, StAZ 1974, S. 317.

619 Hassenstein, FamRZ 1988, S. 123; Koch, FamRZ 1990, S. 573; vgl. ferner Bott, ZfJ 1995, S. 413; Lenze, ZfJ 1998, S. 107.

620 Zimmermann, Geschichte der Klage auf Feststellung der Abstammung, S. 234; vgl. Wawrzyniak, ZBlJugR 1978, S. 270; Zenz, StAZ 1974, S. 288, 317 f. Ramm, NJW 1989, S. 1596, zweifelt, ob das ideelle Motiv nicht nur vorgeschoben ist und es in Wirklichkeit um das soziale Avancement geht: „Als leibliche Väter gefragt sein dürften Großgrundbesitzer, Virtuosen, Adlige, höheren Beamten und Richter, vielleicht sogar Politiker. Uninteressant dürfte dagegen die Ermittlung von Mamas ‚unstandesgemäßen' Seitensprüngen (mit Ski-, Tanz- oder Tennislehrer, Taxifahrer) sein." Vgl. dazu Scholz, Lukes-FS, S. 217 f. sowie Textor, ZfJ 1990, S. 12.

621 Hassenstein, FamRZ 1988, S. 122, der als Beispiel die Nachfahren führender Nationalsozialisten nennt; zustimmend von Sethe, Die Durchsetzbarkeit des Rechts auf Kenntnis der eigenen Abstammung aus der Sicht des Kindes, S. 57, 90.

Abstammung.[622] Schließlich entspreche die Belanglosigkeit der Abstammung einer individualistisch-freiheitlichen Grundordnung.[623] Ein Recht auf Kenntnis der biologischen Herkunft führe hingegen zu einer Überbewertung der Blutsverwandtschaft[624] und rufe dadurch Assoziationen mit der nationalsozialistischen Rassenideologie hervor.[625]

Das BVerfG erteilte in dem Urteil vom 31.1.1989 den Gegnern des verfassungsrechtlich gesicherten Rechts auf Kenntnis der eigenen genetischen Abstammung eine deutliche Absage.[626] Damit bestätigte das Gericht den bereits durch seinen Beschluss vom 18.1.1988 eingeschlagenen Kurs. Dort hatte der I. Senat – allerdings ohne umfassende Begründung für seinen Standpunkt – ausgeführt, dass zumindest das nichteheliche Kind ein Recht auf Kenntnis seines Vaters habe und dieses Recht im Rahmen des allgemeinen Persönlichkeitsrechts geschützt sei.[627] Ein Jahr später erklärte er ausdrücklich, dass das allgemeine Persönlichkeitsrecht nach Art. 2 I i.V.m. Art. 1 I GG auch das Recht auf Kenntnis der eigenen Abstammung umfasse.[628]. Die Abstammung lege nicht nur die genetische Ausstattung des Einzelnen fest und präge so seine Persönlichkeit mit. Darüber hinaus nehme sie auch im Bewusstsein des Einzelnen eine Schlüssel-

622 Adam, Grundrechtliche Probleme der Fortpflanzungsmedizin – ein Beitrag zur Diskussion eines Embryonenschutzgesetzes, S. 54; Balz, Heterologe künstliche Samenübertragung beim Menschen, S. 16; Gottwald, Hubmann-FS, S. 118; Ostendorf, in: Jüdes, In-vitro-Fertilisation und Embryotransfer (Retortenbaby), S. 187; vgl. Smid, JR 1990, S. 226.

623 Ramm, NJW 1989, S. 1596; ders., JZ 1996, S. 994.

624 Frank, Schlechtriem-FS, S. 52; Koch, FamRZ 1990, S. 570, vgl. ferner Deichfuß, NJW 1988, S. 114 sowie Gottwald, Hubmann-FS, S. 119.

625 S. Brüggemann, Intimsphäre und außereheliche Elternschaft, S. 7; Donhauser, Das Recht des Kindes auf Kenntnis der genetischen Abstammung, S. 27; Ramm, NJW 1989, S. 1595; Smid, JR 1990, S. 224. Unter dem Einfluss der nationalsozialistischen Weltanschauung erklärte das Reichsgericht 1937 zunächst die Vaterschaftsfeststellungsklage nach § 256 ZPO für zulässig. 1939 ging das Gericht dann noch einen Schritt weiter, indem es sich entgegen dem ausdrücklichen Wortlaut des § 644 ZPO a.F. zur Klärung der Abstammungsfrage für die Anwendung der Regeln des Statusverfahrens, das die größtmögliche Richtigkeit gewährleistete, entschied. Diese Entscheidung begründete es mit der grundlegenden Bedeutung, die der blutsmäßigen Abstammung entsprechend der nationalsozialistischen Rasseideologie im öffentlichen Recht und im Rahmen der erbbiologischen und erbgesundheitlichen Vorschriften zukomme; vgl. dazu die Rechtsprechung des Reichsgerichts, RG JW 1938, S. 245 (247); RGZ 160, S. 293 (298) sowie Badenberg, Das Recht des Kindes auf Kenntnis der eigenen Abstammung unter Berücksichtigung der Problematik der anonymen Geburt, S. 7; Bruns, ZZP 64. Band, Heft 2/1950-51, S. 108 ff.; Frank, FamRZ 1995, S. 980; Gottwald, Hubmann-FS, S. 113; Koch, FamRZ 1990, S. 571; Rupp-von Brünneck, StAZ 1970, S. 226. Ausführlich zur Stellung der unehelichen Kinder im Dritten Reich Schumann, Die nichteheliche Familie, S. 115 ff.

626 BVerfGE 79, S. 256 ff. = NJW 1989, S. 891 (891) ff.

627 BVerfG NJW 1988, S. 3010 (3010) = FamRZ 1989, S. 147.

628 BVerfGE 79, S. 256 ff. = NJW 1989, S. 891 (891) ff.

stellung für Individualitätsfindung und Selbstverständnis ein. Insofern hänge der Persönlichkeitswert der Kenntnis auch nicht von dem Maß an Aufklärung ab, das die Biologie über die Erbanlagen des Menschen, die für seine Lebensgestaltung bedeutsam sein könnten, zu vermitteln vermöge. Als Individualisierungsmerkmal gehöre die Abstammung zur Persönlichkeit, und die Kenntnis der Herkunft biete unabhängig vom Ausmaß wissenschaftlicher Ergebnisse wichtige Anknüpfungspunkte für das Verständnis und die Entfaltung der eigenen Individualität. Dem könne nicht entgegengehalten werden, dass es Fälle gebe, in denen die Abstammung unaufklärbar bleibe und die Persönlichkeitsentfaltung ohne diese Kenntnis erfolgen müsse. Art. 2 I i.V.m. Art. 1 I GG verleihe kein Recht auf Verschaffung von Kenntnissen der eigenen Abstammung, sondern könne nur vor der Vorenthaltung erlangbarer Informationen schützen.

Die Reaktionen auf das Urteil des BVerfG vom 31.1.1989 fielen unterschiedlich aus. Überwiegend traf das Urteil in der Literatur auf Zustimmung[629], teilweise stieß es indessen auch auf Widerspruch.[630] Die Anerkennung des Rechts auf Kenntnis der eigenen Abstammung durch das BVerfG verdient jedoch ausschließlich Zustimmung.[631] Das Wissen um die eigenen Wurzeln und die damit verbundenen Interessen ideeller, finanzieller oder medizinischer Art sind für die Identität des Einzelnen von elementarer Bedeutung. Ein Mensch, der nicht auf seine Abstammung zurückblicken kann, ist durch das ungestillte kognitive Bedürfnis der Auseinandersetzung mit der eigenen Geschichte und das Fehlen eines festen Platzes in der Generationenfolge an der Entwicklung seiner Persönlichkeit

---

629 Badenberg, Das Recht des Kindes auf Kenntnis der eigenen Abstammung unter Berücksichtigung der Problematik der anonymen Geburt, S. 39 f.; Münder, RdJB 1989, S. 460; Reinke, Das Recht des Kindes auf Kenntnis seiner genetischen Herkunft, S. 122 ff.; Starck, JZ 1989, S. 338; grundsätzlich bestätigend auch Enders, NJW 1989, S. 881 ff.; Giesen, JZ 1989, S. 367; Seibert, FamRZ 1995, S. 1462 f.; von Sethe, Die Durchsetzbarkeit des Rechts auf Kenntnis der eigenen Abstammung aus der Sicht des Kindes, S. 85 ff.

630 Frank, Schlechtriem-FS, S. 47 f.; Ramm, NJW 1989, S. 1594 ff.; Smid, JR 1990, S. 221.

631 Zu den zahlreichen Befürwortern des Rechts auf Kenntnis der eigenen Abstammung gehören Blei, FamRZ 1961, S. 139; Busse, Das Recht des Kindes auf Kenntnis seiner Abstammung bei heterologer künstlicher Befruchtung, S. 138; Giesen, FamRZ 1965, S. 250; ders., FamRZ 1981, S. 416; Hepting, FamRZ 2001, S. 1576; Herzog, Die heterologe Insemination aus verfassungsrechtlicher Sicht, S. 36, Kaufmann, Oehler-FS, S. 659; Kollhosser, JA 1985, S. 557, Lauff/Arnold, ZRP 1984, S. 282; Krüger, DÖV 1959, S. 948; Laufs, Arztrecht, Rn. 371; Leipold, Kralik-FS, S. 471; Mansees, NJW 1988, S. 2984; Meyer, Das Recht auf Kenntnis der eigenen Abstammung als Element der Persönlichkeitsentwicklung, S. 135; Neumann-Duesberg, NJW 1950, S. 15; ders., NJW 1957, S. 1342; Pahl, ZfJ 1986, S. 6; Schwalm, GA 106 (1959), S. 9; ders., in: Die ehefremde künstliche Befruchtung der Frau, S. 75; Starck, Verhandlungen des sechsundfünfzigsten Deutschen Juristentages, Berlin 1986, Band I (Gutachten), Teil A, 1. Teilgutachten, S. 25; Wawrzyniak, ZBlJugR 1978, S. 269; von Weber, ZBlJugR 1973, S. 346; Zimmermann, FamRZ 1981, S. 932.

gehindert.[632] Die Vielzahl gerichtlicher Verfahren, die bereits mit Klagen eines Kindes gegen seine Mutter auf Auskunft über die Identität des Vaters befasst waren[633], belegt, dass – vor allem bei Adoptivkindern[634] – grundsätzlich ein Bedürfnis nach Kenntnis der eigenen Abstammung besteht. Dieses Bedürfnis geht über die Ermittlung der eigenen DNA-Sequenz und der Genstruktur des Erzeugers hinaus.[635] Vielmehr zielt das Informationsverlangen darauf ab, die hinter der genetischen Codierung verborgene Person zu identifizieren.[636] Die Vorstellung von seinem leiblichen Vater und die Kenntnis seines Namens sind für ein Kind wichtige Faktoren bei der Befriedigung des Dranges nach Identitätsfindung.[637] Die andauernde Ungewissheit über die eigene Abstammung belasten ein Kind, das den Wunsch nach Aufklärung verspürt, in der Regel stärker als die Konfrontation mit Fakten über seine Vorfahren, die vielleicht bestimmten gesellschaftlichen Anforderungen nicht entsprechen.[638]

Dies gilt insbesondere für die hier zu untersuchende Konstellation. Wenn sich eine Mutter dazu entschließt, ihr Kind zur Adoption freizugeben, gleichzeitig aber nicht bereit ist, den Namen des Vaters bekannt zu geben, steht die Unge-

---

632 Laufs, JZ 1986, S. 772; Pasquay, Die künstliche Insemination, S. 156.

633 Z.B. AG Passau FamRZ 1987, S. 1309 ff., dazu in zweiter Instanz LG Passau NJW 1988, S. 144 ff.; AG Gemünden am Main FamRZ 1990, S. 200 f.; LG Münster FamRZ 1990, S. 1031 ff.; OLG Zweibrücken NJW 1990, S. 719 ff.; LG Saarbrücken DAVorm 1991, Sp. 338 f.; OLG Hamm FamRZ 1991, S. 1229 ff.; AG Schwetzingen DAVorm 1992, Sp. 89 ff.; AG Duisburg DAVorm 1992, Sp. 1129 f.; LG Essen FamRZ 1994, S. 1347 f.; AG Rastatt FamRZ 1996, S. 1299 ff.

634 Vgl. dazu die Zahlen bei Swientek, Wer sagt mir, wessen Kind ich bin?, S. 32; S. außerdem Baer, DAVorm 1996, Sp. 865; Gernhuber/Coester-Waltjen, FamR, § 52, Rn. 17; Hoffmann-Riem, Das adoptierte Kind, S. 245 ff.; Reinke, Das Recht des Kindes auf Kenntnis seiner genetischen Herkunft, S. 97 ff.; Schleiffer, in: Pflegekinder und Adoptivkinder im Focus, S. 177; Textor, ZfJ 1990, S. 11 ff.

635 Badenberg, Das Recht des Kindes auf Kenntnis der eigenen Abstammung unter Berücksichtigung der Problematik der anonymen Geburt, S. 31; Enders, NJW 1989, S. 882; Mansees, NJW 1988, S. 2985; Muscheler/Bloch, FPR 2002, S. 342; von Sethe, Die Durchsetzbarkeit des Rechts auf Kenntnis der eigenen Abstammung aus der Sicht des Kindes, S. 57; S. auch Schmidt-Didczuhn, JR 1989, S. 229.

636 Coester-Waltjen, Verhandlungen des sechsundfünfzigsten Deutschen Juristentages, Berlin 1986, Band I (Gutachten), Teil B, 2. Teilgutachten, S. 64; Giesen, JZ 1989, S. 368; Smid, JR 1990, S. 224; Weber, FamRZ 1996, S. 1256.

637 Becker, ZBlJugR 1979, S. 243; Donhauser, Das Recht des Kindes auf Kenntnis der genetischen Abstammung, S. 48; Enders, NJW 1989, S. 882; Gernhuber, FamRZ 1973, S. 237; Giesen, JZ 1989, S. 368; Guggumos, NJW 1947/48, S. 60; Knöpfel, FamRZ 1983, S. 329; Muscheler/Bloch, FPR 2002, S. 342; Weber, FamRZ 1996, S. 1256; kritisch Bruns, ZZP 64. Band, Heft 2/1950-51, S. 120 ff.

638 S. dazu Badenberg, Das Recht des Kindes auf Kenntnis der eigenen Abstammung unter Berücksichtigung der Problematik der anonymen Geburt, S. 32.

wissheit über die Person des Vaters nicht nur einem möglichst erfolgreichen Identifikationsprozess des Kindes im Wege. Darüber hinaus wird ein Aufwachsen bei einem Blutsverwandten, nämlich dem leiblichen Vater, verhindert, der aber nicht nur die Pflicht, sondern nach Art. 6 II 1 GG auch das in der Verfassung verankerte Recht hat, sein Kind aufzuziehen. Durch ein Aufwachsen bei seinem leiblichen Vater kann einem Kind ein ständiger Wechsel von Bezugspersonen erspart werden, dem es möglicherweise vor der eventuellen Aufnahme in einer Pflege- oder Adoptivfamilie ausgesetzt ist.

Nach alledem ist festzuhalten, dass das Recht auf Kenntnis der eigenen Abstammung wegen seiner überragenden Bedeutung für die Identität des Einzelnen – unter Betonung der Distanzierung von der übersteigerten Bedeutung der genetischen Herkunft in der NS-Zeit[639] – verfassungsrechtlichen Schutz verdient. Dagegen spricht auch nicht das Offenbarungs- und Ausforschungsverbot des § 1758 BGB. Denn das Offenbarungs- und Ausforschungsverbot bezweckt die Sicherung des Adoptionsziels, das angenommene Kind vollständig aus seinen bisherigen Familienbindungen herauszulösen und ihm ein völlig neues familiäres Bezugssystem zur Verfügung zu stellen. Damit dieser Zweck nicht vereitelt wird, verhindert § 1758 BGB, dass die leiblichen Eltern oder sonstige Verwandte des Kindes durch Versuche, mit ihm Kontakt aufzunehmen, dessen ungestörte Entwicklung bei den Adoptiveltern gefährden.[640] Das Offenlegungs- und Ausforschungsverbot ist hingegen nicht darauf gerichtet, die Feststellung der genetischen Herkunft des Kindes zu verhindern.[641]

Die Anerkennung des Rechts auf Kenntnis der eigenen Abstammung entspricht der oben dargestellten Judikatur des EGMR.[642] Ebenso trägt sie den genannten Konventionsgarantien nach Art. 7 KRK[643] und Art. 30 I des Haager Adoptionsübereinkommens von 1993[644] sowie Art. 22 des Europäischen Übereinkommens über die Adoption von Kindern (revidiert) von 2008 Rechnung.

---

639 Becker, RdJ 1960, S. 2; Guggumos, NJW 1947/48, S. 60; Kleineke, Recht auf Kenntnis der eigenen Abstammung, S. 6 f., Schmidt-Didczuhn, JR 1989, S. 230.

640 Gottwald, Hubmann-FS, S. 117; Baumann, in: Fortpflanzungsmedizin und Humangenetik, S. 183; Kleineke, Das Recht auf Kenntnis der eigenen Abstammung, S. 257; Palandt/*Diederichsen*, § 1758, Rn. 1; vgl. dazu Huth, Adoption und Familiendynamik, S. 51.

641 Donhauser, Das Recht des Kindes auf Kenntnis der genetischen Abstammung, S. 59; Giesen, JZ 1989, S. 368.

642 Vgl. 2. Kapitel II. 1. a) dd).

643 Vgl. 2. Kapitel II. 2. b).

644 Vgl. 2. Kapitel II. 3. c).

2. Die Herleitung des Rechts auf Kenntnis der eigenen Abstammung

Es stellt sich die Frage, welche Verfassungsnormen die Rechtsgrundlage für das Recht auf Kenntnis der eigenen Abstammung bilden. Teilweise wird vertreten, das Recht auf Abstammungskenntnis sei direkt aus Art. 1 GG abzuleiten.[645] Daneben kommt das allgemeine Persönlichkeitsrecht gem. Art. 2 I i.V.m. Art. 1 I GG als Anknüpfungspunkt in Betracht. Relevant ist die verfassungsrechtliche Konstruktion unter dem Aspekt, dass von ihr abhängt, inwieweit das Kenntnisrecht eingeschränkt werden kann.[646] Während die Menschenwürde keiner Güterabwägung zugänglich ist[647], unterliegt das allgemeine Persönlichkeitsrecht den Schranken des Art. 2 I GG.[648]

Überzeugend ist, dass die herrrschende Meinung das Recht auf Kenntnis der eigenen biologischen Herkunft als Bestandteil des allgemeinen Persönlichkeitsrechts bei Art. 2 I i.V.m. Art. 1 I GG ansiedelt.[649] Die Konstruktion aus dem

---

645 Herzog, Die heterologe Insemination aus verfassungsrechtlicher Sicht, S. 36, der die Schranken des Art. 2 I GG heranzieht; Hirsch, Weißauer-FS, S. 65; Laufs, Arztrecht, Rn. 371; Mansees, NJW 1988, S. 2984; Pasquay, Die künstliche Insemination, S. 155 f.; vgl. außerdem Becker, RdJ 1960, S. 2 und ZBlJugR 1979, S. 243, der sich allerdings in RdJ 1964, S. 53 selbst widerspricht und ein Recht auf Abstammungskenntnis aus dem allgemeinen Persönlichkeitsrecht herleitet, das er allein bei Art. 2 I GG angesiedelt sieht. Vgl. außerdem Hubmann, Persönlichkeitsrecht, S. 48 ff. sowie Mellinghoff/Trute/*Mansees*, Die Leistungsfähigkeit des Rechts, S. 148 und Starck, Verhandlungen des sechsundfünfzigsten Deutschen Juristentages, Berlin 1986, Band I (Gutachten), Teil A, 1. Teilgutachten, S. 24.

646 Coester-Waltjen, Jura 1989, S. 521; Kleineke, Das Recht auf Kenntnis der eigenen Abstammung, S. 23.

647 Coester-Waltjen, Jura 1989, S. 521; Deutsch/Spickhoff, Medizinrecht, Rn. 726; Enders, NJW 1989, S. 881; Graf Vitzthum, MedR 1985, S. 253.

648 Dies entspricht der ganz überwiegenden Ansicht, S. dazu Badenberg, Das Recht des Kindes auf Kenntnis der eigenen Abstammung unter Berücksichtigung der Problematik der anonymen Geburt, S. 28 f.; Coester-Waltjen, Jura 1989, S. 521 f.; Enders, NJW 1989, S. 881; Frank, Schlechtriem-FS, S. 38; Giesen, JZ 1989, S. 369; Gottwald, Hubmann-FS, S. 123; Neuhaus, Ehe und Kindschaft in rechtsvergleichender Sicht, S. 233 f., Starck, JZ 1989, S. 338; Weber, FamRZ 1996, S. 1257.

649 Ebenso Busse, Das Recht des Kindes auf Kenntnis seiner Abstammung bei heterologer künstlicher Befruchtung, S. 138; Degenhart, JuS 1992, S. 366; Giesen, FamRZ 1981, S. 416; ders., JZ 1989, S. 367; Kleineke, Das Recht auf Kenntnis der eigenen Abstammung, S. 24; Kollhosser, JA 1985, S. 557; Maunz/Dürig/*Di Fabio*, GG, Art. 2, Abs. 1, Rn. 212; Müller-Magdeburg, FPR 2003, S. 111; Oberloskamp, FuR 1991, S. 263; Pahl, ZfJ 1986, S. 6; Reinke, Das Recht des Kindes auf Kenntnis seiner genetischen Herkunft, S. 107; Schmidt-Didczuhn, JR 1989, S. 229. Vgl. außerdem Neumann-Duesberg, NJW 1950, S. 15 und NJW 1955 S. 578, der die Abstammung als ein dem Namen gleichstehendes Individualisierungsmerkmal zunächst dem Schutz des § 12 BGB unterstellte, später aber das Recht auf Klärung der blutsmäßigen Abstammung als Unterfall des allgemeinen Persönlichkeitsrechts ansah, NJW 1957, S. 1342.

allgemeinen Persönlichkeitsrecht berücksichtigt nämlich beide Komponenten, die beim Recht auf Kenntnis der eigenen Abstammung eine Rolle spielen. Einerseits wird durch den Schutz der freien Entfaltung der Persönlichkeit gem. Art. 2 I GG die ungehinderte Entwicklung der eigenen Individualität gewährleistet, für die die genetische Abstammung als Grundlage gesicherter Identität eben ein maßgeblicher Faktor ist.[650] Andererseits weist die Kenntnis der eigenen biologischen Herkunft in ihrer Eigenschaft als Element der Identitätsbildung eine besondere Konnexität zu der in Art. 1 I GG geschützten Menschenwürde auf. Somit ist der Rückgriff auf Art. 2 I GG verstärkt durch den in Art. 1 I GG enthaltenen absoluten Gedanken personaler grundrechtlicher Autonomie, der dem allgemeinen Persönlichkeitsrecht seine erhöhte Durchsetzbarkeit gegenüber anderen Rechten verleiht[651], zur Sicherung der Abstammungskenntnis adäquat.[652] Da der durch Art. 1 I GG intendierte Schutz die elementaren Belange des Menschen betrifft und auch keinen Schranken unterliegt, ist bei der Heranziehung dieser Fundamentalnorm unserer Rechtsordnung wegen ihrer überragenden Bedeutung Zurückhaltung geboten.[653]

Als Ergebnis ist demzufolge festzuhalten, dass das Recht des Kindes auf Kenntnis der eigenen Abstammung als Bestandteil des allgemeinen Persönlichkeitsrechts nach Art. 2 I i.V.m. Art. 1 I GG geschützt wird. Für diese Lösung spricht schließlich auch ihre Flexibilität, die von den Gegnern des allgemeinen Persönlichkeitsrechts vereinzelt als Konturlosigkeit fehlinterpretiert wird.[654] Da das allgemeine Persönlichkeitsrecht keine absolut unantastbare Rechtsposition einräumt, ermöglicht es gegebenenfalls die Abwägung mit kollidierenden Interessen.[655]

Als widerstreitende Interessen kommen im Falle eines ehelichen Kindes, das seine Ehelichkeit anfechten und seinen wahren Erzeuger ermitteln will, der

---

650 Degenhart, JuS 1992, S. 366 f.

651 Schmidt-Didczuhn, JR 1989, S. 229; S. außerdem Kleineke, Das Recht auf Kenntnis der eigenen Abstammung, S. 23 f., der aufgrund der durch Art. 1 I GG verstärkten Durchsetzbarkeit eine Herleitung des Rechts auf Abstammungskenntnis allein aus Art. 2 I GG als nicht haltbar erachtet.

652 Vgl. dazu Degenhart, JuS 1992, S. 368; Jarass, NJW 1989, S. 857.

653 Donhauser, Das Recht des Kindes auf Kenntnis der genetischen Abstammung, S. 55; Enders, NJW 1989, S. 882; Giesen, JZ 1989, S. 367; Schmidt-Didczuhn, JR 1989, S. 229; Graf Vitzthum, ZRP 1987, S. 33.

654 Smid, JR 1990, S. 226; S. dazu außerdem Ramm, NJW 1989, S. 1595, der das allgemeine Persönlichkeitsrecht als Tummelplatz richterlichen Dezisionismus bezeichnet.

655 Busse, Das Recht des Kindes auf Kenntnis seiner Abstammung bei heterologer künstlicher Befruchtung, S. 141; Donhauser, Das Recht des Kindes auf Kenntnis der genetischen Abstammung, S. 56; Ostendorf, in: Jüdes, In-vitro-Fertilisation und Embryotransfer (Retortenbaby), S. 187; Schmidt-Didczuhn, JR 1989, S. 230 f.

Schutz der Ehe der Mutter und die Wahrung des Familienfriedens nach Art. 6 I GG in Betracht.[656] Die Auffassungen darüber, wie diese widerstreitenden Interessen zu gewichten sind, gehen auseinander. Vereinzelt wird darauf verwiesen, dass dem Schutz der intakten Familie elementare Bedeutung zukomme.[657] Dagegen wird im Schrifttum bezweifelt, dass es dem Familienfrieden diene, wenn einem Kind, das seine wahre genetische Abstammung in Erfahrung bringen möchte, diese Kenntnis vorenthalten werde.[658] Den Schutz der intakten Familie ins Feld zu führen, entspreche dann nicht dem Kindeswohl, sondern sei diesem gerade entgegengesetzt.[659]

Sicherlich überzeugt es grundsätzlich nicht, einem Kind die Klärung seiner wahren Abstammung zugunsten des Familienfriedens zu versagen, zumal das Kind die problematische Familiensituation, einschließlich der Abweichung von statusrechtlicher Zuordnung und biologischer Abstammung, nicht verursacht hat. Jedoch muss für jeden konkreten Einzelfall, in dem verschiedene verfassungsrechtlich garantierte Rechtspositionen in Konflikt geraten, durch Bewertung und Abwägung der kollidierenden Verfassungspositionen unter Berücksichtigung des Verhältnismäßigkeitsprinzips ermittelt werden, welcher Position Vorrang einzuräumen ist. Festzuhalten ist demzufolge an dieser Stelle allein, dass dem Recht auf Kenntnis der eigenen Herkunft ein jeweils unterschiedlicher Stellenwert zukommen kann. Im Rahmen der Interessenabwägung ist aber zu beachten, dass Art. 1 I GG dem Recht auf Kenntnis der biologischen Abstammung besonderes Gewicht verleiht.[660] Dieses Recht muss nur dann zurücktreten, wenn sonst andere grundrechtlich gesicherte Rechtspositionen von hohem Wert ernsthaft gefährdet wären.[661]

---

656 Gottwald, Hubmann-FS, S. 112; Meyer, Das Recht auf Kenntnis der eigenen Abstammung als Element der Persönlichkeitsentwicklung, S. 132 f.; Ostendorf, in: Jüdes, In-vitro-Fertilisation und Embryotransfer (Retortenbaby), S. 187; Ramm, NJW 1989, S. 1596; Reinke, Das Recht des Kindes auf Kenntnis seiner genetischen Herkunft, S. 108; Schumacher, FamRZ 1987, S. 319; Seibert, FamRZ 1995, S. 1462; von Sethe, Die Durchsetzbarkeit des Rechts auf Kenntnis der eigenen Abstammung aus der Sicht des Kindes, S. 96.

657 Deichfuß, NJW 1988, S. 114 f.; so auch BVerfGE 38, S. 241 (251) = NJW 1975, S. 203 (203) = FamRZ 1975, S. 82 (85).

658 Vgl. Oberloskamp, FuR 1991, S. 269.

659 Mansees, NJW 1988, S. 2986.

660 Donhauser, Das Recht des Kindes auf Kenntnis der genetischen Abstammung, S. 64 f.; Schmidt-Didczuhn, JR 1989, S. 231; von Sethe, Die Durchsetzbarkeit des Rechts auf Kenntnis der eigenen Abstammung aus der Sicht des Kindes, S. 72; Graf Vitzthum, MedR 1985, S. 253.

661 Enders, NJW 1989, S. 882; Reinke, Das Recht des Kindes auf Kenntnis seiner genetischen Herkunft, S. 109, von Sethe, Die Durchsetzbarkeit des Rechts auf Kenntnis der eigenen Abstammung aus der Sicht des Kindes, S. 72, der Art. 1 I GG nicht erst bei der Abwägung heranzieht, sondern schon die Einschränkungsmöglichkeiten des Rechts auf Abstammungs-

3. Der Anspruch des Kindes gegen seine Mutter auf Benennung seines leiblichen Vaters nach der Rechtsprechung des BVerfG

Es stellt sich die Frage, welche Schlüsse aus der verfassungsrechtlichen Anerkennung des Rechts des Kindes auf Kenntnis seiner genetischen Herkunft für die hier behandelte problematische Konstellation zu ziehen sind, dass eine Mutter, die ihr Kind zur Adoption freigeben möchte, den Namen des Kindesvaters verschweigt. Festzuhalten ist diesbezüglich zunächst einmal, dass das Recht auf Abstammungskenntnis dem Kind die Möglichkeit sichern soll, sich als Individuum nicht nur sozial, sondern auch genealogisch in eine Beziehung zu anderen zu setzen, und deshalb vom Schutz des Persönlichkeitsrechts umfasst wird.[662] Dieser Möglichkeit wird ein Kind durch das Schweigen seiner Mutter beraubt.

Ob infolgedessen ein Anspruch des Kindes gegen seine Mutter besteht, den leiblichen Kindesvater zu benennen, kann allein aus der Existenz des Rechts auf Kenntnis der eigenen Abstammung nicht gefolgert werden, weil sich dieses Recht als Grundrecht nur gegen den Staat richtet und grundsätzlich keine unmittelbare Wirkung unter Privaten entfaltet.[663] Ein Auskunftsverlangen des Kindes kann nur auf eine einfachgesetzliche Anspruchsgrundlage gestützt werden. Obwohl die Grundrechte nicht unmittelbar als Anspruchsgrundlage in Betracht kommen, dürfen bei einer Auseinandersetzung mit der Frage nach dem Auskunftsanspruch eines Kindes gegen seine Mutter die verfassungsrechtlichen Vorgaben nicht außer Betracht bleiben. Insbesondere ist von Interesse, welche Gewichtung das BVerfG hinsichtlich der gegenläufigen Interessen der schweigenden Mutter einerseits und des Auskunft begehrenden Kindes andererseits vornimmt. Die Wertungen des BVerfG dienen als Auslegungsmaßstab für die einfachgesetzlichen Normen, aus denen sich ein Anspruch des Kindes auf Benennung seines leiblichen Vaters ergeben könnte.

a) Der Beschluss des BVerfG vom 18.1.1988

In Zusammenhang mit der Frage nach der verfassungsrechtlichen Bewertung eines Auskunftsanspruchs des Kindes gegen seine Mutter ist zunächst der Beschluss des BVerfG vom 18.1.1988 von Bedeutung.[664] Dem Beschluss lag das

---

kenntnis wegen Art. 1 I GG als verringert ansieht. Dies ist allerdings wegen der dogmatischen Herleitung dieses Rechts aus dem allgemeinen Persönlichkeitsrecht nach Art. 2 I i.V.m. Art. 1 I GG abzulehnen, so auch Schmidt-Didczuhn, JR 1989, S. 231.

662 So BVerfG FamRZ 2007, S. 441 (442).

663 Ipsen, Staatsrecht II, Rn. 57.

664 BVerfG NJW 1988, S. 3010.

Auskunftsbegehren einer 1957 geborenen Frau zugrunde. Die auf Auskunft in Anspruch genommene leibliche Mutter kannte zwar den Namen des Erzeugers, sie weigerte sich aber, dem Verlangen ihrer Tochter auf Nennung des Namens nachzukommen.[665]

Über die Klage der Tochter gegen ihre Mutter auf Angaben zur Person ihres leiblichen Vaters hatte in erster Instanz das AG Passau zu entscheiden, das zu dem Ergebnis kam, die grundrechtlich geschützten Interessen der Klägerin müssten dem Recht der Beklagten auf Schutz ihrer Intimsphäre übergeordnet werden.[666] Nur unter besonderen Voraussetzungen, beispielsweise der Zeugung durch Vergewaltigung, in Blutschande oder durch ein sonstiges Schwerverbrechen, könne das Recht der Mutter auf Schutz ihrer Intimsphäre gegenüber den Rechtspositionen des Kindes überwiegen. Die allgemeine Berufung der Beklagten auf die Wahrung ihrer Intimsphäre genüge hingegen nicht.

Das LG Passau bestätigte das erstinstanzliche Urteil des AG Passau.[667] Die dagegen gerichtete Verfassungsbeschwerde der zur Auskunft verurteilten Mutter wurde durch Beschluss des BVerfG vom 18.1.1988 nicht zur Entscheidung angenommen.[668] In den Entscheidungsgründen führte das BVerfG aus, dass das allgemeine Persönlichkeitsrecht der Beschwerdeführerin durch das Recht des nichtehelichen Kindes eingeschränkt werde, welches aus der Verbindung, die sonst vor einer Offenbarung gegenüber anderen geschützt sei, mit eigenen Rechten hervorgegangen sei. Zumindest das nichteheliche Kind habe ein Recht auf Kenntnis des leiblichen Vaters. Dies folge aus der dem Verfassungsauftrag des Art. 6 V GG zu entnehmenden besonderen Wertentscheidung des Verfassungsgesetzgebers zugunsten des nichtehelichen Kindes. Das nichteheliche Kind solle nach Möglichkeit annähernd dem ehelichen Kind gleichgestellt werden. Dazu sei die Kenntnis des Vaters notwendig, schon um die seit dem Inkrafttreten des Nichtehelichengesetzes verstärkten rechtlichen Beziehungen zum Vater nutzen zu können. Nur wenn das Kind seinen Vater kenne, mit dem es gem. § 1589 BGB verwandt sei, könne es in eine persönliche Beziehung zu ihm treten oder unterhaltsrechtliche und erbrechtliche Ansprüche gegen ihn durchsetzen. Die Eltern eines nichtehelichen Kindes hätten daher im Regelfall ihre Interessen denjenigen des Kindes unterzuordnen, denn sie hätten die Existenz des Kindes und seine Nichtehelichkeit zu vertreten. Bei der Beantwortung der Frage, ob die Mutter gegenüber ihrem nichtehelichen Kind zur Auskunft über den leiblichen Vater verpflichtet sei, müssten daher die grundsätzlich geschützten Rechte der

665 Der Sachverhalt ist dem erstinstanzlichen Urteil des AG Passau FamRZ 1987, S. 1309, zu entnehmen.

666 AG Passau FamRZ 1987, S. 1309 ff.

667 LG Passau NJW 1988, S. 144 ff.

668 BVerfG NJW 1988, S. 3010.

Mutter und des Kindes gegeneinander abgewogen werden, wobei grundsätzlich die Kindesinteressen aufgrund der Wertentscheidung des Verfassungsgebers vorrangig seien.[669]

b) Der Beschluss des BVerfG vom 6.5.1997

Weiterhin geprägt wurde die Entwicklung der Rechtsprechung zur Frage, ob die Mutter gegenüber ihrem nichtehelichen Kind zur Benennung des leiblichen Kindesvaters verpflichtet ist, durch den Beschluss des BVerfG vom 6.5.1997.[670]

Im Ausgangsverfahren ging es um die Klage einer 1959 als nichteheliches Kind geborenen Frau, die ihre Mutter auf Auskunft über Namen und Anschrift des leiblichen Vaters in Anspruch genommen hatte. Die Mutter, die durch Berufungsurteil des LG Münster zur Auskunft über Namen und Anschriften derjenigen Männer verurteilt worden war[671], die ihr in der gesetzlichen Empfängniszeit geschlechtlich beigewohnt hatten, wandte sich mit einer gegen dieses Urteil gerichteten Verfassungsbeschwerde an das BVerfG. Das BVerfG sah die Verfassungsbeschwerde als zulässig und begründet an.[672] Die Verurteilung der Beschwerdeführerin beeinträchtige ihre durch das allgemeine Persönlichkeitsrecht nach Art. 2 I i.V.m. Art. 1 I GG geschützte Privatsphäre. Die vom LG als entscheidend angesehene Frage, wer das Aufeinandertreffen der Interessen zu vertreten habe, schlösse die Möglichkeit einer ausreichenden Berücksichtigung der gegenläufigen Interessen aus, weil das Kind die von den Eltern durch seine Erzeugung geschaffene Kollision niemals zu vertreten habe.

Zwar umfasse das allgemeine Persönlichkeitsrecht auch das Recht auf Kenntnis der eigenen Abstammung. Art. 2 I i.V.m. Art. 1 I GG verleihe aber kein Recht auf Verschaffung solcher Kenntnisse, sondern könne nur vor der Vorenthaltung erlangbarer Informationen durch staatliche Organe schützen.

Zu den kollidierenden Positionen der schweigenden Mutter und der Tochter, die Auskunft über ihren leiblichen Vater begehrt, führte das BVerfG in den

---

669 In der Folgezeit wurde ein Auskunftsanspruch des Kindes gegen seine Mutter in vielen Entscheidungen bejaht, vgl. AG Gemünden am Main, FamRZ 1990, S. 200 f.; LG Saarbrücken DAVorm 1991, Sp. 338 f.; AG Duisburg DAVorm 1992, Sp. 1129 f.; LG Duisburg DAVorm 1992, Sp. 1130 f. S. außerdem 5. Kapitel II. 2. c).

670 BVerfG FamRZ 1997, S. 869 ff. = NJW 1997, S. 1769 ff.; kritisch hierzu Lege, Jura 2002, S. 759.

671 LG Münster FamRZ 1990, S. 1031 ff.

672 Darüber, ob dieser Beschluss als Korrektur der Entscheidung von 1988 anzusehen ist, besteht Streit, vgl. Eidenmüller, JuS 1998, S. 792; Frank/Helms, FamRZ 1997, S. 1258; Muscheler/Bloch, FPR 2002, S. 348; Niemeyer, FuR 1998, S. 41; „Der Beschluss des BVerfG – ein Schritt zurück!“; Staudinger/*Coester*, § 1618a, Rn. 48.

Gründen aus, dass ein Eingriff in den unantastbaren Bereich privater Lebensgestaltung der Mutter nicht vorliege. Denn aus der Beziehung, über die Auskunft verlangt werde, sei die klagende Tochter als dritte Person hervorgegangen. Deren Persönlichkeitssphäre werde erheblich berührt. Soweit nicht in den unantastbaren Bereich privater Lebensgestaltung eingegriffen werde, habe der Einzelne die Einschränkungen hinzunehmen, die im überwiegenden Allgemeininteresse oder im Hinblick auf grundrechtlich geschützte Interessen Dritter unter strikter Wahrung der Verhältnismäßigkeit vorgenommen würden.

Die Entscheidung des LG Münster wurde entsprechend dem Beschluss des BVerfG aufgehoben und die Sache an das LG zurückverwiesen. Das LG Münster verurteilte die Mutter wiederum, Auskunft über Namen und Anschriften der Männer zu erteilen, die ihr in der gesetzlichen Empfängniszeit geschlechtlich beigewohnt hatten.[673] Auch unter Außerachtlassung des Gesichtspunktes, wer das Aufeinandertreffen der verschiedenen Interessen zu vertreten habe, überwiege im konkreten Fall das Recht der klagenden Tochter auf Kenntnis ihrer Abstammung. Auf Seiten der Beklagten stehe das Recht auf Schutz ihrer Intimsphäre. Dieser Schutz sei vorliegend im Hinblick auf den von der Beklagten geltend gemachten Mehrverkehr und die daraus resultierende Unsicherheit über den Vater noch verstärkt. Gegenüber der Rechtsposition der Beklagten wiege das Interesse der Klägerin an der Kenntnis ihrer Abstammung aber schwerer. Die Motive der Klägerin seien rechtlich schützens- und beachtenswert. Selbst wenn es der Klägerin möglicherweise nicht mehr gelingen könne, einen persönlichen Kontakt zu ihrem Vater herzustellen, weil dieser vorverstorben sei oder keinen Wert darauf lege, so dürfe nach Auffassung der Kammer der Klägerin nicht die Chance genommen werden, ein Tochter-Vater-Verhältnis zu begründen. Ebenso wie die Prüfung von Erb- und Erbersatzansprüchen ein legitimes Interesse der Klägerin darstelle, sei es verständlich und schützenswert, dass sie wissen wolle, von wem sie väterlicherseits abstamme, „wo ihre Wurzeln liegen".

c) Folgerungen für das einfache Recht

Der aufgezeigten Rechtsprechung des BVerfG lässt sich die Tendenz entnehmen, dem Interesse des Kindes an der Kenntnis seiner genetischen Herkunft den Vorrang gegenüber dem Interesse der Mutter an dem Schutz ihrer Intimsphäre einzuräumen. Diese grundsätzliche Gewichtung muss bei der Frage nach einem Auskunftsanspruch des Kindes gegen seine Mutter berücksichtigt werden. Dabei ist die Entscheidung zugunsten des Rechts auf Kenntnis der eigenen Abstammung

673 LG Münster NJW 1999, S. 726 ff.

nicht zwingend. Es kann eine abweichende Entscheidung zugunsten des Interesses der Mutter am Schutz ihrer Intimsphäre getroffen werden, wenn die Umstände des Einzelfalls gebieten, diesen den Vorzug zu gewähren. Wie die Abwägung der kollidierenden Interessen von Mutter und Kind im jeweiligen Einzelfall vorzunehmen ist, wird im Rahmen einer Auseinandersetzung mit der weiteren Rechtsprechung, die sich mit Auskunftsklagen eines Kindes gegen seine Mutter befasst, sowie der einschlägigen Literatur noch zu klären sein.

4. Kapitel. Die Rechtsstellung des Vaters bei der Adoption seines nichtehelichen Kindes nach den Vorschriften des BGB

I. Die erforderlichen Einwilligungen in die Kindesannahme

Für eine Kindesannahme setzt das BGB die Einwilligungen verschiedener Personen voraus. Nach § 1746 I BGB ist die Einwilligung des Kindes, das angenommen werden soll, erforderlich. § 1747 I 1 BGB schreibt vor, dass die leiblichen Eltern in eine Adoption einwilligen müssen. Zudem fordert § 1749 BGB die Einwilligung des Ehegatten des Annehmenden oder des Angenommenen, soweit diese vorhanden sind. Die Wirksamkeit dieser Einwilligungen wird in der Regel inzident in dem Verfahren geprüft, das auf Antrag des Annehmenden zur Adoption führen soll. Besteht allerdings ein besonderes Interesse, die Wirksamkeit bereits vorab festzustellen, etwa weil einer der Beteiligten die Wirksamkeit seiner Einwilligung in Abrede stellt, kann das Familiengericht auf Antrag sowohl des Annehmenden als auch des Einwilligenden gesondert entscheiden – entweder in einem selbständigen Verfahren vor Stellung des Annahmeantrages oder nach Antragstellung als Teilentscheidung im Annahmeverfahren.[674]

1. Der Kreis der Einwilligungsberechtigten

Gem. § 1747 I 1 BGB ist zur Annahme eines Kindes die Einwilligung der Eltern erforderlich. Die leiblichen Eltern müssen in die Adoption ihres Kindes einwilligen, da die bei Annahmen Minderjähriger vorgesehene Volladoption für sie schwerwiegende Folgen hat. § 1755 I BGB ordnet an, dass mit der Adoption das Verwandtschaftsverhältnis des angenommenen Kindes zu seinen bisherigen Verwandten erlischt.[675] Die Regelung des § 1755 I BGB betrifft aber nicht nur die leiblichen Eltern, sondern bringt auch die Beziehung zu den übrigen Verwandten des Kindes zum Erlöschen.[676] Besonders für die leiblichen Großeltern hat die Beendigung des verwandtschaftlichen Verhältnisses weitreichende rechtliche Konsequenzen. Sie verlieren ein Enkelkind, das ihnen nach §§ 1601, 1606

674 MünchKommBGB/*Maurer*, § 1747, Rn. 33.

675 Dazu 1. Kapitel III. 1. und V.

676 Vgl. Bott, ZfJ 1995, S. 412.

BGB unterhaltspflichtig sein kann und zu dessen Erben sie gem. § 1926 BGB gehören können. Obwohl sich die Wirkungen des § 1755 I BGB somit auch auf die leiblichen Großeltern erstrecken, gehören diese nicht zum Kreis der Einwilligungsberechtigten. Selbst wenn tatsächlich eine enge Bindung zwischen den Großeltern oder anderen Verwandten und dem Kind besteht, sieht die gesetzliche Regelung eine Einwilligung dieser Personen nicht vor.

Hintergrund dieser Entscheidung des Gesetzgebers ist das Anliegen, den Kreis der Einwilligungsberechtigten möglichst klein zu halten, um eine Erschwerung der Adoption durch fehlende Konsensbildung zu verhindern.[677] Außerdem wurde bei der Schaffung der gesetzlichen Regelung berücksichtigt, dass ein Kind heutzutage in der Regel vor allem in der Kleinfamilie lebt, die von Eltern und Kindern gebildet wird. Die Großeltern und andere Verwandte gehören nicht zu diesem engen Kreis. Auch bei anderen Entscheidungen, die das Kind betreffen, sind sie regelmäßig nicht unmittelbar beteiligt. Deshalb sollen sie auch nicht über die Annahme des Kindes mitentscheiden können.[678]

Dass der Gesetzgeber die Großeltern oder weitere Verwandte nicht in den Kreis der Einwilligungsberechtigten einbezogen hat, ist nicht zu beanstanden. Weder steht die gesetzliche Regelung, die sich auf das Einwilligungserfordernis der oben genannten Personen beschränkt, im Widerspruch zu maßgeblichen völkerrechtlichen Wertungen, noch unterliegt sie hinsichtlich ihrer Verfassungskonformität irgendwelchen Zweifeln. Zwar sah der EGMR im Urteil zum Fall Marckx gegen Belgien die Beziehung zwischen Großeltern und Enkeln als Familienleben an und sprach ihr unter der Erwägung, Großeltern könnten im Leben eines Kindes eine beachtliche Rolle einnehmen, den Schutz des Art. 8 I EMRK zu.[679] Ferner ist in der Literatur umstritten, ob der Familienschutz des Art. 6 I GG sich nur auf die Kleinfamilie bezieht[680] oder auch die Großeltern erfasst.[681] Das

---

677 Vgl. die Begründung des Gesetzesentwurfes der Bundesregierung zum AdoptG, BT-Drucks. VII/3061, S. 38.

678 BT-Drucks. VII/3061, S. 38.

679 EGMR DAVorm 1980, Sp. 265 (279) = EuGRZ 1979, S. 454 (458) = NJW 1979, S. 2449 (2452).

680 Dieser Ansicht sind Gernhuber/Coester-Waltjen, FamR, § 5, Rn. 8; Maunz/Dürig/*Badura*, GG, Art. 6, Rn. 60; MünchKommBGB/*Maurer*, § 1747, Rn. 8; Schmidt-Bleibtreu/*Hofmann*, Art. 6, Rn. 9.

681 So Zuleeg, NVwZ 1986, S. 804; Richter, AK-GG, Art. 6, Rn. 15a, ist für eine Ausdehnung des verfassungsrechtlichen Familienbegriffs auf diejenigen Teile der Großfamilie, die in einer tatsächlichen Lebensgemeinschaft mit der Kleinfamilie leben, und führt als Beispiel die Großeltern an; ähnlich Dreier/*Gröschner*, GG, Art. 6, Rn. 77; vgl. weiterhin von Mangoldt/Klein/Starck/*Robbers*, GG, Art. 6, Rn. 88.

BVerfG reduziert den besonderen Schutz der staatlichen Ordnung nach Art. 6 I GG auf die aus Eltern und Kindern bestehende Kleinfamilie.[682]

Entscheidend ist hinsichtlich der Frage nach dem Kreis der Einwilligungsberechtigten in die Kindesannahme jedoch, dass allein den leiblichen Eltern das in Art. 6 II 1 GG gewährte natürliche Elternrecht zusteht. Weder den Großeltern noch sonstigen Verwandten wird der besondere Schutz des Art. 6 II 1 GG zuteil. Aus der verfassungsrechtlichen Wertentscheidung zugunsten der leiblichen Eltern als primär Verantwortliche für die Pflege und Erziehung ihres Kindes resultiert deren Einwilligungsrecht in die Adoption.[683] Somit gibt es aus verfassungsrechtlicher Sicht keinen Anlass, den Kreis der Einwilligungsberechtigten zu erweitern.[684] Auch die EMRK gebietet keine Ergänzung der gesetzlichen Regelung um ein Einwilligungsrecht der Großeltern. Denn sofern Großeltern für ein Kind eine wichtige Rolle spielen oder andere Verwandte eine enge Beziehung zu dem Kind haben, kann dieser Umstand bei der nach § 1741 I BGB erforderlichen Prüfung, ob die Annahme dem Wohl des Kindes dient, berücksichtigt werden.[685]

Zwar ergibt sich weder aus den Garantien der einschlägigen völkerrechtlichen Übereinkommen noch aus den deutschen Verfassungsrechten ein Verbot, die Großeltern in das Adoptionsverfahren einzubeziehen. Dennoch ist die gesetzgeberische Entscheidung, den Großeltern ein Einwilligungsrecht zu versagen, nicht zu beanstanden. Denn im Einzelfall können weitere leibliche Verwandte je nach Intensität des Kontakts zu einem Kind von dessen Adoption durch Dritte betroffen sein. Es wäre dann nicht gerechtfertigt, den Großeltern ein Einwilligungsrecht zu gewähren und hingegen solche Verwandte, die einen engeren Kontakt zu dem Kind haben, vom Adoptionsverfahren auszuschließen. Aufgrund ihrer abstrakten Natur kann eine gesetzliche Regelung nicht alle Bindungen berücksichtigen, die im Einzelfall zwischen einem Kind und seinen leiblichen Verwandten bestehen. Zwischen einer Adoption, die einem Kind, dessen Eltern die Erziehungsaufgabe nicht wahrnehmen wollen, die Möglichkeit eröffnet, in einer Familiengemeinschaft aufzuwachsen, und den Bindungen eines Kindes zu einzelnen leiblichen Verwandten, besteht ein Spannungsverhältnis. Dass der Gesetzgeber dieses Spannungsverhältnis zugunsten der Funktionsfähigkeit des

682 BVerfGE 10, S. 59 (66); BVerfGE 19, S. 323 (329); BVerfGE 59, S. 52 (63); offengelassen in BVerfGE 39, S. 316 (326).

683 Vgl. Binschus, ZfF 2005, S. 257; Menne, Die Rechtsbeziehung zwischen Vater und Kind, S. 151.

684 So auch Maurer, in: MünchKommBGB, § 1747, Rn. 8: „Leben Mutter *und* Kind in einer Großfamilie, wird selten eine Adoption angestrebt."

685 S. dazu Kopper-Reifenberg, Kindschaftsrechtsreform und Schutz des Familienlebens nach Art. 8 EMRK, S. 362 f., 383; MünchKommBGB/*Maurer*, § 1747, Rn. 8; Staudinger/*Frank*, § 1747, Rn. 7.

Adoptionsverfahrens auflöst, unterliegt im Hinblick auf das mit der Adoption angestrebte, kindeswohlorientierte Ziel keinen Bedenken.

2. Das Einwilligungsrecht der leiblichen Eltern

§ 1747 I 1 BGB gewährt den leiblichen Eltern ein Einwilligungsrecht in die Adoption. Welche Personen unter den Begriff der leiblichen Eltern fallen, ist den Abstammungsregelungen der §§ 1591 bis 1600d BGB zu entnehmen.

a) Einwilligungsrecht der Mutter

§ 1591 BGB stellt klar, dass Mutter eines Kindes die Frau ist, die es geboren hat. Diese Legaldefinition wurde durch das KindRG in das BGB eingeführt. Zuvor enthielt das BGB keine Definition der Mutterschaft. Der Gesetzgeber sah es dem römischen Rechtsgrundsatz „mater semper certa est"[686] entsprechend als selbstverständlich an, dass die genetische Mutter und die gebärende Frau identisch sind.[687] Inzwischen bietet die moderne Fortpflanzungsmedizin die Möglichkeit einer Ei- oder Embryonenspende.[688] Dabei trägt eine Frau eine befruchtete Eizelle aus, die nicht von ihr, sondern von einer anderen Frau stammt. Folge solcher Spenden ist ein Auseinanderfallen von gebärender Frau und Trägerin des genetischen Erbguts.[689] Um diese neuen Entwicklungen der Fortpflanzungsmedizin in die gesetzliche Regelung einfließen zu lassen und durch die Weiterentwicklung bedingte Regelungslücken zu schließen, bedurfte es einer gesetzlichen Definition der Mutterschaft.[690] Gem. § 1591 BGB ist nur die Frau Mutter im familienrechtlichen Sinn, die das Kind zur Welt gebracht hat. Diese Regelung bezweckt, dass im Interesse des Kindes gespaltene Mutterschaften, insbesondere Leihmutterschaften, bei denen die gebärende Frau nicht zugleich die genetische Mutter des

686 Paulus, Digesten, 2. Buch, Vierter Teil, 5.

687 Gaul, FamRZ 1997, S. 1463.

688 Ei- und Embryonenspenden sind in Deutschland verboten, einerseits gem. §§ 13c und 13d Adoptionsvermittlungsgesetz in Bezug auf die Vermittlung, andererseits gem. § 1 Nr. 1, 2, 6 und 7 Embryonenschutzgesetz hinsichtlich der medizinischen Assistenz. Dennoch bedurfte es einer zivilrechtlichen Klarstellung des Mutterschaftsbegriffs, um im Ausland oder verbotenerweise im Inland durchgeführte Spenden gesetzlich zu erfassen, vgl. dazu Diederichsen, NJW 1998, S. 1979.

689 BT-Drucks. XIII/4899, S. 45; S. außerdem Büttner, Schwab-FS, S. 735.

690 BT-Drucks. XIII/4899, S. 51, 82; Muscheler/Bloch, FPR 2002, S. 340; dazu ausführlich Edenfeld, FuR 1996, S. 190; Diederichsen, NJW 1998, S. 1979; Gaul, FamRZ 2000, S. 1473; Otto, Rpfleger 1999, S. 309; Schwab/Wagenitz, FamRZ 1997, S. 1377.

Kindes ist, vermieden werden.[691] Dabei wird der Tatsache Rechnung getragen, dass nur die gebärende Frau während der Schwangerschaft eine körperliche Beziehung zum Kind hat.[692]

Im Hinblick auf das Recht, in die Annahme des Kindes einzuwilligen, ergibt sich aus der Definition des § 1591 BGB somit, dass das Einwilligungsrecht gem. § 1747 I 1 BGB derjenigen Frau zusteht, die das Kind geboren hat.

b) Einwilligungsrecht des Vaters

§ 1747 I BGB ist nicht zu entnehmen, dass es für das Einwilligungsrecht des leiblichen Vaters einen Unterschied macht, ob die Eltern miteinander verheiratet sind oder nicht. Trotz dieser formalen Gleichbehandlung ergibt sich eine Differenzierung aufgrund der unterschiedlichen Voraussetzungen, die § 1592 BGB bei ehelicher und nichtehelicher Geburt für eine Vaterschaft im Rechtssinne aufstellt.

aa) Der mit der Mutter verheiratete Vater

Gem. § 1592 Nr. 1 BGB ist der Vater eines Kindes der Mann, der zum Zeitpunkt der Geburt mit der Mutter des Kindes verheiratet ist. Das in der Ehe geborene Kind ist demnach automatisch dem Mann rechtlich zugeordnet, mit dem seine Mutter verheiratet ist.[693] Dabei sind die tatsächlichen biologischen Verhältnisse unerheblich. Somit besteht die rechtliche Vaterschaft des mit der Mutter verheirateten Mannes selbst dann, wenn der wahre Erzeuger des Kindes ein anderer Mann ist.

Ausnahmen zu § 1592 Nr. 1 BGB sind § 1599 BGB zu entnehmen. Gem. § 1599 I BGB ist der mit der Mutter bei Geburt des Kindes verheiratete Mann nicht der Vater des Kindes, wenn aufgrund einer Anfechtung rechtskräftig festgestellt ist, dass dieser Mann nicht der Vater des Kindes ist. Weiterhin ist der Ehemann der Mutter nicht der Vater des Kindes, wenn nach § 1599 II BGB bei der Geburt des Kindes bereits ein Scheidungsantrag anhängig war und ein Dritter die Vaterschaft mit Zustimmung des Ehemannes anerkannt hat. Der Zweck dieses Ausnahmetatbestandes liegt in der Vermeidung eines langwierigen und teuren Anfechtungsverfahrens.[694]

---

691 BT-Drucks. XIII/4899, S. 52.

692 BT-Drucks. XIII/4899, S. 82.

693 S. dazu Muscheler/Beisenherz, JR 1999, S. 356; Otto, Rpfleger 1999, S. 309.

694 Vgl. Wichmann, FuR 1996, S. 166.

Die automatische rechtliche Vaterschaft des mit der Mutter verheirateten Mannes gem. § 1592 Nr. 1 BGB hat zur Konsequenz, dass das Einwilligungsrecht auch nur diesem zusteht. Für Fälle, in denen der rechtliche Vater nicht mit dem leiblichen identisch ist, wird dem leiblichen Vater kein Recht gewährt, in eine Adoption einzuwilligen.[695] Solange der Ehemann der Mutter als Vater im Rechtssinn anzusehen ist, kann der leibliche Vater das Elternrecht der Einwilligung in die Adoption nicht für sich reklamieren. Diesem ist dann zwar nach § 1600 I Nr. 2 BGB die Möglichkeit eingeräumt, unter den in § 1600 II, IV BGB genannten Voraussetzungen die Vaterschaft anzufechten.[696] Bevor er aber nicht rechtswirksam die Vaterposition eingenommen hat, kommt ihm weder das Einwilligungsrecht in die Kindesannahme noch ein Vorrang vor anderen Adoptionsbewerbern zu.[697]

bb) Der nicht mit der Mutter verheiratete Vater

Anders als bei einem ehelichen Kind steht bei einem außerhalb der Ehe geborenen Kind die Vaterschaft nicht mit der Geburt fest.[698] In ihrem Entwurf zum KindRG führte die Bundesregierung zur Neuregelung des Abstammungsrechts aus, dass auch nach der Reform das Bestehen einer nichtehelichen Lebensgemeinschaft keine Vaterschaft von Gesetzes wegen begründen solle. Obwohl die Wahrscheinlichkeit hoch sei, dass es sich bei dem Partner der Mutter um den Vater des Kindes handle, spreche gegen eine gesetzlich geregelte Vaterschaft das Fehlen eines klaren Anknüpfungspunktes in diesen Fällen.[699] Insbesondere könne bei Zusammenleben zweier Personen das Bestehen einer nichtehelichen Lebensgemeinschaft nach außen hin nicht eindeutig festgestellt werden. Da die Frage der Abstammung nicht mit Unsicherheiten belastet werden dürfe, komme eine Zuordnung ipso iure nicht in Betracht.[700]

Nach der nunmehr geltenden gesetzlichen Regelung haben Väter nichtehelicher Kinder allerdings die Möglichkeit, durch Anerkennung gem. § 1592 Nr. 2 BGB eine Vaterschaft im Rechtssinne herzustellen. Davon werden typischerweise Fälle erfasst, in denen die Eltern des Kindes zwar zusammenleben, aber nicht miteinander verheiratet sind.[701] Des Weiteren kann die Stellung als rechtlicher Vater im Falle einer nichtehelichen Geburt gem. § 1592 Nr. 3 BGB durch

---

695 Zur Divergenz von leiblicher und rechtlicher Vaterschaft Knöpfel, FamRZ 1983, S. 320.

696 Zu diesen Regelungen ausführlich Büttner, Schwab-FS, S. 738 ff.

697 S. Staudinger/*Frank*, § 1747, Rn. 12; Helms, JAmt 2001, S. 63; Liermann, FuR 1997, S. 220.

698 Vgl. dazu Ernst, Die Vater-Kind-Zuordnung aufgrund der Ehe der Mutter, S. 4.

699 BT-Drucks. XIII/4899, S. 52, 83.

700 BT-Drucks. XIII/4899, S. 52.

701 Palandt/*Diederichsen*, § 1592, Rn. 4; vgl. außerdem Edenfeld, FuR 1996, S. 192.

gerichtliche Feststellung nach § 1600d BGB oder durch Beschluss gem. § 182 I 1 FamFG erlangt werden. Demjenigen, der nach § 1592 Nr. 2 oder 3 BGB Vater im Rechtssinne ist, steht ebenso wie dem mit der Mutter verheirateten Mann ein Einwilligungsrecht in die Adoption des Kindes zu.[702]

c) Stellungnahme

Nach der durch das KindRG geschaffenen Gesetzeslage müssen die leiblichen Eltern eines Kindes unabhängig davon, ob sie verheiratet sind oder nicht, in dessen Adoption einwilligen. Dass für den Einwilligungsvorbehalt eine Heirat der Eltern unerheblich ist, setzt die heute weitverbreitete Auffassung um, nach der eine nichteheliche Vaterschaft gleichermaßen verantwortungsvoll wahrgenommen werden kann und von der Rechtsordnung zu respektieren ist wie eine eheliche Vaterschaft.[703]

Aus völkerrechtlicher Perspektive ist das unterschiedslose Einwilligungsrecht für verheiratete sowie unverheiratete Eltern mit der daraus folgenden Beteiligung des Vaters eines nichtehelichen Kindes am Adoptionsverfahren zu begrüßen. Denn es erfüllt zum einen die Vorgabe, dass ein Kind nicht ohne das Wissen und die Zustimmung eines leiblichen Elternteils adoptiert werden darf, die sich aus den Art. 8 i.V.m. Art. 14, Art. 6 EMRK ebenso wie aus den Vorschriften des IPbpR ergibt. Zum anderen wird mit dem statusunabhängigen Einwilligungsvorbehalt nichtehelichen Kindern wie ehelichen Kindern gleichermaßen die Gelegenheit zur Verfestigung der Beziehung zu ihrem leiblichen Elternteil gegeben und dadurch sowohl Art. 7, Art. 2 KRK als auch Art. 8, Art. 14 EMRK entsprochen.

Auch aus verfassungsrechtlicher Sicht ist § 1747 I 1 BGB nicht zu beanstanden. Die gesetzliche Regelung entspricht nicht nur dem mittlerweile anerkannten verfassungsrechtlichen Elternrecht des nicht mit der Kindesmutter verheirateten Vaters aus Art. 6 II 1 GG, sondern achtet auch den der Gemeinschaft von Vater und nichtehelichem Kind zustehenden besonderen Schutz nach Art. 6 I GG. Ferner wird die Gewährung eines Einwilligungsrechts unabhängig vom Status des Kindes der Vorgabe des Art. 6 V GG gerecht, indem sie dem Vater eines nichtehelichen Kindes die gleichen Chancen einräumt wie dem Vater eines ehelichen Kindes, über eine Adoption seines Kindes zu bestimmen. Durch Verweigerung seiner Einwilligung kann der Vater eines nichtehelichen Kindes nunmehr ebenso wie der Vater eines ehelichen Kindes eine Adoption gegen seinen Willen

702 Vgl. BT-Drucks. XII/4024, S. 8; BT-Drucks. XIII/1752, S. 21.

703 S. dazu Einleitung II. 1. und 6.

verhindern. Dies gilt vor allem im Hinblick auf Stiefkindadoptionen. Während Väter nichtehelicher Kinder bis zum Inkrafttreten des KindRG 1998 bei einer Annahme durch den Ehemann der Mutter zwar die Möglichkeit einer Legitimation oder Adoption ihres Kindes hatten, dabei aber auf die Einwilligung der Mutter angewiesen waren, die in diesen Fällen regelmäßig nicht erteilt wurde[704], können sie heute eine Stiefkindadoption grundsätzlich ausschließen, indem sie nicht einwilligen.

Außerdem stellt § 1747 I 1 BGB durch den Einwilligungsvorbehalt, der sowohl zugunsten der Mütter als auch zugunsten der Väter nichtehelicher Kinder gewährt wird, die nach Art. 6 II 1 GG und dem Nicht-Diskriminierungsübereinkommen geforderte Rechtsgleichheit von Frauen und Männern her. Darüber hinaus sind die Vorgaben des Art. 6 II 1 GG auch insofern gewahrt, als das Einwilligungsrecht eine Sorgerechtsinhaberschaft nicht voraussetzt.[705]

Bedenklich ist dagegen, dass der Gesetzgeber vermittelt durch die Abstammungsregelungen der §§ 1591 ff. BGB doch eine Differenzierung zwischen ehelicher und nichtehelicher Geburt herbeiführt, die sich über den Elternbegriff in § 1747 I 1 BGB schließlich auf das Adoptionsrecht auswirkt. Obwohl sich das KindRG die Beseitigung wesentlicher Elemente der Ungleichbehandlung ehelicher und nichtehelicher Kinder zum Ziel gesetzt hatte, blieb die Anknüpfung der Vaterschaft an eine bestehende Ehe der Mutter sowie das Erfordernis der Anerkennung oder der gerichtlichen Feststellung der Vaterschaft bei der Geburt eines nichtehelichen Kindes erhalten.[706] In der Literatur wird die Beibehaltung des Unterscheidungskriteriums der Ehelichkeit im Rahmen der Abstammungsvorschriften verteidigt.[707]

Die in den Abstammungsregeln vorgenommene Unterscheidung bei der Vaterschaft von innerhalb der Ehe geborenen Kindern und solchen Kindern, deren Eltern bei ihrer Geburt nicht verheiratet sind, stellt eine Orientierung am Kriterium der Ehe dar, die nach der hier vertretenen Ansicht grundsätzlich nicht den tatsächlichen Lebensverhältnissen entspricht.[708] Außerdem bestehen sowohl hinsichtlich der nach Art. 6 V GG, Art. 8 i.V.m. Art. 14 EMRK geforderten Gleichstellung ehelicher und nichtehelicher Kinder als auch unter dem Aspekt der unterschiedslosen Zuerkennung des Elternrechts aus Art. 6 II 1 GG Beden-

704 Vgl. 1. Kapitel III. 2. und V.

705 Vgl. Gernhuber/Coester-Waltjen, FamR, § 68, Rn. 57; Staudinger/*Frank*, § 1747, Rn. 10.

706 Staudinger/*Rauscher*, Einl. zu §§ 1589 ff., Rn. 59.

707 MünchKommBGB/*Seidel*, § 1592, Rn. 3; Staudinger/*Rauscher*, Einl. zu §§ 1589 ff., Rn. 59.

708 Ähnlich Schwenzer, Vom Status zur Realbeziehung, S. 234 f.; a.A. MünchKommBGB/*Seidel*, § 1592, Rn. 3.

ken gegen die Ungleichbehandlung von ehelichen und nichtehelichen Kindern bei der Bestimmung der rechtlichen Vaterschaft.[709]

Jedoch wird die Anknüpfung an die Ehelichkeit eines Kindes als Differenzierungskriterium bei der Bestimmung der rechtlichen Vaterschaft nachvollziehbar, wenn man mögliche andere Varianten betrachtet. Um eine vollständige Gleichstellung von ehelichen und nichtehelichen Kindern herzustellen, kommt einerseits in Betracht, für jedes Kind eine Anerkennung oder gerichtliche Feststellung der Vaterschaft zu fordern. Abgesehen von dem praktischen Aufwand, den diese Lösung verursachen würde, wäre sie für solche Kinder, die eine verheiratete Frau mit einem anderen Mann als ihrem Ehemann zeugt, vor allem in sozialer Hinsicht verheerend und führte so letztendlich zu einer Benachteiligung dieser Kinder.[710] Hinzu kommt das – in Anbetracht der im Familienrecht notwendigen Offenheit für gesellschaftliche Entwicklungen zugegebenermaßen schwache – Argument, dass diese Lösung nicht unserer Rechtstradition entspricht.[711]

Andererseits könnte man zur Abschaffung einer statusorientierten Feststellung der Vaterschaft im Rechtssinne auch beim Bestehen einer nichtehelichen Lebensgemeinschaft den Partner der Mutter ipso iure als Vater gelten lassen.[712] Der vielfach vorgetragene Einwand, bei einer nichtehelichen Lebensgemeinschaft fehle es an einem sicheren Anknüpfungspunkt[713], kann angesichts der mit einer Ehe heute vergleichbaren Beständigkeit außerehelicher Partnerschaften zwar nicht überzeugen. Gegen diese Lösung spricht aber, dass sie nur diejenigen nichtehelichen Kinder erfasst, die innerhalb einer festen Lebensgemeinschaft ihrer Eltern geboren werden. Dagegen bleiben nichteheliche Kinder, deren Eltern nicht oder nicht mehr zusammen leben, unberücksichtigt, während bei ehelichen Kindern, deren Eltern vorübergehend oder dauerhaft getrennt, aber nicht geschieden sind, der Ehemann der Mutter als Vater gilt. Deshalb kann auf diese Weise letztendlich keine vollständige Gleichstellung bewirkt werden.

Die aufgezeigten Möglichkeiten bieten aus den dargelegten Gründen keine Alternative zum geltenden Abstammungsrecht. Schließlich ist der vom Gesetzgeber gewählte Weg unter dem Aspekt zu befürworten, dass die Anknüpfung an

---

709 A.A. Staudinger/*Rauscher*, § 1592, Rn. 17.

710 Bayer, Abkehr vom Nichtehelichenrecht, S. 64; Kropholler, AcP 185 (1985), S. 260; Michl, Die personalen Rechtsbeziehungen im nichtehelichen Vater-Kind-Verhältnis, S. 8; Neuhaus, ZBlJugR 1981, S. 40.

711 BT-Drucks. XIII/4899, S. 52; kritisch insoweit auch Hager, Schwab-FS, S. 774.

712 In diese Richtung geht die Forderung Schwenzers, Vom Status zur Realbeziehung, S. 235; ähnlich Müller-Freienfels, Deutsche zivil- und kollisionsrechtliche Beiträge zum IX. Internationalen Kongress für Rechtsvergleichung in Teheran 1974, S. 88.

713 BT-Drucks. XIII/4899, S. 52, 83; so außerdem Michl, Die personalen Rechtsbeziehungen im nichtehelichen Vater-Kind-Verhältnis, S. 9; Staudinger/*Rauscher*, § 1592, Rn. 17.

die Geburt als eheliches oder nichteheliches Kind in § 1592 BGB nicht Ausdruck einer rechtlichen Deklassierung der nichtehelichen Vater-Kind-Beziehung, sondern objektives Orientierungskriterium ist. Damit es allerdings als Folge der Abstammungsregelungen nicht zu einer Schlechterstellung des nichtehelichen Kindes und seines Vaters kommt, muss bei den Rechtsfolgen, die sich aus § 1592 BGB ergeben, eine Unterscheidung anhand der Nichtehelichkeit vermieden werden. Diese Vorgabe ist ebenso wie in den anderen Bereichen des Familienrechts auch im Adoptionsrecht zu beachten.[714]

3. Das Einwilligungsrecht des Vaterschaftsprätendenten

Aus § 1747 I 2 BGB geht hervor, dass auch demjenigen, der die Voraussetzungen des § 1600d II 1 BGB glaubhaft macht, das in § 1747 I 1 BGB gewährte Einwilligungsrecht in die Kindesannahme zusteht. Ein Einwilligungsrecht dieses so genannten Vaterschaftsprätendenten ist allerdings ausgeschlossen, wenn ein anderer Mann nach § 1592 BGB als Vater anzusehen ist. Ebenso wenig kann derjenige, der seine Vaterschaft bereits erfolgreich angefochten hat oder dessen Vaterschaftsfeststellungsklage rechtskräftig abgewiesen worden ist, das Einwilligungsrecht nach § 1747 I 2 BGB in Anspruch nehmen.[715]

a) Die vorläufige Vaterschaftsvermutung nach § 1747 I 2 BGB

Erforderlich ist nach § 1600d II 1 BGB die Glaubhaftmachung, der Mutter des Kindes während der gesetzlichen Empfängniszeit[716] beigewohnt zu haben.[717] Die einseitige Behauptung der Vaterschaft durch den potentiellen Erzeuger reicht

714 Auch nach Auffassung des BVerfG, FamRZ 2007, S. 441 ff., ist es im Hinblick auf den Schutz familiärer sozialer Beziehungen und den Schutz der Intimsphäre ausreichend, aus bestimmten tatsächlichen Umständen und sozialen Situationen, vor allem auch einer bestehenden Ehe, auf die Abstammung eines Kindes zu schließen und aufgrund dieser Vermutung die Zuweisung der rechtlichen Elternschaft vorzunehmen, wenn dies in aller Regel zu einem Zusammentreffen von leiblicher und rechtlicher Elternschaft führt. Aus der gesetzgeberischen Entscheidung, die leibliche Vaterschaft in weiten Teilen nicht zu klären, sondern zu vermuten, folgerte das BVerfG aber die Verpflichtung des Gesetzgebers, ein Verfahren bereitzustellen, in dem im Einzelfall derartige Zweifel geklärt werden können.

715 Lipp/Wagenitz, Das neue Kindschaftsrecht, § 1747, Rn. 6; MünchKommBGB/*Maurer*, § 1747, Rn. 4.

716 Die gesetzliche Empfängniszeit ist in § 1600d III BGB geregelt.

717 S. dazu Schwab/Wagenitz, FamRZ 1997, S. 1382.

nicht aus.[718] Im Gegensatz zum Vollbeweis verlangt eine Glaubhaftmachung lediglich, dass die Vaterschaft des Prätendenten überwiegend wahrscheinlich ist.[719] Dafür kann sich der potentielle Erzeuger gem. § 31 I FamFG aller zulässigen Beweismittel sowie der eidesstattlichen Versicherung bedienen.[720]

Die Geltendmachung des Einwilligungsrechts des Vaterschaftsprätendenten erfolgt formlos vor dem Familiengericht.[721] Dieses entscheidet im Adoptionsverfahren dann als Vorfrage der Kindesannahme über den Erfolg der Glaubhaftmachung. Das Annahmeverfahren muss deshalb bereits anhängig sein. Notwendig ist, dass der Annehmende seinen Annahmeantrag schon gestellt hat. Noch nicht zwingend vorliegen muss hingegen die Einwilligung der leiblichen Mutter. Im Interesse des potentiellen Vaters und des möglicherweise von ihm abstammenden Kindes kommt, falls der Annahmeantrag noch nicht eingegangen ist, eine Vormerkung des Einwilligungsverlangens des mutmaßlichen Vaters in Betracht.[722]

b) Geltung des Amtsermittlungsgrundsatzes?

Obwohl das Gesetz keine Ausnahmen von der Pflicht des Gerichts nennt, von Amts wegen zu ermitteln, bestehen über die uneingeschränkte Anwendung des Amtsermittlungsgrundsatzes nach § 26 FamFG im Adoptionsverfahren Zweifel.[723] Die Anwendung des Amtsermittlungsgrundsatzes hat bei der Inanspruchnahme des Einwilligungsrechts nach § 1747 I 2 BGB durch den Vaterschaftsprätendenten zur Folge, dass das Gericht nicht auf die Erhebung der von ihm angebotenen Beweise beschränkt, sondern verpflichtet ist, von Amts wegen den Sachverhalt aufzuklären und alle sachdienlichen Beweise zu ermitteln.[724] Im Einzelfall kann die Geltung des Amtsermittlungsgrundsatzes entscheidende Bedeutung haben. Wenn das Gericht nämlich nur die angebotenen Beweise würdigt, gelangt es möglicherweise zu dem Ergebnis, einem potentiellen Vater auf dieser Grundlage ein Einwilligungsrecht nach § 1747 I 2 BGB zu gewähren. Dagegen kann sich bei einer weitergehenden Aufklärung durch das Gericht ergeben, dass die Vaterschaft eines Mannes, der an Eides statt versichert, Kindesvater

---

718 MünchKommBGB/*Maurer*, § 1747, Rn. 21; Oberloskamp/Hoffmann, Wir werden Adoptiv- oder Pflegeeltern, S. 155.

719 Thomas/Putzo/*Reichold*, ZPO, § 294, Rn. 2.

720 Erman/*S. C. Saar*, § 1747, Rn. 3; Lipp/Wagenitz, Das neue Kindschaftsrecht, § 1747, Rn. 10, 14; MünchKommZPO/*Ulrici*, § 31, Rn. 6 f.

721 Staudinger/*Frank*, § 1747, Rn. 17.

722 Lipp/Wagenitz, Das neue Kindschaftsrecht, Rn. 13 f.

723 Bamberger/Roth/*Enders*, § 1747, Rn. 3.

724 FamRefK/*Maurer*, § 1747, Rn. 5; Helms, JAmt 2001, S. 59.

zu sein, nach Auswertung der übrigen Beweismittel ausgeschlossen ist. Umgekehrt sind Fälle denkbar, in denen es einem Mann, bei dem es sich tatsächlich um den Kindesvater handelt, nicht gelingt, dem Gericht mit den ihm zur Verfügung stehenden Beweismitteln glaubhaft zu machen, dass er der Mutter während der Empfängniszeit beigewohnt hat. Bei einer Verpflichtung des Gerichts, von Amts wegen weiter zu ermitteln, besteht in solchen Fällen die Möglichkeit, dass die Voraussetzungen des § 1600d II 1 BGB aufgrund anderer Beweise glaubhaft gemacht werden. Im Einzelfall kann sich also die Frage, ob der Amtsermittlungsgrundsatz uneingeschränkt gilt, auf die Rechtsstellung des Kindesvaters im Adoptionsverfahren auswirken.

Teilweise wird vertreten, dass die gerichtliche Amtsermittlungspflicht durchbrochen sei, weil das Gesetz dem präsumtiven Vater durch § 1747 I 2 BGB die Glaubhaftmachung seiner Rechtsposition auferlege.[725] Der Wortlaut dieser Vorschrift, der ein eigenes Tätigwerden des Vaterschaftsprätendenten voraussetze, spreche dafür, dass ihm die Glaubhaftmachung der Voraussetzung des § 1600d II 1 BGB selbst obliege. Auch der Zweck der Regelung, dem potentiellen Vater die Möglichkeit zu geben, seine Vaterschaft rechtzeitig vor der Adoption „geltend zu machen", ohne auf eine vom Willen der Mutter abhängige Vaterschaftsanerkennung oder ein langwieriges Vaterschaftsfeststellungsverfahren angewiesen zu sein, zeige, dass § 1747 I 2 BGB ein „Widerspruchsrecht" des möglichen Erzeugers enthalte, dessen Voraussetzungen er selbst glaubhaft zu machen habe und somit die gerichtliche Pflicht zur Amtsermittlung entfalle.[726]

Dagegen sieht die herrschende Meinung das Gericht durch die erforderliche Glaubhaftmachung des potentiellen Vaters nicht seiner Pflicht entbunden, den Sachverhalt von Amts wegen aufzuklären und dazu alle sachdienlichen Beweismittel zu ermitteln und die Beweise aufzunehmen.[727] Dieser Ansicht ist zuzu-

725 Helms, JAmt 2001, S. 59; ebenso LG Freiburg, FamRZ 2002, S. 1647 (1647). Trotz seiner Bedenken gegen die uneingeschränkte Anwendung des Amtsermittlungsgrundsatzes, räumt auch Helms, JAmt 2001, S. 59 f., ein, dass – selbst wenn für den Nachweis der Tatbestandsvoraussetzungen des § 1747 I 2 BGB der Beibringungsgrundsatz gelte – es doch Aufgabe des Gerichts sei, in Zweifelsfällen auf eine sachdienliche Ergänzung der Glaubhaftmachung hinzuwirken.

726 Helms, JAmt 2001, S. 59; Lipp/Wagenitz, Das neue Kindschaftsrecht, § 1747, Rn. 12.

727 Erman/*S. C. Saar*, § 1747, Rn. 3; FamRefK/*Maurer*, § 1747, Rn. 5; Liermann, FuR 1997, S. 221; Palandt/*Diederichsen*, § 1747, Rn. 3; Wolf, FPR 2001, S. 350. Allerdings kommt bei der Sachverhaltsaufklärung die Einholung von medizinischen Sachverständigengutachten nicht in Betracht. Zwar lässt sich weder dem Gesetzeswortlaut noch den Gesetzesmaterialien entnehmen, dass es dem Gericht untersagt ist, im Annahmeverfahren einem Antrag auf Abstammungsbegutachtung stattzugeben. Dennoch darf das Gericht das Vaterschaftsfeststellungsverfahren nicht vorwegnehmen und deshalb auch kein medizinisches Gutachten einholen. Stattdessen ist es auf die Aussagen der Mutter und des Vaters angewiesen. Ansonsten

stimmen. Für eine generelle Geltung der Amtsermittlungspflicht spricht, dass – obgleich es sich bei § 1747 I 2 BGB nur um eine vorläufige Vermutung handelt – sowohl seitens des Kindes als auch des Vaters das Interesse besteht, den Status so schnell und so sicher wie möglich aufzuklären. Diesem Interesse kann am besten Rechnung getragen werden, indem das Gericht von vornherein und umfassend verpflichtet ist, den Sachverhalt durch die Beschaffung und den Beweis der entscheidungserheblichen Tatsachen zu untersuchen. Der Amtsermittlungsgrundsatz dient der materiellen Wahrheit. Durch eine umfassende Sachverhaltsaufklärung wird vermieden, dass einem Mann, bei dem es sich gar nicht um den Kindesvater handelt, ein Einwilligungsrecht in die Adoption zukommt. Somit kann auch die Gefahr reduziert werden, dass ein Mann, der nicht der Kindesvater ist, das Einwilligungsrecht missbraucht, um den wahren leiblichen Vater aus dem Adoptionsverfahren zu verdrängen.

Darüber hinaus entspricht eine uneingeschränkte Amtsermittlungspflicht den völkerrechtlich anerkannten und im Grundgesetz verankerten staatlichen Schutz- und Förderungspflichten zugunsten familiärer Beziehungen. Als Vorstufe dieser staatlichen Schutzpflichten, die wegen der Grundrechtsbindung der Judikative nach Art. 1 III GG auch für die Gerichte gelten, ist erforderlich, dass von Amts wegen, soweit wie möglich und ohne ein Vaterschaftsfeststellungsverfahren vorwegzunehmen, aufgeklärt wird, ob die Vaterschaft eines Mannes, der sich auf ein Einwilligungsrecht nach § 1747 I 2 BGB berufen will, überwiegend wahrscheinlich ist. Daran ändert nichts, dass diese Schutzpflichten selbst noch nicht zugunsten des potentiellen Vaters wirken können. Um den verfassungsrechtlichen Schutz der Art. 6 I, 6 II 1 GG und die sich aus Art. 8 I EMRK ergebende staatliche Förderungspflicht zugunsten familiärer Beziehungen, die erst greifen, wenn sich der Vaterschaftsprätendent wirklich als der Kindesvater erweist,[728] voll zur Entfaltung zu bringen, darf das Familiengericht einen potentiellen Vater in den Fällen des § 1747 I 2 BGB nicht mit der Glaubhaftmachung allein lassen.

c) Glaubhaftmachung der Vaterschaft?

Für ein Einwilligungsrecht nach § 1747 I 2 BGB muss der potentielle Erzeuger die Voraussetzungen des § 1600d II 1 BGB substantiiert darlegen und glaubhaft machen.[729] Gem. § 1600d II 1 BGB wird im Verfahren auf gerichtliche Feststel-

ergäbe sich ein Widerspruch zu der Natur des § 1747 I 2 BGB als vorläufige Vaterschaftsvermutung, S. Helms, JAmt 2001, S. 61; Staudinger/*Frank*, § 1747, Rn. 17; vgl. außerdem BT-Drucks. XIII/4899, S. 113.

728 S. dazu 3. Kapitel I. 2. b).

729 MünchKommBGB/*Maurer*, § 1747, Rn. 5.

lung der Vaterschaft als Vater vermutet, wer der Mutter während der Empfängniszeit beigewohnt hat. Orientiert man sich am Wortlaut des § 1747 I 2 BGB, ist der Gegenstand der Glaubhaftmachung auf die Beiwohnung der Mutter während der Empfängniszeit beschränkt. Der Gesetzeswortlaut fordert hingegen nicht, dass sich die Glaubhaftmachung darüber hinaus auch auf die Vaterschaft als solche bezieht. Dementsprechend greift die Vermutungswirkung des § 1747 I 2 BGB selbst dann, wenn eine Vaterschaft – etwa wegen Mehrverkehrs der Mutter – unwahrscheinlich ist.[730] Jegliche Anhaltspunkte, die dagegen sprechen, dass derjenige, der die Beiwohnung glaubhaft macht, nicht der biologische Vater des Kindes ist, sind unerheblich.[731] Aus der konsequenten Anwendung des Gesetzeswortlauts folgt somit, dass sogar einem Mann, der zwar die Beiwohnung glaubhaft macht, aber als leiblicher Vater nicht in Betracht kommt, ein Mitwirkungsrecht an der Adoption des Kindes gesichert ist.

Um dieses Ergebnis zu vermeiden, wird in der Literatur teilweise vorgeschlagen, als Anknüpfungspunkt für die Glaubhaftmachung nicht nur auf die Beiwohnung, sondern auch auf die Vaterschaft als solche abzustellen.[732] Helms begründet diese Ansicht mit dem Hinweis auf den Zweck des § 1747 I 2 BGB, dem vermutlichen Vater ein Einwilligungsrecht in die Adoption des Kindes zu gewähren. Dagegen habe dem Gesetzgeber nicht vorgeschwebt, jedem, der der Mutter vermutlich beigewohnt hat, ein Einwilligunsrecht zukommen zu lassen. Halte man nun am Wortlaut des § 1747 I 2 BGB fest, komme auch Letzterer in den Genuss eines Einwilligungsrechts. Dies sei mit dem Gesetzeszweck aber nicht zu vereinbaren.[733]

Im Ergebnis verdienen die Ausführungen Helms Zustimmung. Der Einführung des § 1747 I 2 BGB lag nicht die Intention zugrunde, allen Männern, die mit der Mutter zur maßgeblichen Zeit sexuellen Kontakt hatten, die Mitwirkung an der Adoption des Kindes zu ermöglichen. Durch eine solche extensive Handhabung des Einwilligungsrechts wäre eine komplikationsfreie Realisierung einer Adoption schwer zu verwirklichen. Der Kreis der Beteiligten würde unnötig ausgeweitet. Wie bereits oben ausgeführt, war es gerade das Anliegen des Gesetzgebers, die Anzahl der an einer Adoption mitwirkenden Personen möglichst klein zu halten.[734] Aus diesem Grund darf das Einwilligungsrecht nach § 1747 I 2

---

730 So auch Palandt/*Diederichsen*, § 1747, Rn. 3; Soergel/*Liermann*, § 1747, Rn. 8; Staudinger/*Frank*, § 1747, Rn. 17.

731 Vgl. Helms, JAmt 2001, S. 58 f.

732 Helms, JAmt 2001, S. 59; Lipp/Wagenitz, Das neue Kindschaftsrecht, § 1747, Rn. 9; MünchKommBGB/*Maurer*, Rn. 5.

733 Helms, JAmt 2001, S. 58; vgl. dazu außerdem Gernhuber/Coester-Waltjen, FamR, § 68, Rn. 61.

734 4. Kapitel I. 1.

BGB nur demjenigen zustehen, dessen Vaterschaft überwiegend wahrscheinlich ist. Jede andere Auslegung des § 1747 I 2 BGB stände dem gesetzgeberischen Ziel im Wege, Konflikte beim Ablauf einer Adoption zu vermeiden.

Trotz seiner nachvollziehbaren Argumentation verzichtet Helms auf eine Erklärung, wie er zu dem Ergebnis gelangt, denjenigen, der zwar glaubhaft macht, der Mutter beigewohnt zu haben, dessen Vaterschaft aber unwahrscheinlich ist, vom Einwilligungsrecht nach § 1747 I 2 BGB auszuschließen. Helms weist lediglich darauf hin, dass eine Anwendung des § 1600d II 2 BGB, nach dem die Vaterschaftsvermutung des § 1600d II 1 BGB widerlegt ist, wenn trotz der Beiwohnung schwerwiegende Zweifel an der Vaterschaft bestehen, jedenfalls nicht weiterhelfen könne. Denn § 1600d II 2 BGB widerlege nur die Vaterschaftsvermutung, enthalte aber keine Aussage über die Folgen für das Einwilligungsrecht nach § 1747 I 2 BGB in Fällen, in denen zwar die Beiwohnung, nicht dagegen die Vaterschaft wahrscheinlich ist.[735]

Zwar kann Helms insofern zugestimmt werden, als § 1600d II 2 BGB nicht die Voraussetzung der Vaterschaftsvermutung, nämlich die Beiwohnung zur Empfängniszeit betrifft, sondern sich auf die Rechtsfolge des § 1600 II 1 BGB bezieht, indem er die Vermutungswirkung nicht eintreten lässt. Dieser Bezug hindert aber nicht daran, auf den Rechtsgedanken des § 1600d II 2 BGB, bei gravierenden Zweifeln die Vaterschaftsvermutung zu versagen, losgelöst vom Kontext des § 1600d II 1 BGB zurückzugreifen. Vielmehr ist der Rechtsanwender zu diesem Schritt verpflichtet, wenn der Gesetzeszweck ein solches Vorgehen gebietet. Dies ist hier im Hinblick auf die Gewährleistung eines reibungslosen Adoptionsverfahrens der Fall. Auch wenn § 1747 I 2 BGB nicht auf § 1600d II 2 BGB verweist, muss diese Vorschrift ohne Umweg über § 1600d II 1 BGB direkt auf § 1747 I 2 BGB Anwendung finden. Im Wege der unmittelbaren Heranziehung des Rechtsgedankens des § 1600d II 2 BGB gelangt man zu dem Ergebnis, dass ein Mann bei schwerwiegenden Zweifeln an seiner Vaterschaft selbst dann nicht gem. § 1747 I 2 BGB als Vater anzusehen ist, wenn er glaubhaft macht, der Mutter während der Empfängniszeit beigewohnt zu haben. Folglich steht diesem Mann auch kein Einwilligungsrecht in die Kindesannahme zu.[736] In Anbetracht der Maßstäbe des Grundgesetzes, denen zufolge nicht jeder Mann, der der Mutter während der Empfängniszeit beigewohnt hat, sondern allein der Kindesvater das Elternrecht aus Art. 6 II 1 GG innehat, ist diese Lösung die einzig vertretbare.

---

735 Helms, JAmt 2001, S. 58.

736 So im Ergebnis auch Lipp/Wagenitz, Das neue Kindschaftsrecht, § 1747, Rn. 9, die die Wirkung des § 1600d II 2 BGB erst recht bei einer auf einen nur glaubhaft gemachten Vermutungstatbestand gestützten Vaterschaftsfiktion eintreten lassen wollen.

d) Erhebung einer Vaterschaftsfeststellungsklage?

Obwohl eine Glaubhaftmachung nach § 1747 I 2 BGB nicht voraussetzt, dass der Vaterschaftsprätendent bereits ein gerichtliches Vaterschaftsverfahren betrieben hat, ist in der Literatur die Auffassung weitverbreitet, dass derjenige, der für sich ein Einwilligungsrecht in die Kindesannahme in Anspruch nimmt, seiner Behauptung durch ernsthaftes Bemühen um Anerkennung oder Feststellung seiner Vaterschaft Nachdruck verleihen müsse.[737] Teilweise wird gefordert, dass die beschränkte Vaterschaftsvermutung nur einem Mann zugute kommen dürfe, der seine Vaterschaft nach §§ 1592 Nr. 2, 1597 BGB anerkannt hat, das Anerkenntnis aber mangels Zustimmung der Mutter nicht wirksam geworden ist.[738] Teilweise wird mit der Begründung, dass § 1747 I 2 BGB ausdrücklich auf § 1600d II 1 BGB, der die Vaterschaftsfeststellungsklage regelt, Bezug nimmt, zumindest ein anhängiges Vaterschafsfeststellungsverfahren verlangt.[739] Jedenfalls besteht Einigkeit darüber, dass den Interessen der am Annahmeverfahren Beteiligten nur Rechnung getragen werden kann, indem man dem Vaterschaftsprätendenten das förmliche Betreiben der Vaterschaftsanerkennung oder -feststellung auferlegt.[740] Dies zeige sich besonders im Hinblick auf das Wohl des anzunehmenden Kindes. Wenn man nämlich jedem, der sich einer Vaterschaft berühmt, durch § 1747 I 2 BGB ein Mitwirkungsrecht an der Adoption gewähre, stehe all diesen Männern die Möglichkeit zur Einflussnahme auf den weiteren Lebensweg des Kindes offen. Um das Kind vor der Einflussnahme auf sein Schicksal durch jemanden, mit dem es tatsächlich gar keine leibliche Verwandtschaftsbeziehung verbinde, zu bewahren, müsse der Vaterschaftsprätendent den genannten Anforderungen ausgesetzt werden.[741]

Dagegen gibt es im Schrifttum auch Stimmen, die das Erfordernis eines zusätzlichen „Seriositätstests" des Vaterschaftsprätendenten ablehnen.[742] Diese Autoren sind der Ansicht, dass es für das Einwilligungsrecht nach § 1747 I 2

---

737 Liermann, FuR 1997, S. 221; Staudinger/*Frank*, § 1747, Rn. 18.

738 Coester, JZ 1992, S. 816; MünchKommBGB/*Maurer*, § 1747, Rn. 5; vgl. außerdem Willutzki, KindPrax 1998, S. 104.

739 Baer, ZfJ 1996, S. 124; Kopper-Reifenberg, Kindschaftsrechtsreform und Schutz des Familienlebens nach Art. 8 EMRK, S. 340, Fn. 1529; Oberloskamp/Hoffmann, Wir werden Adoptiv- oder Pflegeeltern, S. 163; so auch die Kommission Kindschaftsrecht des Deutschen Juristinnenbundes in ihrer Stellungnahme zum Entwurf des KindRG und zum Entwurf des Beistandschaftsgesetzes, FPR Service 04 1997, S. X.

740 Liermann, FuR 1997, S. 221.

741 Vgl. dazu die Stellungnahme der Kommission Kindschaftsrecht des Deutschen Juristinnenbundes zum Entwurf des KindRG und zum Entwurf des Beistandschaftsgesetzes, FPR Service 04 1997, S. X f.

742 So Lipp/Wagenitz, Das neue Kindschaftsrecht, § 1747, Rn. 8.

BGB weder einer erklärten, aber mangels Zustimmung unwirksamen Anerkennung noch einer angestrebten Vaterschaftsfeststellung bedürfe.[743] Andernfalls würde dem potentiellen Vater eine folgenreiche Gewissheit abverlangt, die er vernünftigerweise nicht erfüllen könne.[744] Außerdem hätte eine Verknüpfung des Einwilligungsrechts nach § 1747 I 2 BGB mit der gleichzeitig notwendigen Betreibung eines Abstammungsverfahrens im Wortlaut oder in den Gesetzesmaterialien einen deutlichen Niederschlag finden müssen. Die Formulierung des § 1747 I 2 BGB lasse vielmehr erkennen, dass allein aus der Vermutungswirkung des § 1600d II 1 BGB ein Einwilligungsrecht im Adoptionsverfahren erwachse. Damit sei die Forderung nach Einleitung eines Vaterschaftsfeststellungsverfahrens nicht zu vereinbaren.[745]

Denjenigen, die einer Anwendung des § 1747 I 2 BGB ohne das zusätzliche Erfordernis eines angestrebten Vaterschaftsanerkenntnisses oder einer erhobenen Statusklage skeptisch gegenüberstehen, kann insoweit zugestimmt werden, als die Regelung auf den ersten Blick befremdlich erscheinen mag und auch einige Risiken und Inkonsequenzen birgt. Nicht umsonst beanstandete der Bundesrat die Regelung des § 1747 I 2 BGB in seiner Stellungnahme zum von der Bundesregierung vorgelegten Entwurf des KindRG.[746] Er äußerte die Befürchtung, dass die Einführung eines Einwilligungsrechts des Vaterschaftsprätendenten zu unwürdigen und unhaltbaren Zuständen führe. Diese Bedenken beruhten darauf, dass die einseitige Behauptung eines Mannes, mit der Mutter verkehrt zu haben, schon ausreiche, um das Einwilligungserfordernis auszulösen. Als problematisch müssten dabei vor allem Fälle angesehen werden, in denen mehrere Männer als leibliche Väter eines Kindes in Betracht kämen.[747] Ebenso prekär sei, wenn sich herausstelle, dass es sich bei dem mutmaßlichen Vater in Wirklichkeit gar nicht um den Erzeuger des Kindes handle, eine Adoption durch die Verweigerung seiner Einwilligung aber bereits verhindert worden sei.[748]

Abgesehen von dem Irrtum, für die Vermutungswirkung des § 1747 I 2 BGB genüge bereits die bloße einseitige Behauptung der Vaterschaft durch den poten-

---

743 Helms, JAmt 2001, S. 58; Lipp/Wagenitz, Das neue Kindschaftsrecht, § 1747, Rn. 8, vgl. dazu ferner Erman/*S. C. Saar*, § 1747, Rn. 3.

744 Lipp/Wagenitz, Das neue Kindschaftsrecht, § 1747, Rn. 8.

745 Helms, JAmt 2001, S. 58.

746 BT-Drucks. XIII/4899, S. 156; zustimmend Staudinger/*Frank*, § 1747, Rn. 19. Auch die Kommission des Deutschen Familiengerichtstages, FamRZ 1997, S. 341, plädiert im Anschluss an die Erwägungen des Bundesrates für eine ersatzlose Streichung des § 1747 I 2 BGB. Liermann, in: Soergel, § 1747, Rn. 8, wirft dem Gesetzesentwurf der Bundesregierung vor, dass er über den Auftrag des Bundesverfassungsgerichts, das Elternrecht des nicht mit der Mutter verheirateten Vaters zu schützen, hinausgeht.

747 S. dazu Willutzki, ZKJ 2007, S. 26.

748 BT-Drucks. XIII/4899, S. 156.

tiellen Erzeuger[749], übersieht der Bundesrat die Möglichkeit einer Einwilligungsersetzung nach § 1748 IV BGB, die einer Verweigerung der Einwilligung und somit der Verhinderung einer Adoption zum Nachteil des Kindes entgegenzuwirken vermag. Dennoch ist zu konzedieren, dass die Anwendung des § 1747 I 2 BGB unter Verzicht auf die Anforderung einer anhängigen Vaterschaftsfeststellungsklage eine Spaltung der Rechtswirkungen zur Folge hat. Zwar kann ein Mann, der die Voraussetzungen des § 1600d II BGB glaubhaft macht, sein Einwilligungsrecht nach § 1747 I 1, 2 BGB in Anspruch nehmen. Ausgeschlossen ist hingegen, dass ein Vaterschaftsprätendent beim Familiengericht unter Berufung auf die Fiktion des § 1747 I 2 BGB einen Antrag auf Übertragung der elterlichen Sorge stellt. Ebenso wenig greift § 1747 III Nr. 2 BGB zu seinen Gunsten. Ihm ist somit nicht die Möglichkeit eröffnet, durch Verweigerung seiner Einwilligung die Adoption des Kindes zu hemmen.[750] Mit der auf die Begründung des Einwilligungserfordernisses in die Kindesannahme begrenzten Rechtswirkung ist das Prinzip der beschränkten Vaterschaftsvermutung Ausnahme zu dem in den §§ 1594 I, 1600d IV BGB verankerten Rechtsgrundsatz, nach dem die rechtlichen Wirkungen einer Vaterschaft erst mit der allgemein gültigen Rechtswirksamkeit ihrer Anerkennung oder Feststellung eintreten.[751]

Darüber hinaus sind bei der Geltendmachung des Einwilligungsrechts durch den präsumtiven Vater eventuelle Manipulationen nicht vollständig aus dem Weg zu räumen. In der Regel wird sich zwar nur ein Mann melden und auf sein Recht nach § 1747 I 2 BGB berufen wollen, der selbst von der überwiegenden Wahrscheinlichkeit seiner Vaterschaft ausgeht. Die Strafbewehrtheit der eidesstattlichen Versicherung nach § 156 StGB kann weitgehend gewährleisten, dass sich niemand grundlos seiner Vaterschaft berühmt, obwohl er innerlich davon überzeugt ist, nicht der Erzeuger des Kindes zu sein.[752] Trotzdem besteht gerade seitens der Kindesmutter eine Missbrauchsgefahr. Die Mutter hat insofern ein starkes Motiv für eine Falschaussage[753], als sie durch Benennung eines Mannes, etwa ihres Lebensgefährten, der dann die Voraussetzungen des § 1600d II 1 BGB glaubhaft macht, den tatsächlichen Kindesvater seines Einwilligungsrechts in die Adoption berauben kann. In solchen Fällen des kollusiven Zusammenwirkens der Mutter mit einem anderen Mann als dem wirklichen Vater kann eine

749 Es bedarf der Glaubhaftmachung der Beiwohnung während der Empfängniszeit! Vgl. zu den Ausführungen des Bundesrates ferner MünchKommBGB/*Maurer*, § 1747, Rn. 5 sowie die Gegenäußerung der Bundesregierung, BT-Drucks. XIII/4899, S. 170.

750 Baer, ZfJ 1996, S. 124; Greßmann, Neues Kindschaftsrecht, Rn. 396; vgl. dazu BT-Drucks. XIII/4899, S. 113, 170.

751 BT-Drucks. XIII/4899, S. 113.

752 Vgl. Wichmann, FuR 1996, S. 168; Büttner, Schwab-FS, S. 737.

753 S. Helms, JAmt 2001, S. 61.

missbräuchliche Ausübung des Einwilligungsrechts nach § 1747 I 2 BGB nicht komplett ausgeschlossen werden. In Anbetracht dessen ist es wichtig, dass sowohl das Familiengericht als auch – diesem vorgeschaltet – das Jugendamt den Sachverhalt umfassend aufklären, um etwaige Ungereimtheiten hinsichtlich der Person des Kindesvaters sicher und schnell entdecken zu können.[754]

Trotz der aufgezeigten Probleme, die mit der Anwendung des § 1747 I 2 BGB verbunden sind, muss dem präsumtiven Vater ein Einwilligungsrecht in die Kindesannahme gewährt werden, ohne auf die Erhebung einer Vaterschaftsfeststellungsklage als Voraussetzung dafür zu bestehen. Das von den Anhängern der Gegenmeinung angeführte Argument der gespaltenen Rechtsfolgen überzeugt nicht. Es gibt keine Veranlassung mit der Begründung, dass eine Vaterschaftsvermutung weniger weitreichende Rechtswirkungen auslöst als eine festgestellte Vaterschaft, im Rahmen des § 1747 I 2 BGB Anforderungen aufzustellen, die weder vom Wortlaut noch vom Zweck der Regelung gedeckt sind.

Gerade wenn man sich die hinter dem Einwilligungsrecht des Vaterschaftsprätendenten stehende Intention des Gesetzgebers noch einmal vor Augen führt, wird deutlich, dass auf zusätzliche Voraussetzungen verzichtet werden muss. Ausweislich der Gesetzesmaterialien beruhte die Einführung des Einwilligungsrechts nach § 1747 I 2 BGB auf der Überlegung, dass es nicht genügt, nur dem nach § 1592 BGB als Vater feststehenden Mann ein Einwilligungsrecht zuzubilligen. Denn der Weg zur rechtlichen Vaterschaft – so die Bundesregierung in der Begründung zum Entwurf des KindRG – hänge entscheidend vom Willen der Mutter ab. Das Vaterschaftsanerkenntnis nach §§ 1592 Nr. 2, 1594 BGB bedarf gem. § 1595 BGB ihrer Zustimmung. Diese Zustimmung werde nicht in allen Fällen erteilt und sei bei ihrer Verweigerung auch nicht ersetzbar. Damit könne die Mutter dem Kindesvater die rechtliche Bestätigung seiner Vaterposition verbauen.[755] Es bestehe für den potentiellen Erzeuger weiterhin die Möglichkeit, gem. § 1592 Nr. 3 BGB Klage auf Feststellung der Vaterschaft zu betreiben. Der rechtskräftige Abschluss eines solchen Verfahrens nehme jedoch in der Regel viel Zeit in Anspruch.[756] Um zu vermeiden, dass der Vater vor vollendete Tatsachen gestellt werde, sei er in das laufende Adoptionsverfahren einzubeziehen. Er müsse durch Geltendmachung seines Einwilligungsrechts auf die Adoption seines nichtehelichen Kindes einwirken können, auch wenn er weder nach § 1592 Nr. 2 BGB noch nach § 1592 Nr. 3 BGB als Vater anzusehen sei.[757]

754 So auch die Bundesregierung in ihrer Gegenäußerung, BT-Drucks. XIII/4899, S. 170.

755 Soergel/*Liermann*, § 1747, Rn. 7.

756 BT-Drucks. XIII/4899, S. 71; Helms JAmt 2001, S. 58.

757 BT-Drucks. XIII/4899, S. 13.

In der Begründung der Bundesregierung bleibt unerwähnt, dass, wenn die Kindesmutter ihre Einwilligung in die Adoption erteilt hat und infolgedessen die elterliche Sorge gem. § 1751 I 1, 1. HS BGB ruht, zusätzlich das Jugendamt nach §§ 1595 II, 1596 II 1 i.V.m. § 1751 I 2, 1. HS BGB als Vormund des Kindes einer Vaterschaftsanerkennung zustimmen muss. Wegen des eindeutigen Wortlauts des § 1595 II BGB, nach dem „auch" die Zustimmung des Kindes erforderlich ist, müssen in Fällen, in denen der Mutter insoweit, d.h. bei der Vaterschaftsanerkennung, die elterliche Sorge nicht zusteht, sowohl die Zustimmung der Mutter nach § 1595 I BGB als auch die des Kindes nach § 1595 II BGB kumulativ vorliegen. Die Zustimmungserklärung des Kindes macht die der Mutter keineswegs entbehrlich.[758] Zum Teil wird angenommen, es handle sich bei § 1595 II BGB um ein Redaktionsversehen, weil das Zustimmungsbedürfnis der Mutter dann entfallen solle, wenn diese nicht Trägerin der elterlichen Sorge ist.[759] Gegen ein Redaktionsversehen sprechen aber folgende Überlegungen: Zum einen erfolgt die Zustimmung der Mutter nach § 1595 I BGB nicht als Vertreterin des Kindes, sondern aus eigenem Recht.[760] Daher muss sie unabhängig von der Inhaberschaft der elterlichen Sorge betrachtet werden und ist somit auch bei fehlendem Sorgerecht nicht entbehrlich. Zum anderen ist die Mutter jedenfalls, also auch wenn ihr die elterliche Sorge im Rahmen der Vaterschaftsanerkennung nicht zusteht, vor einem Anerkenntnis durch einen beliebigen Dritten zu schützen. Folglich darf ihr das Zustimmungsrecht nicht versagt werden.[761]

Die Bundesregierung geht nicht im Einzelnen auf das Erfordernis der Zustimmung der Kindesmutter zur Vaterschaftsanerkennung ein. Dennoch sind ihre Ausführungen im Hinblick auf die notwendige Stärkung der väterlichen Rechtsstellung zutreffend. Vor allem verdeutlicht das sorgerechtsunabhängige Zustimmungsbedürfnis der Mutter nach § 1595 I BGB, dass, selbst wenn ihr gem. § 1666 BGB die elterliche Sorge entzogen worden ist, ein Vaterschaftsanerkenntnis an ihrem Widerstand scheitern kann. Zwar kommen Maßnahmen nach § 1666 BGB in Betracht, falls die Mutter durch Verweigerung ihrer Zustimmung bewusst verhindern will, dass der leibliche Vater die rechtliche Vaterposition einnimmt. Ebenso kann § 1666 BGB in der umgekehrten Konstellation herangezogen werden, in der die Mutter einem Anerkenntnis durch einen anderen Mann zustimmt, um den wirklichen Vater von der Anerkennung auszuschließen.[762] Im

---

758 MünchKommBGB/*Wellenhofer-Klein*, § 1595, Rn. 11; Staudinger/*Rauscher*, § 1595, Rn. 24.

759 Vgl. Palandt/*Diederichsen*, § 1595, Rn. 4.

760 MünchKommBGB/*Wellenhofer-Klein*, § 1595, Rn. 7; Staudinger/*Rauscher*, § 1595, Rn. 20.

761 Hager, Schwab-FS, S. 778.

762 Vgl. BT-Drucks. XIII/4899, S. 54; MünchKommBGB/*Wellenhofer-Klein*, § 1595, Rn. 8; kritisch zur Anwendbarkeit des § 1666 BGB Gaul, FamRZ 1997, S. 1450; Staudinger/*Rauscher*, § 1595, Rn. 17.

Ergebnis ändern Maßnahmen nach § 1666 BGB aber nichts am Zustimmungsbedürfnis der Mutter nach § 1595 I BGB, sondern eröffnen nur den Anwendungsbereich des § 1596 II BGB, so dass der leibliche Vater bei einer Zustimmungsverweigerung der Mutter weiterhin keine Möglichkeit hat, als rechtlicher Vater anerkannt zu werden.

Da die beschränkte Vaterschaftsvermutung keine über das Einwilligungserfordernis hinausgehende Rechtwirkungen auslöst, wie sie bei einer festgestellten Vaterschaft eintreten, überzeugt es nicht, das Einwilligungsrecht des präsumtiven Vaters mit dem Argument der ansonsten gespaltenen Rechtsfolgen von seinen Bemühungen um die Anerkennung oder Feststellung seiner Vaterschaft abhängig zu machen. Allerdings sollte zum Schutz des Kindes das Nichtbetreiben dieser förmlichen Verfahren und die Gründe hierfür bei der Beweiswürdigung der Glaubhaftmachung des potentiellen Vaters beachtet werden.[763]

Im Übrigen soll noch auf die vom Bundesrat aufgezeigte problematische Konstellation des Mehrverkehrs eingegangen werden. Nach der hier vertretenen Lösung tritt bei schwerwiegenden Zweifeln an der Vaterschaft gem. § 1600d II 2 BGB die Vermutungswirkung nach § 1747 I 2 BGB nicht ein. Mehrverkehr ist die typische Ursache für das Bestehen schwerwiegender Zweifel.[764] Die Anwendung des § 1600 II 2 BGB bietet demnach einen plausiblen Weg, wie im Falle mehrerer möglicher Väter zu verfahren ist. Somit können Störungen des Adoptionsverfahrens durch Personen, die mit dem anzunehmenden Kind keine leibliche Verwandtschaft verbindet, weitgehend vermieden werden.

Dass es den vom Bundesrat vorgetragenen Vorbehalten gegen ein Einwilligungsrecht des Vaterschaftsprätendenten an Überzeugungskraft fehlt und auch eine restriktive Interpretation des § 1747 I 2 BGB nicht angezeigt ist, belegt schließlich die Entscheidung der Bundesregierung, entgegen allen ausdrücklichen Bedenken an ihrem Entwurf festzuhalten, der dann auch Gesetz geworden ist.

e) Ausschluss des § 1747 I 2 BGB bei feststehender Vaterschaft eines anderen Mannes

Nicht übersehen werden darf, dass die Regelung des § 1747 I 2 BGB in der Fassung, in der sie in das BGB Eingang gefunden hat, Probleme aufwirft. Wie bereits oben ausgeführt, ist ein Einwilligungsrecht des Vaterschaftsprätendenten nur in Erwägung zu ziehen, wenn kein anderer Mann nach § 1592 BGB als Vater

763 MünchKommBGB/*Maurer*, § 1747, Rn. 5.
764 S. Erman/*S. C. Saar*, § 1747, Rn. 3.

anzusehen ist. Sofern jedoch eine rechtliche Vaterschaft nach § 1592 BGB besteht, sei es nach Nr. 1 durch Ehe mit der Mutter, sei es durch Anerkennung gem. Nr. 2 oder gerichtliche Feststellung nach Nr. 3, kann sich niemand auf die Glaubhaftmachung des Vermutungstatbestandes nach § 1747 I 2 BGB berufen.[765]

Die Bundesregierung begründete im Entwurf zum KindRG den Ausschluss des Einwilligungsrechts des Vaterschaftsprätendenten bei einer anderweitigen Statuszuordnung mit dem spärlichen Hinweis, die vorläufige und auf die Geltendmachung des Einwilligungsrechts beschränkte Vaterschaftsvermutung greife naturgemäß nicht ein, solange ein anderer Mann – nach der allgemeinen Regel des § 1592 BGB-E – als Vater anzusehen sei.[766]

Einerseits dürfte damit das im Abstammungsrecht herrschende Ein-Vater-Prinzip gemeint sein. Jedes Kind kann rechtlich wie tatsächlich nur einen Vater haben. Solange ein Mann einem Kind als Vater zugeordnet ist, bleibt für eine weitere Zuordnung kein Raum.[767] Andererseits stellt die Begründung der Bundesregierung wohl auf die inter omnes-Wirkung einer erfolgten Zuordnung ab. Da die gesetzliche Vater-Kind-Zuordnung wie auch spätere Korrekturen einer Zuordnung für und gegen jedermann wirken[768], schließen sie auch einen Mann als rechtlichen Vater aus, der sich auf die Glaubhaftmachung des Vermutungstatbestandes berufen will.[769]

Damit orientierte sich die Bundesregierung zwar an den allgemeinen Grundsätzen, die im Abstammungsrecht gelten. Überzeugen kann sie trotzdem nicht. Denn der gute Wille des Gesetzgebers, den Vater eines nichtehelichen Kindes über ein Einwilligungsrecht bereits bei erfolgreicher Glaubhaftmachung der Voraussetzungen des § 1600d II 1 BGB umfassend zu schützen, kommt zum Erliegen, wenn man sich vergegenwärtigt, dass eine Mutter durch Zustimmung zu einem wahrheitswidrigen Vaterschaftsanerkenntnis eines anderen Mannes nach der geltenden Fassung des § 1747 I 2 BGB den leiblichen Vater von seinem Einwilligungsrecht in die Adoption ausschließen kann.[770] Eine solche Vaterschaftsanerkennung ist nach dem Abstammungsrecht ohne Weiteres möglich und auch bei wissentlich falscher Abgabe wirksam.[771] Das Einwilligungsrecht des

765 Vgl. Erman/*S .C. Saar*, § 1747, Rn. 3; Lipp/Wagenitz, Das neue Kindschaftsrecht, Rn. 11.

766 BT-Drucks. XIII/4899, S. 113.

767 Gernhuber/Coester-Waltjen, FamR, § 52, Rn. 5.

768 Gernhuber/Coester-Waltjen, FamR, § 52, Rn. 6.

769 Vgl. Erman/*S. C. Saar*, § 1747, Rn. 3; Lipp/Wagenitz, Das neue Kindschaftsrecht, Rn. 11.

770 So Helms, JAmt 2001, S. 63.

771 Knöpfel, FamRZ 1983, S. 320; ausführlich zur wissentlich falschen Vaterschaftsanerkennung Frank, ZBlJugR 1972, S. 260 ff.; ders., Schlechtriem-FS, S. 42 f.; vgl. ferner das DIV-Gutachten vom 29.5.1998, in: ZfJ 1998, S. 333 f. sowie OLG Karlsruhe, FamRZ 1991, S. 1337 (1339).

Vaterschaftsprätendenten entfällt selbst dann, wenn er bereits gegenüber dem Familiengericht die Voraussetzungen des § 1600d II 1 BGB ausreichend glaubhaft gemacht hatte.[772]

Motive für ein bewusst wahrheitswidriges Vaterschaftsanerkenntnis bestehen sowohl seitens der Kindesmutter, als auch seitens des Mannes, der die Vaterschaft an sich ziehen möchte, obwohl er gar nicht der leibliche Vater des Kindes ist. Handelt es sich bei diesem um den Partner der Mutter, kann er durch Anerkennung der Vaterschaft alle mit dieser Position verbundenen Rechte wahrnehmen. Somit ist Helms darin zuzustimmen, dass das falsche Anerkenntnis eine attraktive Alternative zur Stiefkindadoption bietet, bei der der – wahrscheinliche – leibliche Vater immerhin einwilligen muss.[773] Daran ändert auch nichts, dass der Gesetzgeber zur Umsetzung der im Beschluss des BVerfG vom 9.4.2003 aufgestellten Vorgaben dem leiblichen Vater mittlerweile ein Recht eingeräumt hat, die nach § 1592 Nr. 1 und § 1592 Nr. 2 BGB bestehende rechtliche Vaterschaft eines anderen Mannes anzufechten.[774] Gem. § 1600 I Nr. 2, II BGB besteht die Anfechtungsberechtigung nämlich nur, wenn zwischen dem Kind und seinem rechtlichen Vater keine sozial-familiäre Beziehung besteht.[775] Das Gesetz stellt damit – bei allem Verständnis für das Interesse eines Kindes am Schutz seiner intakten Familie – im Hinblick auf das Schutzbedürfnis des leiblichen Vaters bei einer Adoption eine zu hohe Hürde auf.[776] Dass der leibliche Vater bei einer Adoption durch den Ehemann der Mutter schutzbedürftig ist, hat das BVerfG schließlich bereits in seinem Beschluss vom 7.3.1995 erkannt.[777]

Aber auch wenn der wahrheitswidrig anerkennende Mann nicht der Partner der Mutter ist, gibt es durchaus Gründe für ihn, die Stellung als rechtlicher Vater einzunehmen. Denkbar ist etwa, dass er sich davon einen sichereren Aufenthaltsstatus in Deutschland verspricht.[778] Ebenso kann ein deutscher Mann durch Anerkennung eines nicht von ihm stammenden Kindes diesem zu einer deutschen Staatsangehörigkeit und der Mutter zu einer Aufenthaltserlaubnis verhelfen.[779]

---

772 Helms, JAmt 2001, S. 63.

773 Helms, JAmt 2001, S. 63; vgl. ferner Hager, Schwab-FS, S. 778.

774 Dazu Hager, Schwab-FS, S. 773.

775 Zu dieser Voraussetzung ausführlich Büttner, Schwab-FS, S. 738 ff.

776 Bedenken erhebt auch Hager, Schwab-FS, S. 774 f., 780 f., der zwischen der Situation bei § 1592 Nr. 1 und § 1592 Nr. 2 BGB differenziert; kritisch außerdem Gernhuber/Coester-Waltjen, FamR, § 68, Rn. 62; a.A. Büttner, Schwab-FS, S. 745.

777 BVerfGE 92, S. 158 ff. = DAVorm 1995, Sp. 627 ff. = FamRZ 1995, S. 789 ff. = JZ 1995, S. 1109 ff. mit Anmerkung Kemm, S. 1112 = NJW 1995, S. 2155 ff.

778 BR-Drucks. 624/06 vom 1.9.2006, S. 12; Büttner, Schwab-FS, S. 744 f.; Hager, Schwab-FS, S. 776; Rakete-Dombek, FPR 2003, S. 478.

779 S. BR-Drucks. 624/06 vom 1.9.2006, S. 2, 13, 17; Grün, FuR 2006, S. 497 f.

Um missbräuchlichen, bewusst im Widerspruch zur tatsächlichen Abstammung des Kindes erklärten Anerkennungen in Fällen mit ausländerrechtlichem Bezug entgegenzuwirken, wurde Anfang 2008 in § 1600 I Nr. 5 BGB ein befristetes Anfechtungsrecht staatlicher Behörden eingeführt.[780] Danach kann auch gegen den Willen der Betroffenen gerichtlich geklärt werden, ob ein Kind genetisch von dem anerkennenden Mann abstammt, wobei die fehlende Abstammung die gerichtliche Feststellung der Nichtvaterschaft zur Folge hat.[781] Allerdings setzt eine Anfechtung durch die zuständige Behörde gem. § 1600 III BGB voraus, dass zwischen dem Kind und dem Anerkennenden keine sozial-familiäre Beziehung besteht oder im Zeitpunkt der Anerkennung oder seines Todes bestanden hat und durch die Anerkennung rechtliche Voraussetzungen für die erlaubte Einreise oder den erlaubten Aufenthalt des Kindes oder eines Elternteiles geschaffen werden. Diese Einschränkungen – vor allem der explizit geforderte ausländerrechtliche Bezug – lassen erkennen, dass mit Hilfe des eingeführten behördlichen Anfechtungsrechts keine umfassende Bekämpfung der aufgezeigten Manipulationsgefahr erfolgen kann.[782]

Somit wirkt sich die Kooperation einer Kindesmutter mit einem Mann, der wissentlich ein falsches Vaterschaftsanerkenntnis abgibt, auch nach der Gesetzesänderung immer noch zulasten des vermuteten leiblichen Vaters aus. Ihm wird die Gleichstellung mit einem feststehenden Vater gem. § 1747 I 2 BGB versagt. Die Position des leiblichen, aber nicht rechtlichen Vaters ist im Rahmen des Art. 8 I EMRK anerkannt.[783] Außerdem wurde sie ausdrücklich durch den Beschluss des BVerfG vom 9.4.2003 gestärkt, in dem das Gericht dem biologischen Vater, selbst bei Bestehen der rechtlichen Vaterschaft eines anderen Mannes, den Schutz aus Art. 6 II 1 GG zubilligte, die rechtliche Stellung als Vater einzunehmen.[784] Der Ausschluss der Vermutungswirkung bei anderweitiger Statuszuordnung steht demzufolge zu den Vorgaben des Grundgesetzes und des Völkerrechts gleichermaßen im Widerspruch.[785] Um die erforderliche konventions- und verfassungsrechtliche Konformität zu gewährleisten, sollte dem präsumtiven Vater die Berufung auf § 1747 I 2 BGB bei einer schon bestehenden Vater-Kind-Zuordnung zugunsten eines anderen Mannes nicht generell versagt

780 BGBl. 2008, Teil I, S. 313.

781 Dazu Grün, FuR 2007, S. 12 ff.

782 Kritisch gegenüber der Effektivität des behördlichen Anfechtungsrechts sogar in Fällen mit ausländerrechtlichem Bezug Grün, FuR 2007, S. 18.

783 S. EGMR, Urteil vom 27.10.1994 (Kroon und andere/Niederlande), FamRZ 2003, S. 813 ff., dazu oben 2. Kapitel II. 1. a) ee).

784 BVerfGE 108, S. 82 ff. = FamRZ 2003, S. 816 ff. = FPR 2003, S. 471 ff. mit Anmerkung Rakete-Dombek, S. 478 f.; bestätigt durch BVerfG FamRZ 2004, S. 1705 f.

785 Ebenso Maurer, FPR 2005, S. 198 sowie Gernhuber/Coester-Waltjen, FamR, § 68, Rn. 62.

werden.[786] Dies gilt insbesondere, wenn man das Einwilligungsrecht des Vaterschaftsprätendenten, wie es die Gesetzesbegründung nahe legt[787], als Ausgleich für die Abstammungsregelungen betrachtet. Für eine uneingeschränkte Geltung des § 1747 I 2 BGB, unabhängig davon, ob bereits ein anderer Mann gem. § 1592 BGB als Vater anzusehen ist, spricht im Übrigen auch, dass die Vermutungswirkung eben nur beschränkte Rechtswirkungen entfaltet, der vermutete Vater also etwa keinen Antrag auf Übertragung der elterlichen Sorge stellen kann. Es ist daher nicht zu befürchten, dass sich ein Mann auf § 1747 I 2 BGB beruft, nur um in den Genuss weiterer Rechte zu gelangen.

Die Vermutungswirkung des § 1747 I 2 BGB sollte sich allein dann nicht entfalten, wenn die Vaterschaft eines anderen Mannes bereits gerichtlich festgestellt worden ist. In den Fällen des § 1592 Nr. 3 BGB wurde im Prozess in der Regel ein Abstammungsgutachten eingeholt.[788] Anders als im Rahmen der rechtlichen Vaterschaft nach § 1592 Nr. 2 BGB sind deshalb Manipulationen weitgehend ausgeschlossen. Von der Übereinstimmung der rechtlichen und tatsächlichen Vaterschaft kann bei einer gerichtlich festgestellten Vaterschaft ausgegangen werden, so dass eine Sperrung des § 1747 I 2 BGB gerechtfertigt ist. Auf diese Weise wird dem im Abstammungsrecht geltenden Ein-Vater-Prinzip Rechnung getragen.

f) Die Folgen fehlender Glaubhaftmachung

Wenn das Familiengericht die Vaterschaft eines Mannes, der den Anspruch erhebt, Vater des zu adoptierenden Kindes zu sein, nicht für überwiegend wahrscheinlich hält, scheidet ein Eingreifen des § 1747 I 2 BGB aus. Es bedarf nicht der Einwilligung dieses Mannes in die Kindesannahme. Die Adoption kommt ohne seine Mitwirkung zustande. Probleme treten allerdings auf, sofern später doch die Vaterschaft dieses Mannes festgestellt werden sollte. Dabei muss zwischen zwei Konstellationen differenziert werden:

Konnte der später festgestellte Vater das Gericht im Annahmeverfahren nicht von der überwiegenden Wahrscheinlichkeit seiner Vaterschaft überzeugen, ändert dies nichts an der Wirksamkeit des Annahmebeschlusses. Dieser ist gem. § 197 III 1 FamFG unanfechtbar, das Gericht kann ihn nicht ändern. Eine Aufhebung des Annahmeverhältnisses ist nach § 1759 BGB nur in den gesetzlich

786 A.A. Lipp/Wagenitz, Das neue Kindschaftsrecht, Rn. 11.

787 BT-Drucks. XIII/4899, S. 113.

788 Gernhuber/Coester-Waltjen, FamR, § 52, Rn. 86.

normierten Fällen der §§ 1760, 1763 BGB möglich.[789] Allerdings kommt eine Aufhebung nach § 1760 I BGB wegen fehlender Einwilligung eines Elternteils nicht in Betracht, da die Beurteilung zum Zeitpunkt des Adoptionsbeschlusses maßgeblich ist. In diesem Zeitpunkt stand dem potentiellen Vater mangels erfolgreicher Glaubhaftmachung gerade kein Einwilligungsrecht in die Kindesannahme zu.[790]

Eine andere Lösung schlägt das Schrifttum für die hiervon zu unterscheidenden Fälle vor, in denen das Gericht zu Unrecht davon ausging, dass der potentielle Erzeuger seine Vaterschaft nicht glaubhaft machen konnte, und deshalb die Adoption ohne seine Einwilligung zustande kommen ließ, obwohl die Voraussetzungen des § 1747 I 2 BGB zum Zeitpunkt des Adoptionsbeschlusses gegeben waren. Helms vertritt die Ansicht, dass hier § 1760 I BGB in Erwägung zu ziehen sei. Zwar werde auf § 1760 I BGB anders als auf § 1748 IV BGB in § 1747 I 2 BGB nicht ausdrücklich Bezug genommen, doch müsse § 1760 I BGB auch auf den vermutlichen Vater Anwendung finden. Denn dieser werde in § 1747 I 2 BGB bezüglich seines Einwilligungsrechts dem feststehenden Vater gleichgestellt. Eine falsche Beurteilung der Anwendungsvoraussetzungen bleibe sonst ohne jede Folgen, obwohl es Ziel des § 1747 I 2 BGB sei, dem Vaterschaftsprätendenten ein effektives Mitspracherecht zu verschaffen. Damit komme somit auch beim Übergehen des präsumtiven Vaters eine Aufhebung der Adoption in Betracht, wobei eine Aufhebung gem. § 1761 BGB aus Gründen der Rechtssicherheit und im Interesse des Kindes nur dann möglich sein dürfte, wenn die Vaterschaft mittlerweile rechtskräftig festgestellt worden sei.[791]

Maurer sieht hingegen in der Aufhebung wegen schwerwiegender Gründe zum Wohle des Kindes gem. § 1763 I BGB den einzig aussichtsreichen Weg für den Vater, die Adoption rückgängig zu machen und zu versuchen, die elterliche Sorge für das Kind nach § 1672 I BGB übertragen zu bekommen.[792] Auf die Zustimmung der Mutter ist er dabei nicht angewiesen. Die Wirkungen des Aufhebungsbeschlusses betreffen nämlich nur den Annahmebeschluss und dessen rechtliche Folgen, nicht aber auch die Einwilligung der Mutter. Diese Einwillung wird nicht durch den Aufhebungsbeschluss analog § 1750 IV BGB kraftlos, da sie ohnehin als Grundlage für die fortbestehenden Wirkungen des Annahmebeschlusses ab seiner Zustellung an den Annehmenden bis zu seiner Aufhebung bestehen bleiben muss.[793] Die Einwilligung der Mutter in die Adoption gilt gem.

789 FamRefK/*Maurer*, § 1747, Rn. 8; Kopper-Reifenberg, Kindschaftsrechtsreform und Schutz des Familienlebens nach Art. 8 EMRK, S. 341.

790 Helms, JAmt 2001, S. 62.

791 Helms, JAmt 2001, S. 62.

792 Maurer, in: FamRefK, § 1747, Rn. 8.

793 MünchKommBGB/*Maurer*, § 1747, Rn. 6.

§ 1751 I 5 BGB als Ersatz für ihre erforderliche Zustimmung zur Übertragung der alleinigen elterlichen Sorge auf den Vater.

Unabhängig davon, für welche der in der Literatur vorgeschlagenen Vorgehensweisen man sich entscheidet, ist nicht hinnehmbar, dass die Aufhebung eines Annahmeverhältnisses ausgeschlossen sein soll, wenn ein Mann, dem mangels erfolgreicher Glaubhaftmachung eine Inanspruchnahme des Einwilligungsrechts nach § 1747 I 2 BGB verwehrt wurde, später tatsächlich als Kindesvater festgestellt wird. Dies würde zu einer Ungleichbehandlung von Müttern und Vätern führen, die mit dem Grundgesetz nicht vereinbar ist. Denn sofern eine Adoption ohne die erforderliche Einwilligung der leiblichen Mutter begründet worden ist, greift ohne Weiteres § 1760 I BGB ein. Nun muss hierbei bedacht werden, dass, wie bereits oben dargelegt, zumindest in Fällen, in denen das Gericht zu Recht nicht von der überwiegenden Wahrscheinlichkeit einer Vaterschaft ausgehen konnte, dem später festgestellten Kindesvater im Zeitpunkt des Adoptionsbeschlusses kein Einwilligungsrecht nach § 1747 I 2 BGB zustand. Es ist aber unter dem Aspekt der rechtlichen Gleichstellung von Vätern und Müttern nicht einzusehen, dass die Einwilligung einer Mutter gem. § 1750 IV 1 BGB automatisch ihre Kraft verliert, wenn der Annahmeantrag zurückgenommen oder die Adoption versagt wird, während ein nach Ausspruch der Annahme festgestellter Vater, der schon sein Einwilligungsrecht nach § 1747 I 2 BGB geltend machen wollte, keine Möglichkeit haben soll, auf das entstandene Annahmeverhältnis einzuwirken.

Zwar fällt der leibliche Vater nach dem Ausspruch einer Adoption nicht mehr in den Schutzbereich des verfassungsrechtlichen Elternrechts aus Art. 6 II 1 GG. Ebenso wenig kann er sich noch auf den Schutz des Art. 8 I EMRK berufen. Denn nach einer erfolgten Adoption ist er nicht mehr Träger dieser Rechte. Vielmehr kommen diese Rechte dann den Adoptiveltern zu. Das Grundgesetz enthält jedoch in Art. 6 II 1 GG die Wertung, dass ein Kind vorrangig bei seinen leiblichen Eltern aufwachsen soll. Erst wenn diese bei der Pflege und Erziehung versagen, darf der Staat eingreifen und gestützt auf das Wächteramt nach Art. 6 II 1 GG die Einwilligungen der Eltern in die Kindesannahme nach § 1748 BGB ersetzen. Der Primat der leiblichen Eltern ist auch auf völkerrechtlicher Ebene anerkannt. Dem Urteil des EGMR im Fall Keegan zufolge ergibt er sich aus Art. 8 i.V.m. Art. 14 EMRK.[794] Das vorrangige Aufwachsen eines Kindes bei seinen leiblichen Eltern ist eine Wertung objektiver Natur, die unabhängig von einer im Einzelfall schon ausgesprochenen Adoption gilt.

Aufgrund dieser im Verfassungs- und Völkerrecht getroffenen Wertentscheidung darf ein erst nach dem Ausspruch der Annahme feststehender Vater nicht

794 EGMR EuGRZ 1995, S. 113 ff. = FamRZ 1995, S. 110 ff. = NJW 1995, S. 2153 ff.

einfach mit der Begründung übergangen werden, er habe seine Vaterschaft im Adoptionsverfahren nicht erfolgreich glaubhaft gemacht. In dieser Konstellation sollte gem. § 1763 I BGB von Amts wegen geprüft werden, ob eine Aufhebung des Annahmeverhältnisses im Interesse des Kindes erfolgen kann. Die Anwendung des § 1763 I BGB ist vorzugswürdig gegenüber der Heranziehung des § 1760 I BGB, weil sie sowohl in Fällen, in denen das Gericht zutreffend nicht von der überwiegenden Wahrscheinlichkeit der Vaterschaft ausging, als auch in Fällen, in denen das Gericht zu Unrecht die Inanspruchnahme des § 1747 I 2 BGB versagte, zu einer einheitlichen Lösung gelangt. Die Chance eines Kindes, bei seinem leiblichen Vater aufzuwachsen, sollte nicht von der Überzeugungskraft des Vaters bei der in § 1747 I 2 BGB geforderten Glaubhaftmachung im Annahmeverfahren abhängen.

g) Stellungnahme

Art. 6 II 1 GG gebietet einen umfassenden Schutz des leiblichen Vaters. Obwohl die Position des Vaterschaftsprätendenten selbst weder verfassungs- noch völkerrechtlich abgesichert ist, trägt das Einwilligungsrecht nach § 1747 I 2 BGB dazu bei, dem Elternrecht aus Art. 6 II 1 GG zur vollen Wirksamkeit zu verhelfen. Dieser scheinbare Widerspruch wird aufgelöst, wenn man die Regelung des § 1747 I 2 BGB als Provisorium versteht. Im Zeitpunkt der erfolgreichen Glaubhaftmachung wird dem Vaterschaftsprätendenten mit dem Einwilligungsrecht in die Kindesannahme vorübergehend ein Mehr an Rechten zugebilligt, als ihm unter verfassungs- und völkerrechtlichen Aspekten zusteht. Dies ist aber einerseits zum Zwecke der Absicherung des leiblichen Vaters selbst in Fällen gerechtfertigt, in denen sich im Nachhinein herausstellt, dass das Einwilligungsrecht einem Mann zugute gekommen ist, bei dem es sich gar nicht um den Vater des Kindes handelt. Denn wegen des im Grundgesetz sowie im Völkerrecht anerkannten Primats der leiblichen Eltern bei der Kindererziehung muss die Mitwirkung des leiblichen Vaters bei der Kindesannahme unbedingt gewährleistet sein.

Andererseits wird dem Interesse des Kindes an einer möglichst frühzeitigen Adoption Rechnung getragen.[795] Gäbe es das Einwilligungsrecht des Vaterschaftsprätendenten nicht, müsste erst der Ausgang des Abstammungsverfahrens abgewartet werden. Im Hinblick auf die Bedeutung der ersten Lebensmonate für das Bindungsverhalten von Säuglingen und Kleinkindern sowie deren Bedürfnis nach Kontinuität in der Betreuung[796] ist eine rasche Abwicklung des Adoptions-

795 Vgl. Greßmann, Neues Kindschaftsrecht, Rn. 396; Lipp/Wagenitz, Das neue Kindschaftsrecht, § 1747, Rn. 8.

796 Vgl. dazu Einleitung II. 5.

verfahrens wünschenswert. Dem Spannungsverhältnis zwischen garantierter Mitwirkung des leiblichen Vaters im Adoptionsverfahren und der möglichst frühzeitigen Adoption wird das Einwilligungsrecht nach § 1747 I 2 BGB gerecht. Somit steht fest, dass die Erweiterung des Anwendungsbereichs des § 1747 I 1 BGB auf den Vaterschaftsprätendenten verfassungs- und völkerrechtlich gedeckt ist. Da dem Vaterschaftsprätendenten das Elternrecht aus Art. 6 II 1 GG (noch) nicht zusteht, löst die beschränkte Vaterschaftsvermutung keine über das Einwilligungserfordernis hinausgehenden Rechtwirkungen aus, wie sie bei einer festgestellten Vaterschaft eintreten.

Allerdings zwingen die maßgeblichen völker- und verfassungsrechtlichen Vorgaben nicht zu einer Einbeziehung des Vaterschaftsprätendenten in den Kreis der Einwilligungsberechtigten. Dies führt zu der Überlegung, ob es stattdessen andere Möglichkeiten gibt, den Schutz des leiblichen Vaters bei einer Adoption seines nichtehelichen Kindes zu gewährleisten. Besonders die Nachteile, die mit einem Einwilligungsrecht zugunsten des potentiellen Vaters verbunden sind, geben Anlass, über eine alternative Lösung nachzudenken. Ein besonders gewichtiger Nachteil des Einwilligungsrechts nach § 1747 I 2 BGB ist die schon dargelegte Missbrauchsgefahr. Ein kollusives Zusammenwirken der Kindesmutter mit einem Mann, der nicht der Erzeuger ist, aber mit der Unterstützung der Mutter die Voraussetzungen des § 1600d II 1 BGB glaubhaft machen kann, vermag den wirklichen leiblichen Vater aus dem Adoptionsverfahren zu verdrängen. Dessen Mitwirkung bei der Adoption seines nichtehelichen Kindes sollte durch die Ausweitung des Einwilligungsrechts auf den noch nicht feststehenden Vater aber gerade sichergestellt werden. Ein möglicher Missbrauch kann damit die Verwirklichung der guten Absicht des Gesetzgebers, die Rechtsstellung des Vaters zu stärken, vollkommen konterkarieren.

Aber auch in Fällen, in denen das Einwilligungsrecht nicht missbräuchlich ausgeübt wird, sind Schwächen der in § 1747 I 2 BGB getroffenen Regelung erkennbar. So kann ein Mann nach Glaubhaftmachung der Voraussetzungen des § 1600d II 1 BGB wirksam in eine Adoption einwilligen, bevor er weiß, ob er der Vater des Kindes ist. Seine Einwilligung kann er nach § 1747 III Nr. 1 BGB sogar schon vor der Geburt des Kindes erklären.[797] Dagegen kann er seine Einwilligung in eine Kindesannahme nicht verweigern. Dem präsumtiven Vater wird keine volle Mitwirkung am Adoptionsverfahren gewährt. Verschärft wird

797 Finger, JR 2005, S. 140; a.A. ohne Begründung Staudinger/*Frank*, § 1747, Rn. 23. Danach soll für die Anwendbarkeit des § 1747 III Nr. 1 BGB Voraussetzung sein, dass die Vaterschaft rechtskräftig feststeht. Nicht nachvollziehbar ist allerdings, warum § 1747 III Nr. 1 BGB auf den Vaterschaftsprätendenten unanwendbar sein soll, wenn schon einem festgestellten Vater, der nicht Inhaber des Sorgerechts ist, der Schutz der Überlegungsfrist nicht zwingend zuteil wird.

die defizitäre Ausgestaltung der Vaterposition durch das Zusammenspiel mit § 1748 IV BGB. § 1748 IV BGB sieht eine Ersetzung der Einwilligung des Vaterschaftsprätendenten unter erleichterten Bedingungen vor. Die Einwilligung des präsumtiven Vaters ist demnach bereits dann vom Familiengericht zu ersetzen, wenn das Unterbleiben der Annahme dem Kind zu unverhältnismäßigem Nachteil gereichen würde.[798]

Die schwache Ausgestaltung der Rechtsstellung des Vaters unterliegt im Hinblick auf ihre Konformität mit dem übergeordneten Völker- und Verfassungsrecht erheblichen Bedenken. Vor allem ergeben sich daraus, dass der potentielle Vater zwar wirksam in eine Adoption einwilligen kann, auf die Abgabe seiner Einwilligungserklärung aber nicht verzichten kann, erhebliche Differenzen gegenüber der Rechtsstellung der Kindesmutter. Die Kindesmutter ist durch die Überlegungsfrist nach § 1747 II 1 BGB geschützt. Sie kann nicht pränatal in eine Abgabe ihres Kindes einwilligen. Die unterschiedliche Schutzintensität kann vor dem Gleichheitsgrundsatz des Art. 6 II 1 GG keinen Bestand haben. Wie bereits dargelegt, gibt es weder biologische noch funktionale Unterschiede zwischen Müttern und Vätern, die eine unterschiedliche Behandlung in der Ausgestaltung ihrer Rechtsstellung bei der Adoption ihres nichtehelichen Kindes rechtfertigen.[799]

Hinzu kommt schließlich noch, dass aufgrund der Unsicherheiten, die bei einem Mehrverkehr der Mutter im Hinblick auf die Identität des Vaters bestehen, die Rechtsposition des Vaters erheblich geschwächt wird. Nach der hier vertretenen Lösung soll die Vermutungswirkung des § 1600d II 1 BGB nicht eingreifen, wenn wegen Mehrverkehrs der Mutter gravierende Zweifel an der Vaterschaft bestehen. Infolgedessen besteht bei Mehrverkehr der Mutter die Besorgnis, dass der leibliche Vater an der Ausübung seiner Rechte gehindert ist. Zudem ist bei Mehrverkehr der Mutter die Möglichkeit des Kindes, seine wahre Abstammung in Erfahrung zu bringen, erschwert. Dies verstößt jedoch gegen das Recht des Kindes auf Kenntnis seiner Abstammung, das als anerkannte Verfassungsgarantie beachtet werden muss.

Wegen der aufgezeigten Mängel des Einwilligungsrechts gem. § 1747 I 2 BGB gibt es in der Literatur Stimmen, die es für vorzugswürdig halten, dem Anliegen, die Mitwirkung des leiblichen Vaters bei der Adoption seines nichtehelichen Kindes abzusichern, statt mit einem Einwilligungsrecht des präsumtiven Vaters mit einer Aussetzung des Adoptionsverfahrens bei einer anhängigen

---

798 Dazu im Einzelnen 4. Kapitel III. 7.

799 Dazu Einleitung II. 6.

Statusklage gerecht zu werden.[800] Gegen diesen Lösungsvorschlag wird eingewandt, dass eine Aussetzung des Annahmeverfahrens bis zum Ausgang des Vaterschaftsprozesses im Gesetz keine Grundlage finde.[801] Viel schwerer noch wiege die Besorgnis, durch die mit der Aussetzung verbundene Zeitverzögerung könne eine frühkindliche Adoption und möglichst schnelle Integration des Kindes in die Adoptivfamilie beeinträchtigt werden.[802]

Richtig ist, dass das Interesse des Kindes an einer möglichst frühzeitigen Adoption in der gesetzlichen Regelung Berücksichtigung finden muss. Denn es handelt sich dabei nicht nur um ein aus psychologischer Sicht wünschenswertes Ansinnen, sondern um eine rechtlich abgesicherte Position. Art. 6 I EMRK garantiert jeder Person, dass über ihre gerichtlichen Streitigkeiten innerhalb einer angemessenen Frist verhandelt wird. Dabei greift der Schutz dieser Konventionsvorschrift im Adoptionsverfahren sowohl für das anzunehmende Kind als auch zugunsten des Vaterschaftsprätendenten. Denn anders als Art. 8 I EMRK oder Art. 6 II 1 GG fordert die Gewährleistung des Art. 6 I EMRK in familienrechtlichen Angelegenheiten keine feststehende leibliche Vaterschaft, sondern enthält allgemeine Verfahrensgrundsätze, die jedermann zugute kommen. Inzwischen ist das Recht auf eine Entscheidung innerhalb einer angemessenen Frist in Familiensachen nicht nur auf internationaler Ebene, sondern auch durch das BVerfG anerkannt. Nach ständiger verfassungsgerichtlicher Rechtsprechung begründet das Rechtsstaatsprinzip aus Art. 2 I GG i.V.m. Art. 20 III GG einen Anspruch jedes einzelnen Bürgers auf wirkungsvollen Rechtsschutz in zivilrechtlichen Streitigkeiten. Dabei fordert das Rechtsstaatsprinzip im Interesse der Rechtssicherheit, dass strittige Rechtsverhältnisse in angemessener Zeit geklärt werden.[803] Aus diesen vom BVerfG aufgestellten Grundsätzen lässt sich ableiten, dass das Adoptionsverfahren so schnell wie möglich zu einem Ende gebracht werden soll. Darüber hinaus sind sowohl zugunsten des Kindes als auch des potentiellen Vaters Schwebezustände weitest gehend zu vermeiden.

Denjenigen Stimmen, die der Lösung, das Adoptionsverfahren zur Vaterschafsfeststellung auszusetzen, wegen der durch eine Aussetzung verursachten zeitlichen Verzögerung kritisch gegenüberstehen, ist zwar insofern beizupflichten, als dem Interesse des Kindes an einer frühzeitigen Adoption angesichts seiner völker- und verfassungsrechtlichen Anerkennung besondere Bedeutung

800 Coester, FamRZ 1995, S. 1250; Frank, FamRZ 1998, S. 395; MünchKommBGB/*Maurer*, § 1747, Rn. 5; Schumann, Die nichteheliche Familie, S. 345.

801 Lipp/Wagenitz, Das neue Kindschaftsrecht, Rn. 8.

802 Coester, RdJB 1996, S. 439; Liermann, FuR 1997, S. 221.

803 BVerfG FamRZ 1997, S. 871 (872); BVerfG FamRZ 2001, S. 753 (753) = KindPrax 2001, S. 53 (53) = ZfJ 2001, S. 155 (156); BVerfG FamRZ 2004, S. 689 (689). Alle genannten Entscheidungen betrafen Umgangsverfahren.

beigemessen werden muss. Die Kritik übersieht jedoch, dass auch mit dem Einwilligungsrecht gem. § 1747 I 2 BGB eine Verfahrensverlängerung verbunden sein kann. Sofern das Familiengericht nämlich prüfen muss, ob die Einwilligung eines potentiellen Vaters nach § 1748 IV zu ersetzen ist, führt diese Prüfung zu einer Verzögerung des Adoptionsverfahrens. Im Schrifttum wird bezweifelt, ob ein Ersetzungsverfahren schneller durchzuführen ist als eine Vaterschaftsfeststellung, deren zeitlicher Aufwand ja gerade Anlass zur Einführung des Einwilligungsrechts des Vaterschaftsprätendenten war. Frank gibt außerdem zu bedenken, dass einem Richter, der im Ersetzungsverfahren die Prognose zu treffen habe, ob das Unterbleiben der Annahme dem Kind zu unverhältnismäßigem Nachteil gereichen würde, oft nichts anderes übrig bleibe, als eine Klärung der Vaterschaft abzuwarten, wenn er seine Aufgabe gewissenhaft erledigen wolle.[804]

Durch die Entschlüsselung des menschlichen Genoms ist es nach dem heutigen Stand der Wissenschaft möglich, die Abstammung eines Kindes im Rahmen einer genetischen Abstammungsuntersuchung ohne nennenswerten zeitlichen Aufschub zuverlässig zu klären. Im Wege einer DNA-Analyse kann mittlerweile innerhalb von nur drei bis fünf Tagen eine Vaterschaft mit sehr hoher Wahrscheinlichkeit festgestellt werden. Ein Vaterschaftstest kann sogar schon vor der Geburt eines Kindes erfolgen.[805]

Der Einwand, die mit einer Aussetzung des Adoptionsverfahrens verbundene Verzögerung könne einer wünschenswerten frühzeitigen Kindesannahme entgegenstehen, trifft somit nicht zu. Eine Aussetzung des Adoptionsverfahrens zur Vaterschaftsfeststellung ist im Übrigen auch unter dem Aspekt der Rechtssicherheit vorzugswürdig. Es wird gewährleistet, dass nur diejenigen Personen in eine Adoption des Kindes einwilligen, die mit ihm verwandt sind. Der Kreis der Einwilligungsberechtigten wird nicht zugunsten einer Person erweitert, die diese Rechtsposition mangels natürlicher Verwandtschaft zum Kind gar nicht verdient. Damit entfällt die Gefahr einer missbräuchlichen Ausübung des Einwilligungsrechts in die Kindesannahme durch einen Mann, der mit Hilfe der Kindesmutter die Voraussetzungen des § 1600d II 1 BGB glaubhaft macht, um den leiblichen Vater aus dem Adoptionsverfahren zu verdrängen.

Die Aussetzung des Adoptionsverfahrens zur Feststellung der Vaterschaft entspricht auch den Interessen des Kindes. Vor allem dem Interesse des Kindes an einem Ablauf des Adoptionsverfahrens ohne unnötige Verkomplizierung durch die Einwirkung eines Mannes, der nicht der Kindesvater ist, wird im Hinblick auf die Bedeutung einer Adoption, einem Kind die Möglichkeit zu eröffnen, in

---

804 Frank, FamRZ 1998, S. 395; ders., in: Schwab, Das neue Familienrecht, S. 279.

805 Orgis, FamRZ 2002, S. 1158. Zur geschichtlichen Entwicklung von Vaterschaftstests Orel, Heimliche Vaterschaftstest, S. 13 ff.

einer vollständigen Familiengemeinschaft aufzuwachsen, angemessen Rechnung getragen. Das Kind wird davor bewahrt, dass jemand, mit dem es tatsächlich gar keine leibliche Verwandtschaftsbeziehung verbindet, Einfluss auf sein Schicksal nimmt.

II. Die Sonderregelungen des § 1747 III BGB

Obwohl mit dem Inkrafttreten des KindRG eine Abkehr vom althergebrachten Dualismus zwischen ehelichen und nichtehelichen Kindern verbunden ist, enthält § 1747 III BGB in der heutigen Gesetzesfassung immer noch Sonderregelungen für die Adoption von Kindern nicht miteinander verheirateter Eltern. Jedoch kommen diese Sondervorschriften nur zur Anwendung, wenn die Eltern keine Sorgeerklärungen abgegeben haben. Gem. § 1626a II BGB trägt in diesen Fällen die Mutter die elterliche Sorge. Der Vater ist indessen nicht Inhaber des Sorgerechts.[806] Sollten die Eltern eines nichtehelichen Kindes hingegen erklärt haben, dass sie die Sorge gemeinsam übernehmen wollen, steht ihnen nach § 1626a I Nr. 1 BGB diese auch gemeinsam zu. Dann findet für beide Elternteile allein § 1747 II 1 BGB Anwendung. Sie können ihre Einwilligung also nicht vor Ablauf der achtwöchigen Überlegungsfrist erteilen.[807] Väter, die Träger eines alleinigen Sorgerechts sind oder die die elterliche Sorge in der Vergangenheit innehatten, sie aber wieder verloren haben, fallen ebenfalls nicht in den Anwendungsbereich des § 1747 III BGB. Dies ergibt sich aus dem klaren Wortlaut der Norm, nach dem die Sonderregelungen auf Fälle beschränkt sind, in denen die Eltern keine gemeinsamen Sorgeerklärungen abgegeben haben.

1. Die pränatale Einwilligung gem. § 1747 III Nr. 1 BGB

§ 1747 II 1 BGB schreibt vor, dass die leiblichen Eltern erst rechtswirksam in eine Kindesannahme einwilligen können, wenn das Kind acht Wochen alt ist. Diese Sperrfrist dient dem Schutz der Eltern vor einer übereilten Weggabe ihres Kindes.[808] Obwohl primäre Intention des Gesetzgebers war, nichteheliche Mütter vor einer unbedachten, folgenschweren Entscheidung aus der kurz nach einer Geburt häufig bestehenden seelischen Belastungssituation heraus zu bewahren,

806 Vgl. Greßmann, Neues Kindschaftsrecht, Rn. 399.
807 S. dazu Liermann, FuR 1997, S. 222.
808 BT-Drucks. VII/5087, S. 12.

wurde eine generelle Überlegungsfrist für eheliche wie nichteheliche Mütter und Väter gleichermaßen normiert.[809]

Es überrascht deshalb, dass mit dem KindRG dem Vater eines nichtehelichen Kindes in Ausnahme zu § 1747 II 1 BGB das Recht eingeräumt worden ist, seine Einwilligung in eine Adoption gem. § 1747 III Nr. 1 BGB bereits vor der Geburt des Kindes zu erteilen, sofern er nach § 1626a II BGB nicht die elterliche Sorge trägt.

a) Erklärungsversuche

Unklar ist, warum der Gesetzgeber gerade denjenigen Vater, der keine gemeinsame Sorgeerklärung mit der Kindesmutter abgegeben hat, von der nach § 1747 II 1 BGB oktroyierten Bedenkzeit ausnimmt und damit letztendlich eine Differenzierung zwischen ehelich und nichtehelich geborenen Kindern bewirkt. Während die Gesetzesbegründung zum KindRG zu dieser Frage schweigt, unternehmen einige Autoren Erklärungsversuche. Eine pränatale Einwilligung des Vaters nach § 1747 III Nr. 1 BGB – so heißt es in der Kommentarliteratur – vermittle der Mutter die Gewissheit, dass sich der Vater schon mit einer Adoption des noch ungeborenen Kindes einverstanden erklärt habe. Aufgrund dieser sicheren Tatsachengrundlage habe sie dann die Möglichkeit, sich nach ihrem freien, nunmehr vom Vater unabhängigen Entschluss von ihrem Kind zu trennen. Schließlich werde durch die Sicherheit, unbeeinflusst vom Kindesvater entscheiden zu können, ihre Austragungsbereitschaft gefördert. Einer solchen Förderung bedürfe es im Regelfall nicht, wenn die Eltern miteinander verheiratet seien oder bereits durch Sorgeerklärungen gemeinsam die Verantwortung für ihr Kind übernommen hätten.[810] Außerdem komme bei miteinander verheirateten Eltern eine pränatale Einwilligung eines Elternteils nicht in Betracht, da diesen Eltern im Gegensatz zu einem nichtehelichen Elternpaar die Möglichkeit eröffnet sein müsse, gemeinsam und zeitgleich über die Freigabe ihres Kindes zur Adoption zu entscheiden. Denn das Band der Ehe begründe für die Ehegatten eine gesetzliche Pflicht zu partnerschaftlicher Rücksichtnahme, die unabhängig von den konkreten Lebensumständen bei nicht miteinander verheirateten Eltern fehle.[811]

---

809 Schriftlicher Bericht des Rechtsausschusses des Bundestages zu BT-Drucks. III/2812, S. 7; vgl. ferner BT-Drucks VII/3061, S. 20, 37; BT-Drucks. VII/5087, S. 12 sowie Wolf, FPR 2001, S. 348.

810 Lipp/Wagenitz, Das neue Kindschaftsrecht, § 1747, Rn. 17.

811 Staudinger/*Frank*, § 1747, Rn. 25.

b) Kritik der Literatur

Trotz der Bemühungen um eine Erklärung für die in § 1747 III Nr. 1 BGB vorgesehene Möglichkeit des nicht sorgeberechtigten Vaters, seine Einwilligung bereits vor der Geburt des Kindes rechtswirksam abzugeben, stößt die Regelung vielfach auf Protest. Zum einen äußern die Autoren Zweifel, ob einer Mutter die Entscheidung, ihr Kind abzugeben, wirklich dadurch leichter gemacht wird, dass sich der Vater mit einer schnellen Einwilligung in die Adoption von seiner Verantwortung freizeichnet und der Mutter die alleinige Verantwortung aufbürdet.[812] Zum anderen wird bemängelt, dass das Gesetz die pränatale Einwilligung nicht auch einem Vater gestatte, der von der Mutter getrennt lebe, aber noch mit ihr verheiratet sei. Die Autoren sind der Ansicht, in diesen Fällen bestehe ebenso ein besonderes Sicherheits- und Schutzbedürfnis der Mutter.[813] Im Einzelfall führe § 1747 III Nr. 1 BGB zu inakzeptablen Ergebnissen. Vor allem sei nicht plausibel, dass das Gesetz einen Mann, der sich immerhin durch Anerkennung der Vaterschaft zu dem Kind bekannt habe, der Überlegungsfrist nur deshalb nicht für wert halte, weil er nicht Inhaber der elterlichen Sorge sei.[814]

c) Eigene Bewertung

Wie sich aus der Formulierung der Regelung ergibt, wird in § 1747 III Nr. 1 BGB nicht an einen bestimmten Tatbestand eine zwingende Rechtsfolge geknüpft. Vielmehr handelt es sich bei § 1747 III Nr. 1 BGB lediglich um eine „Kann-Vorschrift". Damit wird einem nicht sorgeberechtigten Vater als zusätzliche Option eingeräumt, bereits vor der Geburt seines nichtehelichen Kindes in eine Adoption einzuwilligen. Keineswegs ist der Vater aber zu einer pränatalen Einwilligung verpflichtet. Hinzu kommt, dass nach Art. 5 des Europäischen Übereinkommens über die Adoption von Kindern (revidiert) vom 7.5.2008[815] eine obligatorische Überlegungsfrist nur für die Mutter, nicht jedoch für den Vater vorgesehen ist. Obwohl dem Vater der durch die Überlegungsfrist vermittelte Schutz vor einer übereilten Entscheidung wegen des nicht zwingenden Charakters des § 1747 III Nr. 1 BGB nicht völlig verwehrt ist, bestehen zu Recht Bedenken gegen die Möglichkeit einer pränatalen Einwilligung.

812 MünchKommBGB/*Maurer*, § 1747, Rn. 13, Fn. 54.

813 Wiesner/*Oberloskamp*, SGB VIII, § 51, Rn. 39.

814 Soergel/*Liermann*, § 1747, Rn. 17.

815 Ausführlich zum Europäischen Übereinkommen über die Adoption von Kindern (revidiert) vom 7.5.2008 oben 2. Kapitel II. 3. d).

Problematisch ist zunächst, dass das Gesetz die Anwendbarkeit des § 1747 III Nr. 1 BGB an das Kriterium der Sorgerechtsinhaberschaft knüpft. Bei mangelnder Kooperation der Mutter konnte der Vater nach bisheriger Rechtslage selbst nach jahrelangem Zusammenleben mit ihr kein gemeinsames Sorgerecht erreichen. Auch die Übertragung des alleinigen Sorgerechts auf den Vater war von der Zustimmung der Mutter abhängig. Ihr Wille entschied somit letztendlich darüber, ob das Gesetz die Einhaltung der Überlegungsfrist nach § 1747 II 1 BGB für zwingend erforderlich hält oder die Sondervorschrift des § 1747 III Nr. 1 BGB greift, so dass der Vater nur in eingeschränktem Maße am durch die Überlegungsfrist vermittelten Schutz teilhat.

aa) Die neue Rechtsprechung des EGMR und des BVerfG zur elterlichen Sorge

Während das BVerfG das Regelungskonzept der gemeinsamen Sorgetragung bei nicht miteinander verheirateten Eltern nach § 1626a BGB im Urteil vom 29.1.2003[816] noch bestätigte, entschied das Gericht mit Beschluss vom 21.7.2010[817], das Elternrecht des Vaters eines nichtehelichen Kindes aus Art. 6 II GG werde dadurch verletzt, dass er ohne Zustimmung der Mutter nicht gerichtlich überprüfen lassen könne, ob es aus Gründen des Kindeswohls angezeigt sei, ihm zusammen mit der Mutter die Sorge für sein Kind einzuräumen oder ihm an Stelle der Mutter die Alleinsorge für das Kind zu übertragen. Der EGMR hatte mit dem Urteil in der Sache Zaunegger gegen Deutschland vom 3.12.2009[818] schon zuvor erklärt, dass die geltende deutsche Regelung zum Sorgerecht nicht miteinander verheirateter Eltern gegen Art. 8 i.V.m. Art. 14 EMRK verstoße.

816 BVerfGE 107, S. 150 (175 f.) = FamRZ 2003, S. 285 (289). Kritisch dazu Coester, FamRZ 2004, S. 87 f.; ders., FamRZ 2007, S. 1137 ff.; Finger, FamRZ 2000, S. 1204 ff.; ders., ZfJ 2000, S. 183 ff.; ders., JR 2005, S. 138 f.; MünchKommBGB/*Huber*, § 1626a, Rn. 39 ff.; Schumann, FuR 2002, S. 59 ff.; Spangenberg/Spangenberg, ZfJ 2003, S. 332 f.; Willutzki, Rpfleger 1997, S. 337; Wolf, FPR 2002, S. 173 ff.; a.A. Henrich, FamRZ 2003, S. 359; Humphrey, FPR 2003, S. 578 ff.; kritisch zur Konformität des § 1626a BGB mit der KRK Richter, FPR 2004, S. 484 ff.; dagegen Breithaupt, FPR 2004, S. 488 ff.

817 BVerfG NJW 2010, S. 3008 (3009); vgl. dazu MünchKommBGB/*Huber*, § 1626a, Rn. 3e ff.; Peschel-Gutzeit, NJW 2010, S. 2990 ff. Zu dieser Entscheidung ausführlich oben 3. Kapitel I. 2. a) bb).

818 EGMR FamRZ 2010, S. 103 (106) mit zustimmenden Anmerkungen Henrich, S. 107 f. und Scherpe, S. 108; zustimmend auch Löhnig, FamRZ 2010, S. 338 ff. und Schumann, FF 2010, S. 222 ff.; vgl. außerdem Coester, NJW 2010, S. 482 ff. Ausführlich zu diesem Urteil 2. Kapitel II. 1 a) dd).

bb) Lösungsvorschläge zur Neuregelung der elterlichen Sorge

Um eine völker- und verfassungskonforme Regelung zu schaffen, kommen mehrere Varianten in Betracht: So ist insbesondere denkbar, dass es bei der ursprünglichen Alleinsorge der Mutter bleibt, wenn die Eltern keine Sorgeerklärungen abgeben, dem Vater aber das Recht eingeräumt wird, eine gerichtliche Überprüfung der Sorgerechtsregelung herbeizuführen.[819] Die Übertragung der gemeinsamen elterlichen Sorge könnte dann im Wege einer Ersetzung der mütterlichen Sorgerechtserklärung aufgrund eines Gerichtsbeschlusses erfolgen.[820] Ebenso besteht die Möglichkeit, beiden Eltern ipso iure das Sorgerecht für ihr nichteheliches Kind zuzuweisen, etwa unter der Voraussetzung, dass sie zum Zeitpunkt der Geburt des Kindes in einem gemeinsamen Haushalt leben.[821] Vorstellbar ist ferner der Erwerb der Alleinsorge durch den Vater in Konkurrenz zur Mutter oder nach Ausfall der Mutter.[822] Welche Lösung der Gesetzgeber wählt, bleibt abzuwarten.[823]

cc) Gesetzesentwurf der Bundesregierung zur Neuregelung der elterlichen Sorge

Die Bundesregierung legte einen Gesetzesentwurf zur Reform der elterlichen Sorge[824] vor, der am 4. Juli 2012 vom Kabinett beschlossen wurde. Der Entwurf sieht vor, dass die gemeinsame Sorge der nicht miteinander verheirateten Eltern auch entsteht, soweit das Familiengericht den Eltern auf Antrag eines Elternteils die gemeinsame Sorge überträgt. Dabei soll das Familiengericht regelmäßig die Übertragung der gemeinsamen Sorge beschließen, wenn sie dem Kindeswohl nicht widerspricht. Wenn die Mutter mit der gemeinsamen Sorge nicht einverstanden ist, kann sich der Vater künftig zunächst an das Jugendamt wenden, um eine Einigung zu erreichen, bevor er einen Antrag beim Familiengericht stellt. Wenn ein Elternteil die gemeinsame elterliche Sorge beantragt und der andere Elternteil schweigt oder keine potenziell kindeswohlrelevanten Gründe vorträgt und solche Gründe auch sonst nicht ersichtlich sind, besteht eine gesetzliche

---

819 Coester, NJW 2010, S. 483; Henrich, FamRZ 2010, S. 107; Scherpe, RabelsZ 73 (2009), S. 954 ff.; ders., FamRZ 2010, S. 108; Schumann, FF 2010, S. 227.

820 Löhnig, FamRZ 2010, S. 339.

821 Coester, NJW 2010, S. 483 f.; Löhnig, FamRZ 2010, S. 340; Scherpe, RabelsZ 73 (2009), S. 956 ff.; Schumann, FF 2010, S. 228.

822 Schumann, FF 2010, S. 229 ff.

823 Zum Für und Wider der verschiedenen Möglichkeiten ausführlich Coester, NJW 2010, S. 483 ff.; Klein, Der Fall Görgülü, S. 432 ff.; Löhnig, FamRZ 2010, S. 339 ff.; Scherpe, RabelsZ 73 (2009), S. 954 ff.; Schumann, FF 2010, S. 226 ff.

824 BR-Drucks. 465/12; kritisch dazu Salgo, FPR 2012, S. 410.

Vermutung, dass die gemeinsame Sorge dem Kindeswohl nicht widerspricht. Der gemeinsamen Sorge soll in diesen Fällen in einem beschleunigten und vereinfachten Verfahren zur Durchsetzung verholfen werden. Außerdem soll dem nicht mit der Mutter verheirateten Vater der Zugang zur Alleinsorge auch ohne Zustimmung der Mutter eröffnet werden, sofern eine gemeinsame elterliche Sorge nicht in Betracht kommt und zu erwarten ist, dass die Übertragung auf den Vater dem Wohl des Kindes am besten entspricht.

Der Regierungsentwurf sieht auch eine Änderung der adoptionsrechtlichen Vorschriften vor. § 1747 III Nr. 2 BGB-E übernimmt die bisherige Regelung des § 1747 III Nr. 3 BGB. Darin ist geregelt, dass der Vater auf eine Übertragung der Sorge nach § 1672 I BGB verzichten kann. § 1747 III Nr. 2 BGB-E wird redaktionell an § 1671 BGB-E und die Streichung des § 1672 BGB angepasst. Zudem soll § 1747 III Nr. 2 BGB insofern erweitert werden, als künftig der Vater eines nichtehelichen Kindes auch darauf verzichten kann, die Übertragung der Sorge nach § 1626a II BGB-E zu beantragen. Damit werde – so heißt es in der Begründung des Entwurfs – dem an seinem Kind nicht interessierten Vater eingeräumt, umfassend auf seine Möglichkeiten zur Erlangung der Sorge verzichten zu können und damit eine zügige Annahme des Kindes zu gewährleisten. Außerdem soll der Verweis auf § 1750 I 2 BGB gestrichen und dadurch klargestellt werden, dass die Verzichtserklärung nicht notariell beurkundet werden muss, sondern eine Beurkundung durch die Urkundsperson beim Jugendamt nach § 59 I 1 Nr. 7 SBG VIII ausreicht.

§ 1747 III Nr. 3 BGB-E soll die bisherige Regelung des § 1747 III Nr. 2 BGB erfassen. Die in dieser Norm angeordnete Sperrwirkung eines Sorgerechtsantrags des Vaters soll künftig auch eingreifen, wenn der Vater die Übertragung der gemeinsamen Sorge beantragt hat, denn die Fiktion in § 1671 III BGB-E sieht vor, dass ein Antrag auf Übertragung der gemeinsamen Sorge nach § 1626a I Nr. 3, II BGB-E als Antrag auf Übertragung der Alleinsorge nach § 1671 II BGB-E gilt. Zudem werden in § 1747 III Nr. 3 BGB – ebenso wie in § 1748 IV BGB – redaktionelle Änderungen vorgenommen.

Festzuhalten ist somit, dass der Regierungsentwurf keine generelle Stärkung der Rechtsstellung des Vaters bei der Adoption seines nichtehelichen Kindes bewirkt. Die nach der geltenden Regelung vorhandenen Differenzierungen zwischen Vätern ehelicher und nichtehelicher Kinder sowie Müttern und Vätern nichtehelicher Kinder werden nicht beseitigt. Im Gegenteil erweitert die Neuregelung die Möglichkeit des Vaters, auf einen Antrag auf Übertragung der elterlichen Sorge zu verzichten, noch um eine Variante. Damit wird dem Vater der staatliche Schutz, der ihm nach den völker- und verfassungsrechtlichen Vorgaben zukommt, nicht gewährleistet.

dd) Widerspruch zum Völker- und Verfassungsrecht

Abgesehen von der bisherigen Vorrangstellung der Mutter bei der Ausübung der elterlichen Sorge ist es in völker- und verfassungsrechtlicher Hinsicht nicht vertretbar, Väter nichtehelicher Kinder nur in reduziertem Maße am Schutzumfang der Überlegungsfrist teilhaben zu lassen. Sowohl das Elternrecht aus Art. 6 II 1 GG als auch die Garantie auf Achtung des Familienlebens nach Art. 8 I EMRK gebühren einem Vater unabhängig davon, ob er Träger der elterlichen Sorge ist. Ebenso ist für den besonderen verfassungsrechtlichen Schutz der Vater-Kind-Beziehung gem. Art. 6 I GG die Sorgerechtsinhaberschaft des Vaters nicht erforderlich.

Die Regelung des § 1747 III Nr. 1 BGB steht zu diesen Vorgaben unter zwei Aspekten in Widerspruch. Zum einen verträgt sich – so der Deutsche Familiengerichtstag in seiner Stellungnahme zum Entwurf des KindRG zutreffend – die Möglichkeit der pränatalen Einwilligung nicht mit der aus dem Elternrecht abgeleiteten Elternverantwortung. Dieser Verantwortung kann sich der Vater nämlich gerade nicht bereits vor der Geburt entledigen.[825] Zum zweiten gebieten die aus Art. 6 I GG und Art. 8 I EMRK erwachsenden staatlichen Schutz- und Förderungspflichten zugunsten der Gemeinschaft von Vater und Kind, dass auch einem Vater, der keine Erklärung zur gemeinsamen Sorge mit der Kindesmutter abgeben hat, die Überlegungsfrist des § 1747 II 1 BGB ohne Ausnahme auferlegt wird. Eine vorgeburtliche Einwilligung ist in § 1747 III Nr. 1 BGB zwar nicht zwingend angeordnet, sondern nur als Plus an Optionen für den Vater eines nichtehelichen Kindes vorgesehen. Dennoch ist erforderlich, dass die Eigenverantwortlichkeit des Vaters eingeschränkt wird, damit er selbst vor einer übereilten Entscheidung gegen sein Kind geschützt und auch bei ihm nicht der staatlichen Pflicht zur Förderung familiärer Beziehungen zuwider gehandelt wird. Generell gilt im Familienrecht, dass das Rechtsinstitut der Privatautonomie zugunsten bestehender Schutzbedürfnisse der Beteiligten zurücktreten muss. Wegen der gravierenden Rechtsfolgen einer Adoption ist dieser Grundsatz im Recht der Annahme als Kind besonders bedeutsam. Da § 1755 I 1 BGB mit der Annahme den völligen Verlust der elterlichen Rechtsstellung vorschreibt, reicht zur Erfüllung der Schutzpflichten aus Art. 6 I GG und Art. 8 I EMRK die bloße Beratung des Vaters nach § 51 SGB VIII, die auch bei Abgabe der vorgeburtlichen Einwilligungserklärung erfolgen muss, nicht aus, zumal eine unterbliebene Beratung keine Folgen nach sich zieht.[826] Vielmehr bedarf es auch bei einem

825 Deutscher Familiengerichtstag e.V., FamRZ 1997, S. 341.

826 Finger, JR 2005, S. 140; vgl. ferner Dodegge, FPR 2001, S. 324.

nicht sorgeberechtigten Vater einer oktroyierten Überlegungsphase, um ihn jedenfalls vor einer übereilten Entscheidung zu bewahren.

Besonders bedenklich ist das geltende Recht insofern, als eine zuvor erklärte pränatale Einwilligung des Vaters selbst bei später abgegebenen Sorgeerklärungen wirksam bestehen bleibt.[827] Die unberührte Wirksamkeit der pränatalen Einwilligung in diesen Fällen überrascht. Denn schon im Vorfeld zum AdoptG wurde über die generelle Einführung einer pränatalen Einwilligung für beide leiblichen Elternteile diskutiert. Man wollte damit bezwecken, dass der Mutter die Verantwortung für das Kind bereits vor der Geburt genommen wird, und dadurch ihre Austragungsbereitschaft fördern.[828] Der Gesetzgeber entschied sich jedoch mit dem Argument gegen diesen Vorschlag, eine vorgeburtliche Einwilligung dürfe nur gestattet werden, wenn sie auch widerruflich sei. Dann lasse sich aber auch keine gesicherte Unterbringung des Kindes in einer geeigneten Familie erreichen.[829] Die bei den Vorarbeiten zum AdoptG darüber geführten Debatten, ob eine pränatale Einwilligung in das BGB aufgenommen werden soll, und die letztendliche Entscheidung des Reformgesetzgebers gegen die Normierung dieses Rechtsinstituts, zeigen somit, dass im geltenden Adoptionsrecht der Schutz des leiblichen Vaters wegen der uneingeschränkten Wirksamkeit seiner pränatalen Einwilligung selbst bei nachfolgender Sorgeerklärung zu schwach ausgestaltet ist.[830]

Über die gegen § 1747 III Nr. 1 BGB vorgetragenen Einwände hinaus hält die Regelung auch den verfassungsrechtlichen Gleichstellungspostulaten nicht stand. Art. 6 V GG fordert, für nichteheliche Kinder und ihre Väter die gleichen Bedingungen zu schaffen, wie sie für eheliche Kinder und deren Väter existieren. Die Regelungen des Adoptionsrechts müssen demnach nichtehelichen Kindern und ihren Vätern die gleichen Chancen wie ehelichen Kindern und ihren Vätern gewähren, eine familiäre Bindung zu entwickeln und zu leben. Nichteheliche Kinder dürfen einem Abbruch der verwandtschaftlichen Beziehung zu ihren leiblichen Vätern ebenso wenig ungeschützt ausgesetzt sein wie eheliche Kinder. Dabei ist für die Schutzwürdigkeit einer Vater-Kind-Beziehung unerheblich, ob dem Vater die elterliche Sorge zusteht. Aus der fehlenden Sorgerechtsinhaberschaft kann nicht zwangsläufig geschlossen werden, dass es dem Vater an der Bereitschaft mangelt, für sein Kind Verantwortung zu übernehmen. Denn der Wille der Mutter ist maßgeblich dafür, inwieweit der Vater überhaupt Zugang zur elterlichen Sorge hat. Somit widerspricht es Art. 6 V GG, dass § 1747 III

827 Lipp/Wagenitz, Das neue Kindschaftsrecht, § 1747, Rn. 17.
828 Vgl. Stöcker, FamRZ 1974, S. 569.
829 BT-Drucks. VII/3061, S. 20.
830 So auch Wiesner/*Oberloskamp*, SGB VIII, § 51, Rn. 39.

Nr. 1 BGB für die Möglichkeit einer pränatalen Einwilligung an gemeinsame Sorgeerklärungen der Eltern anknüpft.

Aber nicht nur im Hinblick auf die grundgesetzlich geforderte Gleichbehandlung nichtehelicher Kinder und ihrer Väter mit ehelichen Kindern und deren Vätern erweist sich § 1747 III Nr. 1 BGB als nicht verfassungsgemäß. Bedenken bestehen darüber hinaus insofern, als die Vorschrift nur eine vorgeburtliche Einwilligung der Väter vorsieht. Für Mütter kennt das Gesetz hingegen – selbst bei fehlender Sorgerechtsinhaberschaft – keine Ausnahmen von der in § 1747 II 1 BGB angeordneten Überlegungsfrist. Damit steht die deutsche Regelung zwar in Einklang mit Art. 4 c Nr. 4 des Haager Adoptionsübereinkommens von 1993 und Art. 5 Nr. 4 des Europäischen Übereinkommens über die Adoption von Kindern vom 1967. Beide Abkommen schreiben vor, dass die Zustimmung der Mutter zur Adoption nicht vor der Geburt des Kindes abgegeben werden darf. Das Verbot einer pränatalen Einwilligung des Vaters sehen die Abkommen dagegen nicht vor.[831] Ob diese Differenzierung angesichts der heute grundsätzlich anerkannten Geleichwertigkeit beider Elternteile hinsichtlich der Fähigkeit, ihr Kind zu pflegen und zu versorgen, mit dem geschlechtsspezifischen Diskriminierungsverbot nach dem Grundgesetz und den maßgeblichen völkerrechtlichen Konventionen vereinbar ist, erscheint zudem zweifelhaft.

Im Urteil vom 29.1.2003 führte das BVerfG aus, der Vater müsse eine Beziehung zu seinem Kind erst aufbauen, die zwischen Mutter und Kind von vornherein schon bestehe.[832] Damit bekannte sich das Gericht nicht nur zu dem nach der hier vertretenen Ansicht fraglichen Vorsprung der Mutter, sondern räumte gleichzeitig auch ein, dass der Vater diesen Vorsprung nach der Geburt aufholen könne. Unabhängig davon, ob man auf dem Standpunkt steht, dass auch der werdende Vater schon während der Schwangerschaft in der Lage ist, eine starke Bindung zu seinem Kind aufzubauen oder annimmt, dass der Vater erst postnatal einen Vorsprung der Mutter in der Beziehung zum Kind kompensieren kann und muss, unterliegt die Bedeutsamkeit der ersten Lebenswochen für die Entwicklung von Bindungen zwischen Vater und Kind keinem Zweifel.[833] Es leuchtet deshalb nicht ein, dass der Vater vom Schutz der Überlegungsfrist, deren Zweck darin liegt, die Einwilligungsberechtigten gerade in dieser wichtigen Phase vor übereilten Entscheidungen zu bewahren, unter den in § 1747 III BGB genannten Voraussetzungen ausgenommen ist. Den Anwendungsbereich der pränatalen Einwilligung allein auf Väter nichtehelicher Kinder zu beschränken, stellt eine unzulässige Differenzierung nach dem Geschlecht und somit einen Verstoß ge-

831 Vgl. 2. Kapitel II. 3. c).

832 BVerfGE 107, S. 150 (170 f.) = FamRZ 2003, S. 285 (288).

833 Vgl. Einleitung II. 5.

gen Art. 3 II 1 GG und Art. 16 I lit. f der UN-Nichtdiskriminierungsvereinbarung dar.

Als Ergebnis ist nach alledem festzuhalten, dass der Schutz des § 1747 II 1 BGB zugunsten beider Elternteile, unabhängig davon, ob sie miteinander verheiratet sind oder nicht, zwingend erforderlich ist. Auch bei Vätern, die keine Erklärung zur gemeinsamen Sorge mit der Kindesmutter abgegeben haben, muss durch Einhaltung der Überlegungsfrist sichergestellt werden, dass die natürlichen Eltern-Kind-Bindungen sich ohne Störungen seitens der Adoptionsbehörden entwickeln können. Dieser Forderung steht die Regelung des § 1747 III Nr. 1 BGB gerade entgegen. Sie sollte deshalb ersatzlos gestrichen werden.

2. Die Sperrwirkung eines Sorgerechtsantrages des Vaters gem. § 1747 III Nr. 2 BGB

Eine weitere Sondervorschrift für den Vater eines nichtehelichen Kindes, der keine Erklärung zur gemeinsamen Sorge zusammen mit der Kindesmutter abgegeben hat, enthält § 1747 III Nr. 2 BGB. Danach darf, falls der Vater beim Familiengericht die Übertragung der Sorge auf sich beantragt, eine Kindesannahme erst ausgesprochen werden, nachdem das Familiengericht formell rechtskräftig über den Antrag des Vaters entschieden hat. Auf den gem. § 1747 I 2 BGB nur vermuteten Vater findet § 1747 III Nr. 2 BGB keine Anwendung, da es diesem nicht zusteht, die Übertragung der elterlichen Sorge zu beantragen.[834]

a) Entstehung und Bedeutung der Vorschrift

In § 1747 III Nr. 2 BGB ist die Nachfolgeregelung zu § 1747 II 2, 1. HS BGB in der Fassung von 1977 normiert. § 1747 II 2, 1. HS BGB a.F. bestimmte, dass die Annahme nicht auszusprechen ist, wenn ein Vater die Legitimation oder Annahme seines eigenen nichtehelichen Kindes beantragt hat.[835] Im Falle einer positiven Entscheidung über seinen Antrag konnte der Vater somit eine Adoption seines Kindes durch Dritte verhindern.[836] Die Adoptionssperre entfiel allerdings, sobald der Antrag des Vaters abgewiesen worden war.[837]

---

834 Vgl. Kopper-Reifenberg, Kindschaftsrechtsreform und Schutz des Familienlebens nach Art. 8 EMRK, S. 342.

835 Dazu 1. Kapitel III. 2.

836 BT-Drucks. VII/3061, S. 37; dazu Coester, FamRZ 1995, S. 1249.

837 Breitkopf, Die Stellung des mit der Mutter nicht verheirateten Vaters bei Adoption des Kindes, S. 24.

Das nach der heutigen Gesetzeslage vorgesehene Recht des Vaters, die Übertragung der Sorge für sein nichteheliches Kind auf sich zu beantragen, ersetzt die dem Vater zuvor gewährten Möglichkeiten, einen Antrag auf Legitimation oder Adoption seines nichtehelichen Kindes zu stellen. Die Übertragung der elterlichen Sorge auf den nicht mit der Mutter verheirateten Vater hat jedoch nicht so weitreichende Folgen wie § 1747 II 2, 1. HS BGB a.F. Selbst im Falle eines erfolgreichen Antrages gem. § 1672 I BGB ist nach der jetzigen Rechtslage eine Adoption durch Dritte nicht mehr ausgeschlossen. Die positive Entscheidung des Familiengerichts bewirkt keinen automatischen Adoptionsstop. Lediglich für eine erleichterte Ersetzung der väterlichen Einwilligung gem. § 1748 IV BGB ist der Weg versperrt.[838] Indessen verbleibt dem Familiengericht die Möglichkeit, die Einwilligung des Vaters zu ersetzen, wenn einer der übrigen Tatbestände des § 1748 BGB erfüllt ist. Daraus ergibt sich, dass ein Sorgerechtsantrag des Vaters zwar im Hinblick auf die Ersetzungsmöglichkeiten seiner Einwilligung erheblich ist, er eine Drittadoption aber letztendlich nur hemmen, nicht aber gänzlich verhindern kann.[839]

§ 1747 III Nr. 2 BGB ordnet nur die Rechtsfolge des väterlichen Antrages auf Übertragung der Sorge an, nämlich die Hemmung einer Drittadoption. Unter welchen Voraussetzungen ein solcher Antrag erfolgreich ist, lässt sich der Vorschrift dagegen nicht entnehmen. Diesbezüglich hilft der Verweis auf § 1672 BGB weiter. Gem. § 1672 I 2 BGB ist dem Antrag auf Übertragung der elterlichen Sorge auf den nicht mit der Mutter verheirateten Vater stattzugeben, wenn die Übertragung dem Wohl des Kindes dient. Außerdem bestimmt § 1672 I 1 BGB, dass ein Antrag nur mit Zustimmung der Mutter gestellt werden kann. Sollte die Mutter ihr Kind zur Adoption durch Dritte freigeben wollen, wird sie ihre Zustimmung zum Antrag des Vaters, das Sorgerecht für das Kind zu erlangen, wohl in der Regel nicht erteilen. In dieser Konstellation ist § 1751 I 5 BGB heranzuziehen. Nach dieser Vorschrift bedarf ein Antrag des Vaters gem. § 1672 I BGB nicht der Zustimmung der Mutter, wenn sie in die Annahme des Kindes eingewilligt hat.

Hinter der in § 1751 I 5 BGB normierten Regelung steht der Gedanke, dass die Mutter durch ihre Einwilligung in die Adoption ihr „Desinteresse" an der Ausübung der elterlichen Sorge für das Kind zum Ausdruck gebracht hat. Das Elternrecht des Vaters fordert nunmehr die vorrangige Prüfung, ob ihm auf seinen Antrag hin die elterliche Sorge allein zu übertragen ist. Da die Mutter bereits auf ihr Sorgerecht „verzichtet" hat, besteht für sie kein schützenswertes Interesse mehr, an der Übertragung des Sorgerechts auf den Vater rechtsgestaltend mit-

838 Greßmann, Neues Kindschaftsrecht, Rn. 399.
839 So auch Mühlens/Kirchmeier/Greßmann/Knittel, Kindschaftsrecht, S. 278.

wirken zu können. Deshalb ordnet § 1751 I 5 BGB an, dass in diesem Fall ihre nach § 1672 I BGB an sich erforderliche Zustimmung entbehrlich ist. Die Zustimmung wird durch die bereits erklärte Einwilligung der Mutter ersetzt.

b) Kritik der Literatur

In der Literatur wird an § 1747 III Nr. 2 BGB wegen der Bezugnahme auf § 1672 BGB Kritik geübt. Dabei beanstanden die Autoren, dass § 1672 I BGB ein Getrenntleben der Eltern voraussetze und dadurch der Schutzbereich der Vorschrift zu weit eingeschränkt sei. Auch dem mit der abgabewilligen Mutter zusammenlebenden Vater, der bereit sei, die elterliche Verantwortung zu übernehmen, dürfe es nicht verwehrt werden, einen Antrag auf Übertragung der elterlichen Sorge zu stellen.[840] Außerdem wird gegen die Bezugnahme des § 1747 III Nr. 2 BGB auf § 1672 I BGB eingewandt, dass die Übertragung der Sorge auf den Vater eine positive Kindeswohlprüfung erfordere. Bedenken unterliege die Kindeswohlprüfung aus dem Grunde, dass sie unnötigerweise zwischen ehelichen und nichtehelichen Kindern differenziere.[841]

Des Weiteren wird im Schrifttum bemängelt, dass in § 1747 III Nr. 2 BGB nicht die Wirkung des § 1751 I 1, 1. HS BGB berücksichtigt worden sei.[842] Gem. § 1751 I 1, 1. HS BGB ruht mit der Einwilligung eines Elternteils in die Annahme die elterliche Sorge dieses Elternteils. Ruht die elterliche Sorge des Elternteils, dem sie nach § 1626a II BGB allein zustand, sieht § 1678 II BGB vor, dass das Familiengericht dem anderen Elternteil die elterliche Sorge zu übertragen hat, sofern dies dem Wohl des Kindes dient. Eines entsprechenden Antrages auf Sorgerechtsübertragung bedarf es dafür nicht. Allerdings fordert § 1678 II BGB darüber hinaus, dass der Grund, aus dem die elterliche Sorge ruht, aller Voraussicht nach nicht wegfallen wird. Dies ist im Falle einer abgegebenen Einwilligungserklärung der Mutter zu bejahen. Denn die Einwilligung der Mutter verliert ihre Kraft nur unter den Voraussetzungen des § 1750 IV BGB. Selbst wenn die Voraussetzungen des § 1750 IV BGB vorliegen, erhält die Mutter nicht automatisch die elterliche Sorge zurück. Vielmehr ist in einem gesonderten Verfahren darüber zu befinden, ob die Übertragung des Sorgerechts auf die Mutter dem Kindeswohl dient. Nur wenn dies der Fall ist, hat das Familiengericht gem. § 1751 III BGB die elterliche Sorge der Mutter zu übertragen.[843] Infolgedessen besteht bei einer erfolgten Einwilligung der Kindesmutter keine Aussicht, dass

840 Staudinger/*Frank*, § 1747, Rn. 39.

841 Frank, FamRZ 1998, S. 396.

842 Liermann, FuR 1997, S. 221.

843 MünchKommBGB/*Maurer*, § 1751, Rn. 13.

der Grund des Ruhens ihrer elterlichen Sorge wegfällt. Dieses Erfordernis ist somit im Sinne des § 1678 II BGB erfüllt. Sofern es dem Wohl des Kindes entspricht, hat das Familiengericht von Amts wegen dem Vater die elterliche Sorge zu übertragen. Der Vater kann das Verfahren nach § 1678 II BGB anregen.[844] An diesem Punkt knüpft die Kritik der Literatur an. Es sei nicht einzusehen, warum § 1747 III Nr. 2 BGB bei einem Verfahren nach § 1678 II BGB keine Sperrwirkung entfalte.[845]

c) Stellungnahme

Obwohl die Regelung des § 1747 III Nr. 2 BGB dem ersten Anschein nach den Eindruck vermittelt, sie könnte die adoptionsrechtliche Stellung des Vaters eines nichtehelichen Kindes stärken, zeigen sich bei näherer Betrachtung erhebliche Defizite.

aa) § 1672 I BGB in der bisherigen Fassung

Zunächst gilt die Kritik nicht § 1747 III Nr. 2 BGB direkt, sondern § 1672 I BGB, der über die gesetzliche Verweisung in § 1747 III Nr. 2 BGB zur Anwendung gelangt.[846] Das BVerfG hat in seinem Beschluss vom 21.7.2010 § 1672 I BGB für verfassungswidrig erklärt.[847] Gem. § 1672 I 2 BGB ist bei einem Getrenntleben der Eltern in Fällen, in denen die elterliche Sorge nach § 1626a II BGB der Mutter zusteht, einem Antrag des Vaters auf Sorgerechtsübertragung stattzugeben, wenn die Übertragung dem Wohl des Kindes dient. Die dem Wortlaut des § 1672 I 2 BGB zufolge erforderliche positive Kindeswohlprüfung bewirkte bisher, dass es in der Praxis nur selten zu einer Sorgerechtsübertragung auf den Vater kam. Befand sich das Kind bereits in der persönlichen Obhut von Dritten, konnte ein Antrag des Vaters mit der Begründung abgelehnt werden,

844 Soergel/*Liermann*, § 1747, Rn. 28.

845 Vgl. Soergel/*Liermann*, § 1747, Rn. 28.

846 Die gesetzliche Verweisung auf § 1672 I BGB in § 1747 III Nr. 2 BGB scheint Frank, FamRZ 1998, S. 396, zu übersehen, indem er die mit § 1672 I BGB verbundenen Probleme als nicht adoptionsspezifisch bezeichnet.

847 BVerfG NJW 2010, S. 3008 (3009); vgl. dazu MünchKommBGB/Huber, § 1626a, Rn. 3e ff.; Peschel-Gutzeit, NJW 2010, S. 2990 ff. Zu dieser Entscheidung ausführlich oben 3. Kapitel I. 2. a) bb).

dass die Kontinuität der Säuglings- und Kleinkindpflege beibehalten werden soll.[848]

bb) Bisherige Adoptionspraxis

Die bisherige Adoptionspraxis ist insofern bedenklich, als sie immer noch Vorbehalte gegen Väter nichtehelicher Kinder und ihre Zuverlässigkeit bei der Pflege und Erziehung ihrer leiblichen Kinder erkennen lässt. Besonders die Fallgestaltung, in der ein Sorgerechtsantrag des Vaters regelmäßig abgewiesen wird, wenn sich das Kind bereits bei Dritten befindet und (noch) kein regelmäßiger Kontakt mit dem leiblichen Vater stattgefunden hat, ist unter mehreren rechtlichen Aspekten zu beanstanden. Zwar wird dem völkerrechtlich anerkannten Interesse nach Beständigkeit der Betreuerpersonen Rechnung getragen. Zugunsten dieses Interesses kommt der Schutz des Vaters jedoch zu kurz. Auch ein Vater, der bisher noch keinen und nur wenig Umgang mit seinem Kind pflegen konnte, hat das verfassungsrechtliche Elternrecht inne. Ebenso genießt er den Schutz des Art. 8 I EMRK. Zudem fällt nach der hier vertretenen Lösung die Gemeinschaft eines Vaters und seines nichtehelichen Kindes bereits dann in den Gewährleistungsbereich des Art. 6 I GG, wenn der Vater seine Bereitschaft, die Verantwortung für sein Kind zu übernehmen, hinreichend deutlich zum Ausdruck gebracht hat. Dies ist bei Stellung eines Antrags auf Sorgerechtsübertragung zu bejahen. Damit besteht sowohl auf verfassungs- als auch völkerrechtlicher Ebene die staatliche Verpflichtung, die Beziehung zwischen einem Kind und seinem leiblichen Vater zu schützen und zu fördern. Dieser Verpflichtung entspricht es gerade nicht, dass dessen Sorgerechtsantrag regelmäßig abgewiesen wird.

Die dargestellte Adoptionspraxis und die immer noch gegen Väter nichtehelicher Kinder existierenden Vorbehalte machen deutlich, dass die Chancen eines Vaters, das Sorgerecht zu erlangen, regelmäßig schlecht stehen. Die in § 1747 III Nr. 2 BGB großzügig normierte Adoptionssperre bei einem Sorgerechtsantrag des Vaters bietet diesem deshalb keinen effektiven Schutz seiner Rechtsposition, zumal selbst bei einer Entscheidung zu seinen Gunsten kein Adoptionsstop eintritt. Diese Schwäche ist jedoch im Schrifttum und in der Judikatur nicht unbemerkt geblieben. §§ 1672 I 2, 1678 II BGB fordern ihrem Wortlaut nach für eine Übertragung der elterlichen Sorge eine positive Kindeswohlprüfung. Nur wenn dem Wohl des Kindes durch eine Übertragung gedient wird, soll sie auch erfolgen. In der Literatur wird nun die Auffassung vertreten, die Bestimmungen

848 MünchKommBGB/*Maurer*, § 1747, Rn. 36; vgl. zur Adoption des eigenen nichtehelichen Kindes durch den Vater nach alter Rechtslage BayObLG FamRZ 1989, S. 1336 (1337).

müssten dahingehend verfassungskonform ausgelegt werden, dass das Familiengericht dem Vater eines nichtehelichen Kindes bereits dann die elterliche Sorge zu übertragen hat, wenn die Übertragung dem Wohl des Kindes nicht widerspricht. Es sei also statt einer positiven eine negative Kindeswohlprüfung vorzunehmen.[849]

cc) Beschluss des BVerfG vom 26.9.2007

Zu diesem Ergebnis gelangte auch der BGH in seinem zum Fall Görgülü ergangenen Beschluss vom 26.9.2007.[850] Darin stellte der Gerichtshof klar, dass in Fällen, in denen die alleinige elterliche Sorge der Mutter ruhe, weil sie der Adoption ihres Kindes zugestimmt habe, dem Antrag des Vaters im Rahmen einer verfassungsgemäßen Auslegung des § 1672 I 2 BGB und unter Beachtung des Art. 8 I EMRK schon dann stattzugeben sei, wenn die Übertragung der elterlichen Sorge auf den Vater dem Wohl des Kindes nicht widerspreche. Zur Begründung für diese gegenüber dem Wortlaut weniger strengen Voraussetzungen gab der BGH an, dem Elternrecht des Vaters aus Art. 6 II 1 GG stehe kein Grundrecht der Mutter von gleichem Rang entgegen. Das Elternrecht des Vaters konkurriere lediglich mit den Grundrechten des Kindes aus Art. 2 I und Art. 1 I GG, die – isoliert betrachtet – dem Elternrecht aber nicht entgegenstehen müssten.

Des Weiteren erteilte der BGH der Rechtsauffassung des OLG Naumburg eine Absage. In seinem Beschluss vom 15.12.2006 vertrat das OLG, der Maßstab für die Übertragung des Sorgerechts auf den Vater nach §§ 1672 I, 1696 I BGB entspreche in Fällen, in denen eine Mutter, der die elterliche Sorge nach § 1626a II BGB allein zugestanden habe, ihre Zustimmung zur Adoption des Kindes erklärt habe, demjenigen der Rückübertragung eines zuvor nach § 1666 BGB entzogenen Sorgerechts.[851]

Dagegen wandte der BGH ein, dass in diesen Fällen der Vater die elterliche Sorge noch nie ausgeübt habe. Das Fehlen der elterlichen Sorge sei vielmehr auf die gesetzliche Regelung in § 1626a BGB zurückzuführen und nicht etwa darauf, dass sie dem Vater wegen missbräuchlicher Ausübung, Vernachlässigung des Kindes oder durch unverschuldetes Erziehungsversagen gem. § 1666 I BGB habe entzogen werden müssen. Negative Erkenntnisse über seine persönliche Erziehungseignung lägen gerade nicht vor. Über den Antrag des Vaters auf

849 Staudinger/*Coester*, § 1672, Rn. 12 f.; vgl. ferner Bamberger/Roth/*Veit*, § 1672, Rn. 6.1., FamRefK/*Rogner*, § 1672, Rn. 10.

850 BGH FamRZ 2007, S. 1969 (1972) = FF 2007, S. 313 (315), S. dazu auch Einleitung I.

851 OLG Naumburg FamRZ 2007, S. 665 (670).

Übertragung der elterlichen Sorge sei deshalb nach der gebotenen weiten Auslegung des § 1672 I BGB unter Berücksichtigung des Kindeswohls und der dafür relevanten individuellen Umstände des Einzelfalles zu befinden.[852]

Der Argumentation des BGH muss aus verfassungs- und völkerrechtlichen Gesichtspunkten uneingeschränkt zugestimmt werden. Dafür spricht nicht nur der Vorrang des leiblichen Vaters bei der Pflege und Erziehung seines Kindes, der sich aus Art. 6 II 1 GG sowie Art. 8 I EMRK herleiten lässt. Auch die Interessen des Kindes gebieten, bei § 1672 I BGB erleichterte Anforderungen aufzustellen. Art. 6 V GG, Art. 8 i.V.m. Art. 14 EMRK und Art. 7 i.V.m. Art. 2 KRK geben vor, dass ehelichen und nichtehelichen Kindern die gleichen Chancen einzuräumen sind, eine Beziehung zu ihrem leiblichen Elternteil zu entwickeln und von ihm aufgezogen zu werden. Deshalb darf einem Vater der Weg zur Sorgerechtserlangung nicht durch eine positive Kindeswohlprüfung erschwert oder sogar unmöglich gemacht werden.

Etwas anderes gilt auch nicht, wenn sich das Kind bereits in Adoptionspflege befindet. Hierzu führte der BGH aus, dass bei einem länger andauernden Pflegeverhältnis und der daraus erwachsenden Bindungen zwischen Pflegeeltern und Pflegekind zwar auch die Pflegefamilie durch Art. 6 I GG geschützt sei und somit auch den Pflegeeltern eine eigene Grundrechtsposition zustehe. Jedoch könnten sie sich nicht auf das Elternrecht des Art. 6 II 1 GG berufen. Sie seien zudem weniger geschützt, wenn sie sich auf eine spätere Herausgabe des Kindes – wie im Fall Görgülü durch frühzeitigen Antrag des Vaters auf Übertragung der elterlichen Sorge – einstellen mussten.[853]

dd) Bewertung unter völker- und verfassungsrechtlichen Aspekten

Die Auffassung des BGH verdient Zuspruch. Die Position der Pflegeeltern ist schwächer als die des leiblichen Vaters. Ein Paar, das die Absicht hat, ein Kind zu adoptieren, bildet zusammen mit dem Kind vor Abschluss des Adoptionsverfahrens (noch) keine Familie i.S.d des Art. 6 I GG, so dass der besondere verfassungsrechtlich verbriefte Familienschutz nicht greift.[854] Dem Vater eines nichtehelichen Kindes kommt dagegen bis zum Ausspruch der Adoption das Elternrecht des Art. 6 II 1 GG zugute. Ferner kann er sich auf Art. 6 I GG be-

---

852 BGH FamRZ 2007, S. 1969 (1973) = FF 2007, S. 313 (316). Im Ergebnis teilte der BGH aber die Wertung des OLG Naumburg, die Bindung des Kindes zu dem Vater sei wegen der bislang nur sehr eingeschränkten Umgangskontakte noch nicht hinreichend tragfähig, und bestätigte damit den angegriffenen Beschluss des OLG vom 15.12.2006, FamRZ 2007, S. 665 ff., S. dazu Einleitung I.

853 BGH FamRZ 2007, S. 1969 (1972) = FF 2007, S. 313 (315 f.).

854 Vgl. Finger, JR 2005, S. 140.

rufen, wenn er seine Verantwortungsbereitschaft durch Stellung eines Antrags auf Übertragung des Sorgerechts zum Ausdruck gebracht hat. Daraus ergibt sich ein Vorrang des Vaters vor den Adoptionsbewerbern. Dieser Vorrang fordert nicht nur, dass bei der Entscheidung über eine Übertragung der elterlichen Sorge auf den Vater eine negative Kindeswohlprüfung vorgenommen werden muss, sondern auch, dass – wie nach der alten Rechtslage – bei einem erfolgreichen Sorgerechtsantrag des Vaters die Adoption durch Dritte ausgeschlossen ist. Für diese Lösung spricht außerdem das erhöhte Schutzbedürfnis des Vaters, das sich aus den weitreichenden Folgen ergibt, die das Gesetz im Fall einer Volladoption vorsieht. Aus Gründen der Rechtsgleichheit sind diese Grundsätze ebenso auf die Fälle des §§ 1751 I 1, 1678 II BGB anzuwenden. Denn weder der Wortlaut des § 1747 III Nr. 2 BGB noch die Gesetzesmaterialien schließen ein Vorgehen nach §§ 1751 I 1, 1678 II BGB aus.[855]

Die derzeitige Adoptionspraxis unterliegt mit ihren Vorurteilen gegenüber Vätern nichtehelicher Kinder aber nicht nur den dargelegten rechtlichen Zweifeln. Sie ist auch in tatsächlicher Hinsicht zu beanstanden. Denn es entspricht nicht in jedem Fall der Lebenswirklichkeit, aus der unterbliebenen Abgabe von Sorgeerklärungen ein Desinteresse des Vaters gegenüber seinem Kind zu folgern. Wie schon ausgeführt, ist der Zugang zur gemeinsamen Sorge von der Mutter abhängig. Deshalb mag die mangelnde Sorgerechtsinhaberschaft des Vaters zwar gelegentlich darauf zurückgehen, dass er nicht bereit ist, für sein Kind Verantwortung zu tragen. Sie ist aber keineswegs ein zuverlässiges und allgemeingültiges Kriterium für das Fehlen einer Bindung zwischen Vater und Kind. Es kann ihr in Anbetracht der heutigen Vielgestaltigkeit der Lebensverhältnisse noch nicht einmal Indizwirkung zugeschrieben werden.[856]

3. Verzicht auf Antragstellung zur Übertragung der elterlichen Sorge gem. § 1747 III Nr. 3 BGB

Als weitere Besonderheit gewährt § 1747 III Nr. 3 S. 1 BGB dem Vater eines nichtehelichen Kindes, für das originär allein sorgeberechtigt die Mutter ist, die Möglichkeit, auf einen Antrag auf Übertragung der elterlichen Sorge gem. § 1672 I BGB zu verzichten.

855 Vgl. Staudinger/*Frank*, § 1747, Rn. 39.

856 Für eine Indizwirkung des Sorgerechtskriteriums ist Kopper-Reifenberg, Kindschaftsrechtsreform und Schutz des Familienlebens nach Art. 8 EMRK, S. 374.

a) Regelungszweck

Die Vorschrift des § 1747 III Nr. 3 BGB ist § 1747 II 3 BGB a.F. nachempfunden. Danach konnte ein Vater auf Antragstellung zur Ehelicherklärung oder Adoption seines eigenen Kindes verzichten.[857] Die heutige Fassung ist auf den Fall zugeschnitten, dass der nicht sorgeberechtigte Vater einerseits seine Einwilligung in eine Adoption seines Kindes verweigert, andererseits aber auch keinen Antrag auf Sorgerechtsübertragung stellen will. In dieser Konstellation soll § 1747 III Nr. 3 BGB eine Arbeitserleichterung für die Adoptionspraxis bezwecken.[858] Dahinter steht der Gedanke, durch die Verzichtserklärung eine sichere und endgültige Tatsachengrundlage zu schaffen, die es den Behörden sowie dem Familiengericht ermöglicht, eine Adoption schnell und ohne Eingreifen des Vaters durchzuführen. Aber nicht nur die staatlichen Stellen, sondern auch Mutter und Kind sollen von der durch § 1747 III Nr. 3 BGB vermittelten Rechtssicherheit profitieren. Da der Vater keine Gelegenheit hat, seine Entscheidung, auf die Übertragung der elterlichen Sorge zu verzichten, rückgängig zu machen, sind Mutter und Kind vor der Unentschlossenheit oder einem möglichen späteren Sinneswandel des Vaters geschützt, die einer wünschenswerten frühkindlichen Adoption im Wege stehen könnten.[859]

b) Öffentliche Beurkundung

Aus § 1747 III Nr. 3 S. 2 BGB ergibt sich für die Erklärung, durch die der Vater auf die Übertragung der Sorge verzichtet, der Formzwang der öffentlichen Beurkundung. Zur Verfahrensvereinfachung ist gem. § 59 I 1 Nr. 7 SGB VIII neben den Notaren die Urkundsperson beim Jugendamt befugt, die Verzichtserklärung zu beurkunden.[860] Ferner verweist § 1747 III Nr. 3 S. 3 BGB auf § 1750 BGB. Die in dieser Norm genannten Formalien sollen mit Ausnahme der in § 1750 IV 1 BGB enthaltenen Regelungen sinngemäß für die Verzichtserklärung gelten. Infolgedessen muss der Verzicht höchstpersönlich gegenüber dem Familiengericht erklärt werden, § 1750 I BGB. Er ist nach § 1750 II 2, 1. HS BGB unwiderruflich. Dadurch, dass § 1747 III Nr. 3 S. 3 BGB die Anwendbarkeit von § 1750 IV 1 BGB ausschließt, bleibt die Verzichtserklärung selbst bei Zurücknahme des Adoptionsantrages oder Versagung der Annahme wirksam. Dagegen verliert der Verzicht gem. §§ 1747 III Nr. 3 S. 3, 1750 IV 2 BGB seine Kraft, wenn das Kind

857 Vgl. dazu BT-Drucks. XIII/4899, S. 114.

858 Staudinger/*Frank*, § 1747, Rn. 42.

859 Lipp/Wagenitz, Das neue Kindschaftsrecht, § 1747, Rn. 24.

860 Vgl. Münder, Frankfurter Kommentar zum SGB VIII, § 59, Rn. 1.

nicht innerhalb von drei Jahren seit Zugang der Verzichtserklärung beim Familiengericht angenommen wird.

c) Die Rechtsfolgen des Verzichts

Als Rechtsfolge ergibt sich aus einer wirksamen Verzichtserklärung nach § 1747 III Nr. 3 BGB, dass ein gleichwohl gem. § 1672 BGB gestellter Sorgerechtsantrags unzulässig ist.[861] Der Rechtsanwender wird allerdings darüber im Unklaren gelassen, wie sich der Verzicht, die Übertragung der elterlichen Sorge zu beantragen, auf das Adoptionsverfahren auswirkt. Fraglich ist, ob ein Sorgerechtsverzicht die Einwilligung des Vaters in die Annahme seines nichtehelichen Kindes entbehrlich macht oder das Einwilligungserfordernis trotz Verzichtserklärung bestehen bleibt.

Bei der Beantwortung dieser Frage könnte die Begründung der Bundesregierung zum Entwurf des KindRG weiterhelfen. Darin heißt es, die in § 1747 III Nr. 3 BGB geregelte Möglichkeit des Verzichts auf Sorgerechtsübertragung entspreche dem § 1747 II 3 und 4 BGB a.F.[862] Wie bereits oben ausgeführt, ging es in der alten Gesetzesfassung jedoch nicht um den Verzicht, die Übertragung der elterlichen Sorge zu beantragen. Vielmehr bezog sich die Verzichtserklärung eines Vaters darauf, einen Antrag auf Ehelicherklärung oder Annahme seines nichtehelichen Kindes zu stellen. Außerdem verlangte das Gesetz vor der Änderung durch das KindRG nicht, dass der Vater in die Adoption seines nichtehelichen Kindes einwilligte.

Aufgrund der verschiedenen Anknüpfungspunkte des Verzichts und der geänderten Rechtslage hilft der Hinweis des Gesetzgebers auf die Kongruenz zwischen § 1747 II 3 und 4 BGB a.F. und § 1747 III Nr. 3 BGB zur Klärung der aufgeworfenen Frage nicht weiter.[863] Stattdessen muss Beachtung finden, dass weder der Gesetzeswortlaut noch die -begründung als Rechtsfolge eines Verzichts gem. § 1747 III Nr. 3 BGB ein Entfallen der Einwilligungsberechtigung des Vaters ankündigen. Dem Vater nach einer erfolgten Verzichtserklärung sein Einwilligungsrecht in die Adoption zu versagen, bewirkte eine Schwächung seiner Rechtsposition, die vom Willen des Gesetzgebers nicht gedeckt ist und auch im Gesetzeswortlaut keine Stütze findet.

Ferner gibt es zwischen einer Verzichtserklärung nach § 1747 III Nr. 3 BGB und dem Einwilligungsrecht nach § 1747 I 1 BGB gravierende Unterschiede.

---

861 MünchKommBGB/*Maurer*, § 1747, Rn. 28.

862 BT-Drucks. XIII/4899, S. 114.

863 Anders Maurer, in: MünchKommBGB, § 1747, Rn. 28, der aus der Vorgängerregelung Schlüsse für die geltende Rechtslage zieht.

Schon in Bezug auf ihren sachlichen Inhalt weichen die beiden Rechtsinstitute von einander ab. Während die Einwilligung letztendlich die Aufgabe des allgemeinen Elternrechts im Hinblick auf eine konkrete Adoption bewirkt, hat die Verzichtserklärung nicht das materielle Elternrecht, sondern nur seine verfahrensrechtliche Antragsbefugnis bezüglich eines Sorgerechtsantrags zum Gegenstand.[864] Der Verzicht ist außerdem nur öffentlich zu beurkunden, die Einwilligung dagegen notariell. Aufgrund der genannten Unterschiede kann nicht davon ausgegangen werden, dass der Verzicht auf das Sorgerecht das Einwilligungsrecht des Vaters in eine Kindesannahme suspendiert.[865] Der Verzicht hat aber zur Konsequenz, dass eine erleichterte Ersetzung der väterlichen Einwilligung gem. § 1748 IV BGB in Betracht kommt, wenn das Unterbleiben der Annahme dem Kind zu unverhältnismäßigem Nachteil gereichen würde.[866]

d) Kritik und verfassungsrechtliche Bedenken

§ 1747 III Nr. 3 BGB bietet dem Schrifttum in zweierlei Hinsicht Anlass zur Kritik. Zum einen – so die Autoren – zeige die Vorschrift die altbekannte Tendenz, den Vater eines nichtehelichen Kindes als Störenfried im Adoptionsverfahren anzusehen und ihn weitgehend aus dem Verfahren zu verdrängen.[867] Zum anderen müsse bezweifelt werden, ob die Unwiderruflichkeit des Sorgerechtsverzichts mit dem verfassungsrechtlichen Elternrecht vereinbar sei. Denn aus der in Art. 6 II 1 GG manifestierten Elternstellung ergebe sich eine Verantwortung gegenüber dem Kind, auf die ein Elternteil grundsätzlich nicht verzichten könne.[868] Der Widerspruch liege darin, dass § 1747 III Nr. 3 BGB dem Vater das Elternrecht aus Art. 6 II 1 GG zwar belasse, gleichzeitig aber die Möglichkeit eines unwiderruflichen Blankoverzichts eröffne. Dabei sei schon nicht begreiflich, warum § 1747 III Nr. 3 BGB die Anwendbarkeit des § 1750 IV 1 BGB ausschließe und auf diese Weise einen generellen Verzicht auf die Stellung eines Antrags auf Sorgerechtsübertragung erst ermögliche. Die Entscheidung des Gesetzgebers für einen unwiderruflichen Blankoverzicht werde in den Gesetzesma-

864 Oberloskamp/Hoffmann, Wir werden Adoptiv- oder Pflegeeltern, S. 160 f.; zur alten Rechtslage OLG Hamm FamRZ 1982, S. 845 (847).

865 So auch Oberloskamp/Hoffmann, Wir werden Adoptiv- oder Pflegeeltern, S. 160 f.; Prütting/Wegen/Weinreich/*Friederici*, BGB, § 1747, Rn. 10.

866 Frank, FamRZ 1998, S. 396; Soergel/*Liermann*, § 1747, Rn. 29.

867 Coester, FamRZ 1995, S. 1250; Frank, FamRZ 1998, S. 396; in der Begründung zum Entwurf des AdoptG äußerte die Bundesregierung Bedenken, dass der Vater bis zum Ausspruch der Annahme des nichtehelichen Kindes das Adoptionsverfahren stören könnte, indem er selbst einen Antrag stellt, BT-Drucks. VII/3061, S. 37.

868 Coester, RdJB 1996, S. 439.

terialien nicht begründet. Sie könne auch nicht nachvollzogen werden, weil es Fälle gebe, in denen einem Sorgerechtsverzicht ebenso wie einer Einwilligung konkret die Adoption durch einen bestimmten Annehmenden als Motiv zugrunde liege. Obwohl insofern Parallelen erkennbar seien, behandle die gesetzliche Regelung Einwilligung und Sorgerechtsverzicht nicht gleich, indem sie eine Blankoeinwilligung verbiete, einen Blankoverzicht auf das Sorgerecht dagegen zulasse.[869]

Darüber, ob die Bedenken gegen die Konformität von § 1747 III Nr. 3 BGB mit Art. 6 II 1 GG im Wege einer verfassungskonformen Auslegung ausgeräumt werden können, sind sich die Autoren uneinig. Coester[870] und Frank[871] zufolge gehe ein unwiderruflicher Blankoverzicht generell zu weit. Nach Ansicht Maurers ist § 1747 III Nr. 3 BGB indessen einer verfassungsgemäßen Korrektur zugänglich.[872] Diese solle erfolgen, indem die Wirksamkeit des Verzichts – ebenso wie bei der Einwilligung – auf ein bestimmtes Annahmeverfahren reduziert werde. Um die Unvereinbarkeit seiner Lösung mit dem Wortlaut des § 1747 BGB zu überbrücken, schlägt Maurer weiterhin vor, dem Verzicht nur insoweit und solange Wirksamkeit zuzuerkennen, als das Kind wirklich adoptiert werden soll und kann. Komme eine Annahme nicht mehr in Betracht, weil die Einwilligung des Vaters nicht nach § 1748 IV BGB ersetzt werden könne, dürfe er an einem einmal erklärten Verzicht auch nicht festgehalten werden.[873]

e) Stellungnahme

Dem Gesetzeswortlaut lässt sich entnehmen, dass § 1747 III Nr. 3 BGB dem Vater eines nichtehelichen Kindes das Recht gewährt, auf einen Sorgerechtsantrag zu verzichten. Zu einem solchen Verzicht ist er jedoch keineswegs verpflichtet. Er kann nach seinem freien Willen entscheiden, ob er von der in § 1747 III Nr. 3 BGB eingeräumten Möglichkeit Gebrauch macht oder nicht. Ein Rechtsverlust tritt also nicht zwangsläufig ein, sondern nur, wenn der Vater seinen Verzicht wirksam erklärt.[874]

869 MünchKommBGB/*Maurer*, § 1747, Rn. 29; vgl. außerdem Frank, Schlechtriem-FS, S. 39.

870 Coester, FamRZ 1995, S. 1250.

871 Frank, in: Staudinger, § 1747, Rn. 42; ähnlich das AG Bruchsal, FamRZ 1991, S. 980 (981), das sich schon für eine verfassungskonforme Auslegung des Verzicht nach alter Rechtslage aussprach.

872 MünchKommBGB/*Maurer*, § 1747, Rn. 27; ähnlich Finger, JR 2005, S. 141 f.

873 MünchKommBGB/*Maurer*, § 1747, Rn. 27.

874 So auch Soergel/*Liermann*, § 1747, Rn. 29 und Kopper-Reifenberg, Kindschaftsrechtsreform und Schutz des Familienlebens nach Art. 8 EMRK, S. 377 f., die mit diesem Argument die Konformität des § 1747 III Nr. 3 BGB mit der EMRK begründet.

Obwohl § 1747 III Nr. 3 BGB ebenso wie § 1747 III Nr. 1 BGB auf den ersten Blick vermuten lässt, durch einen Zuwachs an Optionen die Rechtsstellung des nicht mit der Kindesmutter verheirateten Vaters zu stärken, ist den im Schrifttum geäußerten Einwänden Recht zu geben. Es entspricht weder den Maßstäben des Grundgesetzes noch den Vorgaben des Völkerrechts, dass der Vater auf die Stellung eines Sorgerechtsantrages in der in § 1747 III Nr. 3 BGB vorgesehenen Weise verzichten kann.

Den kritischen Autoren ist darin zuzustimmen, dass § 1747 III Nr. 3 BGB nicht in Einklang mit Art. 6 II 1 GG steht. Die Verfassung selbst bezeichnet in Art. 1 II GG die Grundrechte, also auch das Elternrecht, als unveräußerlich. Der unwiderrufliche Blankoverzicht auf Sorgerechtsübertragung, den das Gesetz über den Ausschluss des § 1750 IV 1 BGB in § 1747 III Nr. 3 S. 3 BGB zulässt, wird wegen der damit verbundenen Möglichkeit des Vaters, sich der elterlichen Verantwortung gänzlich zu entsagen, dieser Vorgabe nicht gerecht. Zwar mag in Anbetracht der Unveräußerlichkeit des Elternrechts aus Art. 6 II 1 GG verwundern, dass das BGB das Rechtsinstitut der Adoption überhaupt vorsieht. Dies ist aber insofern einleuchtend, als eine Schranke, die das Subordinationsverhältnis von Bürger und Staat ordnet, keinen Geltungsanspruch im Koordinationsverhältnis der Bürger untereinander erheben kann.[875] Die Schaffung eines künstlichen Verwandtschaftsverhältnisses durch die Rechtsordnung betrifft das Verhältnis der Bürger untereinander, der Staat tritt dabei dem Bürger nicht als Hoheitsträger entgegen. Dass die Rechtsordnung trotz der Unveräußerlichkeit der Grundrechte Adoptionen grundsätzlich gestattet, darf jedoch nicht dazu führen, auch den Verzicht auf Sorgerechtsübertragung als verfassungskonform zu bewerten. Denn obwohl der Verzicht bei den Vorschriften der Annahme als Kind angesiedelt ist, betrifft er nach § 1747 III Nr. 3 BGB anders als die Adoption nicht das Koordinationsverhältnis der Bürger untereinander. Er erfolgt nicht zugunsten einer bestimmten Person und soll zudem durch Vereinfachung des Adoptionsverfahrens auch den staatlichen Stellen dienen, also einen öffentlichen Zweck erfüllen. Somit gilt die in Art. 1 II GG festgelegte Unveräußerlichkeit des Elternrechts. Dazu steht die Möglichkeit des Vaters, unwiderruflich zu erklären, auf einen Sorgerechtsantrag zu verzichten, im Widerspruch.

Darüber hinaus unterliegt die Regelung des § 1747 III Nr. 3 BGB auch hinsichtlich ihrer Konformität mit Art. 6 I GG und Art. 8 EMRK erheblichen Zweifeln. Die sich aus diesen beiden Garantien ergebenden staatlichen Schutzpflichten zugunsten der Beziehung eines Vaters und seines nichtehelichen Kindes gebieten, dass der Vater vor einer übereilten, irreversiblen Loslösung von seinem

875 Gernhuber/Coester-Waltjen, FamR, § 5, Rn. 46, § 68, Rn. 56.

Kind bewahrt wird. Das Gesetz darf es ihm nicht zu einfach machen, sich seiner Verantwortung für sein Kind zu entledigen.

Dass auf Seiten des Vaters ein Schutzbedürfnis besteht, belegen verschiedene Aspekte. Zunächst ist denkbar, dass ein Vater von der Kindesmutter oder auch von ihrem neuen Lebensgefährten unter Druck gesetzt wird, auf die Stellung eines Antrags auf Sorgerechtsübertragung zu verzichten. Einer solchen Beeinflussung muss der Staat entgegenwirken, um zu verhindern, dass eine bestehende oder beabsichtigte Beziehung zwischen einem Vater und seinem Kind zerstört wird. Ferner zeigt die Regelung des § 1750 III 2 BGB, dass ein beschränkt Geschäftsfähiger bei der Abgabe der Verzichtserklärung nach § 1747 III Nr. 3 BGB nur unzureichend geschützt ist. Gem. § 1750 III 2 BGB bedarf die Verzichtserklärung nämlich nicht der Zustimmung des gesetzlichen Vertreters des in der Geschäftsfähigkeit Beschränkten. Wenn man sich einmal vor Augen führt, dass § 107 BGB für jedes nicht lediglich rechtlich vorteilhafte Rechtsgeschäft eines beschränkt Geschäftsfähigen die Einwilligung seines gesetzlichen Vertreters fordert, ist nicht nachvollziehbar, dass sich ein beschränkt Geschäftsfähiger ohne den Schutz seines gesetzlichen Vertreters, der durch ein Zustimmungsbedürfnis gewährleistet würde, von der Verantwortung gegenüber seinem Kind unwiderruflich lossagen kann. Dass die elterliche Sorge eines in der Geschäftsfähigkeit beschränkten Elternteils nach § 1673 II 1 BGB ruht, gebietet dabei keine andere Wertung. Denn auch ein minderjähriger Vater kann gem. § 1673 II 2 BGB Inhaber der tatsächlichen Personensorge sein, so dass seine Verzichtserklärung keineswegs wirkungslos ist.[876] Somit besteht im Falle eines beschränkt geschäftsfähigen Vaters ein ebenso großes Schutzbedürfnis wie bei einem voll geschäftsfähigen Vater.

Schließlich ist § 1747 III Nr. 3 BGB insofern bedenklich, als er einen Wertungswiderspruch zu § 1747 II 1 BGB herbeiführt. Während nach § 1747 II 1 BGB eine Einwilligung erst erteilt werden kann, wenn das Kind acht Wochen alt ist, sieht das Gesetz eine solche Überlegungsfrist beim Verzicht auf Antragstellung zur Sorgerechtsübertragung nicht vor. Obwohl zwischen einer Einwilligung und einem Verzicht eine Reihe von Unterschieden bestehen, sie vor allem völlig verschiedene Zielrichtungen haben, müsste es auch beim Verzicht eine gesetzlich angeordnete Überlegungsphase geben. Denn in Fällen, in denen der Vater das in § 1747 III Nr. 3 BGB gewährte Recht ausgeübt hat, kommt regelmäßig eine erleichterte Einwilligungsersetzung in Betracht. Durch Verzicht auf einen Sorgerechtsantrag schafft der Vater geradezu zwangsläufig die Voraussetzung für die

876 Oberloskamp/Hoffmann, Wir werden Adoptiv- oder Pflegeeltern, S. 163; Staudinger/*Frank*, § 1747, Rn. 43.

Anwendung des § 1748 IV BGB.[877] Aus dieser Verknüpfung der Vorschriften ergibt sich in der Konsequenz, dass die Möglichkeit, auf einen Antrag gem. § 1672 I BGB schon direkt nach der Geburt des Kindes zu verzichten, die für eine Einwilligungserklärung grundsätzlich bestehende Sperrfrist aushebelt und dadurch letztendlich sogar das Einwilligungsrecht nach § 1747 I 1 BGB entkräftet.

Nach alledem steht fest, dass § 1747 III Nr. 3 BGB dem effektiven Schutz, der dem Vater eines nichtehelichen Kindes nach Art. 6 II 1, Art. 6 I GG sowie Art. 8 I EMRK gebührt, nicht gerecht wird. Die Möglichkeit, auf einen Antrag zur Übertragung der elterlichen Sorge zu verzichten, hat eine Schwächung der Rechtsposition des Vaters zur Konsequenz, die unter völker- und verfassungsrechtlichen Aspekten inakzeptabel ist.

Aber nicht nur aus der Perspektive des Vaters gibt es berechtigte Einwände gegen § 1747 III Nr. 3 BGB. Auch in Bezug auf das Gleichstellungsgebot von ehelichen und nichtehelichen Kindern unterliegt der Verzicht auf Sorgerechtsübertragung erheblichen Zweifeln. § 1747 III Nr. 3 BGB ist seinem Anwendungsbereich nach typischerweise auf den Fall der nichtehelichen Geburt zugeschnitten. Für eheliche Kinder kann hingegen kein Sorgerechtsverzicht im Vorfeld einer Adoption erfolgen. Die gesetzliche Regelung bietet nichtehelichen Kindern infolgedessen nicht die gleichen Chancen wie ehelichen, von einem leiblichen Elternteil versorgt zu werden. § 1747 III Nr. 3 BGB steht somit nicht nur im Widerspruch zur Zielsetzung des KindRG, sondern verstößt auch gegen Art. 6 V GG, Art. 8 i.V.m. Art. 14 EMRK sowie Art. 7 i.V.m. Art. 2 KRK.

Abschließend stellt sich unter Gleichstellungsgesichtspunkten noch die Frage, warum das Gesetz keinen Sorgerechtsverzicht der Mutter vorsieht. Mit demselben Argument, nämlich den einen Elternteil vor einem Sinneswandel des anderen Elternteils zu bewahren, könnte man auch für die Mutter die Möglichkeit eines Sorgerechtverzichts fordern. Die bei § 1747 I Nr. 3 BGB intendierte Sicherheit zugunsten der Kindesmutter wird dem Vater nach dem geltenden Adoptionsrecht nicht gewährt. Für diese geschlechtsbezogene Differenzierung ist keine Rechtfertigung ersichtlich. Deshalb verletzt die Regelung schließlich auch Art. 6 II 1 GG sowie Art. 16 I lit. f der UN-Diskriminierungsvereinbarung.

f) Fazit

Die vorausgehenden Feststellungen zeigen, dass § 1747 III Nr. 3 BGB dem nicht mit der Kindesmutter verheirateten Vater keine zusätzliche effiziente Möglich-

877 Soergel/*Liermann*, § 1747, Rn. 29; Frank, FamRZ 1998, S. 396.

keit an die Hand gibt, sondern seine Rechtsstellung im Vergleich zum ehelichen Vater vermindert. Die Erklärung, auf einen Antrag nach § 1672 I BGB zu verzichten, stellt auch kein Mehr an Optionen gegenüber den Rechten der Kindesmutter dar. Stattdessen wird dem Vater weniger Schutz gewährt, als ihm nach den völker- und verfassungsrechtlichen Vorgaben gebührt. Selbst wenn man bedenkt, dass das Jugendamt den Vater bei der Wahrnehmung seines Verzichtsrechts zu beraten hat, darf § 1747 III Nr. 3 BGB angesichts der aufgezeigten Widersprüche zu den im Grundgesetz und in den genannten Übereinkommen verbürgten Rechten keinen Bestand haben.[878] Es ist nämlich zu befürchten, dass das Jugendamt die altbekannte Tendenz fortführen wird, den Vater möglichst schnell aus dem Adoptionsverfahren zu verdrängen, damit eine Kindesannahme frühzeitig erfolgen kann.[879] Die Beratungspflicht des Jugendamtes genügt somit nicht zur Gewährleistung des dem Vater zustehenden Schutzes. Hier helfen weder eine verfassungskonforme Auslegung des § 1747 III Nr. 3 BGB durch Einführung einer Widerrufsmöglichkeit des Verzichts noch eine Reduktion durch sinngemäße Anwendung des § 1750 BGB.[880] Denn eine Widerrufsmöglichkeit führt, wenn sie unbefristet gewährt wird, zu einer Verkomplizierung des Adoptionsverfahrens und missachtet so das frühkindliche Bindungsverhalten. Eine befristete Widerrufsmöglichkeit dürfte hingegen nicht effektiv sein, da Fälle denkbar sind, in denen ein Vater im Hinblick auf die Möglichkeit, seine Erklärung zu widerrufen, übereilt verzichtet hat und ihm nach Ablauf der Widerrufsfrist Zweifel an seiner Entscheidung kommen. Vorzugswürdig ist deshalb, die Vorschrift des § 1747 III Nr. 3 BGB ersatzlos zu streichen.

III. Die erleichterte Einwilligungsersetzung gem. § 1748 IV BGB

§ 1748 BGB enthält in seinen vier Absätzen verschiedene Tatbestände, an die eine Ersetzung der elterlichen Einwilligung in die Kindesannahme geknüpft ist. Die in § 1748 I bis III BGB normierten Ersetzungsvarianten betreffen sowohl die Einwilligung der leiblichen Mutter als auch die des leiblichen Vaters und gelten unabhängig davon, ob die Eltern miteinander verheiratet sind oder nicht. In Betracht kommt eine Ersetzung gem. § 1748 I bis III BGB nur, wenn ein Elternteil seine Pflichten gegenüber dem Kind anhaltend gröblich oder besonders schwer-

878 A.A. Kopper-Reifenberg, Kindschaftsrechtsreform und Schutz des Familienlebens nach Art. 8 EMRK, S. 377 f.

879 Vgl. Coester, RdJB 1996, S. 440.

880 So der Vorschlag Fingers, JR 2005, S. 142.

wiegend verletzt hat, er durch sein Verhalten gezeigt hat, dass ihm das Kind gleichgültig ist, oder der Elternteil wegen einer besonders schweren psychischen Krankheit oder einer besonders schweren geistigen oder seelischen Behinderung zur Pflege und Erziehung des Kindes dauerhaft nicht fähig ist. Hinzutreten muss in den ersten drei Fällen, dass das Unterbleiben der Annahme dem Kind zu unverhältnismäßigem Nachteil gereichen würde. Im Übrigen ist Voraussetzung, dass das Kind bei Unterbleiben der Annahme nicht in einer Familie aufwachsen könnte und dadurch in seiner Entwicklung schwer gefährdet wäre.

Während in § 1748 I bis III BGB damit gewichtige Voraussetzungen für die Ersetzung der elterlichen Einwilligung aufgestellt sind, hat das Familiengericht im Fall des § 1748 IV BGB die Einwilligung des Vaters bereits zu ersetzen, wenn das Unterbleiben der Annahme dem Kind zu einem unverhältnismäßigen Nachteil gereichen würde. Allerdings betrifft die erleichterte Ersetzung nicht generell die väterliche Einwilligung. Sie kommt ausschließlich dann zum Tragen, wenn die nicht miteinander verheirateten Eltern keine gemeinsame Sorgeerklärung abgegeben haben, so dass der Vater gem. § 1626a II BGB nicht Inhaber der elterlichen Sorge ist. Hatte der Vater die elterliche Sorge schon einmal inne, weil sie ihm entweder nach § 1626a I Nr. 1, 2 BGB zusammen mit der Mutter zustand oder ihm gem. §§ 1680 II 2, III, 1681 BGB übertragen wurde, findet § 1748 IV BGB keine Anwendung. Stattdessen gelten unabhängig davon, warum der Vater nun nicht mehr Träger des Sorgerechts ist, die verschärften Ersetzungsanforderungen der Absätze I bis III.[881] § 1748 IV BGB greift demnach nur, wenn der nicht mit der Kindesmutter verheiratete Vater niemals Sorgerechtsinhaber war.[882]

Der Anwendungsbereich des § 1748 IV BGB beschränkt sich aber nicht nur auf Väter nichtehelicher Kinder, denen die elterliche Sorge noch nie zustand. Wie sich aus § 1747 I 2 BGB ergibt, gilt im Sinne des § 1748 IV BGB als Vater auch ein Mann, der die Voraussetzungen des § 1600d II 1 BGB glaubhaft macht. Demzufolge kommt ebenso wie bei einem nicht sorgeberechtigten Vater eines außerhalb der Ehe geborenen Kindes beim Vaterschaftsprätendenten eine erleichterte Ersetzung seiner Einwilligung gem. § 1748 IV BGB in Betracht.[883]

Zu beachten ist, dass sowohl beim feststehenden als auch beim vermuteten Vater vor der Ersetzung der das Einwilligungsrecht begründende Tatbestand verwirklicht sein muss. Bevor die Entscheidung über eine Einwilligungsersetzung getroffen wird, muss also geklärt sein, ob die Voraussetzungen für eine

881 Kopper-Reifenberg, Kindschaftsrechtsreform und Schutz des Familienlebens nach Art. 8 EMRK, S. 343; Lipp/Wagenitz, Das neue Kindschaftsrecht, Rn. 9; MünchKommBGB/*Maurer*, § 1748, Rn. 25.

882 Gernhuber/Coester-Waltjen, FamR, § 68, Rn. 79; Palandt/*Diederichsen*, § 1748, Rn. 12.

883 Vgl. dazu Greßmann, Neues Kindschaftsrecht, Rn. 396.

vorläufige Vaterschaftsvermutung vorliegen. Diese Frage darf nicht mit der Begründung offen bleiben, es lägen doch die Voraussetzungen des § 1748 IV BGB vor, so dass es auf eine Einwilligungsberechtigung im Ergebnis nicht ankomme.[884] Denn gegen die Entscheidung über die Ersetzung steht dem betroffenen Elternteil die sofortige Beschwerde nach §§ 58, 63 I FamFG zu. Um zu vermeiden, dass die Einwilligungsersetzung von jemandem angefochten wird, dem ursprünglich gar kein Einwilligungsrecht in die Kindesannahme zustand, bedarf es deshalb zunächst der Prüfung, ob die Voraussetzungen des § 1747 I BGB vorliegen.[885]

1. Begründungsversuche

Wie schon angesprochen, verlangt § 1748 IV BGB für die Ersetzung der Einwilligung eines Vaters, dem das Sorgerecht gem. § 1626a II BGB nicht zusteht, im Gegensatz zu den Ersetzungsmöglichkeiten nach den ersten drei Absätzen des § 1748 BGB weder, dass der Vater seine Pflichten gegenüber dem Kind massiv verletzt oder durch sein Verhalten gezeigt hat, dass ihm das Kind gleichgültig ist, noch erfordert die Norm eine besonders schwere Krankheit oder Behinderung auf Seiten des Vaters. Im Vergleich zu Vätern, die Träger der elterlichen Sorge sind, besteht für das Familiengericht im Fall eines gem. § 1626a II BGB nicht sorgeberechtigten Vaters demnach eine wesentlich niedrigere Hürde. Infolgedessen ergibt sich hinsichtlich der Voraussetzungen für eine Einwilligungsersetzung eine Differenzierung zwischen den Vätern ehelich und nichtehelich geborener Kinder. Es stellt sich die Frage, ob diese Differenzierung sachlich gerechtfertigt ist.

In der Begründung zum Entwurf des KindRG erklärte die Bundesregierung, das nunmehr eingeführte Einwilligungsrecht des nicht mit der Kindesmutter verheirateten Vaters erfahre mit dem neuen § 1748 IV BGB die erforderliche Korrektur.[886] Die reduzierten Voraussetzungen für eine Einwilligungsersetzung gem. § 1748 IV BGB und die damit verbundene Schwächung der Rechtsstellung der betroffenen Väter seien unter dem Aspekt gerechtfertigt, dass es Vätern, die zu keinem Zeitpunkt die elterliche Sorge und somit die Verantwortung für das Kind getragen haben, nicht ermöglicht werden solle, eine Adoption des Kindes – allein – durch ihr Veto zu verhindern.[887]

884 Finger, JR 2005, S. 141 f.; Lipp/Wagenitz, Das neue Kindschaftsrecht, § 1748, Rn. 7.

885 S. MünchKommBGB/*Maurer*, § 1748, Rn. 25, 33.

886 BT-Drucks. XIII/4899, S. 114.

887 BT-Drucks. XIII/4899, S. 114, bestätigend Greßmann, Neues Kindschaftsrecht, Rn. 401.

Ähnliche Begründungsansätze lassen sich der Literatur entnehmen. Die Ungleichbehandlung der Väter ehelicher Kinder und der Väter nichtehelicher Kinder bei der Ersetzung ihrer Einwilligung in die Adoption sei darauf zurückzuführen, dass im Falle der ehelichen Geburt die Väter automatisch Mitinhaber des elterlichen Sorgerechts seien, während ihnen bei einer nichtehelichen Geburt kraft Gesetzes jedenfalls keine Primärverantwortung zukomme. Deshalb könnten Väter nichtehelicher Kinder auch keine Pflichten gegenüber dem Kind anhaltend gröblich verletzen, solange sie keine Sorgeerklärungen abgegeben hätten oder die elterliche Sorge nicht auf sie allein übertragen worden sei.[888] Vorstellbar wäre lediglich, dass ein nicht sorgeberechtigter Vater seinen Unterhalts- oder Umgangspflichten nicht nachkomme. Diese Art der Pflichtverletzung reiche aber für § 1748 I BGB nicht aus.[889] Darüber hinaus bestehe für eine erleichterte Ersetzungsmöglichkeit bei der Adoption nichtehelich geborener Kinder ein praktisches Bedürfnis, wenn dem Vater die elterliche Sorge niemals zugestanden habe. Man dürfe nämlich von dem Regelfall ausgehen, dass Väter nichtehelicher Kinder ganz überwiegend nicht in der Lage oder zumindest nicht bereit seien, die Sorgeverantwortung zu übernehmen.[890] Eine Absenkung der Eingriffsschwelle sei dann insofern gerechtfertigt, als bei Unbekanntheit, Unauffindbarkeit und Desinteresse des Vaters, die zwar nicht mehr sozialtypisch, aber doch signifikant häufig mit nichtehelicher Vaterschaft verbunden seien, das Elternrecht dem Interesse des Kindes am Aufwachsen in einer intakten Familie weichen müsse.[891]

2. Kritik der Literatur

Trotz dieser Erklärungsversuche ist § 1748 IV BGB vielfach auf Kritik gestoßen.

a) Differenzierung zwischen Vätern ehelicher und Vätern nichtehelicher Kinder

So wird der Begründung des Regierungsentwurfes, der gem. § 1626a II BGB nicht sorgeberechtigte Vater könne ohne die Möglichkeit einer erleichterten Einwilligungsersetzung allein durch die Verweigerung seiner Einwilligung die Annahme verhindern, entgegengesetzt, dass sie bereits in ihrem Ausgangspunkt

888 Dodegge, FPR 2001, S. 325; Frank, FamRZ 1998, S. 394.

889 Kopper-Reifenberg, Kindschaftsrechtsreform und Schutz des Familienlebens nach Art. 8 EMRK, S. 377.

890 Coester, RdJB 1996, S. 440.

891 Coester, FamRZ 1995, S. 1249.

nicht zutreffe. Denn gäbe es § 1748 IV BGB nicht, wäre die Einwilligung eben unter den sehr viel strengeren Voraussetzungen des § 1748 I bis III BGB zu ersetzen.[892] Die von der Bundesregierung getroffenen Erwägungen seien demnach nicht imstande, die unterschiedliche Behandlung von Vätern ehelicher und nichtehelicher Kinder zu rechtfertigen. Hinzu komme noch, dass die generelle negative Typisierung des nicht mit der Kindesmutter verheirateten Vaters zu den realen Verhältnissen im Widerspruch stehe und dadurch zu Unbilligkeiten führen könne.[893] So sei nicht einzusehen, dass einem mit der Mutter verheirateten Vater, der sich bereits während der Schwangerschaft von der Familie abgewandt und nie Interesse für sein Kind gezeigt habe, die erschwerten Ersetzungsmöglichkeiten des § 1748 I bis III BGB zuteil würden. Dagegen kämen einem nicht sorgeberechtigten Vater eines nichtehelichen Kindes, der jahrelang alles getan habe, um ein gutes Vater-Kind-Verhältnis aufzubauen, die strengeren Anforderungen des § 1748 I bis III BGB nicht zugute.[894] Die dargestellten möglichen Lebenssituationen zeigten, dass es sich bei der für die Fassung des § 1748 IV BGB in Anspruch genommenen kategorischen Folgerung, wer nicht Inhaber des Sorgerechts sei, könne mangels Verpflichtung auch nicht für sein Kind Verantwortung tragen, um einen Fehlschluss handle.[895] Statt sich bei der Herabsetzung der Eingriffsschwelle daran zu orientieren, ob die Eltern bei der Geburt ihres Kindes miteinander verheiratet seien oder nicht, hätte der Gesetzgeber die maßgebliche Grenze zwischen sorgewilligen und -fähigen Elternteilen einerseits und nicht sorgewilligen oder -fähigen Elternteilen andererseits, die ihrem Kind bei sich trotz aller öffentlichen Hilfen keine Zukunftsperspektive bieten könnten, ziehen müssen. Allein für Letztere komme dann eine Einwilligungsersetzung unter erleichterten Voraussetzungen in Betracht. Ansonsten müssten hohe Ersetzungsanforderungen bestehen.[896]

b) Differenzierung innerhalb der Gruppe nichtehelicher Väter

Von den Autoren wird nicht nur die gesetzlich vorgenommene Unterscheidung zwischen Vätern ehelicher und nichtehelicher Kinder gerügt, sondern auch beanstandet, dass § 1748 IV BGB innerhalb der Gruppe der nicht mit der Kindesmutter verheirateten Väter differenziere. Indem der Anwendungsbereich der Norm

---

892 MünchKommBGB/*Maurer*, § 1748, Rn. 24; Willutzki, ZKJ 2007, S. 27.
893 Rixe, FamRZ 2004, S. 1463.
894 Paulitz/*Oberloskamp*, Adoption, S. 77; Schwab/*Frank*, Das neue Familienrecht, S. 278; Willutzki, ZKJ 2007, S. 27.
895 Lipp, JZ 2006, S. 97; S. außerdem Finger, JR 2005, S. 142.
896 Coester, FamRZ 1995, S. 1249.

nur eröffnet sei, wenn der Vater niemals Träger der elterlichen Sorge gewesen sei, komme es zu einer negativen Typisierung solcher nicht sorgeberechtigter Väter. Im Einzelfall bestehe nämlich die Möglichkeit, dass ein Vater, der gem. § 1626a II BGB nicht Inhaber der elterlichen Sorge sei, im Vergleich zu einem Vater, dem die Mutter gem. § 1626a I Nr.1 BGB die elterliche Sorge mitüberlassen habe, zu dem Kind durchaus das engere elterliche Verhältnis aufgebaut habe.[897] Außerdem sei denkbar, dass in Zeiten einer harmonischen Beziehung die Abgabe einer gemeinsamen Sorgeerklärung als überflüssig angesehen worden und deshalb unterblieben sei.[898] Komme es dann zur Auflösung der nichtehelichen Lebensgemeinschaft, laufe der Kindesvater Gefahr, dass seine Einwilligung nach den erleichterten Voraussetzungen des § 1748 IV BGB ersetzbar sei, obwohl er sich nach wie vor um sein Kind kümmere. Vor dieser Benachteiligung gegenüber einem sorgeberechtigten Vater sei derjenige Vater, der die elterliche Sorge nicht innehabe, zu schützen. Inkonsequent sei zudem, dass sich die Orientierung an der fehlenden elterlichen Sorge in § 1748 IV BGB nur auf einen Teil der Väter beziehe, während die Einwilligung anderer nicht sorgeberechtigter Väter, etwa solcher, denen die elterliche Sorge nach § 1666 BGB entzogen worden sei oder deren Sorge über § 1671 BGB ende, nicht dieser verminderten Ersetzungsschwelle unterliege.[899]

c) Differenzierung zwischen Müttern und Vätern nichtehelicher Kinder

Weiterhin gibt die mit der gesetzlichen Regelung einhergehende Schlechterstellung des Vaters gegenüber der Mutter eines nichtehelichen Kindes Anlass zur Kritik.[900] Denn im Hinblick auf die Einwilligung der Mutter in die Kindesannahme besteht die Möglichkeit einer erleichterten Ersetzung nicht. Selbst wenn der Vater im Verfahren nach § 1672 I BGB Alleininhaber der elterlichen Sorge geworden oder der Mutter gem. § 1666 BGB die elterliche Sorge entzogen und nach § 1680 II 2, III BGB dem Vater übertragen worden ist, kann die sorgerechtsunabhängige Einwilligung der Mutter in eine vom Vater betriebene Adoption nur unter den erschwerten Voraussetzungen des § 1748 I bis III BGB ersetzt werden.[901]

---

897 Soergel/*Liermann*, § 1748, Rn. 42.

898 Helms, JAmt 2001, S. 63.

899 Finger, JR 2005, S. 142; Gernhuber/Coester-Waltjen, FamR, § 68, Rn. 79.

900 Vgl. Finger, JR 2005, S. 141 f.; Liermann, FamRZ 2003, S. 1524; Schumann, Die nichteheliche Familie, S. 342.

901 Finger, JR 2005, S. 141; Greßmann, Neues Kindschaftsrecht, Rn. 402.

In ihrem Entwurf zum KindRG rechtfertigte die Bundesregierung die von ihr bewusst getroffene Unterscheidung zwischen der originären Alleinsorge der Mutter und der des Vaters mit ansonsten entstehenden schwer erträglichen Wertungswidersprüchen. Denn setze man „aus Symmetriegründen“ den Maßstab für die Ersetzung der Einwilligung in den Fällen des § 1672 I BGB ebenso herab wie in den Fällen des § 1626a BGB, komme es bei einer Adoption des Kindes zu einer Schwächung der Rechtsposition einer Mutter, die mit Rücksicht auf das Wohl ihres Kindes einer Sorgerechtsübertragung auf den Vater zustimme.[902] Sie stehe insbesondere schlechter als eine Mutter, die ihr Kind vernachlässigt oder misshandelt habe und der deshalb die Sorge gem. § 1666 BGB entzogen worden sei. Denn die Einwilligung dieser Mutter – in Übereinstimmung mit dem für Eheleute geltenden Recht – könne jedenfalls nur unter den strengen Voraussetzungen des § 1748 I 1 BGB ersetzt werden. Verglichen mit diesen Brüchen erscheine die mit dem Entwurf verbundene relative Schwächung der Position des Vaters, der nach § 1626a II BGB nicht Inhaber der Sorge sei, vorzugswürdig. Praktisch werde sie sich kaum auswirken, weil Fälle, in denen zunächst der Vater mit Zustimmung der Mutter die (Allein-)Sorge gemäß § 1672 I BGB erlange, dann jedoch das Kind zur Adoption freigebe und zudem ein Widerspruch der Mutter nicht nach § 1748 BGB ersetzt werden könne, nicht in nennenswerter Zahl auftreten dürften. Die geschwächte adoptionsrechtliche Stellung des Vaters in den Fällen des § 1626a II BGB sei zudem durch die – gerade im Hinblick auf ihre Austragungsbereitschaft bestehende – Schutzbedürftigkeit der Mutter gerechtfertigt, die andernfalls einseitig durch den Vater des Kindes an der Freigabe zur Adoption gehindert und so mit dem Kind „alleingelassen“ werden könne. Ein vergleichbares Schutzbedürfnis bestehe nicht für den Vater, der im Fall des § 1672 I BGB mit Zustimmung der Mutter auf eigenen Antrag die Alleinsorge für das Kind erhalte.[903]

Im Schrifttum ist die Begründung der Bundesregierung vereinzelt auf Zustimmung gestoßen.[904] Liermann ist dagegen der Meinung, eine Mutter, die sich so eine schwere Verfehlung gegen das Kind habe zuschulden kommen lassen, dass ihr gem. § 1666 BGB das Sorgerecht habe entzogen werden müssen, stehe dem Kind ferner als ein Vater, der zwar gem. § 1626a II BGB nicht Inhaber der elterlichen Sorge sei, aber mit Verantwortungsbewusstsein und Zuneigung zu dem Kind den Umgang mit ihm pflege.[905] Liermann spricht sich ferner dafür aus, dass § 1748 IV BGB nicht nur auf den Vater anwendbar sein, sondern schlecht-

902 BT-Drucks. XIII/4899, S. 114; so auch Greßmann, Neues Kindschaftsrecht, Rn. 403.

903 BT-Drucks. XIII/4899, S. 114; zustimmend Greßmann, Neues Kindschaftsrecht, Rn. 403.

904 So Lipp/Wagenitz, Das neue Kindschaftsrecht, § 1748, Rn. 10.

905 Liermann, in: Soergel, § 1748, Rn. 41; zustimmend S. C. Saar, in: Erman, § 1748; Rn. 17.

hin die Ersetzung der Einwilligung eines nicht oder nicht mehr sorgeberechtigten Elternteils erleichtern solle. Eine solche Regelung, die jeden Elternteil – verheiratet oder nicht, und unabhängig vom Grund der fehlenden Inhaberschaft der elterlichen Sorge – betreffe, erziele angemessene Ergebnisse.[906]

Gegen die Begründung der Bundesregierung wird weiterhin hervorgebracht, die Ersetzung der Einwilligung sei nicht der Ort, die freigabewillige Mutter vor der ihr gegen ihren Willen aufgebürdeten Kinderbetreuung zu schützen, während der Vater nicht zur Übernahme des Sorgerechts bereit sei. Denn selbst ein bestehendes Schutzbedürfnis der Mutter vor dieser unfreiwilligen Belastung könne den Verlust jeglicher verwandtschaftlicher Beziehungen zwischen einem Vater und seinem Kind allein nicht rechtfertigen.[907]

3. Verfassungsrechtliche Bedenken

Aufgrund der genannten Kritikpunkte bestehen in der Literatur Zweifel an der Verfassungskonformität des § 1748 IV BGB.[908] Beanstandet wird besonders eine Diskrepanz zu Art. 6 II 1 GG sowie Art. 3 I GG, die sich aus der Ungleichbehandlung sorgeberechtigter und nicht sorgeberechtigter Väter ergebe.[909]

Auch im Hinblick auf die Dominanz der Mutter gegenüber dem Vater bei der elterlichen Sorge, die durch die gesetzliche Reglung vermittelt wird, bezweifeln die Autoren die Vereinbarkeit des § 1748 IV BGB mit Art. 6 II 1 GG. Ebenso wie im Rahmen der Sonderregelungen nach § 1747 III BGB wird auch bei § 1748 IV BGB bemängelt, dass die Mutter durch Verweigerung einer gemeinsamen Sorgeerklärung das Sorgerecht des Vaters ausschließen könne. Damit liege auch die Möglichkeit einer erleichterten Ersetzung der väterlichen Einwilligung in ihrer Hand.

Als Rechtfertigung für die Schlechterstellung des nicht sorgeberechtigten Vaters wird teilweise herangezogen, durch die Möglichkeit des Vaters eines außerhalb der Ehe geborenen Kindes, sich für das Kind die elterliche Sorge zu sichern, könne dieser in eine gefestigte Rechtsstellung aufzurücken.[910] Daneben werde

906 Liermann, FuR 1997, S. 266.

907 Vgl. MünchKommBGB/*Maurer*, § 1748, Rn. 24.

908 Erman/*S. C. Saar*, § 1748, Rn. 27; Finger, BGH Report 2005, S. 977; Paulitz/*Oberloskamp*, Adoption, S. 73; Staudinger/*Frank*, § 1748, Rn. 6, 59; vgl. ferner Liermann, in: Soergel, § 1748, Rn. 7, 42; der im Ergebnis aber die Verfassungsmäßigkeit des § 1748 IV BGB bejaht, S. auch Liermann, FamRZ 2003, S. 1525.

909 Staudinger/*Frank*, § 1748, Rn. 59; Oberloskamp/Hoffmann, Wir werden Adoptiv- oder Pflegeeltern, S. 167.

910 Helms, JAmt 2001, S. 63; Soergel/*Liermann*, § 1748, Rn. 9.

der Vater dadurch ausreichend geschützt, dass im Falle seines Sorgerechtsantrages eine Kindesannahme durch Dritte nach § 1747 III Nr. 2 BGB gehemmt sei. Schließlich regele § 1751 I 5 BGB, dass ein Antrag des Vaters auf Übertragung des Sorgerechts nicht der Zustimmung der Mutter bedürfe, wenn diese bereits in eine Adoption eingewilligt habe. Damit gewährleiste, so einige Autoren, auch diese Bestimmung, dass der Bereitschaft eines Vaters, die Sorge für sein nichteheliches Kind zu übernehmen, genügend Raum gegeben sei.[911]

Oberloskamp ist der Meinung, § 1748 IV BGB verstoße nicht nur gegen Art. 6 II und Art. 3 I, II GG, sondern sei darüber hinaus mit dem Grundsatz der Verhältnismäßigkeit unvereinbar und auch deshalb als verfassungswidrig zu qualifizieren.[912] Der Widerspruch zum Grundsatz der Verhältnismäßigkeit folge daraus, dass die Einwilligungsersetzung nach § 1748 IV BGB abweichend von der Systematik des § 1748 BGB keine Pflichtverletzung verlange. Indem der Gesetzgeber beim nicht sorgeberechtigten Vater auf das Erfordernis eines Fehlverhaltens verzichte, komme es im Einzelfall zu nicht vertretbaren Ergebnissen. Sollte ein Vater etwa grundsätzlich nichts gegen eine Adoption seines nichtehelichen Kindes einzuwenden haben, aber die von der Mutter ausgesuchte Adoptivfamilie – möglicherweise sogar aus sehr verständlichen Gründen – ablehnen, so liege mit Sicherheit keine Pflichtverletzung vor. Dennoch sei eine Ersetzung seiner Einwilligung nach § 1748 IV BGB möglich, wenn das Kind schon lange in der neuen Familie lebe. Ebenso wenig akzeptabel sei, dass die Einwilligung des Vaters nach § 1748 IV BGB ersetzt werden könne, wenn der Vater nicht in die Kindesannahme einwillige, weil er das Kind zu einem späteren Zeitpunkt selbst zu sich nehmen oder eine Adoption durch seine eigenen Angehörigen fördern wolle, um zu vermeiden, dass Fremde das Kind adoptierten. Obwohl dann die Weigerung des Vaters zur Abgabe seiner Einwilligung nicht als Pflichtverletzung zu klassifizieren sei, könne der Wille des Vaters im Wege des § 1748 IV BGB überwunden werden. Daraus, dass einen nicht sorgeberechtigten Vater ohne ein pflichtwidriges Verhalten die harte Rechtsfolge des § 1748 IV BGB treffe, während es bei der Ersetzung der Einwilligung eines sorgeberechtigten Vaters gem. § 1748 I bis III BGB auf einen schwerwiegenden Pflichtverstoß oder einen anderen gravierenden Grund ankomme, ergebe sich demzufolge ein klarer Verstoß gegen den Grundsatz der Verhältnismäßigkeit.[913]

911 Lipp/Wagenitz, Das neue Kindschaftsrecht, § 1748, Rn. 5.

912 Oberloskamp/Hoffmann, Wir werden Adoptiv- oder Pflegeeltern, S. 166 f.

913 Oberloskamp/Hoffmann, Wir werden Adoptiv- oder Pflegeeltern, S. 166.

4. Verfassungskonforme Auslegung

Um einen Verstoß gegen das Grundgesetz zu vermeiden, wird vorgeschlagen, § 1748 IV BGB dahingehend verfassungskonform auszulegen, dass auch die Interessen des Vaters in die Verhältnismäßigkeitsprüfung einzufließen haben. Indem § 1748 IV BGB nicht auf ein massives Fehlverhalten oder eine Erziehungsunfähigkeit des Vaters abstelle, sei nicht ausgeschlossen, dass die Abwägung, ob das Unterbleiben einer Adoption dem Kind zu unverhältnismäßigem Nachteil gereichen würde, allein auf das Kindeswohl beschränkt sei. Eine daraus folgende unzureichende Berücksichtigung des Elternrechts werde durch eine Auslegung ausgeglichen, die väterliche Belange einbeziehe.[914]

Die Überlegungen zur verfassungskonformen Auslegung entsprechen dem Vorschlag des Bundesrates, mit dem er im Gesetzgebungsverfahren zugunsten nicht sorgeberechtigter Väter den Kontrast zwischen den einzelnen Absätzen des § 1748 BGB abmildern wollte. Dass der letzte Absatz des § 1748 BGB auf ein Merkmal, das Defizite in der Vater-Kind-Beziehung betrifft, verzichtet, sollte durch Einfügen der Worte „oder der Annahme überwiegende Belange des Vaters nicht entgegenstehen“ im Text des § 1748 IV BGB-E hinter dem Wort „würde“ aufgefangen werden.[915] Dieser Vorschlag wurde von der Regierung mit der Begründung abgelehnt, bereits das in § 1748 IV BGB vorgesehene Verhältnismäßigkeitskriterium berücksichtige in umfassender Weise Belange des Vaters.[916]

Frank gibt zu bedenken, dass es bei einem Verstoß des § 1748 IV BGB sowohl gegen Art. 6 II 1 GG als auch gegen den Gleichheitsgrundsatz bleibe, selbst wenn die Praxis mit Hilfe einer verfassungskonformen restriktiven Auslegung dieser Norm zu brauchbaren Ergebnissen gelange. Seiner Ansicht nach hätte der Gesetzgeber im hochsensiblen Bereich des § 1748 BGB von der unvermeidbar problematischen Typisierung zwischen sorgeberechtigten und nicht sorgeberechtigten Vätern gänzlich absehen sollen. Gegenüber der Gesetz gewordenen Regelung sei eine Lösung vorzugswürdig, durch die die recht zeitraubende und schwerfällige Regelung des § 1748 I BGB insofern neu gefasst werde, als eine Ersetzung der Einwilligung wegen Gleichgültigkeit ohne Rücksicht auf eheliche oder nichteheliche Geburt erleichtert werden könne. Eine solche Gestaltung der Einwilligungsersetzung habe den Vorteil, dass generell dann reduzierte Anforderungen beständen, wenn der die Einwilligung verweigernde Elternteil nicht bereit sei, entweder die elterliche Sorge selbst zu übernehmen oder doch wenigs-

---

914 FamRefK/*Maurer*, § 1748, Rn. 5; Finger, JR 2005, S. 141 f.; Hk/*Kemper*, § 1748, Rn. 10.

915 BT-Drucks. XIII/4899, S. 157.

916 BT-Drucks. XIII/4899, S. 170; diese Entscheidung bestätigend Soergel/*Liermann*, § 1748, Rn. 40.

tens einen vernünftigen Lebensplan für das Kind aufzustellen und bei dessen Realisierung in Wahrnehmung seiner natürlichen elterlichen Verantwortung mitzuwirken. Ob es sich dabei um ein eheliches oder nichteheliches Kind handle, spiele im Unterschied zur geltenden Rechtslage dann keine Rolle.[917]

Gewarnt wird außerdem vor einer einfachen Übertragung der Auslegung in § 1748 I BGB. Es dürfe nicht vergessen werden, dass Verständnishintergrund dort immerhin eine festgestellte gröbliche Pflichtverletzung oder Gleichgültigkeit sei, denen die nichteheliche Vaterschaft nicht schematisch an die Seite gestellt werden könne. Vielmehr solle die erleichterte Ersetzbarkeit der Einwilligung des Vaters eines nichtehelichen Kindes Anlass sein, § 1748 BGB etwas umfassender zu überprüfen.[918] Denn mit der vom Gesetzgeber gewählten vagen Formulierung des unverhältnismäßigen Nachteils in § 1748 IV BGB werde praktisch den Gerichten die Verantwortung weitergereicht, die Entscheidung zu treffen, ob im Einzelfall eine Ersetzung der väterlichen Einwilligung angebracht sei.[919]

5. Meinungsstand in der Rechtsprechung

Ebenso wie das Schrifttum hat sich die Rechtsprechung mit dem Problem auseinandergesetzt, ob § 1748 IV BGB streng nach seinem Wortlaut angewandt werden kann oder es einer verfassungskonformen Interpretation dieser Norm bedarf.

Eine der ersten der zur Auslegung des § 1748 IV BGB publizierten Gerichtsentscheidungen stammt vom OLG Karlsruhe.[920] Der Entscheidung lag eine geplante Adoption durch den Stiefvater zugrunde. Der leibliche Vater verweigerte hingegen, seine Einwilligung zu erklären. Das OLG Karlsruhe gab dem Antrag auf Ersetzung der Einwilligung des Vaters statt. Zur Begründung führte es aus, dass der Frage, ob dem Vater ein Fehlverhalten angelastet werden könne, keine Bedeutung beigemessen werden dürfe. Dies ergebe sich schon im Wege eines Umkehrschlusses aus den Absätzen I bis III des § 1748 BGB, die ein Fehlverhalten oder anderes Defizit in der Person des Elternteils, dessen Einwilligung ersetzt werden soll, verlangten. Auch aus dem in der Begründung des Gesetzesentwurfes betonten Schutzbedürfnis der Kindesmutter folge, dass weder ein Versagen noch ein sonstiger Eignungsmangel zu fordern sei. Ein unverhältnismäßiger Nachteil i.S.d. § 1748 IV BGB sei deshalb schon dann gegeben, wenn das Un-

---

917 Frank, FamRZ 1998, S. 395.
918 Coester, FamRZ 1995, S. 1249.
919 Coester, RdJB 1996, S. 440.
920 OLG Karlsruhe DAVorm 2000, Sp. 804 ff. (806 f.).

terbleiben der Adoption für ein Kind nachteilig sei und die Abwägung der Interessen des Kindes mit denen des Vaters zu dem Ergebnis führe, dass das Interesse des Kindes an der Adoption überwiege.

Im Gegensatz zu der vom OLG Karlsruhe vertretenen Rechtsansicht stehen die Auffassungen des OLG Saarbrücken und des BayObLG, das dreimal mit der Thematik der Auslegung des unverhältnismäßigen Nachteils in § 1748 IV BGB befasst war. In dem Fall, der dem Beschluss des OLG Saarbrücken zugrunde lag, war eine Stiefkindadoption erfolgt. Die Einwilligung des leiblichen Vaters war durch das AG zunächst ersetzt worden. Auf die dagegen gerichtete Beschwerde des leiblichen Vaters wies das LG den Antrag auf Einwilligungsersetzung dann aber zurück. Dagegen wandte sich das Kind mit einer sofortigen Beschwerde an das OLG.[921]

In den drei Entscheidungen des BayObLG ging es zweimal ebenfalls um die Ersetzung der Einwilligung des leiblichen Vaters bei einer beabsichtigten Stiefkindadoption.[922] In einem Fall sollte die Einwilligung des leiblichen Vaters ersetzt werden, um eine Adoption seines nichtehelichen Kindes durch die Pflegeeltern zu ermöglichen.[923]

Sowohl das OLG Saarbrücken als auch das BayObLG nahmen in den genannten Entscheidungen – ohne dies zu erwähnen – eine verfassungskonforme Interpretation vor. Die gegenüber § 1748 I BGB weniger strenge Fassung des Absatzes IV solle zwar, wie auch die Gesetzesmaterialien belegten, die Ersetzung erleichtern. Damit sei jedoch nicht das Erfordernis aufgegeben worden, im

921 OLG Saarbrücken FamRZ 2005, S. 1586 f. Das OLG kam schließlich zu dem Ergebnis, dass die Einwilligung des leiblichen Vaters zu ersetzen sei. Dies begründete das Gericht unter anderem damit, dass zwischen dem leiblichen Vater und seinem Kind so gut wie gar kein Kontakt stattgefunden habe und er deshalb aus der Sicht des Kindes auch nicht zum Familienverbund dazugehöre. Diese Entscheidung rügte der leibliche Vater erfolgreich vor dem BVerfG, FamRZ 2006, S. 1355 f.

922 BayObLG vom 9.11.2001, JAmt 2002, S. 192 ff. = FamRZ 2002, S. 486 ff. = ZfJ 2002, S. 303 ff.; BayObLG vom 17.3.2005 FamRZ 2005, S. 1587 f. Im ersten Fall lehnte das BayObLG eine Einwilligungsersetzung ab, weil der Vater sich um ein Umgangsrecht bemüht und Unterhalt gezahlt hatte. Im zweiten Fall entschied es, dass die Einwilligung des leiblichen Vaters in die Adoption zu ersetzten sei, da das Interesse des Kindes an der rechtlich gesicherten Einbindung in die Familie den Eingriff in die Elternrechte des Vaters rechtfertige, der nur des Kampfes willen um sein Umgangsrecht kämpfe.

923 BayObLG vom 20.1.2004, FamRZ 2004, S. 1812 f. Hier ersetze das BayObLG die Einwilligung, da das Kind ab seinem zehnten Lebensmonat seit nahezu sechs Jahren ununterbrochen im Haushalt der Pflegeeltern gelebte hatte und die Beziehung des Kindes zu den Pflegeeltern den emotionalen Bindungen eines Kindes zu leiblichen Eltern entspreche. Die Erhaltung einer für die Entwicklung des Kindes bedeutsamen spannungsfreien Kontinuität dieser sozialen und emotionalen Bezüge zu den Pflegeeltern überwiege die erst sehr späten Bemühungen des pakistanischen Vaters um sein Kind.

Rahmen der Verhältnismäßigkeitsprüfung sowohl die Belange des Kindes als auch die des Vaters zu berücksichtigen.

Das OLG Stuttgart hatte über die Ersetzung der Einwilligung eines nicht sorgeberechtigten Vaters, dessen Kind von Pflegeltern adoptiert werden sollte, zu entscheiden. Ebenso wie das OLG Saarbrücken und das BayObLG nahm das OLG Stuttgart – allerdings explizit – eine verfassungskonforme Interpretation vor.[924] Zur Ermittlung der relativen Größe des unverhältnismäßigen Nachteils i.S.v. § 1748 IV BGB sei die Situation des Vaters zu betrachten und die Einwilligung erst dann zu ersetzen, wenn sich ansonsten ein gegenüber den zu schützenden Belangen des Vaters ein besonders großer Nachteil für das Wohl des Kinde ergebe.

Aufgrund einer Divergenzvorlage durch das OLG Celle, das von der oben genannten Entscheidung des OLG Karlsruhe abweichen wollte, hatte sich der BGH mit dem Erfordernis des unverhältnismäßigen Nachteils i.S.d. § 1748 IV BGB zu beschäftigen.[925] In seiner Entscheidung zu dieser Divergenzvorlage betonte der BGH, dass bei der Prüfung eines unverhältnismäßigen Nachteils die Interessen des Kindes an einer Adoption gegenüber den Interessen des Vaters am Fortbestand seines Elternrechts abzuwägen seien. Das Unterbleiben der Adoption gereiche nur dann zu unverhältnismäßigem Nachteil, wenn die Adoption einen so erheblichen Vorteil für das Kind bieten würde, dass ein sich verständig um sein Kind sorgender Elternteil nicht auf der Erhaltung des Verwandtschaftsbandes bestehen würde. Bei der Abwägung zwischen den Interessen des Kindes und denen des Vaters müsse in jedem Fall berücksichtigt werden, ob und inwieweit ein gelebtes Vater-Kind-Verhältnis bestehe oder bestanden habe oder welche Gründe den Vater am Aufbau oder an der Aufrechterhaltung gehindert hätten. Dabei müsse einerseits auf die Beweggründe und Belange des Vaters, eine Einwilligung in die Kindesannahme zu versagen, andererseits auf das Verhalten der Kindesmutter abgestellt werden. Bei einer Stiefkindadoption sei insbesondere zu erwägen, ob und inwiefern die Kindesmutter und ihr Ehemann eine Beziehung des Vaters zum Kind zu unterbinden suchten. Wenn eine Stiefkindadoption primär darauf abziele, das Umgangsrecht des leiblichen Vaters zu vereiteln oder die schon bestehende tatsächliche Situation rechtlich abzusichern, sei dies in der Regel dem Wohl des Kindes nicht dienlich und ein Scheitern der Adoption kein

924 OLG Stuttgart FamRZ 2005, S. 542 ff, dazu Schumann, in: Gesetzgebung, Menschenbild und Sozialmodell im Familien- und Sozialrecht, S. 209 f. Im Ergebnis ersetzte das OLG Stuttgart die Einwilligung des leiblichen Vaters mit der Begründung, eine gedeihliche Entwicklung des Kindes könne aufgrund seiner festen Verwurzelung in der Pflegefamilie nur durch eine Adoption gesichert werden.

925 BGH vom 23.3.2005, BGH Report 2005, S. 975 f. mit Anmerkung Finger, S. 976 f. = FamRZ 2005, S. 891 ff. = JZ 2006, S. 94 ff. mit Anmerkung Lipp, S. 96 ff. = NJW, 2005, S. 1781 ff.

besonders großer Nachteil für das Kind.[926] Eine Mutter habe die Aufgabe, ihrem Kind seinen Vater als weitere Bezugsperson nahe zu bringen und die Verbundenheit beider angemessen zu fördern. Komme sie dieser Aufgabe nicht nach, offenbare sich ein tief greifendes Erziehungsversagen ihrerseits, so dass die väterliche Einwilligung in die Kindesannahme – selbst wenn ein gelebtes Vater-Kind-Verhältnis fehle – nur dann zu ersetzen sei, wenn der Vater selbst durch sein Verhalten das Scheitern eines solchen Verhältnisses zu verantworten habe.[927]

Am 29.11.2005 erging ein Beschluss des BVerfG zur Auslegung des unverhältnismäßigen Nachteils in § 1748 IV BGB. Das BVerfG bestätigte die vom BGH vertretene Rechtsauffassung.[928] Es kam zu dem Ergebnis, dass eine umfassende Interessenabwägung zwischen den Interessen des Kindes und denen des Vaters vorgenommen werden müsse. Eine Beschränkung auf die Feststellung, dass zwischen dem Vater und seinem leiblichen Kind jahrelang faktisch keine Vater-Kind-Beziehung bestanden habe, stelle keine angemessene Würdigung der grundrechtlich geschützten Interessen des Vaters dar. Maßgeblich seien vielmehr auch Zeiten, in denen der Vater seine Elternverantwortlichkeit wahrgenommen habe.

Ferner sei zu prüfen, welche Gründe den Vater an der Aufrechterhaltung eines gelebten Vater-Kind-Verhältnisses gehindert hätten. Bei der anzustellenden umfassenden Interessenabwägung sei zu berücksichtigen, dass das Erlöschen des Verwandtschaftsverhältnisses zum Vater mit dem Verlust aller sich daraus ergebenden Rechte des Kindes verbunden sei, insbesondere auch seiner Unterhalts- und Erbschaftsansprüche.

---

926 Zur Abwägung der Belange von leiblichem Vater und Kind bei Stiefkindadoptionen führt Lipp in seiner Anmerkung zur Entscheidung des BGH vom 23.3.2005, JZ 2006, S. 98, aus, das Interesse des Kindes an der rechtlichen Verfestigung einer bereits gelebten und für die Zukunft nicht in Frage gestellten Eltern-Kind-Gemeinschaft innerhalb der Stieffamilie rechtfertige in aller Regel nicht die Annahme eines solch erheblichen Vorteils, der im Ergebnis dem Vater des Kindes die Elternstellung nehme und ihm jeden weiteren persönlichen Kontakt und Umgang mit dem Kind unmöglich mache.

927 Kritisch zu dieser Entscheidung Peschel-Gutzeit, NJW 2005, S. 3324 ff., die dem BGH vorwirft, er vernachlässige im Bestreben, die Position des leiblichen Vaters zu schützen und zu stärken, die Bedürfnisse und Interessen des betroffenen nichtehelichen Kindes, das für seinen Status nicht verantwortlich sei. Damit verkenne der BGH die soziologischen Notwendigkeiten innerhalb einer Gesellschaft, in der immer mehr Ehen geschieden, aber auch Zweitehen geschlossen würden.

928 BVerfG FamRZ 2006, S. 94 ff. = FF 2006, S. 41 ff. mit zustimmender Anmerkung Schnitzlers, FF 2006, S. 44; S. ferner Binschus, ZfF 2006, S. 257 sowie Maurer, FamRZ 2006, S. 96 ff., der kritisch darauf hinweist, dass sich das BVerfG ausgesprochen wenig mit den Interessen des Kindes auseinandersetze.

Im Beschluss vom 27.4.2006 hatte sich das BVerfG erneut mit der Auslegung des § 1748 IV BGB zu befassen.[929] Das BVerfG bestärkte ausdrücklich den Standpunkt, den es bereits in dem Beschluss vom 29.11.2005 vertreten hatte. Den verfassungsrechtlichen Anforderungen würde nicht ausreichend Rechnung getragen, wenn man nur darauf abstelle, dass das Kind bei einer Adoption noch fester in einen „idealtypischen", „normalen" Familienverband integriert werde und es auf ein Verschulden des leiblichen Vaters für fehlende Umgangskontakte nicht ankomme.

Die Auswertung der aufgezeigten obergerichtlichen Entscheidungen ergibt, dass die Judikatur überwiegend eine verfassungskonforme restriktive Auslegung des § 1748 IV BGB vornimmt. Um die Vereinbarkeit dieser Regelung mit dem Grundgesetz zu gewährleisten, bedient sich die Rechtsprechung einer umfassenden Abwägung der Kindesinteressen an einer Adoption mit den Interessen des Vaters am Fortbestand seines Elternrechts. Maßgebliche Kriterien sind dabei das Bestehen eines gelebten Vater-Kind-Verhältnisses, Beweggründe für das Verhalten des Vaters vor dem Adoptionsverfahren und für die Verweigerung seiner Einwilligung sowie das Verhalten der Kindesmutter. Andere Faktoren, wie das Interesse des Kindes an einer tatsächlichen und rechtlichen Integration in einer „normalen" Familie oder die mögliche Gefährdung der physischen oder psychischen Entwicklung des Kindes durch Unterbleiben der Adoption, dürfen nur unter strenger Abwägung mit dem Elternrecht des leiblichen Vaters berücksichtigt werden.[930] Der Begriff des unverhältnismäßigen Nachteils wird nicht vom Gesetzeswortlaut negativ, sondern insofern positiv interpretiert, als eine Adoption für das Kind von so erheblichem Vorteil sein muss, dass ein sich verständig um sein Kind sorgender Elternteil auf der Erhaltung des Verwandtschaftsbandes nicht bestehen würde.[931]

6. Stellungnahme

a) Vereinbarkeit des § 1748 IV BGB mit dem Völker- und Verfassungsrecht

Laut § 1747 I 1 BGB ist zur Annahme eines Kindes die Einwilligung der Eltern notwendig. Dabei kommt es weder darauf an, ob die Eltern miteinander verheira-

---

929 BVerfG FamRZ 2006, S. 1355 f. mit zustimmender Anmerkung von Rösler/Reimann, FamRZ 2006, S. 1356 f.

930 Rösler/Reimann, FamRZ 2006, S. 1357.

931 S. dazu Maurer, FamRZ 2006, S. 97.

tet sind, noch ist von Bedeutung, ob dem Vater des Kindes das Sorgerecht zusteht oder nicht. Obwohl das in § 1747 I 1 BGB enthaltene grundsätzliche Einwilligungserfordernis nicht ausdrücklich eingeschränkt wird, folgt aus der erleichterten Ersetzungsmöglichkeit gem. § 1748 IV BGB eine Begrenzung des Einwilligungsrechts des Vaters, der nach § 1626a II BGB nicht Träger der elterlichen Sorge ist. Im Ergebnis wird also die nach § 1747 I 1 BGB von Familienstand und Sorgezuständigkeit unabhängige Stellung des Vaters durch § 1748 IV BGB wieder entkräftet. Mit der grundsätzlichen Koppelung von Sorgerecht und Einwilligungsersetzung steht § 1748 IV BGB zum einen dem Gesamtkontext der §§ 1747, 1748 BGB entgegen, die im Grundsatz nicht zwischen miteinander verheirateten und nicht miteinander verheirateten Eltern differenzieren. Zum anderen widerspricht diese Norm dem vom KindRG angestrebten Ziel, die lange bestehende Kluft zwischen ehelichen und nichtehelichen Kindern zu schließen.

Neben diesen systematischen Unstimmigkeiten der gesetzlichen Regelung stellt sich die Frage, ob sich das vom Gesetzgeber gewählte Kriterium der Sorgerechtsträgerschaft als Korrektiv für das väterliche Einwilligungsrecht überhaupt eignet. Es wurde bereits festgestellt, dass eine Anknüpfung an die elterliche Sorge im Hinblick auf das aus Art. 6 II 1 GG folgende Gleichbehandlungsgebot grundsätzlich schweren Bedenken unterliegt.[932] Zu überlegen ist, ob bei der Ersetzung der Einwilligung in die Kindesannahme etwas anderes gilt.

Wie den Gesetzesmaterialien entnommen werden kann, sollte durch § 1748 IV BGB vermieden werden, dass ein Vater, der zu keinem Zeitpunkt die elterliche Sorge und damit die Verantwortung für das Kind getragen hat, eine Adoption des Kindes allein durch sein Veto verhindern kann. Zwar ist einerseits richtig, dass eine Adoption einem fürsorgebedürftigen Kind eine neue Perspektive bietet, die durch den Vater nicht boykottiert werden darf. Andererseits steht dem leiblichen Vater ohne Rücksicht auf den Status des Kindes das Elternrecht aus Art. 6 II 1 GG zu. Um dieses Spannungsverhältnis zwischen dem kindlichen Interesse an einer Adoption und dem Elternrecht zu lösen, stellt das Gesetz unabhängig davon, ob tatsächlich eine enge Bindung zwischen einem Vater und seinem nichtehelichen Kind besteht, auf das Kriterium niemals innegehabter elterlicher Sorge ab. Eine solche pauschale Kategorisierung ist allerdings nicht sinnvoll, um die widerstreitenden Interessen befriedigend zu vereinen. Sie wird bei der Vielfalt der Lebensverhältnisse den Umständen des Einzelfalls nicht gerecht. Um eine ungerechtfertigte Intervention des Vaters auszuschließen, die eine notwenige Adoption seines nichtehelichen Kindes vereitelt, hilft eine Orientierung allein am Merkmal des Sorgerechts deshalb nicht weiter. Unbeachtlich ist nach der geltenden gesetzlichen Regelung, warum der Vater keine Erklärung zur

932 3. Kapitel I. 2. a) bb).

gemeinsamen Sorge mit der Kindesmutter abgegeben hat. Der Grund dafür könnte etwa darin liegen, dass sich der Vater, um zugunsten des Kindes Konflikte zu vermeiden, dem Willen der Mutter gebeugt hat, ihr die elterliche Sorge allein zu überlassen. Jedoch können auch nicht vorhandenes Interesse, Egoismus oder andere selbstsüchtige Motive für die fehlende elterliche Sorge auf Seiten des Vaters ursächlich sein. Während es in diesen Fällen dem Gerechtigkeitsgedanken entspricht, dass der Vater nicht in den Genuss der erschwerten Ersetzungsanforderungen der § 1748 I bis III BGB kommt, stellte sich in der erst genannten Konstellation eine Sonderbehandlung des Vaters auf der Grundlage des § 1748 IV BGB, der mit der Möglichkeit der erleichterten Einwilligungsersetzung reagiert, als Strafe für die Kompromissbereitschaft des Vaters dar.

Die aufgezeigten Beispiele verdeutlichen, dass es für die nicht vorhandene Sorgeberechtigung des Vaters ganz unterschiedliche Gründe geben kann. Die gesetzliche Regelung lässt diese gänzlich außer Acht. Stattdessen schwächt sie durch die Reduzierung der Voraussetzungen der Absätze I bis III des § 1748 BGB auf das Merkmal, dass das Unterbleiben der Annahme dem Kind zu einem unverhältnismäßigen Nachteil gereichen würde, generell die Position des Vaters, der niemals Träger der elterlichen Sorge war. Negative Folge ist nicht nur, dass eine wegen der Verschiedenartigkeit der Fälle erforderliche Differenzierung innerhalb der Gruppe der nicht sorgeberechtigten Väter ausbleibt. Darüber hinaus vermag § 1748 I bis III BGB auch keinen Schutz vor einem sorgeberechtigten Vater zu gewährleisten, von dem die Gefahr ausgeht, dass er aus eigensüchtigen Motiven eine für das Kind vorteilhafte Adoption stört, dessen Verhalten aber keinen der verschärften Ersetzungsgründe erfüllt.

Damit steht fest, dass das Abstellen des § 1748 IV BGB auf die Sorgerechtsinhaberschaft nach § 1626a BGB nicht geeignet ist, in einer den realen Verhältnissen entsprechenden Weise nur diejenigen Väter von einer Intervention in die Kindesannahme auszuschließen, bei denen ein solches Vorgehen auch geboten ist. Der von der Literatur angemahnte Verstoß gegen Art. 6 II 1 GG kann also nicht mit der Begründung gerechtfertigt werden, im Interesse des Kindes an einer Adoption bedürfe es einer Einschränkung des väterlichen Einwilligungsrechts, die unter Zuhilfenahme des Sorgekriteriums sachgerecht erfolge. Gleichzeitig fehlt es an einer Rechtfertigung für die Differenzierung zwischen Vätern ehelicher und nichtehelicher Kinder sowie für die Ungleichbehandlung von sorgeberechtigten und nicht sorgeberechtigten Vätern. Somit verletzt § 1748 IV BGB nicht nur die Vorgaben des Art. 6 II 1 GG, sondern auch die Gleichsätze nach Art. 6 V GG und Art. 3 I GG.

Zu einem anderen Ergebnis führt hier auch nicht, dass die Verfassungsmäßigkeit der Sorgerechtsregelungen bei nicht verheirateten Eltern durch das BVerfG mit Urteil vom 29.1.2003 bestätigt wurde.[933] Unabhängig davon, dass das geltende Regelungskonzept der elterlichen Sorge bei nicht miteinander verheirateten Eltern nach dem Urteil des EGMR vom 3.12.2009[934] und dem dem Beschluss des vom 21.7.2010[935] verändert werden muss, darf die Annahme der Verfassungsmäßigkeit des § 1626a BGB nicht automatisch auf § 1748 IV BGB übertragen werden.[936] Denn in ihrer Rechtsfolge sind § 1626a BGB und § 1748 IV BGB insofern nicht vergleichbar, als gem. § 1626a II BGB der Vater lediglich von der Teilnahme an der elterlichen Sorge ausgeschlossen ist, während sich aus § 1748 IV BGB über § 1755 I 1 BGB ein irreversibler Verlust der Elternstellung ergibt. Die gesetzgeberische Gestaltungsfreiheit, die das BVerfG im Beschluss vom 7.3.1995 betonte[937], stößt bei einem völligen Entzug der Elternstellung an ihre Grenzen.[938]

Auch in konventionsrechtlicher Hinsicht stellt sich die Frage, ob § 1748 IV BGB den vorgegebenen Maßstäben gerecht wird. Nach Einschätzung Kopper-Reifenbergs bestehen diesbezüglich keine Bedenken.[939] Bei dem Kriterium der elterlichen Sorge handle es sich um ein wichtiges, für die Teilhabe an der elterlichen Verantwortung und für das Bestehen einer sozialen Beziehung sprechendes Indiz. Selbst wenn das Tatbestandsmerkmal der elterlichen Sorge nicht immer aussagekräftig sei, so könne doch in der Regel vermutet werden, dass derjenige Elternteil, dem die elterliche Sorge zustehe, sich für das Wohl des Kindes verantwortlich fühle, und diese Verantwortung in einer engen sozialen Beziehung zum Kind ihren Ausdruck finde.[940]

Entgegen der Auffassung Kopper-Reifenbergs reicht die Indizwirkung des Sorgekriteriums jedoch nicht aus. Angesichts des aus § 1748 IV BGB folgenden unumkehrbaren Eingriffs in das Elternrecht, der einen völligen Verlust der Elternstellung nach sich zieht, ist zwingend erforderlich, dass eine mangelnde

933 BVerfGE 107, S. 150 ff. = FamRZ 2003, S. 285 ff.

934 EGMR FamRZ 2010, S. 103 ff. mit zustimmenden Anmerkungen Henrich, S. 107 f. und Scherpe, S. 108. Dazu oben 2. Kapitel II. 1. a) dd).

935 BVerfG NJW 2010, S. 3008 (3009); vgl. dazu MünchKommBGB/*Huber*, § 1626a, Rn. 3e ff.; Peschel-Gutzeit, NJW 2010, S. 2990 ff. Ausführlich zu dieser Entscheidung oben 3. Kapitel I. 2. a) bb).

936 Liermann, FamRZ 2003, S. 1524.

937 BVerfGE 92, S. 158 (178 f.) = DAVorm 1995, Sp. 627 (637 f.) = FamRZ 1995, S. 789 (792) = JZ 1995, S. 1109 (1110) = NJW 1995, S. 2155 (2156).

938 A.A. Liermann, FamRZ 2003, S. 1524 f.

939 Kopper-Reifenberg, Kindschaftsrechtsreform und Schutz des Familienlebens nach Art. 8 EMRK, S. 372 ff.

940 Kopper-Reifenberg, Kindschaftsrechtsreform und Schutz des Familienlebens nach Art. 8 EMRK, S. 374; zur Indizwirkung der „Nicht-Sorgerechtsinhaberschaft" auch Gernhuber/Coester-Waltjen, FamR, § 68, Rn. 79.

Verantwortungsbereitschaft des Vaters gegenüber seinem Kind feststeht und nicht nur über das Indiz der fehlenden elterlichen Sorge vermutet wird. Zwar kann der Vater dieser Vermutungswirkung durch einen erfolgreichen Antrag auf Übertragung der Sorge nach § 1672 I BGB entgegentreten. Eine realistische Chance, das Sorgerecht zu erlangen, besteht aber eben nicht bei Stiefkindadoption, da gem. § 1751 II BGB die Fiktion des § 1751 I 5 BGB nicht gilt und demnach die Zustimmung der Mutter zur Sorgerechtsübertragung vorliegen muss.

Außerdem hilft die Möglichkeit des Vaters, die Übertragung der elterlichen Sorge zu beantragen, nicht darüber hinweg, dass die Wertungen der einzelnen Absätze des § 1748 IV BGB im Verhältnis zueinander nicht stimmig sind. Während für eine Einwilligungsersetzung nach § 1748 I bis III BGB die Erfüllung der dort genannten Tatbestandmerkmale verlangt wird, begnügt sich § 1748 IV BGB mit der Indizwirkung fehlender Sorgeerklärungen. Daraus ergibt sich, dass der nach der Spruchpraxis des EGMR bestehende innerstaatliche Beurteilungsspielraum überschritten ist. § 1748 IV BGB kann infolgedessen nicht als konventionskonform bezeichnet werden.

Abgesehen von der ungerechtfertigten Ungleichbehandlung innerhalb der Gruppe der Väter ist weiterhin nicht nachvollziehbar, warum nicht auch Mütter, denen die elterliche Sorge nicht zusteht, der erleichterten Einwilligungsersetzung nach § 1748 IV BGB unterworfen sind. Zwar leuchtet das Argument der ansonsten entstehenden Wertungswidersprüche ein, das von der Bundesregierung zur Erklärung herangezogen wurde. Nicht überzeugend ist aber, dass die Bundesregierung die gegenüber der Mutter schwächer ausgestaltete adoptionsrechtliche Stellung des Vaters mit der ihrer Ansicht nach relativ geringen Anzahl von Fällen rechtfertigte, in denen der Vater gem. § 1626a II BGB von der elterlichen Sorge ausgeschlossen ist.[941] Damit nahm der Regierungsentwurf bewusst in Kauf, nicht alle Fälle auf der Grundlage des § 1748 BGB zufrieden stellend und sachgerecht lösen zu können. Dass sich die Bundesregierung mit einer Lösung begnügte, die sich nicht umfassend um Gerechtigkeit bemüht, ist trotz der hervorgebrachten Begründungsansätze weder gegenüber der Allgemeinheit noch gegenüber einem konkret von der Benachteiligung des § 1748 IV BGB betroffenen Vater tragbar. Gerade gegenüber Minderheiten muss sich der in den einfachgesetzlichen Regelungen umgesetzte Grundrechtsschutz entfalten. § 1748 IV BGB steht deshalb auch hinsichtlich der Ungleichbehandlung von Müttern und Vätern nichtehelicher Kinder im Widerspruch zu Art. 6 II 1, Art. 3 II 1 GG und Art. 16 I lit. f der UN-Diskriminierungsvereinbarung.

Schließlich kann § 1748 IV BGB, auch aus der Perspektive des anzunehmenden nichtehelichen Kindes betrachtet, nicht überzeugen. Art. 6 V GG, Art. 8

941 BT-Drucks. XIII/4899, S. 114.

i.V.m. Art. 14 EMRK und Art. 7 i.V.m. Art. 2 KRK garantieren, dass nichteheliche Kinder die gleichen Chancen wie eheliche Kinder haben müssen, von ihren leiblichen Eltern großgezogen zu werden. Die Effektivität dieser Garantien besteht unabhängig davon, ob sich die Eltern für die Abgabe gemeinsamer Sorgeerklärung entschieden haben. Eingegriffen werden darf in den Primat der leiblichen Eltern zur Pflege und Erziehung ihres Kindes nur aufgrund des staatlichen Wächteramtes nach Art. 6 II 2 GG. Die Einwilligung eines leiblichen Elternteils in die Adoption darf danach nur ersetzt werden, wenn das Wohl des Kindes dies erfordert.[942] Dementsprechend wurden die Tatbestände des § 1748 BGB geschaffen, um Heimkindern zu ermöglichen, in einer für ihre Entwicklung förderlichen Familiengemeinschaft aufzuwachsen.[943] Führt man sich diesen ursprünglichen Zweck der Einwilligungsersetzung vor Augen, der seine Verankerung im staatlichen Wächteramt findet, wird deutlich, dass Absatz IV nicht in die Systematik des § 1748 BGB passt. Es gelingt nicht, die erleichterte Einwilligungsersetzung mit dem staatlichen Wächteramt zu rechtfertigen. Besonders offenbart sich dies bei Stiefkindadoptionen. Unabhängig davon, dass der leibliche Vater wegen der erforderlichen Zustimmung der Mutter gem. §§ 1672 I, 1751 I 5, 1751 II BGB in diesen Fällen kaum eine Chance auf Sorgerechtsübertragung hat, besteht seitens des Kindes kein Fürsorgebedarf. Das Kind lebt in der Regel bereits bei seiner Mutter und deren Ehepartner. Es muss keine vollständige Familie entbehren.[944] Dass § 1748 IV BGB dennoch auf eine völlige Aufhebung der rechtlichen Zuordnung zum leiblichen Vater abzielt, ist deshalb nicht gerechtfertigt. Aber nicht nur bei beabsichtigten Stiefkindadoptionen, sondern auch bei einer geplanten Annahme durch Dritte kann eine Einwilligungsersetzung ohne ein geschriebenes Tatbestandsmerkmal, das den Ausfall des leiblichen Elternteils als Erziehungsträger fordert, nicht überzeugen. Denn bis zum Ausspruch der Annahme ist der Vater Inhaber des Elternrechts.

b) Auseinandersetzung mit der Lösung über eine verfassungskonforme Auslegung

Zur Verfeinerung des gesetzlich vorgegebenen Rasters, das allein auf das nicht aussagekräftige Kriterium der elterlichen Sorge abstellt, wird in der Literatur und Rechtsprechung eine verfassungskonforme Auslegung vorgeschlagen.[945] Diese Vorgehensweise hat zwar den Vorteil, dass sie ermöglicht, die abstrakte gesetz-

942 S. BVerfGE 24, S. 119 (144 f.) = FamRZ 1968, S. 579 (584).

943 Vgl. Staudinger/*Frank*, § 1748, Rn. 1.

944 Vgl. Enders, FPR 2004, S. 61 f.

945 S. 4. Kapitel III. 2. ff.

liche Regelung auf den Einzelfall abzustimmen und somit letztendlich zu tauglichen Ergebnissen zu gelangen. Jedoch wird durch eine Berücksichtigung der Interessen des Vaters innerhalb der Prüfung, ob das Unterbleiben einer Adoption dem Kind zu unverhältnismäßigem Nachteil gereichen würde, nicht die erforderliche Rechtssicherheit gewährleistet. Vielmehr ist ein Tätigwerden des Gesetzgebers gefragt, um Einzelfallgerechtigkeit herzustellen. Der Gesetzgeber muss eine differenzierende Lösung schaffen, die bestehende Zweifel beseitigt und in der Lage ist, die vom KindRG angestrebte Gleichstellung der nichtehelichen mit der ehelichen Geburt auch im Hinblick auf die Rechtsstellung des leiblichen Vaters bei der Kindesannahme umzusetzen.

Die dargestellten verfassungsrechtlichen Einwände zeigen, dass bei der Ersetzung der väterlichen Einwilligung in die Adoption eine grundrechtliche Gemengelage tangiert wird: Der Vater ist in seinem Elternrecht aus Art. 6 II 1 GG betroffen; für das Kind ergibt sich aus Art. 2 I, Art. 1 I GG das Recht, sich innerhalb der sozialen Gemeinschaft als eigenständige Persönlichkeit entwickeln zu können. Als Grundrechtsträger hat es dabei einen Anspruch auf Hilfe des Staates.[946] Demzufolge besteht ein Handlungsbedarf seitens des Gesetzgebers. Denn entsprechend der aus dem Rechtsstaatsprinzip folgenden Wesentlichkeitstheorie bedarf es im grundrechtsrelevanten Bereich der Absicherung durch ein Gesetz. Dazu gehören auch grundrechtliche Gemengelagen, deren Lösung primär dem Gesetzgeber obliegt. Der Gesetzgeber darf sich dabei nicht durch einen unbestimmten Rechtsbegriff – wie hier den unverhältnismäßigen Nachteil – aus der Verantwortung ziehen, sondern muss bereits bei der Schaffung der Regelung eine Interessenabwägung vornehmen, die für Klarheit sorgt, indem sie die Balance zwischen Elternrecht und Kindesrecht bewältigt, und den Rechtsanwender erkennen lässt, welche Gewichtung der kindlichen Interessen einerseits und väterlichen Belange andererseits hinter der getroffenen Regelung steht.

c) Eigener Lösungsvorschlag

Resümiert man das wesentliche Anliegen des KindRG, die Ungleichbehandlung von nichtehelichen Kindern gegenüber ehelichen Kindern abzuschaffen, muss § 1748 IV BGB ersatzlos gestrichen werden. Obwohl eine Differenzierung zwischen ehelichen und nichtehelichen Kindern aus dem ausdrücklichen Wortlaut der Norm nicht hervorgeht, ist sie doch Folge der Verweisung auf die Vorschrift des § 1626a II BGB, die gerade im Fall der nichtehelichen Geburt eingreift. Ein Wegfallen des § 1748 IV BGB hat nicht nur den Vorteil, dass im Bereich der

---

946 Staudinger/*Frank*, § 1747, Rn. 8.

Ersetzung der elterlichen Einwilligung in die Kindesannahme die Ziele des KindRG konsequent umgesetzt würden. Die Streichung ist außerdem sinnvoll, weil das zu adoptierende Kind bereits durch die übrigen Absätze des § 1748 BGB ausreichend davor geschützt ist, dass ein Elternteil seine Adoption rechtsmissbräuchlich verhindert. Will nämlich der Vater eines nichtehelichen Kindes die Verantwortung und damit die elterliche Sorge aufgrund von Desinteresse an einem Kontakt zu seinem Kind nicht übernehmen, fällt sein Verhalten unter das Merkmal der Gleichgültigkeit i.S.d. § 1748 I, II BGB.[947] Gleichgültigkeit nach § 1748 BGB bedeutet einen Mangel jeglicher Anteilnahme und jeglichen Interesses an dem Schicksal, der Entwicklung, dem Wohlergehen und den Problemen des Kindes.[948]

Ein solches Vorgehen, das den nicht sorgeberechtigten, gleichgültig handelnden Vater unter § 1748 I, II BGB fallen lässt, steht auch damit in Einklang, dass das Gesetz für eine Einwilligungsersetzung gem. § 1748 I, II BGB einen Pflichtverstoß fordert. Ebenso wie ein Vater, dem die elterliche Sorge zusteht, hat ein Vater, der nicht sorgeberechtigt ist, gegenüber seinem Kind bestimmte Pflichten zu erfüllen. So ist die Unterhaltspflicht allein aus der Verwandtschaft begründet. Sie besteht unabhängig von der Sorgerechtsinhaberschaft. Gleiches gilt für die Umgangspflicht nach § 1684 I, 2. HS BGB. Die Pflicht zum Umgang mit ihrem Kind trifft sowohl sorgeberechtigte als auch nicht sorgeberechtigte Väter. Umgangsrechte und -pflichten bilden neben dem Sorgerecht auf der Elternebene einen selbständigen Bereich.[949]

Der in der Literatur vorgetragene Einwand, die Verletzung von Unterhalts- oder Umgangspflichten genüge nicht, um die Tatbestandsvoraussetzungen des § 1748 I BGB zu erfüllen,[950] vermag nicht zu überzeugen. Denn der Gesetzeswortlaut differenziert gerade nicht zwischen der Art der Pflichtverletzung. Wollte man zwischen verschiedenen Arten von Pflichtverstößen unterscheiden, bliebe eine Rechtsunsicherheit, die es angesichts der harten Rechtsfolge des § 1755 I BGB zu vermeiden gilt. Denjenigen Vater, der die unabhängig von der elterlichen Sorge bestehenden Pflichten gegenüber seinem Kind verletzt, ebenso wie den gegen seine Pflichten gem. §§ 1626 I, 1631 BGB verstoßenden Vater unter § 1748 I BGB fallen zulassen, ist deshalb geboten. Ein nicht sorgeberechtigter Vater, der entgegen seinen Pflichten handelt, steht einem sorgeberechtigten Vater gleich, der sich gegenüber seinem Kind desinteressiert verhält.

---

947 Ähnlich Frank, FamRZ 1998, S. 395.

948 Dodegge, FPR 2001, S. 325; Finger, FuR 1990, S. 188; BayObLG, FamRZ 2005, S. 541 (542).

949 BGH NJW 1969, S. 422 f. (422).

950 Kopper-Reifenberg, Kindschaftsrechtsreform und Schutz des Familienlebens nach Art. 8 EMRK, S. 377.

Infolge der dogmatischen Anknüpfung allein an die Sorgerechtsinhaberschaft einem Vater, der nicht Träger der elterlichen Sorge ist, jegliches Verantwortungsbewusstsein gegenüber seinem Kind abzusprechen, geht die gesetzliche Reglung zu weit. Es wird dabei verkannt, dass jemand, der gegen seinen Willen nie zum Sorgerecht für das Kind gelangte, sich sehr wohl für sein Kind verantwortlich gefühlt und auch verantwortlich gezeigt haben kann. Nicht nachvollziehbar ist zudem, dass die derzeitige Fassung des § 1748 BGB in Absatz I dem sorgeberechtigten Vater, der durch sein Verhalten seine Gleichgültigkeit gegenüber seinem Kind gezeigt hat, einen Bewährungszeitraum einräumt, der dem nicht sorgeberechtigten Vater nicht zugebilligt wird.[951]

Der hier eingeschlagene Lösungsweg hat nicht nur den Vorteil, dass er das Scheitern einer Kindesannahme wegen eines Vaters abwendet, der zur Übernahme der Sorge nicht bereit ist. Durch Streichung des § 1748 IV BGB verhindert er gleichzeitig, dass ein Vater, der trotz seiner emotionalen Bindung zum Kind die elterliche Sorge nicht ausübt, der härteren Rechtsfolge einer erleichterten Einwilligungsersetzung zum Opfer fällt.

Als Fazit ist damit festzuhalten, dass es einer erleichterten Überwindung der Einwilligung von Vätern, denen die elterliche Sorge nicht zusteht, nach dem Sondertatbestand des § 1748 IV BGB nicht bedarf. Die übrigen Absätze des § 1748 BGB gewährleisten bereits einen ausreichenden Schutz des Kindes vor einem nicht sorgeberechtigten Vater, der sich gleichgültig verhält. Ein Schutzbedürfnis des Kindes gegenüber einem Vater, der aus einem anderen Grund als Interesselosigkeit, eventuell sogar zugunsten des Kindes auf die Abgabe eine Sorgerechtserklärung verzichtet hat, besteht in der Regel nicht, weil ein solcher Vater seine Einwilligung in eine Adoption wohl nicht zum Nachteil des Kindes rechtsmissbräuchlich verweigern wird.

Die hier vertretene Lösung ist außerdem gegenüber einer generellen erleichterten Ersetzungsmöglichkeit für die Einwilligung eines nicht oder nicht mehr sorgeberechtigten Elternteils vorzugswürdig. Dies ergibt sich zum einen daraus, dass es eines solchen Tatbestandes nicht bedarf, da bereits eine Ersetzungsmöglichkeit bei Gleichgültigkeit einen umfassenden Schutz des Kindes erfüllt. Zum anderen führt – wie bereits oben dargelegt – das Kriterium der elterlichen Sorge als alleiniger Ansatzpunkt ohne weitere Differenzierung nicht in allen Fällen zu sachgerechten Ergebnissen. Schließlich spricht für ein ersatzloses Wegfallen des § 1748 IV BGB, dass das Verhältnis zwischen § 1666 BGB und § 1748 BGB wieder entsprechend der Schwere ihrer Rechtsfolgen ausgestaltet wäre. Vor der Einführung der erleichterten Einwilligungsersetzung war klar, dass es zwischen § 1666 BGB und § 1748 BGB a.F. eine Abstufung in der Schwere ihrer Rechts-

951 Frank, FamRZ 1998, S. 394.

folgen, nämlich einerseits den Eingriff in das Sorgerecht, andererseits den Eingriff in die Elternposition als solche, und folglich auch eine Abstufung in der Schwere der Voraussetzungen gab. Coester schlug hinsichtlich § 1748 BGB a.F. vor, die Schwelle für die Ersetzung der elterlichen Einwilligung in eine Drittadoption auf die Eingriffsschwelle des § 1666 BGB herabzusetzen, damit es nicht eine Gruppe von Kindern gebe, deren rechtliche Eltern auf Dauer disqualifiziert und deren tatsächliche Eltern rechtlich inkompetent seien.[952]

Wegen der unterschiedlichen Zielrichtung des Sorgerechtsentzugs und der Ersetzung der Einwilligung in die Kindesannahme kann der Ansicht Coesters aber nicht gefolgt werden.[953] Zwar genügt bei einem Eingriff, der „lediglich" das Sorgerecht betrifft, auch schon ein unverschuldetes Versagen, aber immerhin muss ein elterliches Verhalten oder ein Mängelzustand in der Person des Elternteils ursächlich für eine Gefährdung des Kindes sein. Nicht einleuchtend ist deshalb, dass bei einem Eingriff, der den völligen Verlust der Elternstellung zur Folge hat, nach dem Gesetzeswortlaut weder ein schuldhaftes noch ein schuldloses Verhalten noch ein Mangelzustand auf Seiten des leiblichen Elternteils erforderlich ist.[954] Somit sollte § 1748 IV BGB auch aus dem Grunde gestrichen werden, dass dann ein ausgeglichenes Verhältnis zwischen Sorgerechtsentzug und Einwilligungsersetzung besteht.

7. Die Ersetzung der Einwilligung des Vaterschaftsprätendenten nach § 1748 IV BGB

Aufgrund des ausdrücklichen Verweises des § 1747 I 2 BGB auf § 1748 IV BGB kommt eine Ersetzung der Einwilligung des Vaterschaftsprätendenten ebenso wie beim festgestellten, nicht sorgeberechtigten Vater bereits dann in Betracht, wenn das Unterbleiben der Annahme dem Kind zu unverhältnismäßigem Nachteil gereichen würde. Die in § 1748 IV BGB vorgenommene Gleichstellung von nicht sorgeberechtigtem Vater und nur vermutetem Vater wird damit begründet, dass sich der nur wahrscheinliche Vater in die Kategorie des nicht sorgeberechtigten Vaters einreihe, da er ohne umfassende Vaterstellung niemals Mitinhaber des Sorgerechts sein könne.[955]

---

952 Coester, JZ 1992, S. 812.

953 Zutreffend ist die Gegenmeinung Longinos, Die Pflegekinderadoption, S. 80 f. Kritisch gegenüber dem Vorschlag Coesters auch Röchling, ZfJ 2000, S. 214.

954 So zutreffend Oberloskamp, Schwab-FS, S. 884.

955 Helms, JAmt 2001, S. 62 f.

Allerdings ist zu beachten, dass die erleichterten Voraussetzungen einer Einwilligungsersetzung beim Vaterschaftsprätendenten nicht mit dem Argument gerechtfertigt werden können, § 1672 I BGB ebne ihm den Weg, durch einen Sorgerechtsantrag in eine gesicherte Rechtsstellung aufzurücken. Diese Möglichkeit besteht nämlich für einen Mann, der nur nach § 1747 I 2 BGB einwilligungsberechtigt ist, wegen der eingeschränkten Reichweite der Vaterschaftsfiktion gerade nicht.[956]

Im Gegensatz zur erleichterten Einwilligungsersetzung beim gem. § 1592 BGB feststehenden, nicht sorgeberechtigten Vater unterliegt eine Ersetzung unter weniger strengen Voraussetzungen in der Literatur keinen verfassungsrechtlichen Bedenken, soweit sie den nur vermuteten Vater betrifft. Zur Begründung wird hervorgebracht, § 1747 I 2 BGB gewähre bereits auf der Grundlage einer Glaubhaftmachung ein Einwilligungsrecht in die Kindesannahme. Da der Vaterschaftsprätendent uneingeschränkt von der großzügigen gesetzlichen Regelung profitiere, sei es unbedenklich, dass dessen Einwilligung – ohne weitere Anforderungen hinsichtlich seiner Person – immer schon dann ersetzt werden könne, wenn das Unterbleiben der Annahme dem Kind zu unverhältnismäßigem Nachteil gereichen würde. Der sich aus der erleichterten Ersetzungsmöglichkeit ergebende geminderte Wert der Einwilligung des präsumtiven Vaters gegenüber der des feststehenden sorgeberechtigten Vaters stelle demzufolge einen gerechten Ausgleich für die Zuerkennung des Einwilligungsrechts selbst dar.[957]

Während im Hinblick auf die Differenzierung zwischen dem Vaterschaftsprätendenten und dem festgestellten sorgeberechtigten Vater keine Bedenken bestehen, werden in der Literatur gegen die Gleichstellung von nur vermutetem Vater und feststehendem Vater, dem lediglich gem. § 1626a II BGB die elterliche Sorge fehlt, kritische Stimmen erhoben.[958] Lipp/Wagenitz halten eine Abwägung zwischen dem Vorteil, den eine Adoption dem Kind bringt, und dem Verlust, den sie dem möglichen Vater bereitet, mangels eines klaren Wertvorrangs eines der beiden Belange für schwierig. Für eine Adoption spreche die absehbar-nachdrückliche Förderung des Kindeswohls, der sich regelmäßig die nur vermutete Vaterschaft unterordne.[959] Um diese Abwägungsproblematik sowie die fragwürdige Gleichstellung des Vaterschaftsprätendenten mit dem nicht sorgeberechtigten Vater zu vermeiden, schlägt Liermann anstelle der jetzigen Fassung des § 1748 IV BGB eine Regelung vor, die – ebenso wie es § 1746 III 1. HS BGB für die Einwilligung eines Vormundes oder Pflegers anordnet – eine Erset-

956 Lipp/Wagenitz, Das neue Kindschaftsrecht, § 1748, Rn. 11.

957 Soergel/*Liermann*, § 1748, Rn. 8.

958 Soergel/*Liermann*, § 1748, Rn. 44.

959 Lipp/Wagenitz, Das neue Kindschaftsrecht, § 1748, Rn. 11.

zung der Einwilligung des Vaterschaftsprätendenten vorsieht, wenn dieser die Einwilligung ohne triftigen Grund verweigert.[960]

Die von § 1748 BGB vorgenommene Ungleichbehandlung des präsumtiven Vaters und des gem. § 1592 BGB feststehenden Vaters ist nicht zu beanstanden. Zwar können im Einzelfall – genau wie bei einer fehlenden Sorgeberechtigung – ganz unterschiedliche Gründe dafür gegeben sein, dass ein Anerkenntnis oder eine gerichtliche Feststellung der Vaterschaft unterblieben ist. Sicherlich kann die Ursache mangelndes Interesse oder eine fehlende Vater-Kind-Beziehung sein. Desgleichen kann es sich aber auch um Gründe handeln, die außerhalb der Person des potentiellen Vaters liegen. So ist ein Vaterschaftsanerkenntnis möglicherweise aus Nachlässigkeit nicht erfolgt oder am Widerstand der Mutter gescheitert[961], und eine gerichtliche Vaterschaftsfeststellung mag man wegen der Kosten gescheut haben.[962] Vorstellbar ist ferner, dass der potentielle Vater, indem er auf ein Vaterschaftsanerkenntnis oder ein Vaterschaftsfeststellungsverfahren verzichtet hat, sogar zugunsten des Kindes handeln wollte, etwa um Konflikte mit der Kindesmutter zu vermeiden oder weil er das Kind mit seiner eventuell plötzlichen Präsenz nicht überfordern wollte. Der vermutete Vater muss also nicht zwangsläufig ein abwesender Unbekannter sein, der keine Bindung zum Kind hat. Diese unterschiedlichen Motive für das Fehlen einer rechtlichen Vaterschaft nach § 1592 BGB zeigen, dass ein nur vermuteter Vater im Hinblick auf das Kindeswohl ebenso verantwortungsbewusst handeln kann wie ein feststehender Vater. Es ist deshalb nicht in allen Fällen angemessen, die Einwilligung des nur vermuteten Vaters unter gelockerten Anforderungen zu ersetzen.

Trotzdem darf – selbst wenn wohlmeinende Beweggründe den möglichen Vater zu einem Verzicht auf die Feststellung der Vaterschaft veranlasst haben – nicht vergessen werden, dass der Schutz aus Art. 6 II 1 GG dem Vaterschaftsprätendenten selbst nicht gebührt. Er ist nur insoweit vom Schutz des Art. 6 II 1 GG betroffen, als damit die Effektivität des verfassungsrechtlichen Elternrechts des leiblichen Vaters gewährleistet wird. Infolgedessen ist es gerechtfertigt, das Einwilligungsrecht des Vaterschaftsprätendenten durch die erleichterte Ersetzungsmöglichkeit stärker einzuschränken als das des feststehenden Vaters. In Anbetracht des allgemeinen Gleichheitssatzes nach Art. 3 I GG ergeben sich dabei keine Einwände, weil bei einem nach § 1592 BGB feststehenden und einem nur vermuteten Vater unterschiedliche Sachverhalte zugrunde liegen, so dass es an einer Vergleichbarkeit fehlt.[963]

---

960 Soergel/*Liermann*, § 1748, Rn. 44.

961 S. dazu Bach, ZfJ 1995, S. 473.

962 Helms, JAmt 2001, S. 63.

963 So auch Soergel/*Liermann*, § 1748, Rn. 8.

Dagegen ist die Gleichstellung von vermutetem Vater und feststehendem, nicht sorgeberechtigtem Vater im Rahmen des § 1748 IV BGB inadäquat, da in beiden Konstellationen verschiedene tatsächliche Anknüpfungspunkte gegeben sind, die eine Gleichbehandlung ausschließen. Während beim Prätendenten eben ein gewisses Moment der Unsicherheit besteht und demzufolge Zweifel über die Person des Vaters nicht ganz ausgeräumt werden können, herrscht im Grundfall des § 1748 IV BGB, also beim festgestellten, nicht sorgeberechtigten Vater, über die Vaterschaft Gewissheit. Die völlig verschiedene Ausgangslage in den beiden Konstellationen zeigen nicht nur auf, dass der Gesetzgeber durch die Verweisung in § 1747 I 2 BGB auf § 1748 IV BGB eine nicht sachgemäße Gleichbehandlung des präsumtiven und des festgestellten, nicht sorgeberechtigten Vaters vornimmt. Sie verdeutlicht darüber hinaus, dass – entgegen der erklärten Zielsetzung der KindRG – innerhalb der Gruppe der feststehenden Väter differenziert wird. Wiederum wird der nicht sorgeberechtigte Vater eines außerhalb der Ehe geborenen Kindes schlechter gestellt als der sorgeberechtigte Vater. Denn bei diesem ist hinsichtlich der Einwilligungsersetzung eine Gleichbehandlung mit dem Vaterschaftsprätendenten nicht vorgesehen.

Fraglich ist, wie diese mit der derzeitigen Fassung des Gesetzes verbundenen Wertungswidersprüche zu beseitigen sind. Die hier vertretene Lösung plädiert für eine Streichung des § 1748 IV BGB. Damit würde der Verweis auf diese Norm in § 1747 I 2 BGB leer laufen und müsste deshalb ebenfalls wegfallen. Da es, wie oben gezeigt, nicht angemessen ist, den Vaterschaftsprätendenten wie einen feststehenden Vater zu behandeln, wird vorgeschlagen, anstelle des § 1748 IV BGB einen gesonderten Ersetzungstatbestand zu schaffen, der sich allein auf den Vaterschaftsprätendenten bezieht, sofern man überhaupt an einem Einwilligungsrecht zugunsten des präsumtiven Vaters festhalten möchte. Demgemäß sollte die Einwilligung des präsumtiven Vaters zu ersetzen sein, wenn ein Unterbleiben der Annahme dem Kind zu unverhältnismäßigem Nachteil gereicht. Bei der danach erforderlichen Abwägung der Interessen des Kindes und der des Prätendenten muss dann berücksichtigt werden, warum weder ein Anerkenntnis vorliegt, noch eine gerichtliche Feststellung der Vaterschaft betrieben worden ist und wie sich dies auf das Kindeswohl auswirken kann. Auf diese Weise wird sichergestellt, dass die erleichterte Ersetzungsmöglichkeit nicht in solchen Fällen greift, in denen sie nicht sachgerecht ist, etwa weil der potentielle Vater das Fehlen einer feststehenden Vaterschaft nicht zu vertreten hat oder er tatsächlich eine enge Beziehung zum Kind hat.

Diese Lösung hat einerseits den Vorteil, dass sie die sachlich unzutreffende Gleichbehandlung des nur vermuteten und des feststehenden, nicht sorgeberechtigten Vaters aufhebt. Andererseits klammert sie wohlmeinende Beweggründe des Prätendenten, die für das Fehlen einer feststehenden Vaterschaft ursächlich gewesen sind, nicht aus. Schließlich ist sie gegenüber dem Vorschlag, eine Regelung zu schaffen, nach der eine Ersetzung dann in Betracht kommt, wenn der Vaterschaftsprätendent die Einwilligung ohne Grund verweigert, insofern vorzugswürdig, als sie durch Berücksichtigung der Motive des präsumtiven Vaters für ein fehlendes Anerkenntnis oder gerichtliches Verfahren die Nuancen des Einzelfalls besser berücksichtigen kann.

8. Ergebnis

Nach den hier aufgestellten Thesen ist § 1748 BGB in seiner derzeitigen Fassung im Hinblick auf Absatz IV nicht haltbar. Der Gesetzgeber muss eine Lösung schaffen, die berücksichtigt, warum der Vater nicht Inhaber der elterlichen Sorge ist. Eine Möglichkeit, den Grund für das fehlende Sorgerecht einzubeziehen, liegt in der hier vorgeschlagenen Vorgehensweise, auch den Vater, der sich aufgrund von Gleichgültigkeit gegen die Übernahme der elterlichen Sorge entschieden hat, unter § 1748 I, II BGB fallen zu lassen. Aber auch in dieser Hinsicht ist eine eindeutige Kodifizierung wünschenswert, die letztendlich klarstellt, ob der nicht sorgeberechtigte, gleichgültige Vater von § 1748 I, II BGB erfasst wird.

Wenn man mit der hier vertretenen Ansicht das Einwilligungsrecht des Vaterschaftsprätendenten für entbehrlich hält, entfällt auch das Bedürfnis eines gesonderten Ersetzungstatbestandes für dessen Einwilligung.

5. Kapitel. Der unbekannte Vater im Adoptionsverfahren

Die Rechte, die einem leiblichen Vater bei der Adoption seines nichtehelichen Kindes zustehen, stoßen an ihre Grenzen, wenn die Identität des Vaters unbekannt ist. In der Praxis kommen solche Fälle vor allem vor, wenn sich die Mutter weigert, Angaben zur Person des Kindesvaters zu machen. Die adoptionsrechtlichen Vorschriften enthalten keine Aussage darüber, wie das zuständige Jugendamt und das mit der Annahme befasste Familiengericht vorzugehen haben, wenn über die Identität des leiblichen Vaters jegliche Angaben fehlen.

I. Entbehrlichkeit der Einwilligung nach § 1747 IV BGB

Um das Problem des unbekannten Vaters dennoch mit den vorhandenen Vorschriften des geltenden Adoptionsrechts zu lösen, ist eine Anwendung des § 1747 IV BGB in Erwägung zu ziehen. Die dargestellte Konstellation müsste vom Wortlaut und Sinngehalt des § 1747 IV BGB erfasst sein.

1. Bedeutung der Vorschrift

§ 1747 IV BGB besagt, dass die Einwilligung eines Elternteils nicht erforderlich ist, wenn der Elternteil zur Abgabe einer Erklärung dauernd außerstande ist oder sein Aufenthalt dauernd unbekannt ist. Mit den beiden in § 1747 IV BGB normierten Tatbeständen, bei deren Vorliegen das Einwilligungserfordernis eines Elternteils in die Kindesannahme entfällt, soll verschiedenen widerstreitenden Interessen Rechnung getragen werden. Einerseits besteht grundsätzlich das Erfordernis der elterlichen Einwilligung in die Adoption. Andererseits hat die Abgabe der Einwilligung nach § 1750 III 1 BGB höchstpersönlich zu erfolgen. Indem § 1747 IV BGB genau festlegt, wann eine Einwilligung ausnahmsweise nicht notwendig ist, bietet die Norm eine Lösung für diejenigen problematischen Konstellationen, in denen eine Einwilligung aus tatsächlichen oder rechtlichen Gründen nicht erteilt werden kann.

Das Familiengericht trifft die Entscheidung, ob die Voraussetzungen des § 1747 IV BGB vorliegen, inzident mit dem Ausspruch über die Annahme.[964] Gem. § 197 I 2 FamFG ist in dem die Annahme aussprechenden Beschluss anzugeben, wenn die Einwilligung eines Elternteils nach § 1747 IV BGB nicht für erforderlich erachtet wurde. Diese Feststellung ist für eine eventuelle Aufhebung des Annahmeverhältnisses von Bedeutung. Sind nämlich die Voraussetzungen des § 1747 IV BGB zu Unrecht angenommen worden, kann das Annahmeverhältnis nach § 1760 I BGB aufgehoben werden.[965]

2. Abgrenzung zu § 1748 BGB

Die Tatbestände des § 1747 IV BGB und des § 1748 I bis III BGB überschneiden sich teilweise. Allerdings kann ein Ersetzungsantrag nach § 1748 BGB weder unter verfahrensrechtlichem noch unter materiellrechtlichem Aspekt mit der Begründung zurückgewiesen werden, die Einwilligung sei gem. § 1747 IV BGB nicht erforderlich. Das Familiengericht ist jedoch, wenn die Ersetzung nicht nach § 1748 I bis III BGB möglich sein sollte, nicht daran gehindert, die Einwilligung nach § 1747 IV BGB für entbehrlich zu halten und die Annahme ohne diese Einwilligung auszusprechen.[966] Die Entbehrlichkeit der Einwilligung gem. § 1747 IV BGB und die Einwilligungsersetzung nach § 1748 BGB unterscheiden sich hinsichtlich ihrer Bestandskraft. Während das Übergehen eines Einwilligungsberechtigten gem. § 1760 I BGB einen Aufhebungsgrund darstellt, erwächst der Ersetzungsbeschluss in Rechtskraft, so dass eine Aufhebung der Annahme aus den Gründen, auf denen der Beschluss beruht, nicht mehr möglich ist.[967]

3. Die Tatbestandsalternativen des § 1747 IV BGB

Nach der ersten Alternative des § 1747 IV BGB ist die elterliche Einwilligung in die Kindesannahme entbehrlich, wenn der Berechtigte aufgrund rechtlicher oder

964 BGB-RGRK/*Dickescheid*, § 1747, Rn. 18; BayObLG DAVorm 1999, Sp. 773 (775).

965 BayObLG DAVorm 1999, Sp. 773 (775).

966 BayObLG DAVorm 1999, Sp. 773 (775).

967 So Frank, in: Staudinger, § 1747, Rn. 49, der außerdem vorschlägt, dass im Zweifel der bestandskräftigen Ersetzung der Vorzug gegeben werden sollte, wenn sowohl nach § 1747 IV BGB verfahren werden könne, als auch eine Ersetzung der Einwilligung nach § 1748 BGB in Betracht komme. Weiterhin fordert er eine Harmonisierung zwischen beiden Vorschriften, die im Wege eines besonderen Beschlussverfahrens für § 1747 IV BGB erreicht werden könne.

tatsächlicher Unmöglichkeit zur Abgabe der Einwilligungserklärung dauerhaft außerstande ist. Wichtigster Fall der dauernden Verhinderung ist die Geschäftsunfähigkeit.[968] Dabei ist für ein Unvermögen i.S.d. § 1747 IV BGB ausreichend, wenn der Einwilligungsberechtigte gegenwärtig geschäftsunfähig ist, einer Geschäftsunfähigkeit auf Lebenszeit bedarf es nicht.[969] Jedoch ist der Zustand nur dann als dauerhaft anzusehen, wenn eine Änderung nicht absehbar ist. Wie sich aus § 1750 III 2 BGB ergibt, lässt dagegen die beschränkte Geschäftsfähigkeit das Einwilligungsrecht nach § 1747 I BGB bestehen. Obwohl eine Unkenntnis der Elternschaft grundsätzlich nicht dazu führt, dass ein Elternteil als zur Abgabe der Erklärung dauernd außerstande anzusehen ist, sondern die Aufklärung durch das Familiengericht fordert, lässt die Rechtsprechung aus humanitären Gründen und unter Berücksichtigung des Grundsatzes der Verhältnismäßigkeit Ausnahmen zu.[970]

Darüber hinaus ist die Einwilligung eines Elternteils nicht erforderlich, wenn dessen Aufenthalt dauernd unbekannt ist. Primär soll diese Alternative die Fälle aufgefundener Kinder, die zuvor von ihren Eltern oder ihrer Mutter ausgesetzt wurden, erfassen.[971] Ferner greift sie, wenn infolge von Kriegseinwirkungen, Naturkatastrophen, aber auch individuellen Umständen der Aufenthalt der Eltern oder eines einwilligungsberechtigten Elternteils unbekannt ist.[972] Sind die Einwilligungsberechtigten allerdings namentlich bekannt, so müssen sie ausfindig gemacht werden.[973] Ebenso wie für die Dauer des Unvermögens wird auch im Rahmen des § 1747 IV, 2. Alt. BGB darauf abgestellt, ob das Hindernis absehbar ist.[974] Ein dauernd unbekannter Aufenthalt kann angenommen werden, wenn der Aufenthalt trotz angemessener Nachforschungen bei den Ordnungsbehörden nach etwa sechs Monaten nicht zu ermitteln ist.[975] Der Ermittlung dienen Rückfragen bei Angehörigen und Bekannten sowie Einwohnermeldeämtern.[976]

---

968 BT-Drucks. VII/3061, S. 38.

969 BayObLG FamRZ 1999, S. 1688 (1689).

970 So wurde sowohl im Jahr 1978 vom AG Hamburg-Bergedorf, DAVorm 1979, Sp. 195 (195), als auch im Jahr 1984 von einem zum Schutz der Beteiligten nicht genannten Amtsgericht, ZfJ 1986, S. 461 (462), entschieden, dass die Einwilligung des Vaters in die Adoption nach § 1747 IV, 1. Alt. BGB entbehrlich ist, wenn bei Ausfindigmachen des Vaters ein Ehebruch der Mutter aufgedeckt wird und sie dadurch schwere Folgen, sogar ihre Tötung, zu befürchten hat.

971 Oberloskamp, ZBlJugR 1980, S. 591.

972 Erman/*S. C. Saar*, § 1747, Rn. 16; Staudinger/*Frank*, § 1747, Rn. 48.

973 MünchKommBGB/*Maurer*, § 1747, Rn. 21.

974 Soergel/*Liermann*, § 1747, Rn. 32.

975 OLG Köln DAVorm 1998, Sp. 936 (936).

976 Erman/*S. C. Saar*, § 1747, Rn. 16.

4. Anwendbarkeit des § 1747 IV BGB in den Fällen des unbekannten Vaters?

Nach alledem stellt sich die Frage, ob die hier in Rede stehenden Fälle des nicht bekannten Vaters von § 1747 IV BGB erfasst werden. Sowohl in der Literatur[977] als auch in der Rechtsprechung[978] wird dies vereinzelt bejaht. Ebenso erklärte der Bundesrat in seiner Stellungnahme zum Regierungsentwurf des KindRG, dass die fragliche Fallkonstellation möglicherweise unter § 1747 IV BGB zu subsumieren sei, da die Regelung auch bei Findelkindern zur Anwendung komme. Genau wie in Fällen, in denen der Name des Vaters nicht bekannt sei und die Mutter ihn auch nicht preisgeben wolle, sei auch bei Findelkindern die Person der Eltern, nicht nur ihr Aufenthalt unbekannt. Aufgrund dieser Gleichläufigkeit könne unter Umständen davon ausgegangen werden, dass die Problematik des unbenannten Vaters über § 1747 IV BGB zu lösen sei.

Zur Beseitigung der bestehenden Unsicherheiten im Hinblick auf den Anwendungsbereich des § 1747 IV BGB bat der Bundesrat um eine Klarstellung im Gesetzestext.[979] Eine solche Klarstellung hielt die Bundesregierung dagegen für entbehrlich. Eine Anwendung des § 1747 IV BGB komme gar nicht in Betracht, wenn die Person des Vaters nicht feststehe. Die Einwilligungszuständigkeit liege ausschließlich beim rechtlichen Vater i.S.d. § 1592 BGB oder gem. § 1747 I 2 BGB beim Vaterschaftsprätendenten. Da keiner dieser beiden Tatbestände erfüllt sei, wenn der Name des Kindesvaters nicht vorliege und die Mutter sich weigere, ihn zu offenbaren, scheide eine Anwendung des § 1747 IV BGB aus.[980]

Die Auffassung der Bundesregierung verdient insofern Zustimmung, als sich ein Rückgriff auf § 1747 IV BGB verbietet, falls Unklarheiten darüber bestehen, wer der Erzeuger eines Kindes ist. Zu diesem Ergebnis gelangt man schon, wenn man sich den Wortlaut der Regelung vor Augen führt. Die zweite Alternative des § 1747 IV BGB, deren Anwendung ihrem sachlich Regelungsbereich nach im Hinblick auf die fragliche Konstellation allein in Erwägung zu ziehen ist, ver-

977 Binschus, ZfF 1977, S. 226; Palandt/*Diederichsen*, § 1747, Rn. 7; Heyers, JR 2003, S. 50 schlägt bei unbekannter Identität eines Elternteils eine analoge Anwendung des § 1747 IV BGB vor, die er mit dem Hinweis auf die Findelkind-Fälle begründet; S. ferner S. C. Saar in: Erman, § 1747, Rn. 16 und Hepting, FamRZ 2001, S. 1574, die aufgrund eines Erst-Recht-Schlusses ebenfalls zu einer analogen Anwendung des § 1747 IV BGB gelangen.

978 So etwa AG Tempelhof-Kreuzberg, FamRZ 2005, S. 302 (302). Vgl. in diesem Zusammenhang außerdem den Beschluss des LG Lübeck vom 8.8.1997, SchlHA 1997, S. 214 (214), in dem das Gericht § 1747 IV BGB im Falle eines von der Person her unbekannten Elternteils anwandte.

979 BT-Drucks. XIII/4899, S. 156.

980 BT-Drucks. XIII/4899, S. 170, so auch Soergel/*Liermann*, § 1747, Rn. 33.

langt für einen Ausschluss des Einwilligungserfordernisses einen dauerhaft unbekannten Aufenthalt des Einwilligungsberechtigten. Ist nicht erwiesen, bei welchem Mann es sich um den leiblichen Vater eines Kindes handelt, steht grundsätzlich bis zum Zeitpunkt der Feststellung noch keinem der potentiellen Erzeuger ein Einwilligungsrecht zu.[981] Die Frage nach einer Entbehrlichkeit der Einwilligung stellt sich somit gar nicht. Die Heranziehung des § 1747 IV BGB käme lediglich in Betracht, wenn die Mutter ihr Schweigen bricht und letztendlich doch den oder die möglichen Väter benennt. Ergäben sich dann Schwierigkeiten bei der Ermittlung des Aufenthaltsortes dieses Mannes oder dieser Männer, wäre erneut über eine Anwendung des § 1747 IV BGB nachzudenken. Doch auch für diese Konstellation wurde die Vorschrift nicht geschaffen. Denn es fehlt wiederum an einer gem. § 1747 I BGB einwilligungsberechtigten Person.

Dass die Konstellation des unbenannten Vaters nicht dem § 1747 IV BGB unterfallen soll, belegt ferner ein Vergleich mit den Fällen ausgesetzter Kinder. Bei diesen ist weder die Person noch der Aufenthalt beider Elternteile bekannt. Im Gegensatz dazu besteht in der Konstellation des von der Mutter verschwiegenen leiblichen Vaters Ungewissheit über dessen Identität. Zu der Frage, ob sich der Aufenthaltsort dieses Mannes ermitteln lässt oder dauerhaft unbekannt ist, gelangt man erst gar nicht. Demzufolge ist eine direkte Anwendung des § 1747 IV BGB ausgeschlossen. Aufgrund der dargelegten Divergenz zwischen den Fällen aufgefundener Kinder und den Fällen der ungewissen Identität eines Elternteils fehlt es an einer vergleichbaren Rechtslage, so dass auch eine analoge Anwendung der Norm nicht in Betracht kommt.

Neben diesen Überlegungen sprechen gegen eine Anwendung des § 1747 IV BGB beim unbekannten Vater sowohl verfassungs- als auch völkerrechtliche Aspekte. Aus dem Urteil des EGMR im Fall Keegan gegen Irland ergibt sich, dass die Freigabe eines Kindes zur Adoption durch Dritte ohne vorheriges Wissen und Zustimmung des leiblichen Vaters, der am Annahmeverfahren überhaupt nicht beteiligt wird, gegen Art. 6 I EMRK verstößt.[982] Somit darf die Einwilligung eines Vaters, über dessen Identität keine Informationen vorhanden sind, nicht nach § 1747 IV BGB als entbehrlich angesehen werden. Das Einwilligungserfordernis nach § 1747 I BGB bleibt folglich unberührt. Zudem fordert der Primat der leiblichen Eltern bei der Pflege und Erziehung ihres Kindes nach Art. 6 II 1 GG, dass sich das Gericht nicht ohne Weiteres auf eine Entbehrlichkeit der Einwilligung berufen kann. Die vorrangige Erziehungszuständigkeit des

981 § 1747 I 2 BGB enthält eine Ausnahmeregelung für den Vaterschaftsprätendenten, dazu ausführlich 4. Kapitel I. 3.

982 EGMR EuGRZ 1995, S. 113 (120 f.) = FamRZ 1995, S. 110 (111 f.) = NJW 1995, S. 2153 (2154 f.).

Vaters darf nicht im Wege eines Rückgriffs auf § 1747 IV BGB umgangen werden, wenn dieser weder vom Wortlaut noch vom Sinn der Vorschrift gedeckt ist.

II. Der Anspruch des nichtehelichen Kindes gegen seine Mutter auf Benennung seines leiblichen Vaters

Nachdem festgestellt worden ist, dass die Einwilligung eines unbekannten Vaters nicht nach § 1747 IV BGB entbehrlich ist, stellt sich die Frage wie einem Vater, der über die Existenz seines nichtehelichen Kindes gar nicht informiert ist und von der abgabewilligen Kindesmutter auch nicht benannt wird, zur Verwirklichung des ihm gewährten Einwilligungsrecht verholfen werden kann. Eine Mutter, die sich im Adoptionsverfahren weigert, die Identität des Vaters preiszugeben, boykottiert nicht nur dessen Beteiligung am Verfahren, sondern nimmt ihrem Kind auch die Möglichkeit, bei einem leiblichen Verwandten aufzuwachsen. Sie zerstört dauerhaft die Aussicht auf Entwicklung einer Vater-Kind-Beziehung. Um dieser Schlüsselstellung der Mutter im Hinblick auf die Rechte des Vaters und seines nichtehelichen Kindes entgegenzuwirken, müsste eine Verpflichtung der Mutter bestehen, die Identität des Kindesvaters zu offenbaren. Ob eine Mutter nach dem geltenden Recht gegenüber ihrem nichtehelichen Kind zur Auskunft verpflichtet ist, soll im Nachfolgenden festgestellt werden. Dabei dürfen die bisher auf völker- und verfassungsrechtlicher Ebene gewonnenen Erkenntnisse nicht unberücksichtigt bleiben. Sie geben die Maßstäbe für das einfache Recht vor.

1. Motivlage

Hilfreich bei der Klärung der Frage nach einem Auskunftsanspruch des Kindes gegen seine Mutter sind zunächst die Motive des Kindes, die dem Informationsbegehren zugrunde liegen, und die Motive der Mutter, die Benennung des Kindesvaters zu verweigern. Denn die Betrachtung der Motivlage lässt Schlüsse darüber zu, welche Interessen auf beiden Seiten bestehen und wie diese zu bewerten sind, um dann schließlich im Wege einer Abwägung einen völker- und verfassungsrechtskonformen Ausgleich der kollidierenden Interessen zu schaffen.

a) Motive des Kindes zur Abstammungsaufklärung

Bei den Beweggründen des Kindes können drei Grundtypen unterschieden werden. Zunächst ist das Verlangen, den Namen des eigenen Vaters in Erfahrung zu bringen, durch ein persönliches Streben nach Identifikation motiviert.[983] Die Begegnung mit dem leiblichen Elternteil wird gesucht, um einen im Verborgenen liegenden Teil der eigenen Identität aufklären zu können. Ferner ist nicht von der Hand zu weisen, dass in vielen Fällen bei der Suche nach dem leiblichen Erzeuger finanzielle Aspekte eine Rolle spielen mögen. Kindern, die über die Person ihres leiblichen Vaters im Ungewissen sind, kann daran gelegen sein, etwaige Ansprüche gegen diesen zu verfolgen.[984] Dabei hoffen die Kinder neben der Durchsetzung von Unterhaltsansprüchen häufig auf eine Erbschaft.[985] Schließlich kann der Wusch, die eigene genetische Abstammung festzustellen, darauf beruhen, dass jemand mit Hilfe der neu gewonnenen Erkenntnisse über das Erbmaterial die Ursachen von Krankheiten, Informationen über Krankheitsverläufe und mögliche Heilungschancen ermitteln will oder sich sogar mit einer konkreten Bitte, etwa um eine Organ- oder Rückenmarksspende, an seinen leiblichen Vater wenden möchte.[986] Ebenso könnte ein Verlangen nach Aufklärung der eigenen biologischen Herkunft bei einer geplanten Eheschließung zum Tragen kommen. Denkbar ist in diesem Zusammenhang, dass eine Ehe unter nahen leiblichen Verwandten oder mit einer Person, bei der die Kombination des Erbmaterials gesundheitliche Gefahren für künftige Kinder birgt, verhindert werden soll.[987]

---

983 Coester-Waltjen, Verhandlungen des sechsundfünfzigsten Deutschen Juristentages, Berlin 1986, Band I (Gutachten), Teil B, 2. Teilgutachten, S. 53; Muscheler/Bloch, FPR 2002, S. 342; Schmidt-Didczuhn, JR 1989, S. 229; von Sethe, Die Durchsetzbarkeit des Rechts auf Kenntnis der eigenen Abstammung aus der Sicht des Kindes, S. 57; Swientek, Wer sagt mir, wessen Kind ich bin?, S. 40 ff.; ausführlich dazu Meyer, Das Recht auf Kenntnis der eigenen Abstammung als Element der Persönlichkeitsentwicklung, S. 185 ff.

984 Deichfuß, NJW 1988, S. 116; Enders, NJW 1989, S. 882; Müller, FamRZ 1986, S. 635; Muscheler/Bloch, FPR 2002, S. 342; vgl. außerdem Ostendorf, in: Jüdes, In-vitro-Fertilisation und Embryotransfer (Retortenbaby), S. 192.

985 Deichfuß, NJW 1988, S. 116; Kentgens, Der Auskunftsanspruch im Familienrecht, S. 125 f.; Koch, FamRZ 1990, S. 571; Meyer, Das Recht auf Kenntnis der eigenen Abstammung als Element der Persönlichkeitsentwicklung, S. 185; Muscheler/Bloch, FPR 2002, S. 342; Smid, JR 1990, S. 225; vgl. Ostendorf, in: Jüdes, In-vitro-Fertilisation und Embryotransfer (Retortenbaby), S. 192.

986 Kleineke, Das Recht auf Kenntnis der eigenen Abstammung, S. 177; Meyer, Das Recht auf Kenntnis der eigenen Abstammung als Element der Persönlichkeitsentwicklung, S. 185; Muscheler/Bloch, FPR 2002, S. 342.

987 Coester-Waltjen, Verhandlungen des sechsundfünfzigsten Deutschen Juristentages, Berlin 1986, Band I (Gutachten), Teil B, 2. Teilgutachten, S. 53; Donhauser, Das Recht des Kindes

Zusammenfassend lassen sich die genannten Motive damit einem ideellen, einem monetären sowie einem genetisch begründeten Interesse zuordnen.

b) Motive der Mutter

Neben den Motiven eines Kindes, den Namen seines Vaters zu erfahren, soll auch ergründet werden, warum sich eine Mutter weigert, die Identität des Kindesvaters zu offenbaren. Die Ursachen für ihr Schweigen sind zum Verständnis ihrer Position hilfreich und bei der Abwägung mit den Interessen des Kindes, das Informationen über die Identität seines Vaters begehrt, zu berücksichtigen.

aa) Rechtsprechung

Der Rechtsprechung lässt sich eine Vielzahl von Entscheidungen entnehmen, aus denen hervorgeht, dass die Mutter den Namen des Kindesvaters nicht preisgeben wollte. Diese Entscheidungen behandelten verschiedene Fallkonstellationen. Zum einen betrafen sie Anträge von Müttern, die Amtspflegschaft für ihre nichtehelichen Kinder aufzuheben – diese Fälle bezogen sich auf die vom 1. Juli 1970 bis 30. Juni 1998 geltende Rechtslage.[988] Die maßgebliche Frage war hierbei, ob

---

auf Kenntnis der genetischen Abstammung, S. 51 f.; Müller, FamRZ 1986, S. 635; Muscheler/Bloch, FPR 2002, S. 342, S. auch Becker, RdJ 1960, S. 2 und im Zusammenhang mit Adoptionen Swientek, Wer sagt mir, wessen Kind ich bin?, S. 35. Der Ausgestaltung des § 1307 S. 1 BGB als absolutes Eheverbot und der Strafbewehrtheit des Beischlafes zwischen Verwandten gem. § 173 StGB lässt sich auch ein öffentliches Interesse an der Feststellung der leiblichen Abstammung entnehmen, S. zu § 1307 BGB Muscheler/Bloch, FPR 2002, S. 340 f., 342; vgl. ferner Gottwald, Hubmann-FS, S. 120; Urbach, ZBlJugR 1959, S. 75. § 1307 S. 1 BGB untersagt als absolutes Eheverbot die Ehe zwischen Verwandten in gerader Linie sowie zwischen vollbürtigen und halbbürtigen Geschwistern, Palandt/*Brudermüller*, § 1307, Rn. 1 f.; S. dazu Benda, NJW 1985, S. 1732; Bilsdorfer, MDR 1984, S. 805. Für die Erfüllung des Tatbestandes des § 1307 BGB kommt es nicht darauf an, ob die Verwandtschaft schon statusrechtlich besiegelt ist, Muscheler/Bloch, FPR 2002, S. 340 f. § 173 StGB stellt ausdrücklich nur den zwischen leiblichen Verwandten auf- und absteigender Linie und leiblichen Geschwistern vollzogenen Beischlaf unter Strafe. Abgestellt wird also allein auf die genetische Verwandtschaft, Fischer, StGB, § 173, Rn. 3.; vgl.außerdem Schwab, FamRZ 1954, S. 168.

988 Nach damaliger Rechtslage hatte die Mutter eines nichtehelichen Kindes zwar die elterliche Sorge inne. Das Kind erhielt aber kraft Gesetzes mit der Geburt für die Wahrnehmung bestimmter Aufgaben einen Amtspfleger, auf dessen Wirkungsbereich sich die elterliche Sorge der Mutter nicht erstreckte, § 1706 BGB a.F. In den Aufgabenbereich des Amtspflegers fielen die Vaterschaftsfeststellung, also Vaterschaftsanerkennung und gerichtliche Feststellung, sowie die Geltendmachung von Unterhalts- und Erbansprüchen des Kindes gegenüber seinem Vater und sonstigen Verwandten väterlicherseits. Nach § 1707 BGB a.F. konnte das Gericht auf Antrag der Mutter bereits vor der Geburt des nichtehelichen Kindes anordnen, dass die

dem Antrag einer Mutter auf Aufhebung der Amtspflegschaft stattzugeben war, wenn sie den Kindesvater nicht benennen wollte. Zum anderen ging es in den publizierten Gerichtsentscheidungen um direkte Ansprüche von Kindern gegen ihre Mütter auf Auskunft über Name und Anschrift des Vaters.

Nur teilweise geben die den gerichtlichen Entscheidungen zugrunde liegenden Sachverhalte Aufschluss darüber, warum die Mutter es ablehnte, Angaben zum Vater ihres Kindes zu machen. Dies ist wohl auf die Absicht der Mutter zurückzuführen, das Geheimnis um die Person des Kindesvaters nicht durch entsprechende Aussagen über die Gründe für ihr Schweigen zu gefährden.[989] Dennoch klingen in einigen Entscheidungen Details über die Motivlage der Mutter an.

In einem vor dem OLG Karlsruhe im Jahr 1971 verhandelten Fall trug die Mutter vor, der Kindesvater sei bereits verheiratet und habe drei minderjährige Kinder. Seine Ehefrau wisse von seiner Vaterschaft und der Existenz des außerehelichen Kindes nichts. Da er die finanzielle Belastung nach einer Scheidung nicht tragen könne, sei eine spätere Heirat mit ihr ausgeschlossen.[990]

Auch in zwei anderen Fällen – der eine lag einem Beschluss des BayObLG aus dem Jahr 1972[991], der andere einem Urteil des AG Rastatt vom 1995[992] zugrunde – weigerten sich die Mütter, die Väter ihrer Kinder namhaft zu machen, weil diese verheiratet und die Existenz der außerehelichen Kinder den Familien der Väter nicht bekannt seien.[993] Die Mütter wollten vermeiden, dass die Ehefrauen von der Geburt der nichtehelichen Kinder erfahren könnten und es schließlich zum Zerbrechen der Familien der Väter komme.

Für das Schweigen einer Mutter über die Person des Kindesvaters können allerdings auch andere Motive ursächlich sein. So gab die Mutter eines nichtehelichen Kindes in dem Fall an, der einem Urteil des OLG Hamm aus dem Jahr 1991 zugrunde lag, sie verweigere die Auskunft über die Personalien des Kindesvaters, weil dieser sich wegen einer psychischen Erkrankung in einer Anstalt aufhalte, in der sie selbst tätig sei. Wenn ihr Arbeitgeber aufgrund der Preisgabe

---

Pflegschaft gar nicht erst eintritt. Ebenso war die Möglichkeit vorgesehen, eine Pflegschaft nachträglich auf Antrag der Kindesmutter wieder aufzuheben oder den Wirkungskreis des Pflegers zu beschränken. Im Zuge der Kindschaftsrechtsreform wurde die gesetzliche Amtspflegschaft abgeschafft und durch die freiwillige Beistandschaft gem. §§ 1712 BGB ff. ersetzt. S. zur Amtspflegschaft Brötel, FamRZ 1991, S. 775 ff.; Schumann, Die nichteheliche Familie, S. 281 ff.; Schimpf, StAZ 1983, S. 192 ff.; Will, ZfJ 1998, S. 401 ff.

989 Zenz, StAZ 1974, S. 287; vgl. dazu BVerwG FamRZ 1983, S. 903 (905).

990 OLG Karlsruhe FamRZ 1972, S. 95 (95).

991 BayObLG FamRZ 1972, S. 521 (521) = DAVorm 1972, Sp. 286 (286).

992 AG Rastatt FamRZ 1996, S. 1299 (1299).

993 Vgl. außerdem AG Tostedt DAVorm 1968, Sp. 191 (192).

des Namens davon erfahre, dass sie ein Verhältnis zu einem Patienten begonnen habe, verliere sie ihre Arbeitsstelle.[994]

In einem anderen Fall befürchtete die Mutter die Entführung ihres Kindes durch den Vater und lehnte es deshalb ab, dessen Namen zu offenbaren.[995] Überdies sind den gerichtlichen Entscheidungen Konstellationen zu entnehmen, in denen die Mutter dem Vater das Versprechen gegeben[996] oder gegen Zahlung von Unterhalt eine private Vereinbarung mit ihm getroffen hatte[997], seine Identität geheim zu halten.

Ferner können die Gründe dafür, dass eine Mutter zur Identität des Vaters ihres Kindes keine Angaben macht, außerhalb der Person des Kindsvaters liegen. In einem Fall, über den das AG Schwetzingen 1991 zu entscheiden hatte[998], war die Mutter zu dem Zeitpunkt, als sie das Kind empfing, der Prostitution nachgegangen. Sie gab an, dass als Vater mehrere Männer in Frage kämen, so dass sie gar keine sichere Auskunft über die Identität des Kindesvaters erteilen könne.

bb) Einteilung der Motive

Rechtsprechung und Literatur haben sich damit beschäftigt, die verschiedenen Motive zu systematisieren, die die Mutter eines nichtehelichen Kindes veranlassen können, den Namen des Vaters nicht zu nennen. Häufig werden die Beweggründe grob in zwei Gruppen eingeteilt: Einerseits steht hinter der Geheimhaltung durch die Mutter der Wunsch, sich vom Erzeuger des Kindes zu distanzieren. Andererseits geht es der Mutter um den Fortbestand einer positiv empfundenen Beziehung zum Vater.[999] Für eine von der Mutter angestrebte Loslösung vom Kindesvater kann es wiederum verschiedene Anlässe geben, etwa dass die Beziehung zu ihm als belastend oder beschämend empfunden wird oder eine neu eingegangene Bindung stört.[1000] Gleichermaßen vielseitig sind die Ursachen, die die Mutter zur Erhaltung der Beziehung bewegen. So wird ihr – wie die Einlassungen aus den oben erwähnten Entscheidungen zeigen – häufig daran

994 OLG Hamm FamRZ 1991, S. 1229 (1229).

995 OLG Celle DAVorm 1973, Sp. 566 (567).

996 LG Mainz DAVorm 1972, Sp. 216 (216); OLG Bremen FamRZ 2000, S. 618 (618).

997 LG Stuttgart DAVorm 1971, Sp. 371 (371). Eine solche Vereinbarung ist als Vertrag zu Lasten Dritter unzulässig, S. dazu Giesen, JZ 1989, S. 369, Fn. 95; Muscheler/Bloch, FPR 2002, S. 349.

998 AG Schwetzingen DAVorm 1992, Sp. 90 (90).

999 Finger, FamRZ 1983, S. 432; Muscheler/Bloch, FPR 2002, S. 346; Wawrzyniak, ZBlJugR 1978, S. 270; Zenz, StAZ 1974, S. 287 f.

1000 Muscheler/Bloch, FPR 2002, S. 346; BGH FamRZ 1982, S. 159 (160) = NJW 1982, S. 381 (382) = JR 1982, S. 149 (150).

gelegen sein, die Familie des Vaters nicht zu zerstören[1001], weil sie die moralische Last einer gescheiterten Ehe nicht tragen will oder sich vielleicht sogar erhofft, dass der Kindesvater sich zu einem späteren Zeitpunkt „freiwillig“ für sie entscheidet, wenn sie ihn durch die Offenbarung seiner Vaterschaft nicht unter Druck setzt.[1002]

Neben diesen beiden von der Einstellung der Mutter zum Kindesvater ausgehenden Kategorisierungen der Schweigemotive werden im Schrifttum und in der Rechtsprechung noch weitere Gründe genannt, die die Mutter an der Preisgabe des Erzeugers hindern. Eine ausführliche, um feinere Differenzierungen bemühte Aufzählung bietet die juristische Dissertation Brüggemanns aus dem Jahr 1964.[1003] Sie stellt als Anknüpfungspunkt auf die emotionale Lage der Mutter ab und erörtert die jeweiligen Hintergründe für die Konfliktsituation, in der sich die Mutter bei der Geburt ihres nichtehelichen Kindes oder auch später noch befindet.

Zunächst erwägt der Autor – ähnlich wie die oben dargestellte, an der Beziehung zwischen Mutter und Erzeuger orientierte Einteilung –, dass das Verhalten der Mutter einerseits durch Hass auf den Vater begründet sein könne und sie mit ihrem Schweigen beabsichtige, die Erinnerung an ihn auszulöschen, sie andererseits aber auch durch menschlichen Anstand, etwa um die Partnerschaft des leiblichen Vaters nicht zu gefährden oder weil sie ihm ihr Ehrenwort gegeben habe, davon abgehalten werden könne, den Kindesvater bekannt zu geben. Ebenso schließt Brüggemann nicht aus, dass die Mutter durch die Hoffnung auf eine spätere Ehe mit dem Erzeuger zur Geheimhaltung seiner Personalien verleitet werde.[1004] Darüber hinaus nennt er noch eine ganze Reihe anderer Motive. So bestehe die Möglichkeit, dass die Mutter sich aus Angst an der Preisgabe des Namens gehindert sehe. Dabei sei in Betracht zu ziehen, dass die Mutter eine Bestrafung wegen Ehebruchs oder Blutschande, eine kirchliche Strafe wegen Zölibatsbruchs, die Ahndung sonstiger strafbarer Verfehlungen, die mit der Offenlegungen der Beziehungen zum Erzeuger aufgedeckt würden, den Verlust ihres Arbeitsplatzes, wenn es sich bei ihrem Arbeitgeber oder einen Vorgesetzten

1001 Becker, RdJ 1960, S. 4; Finger, FamRZ 1983, S. 432; Frank/Helms, FamRZ 1997, S. 1258; Kleineke, Das Recht auf Kenntnis der eigenen Abstammung, S. 138; BGH FamRZ 1982, S. 159 (160) = NJW 1982, S. 381 (382) = JR 1982, S. 149 (150); vgl. außerdem Fthenakis, Väter, Band 2, S. 41.

1002 Kleineke, Das Recht auf Kenntnis der eigenen Abstammung, S. 140; Zenz, StAZ 1974, S. 287.

1003 Brüggemann, Intimsphäre und außereheliche Elternschaft, S. 8 f.; ähnlich ausführlich Kleineke, Das Recht auf Kenntnis der eigenen Abstammung, S. 136 ff.

1004 Brüggemann, Intimsphäre und außereheliche Elternschaft, S. 9.

um den Kindesvater handle[1005], oder den Verlust ihres Partners befürchte.[1006] Damit verwandt seien Fallgestaltungen, in denen es die Mutter aus Scham ablehnte, den leiblichen Vater zu benennen. Die Mutter wolle verhindern, dass wechselnde sexuelle, vielleicht sogar inzestuöse Beziehungen bekannt würden oder der Kontakt mit einem Kriminellen oder Geisteskranken aufgedeckt werde.[1007] Auch die Umstände der Zeugung könnten für die Mutter mit Schamgefühlen verbunden sein, etwa wenn sie vergewaltigt worden[1008] oder das Kind im Wege einer künstlichen Insemination entstanden sei. Hinzu komme in diesen Konstellationen oftmals die Sorge um das eigene Kind. Es soll mit dem Wissen um seinen Erzeuger oder die Details seiner Zeugung nicht belastet und vor Diffamierungen geschützt werden.[1009] Ferner sei denkbar, dass die Mutter aus Liebe zu ihrem Partner handle. Um diesen nicht zu kompromittieren, verweigere sie die Benennung eines anderen Mannes als Erzeuger.[1010] Genauso könne der Mutter bei der Offenlegung des Namens ihr eigener Stolz im Wege stehen. Als eine nach Unabhängigkeit strebende Frau wolle sie dem Einfluss des Vaters bei der Erziehung nicht ausgesetzt sein und ziehe es deshalb vor, ihr Kind ohne den väterlichen Unterhalt aufzuziehen.[1011] Schließlich spiele nicht selten die Gier der

---

1005 Vgl. Meyer, Das Recht auf Kenntnis der eigenen Abstammung als Element der Persönlichkeitsentwicklung, S. 185; LG Berlin DAVorm 1971, Sp. 279 (279 f.).

1006 Brüggemann, Intimsphäre und außereheliche Elternschaft, S. 8; S. auch Kleineke, Das Recht auf Kenntnis der eigenen Abstammung, S. 137, 172; Krüger, DÖV 1959, S. 948; dies, Die Rechtsstellung des unehelichen Kindes nach dem Grundgesetz, S. 78 sowie OVG Berlin DAVorm 1982, Sp. 91 (98).

1007 Brüggemann, Intimsphäre und außereheliche Elternschaft, S. 8; vgl. dazu Becker, RdJ 1964, S. 51; Eidenmüller, JuS 1998, S. 793; Frank, Schlechtriem-FS, S. 37; Krüger, DÖV 1959, S. 948; Meyer, Das Recht auf Kenntnis der eigenen Abstammung als Element der Persönlichkeitsentwicklung, S. 185; Muscheler/Bloch, FPR 2002, S. 346; Reinke, Das Recht des Kindes auf Kenntnis seiner genetischen Herkunft, S. 17; Zenz, StAZ 1974, S. 288; OVG Berlin DAVorm 1982, Sp. 91 (98) sowie Kleineke, Das Recht auf Kenntnis der eigenen Abstammung, S. 137, 172, der die Häufigkeit solcher Fälle bezweifelt.

1008 Brüggemann, Intimsphäre und außereheliche Elternschaft, S. 9; so auch Eidenmüller, JuS 1998, S. 793; Frank, Schlechtriem-FS, S. 37; Weber, FamRZ 1996, S. 1259 und OVG Berlin DAVorm 1982, Sp. 91 (97).

1009 Brüggemann, Intimsphäre und außereheliche Elternschaft, S. 9; ebenso Kleineke, Das Recht auf Kenntnis der eigenen Abstammung, S. 137; Muscheler/Bloch, FPR 2002, S. 346.

1010 Brüggemann, Intimsphäre und außereheliche Elternschaft, S. 9; vgl. Reinke, Das Recht des Kindes auf Kenntnis seiner genetischen Herkunft, S. 17 und OVG Berlin DAVorm 1982, Sp. 91 (98). Auf dieses Motiv deutet auch Simitis, StAZ 1970, S. 262 hin, wenn er schreibt, dass die Kindesmutter jede Beziehung zum Vater von vornherein ablehne.

1011 Brüggemann, Intimsphäre und außereheliche Elternschaft, S. 9; S. außerdem Becker, RdJ 1960, S. 1; ders., RdJ 1964, S. 51; Frank/Helms, FamRZ 1997, S. 1258; Fthenakis, Väter, Band 2, S. 41; Kleineke, Das Recht auf Kenntnis der eigenen Abstammung, S. 141; Krüger,

Mutter eine Rolle, wenn beispielsweise die Mutter mit dem Kindesvater eine Vereinbarung getroffen und sich darin gegen Geldzahlungen zum Stillschweigen verpflichtet habe[1012], oder wenn sie sich doppelte Alimente für das Kind zu verschaffen beabsichtige, nämlich geheime von dem anonym gehaltenen Erzeuger und offene durch staatliche Unterstützung.[1013]

cc) Aktualität

Um zu ermitteln, ob die Ausführungen Brüggemanns aus dem Jahr 1964 zu den Beweggründen einer Mutter, die Benennung des Kindesvaters zu verweigern, auch heute als Grundlage für eine Untersuchung der Motivlage der Mutter dienen können, sind sie auf ihre Gegenwartsbezogenheit hin zu überprüfen. In Anbetracht der rechtlichen Änderungen und der gesellschaftlichen Wandlungen der letzten Jahrzehnte könnten sie nicht mehr zeitgemäß sein. Hierzu ist anzumerken, dass die Strafbarkeit des Ehebruchs nach § 172 StGB a.F. im Zuge der Reform des Sexualstrafrechts durch das Erste Gesetz zur Reform des Strafrechts, das am 1.9.1969 in Kraft trat, abgeschafft wurde.[1014] Auch die soziale Sanktionierung des Ehebruchs ist mittlerweile angesichts moralischer Lockerung abgeschwächt, aber nicht gänzlich aufgehoben.[1015] Die Herbeiführung einer Schwangerschaft im Wege einer künstlichen Befruchtung wird aufgrund gewandelter gesellschaftlicher Vorstellungen ebenfalls nicht mehr als verwerflich oder beschämend beurteilt.

Abgesehen von diesen Ausnahmen haben die Darlegungen Brüggemanns auch nach über vierzig Jahren nicht an Aktualität eingebüßt. Insbesondere die Beweggründe, die sich auf das Verhältnis der Mutter zum Kindesvater beziehen, wie Hass, Liebe oder Hoffnung auf eine spätere Eheschließung, sowie diejenigen, die die Scham der Mutter vor Aufdeckung einer Vergewaltigung oder inzestuösen Verbindung betreffen, sind heutzutage ebenso zeitgemäß wie damals.

DÖV 1959, S. 948; dies., Die Rechtsstellung des unehelichen Kindes nach dem Grundgesetz, S. 78 f.; OLG Hamm FamRZ 1984, S. 99 (100) = NJW 1984, S. 617 (618).

1012 Brüggemann, Intimsphäre und außereheliche Elternschaft, S. 9; vgl. Kleineke, Das Recht auf Kenntnis der eigenen Abstammung, S. 139; Muscheler/Bloch, FPR 2002, S. 346.

1013 Brüggemann, Intimsphäre und außereheliche Elternschaft, S. 9; so auch Frank/Helms, FamRZ 1997, S. 1258; Kleineke, Das Recht auf Kenntnis der eigenen Abstammung, S. 139; kritisch zur Relevanz dieser Fallgestaltung Zenz, StAZ 1974, S. 288. Der BGH FamRZ 1982, S. 159 (160) = NJW 1982, S. 381 (382) = JR 1982, S. 149 (150) und Muscheler/Bloch, FPR 2002, S. 346, weisen außerdem auf die Möglichkeit hin, dass die Mutter öffentliche Unterstützung erhalte und den Vater der Regresspflicht entziehen wolle.

1014 BGBl. 1969, Teil I, S. 653, S. dazu Reinke, Das Recht des Kindes auf Kenntnis seiner genetischen Herkunft, S. 18.

1015 Kleineke, Das Recht auf Kenntnis der eigenen Abstammung, S. 137.

Dies gilt auch in rechtlicher Hinsicht. So ist die Strafbarkeit von Inzest jüngst vom BVerfG bestätigt worden.[1016] Zudem ist Brüggemanns Aufzählung der Schweigemotive mit allen ihren Variationen nahezu umfassend. Ihr ist als Unterfall des Motivs der Angst lediglich hinzuzufügen, dass die Mutter auch durch Drohungen des Erzeugers mit gewalttätigen Reaktionen seinerseits, falls sie ihn benennt, von der Offenlegung seiner Identität abgehalten werden kann.[1017]

Schließlich bedarf die hier zu untersuchende Konstellation, in der eine Mutter, die sich weigert, den Namen des leiblichen Kindesvaters bekannt zu geben, ihr Kind zur Adoption freigeben will, besonderer Beachtung. Diesbezüglich besteht die zusätzliche Möglichkeit, dass dem Schweigen der Mutter die Absicht zugrunde liegt, das Einwilligungsrecht des leiblichen Vaters in die Kindesannahme auszuhebeln. Wenn die Mutter es nämlich unterlässt, den Vater von der Existenz des gemeinsamen Kindes in Kenntnis zu setzen und seine Identität auch weiterhin gegenüber Jugendamt und Gericht geheim hält, bewirkt sie, dass der Vater einer Adoption durch Verweigerung seiner Einwilligung nicht im Wege steht. Gleichzeitig kann sie durch ihr Wissensmonopol verhindern, dass der Vater einen Antrag auf Übertragung der elterlichen Sorge gem. § 1672 I 1 BGB stellt, der nach § 1751 I 5 BGB nicht einmal mehr ihrer Zustimmung bedarf.

Zur Bewertung der genannten Hintergründe ist zu bemerken, dass diese sich ganz überwiegend aus der Einstellung der Mutter zum Kindesvater oder zu ihrem Ehemann, ihrer Persönlichkeit oder den Lebensumständen ergeben, unter denen sie das Kind empfangen hat. Im Hinblick auf das nichteheliche Kind wird lediglich in Erwägung gezogen, dass der Gedanke, es vor der Konfrontation mit belastendem Wissen zur Person des leiblichen Vaters oder Umständen der Zeugung zu schützten, eine Rolle spielen kann. Demzufolge steht das Kindeswohl weniger im Vordergrund, wenn die Mutter sich weigert, den Erzeuger zu benennen.[1018] Dies ist bei der Abwägung mit den Interessen des Kindes zu berücksichtigen.

2. Interessenabwägung

Die soeben dargelegten widerstreitenden Positionen von Mutter und Kind sind gegeneinander abzuwägen, damit – ausgehend vom Ergebnis dieser Abwägung – entschieden werden kann, ob eine Mutter grundsätzlich dazu verpflichtet ist, den Namen des Kindesvaters preiszugeben.

1016 BVerfG vom 26.2.2008 – 2 BvR 392/07.

1017 OLG Düsseldorf DAVorm 1971, Sp. 369 (370); Muscheler/Bloch, FPR 2002, S. 346; vgl. Finger, ZfJ 1987, S. 319.

1018 Ebenso Becker, RdJ 1964, S. 51.

a) Kindesinteressen

Auf der Seite des Kindes stehen die durch das Recht auf Kenntnis der eigenen Abstammung geschützten Interessen ideeller und finanzieller Natur.[1019] In Bezug auf diese Interessen hat das Schweigen der Mutter weitreichende Folgen. Die Geltendmachung von Unterhalts- und Erbansprüchen ist von der Feststellung der Vaterschaft abhängig und damit unmöglich, solange die Vaterschaft nicht geklärt ist.[1020] Selbst wenn der Unterhalt des Kindes zeitweise durch die Mutter allein bestritten werden kann, ist nicht auszuschließen, dass Umstände eintreten, beispielsweise durch Krankheit verursachte Erwerbsunfähigkeit oder Tod der Mutter, die sich auf die ökonomische Situation des Kindes nachteilig auswirken. Sollte die wirtschaftliche Versorgung des Kindes gefährdet sein, besteht – nicht zuletzt zur Schonung des Staatshaushaltes – ein berechtigtes Interesse, auf die finanzielle Unterstützung durch den Erzeuger zurückzugreifen.[1021] Überdies läuft die beharrliche Weigerung der Mutter, den Namen des Kindesvaters preiszugeben, im Hinblick auf Ansprüche des Kindes der Sache nach auf einen Forderungs-[1022] bzw. Erbverzicht hinaus, den die Mutter, sofern sie Trägerin der elterlichen Sorge ist, nach § 2347 I 1, 2. HS BGB förmlich nur mit Zustimmung des Familiengerichts schließen kann.[1023]

Zwar wird in diesem Zusammenhang vereinzelt darauf hingewiesen, dass das praktische Gewicht des Erbrechts nicht überbewertet werden solle. Denn seit geraumer Zeit verliere das Erbrecht an Bestandsschutz- und Sicherungsfunktion. Es werde ersetzt durch ein Geflecht von Versicherungs- und anderen Vorsorgesystemen, die regelmäßig auf den Kreis der nächsten Angehörigen beschränkt

1019 Moritz, Jura 1990, S. 139; Roth, FamRZ 1991, S. 142; Wawrzyniak, ZBlJugR 1978, S. 269.

1020 Badenberg, Das Recht des Kindes auf Kenntnis der eigenen Abstammung unter Berücksichtigung der Problematik der anonymen Geburt, S. 83; Eidenmüller, JuS 1998, S. 789; vgl. LG Kreuznach DAVorm 1978, Sp. 65 (68).

1021 Diederichsen, NJW 1998, S. 1988; Eidenmüller, JuS 1998, S. 793; Kleineke, Das Recht auf Kenntnis der eigenen Abstammung, S. 172 ff.; Kumme, ZBlJugR 1973, S. 143; Urbach, ZBlJugR 1959, S. 75; AG Tostedt DAVorm 1968, Sp. 191 (192); LG Berlin DAVorm 1968, Sp. 193 (194); OLG Celle FamRZ 1969, S. 40 (41); LG Mannheim NJW 1970, S. 150 (150) = MDR 1970, S. 238 (238) = DAVorm 1970, Sp. 313 (313); OLG Düsseldorf DAVorm 1971, Sp. 369 (370); OLG Oldenburg DAVorm 1972, Sp. 97 f., LG Berlin DAVorm 1971, Sp. 279 (280); LG Bielefeld DAVorm 1972, Sp. 220 (221).

1022 Badenberg, Das Recht des Kindes auf Kenntnis der eigenen Abstammung unter Berücksichtigung der Problematik der anonymen Geburt, S. 83.

1023 Eidenmüller, JuS 1998, S. 791 f.; Muscheler/Bloch, FPR 2002, S. 342; BGH FamRZ 1982, S. 159 (160) = NJW 1982, S. 381 (382) = JR 1982, S. 149 (150).

blieben und nichteheliche Kinder – falls sie nicht in der Familie lebten – ebenso regelmäßig ausschlössen.[1024]

Dieser Einwand missachtet jedoch einerseits die verfassungsrechtliche Wertung des Art. 14 I GG, der das Erbrecht als Rechtsinstitut garantiert, andererseits steht er im Widerspruch zum Gesetzgebungsauftrag nach Art. 6 V GG. Aus diesen Gründen kann er nicht überzeugen.[1025]

Auch hinsichtlich des ideellen Interesses eines Kindes an der Offenbarung der Identität seines leiblichen Vaters hat das Schweigen der Mutter gravierende Konsequenzen. Durch ihr Verhalten verhindert sie nicht nur die Möglichkeit, dass das Kind durch Ausforschung der eigenen Wurzeln ein im Dunklen liegenden Teil der eigenen Persönlichkeit aufdecken kann, sondern nimmt ihm auch die Chance auf Entwicklung einer realen Beziehung zum Vater.[1026] Hinzukommen können negative Auswirkungen auf die soziale Lage des Kindes, wenn ihm Misstrauen oder Vorurteile aufgrund der ungeklärten Vaterschaft entgegengebracht werden. Zwar ist wegen der allgemein zunehmenden Toleranz gegenüber ungewöhnlichen Familienkonstellationen dieser Gesichtspunkt nicht mehr so schwerwiegend wie in den sechziger oder siebziger Jahren.[1027] Es kann aber nicht gänzlich ausgeschlossen werden, dass ein Kind negativen gesellschaftlichen Reaktionen ausgesetzt ist, weil seine Mutter den Namen des Vaters geheim hält.[1028]

Darüber hinaus darf die besondere Situation des Kindes in denjenigen Fällen nicht außer Betracht bleiben, in denen die Mutter ihr Kind zur Adoption freigeben will und sich weigert, den Namen des leiblichen Kindesvaters zu nennen. Durch ihr Schweigen vermag die Mutter zu verhindern, dass das Kind bei seinem leiblichen Vater aufwächst, weil dieser nicht ermittelt werden kann. Bei einer Abwägung mit den Belangen der Mutter ist zu bedenken, dass auf der Seite des Kindes das Interesse besteht, bei seinem leiblichen Vater aufzuwachsen. Jedenfalls muss, bevor ein Aufwachsen des Kindes innerhalb einer Gemeinschaft erwogen wird, die allein auf einem durch die rechtliche Konstruktion der Kindesannahme künstlich hergestellten Verwandtschaftsverhältnis beruht, geprüft werden, ob der leibliche Vater willens und in der Lage ist, sein Kind selbst auf-

---

1024 Finger, FamRZ 1983, S. 431; anklingend bei Simitis, StAZ 1970, S. 256; dagegen Bosch, FamRZ 1983, S. 433 f.

1025 S. dazu auch Eidenmüller, JuS 1998, S. 790.

1026 Badenberg, Das Recht des Kindes auf Kenntnis der eigenen Abstammung unter Berücksichtigung der Problematik der anonymen Geburt, S. 83; Brüggemann, Intimsphäre und außereheliche Elternschaft, S. 10; Kleineke, Das Recht auf Kenntnis der eigenen Abstammung, S. 167; Knöpfel, FamRZ 1985, S. 563; Zenz, StAZ 1974, S. 288.

1027 Vgl. hierzu Becker, RdJ 1960, S. 2; ders., RdJ 1964, S. 56.

1028 Ähnlich Knöpfel, FamRZ 1985, S. 563.

zuziehen. Der leibliche Vater hat das Recht und die Pflicht, sein Kind großzuziehen. Erst wenn er als Erziehungsträger ausfällt, darf an eine Adoption gedacht werden. Nur so kann dem verfassungsrechtlichen Vorrang der leiblichen Eltern aus Art. 6 II 1 GG Rechnung getragen werden. Hinzu kommt, dass eine Adoption für ein Kind gravierende seelische Folgen hat. Insbesondere muss das Kind die Herausforderung bewältigen, zwischen Ursprungs- und Adoptivfamilie eine stabile Identität zu entwickeln.[1029] Auch deshalb ist eine Adoption nur in Betracht zu ziehen, wenn ein leiblicher Elternteil zur Erziehung des Kindes weder bereit noch in der Lage ist. Die Entscheidung, ob ein Kind die Möglichkeit hat, bei seinem leiblichen Vater aufzuwachsen, oder Dritte, die mit dem Kind nicht genetisch verwandt sind, die Elternfunktion wahrnehmen, darf nicht von der Bereitschaft der Mutter abhängen, die Identität des Vaters preiszugeben.

b) Interessen der Mutter

Zugunsten der Mutter ist bei der Interessenabwägung zu berücksichtigen, dass mit der Verpflichtung, den Kindesvater oder, wenn mehrere Männer in Betracht kommen, alle Sexualpartner, mit denen sie während der Empfängniszeit Kontakt hatte, zu benennen, ein erheblicher Eingriff in ihre Intimsphäre verbunden ist.[1030] Wie die oben erläuterten Motive, die der Entscheidung der Mutter zugrunde liegen können, die Identität des Kindesvaters zu verschweigen, erkennen lassen, wird hier ein stark von Gefühlen geprägter, höchstpersönlicher Bereich tangiert. Dieser Bereich untersteht dem Schutz des allgemeinen Persönlichkeitsrechts gem. Art. 2 I i.V.m. Art. 1 I GG.[1031] Danach kann die Mutter grundsätzlich selbst

---

1029 Dazu Einleitung II. 7.

1030 Badenberg, Das Recht des Kindes auf Kenntnis der eigenen Abstammung unter Berücksichtigung der Problematik der anonymen Geburt, S. 84; Barth, ZfJ 1984, S. 68; Bosch, FamRZ 1961, S. 460; ders., Verhandlungen des vierundvierzigsten Deutschen Juristentages in Hannover 1962, Band I (Gutachten), 1. Teil, Heft B, S. 86; Degenhardt, JuS 1992, S. 367; Giesen, JZ 1989, S. 376; Gottwald, Hubmann-FS, S. 116; Krüger, Die Rechtsstellung des unehelichen Kindes nach dem Grundgesetz, S. 78; Kumme, ZBlJugR 1973, S. 140; Mansees, NJW 1988, S. 2985; Maunz/Dürig/*Di Fabio*, GG, Art. 2, Rn. 214; Meyer, Das Recht auf Kenntnis der eigenen Abstammung als Element der Persönlichkeitsentwicklung, S. 130 f.; Mittenzwei, Wacke-FS, S. 341; Moritz, Jura 1990, S. 135, 139; Müller, FamRZ 1986, S. 636; Muscheler/Bloch, FPR 2002, S. 346, Roth, FamRZ 1991, S. 142; von Sethe, Die Durchsetzbarkeit des Rechts auf Kenntnis der eigenen Abstammung aus der Sicht des Kindes, S. 110; Walker, JZ 2000, S. 316; Wawrzyniak, ZBlJugR 1978, S. 269; Zenz, StAZ 1974, S. 281.

1031 Badenberg, Das Recht des Kindes auf Kenntnis der eigenen Abstammung unter Berücksichtigung der Problematik der anonymen Geburt, S. 84; Maunz/Dürig/*Di Fabio*, GG, Art. 2, Rn. 214; Mittenzwei, Wacke-FS, S. 341; Roth, FamRZ 1991, S. 142; Walker, JZ 2000,

bestimmen, ob, wann und in welchem Umfang sie persönliche Lebenssachverhalte offen legen will.[1032] Ferner ist zu berücksichtigen, dass das Verhältnis zwischen Mutter und Kind leiden kann, wenn die Mutter gezwungen wird, dem Auskunftsverlangen des Kindes nachzugeben.[1033]

c) Interessenabwägung

Das Aufeinandertreffen der verschiedenen Belange der Mutter einerseits und des Kindes andererseits wird in Judikatur und Schrifttum auf unterschiedliche Weise gelöst.

In der Rechtsprechung wird zum Teil vertreten, dass der Interessengegensatz, der entsteht, wenn eine Mutter den Vater ihres nichtehelichen Kindes in der Anonymität lassen will, das Kind aber diesbezügliche Angaben verlangt, zugunsten der Mutter entschieden werden müsse.[1034] Allerdings waren die Judikate, in denen den Interessen der Mutter der Vorrang eingeräumt wurde, ausschließlich mit Klagen minderjähriger Kinder befasst, die bei der Inanspruchnahme ihrer Mutter auf Benennung ihres Erzeugers durch das Jugendamt vertreten wurden.[1035] In dieser Konstellation wurde ein ideelles Interesse an der Kenntnis der

---

S. 317; Weber, FamRZ 1996, S. 1257; Zenz, StAZ 1974, S. 281; BVerfGE 27, S. 344 (350 f.); BVerfG NJW 1988, S. 3010 (3010); BVerfG FamRZ 1997, S. 869 (870).

1032 Giesen, JZ 1989, S. 370; Krüger, Die Rechtsstellung des unehelichen Kindes nach dem Grundgesetz, S. 78; Neuhaus, Ehe und Kindschaft in rechtsvergleichender Sicht, S. 234; Walker, JZ 2000, S. 317; BVerfG FamRZ 1997, S. 869 (870).

1033 Gottwald, Hubmann-FS, S. 116; Ostendorf, in: Jüdes, In-vitro-Fertilisation und Embryotransfer (Retortenbaby), S. 187, S. dazu außerdem Coester, Schnyder-Festgabe, S. 107 sowie Zenz, StAZ 1974, S. 289 ff.

1034 Vgl. dazu die beamtenrechtlichen Gerichtsverfahren, die Kinderzuschlags- und Beihilfeansprüche von Müttern im Beamtenverhältnis bzw. im öffentlichen Dienst betrafen, BGH FamRZ 1959, S. 16 ff.; BVerwG DAVorm 1970, Sp. 415 ff. = FamRZ 1971, S. 163 ff. sowie die Rechtsstreitigkeiten zur Aufhebung der Amtspflegschaft, in denen sich die Mütter gegen die Benennung des Erzeugers sperrten, LG Düsseldorf DAVorm 1971, Sp. 66 ff.; LG Offenburg DAVorm 1971, Sp. 158 ff = FamRZ 1971, S. 319 ff.; LG München II DAVorm 1971, Sp. 205 ff.; LG Itzehoe DAVorm 1972, Sp. 506 f.; LG Wuppertal DAVorm 1974, Sp. 197 f.; LG Duisburg DAVorm 1979, Sp. 622 f.; LG Braunschweig FamRZ 1981, S. 90.

1035 LG Landau DAVorm 1989, Sp. 634 ff., die Klageerhebung durch das Jugendamt erfolgte hier gegen den Willen des Kindes. Dies sah das Prozessgericht aber als unerheblich an; OLG Zweibrücken NJW 1990, S. 719 ff.; OLG Hamm FamRZ 1991, S. 1229 ff.; AG Schwetzingen DAVorm 1992, Sp. 89 ff.; LG Essen FamRZ 1994, S. 1347 f.; AG Rastatt FamRZ 1996, S. 1299 ff. A.A. AG Gemünden am Main FamRZ 1990, S. 200 (201); AG Duisburg DAVorm 1992, Sp. 1129 (1130). In beiden Verfahren ging es um Auskunftsklagen minderjähriger Kinder, die vom Jugendamt vertreten wurden. Trotzdem wurde die Motivation der

eigenen Abstammung verneint. Das AG Raststatt begründete dies mit der höchstpersönlichen Natur der eigenen Identitätsfindung.[1036] Deshalb müsse es einen wesentlichen Unterschied machen, ob das Jugendamt als Amtspfleger eines Kleinkindes die Auskunft verlange oder ob ein erwachsenes Kind oder ein Jugendlicher aus eigener freier Entscheidung Kenntnis von seiner Herkunft erlangen wolle. Es gehöre gerade zum Wesen eines solchen Auskunftsrechts, dass ein älter werdendes Kind – sobald ihm dies nach geistiger Reife möglich sei – selbst entscheiden könne, ob und gegebenenfalls wann und auf welche Weise es Kenntnis von seiner Abstammung erlangen und inwieweit es hierbei auch anderweitige Interessen der Mutter oder der Familie seines Vaters berücksichtigen möge. Wenn ein nichteheliches, minderjähriges Kind vertreten durch das Jugendamt seine Mutter auf Angaben über seinen Erzeuger in Anspruch nehme, erfolge dies – so das LG Essen – von Amts wegen zur Abklärung der Möglichkeit, Unterhaltsansprüche durchzusetzen. Allein hinter diesem finanziellen Interesse müsse die Intimsphäre der Mutter nicht zurücktreten.[1037]

Auch ein Teil der Autoren vertritt, dass der Schutz der Intimsphäre der Mutter gegenüber den vorgetragenen Interessen des Kindes überwiege, und lehnt daher eine Rechtspflicht der Mutter zur Auskunftserteilung gegenüber ihrem Kind ab.[1038] Zur Begründung wird der Gedanke herangezogen, dass sich im deutschen Rechtskreis rechtliche Verpflichtungen, über die Identität von Sexualpartnern Auskunft geben zu müssen, nirgendwo finden ließen. Sogar im Zusammenhang mit der Immunschwächeerkrankung AIDS seien keine gerichtsförmigen Auskunftsverpflichtungen bekannt, in denen die Betroffenen umfassend die Namen derjenigen Personen hätten mitteilen müssen, mit denen sie sexuelle Kontakte gehabt hätten.[1039] Weiterhin stehe die Etablierung einer Auskunftspflicht der Mutter gegenüber ihrem nichtehelichen Kind im Widerspruch zum Zeugnisverweigerungsrecht. Als nahe Verwandte habe die Mutter im Vaterschaftsfeststellungsprozess ein Zeugnisverweigerungsrecht gem. § 383 I Nr. 3 ZPO und müsse

Kinder nicht auf finanzielle Interessen reduziert und ein Auskunftsanspruch gegen die Mutter bejaht.

1036 AG Rastatt FamRZ 1996, S. 1299 ff.

1037 LG Essen FamRZ 1994, S. 1347 f.

1038 Barth, ZfJ 1984, S. 68; Frank, FamRZ 1988, S. 116; Frank/Helms, FamRZ 1997, S. 1258; Gottwald, Hubmann-FS, S. 116; Klunzinger, NJW 1970, S. 712 f.; Kumme, ZBlJugR 1973, S. 140, Maier, MDR 1971, S. 884; Simitis, StAZ 1970, S. 262; Zeller, Das Recht des nichtehelichen Kindes, S. 36; kritisch gegenüber einer Auskunftspflicht der Mutter auch Koch, FamRZ 1990, S. 571 f.; Lenze, ZfJ 1998, S. 106 ff.; Starck, JZ 1989, S. 338; ebenso zurückhaltend Giesen, JZ 1989, S. 376; vgl. ferner Zenz, StAZ 1974, S. 281, 322.

1039 Lenze, ZfJ 1998, S. 105.

deshalb im Prozess des Kindes gegen den Vater dessen Namen nicht nennen.[1040] Der Widerspruch, der aus der Bejahung eines Auskunftsanspruchs des Kindes gegenüber seiner Mutter folge, liege darin, dass die Mutter als beklagte Partei im Rechtstreit des klagenden Kindes den Namen des Vaters nennen müsse – in dem dann von dem Kind gegen den Vater geführten Prozess brauche sie als Zeugin aber nicht auszusagen.[1041]

Dagegen wird in der Rechtsprechung[1042] und Literatur[1043] ebenso der Standpunkt vertreten, dass das Interesse der Mutter am Schutz ihrer Intimsphäre grundsätzlich hinter dem Recht des Kindes am Wissen um seine Abstammung zurücktreten müsse. Zur Begründung verweisen die Autoren auf die schwerwiegenden Konsequenzen, die sich für das Kind ergäben, wenn dem Persönlichkeitsrecht der Mutter der Vorrang eingeräumt würde. Lasse man nämlich zu, dass die Mutter die Identität des Kindesvaters verschweigen könne, habe das Kind sein Leben lang unter der Ungewissheit zu leiden.[1044] Die Mutter könne sich zwar hinsichtlich der Angaben zur Person des Erzeugers auf den Schutz ihrer Intimsphäre berufen. Letztendlich sei der unantastbare Bereich menschlicher Freiheit jedoch verlassen, wenn in den geschützten Bereich eines anderen

1040 Becker, RdJ 1960, S. 2; Müller, FamRZ 1986, S. 636; vgl. Bosch, FamRZ 1961, S. 460; ders., Verhandlungen des vierundvierzigsten Deutschen Juristentages in Hannover 1962, Band I (Gutachten), 1. Teil, Heft B, S. 86.

1041 Koch, FamRZ 1990, S. 572; Maier, MDR 1971, S. 885.

1042 AG Passau FamRZ 1987, S. 1309 ff.; LG Passau NJW 1988, S. 144 ff.; LG Münster FamRZ 1990, S. 1031 ff, zu diesen Entscheidungen 3. Kapitel III. 3. Das AG Gemünden am Main, FamRZ 1990, S. 200 f., bejahte im Urteil vom 2.8.1989 im Hinblick auf die Interessen des Kindes an der Kenntnis seiner Abstammung einen Auskunftsanspruch, obwohl das Kind bei der Klage gegen seine Mutter auf Benennung des Erzeugers durch das Kreisjugendamt vertreten wurde; ebenso AG Duisburg DAVorm 1992, Sp. 1129 f.; vgl. ferner LG Saarbrücken DAVorm 1991, Sp. 338 f. und LG Duisburg DAVorm 1992, Sp. 1130 f.

1043 Becker, RdJ 1960, S. 2 f.; ders., RdJ 1964, S. 53; Herzog, Die heterologe Insemination aus verfassungsrechtlicher Sicht, S. 37 ff., in Bezug auf die Verpflichtung einer Mutter, im Falle einer heterologen Insemination ihrem Kind den Namen des Spenders zu offenbaren; Eidenmüller, JuS 1998, S. 792; Gernhuber, FamRZ 1973, S. 237, Fn. 53; Kleineke, Das Recht auf Kenntnis der eigenen Abstammung, S. 161; Knöpfel, FamRZ 1985, S. 563; Krüger, DÖV 1959, S. 948; dies., Die Rechtsstellung des unehelichen Kindes nach dem Grundgesetz, S. 78 f.; Mansees, NJW 1988, S. 2985; Moritz, Jura 1990, S. 139; Muscheler/Bloch, FPR 2002, S. 349; Staudinger/*Coester*, § 1618a, Rn. 47 ff.; Weber, FamRZ 1996, S. 1257 f.; Wolf, FuR 1998, S. 396; vgl. auch Pasquay, Die künstliche Insemination, S. 178; Würfflein, ZBlJugR 1959, S. 76.

1044 Krüger, Die Rechtsstellung des unehelichen Kindes nach dem Grundgesetz, S. 78; zustimmend Herzog, Die heterologe Insemination aus verfassungsrechtlicher Sicht, S. 39.

Menschen eingewirkt werde.[1045] Gegenüber dem minderjährigen Kind gelte außerdem die Besonderheit, dass das allgemeine Persönlichkeitsrecht der Mutter durch die in Art. 6 II 1 GG sowohl besonders geschützte als auch besonders betonte Elternverantwortung eingeschränkt sei. Wegen der Ausrichtung der Elternverantwortung auf das Wohl des Kindes gebühre bei einer grundrechtsrelevanten Kollision von Rechten der Eltern und des Kindes aufgrund dessen besonderer Rolle gerade als Kind Letzteren der Vorrang.[1046]

3. Stellungnahme

Sowohl hinter dem Entschluss der Mutter, die sich gegen die Preisgabe des Namens des Kindesvaters sperrt, als auch hinter dem Verlangen des Kindes nach diesbezüglichen Angaben, stehen gewichtige Interessen der Beteiligten. Die Schwierigkeit bei Aufeinandertreffen dieser divergierenden Interessen besteht darin, dass beide durch dieselbe rechtliche Konstruktion, nämlich das allgemeine Persönlichkeitsrecht nach Art. 2 I i.V.m. Art. 1 I GG, geschützt werden und demzufolge auch beide verfassungsrechtlich verankert sind. Sie unterscheiden sich damit nicht in ihrer Ranghöhe, so dass bei der Abwägung weitergehend darauf abzustellen ist, in welcher Intensität die Grundrechtsträger betroffen sind, wenn sich die jeweilige Gegenposition durchsetzt.[1047] Die Bedeutung der Abstammungskenntnis für das Kind steht außer Frage. Sowohl für die ökonomische Sicherung des Kindes als auch für die Persönlichkeitsentwicklung hat das Kenntnisrecht einen erheblichen Stellenwert. Es leistet einen dauerhaften Beitrag zur eigenen Identitätsfindung.[1048] Dass dem Kind die mit der Abstammungskenntnis verbundenen materiellen und immateriellen Vorteile entgehen, kann durch den Persönlichkeitsschutz der Mutter, die über den Kindesvater Schweigen bewahren will, grundsätzlich nicht gerechtfertigt werden. Insbesondere darf nicht zur Disposition der Mutter gestellt werden, dem Kind die Möglichkeit zu nehmen, mit seinem Vater gegenwärtig oder zu einem späteren Zeitpunkt Kontakt

---

1045 Herzog, Die heterologe Insemination aus verfassungsrechtlicher Sicht, S. 39; vgl. Meyer, Das Recht auf Kenntnis der eigenen Abstammung als Element der Persönlichkeitsentwicklung, S. 130.

1046 Weber, FamRZ 1996, S. 1257; so auch Moritz, Jura 1990, S. 139, der allerdings auch auf den großen Interpretationsspielraum hinweist, der Eltern gegenüber ihrem minderjährigen Kind bei der Frage zusteht, ob es für das Kind im konkreten Fall schon zuträglich ist, über seinen Vater Bescheid zu wissen.

1047 Eidenmüller, JuS 1998, S. 791; Mittenzwei, Wacke-FS, S. 341 f.

1048 BVerfG FamRZ 2007, S. 441 (444).

aufzubauen. Gerade dies hätte die Verweigerung eines Auskunftsrechts des Kindes aber zur Folge.

Daraus ergibt sich, dass die Kindesinteressen in der Regel höher zu bewerten sind. Allerdings erfordert eine umfassende Auseinandersetzung mit den Belangen der Beteiligten, auf diejenigen Aspekte einzugehen, mit denen in Literatur und Rechtsprechung ein Überwiegen der Interessen der Mutter begründet bzw. ein Auskunftsanspruch des Kindes abgelehnt wird.

Die im Schrifttum angestellte Überlegung, eine Rechtspflicht der Mutter, den Namen des Kindesvaters zu offenbaren, sei mit ihrem Zeugnisverweigerungsrecht gem. § 383 I Nr. 3 ZPO nicht zu vereinbaren, verdient keine Zustimmung. Dagegen wird zutreffend eingewandt, dass die unterschiedliche Behandlung der Mutter als Zeugin einerseits und als Partei andererseits nicht inkonsequent ist. Sie rührt vielmehr daher, dass sich auch die Pflichten eines Zeugen und eines im Zivilprozess Beklagten unterscheiden.[1049] Während die öffentlich-rechtliche Zeugnispflicht einen dreifachen Inhalt hat, nämlich die Pflicht zum Erscheinen, zur Aussage und zur Beeidigung der Aussage[1050], obliegen der beklagten Partei eigene prozessuale Pflichten, wie die Wahrheitspflicht nach § 138 I ZPO und die Prozessförderungspflicht.[1051] Deshalb kann von einer Person, wenn sie selbst in Anspruch genommen wird, die außergerichtliche Vorbereitung oder Förderung gerade des Prozesses verlangt werden, innerhalb dessen sie als Zeuge ohne eigene materiellrechtliche Verpflichtung eine entsprechende Mitwirkung verweigern dürfte, um ihr einen Gewissenskonflikt zu ersparen.[1052] In einer solchen Konfliktsituation zwischen der Pflicht zur wahrheitsgemäßen Aussage und dem Solidaritätsempfinden gegenüber nahen Verwandten befindet sich die Mutter bei einer gegen sie gerichteten Auskunftsklage des Kindes – anderes als in den Fällen des Aussageverweigerungsrechts nach § 383 I Nr. 3 ZPO – gerade nicht. Denn der Kläger selbst, das Auskunft verlangende Kind, ist der nahe Verwandte.[1053]

Auch das Argument, sogar in Zusammenhang mit AIDS gebe es keine rechtliche Verpflichtung zur Offenbarung von Sexualpartnern, vermag nicht zu überzeugen. Zwar steht außer Frage, dass die Mutter vor der Preisgabe von Intimitäten durch ihr allgemeines Persönlichkeitsrecht geschützt wird. Dass es keine Auskunftspflicht bei AIDS-Erkrankungen gibt, kann dennoch nicht gegen einen Anspruch des nichtehelichen Kindes auf Benennung seines leiblichen Vaters

---

1049 BGHZ 41, S. 318 (324); vgl. Staudinger/*Coester*, § 1618a, Rn. 51.

1050 Schilken, Zivilprozessrecht, Rn. 521.

1051 Schilken, Zivilprozessrecht, Rn. 77.

1052 Maier, MDR 1971, S. 885; Muscheler/Bloch, FPR 2002, S. 351; Walker, JZ 2000, S. 317; vgl. außerdem Brüggemann, Intimsphäre und außereheliche Elternschaft, S. 24 f.

1053 OLG Hamm FamRZ 1991, S. 1229 (1229); S. auch MünchKommBGB/*Seidel*, § 1589, Rn. 38 f.

angeführt werden, da sich die beiden Problemkreise nicht miteinander vergleichen lassen. Während im Falle von AIDS gewichtige, aber allgemeine Belange, etwa die Volksgesundheit, dem Persönlichkeitsschutz des Erkrankten gegenüberstehen, kollidiert das Recht auf Schutz der Intimsphäre der Mutter bei einem Auskunftsverlangen des Kindes nicht nur mit Interessen der Allgemeinheit[1054], sondern auch mit dem Recht des Kindes auf Kenntnis seiner eigenen genetischen Herkunft als Individualinteresse.

Ferner muss Beachtung finden, dass der Schutz der geschlechtlichen Intimsphäre, den Einflüssen soziokultureller Entwicklungen unterliegt. Wie bereits vorgetragen, haben sich in den vergangenen vier Jahrzehnten die gesellschaftlichen Anschauungen gegenüber verschiedenartigen Familienstrukturen liberalisiert.[1055] Ebenso sind im Bezug auf sexuelle Inhalte moralische Lockerungen zu konstatieren. Sexuelle Identitäten und Verhaltensweisen, die früher abgelehnt wurden, finden verstärkt Akzeptanz. Der Bereich des Geschlechtslebens hat seit dem Inkrafttreten des Grundgesetzes mehr und mehr den Charakter eines tabuisierten Themas verloren. Angefangen von der Vermarktung des Geschlechtslebens in den Massenmedien, der Kunst und der Werbung über die Reform des Sexualstrafrechts bis zum Sexualkundeunterricht in den Schulen und der wissenschaftlichen Erforschung dieses Bereichs ist das Geschlechtsleben ein Gegenstand immer freimütigerer Erörterung, auch öffentlicher Erörterung geworden.[1056] Dieser Wandel der allgemeinen Meinung ist bei der Bewertung des

---

1054 Wie etwa der Schonung des Staatshaushaltes.

1055 Vgl. dazu Einleitung II. 3.

1056 So zutreffend das OVG Berlin DAVorm 1982, Sp. 91 (99), das über einen Kostenersatzanspruch für die einer Mutter, die es ablehnte, den Namen des unterhaltspflichtigen Kindesvaters zu nennen, gewährten Sozialhilfe zu entscheiden hatte; vgl. dazu auch das Revisionsurteil des BVerwG FamRZ 1983, S. 903 ff. Das OVG Berlin vertrat die Ansicht, dass an die Weigerung der Mutter, an der Feststellung der Vaterschaft mitzuwirken, durchaus rechtliche Nachteile geknüpft werden könnten. Es berief sich dabei neben dem Aspekt der Enttabuisierung sexueller Inhalte auf § 13 des Gesetzes zur Bekämpfung von Geschlechtskrankheiten, der anordnete, dass Ärzte nach Feststellung einer Geschlechtskrankheit, die mutmaßliche Ansteckungsquelle und die Person ermitteln müssen, auf die der Kranke die Geschlechtskrankheit übertragen haben könnte. Aus der Verpflichtung des Kranken, den Arzt zu unterstützen und die notwendigen Angaben wahrheitsgemäß und vollständig zu machen, folgerte das Gericht, dass die Beantwortung von Fragen aus dem geschlechtlichen Bereich nicht in jedem Fall wegen des Schutzes der Intimsphäre verweigert werden könne. Das Gesetz zur Bekämpfung von Geschlechtskrankheiten trat am 1. Januar 2001 außer Kraft und wurde durch das Infektionsschutzgesetz ersetzt, BGBl. 2000, Teil I, S. 1045 ff. Dieses stützt sich zur Bekämpfung von Infektionskrankheiten statt auf behördliche Kontrolle und Zwangsmaßnahmen auf freiwillig wahrzunehmende Hilfsangebote der Gesundheitsämter. Eine entsprechende Mitwirkungspflicht des Kranken selbst enthält es nicht.

Schutzbedürfnisses der sexuellen Intimsphäre der Mutter zu berücksichtigen, wenn es mit gegenläufigen Interessen aufeinander trifft.

Wie zuvor schon angesprochen, fällt bei der Beschäftigung mit der oben zitierten Rechtsprechung, die einen Auskunftsanspruch des Kindes verneint, auf, dass die Entscheidungen sämtlich mit Konstellationen befasst waren, in denen das Kind bei seiner Auskunftsklage durch das Jugendamt vertreten wurde. Gegen eine Offenbarungspflicht der Mutter wurde der Schutz ihrer Intimsphäre angeführt, der stärker wiege als die ausschließliche Geltendmachung vermögensrechtlicher Interessen auf Seiten des Kindes, das seine Auskunftsklage wegen der Vertretung durch das Jugendamt nicht auf persönliche Motive der Identitätsfindung und Persönlichkeitsbildung stützen könne. Diese Auffassung begegnet insofern Bedenken, als sie die Wertungen der Art. 14 I GG und Art. 6 V GG nicht ausreichend beachtet.[1057] Die grundgesetzlich geforderte Gleichstellung ehelicher und nichtehelicher Kinder sowie die verfassungsrechtliche Absicherung des Erbrechts gebieten, dass – auch in Fällen, in denen sich die Motivation des Kindes an der Kenntnis seiner Abstammung in monetären Interessen erschöpft – diese in angemessener Form berücksichtigt werden.

Die abschließende Bewertung der beiderseitigen Interessen unter der Beachtung der dargelegten Aspekte führt zu dem Schluss, dass ein nichteheliches Kind gegen seine Mutter grundsätzlich einen Anspruch auf Auskunft über die Person des leiblichen Vaters hat. Dieses Ergebnis entspricht im Übrigen auch der vom BVerfG im Urteil vom 13.02.2007[1058] vertretenen Rechtsauffassung. Mit diesem Urteil gab das BVerfG dem Gesetzgeber auf, ein rechtsförmiges Verfahren bereitzustellen, in dem die Abstammung eines Kindes von seinem rechtlichen Vater geklärt und die Tatsache ihres Bestehens oder Nichtbestehens festgestellt werden können, ohne daran zugleich Folgen für den rechtlichen Status des Kindes zu knüpfen. Daraufhin wurde das Gesetz zur Klärung der Vaterschaft unabhängig vom Anfechtungsverfahren geschaffen, das am 1. April 2008 in Kraft trat.[1059] Nach der bis dahin geltenden Rechtslage musste ein rechtlicher Vater die Einwilligung des Kindes bzw. die Einwilligung des gesetzlichen Vertreters des Kindes einholen, wenn er seine Zweifel an der Abstammung des Kindes durch eine genetische Abstammungsuntersuchung klären wollte. Sofern das Kind bzw. sein gesetzlicher Vertreter die Zustimmung zu einer privaten Abstammungsuntersuchung verweigerte, blieb einem zweifelnden Vater nur die Möglichkeit, seine Vaterschaft unter Darlegung begründeter Zweifel anzufechten. Im Rahmen des Anfechtungsverfahrens wurde die Frage der biologischen Abstammung dann

1057 Vgl. Weber, FamRZ 1996, S. 1257.
1058 BVerfG FamRZ 2007, S. 441 ff.
1059 BGBl. 2008, Teil I, S. 441.

unabhängig vom Einverständnis des Kindes bzw. seines gesetzlichen Vertreters geklärt. Dass der Vater die Frage der Abstammung gegen den Willen der Kindesmutter nur klären konnte, wenn er die Vaterschaft unter Darlegung objektiver Zweifel anfocht, bot für Väter, die lediglich Gewissheit über die Frage der Abstammung haben wollten, nicht aber die Vaterschaft rechtlich in Frage stellten, keine sachgerechte Lösung. Das BVerfG sah darin eine Verletzung des nach Art. 2 I i.V.m. Art. 1 I GG geschützten Rechts eines Mannes auf Kenntnis, ob ein Kind von ihm abstammt.[1060] Die Neuregelungen, die durch das Gesetz zur Klärung der Vaterschaft unabhängig vom Anfechtungsverfahren eingeführt wurden, eröffnen nunmehr die Möglichkeit, die genetische Abstammung eines Kindes ohne Anfechtung der Vaterschaft feststellen zu lassen.

Das Urteil des BVerfG vom 13.02.2007 und das Gesetz zur Klärung der Vaterschaft unabhängig vom Anfechtungsverfahren sprechen in mehrfacher Hinsicht dafür, einen Anspruch des Kindes gegen seine Mutter auf Benennung des leiblichen Vaters zu bejahen. Zunächst ist zu konstatieren, dass die Verfahrensposition eines Vaters im Hinblick auf die Vater-Kind-Beziehung erheblich gestärkt wurde. Um die tatsächlichen Abstammungsverhältnisse aufzuklären, muss ein Vater die rechtliche Bindung zum Kind nicht mehr anfechten. Das BVerfG gewährte dem Recht des Vaters auf Kenntnis, ob ein Kind von ihm abstammt, den Vorrang vor dem Recht des Kindes auf informationelle Selbstbestimmung. Ein uneingeschränkter Schutz der genetischen Daten eines Kindes gegenüber dem rechtlichen Vater – so das BVerfG zur Begründung – bedeute für diesen zugleich die Vorenthaltung der Kenntnis von eigenen Daten sowie vielfach die Unmöglichkeit, Kenntnis von der Abstammung des Kindes von ihm zu erlangen, könne er doch nicht unbedingt wissen, ob die Mutter des Kindes während der Empfängniszeit noch mit anderen Männern Geschlechtsverkehr gehabt habe. Das berechtigte Interesse des Vaters an der Kenntnis der wahren Abstammung des Kindes werde verstärkt durch die für ihn als rechtlichen Vater bestehenden Pflichten gegenüber dem Kind.[1061]

Gleichzeitig wurde die Schlüsselposition der Mutter, über Kenntnis oder Nichtkenntnis der wahren Abstammungsverhältnisse zu entscheiden, durch das Urteil des BVerfG und das anschließende Gesetz erheblich eingeschränkt. Die Mutter konnte nach alter Rechtslage, wenn sie die alleinige Sorge für das Kind innehatte, in Ausübung des informationellen Selbstbestimmungsrechts des Kindes verhindern, dass der rechtliche Vater auf legalem Wege Kenntnis von der Abstammung des Kindes erlangte. Infolge der Änderung durch das Gesetz zur Klärung der Vaterschaft unabhängig vom Anfechtungsverfahren ist die Mög-

1060 BVerfG FamRZ 2007, S. 441 ff.
1061 BVerfG FamRZ 2007, S. 441 (444).

lichkeit, ein Vaterschaftsgutachten einzuholen und dadurch Kenntnis über die Abstammung zu erlangen, nicht mehr verschlossen, wenn Kind oder Mutter ihre Einwilligung verweigern. Zur Gewichtung der Interessen der Kindesmutter führte das BVerfG im Urteil vom 13.2.2007 aus, dass das Persönlichkeitsrecht der Mutter aus Art. 2 I i.V.m. Art. 1 I GG, das ihr das Recht einräume, selbst darüber zu befinden, ob, in welcher Form und wem sie Einblick in ihre Intimsphäre und ihr Geschlechtsleben gebe, zwar durch die Klärung, ob ihr Kind von dem Mann abstamme, der als sein rechtlicher Vater gelte, berührt werde. Jedoch sei damit kein unzulässiger Eingriff in den unantastbaren Bereich privater Lebensgestaltung der Mutter verbunden. Der Eingriff diene dem vorrangigen Ziel der Klärung, ob das Kind aus ihrer Beziehung mit dem rechtlichen Vater hervorgegangen sei, der wiederum ein verfassungsrechtlich geschütztes Recht auf Kenntnis habe, ob das Kind aus dieser Beziehung hervorgegangen sei und von ihm abstamme. Bei der Abwägung der hier widerstreitenden Grundrechtspositionen müsse berücksichtigt werden, dass die Mutter dem Mann schon Zugang zu ihrer Intimsphäre eröffnet habe, ihn an ihrem Geschlechtsleben habe teilnehmen lassen und dadurch ein Kenntnisinteresse des Mannes an der Abstammung ihres Kindes mitbegründet habe.[1062]

Diese Wertung des BVerfG gebietet, bei einer Kollision des Rechts des Kindes auf Kenntnis der eigenen Abstammung mit dem Recht der schweigenden Kindesmutter auf Schutz ihrer Intimsphäre, das Recht der Mutter zurücktreten zu lassen und einen Auskunftsanspruch des Kindes zu bejahen. Dem Urteil des BVerfG vom 13.2.2007[1063] und dem daraufhin geschaffenen Gesetz lässt sich eine besondere Gewichtung des Interesses an der Kenntnis der tatsächlichen Abstammung eines Kindes entnehmen, die in der wesentlichen verfahrensrechtlichen Erleichterung, ohne Anfechtung der rechtlichen Vaterschaft, die wahren Abstammungsverhältnisse zu klären, ihren Niederschlag gefunden hat. Es entspricht schließlich auch dieser Gewichtung, bei einer Abwägung mit anderen gleichrangigen Rechten, hier der Intimsphäre der Mutter, dem Recht auf Kenntnis der eigenen Abstammung den Vorzug einzuräumen.

Das Jugendamt sollte berechtigt sein, den Auskunftsanspruch eines Kindes geltend zu machen, da es viele Fälle gibt, in denen ein Kind zu jung ist, um sein Auskunftsrecht selbst wahrzunehmen. Damit das Auskunftsrecht in diesen Fällen nicht seine Bedeutung verliert, ist eine Geltendmachung durch das Jugendamt geboten.

1062 BVerfG FamRZ 2007, S. 441 (444).
1063 BVerfG FamRZ 2007, S. 441 ff.

4. Mögliche Anspruchsgrundlagen

Neben den Meinungsverschiedenheiten darüber, ob ein nichteheliches Kind seine Mutter auf Benennung seines leiblichen Vaters in Anspruch nehmen kann, wird die Frage kontrovers beurteilt, welche rechtliche Grundlage für einen solchen Auskunftsanspruch heranzuziehen ist.[1064] Im geltenden Recht existiert keine Regelung, aus der explizit hervorgeht, dass ein Kind von seiner Mutter verlangen kann, ihm den Namen seines Erzeugers zu nennen. Nach allgemein anerkannter Auffassung lassen sich aus dem Gebot von Treu und Glauben Aufklärungspflichten herleiten.[1065] Jedoch greift § 242 BGB nur, wenn keine speziellere Norm im familienrechtlichen Bereich einschlägig ist.[1066]

Häufig diskutiert wird über die Möglichkeit, in diesem Zusammenhang § 1618a BGB anzuwenden. Die durch das Gesetz zur Neuregelung des Rechts der elterlichen Sorge vom 18.7.1979 (SorgeRG)[1067] in das BGB eingeführte Vor-

---

1064 Ebenso ist umstritten, ob der Anspruch eines Kindes gegen seine Mutter auf Benennung des leiblichen Vaters vollstreckt werden kann, s. dazu Frank, FamRZ 1988, S. 116; bestätigend Moritz, Jura 1990, S. 140; vgl. ferner Bernat, MedR 1986, S. 249; Bosch, Verhandlungen des vierundvierzigsten Deutschen Juristentages in Hannover 1962, Band I (Gutachten), 1. Teil, Heft B, S. 86; Brüggemann, Intimsphäre und außereheliche Elternschaft, S. 26; Frank/Helms, FamRZ 1997, S. 1261 f.; Gaul, FamRZ 2000, S. 1475; Göppinger, FamRZ 1970, S. 63, Fn. 94; Gottwald, Hubmann-FS, S. 116 f., 119; Jans/Happe, Gesetz zur Neuregelung des Rechts der elterlichen Sorge, § 1618a, Anm. 3; Kumme, ZBlJugR 1973, S. 144; Neuhaus, Ehe und Kindschaft in rechtsvergleichender Sicht, S. 234; LG Landau DAVorm 1989, Sp. 634 (636); LG Münster NJW 1999, S. 3787 (3788); vgl. ferner Baumbach/Lauterbach/Albers/Hartmann, ZPO, § 888, Rn. 21; Gaul, FamRZ 2000, S. 1475; Lenze, ZfJ 1998, S. 108; MünchKommBGB/*Seidel*, § 1589, Rn. 36; LG Landau DAVorm 1989, Sp. 634 (636). Das Hanseatischen OLG Bremen, FamRZ 2000, S. 618 (618) = JZ 2000, S. 314 (314) mit zustimmender Anmerkung Walker, S. 316 f., ähnlich OLG Hamm NJW 2001, S. 1870 (1871), lehnte zu Recht eine analoge Anwendung des § 888 III ZPO a.F. mit der Begründung ab, dass eine mögliche Verletzung der Persönlichkeit und Würde der Mutter durch die Vollstreckung des Auskunftsanspruchs bereits im Rahmen der Entscheidung der Frage, ob überhaupt ein Auskunftsanspruch des Kindes bestehe, erörtert und in eine Abwägung mit den Interessen des Auskunft begehrenden Kindes einbezogen werde, ebenso Hilger, FamRZ 1988, S. 765; Meyer, Das Recht auf Kenntnis der eigenen Abstammung als Element der Persönlichkeitsbildung, S. 202 ff.; Zöller/*Stöber*, ZPO, § 888, Rn 17.

1065 Muscheler/Bloch, FPR 2002, S. 347; LG Passau NJW 1988, S. 144 (144); vgl. ferner Eidenmüller, JuS 1998, S. 790; Lorenz, JuS 1995, S. 573 f. Das AG Rastatt sah im Urteil vom 16.3.1995, FamRZ 1996, S. 1299 ff., § 242 BGB als einzige für einen Auskunftsanspruch des Kindes gegen seine Mutter auf Benennung des Vaters in Betracht kommende Rechtsgrundlage an.

1066 Eidenmüller, JuS 1998, S. 790; Muscheler/Bloch, FPR 2002, S. 347.

1067 BGBl. 1979, Teil I, S. 1061; vgl. Donhauser, Das Recht des Kindes auf Kenntnis der genetischen Abstammung, S. 77; Kentgens, Der Auskunftsanspruch im Familienrecht, S. 96;

schrift besagt, dass Eltern und Kinder einander Beistand und Rücksicht schuldig sind.[1068] Allerdings müsste § 1618a BGB auch als Anspruchsgrundlage für einen Auskunftsanspruch des Kindes gegen seine Mutter anwendbar sein, wenn die Mutter, die sich weigert, den Namen des Kindesvaters zu nennen, bereits in eine Kindesannahme eingewilligt hat oder eine Adoption bereits vollzogen ist. Dass § 1618a BGB unproblematisch innerhalb des künstlich erzeugten Verwandtschaftsverhältnisses zwischen Adoptiveltern und Adoptivkind Verpflichtungen festlegt[1069], hilft dabei nicht weiter. Da sich der Auskunftsanspruch gegen die leibliche Mutter richtet, müsste die Vorschrift auch nach einer Adoption zwischen den Blutsverwandten Anwendung finden.

Der Rechtsprechung kann diesbezüglich lediglich entnommen werden, dass § 1618a BGB auch zur Geltung kommt, wenn das Auskunft begehrende Kind in einer Pflegefamilie aufgewachsen ist.[1070] Zwar gibt es unter den zum Namens-

---

van Els, DAVorm 1991, Sp. 123; Holtgrave, JZ 1979, S. 666; Simon, JuS 1979, S. 752; AG Rastatt FamRZ 1996, S. 1299 (1300).

1068 Unklarheiten bestehen allerdings hinsichtlich der Normqualität des § 1618a BGB. Mehrfach wird in Rechtsprechung (LG Landau DAVorm 1989, Sp. 634 (635); OLG Zweibrücken NJW 1990, S. 719 (720); AG Schwetzingen DAVorm 1992, Sp. 88 (89); AG Rastatt FamRZ 1996, S. 1299 (1300)) und Literatur (AK-BGB/*Münder*, § 1618a, Rn. 1 f.; Weber, FamRZ 1996, S. 1255; S. auch Foth, Kindschaftsrecht, § 1618a, Anm. 3; Schwab, Familienrecht, Rn. 509) geäußert, ein Auskunftsanspruch des nichtehelichen Kindes könne nicht auf § 1618a BGB beruhen, weil es sich dabei ausweislich der Gesetzesmaterialien (BT-Drucks. VIII/2788, S. 36, 43) um eine lex imperfecta, also eine nicht sanktionsbewehrte gesetzliche Leitlinie für das familiäre Zusammenleben, handle. Vgl. dazu Brühl, FamRZ 1982, S. 987; van Els, DAVorm 1991, Sp. 123, 126. Im Gegensatz dazu befürworten viele andere Stimmen sowohl im Schrifttum (Coester, Schnyder-Festgabe, S. 105; Diederichsen, NJW 1980, S. 2; Gaul, FamRZ 2000, S. 1475; Kentgens, Der Auskunftsanspruch im Familienrecht, S. 97; Moritz, Jura 1990, S. 138; Wolf, FPR 2001, S. 345; Zettel, DRiZ 1981, S. 212) als auch in der Judikatur (AG Passau FamRZ 1987, S. 1309 (1310); LG Passau NJW 1988 S. 144 (145); LG Münster FamRZ 1990, S. 1031 (1033); LG Münster NJW 1999, S. 726 (727) die Qualifizierung des § 1618a BGB als Anspruchsgrundlage. Aus § 1618a BGB ließen sich Rechtspflichten begründen, wenn sich das Normgebot der Vorschrift im Einzelfall derart verdichte, dass nur noch ein bestimmtes Verhalten als normgemäß erscheine. Dann komme die Regelung als Anspruchsgrundlage unmittelbar in Betracht, Gaul, FamRZ 2000, S. 1475; Gernhuber, Müller-Freienfels-FS, S. 164; Gernhuber/Coester-Waltjen, Familienrecht, § 54, Rn. 67; Lüderitz, Gaul-FS, S. 420; Moritz, Die (zivil-)rechtliche Stellung der Minderjährigen und Heranwachsenden innerhalb und außerhalb der Familie, S. 296; Staudinger/*Coester*, § 1618a, Rn. 12 ff.; S. außerdem Belchaus, ZBlJugR 1979, S. 330; Bosch, FamRZ 1980, S. 741; Luthin, FamRZ 1979, S. 987; MünchKommBGB/*von Sachsen Gessaphe*, § 1618a, Rn. 2; Soergel/*Strätz*, § 1618a, Rn. 3; Zettel, DRiZ 1981, S. 212.

1069 Gernhuber, Müller-Freienfels-FS, S. 170; Knöpfel, FamRZ 1985, S. 559; Meyer, Das Recht auf Kenntnis der eigenen Abstammung als Element der Persönlichkeitsentwicklung, S. 176.

1070 Vgl. AG Passau FamRZ 1987, S. 1309 ff., das die Rücksichtspflicht des Kindes als nur noch sehr gering einstuft, wenn die persönliche Mutter-Kind-Beziehung durch Weggabe des

nennungsanspruch des Kindes veröffentlichten Gerichtentscheidungen auch ein Urteil des LG Bremen, dem das Auskunftsbegehren eines im Alter von zwei Jahren adoptierten Kindes gegen seine leibliche Mutter zugrunde lag.[1071] Das Gericht äußerte sich aber nicht hinsichtlich der Frage, ob § 1618a BGB auch bei einem adoptierten Kind gegenüber seiner biologischen Mutter Wirkung entfaltet.[1072]

Jedenfalls liegt der einzig richtige Weg darin, einem adoptierten Kind die Berufung auf § 1618a BGB als Anspruchsgrundlage gegenüber seiner leiblichen Mutter zu versagen. Ansonsten ergäbe sich ein unüberwindbarer Widerspruch zum Charakter der in § 1755 I BGB normierten Volladoption. Wie aus § 1755 I BGB hervorgeht, erlöschen die verwandtschaftlichen Beziehungen des Kindes zu seinen leiblichen Eltern und Verwandten mit allen ihren Folgewirkungen. Weder Unterhalts- noch Erbansprüche des Kindes bleiben bestehen. Ebenso büßen die leiblichen Eltern mit der Adoption alle Rechte in Bezug auf das Kind ein. Aus § 1618a BGB Beistand- und Rücksichtspflichten unter den leiblichen Verwandten für den Zeitraum nach einer erfolgten Kindesannahme herzuleiten, wäre mit der Entscheidung des Gesetzgebers für das Modell der Volladoption nicht vereinbar und ist daher abzulehnen. Somit darf wegen des aufgelösten Verwandtschaftsverhältnisses zwischen Mutter und Kind infolge einer Adoption ein Auskunftsanspruch des Kindes nicht auf § 1618a BGB i.V.m. Art. 2 I, Art. 1 I GG gestützt werden. Stattdessen ist ein Rückgriff auf § 242 BGB geboten. Die Anspruchsgrundlage lautet in diesem Fall also § 242 BGB i.V.m. Art. 2 I, Art. 1 I GG.[1073] Auch bei einem Kind, das zwar noch nicht adoptiert worden ist, dessen Mutter aber bereits in die Annahme eingewilligt hat, kann § 1618a BGB nicht mehr angewandt werden. Die Mutter hat mit der Erklärung ihrer Einwilligung bereits kundgetan, dass sie kein Interesse daran hat, ihr Kind selbst großzuziehen. Ihre elterliche Sorge ruht gem. § 1751 I 1, 1. HS BGB. Zu diesen Wertungen stände es in Widerspruch, wenn man sie aufgrund ihrer Rücksichtnahmepflicht nach § 1618a BGB in Anspruch nehmen wollte.

Kindes zu Pflegeeltern beendet wurde (S. 1311); LG Passau NJW1988, S. 144 ff.; LG Münster FamRZ 1990, S. 1031 ff.; LG Münster NJW 1999, S. 726 ff.; dagegen Lenze, ZfJ 1998, S. 105, Fn. 29.

1071 LG Bremen NJW 1999, S. 729 ff.

1072 Auch in der dazu gehörigen Entscheidung des HansOLG Bremen JZ 2000, S. 315 ff. = FamRZ 2000, S. 618 ff., die sich mit der Vollstreckung des Auskunftsanspruchs zu befassen hatte, wurde diese Frage erörtert.

1073 So auch Muscheler/Bloch, FPR 2002, S. 349.

III. Die Rechtsstellung des unbekannten Vaters im Adoptionsverfahren

Die Rechtsstellung des leiblichen Vaters eines nichtehelichen Kindes hängt maßgeblich davon ab, ob er über eine anstehende Adoption überhaupt informiert worden ist.[1074] Wenn er von einer geplanten Weggabe seines Kindes – vielleicht sogar von dessen Existenz – gar nichts weiß und die Mutter auch nicht bereit ist, seinen Namen zu nennen, kann er sein Einwilligungsrecht in die Kindesannahme nicht ausüben. Dieses Problem blieb bei den Vorarbeiten zum KindRG nicht unbemerkt. In seiner Stellungnahme zum Entwurf der Bundesregierung äußerte der Bundesrat die Befürchtung, durch die Zuerkennung eines Einwilligungsrechts für den Vaterschaftsprätendenten würden Mütter noch in stärkerem Maße als bisher dazu geneigt sein, den Namen des Kindesvaters zu verschweigen.[1075] Deshalb bat der Bundesrat darum, im weiteren Gesetzgebungsverfahren klarzustellen, wie die Annahme eines Kindes erfolgen kann, wenn die Mutter zum Namen des Vaters keine Angaben machen kann oder will.[1076] Die Bundesregierung beschränkte sich diesbezüglich auf eine formale Stellungnahme. Zu der vom Bundesrat angeregten Klarstellung im Gesetzestext sah sie keine Veranlassung, weil das Familiengericht naturgemäß nur die ihm bekannten Personen am Annahmeverfahren zu beteiligen habe.[1077] Aus dem Gesetzestext sowie der Gesetzesbegründung können demnach keine Schlüsse darüber gezogen werden, wie zu verfahren ist, wenn die Mutter den Erzeuger im Adoptionsverfahren nicht benennt.

1. Literatur

Im Schrifttum werden die Anforderungen an die Pflicht zur Ermittlung derjenigen, denen ein Einwilligungsrecht nach § 1747 I BGB zusteht, grundsätzlich nicht allzu hoch angesetzt. Lipp/Wagenitz lehnen eine gerichtliche Pflicht, Nachforschungen über potentielle Väter anzustellen, sogar gänzlich ab, weil § 1747 I

1074 Vgl. Benda, JZ 2003, S. 539; Schumann, Die nichteheliche Familie, S. 224 sowie das DIV-Gutachten vom 11.5.1998, in: ZfJ 1998, S. 335 f.

1075 BT-Drucks. XIII/4899, S. 156.

1076 Der Bundesrat schlug weiterhin vor, die Fälle des unbekannten Vaters unter § 1747 IV BGB zu fassen, S. BT-Drucks. XIII/4899, S. 156. Nach Ansicht der Bundesregierung, S. BT-Drucks. XIII/4899, S. 170, sowie der hier vertretenen Lösung ist ein solches Vorgehen jedoch abzulehnen, S. 5. Kapitel I.

1077 BT-Drucks. XIII/4899, S. 170; zustimmend Maurer, FamRefK, § 1747, Rn. 9.

2 BGB ein solches Vorgehen nicht verlange.[1078] Helms betont, das Gesetz gehe von der Vorstellung aus, der mutmaßliche Vater werde zur Geltendmachung seiner Rechte selbst tätig werden. Daraus folgert er, dass das Gericht keineswegs zur konsequenten amtswegigen Ermittlung des wahrscheinlichen Vaters verpflichtet sei. Allerdings bemerkt Helms weiterhin, dass § 1747 I 2 BGB bei vollkommener Passivität des Gerichts leerlaufen würde. Aus diesem Grund müsse das Gericht die unmittelbar am Verfahren Beteiligten nach dem potentiellen Vater befragen.[1079]

Maurer ist der Meinung, das Familiengericht habe zwar den Sachverhalt von Amts wegen zu erforschen und dabei insbesondere auch die Eltern der Mutter zu vernehmen, wenn diese den Namen des Vaters nicht nennt. Letztendlich sei das Gericht aber in der Regel auf die Angaben der Mutter angewiesen.[1080]

Die von Maurer vertretene Ansicht hat in der Literatur eine Reihe von Fragen aufgeworfen. So ist etwa unklar, warum eine konsequente Amtsermittlung gerade auf die Vernehmung der Eltern der Mutter beschränkt sein soll. Es ließe sich dann auch in Erwägung ziehen, die Vernehmung auf die Mitbewohner einer Wohngemeinschaft oder Arbeitskollegen zu erstrecken.[1081] Helms weist darauf hin, dass einer solch extensiven Handhabung der gerichtlichen Ermittlungspflicht zwar häufig entgegengesetzt werden könne, weitere Maßnahmen versprächen im konkreten Fall keine Aussicht auf Erfolg oder seien angesichts der zum Wohl des Kindes erforderlichen zügigen Verfahrensdurchführung zu langwierig. Diese Argumentation überzeuge zwar generell nicht. Dennoch sei verständlich, dass viele Autoren schon allein aus praktischen Erwägungen davor zurückschreckten, dem Familiengericht aufzubürden, umfangreiche Nachforschungen vorzunehmen.[1082] Denn § 1747 I 2 BGB sei eben doch auf das eigenständige Bemühen des Vaters zur Wahrnehmung seiner Interessen ausgerichtet.[1083]

Im Ergebnis sind damit den Ausführungen der Literatur keine klaren Vorgaben zu entnehmen, inwieweit das Familiengericht eigene Ermittlungen über den mutmaßlichen Vater anzustellen hat. Auch im Hinblick auf die Beratungspflicht des Jugendamtes nach § 51 III SGB VIII wirft das Schweigen der Mutter Probleme auf. Wenn die Mutter es ablehnt, den leiblichen Vater zu benennen, vermag das Jugendamt seiner Beratungspflicht nicht ordnungsgemäß nachzukommen. Zur Beantwortung der Frage, ob die Mutter gezwungen werden kann, die Identität des Vaters preiszugeben, und welche Maßnahmen das Jugendamt zu

---

1078 Lipp/Wagenitz, Das neue Kindschaftsrecht, Rn. 6, Fn. 4.

1079 Helms, JAmt 2001, S. 60.

1080 FamRefK/*Maurer*, § 1747, Rn. 9.

1081 Helms, JAmt 2001, S. 60.

1082 So Lipp/Wagenitz, Das neue Kindschaftsrecht, § 1747, Rn. 6, Fn. 4.

1083 Helms, JAmt 2001, S. 60.

treffen hat, um den Vater ordnungsgemäß zu beraten, fehlt es sowohl im Gesetz selbst als auch in der adoptionsrechtlichen Literatur an klaren Anhaltspunkten.

2. Rechtsprechung

Dagegen gibt es mehrere publizierte Gerichtsentscheidungen, die zur Klärung der Rechtslage bei einem Schweigen der Mutter zur Person des leiblichen Vaters im Adoptionsverfahren beitragen könnten.

Bereits vor dem Inkrafttreten des KindRG hatte sich das LG Stuttgart mit einem Fall zu befassen, in dem eine Mutter sich im Adoptionsverfahren weigerte, den Namen des Kindesvaters bekannt zu geben.[1084] Es ging um die Annahme eines Kindes, das wenige Tage nach seiner Geburt zu Pflegeeltern gekommen war. Die zur Zeit der Geburt des Kindes siebzehnjährige Mutter war nicht bereit, Angaben zum Kindesvater zu machen, weil sie davon ausgehe, dass der Vater, der bisher nichts von der Geburt seines Kindes wisse, die Vaterschaft ohnehin nicht anerkennen würde. Auf Anfrage des Gerichts teilte das Jugendamt mit, dass der Feststellung des Kindesvaters die Weigerung der leiblichen Mutter entgegenstehe, diesbezüglich nähere Angaben zu machen. Daraufhin gab das Gericht der Mutter unter Androhung eines Zwangsgeldes auf, den Namen, die Adresse bzw. den Aufenthaltsort oder den Arbeitgeber des Vaters des nichtehelichen Kindes mitzuteilen. Zur Begründung führte das Gericht aus, die Verpflichtung der Mutter zur Bekanntgabe der Personalien des Vaters folge zum einen aus dem Anspruch des Kindes auf Kenntnis seiner Abstammung, zum anderen aus der Regelung des § 1747 II 2 BGB a.F., wonach ein Dritter das Kind nicht adoptieren kann, wenn der Vater den Adoptionsantrag stellt, wozu er zu hören sei. Ohne eine solche Anhörung des Vaters eines nichtehelichen Kindes könne eine Adoption nicht erfolgen. Auf ihr Persönlichkeitsrecht könne sich die Mutter nicht mehr mit Erfolg berufen. Gegen den amtsgerichtlichen Beschluss wandten sich sowohl das Jugendamt als Vormund des Kindes als auch die Mutter mit der Beschwerde.

Das LG Stuttgart sah im Beschluss vom 3.3.1992 diese Beschwerden als begründet an. Es bestehe keine ausreichende Rechtsgrundlage dafür, die Angaben des Vaters von der Mutter im Rahmen des anhängigen Adoptionsverfahrens mit Hilfe von Zwangsgeld zu erzwingen. Nach der gesetzgeberischen Konzeption habe nur der Vater eines nichtehelichen Kindes, der ordnungsgemäß festgestellt worden sei, über § 1747 II BGB a.F. ein Anhörungsrecht im Adoptionsverfahren. Ohne eine solche Feststellung – durch Anerkenntnis des Vaters oder gerichtliche

1084 LG Stuttgart FamRZ 1992, S. 1469 ff.

Entscheidung – könnten Rechtswirkungen der Vaterschaft nicht geltend gemacht werden. Zu diesen Rechtswirkungen der nichtehelichen Vaterschaft gehöre auch die Beteiligung des Vaters im Adoptionsverfahren. Ein nicht festgestellter Vater sei deshalb im Adoptionsverfahren grundsätzlich nicht zu hören und auch nicht darüber zu belehren, dass er durch einen eigenen Adoptionsantrag einer Adoption durch Dritte als „Bevorrechtigter" entgegentreten könne.

Auch die verfassungsrechtlich gebotene Gleichbehandlung von Vätern ehelicher und nichtehelicher Kinder könne die angefochtene Entscheidung nicht rechtfertigen. Denn im vorliegenden Fall komme es nicht auf eine Schlechterstellung des Vaters eines nichtehelichen Kindes im Vergleich zum Vater eines ehelichen Kindes, sondern auf die unterschiedliche Behandlung von bekanntem und unbekanntem Vater an.

Zudem sei jeder Teilhaber an einer geschlechtlichen Beziehung berechtigt und zugleich verpflichtet, sich um die möglichen Folgen dieser Beziehung zu kümmern. Wenn ein Mann vermeiden wolle, dass seine Partnerin ihm die Folgen des Verkehrs verschweige, so müsse er durch eigene Bemühungen um diese Partnerin sicherstellen, dass ihm seine Vaterschaft nicht verborgen bleibe.[1085]

Größeres Gewicht als die Rechtsstellung des Erzeugers habe im vorliegenden Fall das vom BVerfG ausdrücklich anerkannte Recht des Kindes auf Kenntnis seiner Abstammung. Doch auch dieses vermöge die angefochtene Entscheidung nicht zu tragen, da es nicht schrankenlos gewährleistet sei, sondern den in Art. 2 I GG genannten Schranken unterliege. Eine solche Schranke bilde auch das Adoptionsrecht. Für das Wohl des Kindes sei eine frühzeitige Schaffung einer Familiensituation, die alsbald rechtlich abgesichert werde, im Regelfall um vieles wichtiger als die schnelle Durchsetzung seines Rechts auf Kenntnis der genetischen Abstammung. Das Interesse an einer zügigen Durchführung der Adoption, die nicht durch die möglicherweise langwierige Vaterschaftsfeststellung verzögert werde, verdiene wohl im Regelfall und jedenfalls im vorliegenden Fall den Vorzug.[1086]

1085 Ähnlich entschied das LG Stuttgart bereits 1977, FamRZ 1978, S, 147 f. Dort ging es um die Adoption eines Kindes durch seine Pflegeeltern, zu denen es bereits kurz nach seiner Geburt gekommen war. Das LG vertrat die Auffassung, dass das Interesse des Kindes am alsbaldigen Ausspruch der Adoption gegenüber der Vaterschaftsfeststellung überwiege. Die Rechte des Vaters seien dadurch nicht unzumutbar beeinträchtigt. Denn wenn dieser wirklich an seinem Kind interessiert sei, obliege es ihm, seine Vaterschaft anzuerkennen.

1086 Vgl. ergänzend den Beschluss des LG Ellwangen vom 4.1.1988, DAVorm 1988, Sp. 309 f. Beabsichtigt war eine Stiefkindadoption, zu der der Amtspfleger seine Zustimmung verweigerte, weil der biologische Vater nicht feststand. Das Gericht bestätigte die vorausgegangene Entscheidung des AG, das die Zustimmung ersetzt hatte, mit der Begründung, das Interesse des Kindes an der Feststellung seiner Abstammung sei im vorliegenden Fall nicht so gewichtig wie das Interesse an einer sofortigen Adoption.

Schließlich könne auch die – ebenfalls grundrechtlich geschützte – Rechtsposition der Mutter nicht völlig außer Betracht bleiben. Neben dem mit dem Persönlichkeitsrecht der Mutter begründeten Schutz ihrer Intimsphäre verdiene bei der Abwägung der Interessen von Mutter und Kind die Tatsache Berücksichtigung, dass die leibliche Mutter in eine frühzeitige (Inkognito-)Adoption eingewilligt und damit zum Wohle des Kindes die Voraussetzungen für die Begründung anderer stabiler „sozialer" Familienbeziehungen geschaffen habe. Zumindest müsse es dem erwachsen gewordenen Kind selbst überlassen bleiben, ob es diese Neugierde nach der Person seines genetischen Vaters mit einem so schwerwiegenden Eingriff in das Persönlichkeitsrecht seiner Mutter durchsetzen wolle. Im Adoptionsverfahren sei somit kein Raum für eine derartige Erzwingung der Namensangabe, weshalb die Androhung von Zwangsgeld keinen Bestand haben dürfe.

Zur durch das KindRG geänderten Rechtslage erging am 28.5.2002 ein Beschluss des LG Freiburg.[1087] Dem Beschluss lag die Beschwerde eines Mannes zugrunde, der das Kind seiner Ehefrau annehmen wollte und dessen Adoptionsantrag zurückgewiesen worden war. Eine Vaterschaft für das Kind wurde nicht festgestellt. Die „soziale Vaterschaft" nahm aber ab der Geburt der Ehemann der Mutter wahr. In den Gründen führte das LG Freiburg aus, dass das Gericht den leiblichen Vater naturgemäß nicht am Annahmeverfahren beteiligen könne, wenn die Mutter keine zur Identifizierung ausreichende Auskunft über ihn gebe, weil sie nicht wolle oder dazu nicht in der Lage sei. Zwangsläufig entfalle damit das väterliche Einwilligungserfordernis des § 1747 I BGB, ohne dass es einer entsprechenden Anwendung des § 1747 IV BGB bedürfe. Zwar habe die Kammer im Rahmen ihrer Aufklärungspflicht Ermittlungen zur Erforschung des leiblichen Vaters anzustellen, um ihn ggf. am Verfahren beteiligen zu können. Die Anforderungen an die Aufklärungspflicht zur Ermittlung des präsumtiven Vaters seien jedoch dadurch deutlich reduziert, dass § 1747 I 2 BGB von der Vorstellung ausgehe, dass der leibliche Vater selbst tätig werde, um seine Rechte zu wahren. Sofern keine weiteren offensichtlichen Aufklärungsmittel zur Verfügung ständen, könne sich das Gericht daher im Rahmen seiner Aufklärungspflicht zur Ermittlung des Vaters eines nichtehelichen Kindes regelmäßig darauf beschränken, die Eltern der Mutter als deren in der Regel engste Bezugspersonen dazu zu befragen, ob sie die Personalien und eventuell auch die aktuelle Wohnanschrift des leiblichen Vaters des Kindes kennen.

Bei der Abwägung zwischen dem Persönlichkeitsrecht der Mutter, ihren geschlechtlichen Umgang zu verschweigen, und dem Elternrecht des Vaters werde man dem Persönlichkeitsrecht der Mutter den Vorrang einräumen zu müssen,

1087 LG Freiburg FamRZ 2002, S. 1647 f.

zumal jeder Teilhaber an einer geschlechtlichen Beziehung berechtigt und zugleich verpflichtet sei, sich um die eventuellen Folgen dieser Beziehung zu kümmern. Außerdem unterfalle die Entscheidung, wann und in welcher Form ein Kind über seine Herkunft unterrichtet wird, dem mütterlichen Erziehungsrecht nach Art. 6 II 1 GG, in das nicht von Staats wegen oder von Seiten Dritter eingegriffen werden solle.

Eine weitere Entscheidung zur Frage nach der Möglichkeit einer Adoption ohne Beteiligung des leiblichen Vaters erging am 31.3.2004 durch das AG Tempelhof-Kreuzberg.[1088] Das Amtsgericht vertrat die Auffassung, dem Ausspruch der Annahme stehe nicht entgegen, dass die Mutter die Benennung des Vaters verweigert habe und dieser deshalb seine Einwilligung nach § 1747 I 1 BGB nicht habe erklären können. Lasse sich der Vater nicht ermitteln, könnten die verwandtschaftliche Beziehung des Kindes zu ihm und deren Beendigung durch die Adoption allenfalls zugunsten einer Adoption berücksichtigt werden, da der natürliche Vater eben tatsächlich für die Sorge des Kindes nicht zur Verfügung stehe, während das Kind durch die Adoptiveltern die Chance erhalte, im Rahmen einer vollwertigen Eltern-Kind-Beziehung heranzuwachsen. Dabei könne es nicht darauf ankommen, woran die Ermittlung des Vaters scheitere. Entscheidend sei allein, dass sie – trotz gebührender Anstrengungen – scheitere. Der unerwünschte Umstand, dass die Mutter die Identität des Vaters nicht preisgeben wolle, könne nicht damit sanktioniert werden, dass eine ansonsten dem Kindeswohl dienende Adoption unterbleibe, weil dieses zu missbilligende Verhalten der Mutter keinerlei Aussagekraft dafür habe, ob die Annahme dem Kindeswohl diene oder nicht.

Auch sei ein Vater, der mit den zur Verfügung stehenden Mitteln für das Gericht nicht ermittelbar sei und deshalb nicht angehört werden könne, nicht in seinem Grundrecht auf rechtliches Gehör verletzt, weil dieses unter dem Vorbehalt des Möglichen stehe. Die Anhörung einer nicht ermittelbaren Person sei aber nicht möglich.

Ebenso wenig liege eine Verletzung des Elterngrundrechts aus Art. 6 II 1 GG vor, weil das allgemeine Persönlichkeitsrecht des Kindes eine Adoption auch gebiete, wenn die Mutter trotz nachhaltiger Befragung die ihr bekannte Identität des Vaters nicht preisgebe. Da gerade in solchen Fällen regelmäßig nichteheliche Kinder betroffen seien, folge aus dem Gleichstellungsauftrag des Art. 6 V GG hinsichtlich solcher Kinder, diesen eine vollwertige Integration in geordnete Verhältnisse zu eröffnen. Es verbiete sich danach auch verfassungsrechtlich, der faktisch ohnehin nicht zu wahrenden Rechtsposition des nicht ermittelbaren Vaters gegenüber dem Kindeswohl den Vorzug zu geben.

1088 AG Tempelhof-Kreuzberg FamRZ 2005, S. 302 f.

Den vorstehenden Ausführungen stehe nicht entgegen, dass die Verfahrensbeteiligung der Väter in das Belieben der Mütter gestellt würde. Es könne nicht verhindert werden, dass Mütter wahrheitswidrig behaupteten, ihnen sei die Identität des leiblichen Vaters unbekannt. Dann sei es aber sinnlos, einem Kind, dessen Wohl eine Adoption ansonsten diene, diese nur wegen des Verhaltens der Mutter zu verweigern.[1089]

3. Stellungnahme

Wie sich aus der zitierten Rechtsprechung ergibt, soll eine Mutter nicht gezwungen werden können, den Namen des Kindesvaters im Adoptionsverfahren preiszugeben. Trotz der von den Gerichten unternommenen Bezugnahme auf die relevanten verfassungsrechtlichen Vorgaben, überzeugt dieses Ergebnis weder in völker- noch in verfassungsrechtlicher Hinsicht.

Zunächst muss entgegen den Ausführungen des AG Tempelhof-Kreuzberg festgehalten werden, dass eine Beteiligung des Vaters eines nichtehelichen Kindes am Adoptionsverfahren der Willkür der Mutter unterstellt wird, wenn diese nicht zur Auskunft über die Identität des Vaters verpflichtet ist. Die Mutter vermag das dem Vater nach § 1747 I BGB gewährte Einwilligungsrecht durch ihr Schweigen zu vereiteln. Die Entscheidungsmacht der Mutter kann nicht – wie in den genannten Entscheidungen geschehen – mit dem Argument gerechtfertigt werden, jeder Teilhaber an einer geschlechtlichen Beziehung sei berechtigt und zugleich verpflichtet, sich um die eventuellen Folgen dieser Beziehung zu kümmern. Würde jedem Mann generell eine solche Erkundigungspflicht auferlegt, müsste er bei jedem sexuellen Kontakt davon ausgehen, dass es zu einer Schwangerschaft gekommen sein könnte, die ihm verheimlicht wird. Um zu verhindern, dass er im Fall einer Schwangerschaft über die Existenz seines Kindes gar nicht in Kenntnis gesetzt wird, hätte er sich sicherheitshalber zu vergewissern, dass die geschlechtliche Beziehung folgenlos geblieben ist. Viel nahe liegender ist es aber, eine Informationspflicht der Mutter anzunehmen. Allein sie hat schließlich Gewissheit, ob eine Schwangerschaft eingetreten ist oder nicht.

1089 Vgl. ergänzend den Beschluss des LG Berlin vom 26.8.1977, FamRZ 1978, S. 148 f. In dem Fall, der diesem Beschluss zugrunde lag, war eine Stiefkindadoption angestrebt. Der Stiefvater weigerte sich gegenüber dem Jugendamt und dem Gericht, den ihm bekannten Namen des leiblichen Vaters bekannt zu geben. Das Gericht vertrat die Ansicht, dass es einer Adoption durch den Stiefvater grundsätzlich entgegenstehe, wenn dieser den Namen des leiblichen Vaters verschweige, um die gesetzlich vorgeschriebene Beratung des Vaters zu verhindern oder den Vater gar nicht erst durch Anerkennung oder Feststellung seiner Vaterschaft in den belehrungspflichtigen Status gelangen zu lassen.

Dem Vater die Beteiligung am Adoptionsverfahren mit dem Hinweis zu versagen, es bestehe seinerseits eine Erkundungspflicht nach einer möglichen Schwangerschaft, widerspricht dem Elternprimat, der völkerrechtlich in Art. 8 EMRK, verfassungsrechtlich in Art. 6 II 1 GG verankert ist. Vor allem verbietet es sich insofern, einen unbekannten Vater unter dem Vorwand, er interessiere sich ohnehin nicht für sein nichteheliches Kind, aus dem Adoptionsverfahren zu verdrängen, als im Falle einer nichtehelichen Geburt Desinteresse und Ablehnung des Vaters nicht mehr grundsätzlich unterstellt werden dürfen.[1090] Der Elternprimat fordert, dass jedem leiblichen Elternteil, der bereit und in der Lage ist, seinem Kind eine Platzierungsalternative zu bieten, auch die Gelegenheit gegeben wird, sein Kind selbst aufzuziehen.[1091] Erst wenn er in eine Adoption eingewilligt hat oder einer der Ersetzungsgründe des § 1748 BGB vorliegt, kommt eine Adoption in Betracht. Allein mit der Begründung, die Personalien des leiblichen Vaters seien mangels Angaben der Mutter unbekannt, darf der Elternprimat nicht umgangen werden. Eine unüberwindbare Pflicht zur Berücksichtigung des leiblichen Vaters lässt sich schließlich aus der jüngsten Entwicklung der Rechtsprechung des BVerfG folgern. Indem es den biologischen Vater in den Schutzbereich des Art. 6 II 1 GG – und unter gewissen Voraussetzungen sogar in den des Art. 6 I GG – einbezog[1092], obwohl die Position des rechtlichen Vaters von einem anderen Mann eingenommen wurde, stärkte das BVerfG die Rechte des leiblichen Vaters. Dieser Stärkung darf im Adoptionsrecht nicht durch ein Ignorieren des leiblichen Vaters, der allein auf dem Willen der Kindesmutter beruht, entgegengewirkt werden.

Darüber hinaus verstößt der Ausschluss des Vaters aufgrund der Verweigerungshaltung der Mutter, seine Identität aufzuklären, gegen die vom EGMR im Fall Keegan gegen Irland aufgestellten Grundsätze. Aus dem Urteil geht ausdrücklich hervor, dass eine Aufhebung aller familiären Beziehungen unter mangelnder Berücksichtigung der Rechtsposition des Vaters durch eine Adoption ohne sein Wissen und ohne seine Einwilligung den grundlegenden Aussagen der EMRK nicht gerecht wird.[1093] Neben die vom EGMR angemahnte Verletzung des Art. 6 I EMRK treten auf nationaler Ebene starke Bedenken hinsichtlich der Konformität mit Art. 103 I GG. Nach der oben zitierten Entscheidung des AG Tempelhof-Kreuzberg scheidet ein Verstoß gegen Art. 103 I GG aus, weil die Verfassungsgarantie auf rechtliches Gehör unter dem Vorbehalt des Möglichen stehe.[1094] Es muss aber gerade definiert werden, welche Möglichkeiten bei einer

1090 S. dazu Einleitung II. 4.

1091 Vgl. Coester, JZ 1992, S. 816.

1092 BVerfGE 108, S. 82 ff. = FamRZ 2003, S. 816 ff. = FPR 2003, S. 471 ff.

1093 EGMR EuGRZ 1995, S. 113 ff. = FamRZ 1995, S. 110 ff. = NJW 1995, S. 2153 ff.

1094 AG Tempelhof-Kreuzberg FamRZ 2005, S. 302 (303).

Verweigerung der Mutter, den Namen des Vaters zu offenbaren, bestehen. Solange es diesbezüglich keine klaren Vorgaben gibt, kann nicht festgestellt werden, wann der Bereich des Möglichen verlassen ist. Da bis jetzt keine allgemein anerkannten Maßstäbe existieren, wie bei einem Verschweigen der Identität des Vaters durch die Kindesmutter vorzugehen ist, darf eine Verletzung des Art. 103 I GG nicht unter Hinweis auf den Vorbehalt des Möglichen verneint werden.

Aber nicht nur im Hinblick auf die Position des leiblichen Vaters, sondern auch im Bezug auf die Rechte des Kindes ist die Ablehnung einer Verpflichtung der Mutter, den Kindesvater im Adoptionsverfahren zu benennen, bedenklich. Das Recht des Kindes auf Kenntnis der eigenen genetischen Abstammung erfährt nicht die nötige Berücksichtigung, wenn es im Adoptionsverfahren dem Willen der Mutter überlassen bleibt, ob ein Kind über den Namen seines leiblichen Vaters Auskunft erhält. Zwar gibt es keine gesetzliche Regelung, die eine Vaterschaftsfeststellung nach erfolgter Adoption verbietet.[1095] Probleme ergeben sich aber, da gem. § 1758 I BGB Tatsachen, die geeignet sind, die Annahme und ihre Umstände aufzudecken, ohne Zustimmung der Annehmenden oder des Kindes nicht offenbart oder ausgeforscht werden dürfen, es sei denn, dass besondere Gründe des öffentlichen Interesses dies erfordern.

Ob das Inkognito die Vaterschaftsfeststellung nach einer erfolgten Annahme tatsächlich blockiert, wird unterschiedlich bewertet.[1096] Unabhängig davon, darf es angesichts der Bedeutung der Abstammung, die das Grundgesetz selbst in Art. 3 III GG betont, nicht allein der Entscheidung der Mutter überlassen bleiben, ob die Identität des Kindesvaters geklärt wird. Denn mit dieser Entscheidung sind für das weitere Leben des Kindes weitreichende Folgen verbunden. Kinder, deren biologische Väter mangels Angaben der Mutter nicht bekannt sind, laufen leichter Gefahr, einen leiblichen Elternteil durch eine Adoption zu verlieren. Da es sich typischerweise um nichteheliche Kinder handelt, liegt hierin eine gegen Art. 6 V GG verstoßende Benachteiligung gegenüber ehelichen Kindern.[1097] Besonders bei einem Kind, dessen Mutter bereits in eine Adoption eingewilligt hat, besteht die staatliche Pflicht, diesem Kind den notwendigen Schutz angedeihen zu lassen. Damit ist aber nicht gemeint, dass – wie vom AG Tempel-

1095 Oberloskamp/Hoffmann, Wir werden Adoptiv- oder Pflegeeltern, S. 176, vgl. ferner das Urteil des OLG Celle vom 8.7.1980, DAVorm 1980, Sp. 940 ff., in dem das Gericht dem klagenden Kind trotz erfolgter Adoption ein Rechtsschutzinteresse an der Feststellung zusprach, dass der Beklagte sein Vater ist.

1096 Für eine Blockierung der Vaterschaftsfeststellung tritt Brüggemann, ZBlJugR 1977, S. 205 f., ein; a.A. Binschus, ZfF 1977, S. 227; Rechtsausschuss des Bundestages, BT-Drucks. VII/5087, S. 15 f.

1097 Vgl. Schumann, Die nichteheliche Familie, S. 224.

hof-Kreuzberg angenommen[1098] – dem Gleichstellungspostulat des Art. 6 V GG nur durch möglichst schnelle Integration in eine Adoptivfamilie unter Umgehung des leiblichen Vaters Genüge getan werden kann. Durch eine solche Auslegung des staatlichen Schutzauftrages wird die Garantie des Art. 6 V GG unter fadenscheinigem Rückgriff auf das Kindeswohlargument geradezu konterkariert. Stattdessen sollte Art. 6 V GG so verstanden werden, dass auch bei einem nichtehelichen Kind beide leiblichen Elternteile in eine Adoption einwilligen müssen. Diese Voraussetzung, die in § 1747 I 1 BGB durch das KindRG ihren Niederschlag gefunden hat, darf keinesfalls der Willkür der Mutter unterstellt werden. Im Ergebnis hat demnach auch bei nichtehelichen Kindern der leibliche Vater bei der Adoption grundsätzlich festzustehen und seine Einwilligung zu erklären.

Nach alledem bleibt zu konstatieren, dass die Kindesmutter im Adoptionsverfahren verpflichtet sein muss, den Vater zu benennen. Wenn sie sich trotz nachhaltiger Befragung weigert, die ihr bekannte Identität des Vaters preiszugeben, muss der leibliche Vater auf anderem Wege ausfindig gemacht werden. Dabei stellt sich die Frage, wie die Ermittlung des leiblichen Vaters erfolgen soll. Sicher ist, dass § 1618a BGB ebenso wenig wie § 242 BGB dem Jugendamt und dem Familiengericht als Eingriffsgrundlage dienen kann, entgegen dem Willen der Mutter Nachforschungen über die Person des Vaters anzustellen. Beide Normen begründen nur privatrechtliche Ansprüche. Es fehlt somit an einer einfachgesetzlichen Eingriffsgrundlage. Da die oben dargelegten verfassungs- und völkerrechtlichen Wertungen jedoch die Ermittlung der Identität des leiblichen Vaters gebieten, muss de lege lata auf die sich aus Art. 6 I GG und Art. 8 I EMRK ergebenden staatlichen Schutzpflichten zugunsten der Beziehung zwischen Vater und nichtehelichem Kind zurückgegriffen werden. Selbst wenn man davon ausgeht, dass sowohl die Garantie des Art. 6 I GG als auch die Gewährleistung nach Art. 8 I EMRK ein über die bloße Blutsverwandtschaft hinausgehendes soziales Element, etwa eine tatsächliche Verantwortungsübernahme seitens des Vaters, voraussetzen[1099], greift der völker- und verfassungsrechtliche Schutz. Dieses soziale Element kann zwar naturgemäß bei einem von der Mutter geheim gehaltenen Vater nicht erfüllt sein. In der hier zu untersuchenden Konstellation des anonymen Vaters müssen Art. 6 I GG und Art. 8 I EMRK aber schon im Vorfeld ihres eigentlichen Gewährleistungsbereichs ihre Schutzwirkung entfalten, um zu verhindern, dass der Verlust der Elternstellung zu Lasten des leiblichen Vaters und seines nichtehelichen Kindes eintritt, ohne dass der

1098 AG Tempelhof-Kreuzberg FamRZ 2005, S. 302 (303).

1099 Nach der hier vertretenen Ansicht ist in Anlehnung an die Entscheidung des EGMR im Fall Keegan, EGMR EuGRZ 1995, S. 113 ff. = FamRZ 1995, S. 110 ff. = NJW 1995, S. 2153 ff., diese soziale Komponente nicht zu fordern, S. 2. Kapitel II. 1. a) ee) und 3. Kapitel I. 1. c) cc).

Vater dazu seine Einwilligung erteilt hat oder ein Ersetzungsgrund nach § 1748 BGB vorliegt. Nach geltendem Recht bleibt als Rechtsgrundlage zur Ermittlung des leiblichen Kindesvaters also nur der direkte Rückgriff auf die genannten Menschenrechts- und Verfassungsgarantien.

Allerdings sind trotz der nach völker- und verfassungsrechtlichen Wertungen notwendigen Identitätsfeststellung des leiblichen Kindesvaters der Ermittlungstätigkeit von Behörden und Gerichten Grenzen gesetzt. Denkbar ist, dass sich die Personalien des Vaters trotz ausgiebiger Maßnahmen des Jugendamtes nicht aufklären lassen, weil die erforderlichen Informationen aus tatsächlichen Gründen nicht beschafft werden können. So stößt die Ermittlungstätigkeit etwa dann an die Grenze ihrer Möglichkeiten, wenn neben der in erster Linie auskunftspflichtigen Kindesmutter, die jegliche Angaben verweigert, keine weiteren Verwandten existieren. Maßstab sollte – wie im Rahmen der angemessen Nachforschungen gem. § 1748 II 2 BGB anerkannt – sein, dass das Jugendamt alle ordnungsbehördlichen Maßnahmen zur Aufenthaltsermittlung auszuschöpfen und allen Hinweisen und Informationen von Gerichten und Behörden nachzugehen hat.[1100] Primär sollte das Jugendamt die Kindesmutter zur Ermittlung des leiblichen Vaters befragen. Alternativ kommt in Anlehnung an das gerichtliche Erörterungsgespräch bei Kindeswohlgefährdung nach § 157 FamFG ein verpflichtendes Gespräch des Richters mit der Mutter in Betracht. Durch diese Maßnahmen wird bestenfalls die Identität des Vaters aufgeklärt, zumindest aber werden die Motive der Mutter für ihr Schweigen ermittelt werden, die bei der Abwägung mit den Kindesinteressen zu berücksichtigen sind. Darüber hinaus ist geboten, auch Verwandte der Mutter oder andere Personen aus ihrem Umfeld zu der Identität des Kindesvaters zu befragen, wenn sich die Mutter beharrlich weigert, die Identität preiszugeben.

Die genannten Maßnahmen stellen Eingriffe in das Persönlichkeitsrecht der Kindesmutter dar, die wegen des regelmäßigen Überwiegens des Rechts des Kindes auf Kenntnis der eigenen Abstammung gegenüber dem Persönlichkeitsrecht der Mutter verfassungsrechtlich gerechtfertigt sind. Im Hinblick auf eine analoge Anwendung des § 157 FamFG ergibt sich die vergleichbare Interessenlage mit einer möglichen Kindeswohlgefährdung aus der überragenden Bedeutung des Rechts auf Abstammungskenntnis.

Bei der Durchführung von Maßnahmen zur Ermittlung des leiblichen Vaters muss der Faktor Zeit berücksichtigt werden. Wie bereits ausgeführt, kommt dem Einfluss des Faktors Zeit bei kindschaftsrechtlichen Verfahren eine große Bedeu-

---

1100 Staudinger/*Frank*, § 1748, Rn. 32; vgl. ferner Finger, DAVorm 1990, Sp. 398; ähnlich zur Belehrungspflicht nach § 1747a II BGB a.F. OLG Zweibrücken FamRZ 1976, S. 469 (470).

tung zu.[1101] In Anbetracht seines Bindungsverhaltens und seines Bedürfnisses nach Kontinuität in der Pflege hat ein Kleinkind ein gewichtiges Interesse daran, möglichst frühzeitig in die Familie integriert zu werden, in der es aufwachsen soll. Überlässt man der Mutter nämlich zu lange die Schlüsselstellung, über den Kontakt zwischen Vater und Kind entscheiden zu können, besteht die Gefahr, dass durch Ausschaltung der ersten Bindungsphasen niemals eine Beziehung zwischen leiblichem Vater und Kind entstehen, obwohl bei Kenntnis von der Existenz seines Kindes ein diesbezüglicher Wunsch des Vaters gegeben wäre.

Das Interesse eines Kindes an der Kontinuität seiner Betreuung steht im Spannungsverhältnis mit einer gründlichen Ermittlungstätigkeit des Jugendamtes zur Feststellung des Vaters. Um beide Anliegen angemessen in Ausgleich zu bringen, ist eine Heranziehung der in § 51 I 3 SGB VIII genannten Drei-Monats-Frist geboten. Die Frist sollte mit der Geburt des Kindes beginnen. Denn ein Kind entwickelt bereits in den ersten Lebensmonaten intensive Bindungen an seine Betreuungspersonen.[1102] Deshalb sollten die Ermittlungen zur Identität des leiblichen Vaters schon unmittelbar nach der Geburt des Kindes aufgenommen werden. Jeder zeitliche Aufschub vergrößert die Gefahr, dass eine Vater-Kind-Beziehung niemals entstehen kann. Der Zeitraum von drei Monaten eignet sich, dem Jugendamt ausreichend Möglichkeit zu geben, Maßnahmen zur Klärung der väterlichen Identität zu ergreifen. Stellt sich nach drei Monaten dann heraus, dass eine Aufklärung nicht erfolgen kann, muss möglichst schnell eine Adoption des Kindes in die Wege geleitet werden. Eine Kindesannahme kann aber wegen der in § 1747 II 1 BGB normierten Überlegungsfrist ohnehin erst zustande kommen, wenn das Kind acht Wochen alt ist. Mit der hier vertretenen Lösung einer Drei-Monats-Frist für die Ermittlungsmaßnahmen des Jugendamtes wird zwar über die Überlegungsfrist hinausgehende Zeit beansprucht. Diese zusätzliche Verzögerung muss aber in Kauf genommen werden, um dem Jugendamt sorgfältige Ermittlungen zu ermöglichen und so das Recht des Kindes auf Kenntnis seiner eigenen Abstammung angemessen zur Geltung zu bringen.[1103]

Da wesentliche grundrechtsrelevante Bereiche betroffen sind, bedarf es im Hinblick auf die Ermittlungstätigkeit des Jugendamtes zur Aufklärung der Identi-

---

1101 S. dazu Einleitung II. 5. und 2. Kapitel II. 1. c) bb).

1102 S. dazu Einleitung II. 5.

1103 Ebenso Schumann, Die nichteheliche Familie, S. 345. Fahrenhorst, FuR 1995, S. 113, schlägt eine achtwöchige Frist für die Bemühungen des Jugendamtes vor, den Vater zu ermitteln. Diese Frist erscheint angesichts der Bedeutung der Abstammungskenntnis zu kurz. Gegen jegliche Ermittlungstätigkeiten des Jugendamtes sprechen sich Wawrzyniak, ZBlJugR 1978, S. 271, und von Weber, ZBlJugR 1973, S. 347 aus; zurückhaltend gegenüber amtlichen Suchmaßnahmen auch Simitis, StAZ 1970, S. 262, der eine Befragung Dritter zur Recherche aber für zulässig hält.

tät des Kindesvaters einer eindeutigen und ausdrücklichen gesetzlichen Regelung. Diese gesetzliche Regelung muss Umfang und Grenzen der Ermittlungen explizit festlegen.

Schlussbetrachtung

Bei der Ausgestaltung der Rechtsstellung des leiblichen Vaters im Falle einer Adoption seines nichtehelichen Kindes in den einfachgesetzlichen Vorschriften des BGB hat der Gesetzgeber diejenigen Maßstäbe zu erfüllen, die das Völker- und Verfassungsrecht vorgeben. Insbesondere muss er beachten, dass ein Vater bereits den Schutz nach Art. 8 I i.V.m. Art. 14 EMRK genießt, wenn zwischen ihm und seinem nichtehelichen Kind (noch) keine soziale Beziehung besteht. Entsprechend kommt auch der Schutz des Art. 6 I GG der Gemeinschaft eines Vaters und seines nichtehelichen Kindes zu, ohne dass hierfür eine soziale Beziehung zwischen beiden gefordert wird. Ebenso ist ein Vater Träger des Elternrechts nach Art. 6 II 1 GG, selbst wenn er keine soziale Bindung zu seinem Kind hat. Durch eine extensive Gewährung des Schutzes wird verhindert, dass die Reichweite der völker- und verfassungsrechtlichen Garantien zur Disposition der Kindesmutter gestellt wird. Denn es steht in ihrer Macht, die Entwicklung einer sozialen Vater-Kind-Beziehung zu boykottieren, selbst wenn ein Vater bereit und in der Lage ist, die Verantwortung für sein Kind zu übernehmen.

Der völker- und verfassungsrechtlich garantierte Schutz bewirkt, dass die familiären Bande bei jedem staatlichen Handeln geachtet und gefördert werden müssen und Maßnahmen zu ergreifen sind, die eine Zusammenführung von einem Elternteil und seinem Kind sowie ein Zusammenleben beider ermöglichen. Ferner ergibt sich aus den auf völker- und verfassungsrechtlicher Ebene getroffenen Wertentscheidungen, dass ein Kind vorrangig bei seinem leiblichen Elternteil aufwachsen soll. Insbesondere garantiert Art. 6 II 1 GG den leiblichen Eltern den Vorrang als Erziehungsträger. Aus alledem folgt, dass ein Kind nicht ohne Wissen und Wollen des leiblichen Vaters zur Adoption freigegeben werden darf. Darüber hinaus ergibt sich aus den völker- und verfassungsrechtlichen Garantien, dass bei der Ausgestaltung der adoptionsrechtlichen Stellung der Väter nichtehelicher Kinder jegliche Diskriminierungen aufgrund des Geschlechts und des Status unterbleiben müssen. Insbesondere beinhaltet der Schutz des Familienlebens nach Art. 8 I EMRK und des natürlichen Elternrechts gem. Art. 6 II 1 GG eine Gleichbehandlungskomponente, die dem Gesetzgeber Differenzierungen aufgrund der genannten Kriterien verbietet. Außerdem gibt das in Art. 6 I EMRK enthaltende und auch verfassungsrechtlich anerkannte Gebot der angemessenen Verfahrensdauer für die Regelungen zur Annahme als

Kind vor, dass im Adoptionsverfahren die kindliche Bindungsentwicklung, insbesondere das Bedürfnis nach Beständigkeit, Berücksichtigung finden muss. Gleichermaßen ist – in den prozessualen ebenso wie in den materiellrechtlichen Bestimmungen – zu verhindern, dass der Vater durch Zeitablauf zu einer für das Kind unbedeutenden Person wird und somit nicht nur tatsächlich die Chance auf eine Beziehung zu seinem Kind verliert, sondern auch eine völlige Entwertung seiner Rechtsposition eintritt.

Mit dem Inkrafttreten des KindRG ist die Rechtsstellung des Vaters bei der Adoption seines nichtehelichen Kindes durch Gewährung eines Einwilligungsrechts gestärkt worden. Jedoch offenbart das geltende Adoptionsrecht immer noch Schwächen, die zwar bei isolierter Betrachtung der Vorschriften nicht sofort erkennbar sind, sich dann aber aus dem Zusammenwirken mit anderen Bereichen des Familienrechts, etwa dem Recht der elterlichen Sorge, ergeben.

Die Sonderreglungen nach § 1747 III BGB gelten allein für Väter, die mit der Kindesmutter nicht verheiratet sind und keine Erklärung zur gemeinsamen Sorge mit dieser abgegeben haben. Damit verstoßen sie gegen das Verbot geschlechts- und statusbezogener Diskriminierungen. Zudem werden die Sonderregelungen der auf völker- und verfassungsrechtlicher Ebene anerkannten Pflicht, die Beziehung zwischen einem Vater und seinem leiblichen Kind zu fördern, nicht gerecht. Auch bei Vätern, die gem. § 1626a II BGB nicht Inhaber des Sorgerechts sind, muss durch Einhaltung der Überlegungsfrist sichergestellt werden, dass sich die natürlichen Eltern-Kind-Bindungen ohne Störungen seitens der Adoptionsbehörden entwickeln können. Dieser Forderung steht die Regelung des § 1747 III Nr. 1 BGB gerade entgegen. Sie sollte deshalb ersatzlos gestrichen werden. § 1747 III Nr. 2 BGB muss – wie vom BGH und in der Literatur zu Recht vertreten – dahingehend verfassungskonform ausgelegt werden, dass das Familiengericht dem Vater eines nichtehelichen Kindes bereits dann die elterliche Sorge zu übertragen hat, wenn die Übertragung dem Wohl des Kindes nicht widerspricht. Es ist also statt einer positiven eine negative Kindeswohlprüfung vorzunehmen. Auch § 1747 III Nr. 3 BGB vermag dem Postulat, die Beziehung zwischen einem Vater und seinem nichtehelichen Kind zu schützen und zu fördern, nicht zu genügen. Deshalb sollte die Regelung entfallen.

Es lässt sich damit festhalten, dass die Vorbehalte, die nicht sorgeberechtigten Vätern in den für sie vorgesehenen Sonderregelungen entgegengebracht werden, den völker- und verfassungsrechtlichen Vorgaben widersprechen. Der Fall Görgülü zeigt, welche gravierenden realen Folgen diese abstrakten Vorbehalte der gesetzlichen Regelungen für die Entstehung und Fortentwicklung einer gesunden Vater-Kind-Beziehung haben können.

Obwohl das in § 1747 I 1 BGB enthaltene grundsätzliche Einwilligungserfordernis nicht ausdrücklich eingeschränkt wird, folgt aus der erleichterten Ersetzungsmöglichkeit gem. § 1748 IV BGB eine Begrenzung des Einwilligungsrechts des Vaters, der nach § 1626a II BGB nicht Träger der elterlichen Sorge ist. Für die Differenzierung zwischen Vätern ehelicher und nichtehelicher Kinder sowie für die Ungleichbehandlung von sorgeberechtigten und nicht sorgeberechtigten Vätern fehlt jegliche Rechtfertigung. Somit verletzt § 1748 IV BGB nicht nur die Vorgaben des Art. 6 II 1 GG, sondern auch die Gleichsätze nach Art. 6 V GG und Art. 3 I GG. Einer erleichterten Überwindung der Einwilligung von Vätern, denen die elterliche Sorge nicht zusteht, nach dem Sondertatbestand des § 1748 IV BGB bedarf es auch gar nicht. Die übrigen Absätze des § 1748 BGB gewährleisten bereits einen ausreichenden Schutz des Kindes vor einem nicht sorgeberechtigten Vater, der sich gleichgültig gegenüber seinem Kind verhält.

Dass bereits der Vaterschaftsprätendent in die Kindesannahme einwilligen kann, stellt einen Ausgleich für die Abhängigkeit der Vaterschaftsanerkennung von der Zustimmung der Kindesmutter dar. Weder in verfassungs- noch in völkerrechtlicher Hinsicht ist das Einwilligungsrecht des Vaterschaftsprätendenten zu beanstanden. Dennoch verdient eine Aussetzung des Adoptionsverfahrens zur Feststellung der Vaterschaft gegenüber dem in § 1747 I 2 BGB normierten Einwilligungsrecht den Vorzug. Dafür sprechen die mit dem Einwilligungsrecht gem. § 1747 I 2 BGB verbundene Missbrauchsgefahr sowie die heute gegebene Möglichkeit, eine Vaterschaft schnell und zuverlässig festzustellen. Eine Vaterschaftsfeststellung gewährleistet Rechtssicherheit. Dagegen ist das Einwilligungsrecht nach § 1747 I 2 BGB mit der Unsicherheit belastet, dass es sich bei dem Vaterschaftsprätendenten gar nicht um den Kindesvater handeln könnte.

Im Gegensatz zu der erleichterten Einwilligungsersetzung bei einem gem. § 1592 BGB feststehenden, nicht sorgeberechtigten Vater unterliegt eine Ersetzung unter weniger strengen Voraussetzungen keinen verfassungsrechtlichen Bedenken, soweit sie die Einwilligung des nur vermuteten Vaters betrifft. Der Schutz aus Art. 6 II 1 GG gebührt dem Vaterschaftsprätendenten selbst nicht. Zu beanstanden ist aber die Gleichstellung von nur vermutetem Vater und feststehendem Vater, dem lediglich gem. § 1626a II BGB die elterliche Sorge fehlt. Es liegen verschiedene tatsächliche Anknüpfungspunkte vor, die eine Gleichbehandlung untersagen.

Das geltende Recht bietet keine Lösung an, wenn eine Mutter sich im Adoptionsverfahren weigert, den Namen des Kindesvaters bekannt zu geben. Auch in diesen Fällen muss aber dem Vater die Ausübung der ihm zustehenden Rechte gesichert werden. Denn eine Adoption bedeutet für alle Beteiligten eine entscheidende Weichenstellung mit lebenslanger Relevanz. Sie hat einen irreversiblen Verlust der Elternstellung des leiblichen Vaters zur Folge. Die Verweigerungshaltung der Mutter darf deshalb nicht zu einem Ausschluss des Vaters vom Adoptionsverfahren führen. Andernfalls ergäbe sich ein Widerspruch zu dem auf völker- und verfassungsrechtlicher Ebene anerkannten Recht des Kindes auf Kenntnis der eigenen Abstammung, dem nach der grundsätzlichen Gewichtung des BVerfG gegenüber dem Interesse der Mutter an dem Schutz ihrer Intimsphäre der Vorrang eingeräumt wird. Zudem liefen Kinder, deren biologische Väter mangels Angaben der Mutter nicht bekannt sind, leichter Gefahr, einen leiblichen Elternteil durch eine Adoption zu verlieren. Da es sich typischerweise um nichteheliche Kinder handelt, liegt hierin eine gegen Art. 6 V GG verstoßende Benachteiligung gegenüber ehelichen Kindern. Um diese Benachteiligung zu vermeiden, ist erforderlich, dass eine Lösung normiert wird, die das Spannungsverhältnis zwischen einer wünschenswerten frühkindlichen Adoption einerseits und umfassenden Suchmaßnahmen nach dem leiblichen Vater sowie der sorgfältigen Prüfung, ob der Vater, wenn er ausfindig gemacht wird und für das Kind selbst die Verantwortung tragen möchten, eine geeignete Platzierungsalternative bietet, andererseits ausgleichen kann. Dabei darf die Tragweite des Faktors Zeit nicht unterschätzt werden. Jede zeitliche Verzögerung im Verfahren birgt die Gefahr einer irreversiblen Entfremdung von Vater und Kind, weil eine Bindung des Kindes zum Vater gar nicht erst aufgebaut werden kann oder eine vorhandene Bindung verloren geht. Für die Mutter, die sich weigert, die Identität des Kindesvaters zu offenbaren, gilt ebenso wie für Behörden und Gerichte, dass es dem Gerechtigkeitsempfinden jeder menschlichen Gemeinschaft zuwiderläuft, wenn verhindert wird, dass ein Vater, der dazu bereit und in der Lage ist, für ein von ihm gezeugtes Kind sorgt.[1104]

1104 Ähnlich schon Becker im Jahr 1960, RdJB 1960, S. 2.